本書出版得到國家古籍整理出版專項經費資助
全國高等院校古籍整理研究工作委員會直接資助項目

十三經清人注疏

穀梁古義疏

上册

〔清〕廖平　撰
郜積意　點校

中華書局

圖書在版編目(CIP)數據

穀梁古義疏/(清)廖平撰;郜積意點校.—北京:中華書局,2012.6(2024.9 重印)
(十三經清人注疏)
ISBN 978-7-101-07954-8

Ⅰ.穀… Ⅱ.①廖…②郜… Ⅲ.①中國歷史-春秋時代-史籍②穀梁傳-注釋 Ⅳ.K225.04

中國版本圖書館 CIP 數據核字(2011)第 065656 號

責任編輯:石 玉
封面設計:周 玉
責任印製:管 斌

十三經清人注疏
穀梁古義疏
(全二册)
〔清〕廖 平 撰
郜積意 點校
*
中華書局出版發行
(北京市豐臺區太平橋西里 38 號 100073)
http://www.zhbc.com.cn
E-mail:zhbc@zhbc.com.cn
三河市宏盛印務有限公司印刷
*
850×1168 毫米 1/32 · 25⅛印張 · 4 插頁 · 600 千字
2012 年 6 月第 1 版 2024 年 9 月第 3 次印刷
印數:3001-4000 册 定價:98.00 元

ISBN 978-7-101-07954-8

十三經清人注疏出版説明

自漢至清，經學在各門學術中占有統治的地位。經學的發展經歷了幾個不同的階段，而清代則是很重要的也是最後的一個階段。清代經學家在經書文字的解釋和名物制度等的考證上，超越了以前各代，取得了重要成果，這對我們利用經書所提供的材料研究古代的經濟、政治、文化、思想以至科技等，有重要的參考意義。

清代的經學著作，數量極多，體裁各異，研究的方面也不同。其中用疏體寫作的書，一般是吸收、總結了前人多方面研究的成果，又是現在文史哲研究者較普遍地需要參考的書，因此我們在十三經清人注疏這個名稱下，選擇這方面有代表性的著作，陸續整理出版。所選的并非全是疏體，這是因爲有的書未曾有人作疏，或雖然有人作疏，但不够完善，因此選用其他注本來代替或補充。禮書通故既非疏體又非注體，但它與禮記訓纂等配合，可起疏的作用，故也入選。大戴禮記不在十三經之内，但它與禮記（小戴禮記）是同類型的書，因此也收進去。對收入的書，均按統一的體例加以點校。

清代的經學著作還有不少有重要參考價值，這有待於今後條件許可時，按新的學科分類，選擇整理出版。

十三經清人注疏的擬目如下：

周易集解纂疏　李道平撰
尚書今古文注疏　孫星衍撰
今文尚書考證　皮錫瑞撰
尚書孔傳參證　王先謙撰
詩毛氏傳疏　陳奐撰
毛詩傳箋通釋　馬瑞辰撰
詩三家義集疏　王先謙撰
周禮正義　孫詒讓撰
儀禮正義　胡培翬撰
禮記訓纂　朱彬撰
禮記集解　孫希旦撰
禮書通故　黄以周撰

大戴禮記補注　　孔廣森撰
（附王樹枏校正、孫詒讓斠補）
大戴禮記解詁　　王聘珍撰
左傳舊注疏證　　劉文淇等撰
春秋左傳詁　　洪亮吉撰
公羊義疏　　陳　立撰
穀梁古義疏　　廖　平撰
穀梁補注　　鍾文烝撰
論語正義　　劉寶楠撰
孝經鄭注疏　　皮錫瑞撰
孟子正義　　焦　循撰
爾雅義疏　　郝懿行撰
爾雅正義　　邵晉涵撰

中華書局編輯部
一九八二年五月

目録

上册

下册

點校前言

廖平，字季平，四川井研人，生於清咸豐二年（一八五二），卒於民國二十一年（一九三二），享年八十有一。據廖氏之孫廖宗澤六譯先生行述，廖平於光緒十五年（一八八九）爲進士，朝考三等，以知縣用，特授龍安府教授。歷署射洪訓導，綏定府教授，尊經書院襄校，嘉定九峰書院院長等。民國以後，任四川國學專門學校校長十年。廖氏學問淹博，著述宏富，於經學尤爲精邃，並旁涉醫學等，有四益館經學叢書與六譯館叢書傳世。其代表作爲今古學考與穀梁古義疏。

廖氏經學多變，曾自撰經學四變記，畧述其經學四變之要：初變爲平分今、古之學，以王制、周禮同治中國，分周公、孔子同異。起於光緒九年癸未（一八八三），訖於十二年丙戌。二變以周禮、王制不兩立，歸獄莽、歆，爲尊今抑古之學。起於光緒十三年丁亥，訖於二十三年丁酉。三變始言大同，以周禮爲皇帝書，與王制大小不同，一内一外，是爲大小之學。起於光緒二十四年戊戌，訖於二十七年辛丑。四變在光緒二十八年壬寅後，因梵宗而悟尚書爲人學，而易、詩則在六合之外，是爲天人之學。嗣後，更有五變、六變之説，愈變愈奇，故時人對廖氏頗多微詞。然穀梁古義疏初稿成於光緒十年，雖於光緒二十六年始刻，其主旨未變，是廖氏初變時之作。題曰「古義」，乃因廖氏不滿范甯集解多采漢以後師說，故古義疏多引漢經師（如劉向）之說以爲「古義」。在體例上，古義疏自注自疏，與阮刻十三經注疏中的注、疏別人有異。在撰作意圖上，古義疏與劉文淇左傳舊注疏證有幾分相似，劉氏不滿杜預掩襲漢魏古注，而廖氏則不滿范甯多取後師之說，二人皆以恢復古注爲宗。此又與鍾文烝穀梁補注宗主范氏集解有異。總之，要瞭解廖氏經學與清代穀梁學，古義疏不可或缺。

一

光緒十二年，廖平今古學考刊行。此書以禮制分今、古之學，以爲今學祖王制，萬變不離其宗；古學主周禮，隱與今學爲敵。今學爲孔子晚年之說，主因革；古學爲孔子早年之說，主從周。魯爲今學正宗，弟子多孔子晚年說；燕趙爲古學正宗，弟子在孔子脩春秋之前辭而先返，惟習從周之言。今學多參四代禮，古學多主周禮，等等。

以禮制分今、古，前人從未如此明言，東漢許慎五經異義雖有今、古之分，或從今，或從古，不特言禮制。廖說可謂發前人所未發。其弟子蒙文通氏曾引他人之語，謂今古學考可與昆山顧氏之于古音、潛邱閻氏之于古文尚書，並稱爲清代學術的三大發明。此説是否的當姑且不論，然廖氏在經學史上的成就，概可想見。在今古學考中，廖氏自述其經學之變，對於釋讀古義疏極有啓發：

癸未在都，因傳有二伯之言；白虎通説五伯，首説主兼三代；穀梁以「同」爲尊周、外楚，定穀梁爲二伯，公羊爲五伯。當時不勝歡慶，以爲此千古未發之覆也。又嘗疑曹以下，何以皆山東國稱伯稱子，又與鄭、秦、吴、楚同？制爵五等，乃許男在曹伯之上？攷之書，書無此疑；詢之人，人不能答。日夜焦思，刻無停慮，蓋不啻數十説而皆不能通，唯闕疑而已。甲申，攷大夫制，檢王制，見其大國、次國、小國之説，主此立論，猶未之奇也。及攷其二伯、方伯之制，然後悟穀梁二伯乃舊制如此，假之于齊、晉耳。攷其寰内諸侯稱伯及三監之説，然後悟鄭、秦稱伯，單伯、祭仲、女叔之爲天子大夫，則愈奇之矣，猶未敢以爲春秋説也。及録穀梁舊稿，悉用其説，苟或未安，沈思即得。然後以此爲素王改制之書、春秋之别傳也。

此以穀梁具素王改制義，可與王制相印證。廖氏自謂經數年間沉潛反復，始得此義，「蒙翳一新，豁然自達」，其欣忭之情、自信之態，躍然紙上。

二

今古學考所述廖氏經學之變，於穀梁古義疏中可得印證。兹據上今古學考之文，分疏其本末如下，以爲讀此書之一助爾。

（一）穀梁以「同」爲尊周、外楚，定穀梁爲二伯，公羊爲五伯。

云穀梁以「同」爲尊周外楚者，莊二十七年經書「公會齊侯、宋公、陳侯、鄭伯，同盟于幽」，穀梁傳云：「同者，有同也，同尊周也。於是而後授之諸侯也。其授之諸侯何也？齊侯得衆也。桓會不致，安之也。桓盟不日，信之也。信其信，仁其仁。衣裳之會十有一，未嘗有歃血之盟也，信厚也；兵車之會四，未嘗有大戰也，愛民也。」

此傳釋「同」爲「尊周」，謂授齊桓以諸侯，乃廖氏「桓爲二伯」説所本。此前，莊十六年經書「會齊侯同盟于幽」，傳亦釋「同」爲尊周，然經不書「公」，傳云：「不言公，外内寮一疑之也。」故廖氏注云：「春秋至此，乃以諸侯授桓爲二伯。前猶有疑，至此内外皆從，不復疑。」

此爲尊周例。

文十四年經書「公會宋公、陳侯、衛侯、鄭伯、許男、曹伯、晉趙盾。癸酉，同盟于新城」，傳云：「同者，有同也，同外楚也。」又宣十七年晉侯與諸侯同盟于斷道，襄三年同盟于雞澤，昭十三年同盟于平丘，傳皆釋爲「外楚」。

此爲外楚例。

廖氏論云：「尊周、外楚，爲春秋二大綱。桓伯時，楚未大盛，故以尊周言之。晉伯以能攘楚，從其重者言之。實則尊周者，未嘗不外楚；外楚，亦即所以尊周也。」「桓爲尊周，晉爲外楚，二伯消息升降之道也。」

案：廖氏據尊周、外楚，及傳云授桓以諸侯，以爲古者二伯之制復見於穀梁。王制云：「八州八伯，五十六正，百六十八帥，三百三十六長。八伯各以其屬屬於天子之老二人，分天下以爲左右，曰二伯。」傳文也有「交質子不及二伯」語。此爲二伯之制見於經、傳者。然古者二伯皆以内臣爲之，今齊、晉均爲列土諸侯，而授之以二伯，是當時古制已壞，春秋託齊桓、晉文爲内臣而授以二伯，統馭八州八伯。故廖氏云：「穀梁以『同』爲尊周、外楚，定穀梁爲二伯。」

至於公羊爲五伯之説，廖氏以白虎通爲據。白虎通號篇云：「五霸者何謂也？昆吾氏、大彭氏、豕韋氏、齊桓公、晉文公。」又云：「或曰：五霸謂齊桓公、晉文公、秦穆公、楚莊王、吴王闔閭。或曰：五霸謂齊桓公、晉文公、秦穆公、宋襄公、楚莊王。」後二説五霸，皆在春秋時，不合二伯之義。至於首説，兼三代，與古二伯同義。然既以五霸目之，不合王制二伯之説。且白虎通多采公羊家説，故廖氏定公羊爲五伯。

廖氏既定穀梁爲二伯，因合於王制二伯、方伯，「然後悟穀梁二伯乃舊制如此」。遂據王制解穀梁，以齊桓、晉文爲二伯，天下九州除王畿外分爲八州，八州方伯，魯、衛、陳、鄭、蔡、楚、吴、秦。卒正不全見經，魯之屬國曹、莒、邾、滕、薛、杞爲六卒正，皆侯爵百里之國。於是九州封建與王制同。

（二）嘗疑曹以下，何以皆山東國稱伯稱子，又與鄭、秦，吴、楚同？制爵五等，乃許男在曹伯之上？

案：曹以下山東國，謂莒、邾、滕、薛、杞。曹稱伯，莒、邾、滕皆稱子，薛稱伯，杞子伯並稱。鄭、秦並稱伯，吴、楚同稱子。故廖氏云「山東國稱伯稱子，與鄭秦、吴楚同」。廖氏此言，實爲爵制而發。王制曰：「王者之制禄爵：公、侯、伯、子、男，凡五等。」伯、男爲爵稱，伯尊于男，何以經書許男在曹伯之上？如莊十六年經書「會齊侯、宋公、陳侯、衛侯、鄭伯、許男、曹伯、滑伯、滕子，同盟于幽」，僖四年、五年、八年，文十四年等等皆是，與春秋尊卑之序相違，故廖氏有此疑問。遍檢歷代諸家之作，對於許男何以在曹伯之上，或避而不答，或勉强疏解，終不愜人意。

此爲廖氏多年之積疑。自甲申（一八八四）後，因考春秋大夫制等，由王制而悟穀梁具素王改制大義，多年積疑，從此涣然冰釋。

（三）攷大夫制，檢王制，見其大國、次國、小國之説，主此立論，猶未之奇也。攷其寰内諸侯稱伯及三監之説，然後悟鄭、秦稱伯，單伯、祭仲、女叔之爲天子大夫，則愈奇之矣。

王制云：「大國三卿，皆命於天子。次國三卿，二卿命於天子，一卿命於其君。小國二卿，皆命於其君。」此説大國、次國、小國大夫之命制。王制又云：「天子使其大夫爲三監，監于方伯之國，國三人。其禄視諸侯之卿，其爵視次國之君，其禄取之于方伯之地。」此説三監之制。

廖氏認爲，王制之説大小國大夫命制，於穀梁傳中可得印證。據穀梁，春秋之大國，謂齊、晉、宋，或諸侯二伯，或王者後。次國爲方伯，即魯、衛、陳、鄭、蔡、楚、吴、秦。小國則曹、莒、邾、滕、薛、杞，爲卒正。此大、次、小國之三等，既書於王制，復見於穀梁，是二者相合之證。然廖氏以爲此「猶未之奇」也，廖氏自稱奇者，乃「寰内諸侯稱伯及三監之説」。

所謂寰内諸侯稱伯者，即天子大夫、三監稱字之例。定十四年經書「天王使石尚來歸脤」，傳云：「天子之大夫不名。」天子大夫不名，即天子大夫稱字。石尚爲士，非大夫，故名。又如莊元年經書「單伯逆王姬」，傳云：「單伯者何？吾大夫之命乎天子者也。命大夫，故不名也。」據此，則單爲采氏，伯爲字。同理，隱元年經書「祭伯來」，傳云：「來者，來朝也。其弗謂朝，何也？寰内諸侯非有天子之命，不得出會諸侯。不正其外交，故弗與朝也。」祭伯爲寰内諸侯，即天子大夫，知祭是采，伯是字。又莊二十五年經書「陳侯使女叔來聘」，傳云：「其不名何也？天子之命大夫也。」女叔爲天子大夫不名，則女是采，叔是字。以此推之，仲亦是字。莊二十七年經書「公子友如陳，葬原仲」，廖氏云：「仲，字；與『叔』同，天子大夫不名也。」

伯、仲、叔是字，皆天子大夫，則方伯中凡氏采加字者，即天子之大夫爲監于方伯。廖氏云：「爲監於外，皆用是采以起爲王臣，否則不顯著。」故莊十一年經書「宋人執鄭祭仲」，廖氏注云：「祭仲，天子大夫爲監者，故不名而氏采，與王臣同也。」

總之，三監見於方伯國，以氏采起爲王臣，以字起天子大夫不名之例。魯有四監，單伯、夷伯、祭伯、祭叔是也；陳見二監，女叔與原仲是也；鄭一見祭仲；莫不如此。

故鄭、秦稱伯即可解。隱元年經書「鄭伯克段于鄢」，廖注云：「春秋託鄭、秦以主冀、梁，以鄭爲冀州伯，入王朝爲卿士，從寰内諸侯之稱，與祭伯同。」又文十二年經書「秦伯使術來聘」，廖注云：「秦何以稱伯？字也。外諸侯何稱字？曰：寰内諸侯稱伯，以天子卿士待之，與鄭相起也。鄭在東都畿内稱伯，以鄭爲冀州方伯，入爲天子卿士，從天子大夫例，不名稱字。使秦亦如鄭入爲天子卿士稱字。以東周例西周，是宗廟宫闕猶存；秦特西周一卿士，不敢據王舊都而君之也。此鄭、秦以方伯不稱侯而稱伯之精義。」廖氏以鄭近東都王畿，秦近西都王畿，託鄭、秦爲王臣，入王朝爲卿士，故從寰内諸侯稱字之例。伯，字也，非爵。

因伯非爵稱，故曹伯、單伯、鄭伯、秦伯雖尊卑懸殊，可同稱伯。同理，子爲七等首，不爲爵稱。七等，即州、國、氏、人、名、字、子。公羊云「州不若國，國不若氏，氏不若人，人不若名，名不若字，字不若子」。吴、楚稱子，是夷狄進之也。莒、滕爲魯屬小國，亦稱子，因有夷狄行，貶稱子也。故吴楚、莒滕大小懸殊，可同稱子。

伯、子非爵稱，則經又有「宿男、許男」，「男」是否爵稱？廖氏認爲，男亦非爵稱。春秋制爵，惟公侯二等，則伯子男非爵也。魯之屬國稱伯稱子；許爲鄭屬國，則稱男，以别内外也。若稱伯，嫌與鄭同稱；若稱子，嫌外屬國惟許稱子，無所起，故以男稱之。宿稱男者，正以起許稱男之意。與伯子相較，伯爲字，子爲七等首，男雖非爵，然藉以稱許，是猶有爵意，故男尊於伯子也。經書許男在曹伯之上者，因許爲鄭屬國，序在鄭下，可分内外，則曹以下皆爲魯屬國也。若序在杞、滕之下，則内外之分不明耳。總之，因伯子男非爵，故許男在曹伯之上，不背尊卑之序；因許爲鄭屬，故序在曹上，以爲内外之分。如此，經書許男在曹伯之上，怡然理順。廖氏深爲自信，謂「自漢以後，此説甚微」。

廖氏認爲，周制有五等爵，公、侯、伯、子、男，春秋制爵惟有二等，公、侯。滕、薛爲小國，經書滕侯、薛侯，是其本爵爲侯也。春秋别有滕子、薛伯之稱，因伯、子非爵稱也。故經書滕侯、薛侯，起見經小國皆爲侯爵也。因避與方伯同，且伯、子非爵稱，故稱伯稱子，此不爲奪爵，不爲貶。

春秋改周制五等爵爲二等爵，是廖氏以穀梁爲素王改制的關鍵。公羊有二伯之説，何氏有「改周之文，從殷之質」説，廖氏深得其意，然證之于王制，發之于穀梁，不從董、何三統、三世義，譬如探驪得珠，足見廖氏識見之卓絶。

綜上，廖氏既以王制爲孔子所作，爲春秋大傳，具改制之意。而穀梁寰内諸侯稱伯之説、改周制五等爵爲二等爵等，正是素王改制的精義所在。此即今古學考所述而證之于古義疏者。明乎此，則古義疏大綱可提，於其他細目，可以綱舉目張焉。

三

本書附録釋范和起起穀梁廢疾，可與古義疏相發明。以下略作介紹。

釋范之作，主駁范甯集解背師説而不得傳意。如隱公九年經書「天王使南季來聘」，傳云：「聘諸侯，非正也。」范氏集解據周禮天子有下聘之義，謂傳非。廖氏駁云：「周禮，古學；王制，今學。穀梁素王，盡從新制，故與古周禮説不合。王者改制，文質相救。周衰，天子弱、諸侯强，魯不朝周，而周屢下聘，君卑臣僭，失上下之序。故春秋改制救弊，譏下聘以尊天子也。」知廖氏以爲穀梁説天子無下聘，正是春秋改制之義。而范氏以周禮爲説，實不明孔子作春秋的深意。

又如，桓公八年經書「祭公來，遂逆王后于紀」，傳云：「遂，繼事之辭也。其曰『遂逆王后』，故畧之也。或曰：天子無外，王命之，則成矣。」范甯以爲「或説」是，「正説」非。案：正説既以「遂」爲繼事之辭，又云「故畧之也」，畧，謂不以禮稱之。則正説以爲經有貶意。或説主天子無外，則經無貶義。范甯從或説。廖氏認爲，八年冬經文「遂逆王后」，九年春經文則是「紀季姜歸于京師」，稱季姜，起前「王后」之辭實因魯主，不以禮也。若以禮稱之，當言「王后歸于京師」。歸既言「季姜」，則逆當言「女」。然經書「王后」，一則因魯主，二則寓貶意。范氏以或説駁正説，當本於公羊，是范氏不合穀梁師説之一證。

釋范中皆如此類。故廖氏訾譏范甯「先具成見，然後治經，苟有錯盤，無復沈滯，但已所昧，便相指摘」。又云：「范氏恣睢暴厲，借讎人之刃而自戕其同室也。」總之，范氏集解或不遵師説，或不明穀梁素王改制之意，故須糾謬，以顯其本義。

起起廢疾本乎東漢何休穀梁廢疾、鄭玄起廢疾而作。後漢書鄭玄傳云：「何休好公羊學，遂著公羊墨守、左氏膏肓、穀梁廢疾。玄乃發墨守、鍼膏肓、起廢疾，休見而歎曰：『康成入吾室，操吾矛以伐我乎？』」但鄭玄起廢疾並非專守穀梁以駁何休，其中議論有不合傳義者。故廖氏起起廢疾既駁何休，也駁鄭玄。廖氏之前，武進劉逢禄有穀梁廢疾申何，則是主何駁鄭，廖氏的立場與之不同，立説也自有異。

如隱公元年經書「公子益師卒」，穀梁云：「大夫日卒，正也；不日卒，惡也。」何休曰：「公羊以爲，日與不日爲遠近異辭。若穀梁云惡而不日，則公子牙及季孫意如何以書日乎？」

鄭玄釋曰：「公子牙，莊公弟，不書弟，則惡明也，故不假去日。季孫意如，則定公所不惡，故亦書日。」

案：公子益師卒，公羊傳云：「何以不日？遠也。所見異辭，所聞異辭，所傳聞異辭。」是以三世異辭爲釋，意謂隱公之世去孔子脩春秋時已遠，恩情漸薄，故大夫卒不日。今穀梁以正、惡爲釋，以日卒爲正，以不日卒爲惡，則公子牙有弑君之罪，而莊三十二年經書「七月癸巳，公子牙卒」，與穀梁「日卒正」相背。又，定公五年經書「六月丙申，季孫意如卒」，昭公次于乾侯，不得入晉，意如有罪焉。然有罪亦卒日，故何休據以駁之。

鄭玄則認爲，公子牙卒，不書「弟」，明有罪，故日卒仍見其惡。至於意如，雖有罪于昭公，然定公不惡，故卒書日。鄭氏之意，何休所舉例，其實與穀梁並不相背。

廖平起起廢疾頗與鄭玄説有别。廖氏云：「大夫不日，惡，據得臣也。意如惡，日，惡已前見也。子般卒，日，有所見。傳曰：『有所見，則日。』子牙亦以有見日也。又，莊不卒大夫。日卒牙，不卒者也。卒，則不卒不以去日見貶絶。説别見公子牙卒條。」

此與鄭玄説相較，知廖氏以變例補證。鄭玄但論卒日不日與正惡之關聯，公子牙去「弟」、意如爲定公所不惡，即以正、惡立論。而廖氏以傳文「有所見，則日」爲説，是在正、惡之外另爲補例。兹疏通如下：

其一，傳云「大夫日卒，正也；不日卒，惡也」，廖氏以爲，此據叔孫得臣卒不日惡起例。

其二，意如惡得日者，乃因意如惡已前見，不必以日不日顯其罪。

其三，公子牙卒日，乃因傳文另有「有所見，則日」之例，如子般卒日，因閔公不書即位，故知被弑。此即「有所見，則日」義。

其四，牙卒當依此例，不宜依「日卒正」之例。何以言之？桓、莊弑君、事仇，故不卒大夫以見無臣子。今公子牙例外，竟以有罪卒日，正是以卒見不卒。莊世不卒大夫，是爲可見者。以此可見，知牙卒日，乃爲季子諱，非牙無罪也。牙卒，其實不卒。不卒者日卒，起惡者不日也。古義疏亦云：「莊不卒大夫。此卒，知不卒者；日不卒，知不日。」

由此例可見，起起廢疾對傳例的解釋更爲圓通。廖氏以穀梁素王之義爲根本，以義起例。而何休本乎公羊，鄭玄則或取諸左傳，甚者以公羊立説，故廖氏云：「何既制言偎薄，立義矯誣。鄭則毀棄章服，改從敵人。」總之，立足于古義疏的素王改制義，無論釋范、起起廢疾，皆可一以貫之。同樣，若掌握釋范、起起廢疾立論之要，對於理解古義疏亦多助益。

四

穀梁古義疏刊本，據筆者所見，凡三種，一爲光緒二十六年（一九〇〇）日新書局刻本（簡稱日新本），二爲民國十九年（一九三〇）鴻寶書社刻本（簡稱鴻寶本），三爲民國二十一年嚴式誨成都孝義家塾叢書刻本（簡稱嚴本）。嚴式誨于重刻序中提及，廖氏因「舊刻疏惡」而屬其重刊。筆者細心對比三本，嚴本後出較優，故以之爲底本，以日新本、鴻寶本爲校本。兹將具體事例説明如下：

（一）嚴本有廖氏之孫廖宗澤「補疏」，補疏内容，主以易數爲釋，頗不合廖氏初變時之說。因日新本、鴻寶本無「補疏」語，故移「補疏」爲頁下注文，不附於正文後。

（二）書名，日新本作穀梁春秋經傳古義疏，鴻寶本作重定穀梁春秋經傳古義疏，嚴本作重訂穀梁春秋經傳古義疏，今統一爲穀梁古義疏。

（三）嚴本古義疏後附有外編叙目、釋范、起起穀梁廢疾，日新本、鴻寶本並無。因三篇論撰皆有助於理解古義疏，故爲「附録」。又，鴻寶本前有犍爲黄印清刊刻「弁言」，亦移作「附録」。釋范、起起穀梁廢疾，以六譯館叢書本爲校本。

（四）經、傳文字，以阮刻十三經注疏爲主。傳文有廖氏以己意增改者，一依之。如成十八年經書「宋魚石復入于彭城」，廖氏增傳文曰：「復者，復中國也。」此乃廖氏據僖公二十八年傳文所增補，今依循不删。又，經傳句讀，但依廖氏之意，如隱元年傳文「邾之上古微」，依廖氏意，讀「上」爲句。

（五）古今字，如于、於，經、傳混用，並存不改。餘則畧爲統一，如据、據等，則徑改不出校。避諱字、古籍混用字，如元、玄，己、已、巳，日、曰等，亦徑改不出校。

（六）廖氏引書，有節引、意引，今一一覆核，若文字有訛，或文意有歧者，據所引書改，並出校記。

（七）穀梁人名、地名與公、左二傳間有不同，如穀梁「任叔」，二傳作「仍叔」，穀梁「夏陽」，左傳作「下陽」，廖氏多混用，此類皆據本傳改，並出校記。

（八）若底本誤而校本不誤者，則出校。若底本不誤而校本有誤者，則不出校。若底本與校本互異，且文義可相參者，則不改底本，並出校本之異文。如底本「凡例」云「今志在復明漢學」，「漢學」，日新本、鴻寶本皆作「古學」，今不改底本，並出校記。

筆者先以嚴本與復旦大學所藏鴻寶本對校數過，並請託北京大學中文系博士生王君耐剛，以北大所藏日新本對所校者一一覆核，頗有與二本相出入者。嗣後，筆者據天津圖書館所藏日新本，詳爲復校，知同是光緒二十六年日新書局本，天圖本與北大本小有差異。在點校過程中，中華書局石玉兄、中國科學院自然科學史研究所陳殿兄多有助益。然見聞未博，學力不逮，思慮欠周，雖勤勉從事，究不能無舛謬，敬祈博學君子賜教焉。公元二〇一〇年六月三日，霞浦郜積意謹識。

穀梁古義疏序

西漢五經家學，今惟春秋公羊、穀梁尚存。魏、晉以來，微言大義晻曶不章，徒以文字異同，爲左氏家參攷而已。有清中葉，公羊學始大盛，而穀梁猶微，著書傳世者不逮十家，皆未足厭學者之意。蓋公羊家之學，江都繁露完書具存，任城解詁又依胡母生條例，兩大師家法未亡，故治之猶易。穀梁則師説久湮，惟有范武子集解。范氏以鄭君家法説春秋，鑿枘既多，舊義益以汩亂，故治之尤難。近人至以穀梁爲古文家僞造以附於左氏者，良可喟也。井研先生壯年專精穀梁之學，所著古義疏，數易稿而始定，根原王制，溝通二傳，存漢師之遺説，删范、楊之野言，較清代補注、釋例諸家，倜乎過之。昔阮伯元見孔撝約公羊通義，歎爲孤經絶學，孔氏書弗能稱是，先生之於穀梁，庶近之矣。先生與先文學交最篤，式誨少得侍教。孤露以後，先生時時過從，訓誨有加，既爲先文學作家傳集序，乃以此書舊刻疏惡，命爲重刊。剞劂甫竣，而式誨忽遘横逆，先生復貽書當道，遠勤將護。今春方欲躡屩德門，親謁杖履，匆匆未果，而先生赴至矣。哲人云亡，海内同悼，矧託末契，尤所痛心。猶幸是書刊成，足以慰先生於九京，因亟印行之。先生別有外編若干種，惟起起廢疾、釋范二書行世，今附刻於後。他日當求禮堂遺稿，盡刊布之，俾西漢今文家幸存孤學得以益昞於世也。壬申寒露後五日，世姪渭南嚴式誨識於成都賁園家塾。

穀梁春秋經傳古義疏叙

穀梁氏之學，孑然而垂爲孤經也蓋二千餘年于兹。自漢大司農高密鄭公起廢疾謂之近於孔子，其爲卜子夏親授與否，可不必疑，然要其衷之於聖，不甚相遠。康成六藝論又曰：「穀梁善於經。」意必較公羊、左氏爲優。而聞見之碻，淵源之真，夫固治春秋者之規矩隱括焉，而莫之能越者也。東京而後，漸成絶學，尹更始等五家傳説久佚。延及江左，皆爲膚淺，注者張靖、程闡、徐邈諸人，寖以湮没，幸范氏集解僅存，而采用何、杜兩家，難免鼇于師法。楊士勳稱其「上下多違，縱使兩解，仍有僻謬」，信哉。然楊自爲書，抑又不逮。訖我外此如啖助、陸淳、宋之孫覺、葉夢得、蔡元定輩，雅知折中而皆未有成書以闡明之。訖我聖清，經師輩出，絶學于是乎復振。凡穀梁經傳時有條釋，其散見者不一家，而崇尚專家之學，以溧水王氏芝藻爲倡，春秋類義折衷，見四庫存目。踵出者陳氏壽祺、穀梁禮説。李氏富孫、穀梁異文釋。許氏桂林、穀梁釋例。侯氏康、穀梁禮證。柳氏興恩、穀梁大義述。鍾氏文烝。穀梁補注。陳之禮説未經卒業，餘皆有專刻，惟柳氏之大義述彙萃尤備。不意樸學如季平者，又能湛思孤詣，承諸名宿之後，時出己見，冀有以集于成。烏虖！吾惡知當世劬學之士，復有風雨閉門、覃研極精、鼇然有當，而竟不于昔賢相讓矣乎！季平曏者來謁于都門，述所撰箸穀梁古義疏十一卷，十易稾，未爲定本。今郵其叙例見示，首明古誼，説本先師，推原禮證，參之王制。注、疏之外，別撰大義，屬辭比事，條而貫之，並綴以表，旁及三傳異同，辨駁何、鄭，糾范釋范，靡不加詳，終之以諸國地邑、山水圖、外篇，都爲五十卷。別白謹嚴，一無遺漏，得其統宗，庶乎鉅觀。執聖人之權，持羣説之平，守漢師之法，導來學之路，不朽盛業，其在斯乎！昔董子有言「春秋無達辭」，吾則未之信也。努力訂成，争先快覩，謬附起予，竊自多已。光緒癸巳八月，同學友生錢唐張預謹叙於長沙使院。

重訂穀梁春秋經傳古義疏自叙

穀梁顯于宣、元之間，不及一世。東漢以來，名家遂絶。舊説雖存，更無誦習。范氏晛其闐弱〔一〕，希幸竊據，依附何、杜，濫入子姓，既非專門之學，且以攻傳爲能。末學膚受，喜便誦記，立在學官，歷世千載。原夫素王撰述，魯學獨專，俗義晚張，舊解全佚。辛巳中春，痛微言之久隕，傷絶學之不競，發憤自矢，首纂遺説，間就傳例推比解之。癸未，計偕都門，舟車南北，冥心潛索，得素王、二伯諸大義。甲申初秋，偶讀王制，怳有頓悟。于是向之疑者盡釋，而信者愈堅；蒙翳一新，豁然自達。乃取舊藁重録之。戊子，詮釋公羊，繼有删補。庚寅，纂述左氏。癸巳，讀禮多暇，取舊藁重加脩訂，雖在會通三傳，而魯學家法不敢稍踰。又舊藁至今十年矣，所説多不同，非大有出入，不悉削之，以存入門之迹。經、傳微奥，鑽仰無窮，俟有續得，擬再脩補。博學君子，加之匡正，所切禱焉。癸巳三月朔，井研廖平識。

〔一〕「闐弱」，日新本、鴻寶本同，頗不辭，疑「闐」是「闇」之訛。

重訂穀梁春秋經傳古義疏凡例

穀梁先師章句、微故著録班志者，魏、晉猶有傳本，范氏集解不守舊訓。今志在復明漢學〔一〕，故專以舊説爲主。至於范注，聽其别行，不敢本之爲説。

左氏、公羊與傳同説一經，不須求異。唯漢以後，久已别行。今既别解公羊、左氏，三傳各立門户，不取苟同，務就本傳立説。然義本相同，後來誤解因致歧出者，則必化其畛域，以期宏通。

何氏公羊解詁與穀梁傳説多同，傳文各古本互有詳畧，非取二傳相推，反不明著。同者，是爲推闡本傳，不以膚引爲嫌。今注間有與公羊、左氏同者，亦由本傳推得之，非用二傳也。若傳中所存「異説」與公羊同者，依義解之。

春秋爲萬世立經〔二〕，公羊先師誤以爲救文從質，爲一時之書，與本書經義不合，今不

〔一〕「漢」，日新本、鴻寶本作「古」。

〔二〕「立」，日新本、鴻寶本作「之」。

取之。至於三代之説，皆後王三統之義，何君于注中多所引用，今用其例，於一定之中，詳其通變之法。

陸氏釋文及本傳異文，諸書所詳，今不暇及。至傳文字誤，新所考訂，皆爲標識，有所據改，説見疏中。至於訓詁，人所易明者，不更贅及。

春秋問辭，弟子皆有所據。然其據文，本禮制、文句並用。何君以下説春秋者，引用經中文句，而畧于禮制一門，多與傳意相迕。今注中據文，半主禮制，半主文句。

三傳言禮制者，每傳多各言一隅，必須合考三家，方成完説。許、鄭訐争，皆失此旨。今于三傳禮制異同處，據參差互見諸例以説之，務使彼此相發、互文見義、合于禮意爲主，不敢輕事杵擊，動成齟齬。

三傳舊例多文異義同，先師門户過嚴，彼此相激，不惟不能求益于人，白馬非馬主張太過，反於本傳有損。今于實不相通者，立三傳異例表；文異義同者，立三傳同例表以統之。

三傳事實，末節細端閒有差舛，大事明文則無同異。後人吹毛索瘢，察及秋毫而不見輿薪。今將事實確有不同者，别立三傳異事表，其他詳畧參差、文實諸説可通者，于注中詳之，以見異者千百中之一二，而同者固大且多也。

注以王制爲主，參以西漢先師舊説，從班氏爲斷。初以本師王制用單行中字、班氏以下夾行小字，因與經、傳混，改爲夾注。凡所不足，乃下己意；注所不盡，更爲疏之。以疏附注，故與唐人注、疏别行者體例稍異。

王制爲春秋大傳〔二〕，千古沉翳，不得其解。以穀梁證之，無有不合。今作王制義證一卷，以附經、傳之後，引經、傳及師説注之，以相印證。

國語爲左氏作，本孔子創作舊説附會事實而成〔三〕；爲經作傳，所謂賢爲聖譯也。史記本紀、世家又本春秋譜牒而作。至左傳、史記説事解經與傳異者，皆左所無，本弟子推考而出，其文當全見左氏説微中，非國語原文也。今除説微殊異之外，疏中引用實事者，以史記爲主，左亦間用之。

春秋二伯黜陟，立八方伯、七卒正，存西京、收南服，以九州分中外，内四州國則早封之，外四州國則漸引之，夷狄在九州外。春秋小統，不治要、荒、夷、狄，凡經所稱夷、戎、狄，多有諱避而託之。舊説多以吴、徐、楚、秦指爲真夷狄者，誤也。楚爲南外四州，即爲諸夏。

〔二〕「春秋」，日新本、鴻寶本作「六藝」。
〔三〕「創作」，日新本、鴻寶本作「六藝」。

内諸夏外夷狄，則夷狄屬要、荒，亦非真夷狄也。

屬辭比事，春秋之教。事有本末，前人已詳；至于屬比，殊未盡其義。張氏辨例編衰録此例甚詳，今悉取用而推本傳例以補之。

董子治公羊，禮制與本傳實同，凡微文孤證，本傳先師無説，今悉取之，如制度及軍制、黜陟之類是也。又杜氏公子譜本于劉子政世本，是本傳師説，今亦用之。

春秋新義，不惟損益禮制，名教綱常尤關統繫〔一〕。制度，于一定之中以三統通其變；至于禮義，百世不變。傳中禮制、義理多本此意説之。至傳義與經小別者，于經下注明本意，傳下則就傳義解之。

六經取六合之義〔二〕，又如黄帝六相。詩、書、禮、樂爲四教，法四時四方。易如天，爲空文；春秋如地，爲實事；舉孝經而實之，是六經本一貫也。先師説相關之處，多引孝經、易、詩、書、禮、樂爲説，今仍其義，以明六經相通之實。

春秋改時制，所謂因監損益、擇善而從，託之六經，于時事無關。人多不明此意，流弊

〔一〕「尤關統繫」，日新本、鴻寶本作「實亦在焉」。
〔二〕「六經」，日新本、鴻寶本作「六藝」。後同。

甚多。今于各條間輯周制遺文軼事，以見春秋改變之迹。六經既定，垂法百世，後人不能再言改變矣。

何君解詁，引用京易、韓詩。攷博士之説，本同一家，固不別異。今仿其例，凡本傳佚義，取博士説補之。

春秋之作，上考三王，下俟百世，大統之法多由此而推。今立古、今二例，上徵帝王六經，下統諸史，政治典禮悉考其沿流焉。

六經疆域，以明文言之，詩言海外〔一〕，尚書言五服、四海之內〔二〕，春秋則但言九州，且就九州分中外，是小莫小於春秋。王化由近及遠、由小推大，故春秋爲六經之始基、帝王之起點。用算學語。先就九州推詳制度，然後逐漸加增。故漢人首重春秋，以六經之學，春秋爲入門首功，非先讀春秋，不能讀他經也。

考六藝，以皇帝、王、伯分之，則春秋爲伯統專書。故孔子云：「事則桓、文。」雖曰伯統，治與王道無殊。故詩首周、召，尚書始羲、和。詩云「爲王前驅」，尚書、春秋以伯王分

〔一〕「海外」，原作「天道」，據日新本、鴻寶本改。
〔二〕「內」，原作「外」，據日新本、鴻寶本改。

先後，非有優劣於其間。以詩論，二南即詩之春秋也。舊解多混同。今畧分界畫，以存其真〔二〕。

春秋疆宇小，惟小，故於制度記録詳，且瀛海之外仍名九州。鄒衍由小推大，則大統之法，即由春秋而出。然則春秋如書家之九宫法，爲幼學初階，老宿亦莫能外之者也。

舊用東漢法，於今、古分劃甚嚴。壬辰以後，化去今、古之迹；丁酉以後，乃著小、大之分。六經中分天下，三大三小，周禮歸入大統，爲海外通典之所本。故此本引用説，一依小統。周禮專言海外者，一字不敢取用，識者諒之。

按：「凡例」未刊之先，已經數易其稿。癸巳，刊入羣經凡例者多字誤，今畧爲補正，又加四條於後，爲丁酉以後續得之説。但雖有此義，不過詳於易、詩二經中，至於三傳舊條，已成定本，於此例殊少涉，不敢因之而有移改焉。己亥十月季平識。

〔二〕此節全脱，據日新本、鴻寶本補。又，日新本「優」下脱「劣」字。

重訂穀梁春秋經傳古義疏卷一

春秋者，魯史舊名。孔子有德無位，繙經立教，上則質諸鬼神而無疑〔一〕，下俟百世聖人。六藝之道，取法人、天〔二〕；詩、書、禮、樂，教分四時。以易主天，以春秋主地。以疆宇言之，春秋就九州分中外；尚書及禮聲教迄于四海；詩、樂施于海外，所謂六合之内也；易專明天道，兼及六合以外。故大莫大于易，小莫小于春秋。以世代論之，易無方體，詩、書並列各代，年皆數千。惟春秋乃一代專書，年僅二百，記世代甚少，言方輿則甚狹，專作一經，表章典制，故春秋爲六藝之開宗、治法之權輿。由小推大，由今推古，所謂「見之行事深切著明者」也。經成，以授子夏，子夏傳經，即著大傳，發明大綱，傳示學者。卜商首受春秋，故以氏其學。此傳又先師授受，因弟子發問而師引舊傳以答之，與服問、喪服傳同。故傳中凡引「傳曰」者，即子夏舊傳是也。今本爲江公所傳，因其居

〔一〕「上則質諸鬼神而無疑」，日新本、鴻寶本作「上溯皇帝王伯」。
〔二〕「人天」，日新本、鴻寶本作「六合」。

魯，與魯詩世稱魯學。漢時穀梁有五家傳本，各有異同，故劉子所引傳文，間爲今本所無，皆別家佚文也。穀梁，魯學，篤守師法；公羊，齊學，間及大統〔二〕。然舊本一家，大綱巨目莫不相同，畧有變異，皆爲小節。國語本左氏傳事之文，本以證明口受，後來弟子掇事編年，附以説微，即今左傳是也。形體雖分，毛裏則一，兄弟相尤，外侮頻起，獨抱一經，其禍烈矣。今則化其戈盾，以收相濟之功；別其係屬，以專異宮之敬。凡所不知，敬俟來哲。

隱公魯世家：「惠公卒，長庶子息攝當國，行君事，是爲隱公。」孔子作春秋，據魯史文。隱公，魯君，惠公子，孝公孫。

事詳春秋譜牒。首隱者，春秋感麟而作，歷世十二，年二百四十，天道終，人事洽也。

疏孟子曰：「王者之迹熄而詩亡，詩亡然後春秋作。晉之乘，楚之檮杌，魯之春秋，一也。」孔子曰：「其事則齊桓、晉文，其文則史，其義則丘竊取之矣。」「夏五」，傳云：「由定、哀以指隱、桓，則隱、桓之日遠矣〔三〕。」孔子覩麟而作春秋，由近及遠，撥亂反正，先急後緩，故定、哀爲一家言，莊及昭爲一國言，隱、桓爲天下言。孟子曰：「天下之本在國，國之本在家，家之本在身。」謂是也。文由隱、桓始，王法由隱、桓終。初治陪臣，繼治大夫，再治諸侯，以返于天子。天道數終，人事已備，再上難徵，故終隱、桓也。

〔二〕「間及大統」，日新本、鴻寶本作「著録稍晚」。

〔三〕「日」，原作「世」，日新本、鴻寶本同，此據傳文改。

元年十二諸侯年表：隱元年，周平王四十九年，齊僖公九年，晉鄂侯二年，宋穆公七年，衛桓公十三年，陳桓公二十三年，鄭莊公二十二年，蔡宣侯二十八年，楚武王十九年，秦文公四十四年，曹桓公三十五年。又序云「余讀春秋譜牒」云云，是史公曾見春秋譜牒，因據以爲説。何氏解詁不言譜牒事，實使筆削襃貶之意不明，史公既據譜牒立説，今故取年表、世家以爲説焉。

春，王正月。元年、春、王、正月、公即位者，五始也。劉子云：「恭維五始之端，在乎正己而已。」元年，君始年，諸侯君其封内，踰年即位稱元也。「春」者，歲之始。子、丑、寅三月爲春，建子，從周制也。「王正月」者，明王一統，且以別於夏、殷。「春」在「王」上者，以正月繫王，以春統正月。王不稱「天」者，王猶周也。三月有王，正春也。元年必有正月，正君也。劉子云：「有正春者無亂秋，有正君者無危國。」**疏**「五始」者，春秋緯云：元爲氣之始，春爲歲之始，王爲受命之始，正月爲年之始，公即位爲君國之始。按：元年言元，餘以一二數；春三月有王；正月言正，餘以一二數。下三時不言王，餘年不言「公即位」，皆謹始之意。五者備，爲五始也。「諸侯君其封内，得踰年改元」者，白虎通德論云「諸侯不能純臣」，于其封内得稱元也。「春」者，按：夏以寅爲正，則寅、卯、辰爲春；周正建子，時從而改，則子、丑、寅爲春；天開于子，故子得爲春。「王正月」至「夏殷」也者，按：古者三正迭用，夏正得天，與時正並行，故周禮云「正月之吉」者，謂周正；云「正歲」者，謂夏正也。田獵祭祀用夏正，下三月乃繫事，明行夏時也。「王承天」者，傳曰「爲天下主者，天也；繼天者，君也」是也。「王不稱天」至「周也」者，春秋周不舉周，以王爲號；周，地名，嫌與諸侯同，故言王。如王臣稱「王人」，與諸侯上言國、下言人者同，如齊人、晉人。知王謂周。

雖無事，無事，謂不言即位。**必舉正月，**據餘年正月不繫事不書。**謹始也。**據即位爲君之始。劉子云：「孔子曰：『君子務本，本立道生。』夫本不正者末必倚，始不盛者終必衰。春秋之義，有正春者無亂秋，有正君者無危國。易曰：『建其本而萬物理，失之毫釐，差之千里。』是故君子貴建本而重立始。」**公何以不言即位？**顧命即位于尸柩之前，不俟踰年。春秋踰年乃即位稱公者，以明一年不二君之義。如于前年言即位，則一年二君，如定公之無正始，昭公之無正終矣。即位，繼立之變文。元年必言即位，國乃有君，故不言則爲變，以爲其國無君之辭，非杜氏所謂行禮受朝爲即位。**成公志也。**即位，嗣立之名。隱公有讓志，意不敢當國，故不言「即位」以達其意。不言者，謂公實即位而不書之辭也。成者，其事未行而春秋成之也。**焉成之？**據與繼故君不同。不知，所以不敢當君之意。**言君之不取爲公也。**據隱不自正，知志不即位。**疏**不曰「公不取爲君」者，葬乃稱君，純臣之辭。「公」，爵稱。「君」，其言君者〔一〕，親之之辭。「不取爲公」〔二〕，謂遺榮也。**君之不取爲公，何也？**據繼弒不忍，此繼正。**將以讓桓也。**據不自正，知爲讓；桓繼立，知在桓也。**讓桓正乎？**據無正，疑讓正。**曰：不正。**據元年有正以正隱。隱正，則讓不正。**疏**魯世家：「惠公卒，長庶子息攝當國，行君事，是爲隱公。初，惠公嫡夫人無子，公賤妾聲子生子息，息長，爲娶于宋。宋女至而好，惠公奪而自妻之。登宋女爲夫人，以允

〔一〕「君者」，原作「終君之」，日新本同，此據鴻寶本改。
〔二〕「爲」字原脱，日新本同，此據鴻寶本補。

爲太子。及惠公卒，爲允少故，魯人共令息攝政，不言即位。」**春秋成人之美，**據聶北言「救」，遂齊侯之意。**不成人之惡，**據趙盾、許止、楚比皆不實弑待之。春秋明美惡以示賞罰。當時上下濁亂，得正者少，使原情定罪，則有惡無美，有罰無賞，進退難設，褒貶不明，王道無以立焉。故善善從微，疾惡從著，于時事有善志、善言，事雖未行，皆褒録以成事之辭。非姑息之小仁，乃褒貶之大法也。**隱不正而成之，何也？**春秋無達辭，凡非常例，皆有所起。此成惡，非常辭，故問所爲。**將以惡桓也。**據讓在桓，一讓一奪，是桓惡也。**其惡桓，何也？**功罪各在其身，成隱惡桓，疑二公同罪。**隱將讓而桓弑之，則桓惡矣。**疏弑，大惡。慈兄將讓，聽閒言而弑，以怨報德。不言隱讓，則桓惡不顯也。**桓弑而隱讓，則隱善矣。**唯其爲善，乃可成之。疏弑爲大惡，讓爲美德，推其讓、弑之迹，則隱爲善人。使不明其讓，反與吴僚同科。隱公之行，律之以道，固有未盡；能輕千乘，春秋所嘉。然則不言即位，特所以成美。孟子曰：「春秋無義戰，彼善于此，則有之矣。」亦此意也。善者，小可之美，未可律以道義之名。**善則其不正焉，何也？**善之宜得正，如言救者善，則伐者不正是也。此美惡相反。**春秋貴義而不貴惠，**據齊桓專封猶見譏。義者，家國之大綱；惠者，仁慈之小節。朝廷以義掩恩，閨門以恩掩義。春秋託王道以爲萬世法，故不貴小惠而一斷以義，專爲朝廷之治也。苟不相妨，亦在所録，諸善是也。至于公私並見，則去私急公，傳曰「雖通其仁而義不與」，又曰「仁不勝道」是也。**信道而不信邪。**傳曰：「言之所以爲言〔二〕者，

〔二〕「言」，原作「人」，日新本、鴻寶本同，此據傳文改。

信也。言而不信，何以爲言？信之所以爲信者，道也。信而不道，何以爲道〔一〕？道之貴者，時；其行，勢也。」荀子曰：「從義不從父，從道不從君〔二〕。」**疏**春秋大受命，而深惡邪命。奚齊受命而國人不予，王子朝受命而以爲嫌，皆惡亂命。傳又曰：「人之于天也，以道受命；于人也，以言受命。」命必本道也。**孝子揚父之美，不揚父之惡。**劉子云：「子者，親之本也。無所推而不從命〔三〕；推而不從命，惟害親也。」**疏**據譏曹世子朝、毀泉臺。孝經曰：「子從父命非孝，父有諍子則不陷于不義。」許衛輒之拒父，絶魯莊之私母，皆不用亂命也。**先君之欲與桓，非正也，邪也。**據隱正則與桓不正。隱長宜立，惠公愛少子，私欲立桓，因其幼，命隱攝立以反桓，隱雖面受其命，然乃邪命，當改，不可信守以揚父惡。**雖然，既勝其邪心以與隱矣，**若不勝邪，則竟立桓矣，猶能立隱，是其心邪不勝正也。**已探先君之邪志，而遂以與桓，**先君之心，邪正交戰，孝子當將順其美，匡救其惡，稱先君之命，明長幼之節，絶幼弟覬覦之心，杜臣下觀望之隙。隱不務此，而存匹夫之信，以國與桓。隱之讓而以「與」言〔四〕，如其志也。**則是成父之惡也。**惠公立幼之志，憚而未行，其惡尚未顯著，隱追行其志，使其志惡暴于天下，非惟揚惡，直成惡耳。**兄弟，天倫也。**繼立之道，以天倫、父命爲重，二者失一，爲不正。陽生得天

〔一〕「道」，原作「信」，日新本、鴻寶本同，此據傳文改。
〔二〕此二句「君」、「父」互易，日新本、鴻寶本同，據荀子子道篇改。
〔三〕「不」下原衍「行」字，此據説苑建本篇删。
〔四〕「之」，原作「方」，日新本同，此據鴻寶本改。

倫而無父命，齊荼、晉奚齊有父命而無天倫。**疏**隱、桓同非嫡子，兄弟之倫，天所定也。欲亂其倫，是棄天也。春秋奉天先于君父，故言天倫以明其不若于道。**爲子受之父，**隱已立，受國于其父。**爲諸侯受之君。**君，天子也。班氏云：「繼世以立諸侯，象賢也。諸侯世子三年喪畢，受爵命于天子，明爵者，天子之所有，臣無自爵之義。」**已廢天倫，**棄天倫，不若于道也。**而忘君父，**「于人也，以言受命」。不若于言，棄命也。**以行小惠，**春秋貴讓，然大德不踰閑，小德可以出入。今蔑天倫忘君父，以小節自矜，則私惠小善不足以論大道。劉子云：「窮鄉多曲學，小辨害大知，巧言使信廢，小惠放大義。」**曰：小道也。**傳曰「仁不勝道」，則「道」與「義」比。「曰小道」者，因讓目「道」，因義加「小」。隱脩小善，陷于大惡，故有國者不可以不知春秋。子夏曰：「雖小道，必有可觀；致遠恐泥，是以君子不爲。」**若隱者，可謂輕千乘之國，**千乘者，方伯食閒田，方百里者十，開方得方三百一十六里。劉子說吳季札曰：「夫不以國私身，捐千乘而不恨，去尊位而無忿，可以庶幾矣。故春秋賢而貴之。」說曹子臧曰：「子臧讓千乘之國，可謂賢矣。故春秋賢而褒其後。」**疏**按：春秋貴讓，故于二公子皆褒而進之。隱能讓，亦賢也。魯，方伯侯。百里出千乘，邾，卒正，故亦稱千乘。**蹈道，則未也。**荀子說：「君子處仁以義，然後仁也；行義以禮，然後義也；制禮反本成末，然後禮也。三者皆通，然後道也。」譏其不合于道。**疏**按：隱公讓國，當如曹臧、吳札。已立，當如衛輒。隱當父欲立桓之時，不能如泰伯、伯夷逃而避之以成父志。已立，又首鼠兩端，使佞臣窺伺，卒釀成弑身之禍。仁而不斷，脩小節而忘大道。論語曰：「泰伯其可謂至德也已矣，三以天下讓，民無得而稱焉。」傷讓德之不終，故舉至德以爲法。

三月，公及邾儀父盟于眛〔一〕。不言即位、首事三月者，行夏正之辭也。春秋始于三月，終于春，以夏正準之，則始正月，終十二月也。首言公，録内也。言邾，近而親之。此見經之卒正也。盟，春秋之大政，進稱字，明改制黜陟也。

疏王制一州七卒正。春秋常叙六卒正，其一不見，爲方伯所統，故不見。邾初當此，與内最近，故首言之，後因紀亡，乃進之。

及者何？據言公會盟。**内爲志焉爾。**志者，謂志爲此會。及，猶汲汲也，不分内外。凡會盟言「及」者，皆内欲之。外欲者言「會」。

疏由尊及卑，由内及外，皆以「及」者爲主。此言及，魯志于此。**儀，**據春秋稱字以伯、仲見，此兼言「儀」。**字也。**據卒名「克」。經例：凡字以伯、仲見。邾如稱伯，嫌爲爵，故見實字，與孔父同。

疏地理志魯國騶下云：「故邾國，曹姓，二十九世爲楚所滅。」**父，**據春秋不以伯、仲見者，言字皆稱某甫。**猶傅也，**傅，禮書作「甫」，葢傅從甫聲，甫從父聲，故或言甫，某甫是也。**男子之美稱也。**禮經稱某甫以配實字，故爲美稱。**其不言邾子，何也？**據卒稱子。**邾之上，**上下，君臣之辭。**古微，**古謂春秋以前。王制曰：「王者之制爵禄，公、侯、伯、子、男，凡五等。天子之田方千里，公侯田方百里，伯七十里，子、男五十里。不能五十里不合于天子，附於諸侯，曰附庸。」又云：「凡官民材，必先論之，論辨然後使之，任事然後爵之，位定然後禄之。」

疏春秋前，稱字爲附庸微國。**未爵命於周也。**周，天子有天下大號也。劉子云：「天子居無上之位，下無屈，故得立

〔一〕「眛」，原作「昧」，日新本、鴻寶本作「眛」。此據阮氏公羊校勘記改。

大號，以勸勉子孫。諸侯有爵禄之賞，削絀之義，鈇鉞之誅，故無所有國之號也。」言「古微未爵命於周」者，明春秋爵命之也。邾本附庸，春秋初字之以爲小卒正，後進之以爲見經卒正，因其國近魯，又漸强，如秦、楚初封甚微，後乃大，故進之，以明春秋有王法也。下不稱伯者，邾亦夷也，以其在滕、薛上，知爲卒正也。春秋之義，諸侯二伯、王後爲一等，齊、晉、宋是也；方伯爲二等，魯、衛、陳、鄭、蔡、楚、吳、秦是也；小國卒正爲三等，曹、莒、邾、滕、薛、杞是也。一等大國例稱公，升齊、晉于宋公上，明亦稱公也。二等侯國例稱侯，魯、衛、陳、蔡是也；鄭以伯殿于末者，鄭，畿内國，從天子大夫字例，卿視侯，大夫視伯，故鄭居末，因時用小國禮也。卒正統三十國，本百里，有功之國爲之，乃稱字者也。方伯，侯也，六國中首末稱伯，中稱子，明非爵也。許在曹先，明許屬鄭，爲内外之分界；不稱子、伯，辟鄭也。不可稱子、伯，故獨稱男，男，託爵也。畿内假稱男，亦同外稱子、伯也。外七方伯，四十二卒正皆不叙，惟叙許，因所叙以起不叙也。必叙鄭者，鄭在末稱伯，鄭有卒正，則諸侯之有無疑。言鄭則陳、蔡、衛可見，言陳、蔡、衛則鄭不見，故獨叙鄭、許也。晉不在齊下者，周之宗盟，異姓爲後，尊同則論姓也。陳、蔡、衛三國叙互異者，三國爵同不嫌。鄭必在三國後，許必先曹，有界畫不可淆，且因有定以起無定也。小國許從鄭，故先之。魯屬曹與莒、邾爲一等，曹以同姓先之；滕、薛、杞又爲一等，滕以同姓先之。小邾者，邾之附庸也，隨邾以見，故不卒葬而殿焉。小國次序有定，同屬于魯，無别義也。小國五十里，附庸不能五十里，不達于天子，盟會附于大國，不以國名通，如小邾子以附邾見是也。孟子云：「附于諸侯曰附庸。」董子説：「附庸字者方三十里，名者二十里，人氏方十里。」蓋師説同也。未爵命，故不稱子。孟子曰「子、男同一位」。春秋邾初爲附庸，後受爵稱子，小國爵有進退。**不日，**據内盟重事，例日。

其盟渝也。渝盟，謂七年公伐邾。盟以謹信，重之，日；不信，畧不日。月者，久乃渝。時者，速渝。日者，正；以時、月差其功過深淺。**眛，地名也。**有地國者，故示其例。

夏，五月，鄭伯克段于鄢。鄭，方伯國，在河南新鄭。傳云「在冀州」者，晉在冀州，二伯不主諸侯，故春秋託鄭爲冀州方伯主之。齊、晉，外諸侯也，春秋託爲内臣，以當三公之位；稱侯不稱公，其實非内臣也。又託鄭、秦以主冀、梁，而二國稱伯者，西都、王畿；王畿不立方伯，故不與四州方伯同稱侯，使如入爲卿士然，故從王臣稱伯也。春秋天子三公稱公，大夫稱字，以鄭爲冀州伯，入王朝爲卿士，從寰内諸侯之稱，與祭伯同；而其實以爲冀州方伯，故言湯沐邑、言監者，在喪不稱子以起之。春秋以平王東遷，盡失西京舊地於秦，不勝「黍離」之歎，故王畿以西京爲主，以東京爲行在。其稱東周爲京師，以爲天子行在，脩周初于東周朝諸侯之禮，非實都也，故于東都伯鄭以起西周伯秦之爲收復舊京也。知「伯」爲從寰内稱者，「祭伯來」，傳曰「寰内諸侯」；又召伯、毛伯皆王臣，左傳鄭武公、莊公爲平王卿士，知從王臣稱伯也。鄭稱伯，祭仲亦稱字，得相統屬。鄭以伯攝卿職，故名稱、貢賦雖時同小國，然經之待之同方伯矣。劉子云：「鄭國，今河南之新鄭。及成臯、滎陽、潁川之嵩高、陽城，皆鄭分也。本周宣王弟友爲周司徒，食采于宗周畿内，是爲鄭。」

克者何？經言「克」，用尚書克商例，文祇一見，傳據經求例。**能也。**據弗克納、葬。**疏**左傳「得儁曰克」，儁，當爲獲。以爲一見例。傳以能釋，同納、葬文。然「克」下必加字，乃見殺義。「大夫生死皆曰獲」，左傳以得獲爲例，亦可訓殺也。**何能也？**據彼有納、葬。**能殺也。**據目君同殺文。言克而不言殺，知實未殺，春秋誅心，以殺科之。左傳：「不言出奔，難之也。」即能殺之意。**疏**鄭世家：「莊公元年，封段于京，至京，繕甲治兵，與其母武姜謀襲鄭。二十二年〔二〕，段果襲鄭，武姜爲内應。莊公舉兵伐段，段走。伐京，京人畔段，段走出鄢。」**何以不言殺？**據趙盾、許止可以言弒，宜如殺年夫直言殺。**疏**目君即爲殺辭，既欲重鄭伯之罪，何不竟言殺之？**見段之有徒衆也。**據殺如年夫直殺一人之辭。鄭伯齎段以徒衆，養成叛逆，誅之有名，段之徒衆，鄭伯之餌也。言「克」，然後知有徒衆也。**段，**不氏，疑微者。**鄭伯弟也。**據下言世子忽，知爲弟。**何以知其爲弟也？**據不言公子、不稱弟。**殺世子、母弟，目君。**據晉侯殺其世子申生、天王殺其弟年夫，皆目君。餘殺大夫稱國、稱人。此引舊傳文也。**以其目君，**言鄭伯。**知其爲弟也。**據世子在，知爲弟。**段，弟也，而弗謂弟；**據陳招言弟。稱「弟」親貴，故先言。**公子也，而弗謂公子，**據陳招言公子。**貶之也。**貶謂奪其爵秩。

疏春秋大國卿、次國卿皆命于天子，見經舉氏，親貴稱弟、公子；小國卿不命于天子，會盟不見，故曰無大夫。因事見則去氏，曹羈、莒挐是也。鄭次國，公子親貴，乃同小國大夫去氏，故爲貶也。**段失子弟之道矣**〔三〕**。**據宋辰不失弟道。段握兵爲亂，思奪君位，棄父命，失子道，故不言子；奪兄位，失弟道，故不言弟。**賤段，**據挈突賤之。貶去弟、公子貴稱而無所繫，賤乎賤者也。猶不得比小國卿，所謂失嫌也。**而甚鄭伯也。**據不言子弟，明鄭伯亦

〔二〕「二十二」，原作「二十一」，日新本、鴻寶本同，此據史記鄭世家改。
〔三〕「矣」，原作「也」，日新本、鴻寶本同，此據傳文改。

不以子弟待之，如路人然。**何甚乎鄭伯？**據諸侯殺世子母弟不甚。甚者加惡，蓋隨其本罪之輕重而加等治之。**甚鄭伯之處心積慮成於殺也。**成者，未殺而成之也。鄭伯爲君，當導其弟以禮義，不帥教，當防閑之。怨母偏愛，借兵齎糧，養成其惡，然後討之，徼倖逃奔，志則在于殺也。**于鄢，**據殺世子、母弟不地。**遠也，**鄢，陳地。所逃已遠，如追而殺之，故地也。**猶曰取之其母之懷中**〔二〕**，**母弟，故言母。**而殺之云爾。**已踰竟，可以緩追逸之，乃窮追殺之，與奪諸母懷而死無異。**疏**鄭世家：「武姜生太子寤生，生之難，及生〔三〕，夫人弗愛。後生少子叔段，段易生，夫人愛之。」**甚之也。**故其罪在諸殺上。諸殺或蔽于讒間，或起于倉卒，其道甚易，猶有悔心，不若鄭伯視如敵國，陰謀秘計，成心于殺也。**然則爲鄭伯者宜奈何？**據窮追見甚「于濮，譏失賊」，宜何從？**緩追逸賊，親親之道也。**據夫人姜氏遜于邾，以討賊許之。「于濮，譏失賊」者，州吁疏賤，弒成君惡重，當急誅之。此惡小、親重，又犯在己，故可逸賊。使弒鄭伯，鄭臣子當急誅之，不得議親也。

秋，七月，天王使宰咺來歸惠公仲子之賵。歸例時。月者，譏不及事。歸言賵，求言賻。不及死，賻，專譏生者也。**疏**劉子云：「周地，柳、七星、張之分野也。今之河南雒陽、穀城、平陰、偃師、鞏、緱氏，是其分也。昔周公營雒邑，以爲在于土中，諸侯藩屏四方，故立京師。至于幽王淫褒姒，以滅宗周，子平王東居雒邑。初，雒邑與宗周通封

〔二〕　上「之」字，原作「諸」，日新本、鴻寶本同，此據傳文改。
〔三〕　「及」，原作「乃」，日新本、鴻寶本同，此據史記鄭世家改。

畿，東西長，南北短，長短相覆爲千里。至襄王，以河内地予晉，又爲諸侯所侵，故其地分小。」

母以子氏。此舊傳語也。知者，據不言「及」也。禮：妾賤不得體君。故春秋妾不見於君世。于子世，以氏見，弋氏卒是也；孫世則氏子，僖公成風及此是也。以子氏，明孫不得爲喪主，譏隱也。**仲子者何？**據成風以子氏，知母爲妾母。男女不言「及」，知非兼賵也。**惠公之母、孝公之妾也。**據氏「惠公」。孝公，惠公之父、隱公之祖。**禮，**六藝所定〔一〕，禮以意起，故傳中多據以爲說。**疏**春秋有王道，因舊制而加損益，故不拘周禮，參用四代，因革皆具于經，故傳皆因經立説。論語曰：「殷因于夏禮，所損益可知也；周因于殷禮，所損益可知也；其或繼周者，雖百世可知也。」是也。**賵人之母則可，**據定公薨後卒弋氏，妾母于子世見，知可賵。妾子爲君，於妾母有私恩，但得賵以佐生，不得賻以加于死者。**賵人之妾則不可。**據妾不見君世，賵之，卑用尊禮，嫌女寵張。仲子，公羊以爲桓母，本傳以爲孝公妾，是魯有兩仲子。左傳云「孝、惠娶于商」，則兩仲子固不足爲疑。杜氏從公羊以爲桓母，傳無明文，當同公羊。**君子以其可辭受之，**君子，謂孔子也。**疏**辭受之，謂心卻之也。妾母在子世得賵，孫世則否，然其卒在子、孫之間，則賵亦在可受、不可受之例，故君子以爲不必辭卻之，心卻之而已。**其志，**據賵恒事不書。**不及事也。**仲子葬在春秋前，賵以助葬，來在葬後，故曰不及事。荀子云：「送死不及尸柩，弔生不及悲哀，非禮也。故吉行五十里，奔喪百里，贈襚及事，禮之大也。」劉子云：「生而相與交通，故曰留賓。自天

〔一〕「六藝」，鴻寶本同，日新本作「素王」。

子至于士，各有次，贈死不及柩尸，弔生不及悲哀，非禮也。故古者吉行五十里，奔喪百里，贈襚及事之謂時。時，禮之大者也。」

疏班氏說：「諸侯夫人薨，赴告天子者，不敢自廢政事，亦欲天子知之，當有禮也。春秋曰『天王使宰咺來歸惠公仲子之賵』，譏不及事。仲子，魯君之貴妾也，何況于夫人乎？」**賵者何也？**據喪有賵、含、賻、襚之異。**乘馬曰賵，**分別言之者，互見也。求曰賻，歸曰賵、含、襚，各從所重。歸爲禮；求，黷貨也。**衣衾曰襚，貝玉曰含，錢財曰賻。**四語皆舊傳文也。荀子云：「車馬曰賵，貨財曰賻，衣服曰襚，玉貝曰含。」劉子云：「喪事有賵者，蓋以乘馬束帛。輿馬曰賵，貨財曰賻，衣被曰襚，口實曰含，玩好曰贈。知生者賻賵，知死者含襚〔二〕。含襚所以送死也，賻賵所以佐生也。輿馬、束帛、貨財、衣被、玩好，其數奈何？曰：天子束帛五匹，玄三纁二，各五十尺。諸侯玄三纁二，各三十尺。大夫玄一纁二，各三十尺。士玄一纁一，各二丈。下士綵縵各一匹。庶人布帛各一匹。天子之賵，乘馬六匹，乘車；諸侯四匹，乘輿；大夫參輿；元、下士不用輿。天子文繡衣各一襲〔三〕，到地；諸侯覆跗；大夫到踝；士到髀。天子含實以珠；諸侯以玉；大夫以璣；士以貝；庶人以穀實。位尊德厚及親者，賻賵含襚，貧富亦有差。二三四五之數，取之而制奇偶，度人情而出節文，謂之有因。禮之大宗也。」

疏按：劉說舊本作「知生者賻賵，知死者贈襚；賻賵所以佐生，贈襚所以送死」。今據下傳改正。經無

〔二〕「含襚」，原作「贈襚」，據疏文改，下同。日新本、鴻寶本皆作「襚贈」，亦誤。

〔三〕「文」上原有「衣」字，日新本、鴻寶本同，此據説苑脩文篇删。

「贈」，知爲含襚〔一〕。言「贈」者，字誤耳。

九月，及宋人盟于宿。 宋，王者後，稱公，叙在諸侯上。不見屬國者，客禮不長諸侯也。莊以後叙齊、晉下者，春秋升齊、晉爲二伯，伯主會盟也。不日，例時。月者，謹卑盟之始。

及者何？ 據高傒「及」，乃公。**内卑者也。** 據大夫盟猶日。外言「人」，不諱公，知卑者。卑，謂未命大夫以下。**宋人，** 據宋大國，會盟有大夫。**外卑者也。** 據許以下無命卿稱「人」，知此亦未命大夫以下。**卑者之盟不日。** 盟，國重，例日。卑者位賤，所盟淺薄，不日，以明尊卑輕重之等。**宿，** 據下有宿男，疑宿同盟，不叙如邢也。**邑名也。** 内邑名，非國辭。**疏** 蓋宿男國滅，爲魯寓公，食宿采地。郜子亦食郜所入，春秋不以國辭待郜，與宿言邑名同。既爲寓公，不復同盟。猶卒之者，宜有恩禮。故一紀宿卒，再言郜子，因同姓而加録焉。

冬，十有二月，祭伯來。 王臣三公稱公，周公、祭公是也。卿盟會稱子，尹子、單子、劉子、蘇子是也。大夫稱字，召伯、毛伯是也。元士言名氏。此四選也。至于庶人在官者，則言人。「人不如名，名不如字，字不如子」是也。祭伯與單伯同魯監也。此言來，與「祭公來」同文，不繫事，來爲監，不可以言事也。公羊以來爲奔，本傳以來爲朝，各以意説，因經無明文故也。**疏** 字不言實字，舉伯、仲者，決嫌疑，恐名例混，故削實存伯、仲。

來者， 據王臣來當繫事，不繫，不知何事。**來朝也。** 據聘、書奔。初當謹，不言使，故以朝言之。祭伯，天子大夫，

〔一〕「爲」字原脱，日新本同，此據鴻寶本補。

方伯爲天子卿，故得以朝言之。**其弗謂朝，何也？**據屬國于魯言朝。天子之大夫不名，伯在字例，大夫也。

疏王制：「天子之大夫視子、男」，其爵位正與魯屬小國相等。天子無事，小國朝于方伯，春秋所許。今弗與朝，則與夷狄不能朝言「來」同。**寰内諸侯，**王制曰：「天子之縣内，方百里之國九，七十里之國二十一，五十里之國六十三，凡九十三國。名山大澤不頒，其餘以禄士，以爲閒田。」尹氏云：「天子以千里爲寰。」**疏**寰内九十三國。三公百里三，上卿、中卿六。下卿七十里三，上大夫、中大夫十八，共二十一。下大夫五十里九，上士、中士五十四，共六十三。故曰「寰内諸侯」也。**非有天子之命，不得出會諸侯。**經書王臣主會，及來魯言「使」者，皆有王命之辭也。天子縣内九十三國，不設方伯，天子自統。八州之竟，每州二百一十國，立州伯以統之，所屬之國事州伯以事大之禮。方伯又朝二伯。天子無事，得有相朝之禮，疏數有期。以經書「來」之例推之，則不得外朝他州之伯。天子寰内不設方伯，以天子爲主。人臣無外交，故非有命，不得出竟會諸侯也。**不正其外交，**有至尊在上，不奉命而私出疆，妄以尊禮事人，非正也。**故弗與朝也。**本無王臣來朝之禮，故春秋絶正其義，使與夷狄不能朝者同。**聘弓鍭矢不出竟場，**此言王臣無外交之禮。**束脩之肉，** **疏**俞樾云〔一〕：肉，當作問。**不行竟中，**畿内雖有九十三國，統于天子，不自相朝聘。**有至尊者，**二伯爲尊，天子爲至尊；諸侯爲上，天子爲大上；諸侯稱師，天子稱京師。皆以別其尊卑。**不貳之也。**凡朝者，事大之禮。聘，于敵國以下亦行之，然係諸侯自爲邦國之

〔一〕「俞樾」，原作「王引之」，誤。說見俞樾穀梁平議「聘弓鍭矢」條。

制。天子尊加海内，無所不統，王臣世禄不世位，使各以尊卑相朝聘，則所謂一國三公無所主，適不能一心于天子。禮：二伯，三公爲之；方伯亦使卿。經于方伯卿稱大夫，亦强幹弱枝、收其權于天子。以天子統三公，三公統百二十官，其長皆不敢用君禮以避天子。此寰内、寰外諸侯禮制之分也。疏劉子云：「平王末年，魯隱公之始即位也，祭伯乖離不和，出奔于魯。春秋爲諱，不言來奔，傷其禍殃自此始也。」按：此後師異説，同公羊。張晏引傳作「奔」也，是一本以「來」爲「奔」，劉非用公羊説也。經無明文，各以己意立説，故後師出入二傳。劉子同公羊者近十條。

公子益師卒。諸侯之子稱公子，公子之子稱公孫，公孫之子以王父氏爲字。凡公子，皆先君之子、時君之弟者，子不爲父臣也。卒者，大夫曰卒。疏春秋説題辭：「大夫曰卒，精曜終也。卒之爲言卒于邦也。」内公子皆命大夫。外已命，言大夫；未命，言公子不言大夫。書者，古人重死，大夫國體，録之，重其事。

大夫日卒，命大夫，卿也。命大夫以日爲正例。魯大夫，經同時有四見者，其上三人爲卿，以下則大夫矣。經書臧氏、叔氏卒，皆大夫，非卿。**正也。**據三家皆日，大夫國體，卒事重，例得日也。**不日卒，**俠卒，未命大夫，不日，略之。**惡也。**據得臣惡，不日以見之。已命當日，乃從未命，則爲貶，以貶知惡也。疏左氏云：「公不與小斂，故不書日。」左氏不以空言説經，所謂「不與小斂」，即本傳所謂惡、所謂葬之加等、所謂進之例相同也。春秋之例，已見者不再見，此惡在春秋前，不見，去日以起之。牙有所見，意如惡前見，皆日；得臣無所見，則去日。以此推之，不卒者，賊翬是也。桓不卒大夫，隱無臣子也。莊不卒大夫，不復讎，桓亦無臣子也。

二年

春，公會戎于潛。 戎者何？齊也。潛者，内邑也。何以知戎爲齊？以春秋初不見外州國，公不能遠會戎，故知爲齊取潛諱戎之也。戎者，西方夷，春秋不見真戎。

疏 王制曰：「凡居民材，必因天地寒煖燥溼。廣谷大川異制，民生其間異俗，剛柔、輕重、遲速異齊，五味異和，器械異制，衣服異宜。脩其教，不異其俗；齊其政，不異其宜。中國戎夷五方之民，皆有性也，不可推移。東方曰夷，被髮文身，有不火食者矣。南方曰蠻，雕題交趾，有不火食者矣。西方曰戎，被髮衣皮，有不粒食者矣。北方曰狄，羽毛穴居，有不粒食者矣。中國、夷、蠻、戎、狄，皆有安居、和味、宜服、利用、備器。」

會者， 據或言及、暨。**外爲主焉爾。** 據伯者主會皆言會，知外爲主。**知者慮，** 論語曰：「知者不惑。」主司徒之職。慮，若管子之論江、黄是也。**義者行，** 義者能斷，主司馬之職。行，若孔子于頰谷使司馬行法是也。**仁者守，** 仁者不悖，主司空之職。守，若宋司馬子反之留守是也。公羊傳曰：「陜以東，周公主之；陜以西，召公主之，一相處于内。」左傳云：「一子守，二子從。」此論天子三公之制。三公、九卿，天子有事則從行。春秋託齊、晉爲二伯，而王臣見宰周公、祭公者，即從行之二伯也。不見三公之全文者，以西京當有一公留守未出。此義三傳同，諸經所説，皆無異義。**有此三者，** 諸侯與天子有大小，無異同。左傳所云「一子守，二子從」，即魯諸侯制也。**然後可以出會。** 荀子云：「諸侯相見，卿爲介。」按：以其教士畢行，使仁者居守。

疏 荀子，叙録云：又浮邱伯皆受業爲名儒，申公受學于浮邱伯。則荀子，穀梁先師也。荀説又見大戴虞戴德篇。楊倞注：「使仁厚者主後事。

春秋傳『一子守，二子從』，此明諸侯出疆之禮。」班氏云：「王者出，一公以其屬守，二公以其屬從。王者所以立三公九卿者，聖人雖有萬人之德，必須賢俊。三公、九卿、二十七大夫、八十一元士，以順天成其道。司馬主兵，司徒主人，司空主地。王者受命爲天地人之職，故分職以置三公，各主其一，以效其功。」出會，謂踰竟。**會戎，**據戎齊取濟。

疏國語「反其侵地棠、濟」，知濟，魯與焉。**危公也。**據桓不卒大夫，明隱無臣子。隱無三臣，輕身出會，故言會戎，危録。不致者，隱、桓世，臨天下言；雖在外，猶天下，故不致也。**疏**桓、莊皆不卒大夫，隱、桓弒死，不討賊，不復讎，是隱、桓無三臣也，故隱、桓皆有此傳。

夏，五月，莒人入向。莒，夷狄也。爲卒正者，用夏變夷，猶中國也。不稱「伯」稱「子」者，曲禮：「夷狄雖大曰子。」以此卒正有夷狄，故楚、吴夷狄有方伯。**疏**地理志城陽國莒下云：「故國，盈姓，三十世爲楚所滅，少昊後。」

入者，據濟西田言「取」。**内弗受也。**據言「入」，外之辭。内得義拒之。**向，**據不繫國辭，又不言「取」也。**我邑也。**按：左傳以向爲國。邑不言「入」，言入，亦國也。師據取向、城向言。向後爲我邑，此時爲晉屬國。入者，得而不居之辭。春秋初諱「滅」言「入」。**疏**劉子云：「魯地，奎、婁之分野也。東至東海，南有泗水，至淮，得臨淮之下相、睢陵、僮、取慮，皆魯分也。」

無侅帥師入極。不日者，去氏已明。極，魯屬也。一州二百一十國，立二十一連帥以統之。春秋惟六卒正記卒葬，餘皆不專記事，唯因大國及之。極，蓋二十一連帥中之一。凡屬長以下及百里、七十里、五十里之三等國，通不見經也。

入者，據外入内言「入」。内、外宜異詞。**内弗受也。**據取邑言「取」。言「入」，外得拒我，知滅辭。**極，**據伐于餘丘〔二〕，邑。**國也。**據內入諱滅，知非邑。**苟焉以入人爲志者，人亦入之矣。**劉子云：「有陰德者必有陽報。德出者福反〔三〕，利施者福報，怨往者禍來，形于內者應于外。不可不慎也。」案：內滅極，勞師于外，莒乘虛滅向，不能救，所得小而所失大。外有伐本之罪，內自失其與國，故君子譏之。**不稱氏者，**據公子遂入杞，氏。**滅同姓，**據去氏，知魯同姓國。內諱滅言「入」。**貶也。**氏者，已命；不氏，未命。去氏，故爲貶。

秋，八月庚辰，公及戎盟于唐。春秋初不見外州國，則戎狄可知。初見戎者，明此非戎，一爲齊，一爲晉，由地而起之。春秋託二伯于齊、晉，惡事爲賢者諱，故辟齊取晉。又經晚見晉，故初見亦辟之不名。傳以伐凡伯之「戎」爲衞，此大例也。「及」，內爲志。公盟例日。**疏**此遠會也。唐，據詩，今山西國。戎者何？晉也。何以爲晉？以地唐也。何爲戎晉？未爲伯，避見晉，故託之戎也。

九月，紀履綸來逆女。紀近齊，春秋以爲兗州國。稱侯者，本爵也。初見已有大夫，乃小國之大者。一州百里國三十，凡卒正、連帥皆百里者。故凡見經之國皆侯，伯、子、男三等小國通不見經也。

逆女，親者也。時禮不親迎，春秋制乃親迎，故書此以起例。**疏**詩、禮有親迎者，孔子所譯也。**使大夫，非正也。**劉子云：「逆女之禮，父母三顧而出，親授之綏，自御輪三周曲顧女，女拜。乃親引其手，授夫乎户。夫

〔二〕「餘」字原脱，日新本、鴻寶本同，據傳文補。

〔三〕「德」，原作「利」，日新本、鴻寶本同，此據列女傳改。

引手出户，夫行婦從，拜辭父於堂，拜諸母於大門。夫先升輿執轡，女乃升輿，轂三轉，然後夫下先行。」**疏**班氏云：「天子下至士，必親迎授綏者，以陽下陰也。欲得其歡心，示親之心也〔一〕。必親迎、御輪三周、下車曲顧者，防淫佚也。」**以國氏者，**據紀言朝、無大夫、會盟言人，不當以國氏也。**爲其來交接於我，**謂書「來」。會盟稱人，來魯乃稱名。**故君子進之也。**據曹、莒、邾三國不氏大夫，必因魯事乃見録者，進之也。滕以下三國爲卒正下等，大夫全不見。**疏**春秋之例，人不如名。小國大夫會盟稱「人」，以天下臨之，微不得通也。來接内，以國氏稱，以一國臨之，未命以名見也。人，雖下至庶人，猶稱人。氏國，則未命大夫之稱，進亦從其貴稱，不能變其實。此正名實之道也。君子，孔子也。孔子春秋有進退褒貶之事。

冬，十月，伯姬歸于紀。伯者，字也，如今之行次。春秋以伯、仲配姓者，亦以絶嫌疑。男女同言伯、仲，明字例也。**禮，**孔子定禮以爲一王之制，故經與之同。如此禮文之言與經例合是也。**婦人謂嫁曰歸；**據諸侯歸國言歸。婦人初嫁即言歸，明以夫爲家，從夫之義也。**反曰來歸，**反，謂出也。出言歸者，見絶夫家，居父母室，此在家從父之義也。**從人者也。**言歸，明有所從也。**婦人在家制於父，**據反曰來歸。**既嫁制於夫，**據嫁曰歸。劉子引孔子曰：「日者，天之明；月者，地之理。陰契制，故月上屬爲天使。婦人從夫，仿月紀。」**夫死從長子。**據讖卒朝其子、爲子逆婦。劉子云：「夫死歸甯，請命于子；子從則行，否則止。」**婦人不專行，**終身不出三從。

〔一〕「心」字原脱，日新本、鴻寶本同，此據白虎通補。

必有從也。劉子云：「婦人有閨内之脩〔一〕，而無竟外之志。易曰『無攸遂，在中饋』，詩曰『無非無儀，惟酒食是議』，言婦人無擅執之義，有三從之道也。」**伯姬歸于紀，此其如專行之辭，何也？**據與男子同辭。婦人行，必有從，故伯姬待傅死于火也。高固自逆不言歸。今言歸，與履緰逆不同，如自行之辭。專，謂斷在己。**曰：非專行也。**言歸，皆與逆起。按：此師駁弟子誤問之言。問者有誤，當先正之。公羊則隨問隨答，口辨取給矣。**吾伯姬歸于紀，**紀，謂君也，非適大夫。不言歸，則不見適紀。**故志之也。**志以明歸紀。適諸侯不言「歸」，則與大夫自逆相嫌。傳例：大夫不以夫人。言「歸」，如專行辭，不使履緰得逆之，以譏不親迎。故凡嫁諸侯，親迎不言歸；不親迎，皆如專行辭。**其不言使，何也？**據宋納幣言「使」。**逆之道微，**紀，小國，無大夫，亦無使。**無足道焉爾。**小國無大夫。既録大夫，則君不並見，以其微國畧之。此因始不親迎，乃書「逆」，餘從畧不見。

疏此明不言「使」之例。大國有使，則經皆不言逆。公羊以爲「昏禮不稱主人」，非也。

紀子伯、莒子盟于密。「子」、「伯」二字駢書，所以見非爵，並以明「子」貴于「伯」之義。紀、莒皆百里國，故紀下稱侯也。此雙見子、伯者，明子、伯非爵，春秋假以爲小國侯稱也。杞稱「伯」，又稱「子」，亦是此例。先子者，字不如子。莒稱子，夷狄也。紀本卒正，因先亡，故春秋以曹代之，進邾以補六卒正之數。傳釋子伯二説，以後説爲正解。此一見例。

〔一〕「内」，原作「門」，日新本、鴻寶本同，此據列女傳改。

或曰：先師一家之說。無名氏者，晚師也。**紀子伯莒子而與之盟。**此謂莒子卒正弟二，曹常以伯先之。莒子爲夷狄稱子，紀以「侯」臨莒，以曹伯之禮自正，待莒子以「子」也。春秋以此見紀大于莒。且紀初見稱侯，有大夫，序在莒上，明爲六卒正之首，故以先莒子也。**或曰：年同，**陳、蔡、衛同爵，以即位年先後爲次。**疏**左傳「在德不在年」，「五叔無官〔一〕，豈尚年哉」？知古以年爲說。**爵同，**春秋之例：爵尊者在前。如公必在方伯侯上，方伯侯必在鄭伯上。子、伯可以互異者，以其非爵也。**疏**五等爵尊者先叙。春秋子不爲爵，言爵者，謂本爵皆侯。**故紀子以伯先也。**「胥盟」，傳曰「是必一人先」，以爲盟必一人在先。此以年、爵同，無所分別，又不能不有次序，故紀以伯故先之。春秋卒正，伯、子並稱，杞伯、杞子是也。夷狄惟稱子，莒子、邾子、滕子，凡稱子國，左與二傳皆以爲夷狄稱，是也。紀中國、莒夷狄者，春秋之叙，中國在夷狄之先，故卒正上等三國，曹以伯先莒、邾。子雖尊于伯，伯爲中國稱，故以先莒猶稱子之國。此中外異詞例，故下以紀侯先莒子明之。「以伯」者，謂可以稱伯也。因稱侯，知可稱伯也。**疏**二說皆失經本義。左氏「伯」作「帛」，古文異字也。杜氏以爲履緰字，失之遠矣。

十有二月乙卯，夫人子氏薨。內公夫人薨、葬皆定日，故不言日月例。**疏**子氏當以傳爲正。左氏無明說，公羊以爲隱之母，後師推例之說也。

夫人薨，不地。夫人無外事，有定寢，故薨不地。**夫人者，**據文姜稱夫人。**隱之妻也。**據不書葬，知隱妻。

〔一〕「無」，原作「爲」，據左傳、日新本、鴻寶本改。

未畢喪，稱夫人，明世子妻即位稱夫人。**卒而不書葬，**據夫人例葬。**夫人之義，從君者也。**據葬宋伯姬先葬宋共公。

疏班氏云：「喪葬之禮，緣生以事死，生時無，死亦不敢造〔一〕。太古之時，穴居野處，衣被革帶，故死衣之以薪，内藏不飾。中古之時，有宫室衣服，故衣之以幣帛，藏以棺椁，封樹識表，體以象生。夏、殷彌文，齊之以器械。至周大文，緣夫婦生時同室，死則同葬之。禮檀弓曰：『合葬非古也。自周公以來，未之有改也。』」

鄭人伐衛。衛，方伯，同姓國，篤從中國，春秋有内衛之例。

疏此諸侯專伐之始。左氏以爲公孫滑之亂也。

三年

春，王二月，己巳，日有食之。孔子曰：「古之治天下者，必聖人，聖人有國，則日月不食、星辰不孛。」劉子云：「其後戎執天子之使，鄭獲魯隱〔二〕，滅戴，衛、魯、宋咸弑其君。爲日食之應。」

言日不言朔，據食常在朔日。言朔者二十六。**食晦日也。**班氏云：「凡春秋十二公，二百四十二年，日食三十六。穀梁以爲朔二十六，晦七，夜二，二日一。」

疏按：班氏又云：「公羊以爲朔二十七，二日七，晦二。左氏以爲朔十六，二日十八，晦一，不書日者二。」傳例：事在晦言晦。此不言者，食當在朔，大小餘失，乃在晦。取前月

〔一〕「造」，原作「追」，日新本、鴻寶本同，此據白虎通改。
〔二〕「魯」字原脱，日新本、鴻寶本同，此據漢書五行志補。

晦以屬後月。言晦，則嫌後月晦，故不言也。**其日有食之，何也？**據鼷鼠言「食」。日在天，無食道。**吐者外壤，食者内壤，**壤，傷也。日闕處，食者納物于口内，吐者推物于口外。日食時，有象于吐食之狀。**闕然不見其壤，有食之者也。**日體圓明，倏然其壤不見，狀其情，亦如食牛角也。倏然復明，則如吐之。不言吐者，吐由食生，從其異常者言之。**有，**據食牛言鼠。食由物生，不但言「有」。**内辭也；**據「有蜮」從内生，言「有」以繫「蜮」。**或，外辭也。**據有鸜鵒來巢，從外來，言「有」以繫「鸜鵒」。**有食之者，**據「有」繫「日」下。**内於日也。**所食之物，即在日内，不如鼷鼠别有物，親見其從外來食之。**其不言食之者，何也？**據食由物生。食牛繫鼠，此當言月。**知其不可知，知也。**月之食日，其形不可覩。春秋疑以傳疑，信以傳信，此在疑例，故不敢質言之。論語曰：「知之爲知之，不知爲不知，是知也。」

三月庚戌，天王崩。劉子云：「平王末年，魯隱即位，故春秋託始隱公。」**疏**周本紀：「平王四十九年，爲隱公元年。五十一年卒，太子洩父之子林立，是爲桓王。」

高曰崩，據梁山，傳曰：「高有崩道。」**厚曰崩，**據沙麓下陷無崩道，爲大異。**尊曰崩，**據天王。**疏**按此上皆舊傳文也。**天子之崩以尊也。**劉子云：「崩薨從周。尚書曰：『放勳乃殂落。舜曰陟方乃死。』武王既喪。』是以知武王前不稱崩、薨。至成王太平，乃著崩、薨之期。尚書：『翌日乙丑，成王崩。』」班氏云：「天子稱崩，别尊卑、異死生也。大尊像。崩之爲言𨻳然伏僵，天下撫擊失神明〔一〕，黎庶隕涕，海内悲凉。」**疏**劉子云「崩薨從周」者，此爲周禮，餘參用四代禮也。天子七廟，尹更始云：「據周。」然則先師説皆以穀梁用四代禮也。**其崩之，何也？** 據非梁山、沙麓之比。**以其在民上，故崩之。** 在民上，高也，高有崩道，崩義由此而取。下陷曰崩，從高起例，故天子尊亦可言崩。**疏**曲禮曰：「天子曰崩，諸侯曰薨，大夫曰卒，士曰不禄，庶人曰死。」**其不名，何也？** 據諸侯、大夫名。**大上，故不名也。** 荀子云：「大上，天子也。」上爲君。名以相别，天子至尊，不以名相别，故不名，非本無名也。又諸侯立、薨，以名告于天子。**疏**「傳曰：『天王何以不書葬？天子記崩不記葬，必其時也。諸侯記卒記葬，有天子在，不必其時也。』必其時奈何？天子七日而殯，七月而葬。諸侯五日而殯，五月而葬。大夫三日而殯，三月而葬。士庶人二日而殯，二月而葬。皆何以然？曰：禮不豫凶事，死而後治凶服。衣衰飾，脩棺槨，作穿窆宅兆，然後喪文成，外親畢至，葬墳集。孝子忠臣之恩厚備盡矣。故天子七月而葬，同軌畢至。諸侯五月而葬，同會畢至。大夫三月而葬，同朝畢至。士庶二月而葬，外姻畢至也。」據説苑脩文篇引補。按穀梁有五家本，今傳一家耳，故有佚傳，與公羊同。故學者當守傳説，又當廣傳義，不可專己守殘也。

夏，四月辛卯，尹氏卒。 尹在會稱子，天子卿也。氏者，見世卿也。氏者不卒，不卒，則無見其卒者；見尹氏已

〔一〕「下」，原作「子」，日新本、鴻寶本同，此據白虎通改。

卒，其位當不世也。卒則不日，日者，謹之也，爲譏世卿也。異義：「公羊非世卿〔一〕。」傳亦同公羊。**疏**詩稱尹氏，孔子所删定。左隱五年，尹氏、武氏即指此，本與傳同。經古文作「君」，後師不識古文之異，乃以聲子説之。

尹氏者，何也？據「弋氏卒〔二〕，妾辭」。**天子之大夫也。**據尹氏立王子朝，王臣無五等爵，與諸侯臣同，世禄不世位也。王制：「天子三公、九卿、二十七大夫、八十一元士。」劉子云：「古者立三公、九卿、大夫、列士。三公者，所以參五事也。九卿者，所以參三公也。大夫者，所以參九卿也。列士者，所以參大夫也。故參而又參，是謂事宗，事宗不失，内外若一。」**外大夫不卒，**據陳原仲不卒。**此何以卒之也？**據雖王朝大夫來言聘言使，同列國大夫；又無私交，例不卒。**於天子之崩，**尹之主諸侯，不必在崩時。魯于天子崩使人，不知在尹卒之前否。但傳解經意，以爲于此卒，爲「爲我主」而已，不必事實也。**爲魯主，**左氏以爲「諸侯盟主」，又云晉郤氏「主東諸侯」〔三〕。凡言主者，皆與此同。**故隱而卒之。**言尹氏嘗爲王官合諸侯，如劉文公，故卒之。王制之制：天子之老二人爲二伯，以屬八州伯；無事，則代天子巡守。甘棠之詩，召公爲西伯也。有事，諸侯入天子國，則率諸侯以見王。顧命「大保率西方諸侯入應門左，畢公率東方諸侯入應門右」是也。春秋二伯之典，易、書、詩、禮同有其制。尹氏執朝權，王喪，魯人往弔，尹氏以卿主諸侯，如晉趙氏事，分二伯之勞，故曰爲魯主。王臣絶外交，無赴告之事，因爲

〔一〕「公羊」，原作「穀梁」，日新本、鴻寶本同，此據左傳宣公十年疏引五經異義改。

〔二〕「弋」，原訛作「七」，據傳文、日新本、鴻寶本改正。

〔三〕「郤」，原作「趙」，日新本、鴻寶本同，據成十六年傳文晉卿「主東諸侯」者爲郤氏，廖氏誤記。

魯主，有相統制之義，故隱而得卒之也。不世卿者，王制曰：「天子之縣内諸侯，禄也；外諸侯，嗣也。」記曰：「諸侯世子世國，大夫不世爵，使以德，爵以功。未賜爵，視天子之元士，以君其國。諸侯之大夫不世爵禄。」

秋，武氏子來求賻。 稱「武氏子」者，亦譏世卿也。周禮：世卿喪期，在喪不舍事。故大夫父死，子即繼位視事。此周通禮也。春秋改之，乃譏世卿、喪娶、喪未畢視事。**疏**左隱五年，尹氏、武氏助曲沃。即此經連見之尹、武也。

武氏子者〔一〕，何也？ 據以子繫父。尹氏不子，劉子不氏。**天子之大夫也。** 據上有天王喪；任叔子大夫〔二〕。**天子之大夫，其稱武氏子，何也？** 據例言字。**未畢喪，** 王制云：「父母之喪，三年不從政；齊衰、大功之喪，三月不從政。」據任叔之子繫其父，不言「之」，知父已卒。**孤未爵。** 據已爵言字。諸侯未葬稱子，天子大夫視子男也。班氏説：「世子三年喪畢，上受爵命于天子。明爵者，天子所有，臣無自爵命。」**未爵使之，非正也。** 荀子云：「三年之喪，君不呼其門。」武氏子在喪受命者，臣爲君斬，父喪將除，又有君服，不嫌使凶服也。禮，君服不棄業；父喪棄業，哀痛鉅重，失常度也。**其不言使，何也？** 據任叔之子言「使」。**無君也。** 周禮：在喪得出號令。春秋改爲冢宰攝政，所謂「三年不言」是也，故君在喪不稱使。據言使，當言天王；一年不可二君，天子三年乃稱王也。**歸死者曰賵，歸生者曰賻。** 荀子云：「賻賵所以佐生，贈襚所以送死。」劉

〔一〕「子」字原脱，日新本、鴻寶本同，此據傳文補。
〔二〕「任叔」，原作「仍叔」，據穀梁傳文改。後同。

云：「知生者賻賵，知死者贈襚。贈襚所以送死也，賻賵所以佐生也。」　**疏**按：荀説舊作「賻賵所以助生，贈襚所以送死」，今據傳文改正。劉説見前傳。乘馬曰賵，蓋以送葬者也。少儀云〔一〕：「賵入門，賻不入門。」此亦死、生之分也。**曰歸之者，正也。**據歸粟。**求之者，非正也。**據求金，喪事無求。**周雖不求，魯不可以不歸。**班氏云：「天子崩，赴告諸侯何？緣臣子喪君，哀悲憤懣，不能不告語諸侯也。諸侯欲聞之，又當持土地所出以供喪事。故禮曰：『天子崩，遣使赴告于諸侯。』」**魯雖不歸，周不可以求之。**劉子云：「天子好利，則諸侯貪；諸侯貪，則大夫鄙；大夫鄙，則庶人盜。上之化下，猶風之靡草也。故爲人君者，明貴德而賤利以道下也。」按：天子不言有亡，喪禮不求備物，故譏之。**求之爲言得不得未可知之辭也，**春秋貴讓。求者請道，請道去讓。言求，皆以譏求者，下于「乞」一等。**交譏之。**求，以譏求者。所求合禮，則下不貢之惡見。上下失正，兩者皆譏。

八月庚辰，宋公和卒。外諸侯始卒，崇大國也。諸侯曰薨，以卒言者，内君夫人稱薨，辟其名，從史文也。如大夫例者，内辭，内大夫可以會諸侯，故卒亦得同文也。　**疏**劉子云：「房、心之分野也。今之沛、梁、楚、山陽、濟陰、東平及東郡之須昌、壽張，皆宋分也。」

諸侯日卒，正也。諸侯，謂次國以上。夷狄不言正不正。曹以下不言者，以大夷之禮待小國也。春秋之義，始

〔一〕「少儀」，原作「雜記」，日新本、鴻寶本同，俱誤。

于正本。天下之本在國，國之本在家，家之本在身，故欲治其國，先治其君，欲治其君，必先明其正不正。此治本之要道也。

謹始也〔一〕。**疏**春秋于方伯以上國，于其終始交代之際，必隨人詳其正不正。于内，則言隱元年有正、定無正，皆以正本謹始也〔二〕。前見者不見，齊桓是也。不前見，皆于卒假日不日以明之。在外不日，則于葬明之，許穆公是也。

冬，十有二月，齊侯、鄭伯盟于石門。外盟例時。月者，謹外盟之始。**疏**劉子云：「齊地，虚之分野也。東有菑川、東萊、瑯琊、高密、膠東，南有泰山、城陽，北有千乘，清河以南，渤海之高樂、高城、重合、陽信，西有濟南、平原，皆齊分。」

癸未，葬宋繆公。書葬之始。繆，謚也，葬而後舉謚。其餘諸侯皆稱公者，葬者，臣子事，從臣子辭，内尊其君也。不以國先葬者，起春秋葬之。春秋于諸侯有絶者不葬，決去臣子以明絶之。不絶者，然後葬。故葬在國先，正王法。葬桓王，以舉下言者，謂以天下葬一人，不繫也。葬不葬仍從春秋起義也。

日葬，劉子引傳曰：「諸侯五月而葬，同會畢至。」按：葬事以月，明當時不當時，不須再出日。**疏**方伯以上，例以月見。其過不及之差，著月以明禮制。故月而更日、時而不月，皆變例有所起。**故也，**葬者，臣子事。加日者，變文以明繼嗣之禍。**疏**按：方伯月葬，正例也。大國則以日葬爲正。何以言之？以大國有無時葬者、小國有無月葬者，知以日、月分大小。宋之日葬，本爲正例，師因其初記葬，發此傳以爲後傳乃待以大國禮也。公羊同。又

〔一〕「謹」，原作「探」，日新本同，此據鴻寶本改。

繼嗣之禍已明者，不以日月見例；惟未明者，乃假日月以見之。**危不得葬也。**公羊云：「當時而日，危不得葬也。」據嗣君與夷弑也。春秋殺世子君不葬，無繼嗣之道也。與夷雖正，爲繆公子所殺，春秋歸罪于繆公，故危之。非其位而受，雖受之不失爲正，君子猶爲危之。

疏宋世家：「武公卒，子宣公力立。宣公有太子與夷。十九年，宣公病，讓其弟和，曰：『父死子繼，兄死弟繼，天下通義也。我其立和。』和亦三讓而受之。宣公卒，弟和立，是爲穆公。穆公九年，病，召大司馬孔父，謂曰：『先君宣公舍太子與夷而立我，我不敢忘，我死，必立與夷也。』孔父曰：『羣臣皆願立公子馮。』穆公曰：『毋立馮，吾不可以負宣公。』于是穆公使公子馮出居于鄭。八月庚辰，穆公卒，兄宣公子與夷立，是爲殤公。」

四年

春，王二月，莒人伐杞，取牟婁。杞，王者後，例如宋制。稱子、伯，在卒正末者，春秋改制，黜杞也。因其土地削弱、文獻無徵故也。月者，謹伐取之始。

疏地理志陳留雍邱下：「故杞國也。周武王封禹後東樓公。先春秋時，徙魯東北，二十一世簡公爲楚所滅。」

傳曰：傳者，子夏所傳大傳也。

疏孔子脩春秋，已以其意口親授之子夏，子夏乃筆其大例，禮制與經別，如喪服之大傳自爲一編，所説皆大綱是也。後師據此以答問，如服問是也。此傳依經編次，俱録問答之辭，正與儀禮中喪服傳同。喪服傳中有引「傳曰」之文，與服問相比附。故公羊同出子夏，而閒有取舍相反、美惡異致者，爲此傳中稱引之文，皆本舊傳，但不盡舉耳。以其所舉，推所不舉，故輯舊傳一卷。**言伐言取，**據所引「傳曰」，同出大傳，知大傳爲初本，服問次之，喪服傳又在其後。今傳中亦九引「傳曰」，與喪服同例，知亦出舊傳文也。後師引傳解經，有明文者少，無明文者多，如公羊全無「傳曰」明文是也，但當由此推之。外取邑不志。**所惡也。**據盡惡事，明以惡之。

諸侯相伐取地於是始〔一〕，春秋之始。據左傳，相伐取邑前此已見，春秋于此始書，則以爲始，公羊所謂「託始」也。餘仿此。**故謹而志之也。**凡言侵伐國，皆師至城下之辭。詳書者，傷其所害重也。**疏**諸侵伐多有所取，不能備書，一二書以相起而已，則諸侯之地犬牙錯紛，難以指定。主書者，惡惡疾始，兼爲莒叛以牟婁來張本也。

戊申，衛祝吁弒其君完。子夏曰：「春秋之記臣弒君、子弒父者以十數，皆非一日之積也，有漸而以至矣。凡姦者行久而積成，積而力多，力多而能弒，故明主早絶之。」班氏説：「弒者，試也。欲言臣子弒其君父，不敢卒舉，候間伺事，可稍稍試之也。」**疏**衛世家：「莊公五年，取齊女爲夫人，好而無子。又娶陳女爲夫人，生子，早死。陳女女弟亦幸于莊公，而生子完。完母死，莊公令夫人齊女子之，立爲太子。莊公有寵妾，生子州吁。十八年，州吁長，好兵，莊公使將。石碏諫莊公曰：『庶子好兵，使將，亂自此起。』不聽。二十三年，莊公卒，太子完立，是爲桓公。桓公二年，弟州吁驕奢，桓公絀之，州吁出奔。十六年，州吁收衛亡人以襲殺桓公，州吁自立爲衛君。」

〔一〕「地」，原作「邑」，日新本、鴻寶本同，此據傳文改。

大夫弒其君，大夫指公子、公孫。大國爲卿，小國爲士，通以大夫稱者，由我言之也。我之卿爲大夫，不論大國、小國，皆謂之大夫也。**以國氏者，**據大夫以氏見。公子視大夫，氏公子。**嫌也，**失子弟之道，欲當國爲君，故如志而氏國。「嫌」，公羊謂之「當國」。**弒而代之也。**劉子云：「祝吁，嬖人之子也，有寵而好兵，莊公弗禁，後祝吁果殺桓公。」按：弒而代立，皆公子；子孫氏之，則與公族弒君同。鄭公子歸生是也。去氏以起代立，且以示貶。

疏劉子云：「春秋弒君三十六。」按：此就十九國見經者言耳，實則當時弒者尚數十倍于此，因例在，不記卒則不言耳。

夏，公及宋公遇于清。清，内地，約伐鄭也。

及者，内爲志焉爾。爲遇再傳。清，内地。遇禮，近者爲主，故内主之。**遇者，**據不言會盟。**志，**據遇禮簡畧，不志可也。**相得也。**曲禮：「不期而會曰遇。」據下翬會伐。兩國和好，不相期約定地，乃大信辭。志者，惡其從惡人，擅興師招怨。

宋公、陳侯、蔡人、衛人伐鄭。衛州吁初立，叙在後。陳，方伯，王者後，不稱公者，非二代也。蔡，方伯國，後州吁來，春秋惡其從楚，故以徐州待之。**疏**劉子云：「陳國，今淮陽之地，潁川、南陽。」蔡于此初見經。

秋，翬帥師會宋公、陳侯、蔡人、衛人伐鄭。會伐不再叙。此會伐之始也，故謹而叙之也。衛人，祝吁也。「人」者，貶之。其人蔡何？明助逆，貶也。獨人蔡何？人蔡所以人宋、陳也。不人宋、陳者，明非微者，以助逆，貶也。

疏宋世家：「衛州吁欲得諸侯，使告于宋曰：『馮在鄭，必爲亂，可與我伐之。』宋許之，與伐鄭，至東門而還。」

翬者何也？據不氏，疑未命。**公子翬也。**據言「帥師」以起弒，知即公子翬。**其不稱公子，何也？**弒君必有先見，專兵，弒君之先見者。君縱臣專兵，則必有弒身之禍。于其始見謹之，明不可使大夫專兵。孟子云「春秋成而亂臣賊子懼」是也。劉子云：「隱以桓弟幼，攝而代立。公子翬見隱居位已久，勸之遂立。隱既不許，翬懼而異其辭，遂與桓公共弒隱。」**疏**終隱世，貶，罪人也。書「帥師」，起其專兵能弒。入桓世，氏「公子」、書逆女，明以弒爲桓所親信，與遂同，皆起其弒。春秋傷王道不明，惡大夫專政。凡書「帥師」，尤惡，不起其弒，則起殺。或則君權下移，謹子孫之禍也。據逆女氏「公子」。**貶之也。**使從未命。**何爲貶之也？**據慶父帥師不貶。**與于弒公，故貶也。**

九月，衛人殺祝吁于濮。**疏**衛世家：「州吁新立，好兵，弒桓公，衛人皆不愛。石碏乃因桓公母家于陳，詳爲善州吁。至鄭郊，石碏與陳侯謀，使右宰醜進食，因殺州吁于濮。」

稱人以殺，據或以國稱、大夫氏。**殺有罪也。**據稱國累上。「人」，衆詞，以衆討，明有罪。**祝吁之挈，**據陳侯之弟殺陳世子，招再言陳；殺公子比不挈。**失嫌也。**嫌，謂公子失其公子之道，故不氏之。若氏，嫌與比同；氏國則如鄭忽。春秋至賤窮諸盜，不繫國、無名氏；次則不繫國，無氏以名見。不繫國，本國外之不有，且明天下所共討；以名見，奪其爵秩，明罪人也。**其月，**據討賊、侵伐、常事與不以日月計者〔一〕，皆例時。以月爲變者，不以

〔一〕「計」，原訛作「討」，據日新本、鴻寶本改正。

月計也。春秋以月計時事，以月分尊卑。除二者之外，遂不以日、月爲例。春秋記事，大事記之詳，如君夫人葬薨、大夫卒、天王崩、外諸侯卒、大異、宗、朝、災、祭事、盟、戰，所關者大重，録之則詳，故記其日。小事則從畧，如來、往、如、致、朝、聘、會、遇、外盟、外戰，一切小事皆例時。大事日，小事時，一定之例也，亦記事之體應如是也。至于輕事而重之，則變時而日、月焉。重事而輕之，則變日而月、時焉。事以大小爲準，例以時、日爲正，一望而知者也。而月在時、日之中爲消息焉。凡月，皆變例。大事例日，如盟例日；而桓盟皆不日而月，變也。柯之盟，時者，變之至也。此日爲正、月爲變、時爲尤變之例也。小事例時，如外諸侯葬例時，月爲變，日爲變之甚。此時爲正、月爲變、日爲尤變之例也。又如朝，時也；變之則月，尤變則日。用幣，時也；謹之則日。因其事之小，知其日、月之爲變。外諸侯卒例日，變之則月，尤變則時；因其事之大，知其月、時之爲變。凡變，則有二等以差功過淺深。故月皆變例，從時而日、從日而時，皆變之尤甚者。有條不紊，綱目明白。先儒因有記時分早暮二例，遂偏推之，則正例有三等，無以進退；而于二主之間又添一主，則正變不明，端委朦混，治絲而棼，故使人疑之也。**謹之也。**謹始也。緩誅，踰二時，月以謹之。**于濮者，**據無知不地。**譏失賊也。**據濮，陳地，陳助討也。踰二時，握兵在外，故月。

冬，十有二月，衛人立晉。州吁已殺，邢近衛，三月乃立晉。言月，以起其緩。**疏**衛世家：「石碏殺州吁，乃迎桓公弟晉于邢而立之，是爲宣公。」

衛人者，據尹氏立朝。**衆辭也。**據上下皆與之。**立者，**據天王皆不言立。**不宜立者也。**據朝言立。**晉之名，**據晉挈之。**惡也。**據挈如祝吁、無知然。**其稱人以立之，何也？**據殺稱「人」有罪；朝不宜立，言尹氏。**得衆也。**得人，故以「人」言。**得衆則是賢也，**民爲君本，衆所欲立，其賢可知。**賢則其曰不宜立，何也？**春秋尊賢，以賢治不肖。**春秋之義，諸侯與正而不與賢也。**據諸侯卒言正、不正，不論賢否。

疏殺祝吁之後，别有宜立之人，石碏因衆人之心，扳晉而立之。國有賢君，衆人所喜，春秋不當立者多矣，何獨譏此？餘不當立，譏不勝譏，而衆所知，故畧言之。此立人之所許，嫌得者見不得，故責之備也。班氏云：「曾子問曰：『立適以長不以賢，何也？』子曰：『賢不賢，不可知也。』」

五年

春，公觀魚于棠。劉子云：「濟上邑。」

傳曰：常事曰視，據視朔言視。常事，謂典禮，視朔是也。親迎，亦禮制。**非常曰觀。**據觀社。

疏凡傳所言，多大例，如曲禮「天子不言出」數節，皆舊傳文，先師乃引以解經耳。**禮：尊不親小事，**先王之制：立三公以參天子，立九卿以參三公，立二十七大夫以參九卿，立八十一元士以參大夫。數愈多者，事愈繁；分愈尊者，職愈少，總大綱、攬至要而已。**卑不尸大功。**據士匄侵齊不伐喪言「還」，彼傳云「君不尸小事，臣不專大名」，互言耳。**魚，卑者之事也。**據小事直不登俎。不如田獵，君親者也。**公觀之**〔一〕**，非正也。**劉子

〔一〕「觀」，原作「親」，日新本、鴻寶本同，此據傳文改。

說：「人君貴德賤利以道下，猶爲惡不止。隱公貪利而身自漁濟上，而行八佾，以此化于國人，國人安得不解于義？解于義而縱其欲，則災害起而臣下僻。下書『螟』，言災害起，國家將亂云耳。」班氏云：「王者不親取魚。」田獵必躬親，本以謹武治兵。若親自取魚，嫌與下民爭利也。

夏，四月，葬衛桓公。 此月者，明當時也。卒已踰期，以其當時言者，以晉主其喪。晉立已後，乃有喪主，五月而葬也。昭公早卒，歸後殯已，乃書定公即位。此桓公亦早葬矣，遲之于此，以明不討賊、不書葬。賊既討，則當脩常禮也。**月葬，** 諸侯葬，例以月見喪期。此已弒十四月矣，何更以月見？不如晷而不月。**故也。** 此明討賊，當更申喪制，如從晉立時乃卒者然。故上已見明文，此非以月見其故也。左傳云「緩葬，故也」，同。

秋，衛師入郕。 郕，魯屬國，此爲衛滅也。不言滅者，著以上不言滅。書者，起下入郕。**入者，** 據外次國入微國。**内弗受也。** 據「入」外之。小國義得拒次國也。**郕，** 據内有成，疑與向同。**國也。** 據有郕伯也。**將卑師衆曰師。** 據此推之，則將尊師衆曰「某帥師」〔一〕，將尊師少稱「將」，將卑師少稱「人」，君將言「帥師」也。師入，有貶辭，此言正例耳。 **疏** 此舊傳文。

九月，考仲子之宮。 工作，時，正也。月者，謹非禮以譏隱也。

〔一〕「尊」，原作「卑」，據日新本、鴻寶本改。

考者，何也？ 據武宮言「立」。**考者，成之也，** 據君廟乃言立。考，宮室落成之名。**成之爲夫人也**〔一〕。據不氏。「子」者，夫人辭。成者，無其實，而權成之。禮：非夫人不廟脩。仲子宮，妾僭夫人也。妾廟賤，不敢言立，因有「考」。室言「考」，起仲子非夫人，而隱脩廟以成之也。不奪者，所謂「夫人之，我敢不夫人乎」。然則，歸賵亦以天王臨之而見正也。**禮：庶子爲君，爲其母築宮，** 言築，見言考成之，譏失禮。**使公子主其祭也。** 王制：「支子不祭。」據定弋氏書葬，葬則有廟。公子，支子，君之弟及別妾子。君爲父後，于妾母不得顧；而禮緣情制，當有恩禮，故別築宮以祭之。支子不爲父後，故可主之。妾子不爲君，則妾不爲廟也。**於子祭，** 據弋氏于子世卒葬，明得申其私恩。**於孫止。** 據孫世以子氏，譏。喪服小記：「慈母與妾母不世祭。」鄭注據傳釋之。止後迎主于廟，附食于女君。**仲子者，惠公之母；隱孫而脩之，非隱也。** 仲子卒在孫世，隱以禮得築宮，探先君之志而爲之築宮，尚據禮文也。春秋決嫌疑，定猶豫。禮于孫止，則雖新卒，究非世子，故非隱以明妾廟之禮。

初獻六羽。

初， 據同「稅畝」。**始也。** 劉子云：「隱用八佾。」**疏** 論語「季氏舞八佾」，則魯用八佾，季氏因僭之。八佾，天子之樂，僭天子不可言。時仲子妾廟，降用六羽。書初用六羽，以起先之用八羽也。八羽不可言，託始妾廟以明其僭，而餘廟仍用八佾可知。此内諱大惡也。**穀梁子曰：** **疏** 穀梁爲子夏氏名，學者不敢正言，故魯人音爲穀

〔一〕「成」，原作「考」，日新本、鴻寶本同，此據傳文改。

梁，齊人傳爲公羊，姓名音同字異，三傳之通例。後人誤以卜商姓氏爲之臆造五名，非也。傳皆子夏所傳，偶有名氏者，後師因有異解，偶録之也。其言姓氏者，明異説所本。兩存者，皆通；附言者，存異解。**「舞夏，**夏，五色羽，染人「秋染夏」，鄭注：「染五色，以夏狄爲飾。」**天子八佾，**王至尊，故禮貴多。**諸公六佾，**公與二伯、王後，降天子以兩也。**疏**春秋「公」：王國周公、祭公，外諸侯宋公，升齊、晉爲二老，同公秩，準天子三公之制，合宋王者後，共五公也。知公禮異者，據魯如齊、晉也。**諸侯**諸侯謂方伯國，以與諸公連文也。然則小國當用二佾。自連帥以至子男，則不用佾矣。以王臣言之，則三公六佾，卿四佾，大夫二佾，元士以下亦不用佾。經、傳言諸侯，有指有土之君言者，有專指二伯、方伯言者，須分別觀之。**四佾。**妾廟以諸侯禮言者，王制曰：「喪從死者，祭從生者。」

疏方伯爲侯，八州之長爲伯。春秋以魯、衛、陳、鄭爲内方伯；外秦主梁，楚主荆，蔡遷徐，吴主揚，從夷狄例，共八伯也。公爲大國，六佾；侯爲次國，四佾；伯子男爲小國，用二佾。則連帥、屬長及七十里、五十里以下，遂不用佾也。**初獻六羽，始僭樂矣。」**班氏云：「佾者，列也。天子以八佾爲行列，八八六十四人。諸公六六爲行，諸侯四四爲行。」蔡邕説：「八者，象八風，所以風化天下。六者，象六律。四者，象四時也。」按：此據論語八佾。以六爲行列數，謂魯應用十六人，僭用三十六，僭諸公猶可言，僭天子不可言也。**尸子曰：**先師也。人表序在孟子後，或以爲佼，非也。**「舞夏，自天子至諸侯，**此諸侯亦當如上文指二伯、方伯，卒正而言。以下小國不在此數。**皆用八佾。**八佾，當作「八羽」，字誤也。**疏**按：此以六爲行列人數〔一〕，謂天子至諸侯皆用八人爲一列，天子八八，諸公六八，諸侯四八，小國二八。不如班説諸公六六、諸侯四四也。從前説，以羽爲行列，則用四列者用六列。以此説補正其義，謂行列皆用八人，亦通。以前説補正，此謂既減列又減人數，亦可也。經言羽不言佾，故尸子以六羽爲一佾，非六佾之所謂也。**初獻六羽，**此説重讀羽字，以爲經不言八佾而言六羽，明爲羽數而見。**始厲樂矣。」**厲，裂也，與「僭」對文，裁裂之意。**疏**尸子據經言六羽，不言六佾，知于每佾減去二人，應用三十六人，今減作二十四人。以此推之，則小國用二佾得十六人。班説用二人，則二佾四人，疑少不成禮也。一説大夫皆不用佾，季氏用佾，孔子譏之。八佾爲佾數之通名，用非其禮，已足譏，不必定僭天子樂也。

邾人、鄭人伐宋。序會以爵明尊卑大小之分，崇文德兵事。尊卑相敵，先至者序後，後至者在先，客不言「及」是也。邾小，雖主兵，不應序鄭上，以稱「人」，則可先鄭也。小國上卿比于次國之中，中當其下，下當其上大夫。「人」，以此爲邾之上卿而鄭之下大夫也。**疏**宋世家：「二年，鄭伐宋，以報東門之役。其後，諸侯數來侵伐。」

螟。劉子説：「觀魚貪利之應。書螟，言災將起、國家將亂云爾。」

蟲災也。劉子云：「凡有所害謂之災，無所害而異于常謂之異。害爲已至，異爲方來。」班氏云：「潛潭巴云：

〔一〕「六」疑爲「八」字之誤。

『災之爲言傷也〔一〕，隨事而誅；異之爲言怪也，先發感動之也。』」**甚則月，不甚則時。** 災輕異重。災，時，正；甚則月。異，日，正；不甚則月。螟無月，以螽推之。**疏** 按：災異以月、不月記其輕重，自記事之常，與人事以日、不日見褒貶者不同。

冬，十有二月辛巳，公子彄卒。 左傳：「叔父有憾于寡人，葬之加一等。」大夫稱叔父。大夫不日，因加等乃日之。

隱不爵命大夫， 據不言即位、不自正，知不爵之。王制曰：「大國三卿皆命于天子。次國三卿，二卿命于天子，一卿命于其君。小國二卿皆命于其君。」**疏** 公子彄，本未命大夫，故左傳稱「叔父」。未命者不氏，如君能爵命，尚可進之。隱方以不稱即位見其讓，必不可以隱爵大夫見于經也。**其曰「公子彄」，何也？** 據俠卒不氏、不日，此氏「公子」，又日。**先君之大夫也。** 隱雖不特爵命，然先君之舊臣，有功未及進爵者，子得成其志。隱加葬彄，成之爲卿。以隱不當進之，故託于先君之大夫。不疑益師者，在喪不請，三年無改父道。益師本卿，其事甚明也。

宋人伐鄭，圍長葛。

伐國不言圍邑，此其言圍，何也？ 據國重邑輕。諸伐皆有圍，取邑猶不志。**久之也。** 據明年冬乃取。

〔一〕「傷」，原作「得」，日新本、鴻寶本同，此據白虎通改。

伐不踰時，荀子云：「師不踰時，不留衆。」班氏云：「古者師不踰時，爲怨思也。天道一時生，一時養。人者，天之貴物也，踰時則内有怨女，外有曠夫。」**戰不逐奔，**據譏爰婁盟〔二〕。司馬法：「逐奔不過百步，從綏不過三舍。」**誅不填服。**荀子云：「服者不禽，格者不舍，犇命者不獲。凡誅，非誅其百姓也，誅其亂百姓也。百姓有扞其賊，則是亦賊也。以故須刃者生，蘇人者死，犇命者貢。微子開封于宋，曹觸龍斷于軍，殷之服民，所以養生之者，無異周人。故四海之内若一家，通達之屬莫不從服，夫是之謂人師。」**苞人民、毆牛馬曰侵；**傳曰：「侵，淺事也。」**斬樹木、壞宮室曰伐。**司馬法云：「冢宰與百官布令于軍中，曰：『入罪人之地，無毁土功，無燔牆屋，無伐林木，無取六畜、禾黍、器械；見其老幼，奉歸勿傷；雖遇壯者，不校不敵；敵若傷之，醫藥歸之。』」**疏**按：司馬法，王者征討之法也。春秋侵伐與古異，孟子云「無義戰」是也。侵輕于伐者，侵，輕掠之師，不稽時月。伐者，舉兵深入，延日遲久，所害深。苞毆乃爲淺事，伐壞則日久乃行。苞毆不暇于伐壞，伐壞未有不苞毆。先儒分而言之，誤。左傳有「鍾鼓曰伐，無鍾鼓曰侵」，意亦分輕重，大旨相同也。

〔二〕「爰」，原作「袁」，日新本、鴻寶本同，據傳文改。
〔三〕據文例，此「包」字當作「苞」，然據王引之説，苞、包古通，皆可訓爲「取」，見經義述聞「苞人民」條。廖氏此注有省文。

六年

春，鄭人來輸平。 疏輸，左作「渝」。

輸者，據傳，盟不信言「渝」。**墮也。**據渝盟猶敗盟。**平之爲言以道成也。**據不盟而信，喻以道相和好也。

來輸平者，據盟言「來」不言「輸」。**不果成也。**劉子云：「鄭獲魯君。」按：狐壤之戰，隱爲鄭獲，春秋深諱其事，言「輸平」也。疏傳曰：「諱莫如深。」因其耻大，故諱深。諱深必有所見，此何所見？曰，四年會伐鄭，吾與鄭人未有平也。無平而曰平，明非平也，來接内也。來接者，必有姓氏，不言姓氏，傳曰：「不言其人，爲内諱也。」來接而不言及，起其接内之爲獲公也。輸平，文甚。事愈惡者，言愈文也。

夏，五月辛酉，公會齊侯盟于艾。艾，齊地。

秋，七月。

冬，宋人取長葛。

外取邑不志，此其志，何也？據楚取宋彭城不志。**久之也。**據上書圍也。圍、取邑不志。此志，因其圍取勞民動衆，録其本末，與「志疏數」同也。

七年

春，王三月，叔姬歸于紀。班氏云：「伯者，長也。叔者，少也。男女異長，各自有伯仲。法陰陽，各自有終始也。婦人十五稱伯仲〔一〕，婦人質少變，陰道促早成，十五通乎織紝紡績之事，思慮定，故許嫁，笄而字。故經曰：「女子十五許嫁，笄。禮之稱字也。」**疏**班氏云：「婦人無爵何？陰卑無外事，是以有三從之義。未嫁從父，既嫁從夫，夫死從子。故夫尊於朝，妻榮於室，隨夫之行。故禮郊特牲曰：『婦人無爵，坐以夫之齒。』禮曰：『生無爵，死無謚。』春秋録夫人皆有謚，何以知夫人非爵也？論語曰：『邦君之妻，君稱之曰夫人，國人稱之曰君夫人。』如是爵，君稱之與國人稱之，不當異也。」

其不言逆，何也？逆之道微，無足道焉爾。 此媵也。因下成之爲夫人，故與伯姬同傳。白虎通義引公羊傳曰：「叔姬歸于紀，明待年也。」

滕侯卒。 稱侯者，本爵也。王制：「一州之内，方百里之國三十。」又云：「三十國以爲卒，卒有正。」春秋魯屬國曹、莒、邾、滕、薛、杞六卒正，皆侯爵百里之國。春秋以侯屬方伯，則號不可以苟同。故六卒正皆不以本爵見，而稱子、伯以辟方伯。子伯，非爵也。子爲七等首，伯爲字，子尊于伯。曹以伯始，以薛伯、杞兼子伯終，明一例也。外屬國滑稱伯，明辟則稱伯；邢稱侯，明凡屬國見者皆侯，春秋異之，以辟方伯也。傳以魯爲千乘之國，于邾亦曰千乘之主，則邾非小國也。春秋之伯皆爲字，非爵；子亦爲貴稱，非爵。傳曰：「子，貴之也。」大夫得稱子。又曰：「子，卑稱也。」公羊曰：「字不如子。」子貴于字一等，故非實爵。以其爲貴稱，故凡諸侯之進爵者、退爵者皆稱焉，夷狄之國亦統稱焉。楚、

〔一〕「五」，原作「年」，日新本、鴻寶本同，此據白虎通改。

吴皆稱王，以「子」名之，奪其王，以「子」加之而已，非實爵名。春秋凡屬伯子男爵之國，概不見，外七州唯見六卒正：魯屬六卒正以下見連帥之國二十一，合之方伯，卒正共二十九，亦皆百里。 疏 曹稱伯，居首，以字見。莒，子，夷狄稱「子」〔二〕，吴、楚從之。邾進子在前，子尊于伯。滕以狄道退之，則子。杞以伯殿焉。以伯始，以伯終，明皆侯，爲辟方伯不以本爵見也。中有三子，以明稱子之例。子非實爵，故子可以在伯先也。杞本公爵，或稱子，稱伯者，明子、伯一也，即紀侯以子、伯並見之例也。小國稱無定，大國稱有定者，皆爲辟方伯也。小邾進，以子稱；則邾之附庸，所謂不能以名通，附于大國者也。則曹、莒、邾三國爲上等，曹居首，同姓也。莒、邾以近次之。滕、薛、杞三國爲下等，滕以同姓居首，次薛，杞以伯終之。

滕侯無名，本有名，春秋削之言無也。 疏 據成以後卒皆有名，則此有名可知。「無」，如隱無正，桓無王之「無」，非本無名也。**少曰世子，**世子，則稱「世子」，不制名，自以爲一國世子，無取分別，故不爲之命名。**長曰君，**立則稱君而已。名以相別，國祇一君，不用名，廟祝皆曰「滕侯」而已。**狄道也。**曲禮：「夷狄雖大曰子。」以稱「子」，故以狄説之。戎狄之道，不制名以相別異。少曰世子，長則曰君，自尊以比于太上。春秋以不名之法狄滕耳。 疏 春秋狄之也。春秋唯天子不名。諸侯無名，僭天子禮也。天子無上，故臨下不名。滕，諸侯，有天子在，不命名，失臣子之道，以爲夷狄乃有此事耳。**其不正者，**不正，謂非世子。**名也。**謂狄人凡不正者乃有名。此引

〔二〕「稱」，原作「之」，日新本同，此據鴻寶本改。

狄人無名，以證春秋無名之爲狄滕也。春秋狄國有三術：稱國以狄之，晉、鄭之類是也；異國之名，戎伐凡伯、貿戎之類是也；無名狄之，滕、秦是也。滕，成以後有名而前無；秦，成以前有名而後無名，更代之道也。滕在隱世不卒，卒者，起本爵侯也。見本爵侯，以起「子」爲辟本爵。

疏 春秋内魯，常見六卒正〔二〕，辟方伯以子、伯見。外卒正常見一稱男〔三〕，許男是也。何以見子、伯之非爵？曰：春秋王朝大夫稱字，卿則稱子。子與伯同稱，子尊于伯，知子非爵也。列國大夫例名，齊高子稱子，大夫可稱高子而不可以稱「男」，以此知「子」非爵也。邾子稱子，小邾子亦稱子，附庸無爵而稱子，知不爲爵也。吴、楚之君僭號王，正之而稱「子」，傳曰「卑稱也」，明非爵也。卒正莒、邾、滕三子，子尊于伯，故在伯先也。子不爲貶滕者，後滕有名猶稱「子」，秦無名猶稱「伯」，知去名即狄之，不以伯、子異也。方伯八：四侯、二伯、二子。卒正六：二伯、三子、一子伯並稱。子不爲卒正定稱，故附庸、大夫均可稱子；使爲定稱，則不得稱子，故以子、伯共見起之也。伯爲字稱，方伯之秦、鄭，王臣之祭、單，皆字也，故方伯以二子、二伯見。春秋字不如子，子在字上。春秋之字稱伯、仲，如唐人鄭九、杜十；子則爲尊稱，子游、子夏、沈子、魯子是也。古人相敬則稱子，此正其例，非爵也。據狄不名，春秋之義，諸侯用中國禮則中國之，用夷禮則夷之。秦、滕本中國，用中國禮，因其用夷狄道，狄之也。滕、秦始狄，後從中國。楚、吴，狄也，以名卒，進之，從中國。禮：君前臣名。狄

〔二〕「六」字原脱，日新本同，此據鴻寶本補。

〔三〕「一」，原作「以」，日新本同，此據鴻寶本改。

不臣，故不名也。

夏，城中丘。 中丘，丘名，内地。城，新作城也。後言中丘者，從一名見同也。

城爲保民爲之也。 王制曰：「凡居民，量地以制邑，度地以居民，地、邑、民居，必參相得也。」疏民散無以避盜賊、禦寇亂，故作城所以保也。**民衆城小則益城，** 必民衆城小，不足以容民，然後乃別城耳。**益城無極。** 傳曰：「古者天子封諸侯，其地足以容其民，其民足以滿城自守。」是無民衆城小之事也。魯民不加庶而累別城，勞民設險，不足以相守，而累城不已，是無限極也。**凡城之志，皆譏也。** 統謂別城也。内如中丘之等，皆譏也。城諸及防，傳曰「可城」，脩舊也。春秋脩舊不書，譏「新作」；于城，亦同也。

齊侯使其弟年來聘。 來聘之始，崇大國也。疏經於方伯以上國，乃言母弟、母兄。小國以下無。

諸侯之尊， 凡有土之君，子、男以上通稱諸侯。疏班氏云：「諸侯封不過百里，象雷震百里所潤雲雨同也。雷者，陰中之陽也，諸侯象焉。諸侯比王者爲陰；南面賞罰爲陽，法雷也。七十里、五十里，差德功也。故王制曰：『凡四海之内九州，州方千里，建百里之國三十〔二〕，七十里之國六十，五十里之國百有二十。名山大澤不以封，其餘以爲附庸閒田。』天子所治方千里。此平土三千、并數邑居、山川至五十里。名山大澤不以封者，與百姓共之，不使一

〔二〕「三十」，原作「二十」，日新本、鴻寶本同，此據王制改。

國獨專也。山木之饒〔一〕，水泉之利，千里相通，所以均有無，贍其不足。制土三等何？因土地有高下中三等。」**弟兄不得以屬通**〔二〕。據常辭内外通言公子。屬，弟兄之私恩。春秋貴貴，以君臣之義厭其弟兄之恩。通，謂自内及外皆以公子爲正稱，不得言弟兄也。喪服傳曰：「封君之孫盡臣諸父昆弟。」班氏云：「諸侯絶期者，示同愛百姓，不獨親其親。故中庸曰：『期之喪，達乎大夫。』」**其弟云者，**據盟會不稱弟；帥師、殺、奔稱弟兄，有别義。**以其來接於我，**據來，則以稱弟爲正辭，非别有所起。**舉其貴者也。**以弟兄稱，見榮寵親信于鄰國。弟兄通，著其弟兄，微其君臣，如君親來之辭也。**疏**母弟恩重，親親之義，得以屬稱。常辭稱公子〔三〕，以尊尊言，私不廢公也。接内稱弟，以親親言，恩能掩義也。齊，大國；弟，貴臣；來接舉貴，喜其來，故盡其尊也。

秋，公伐邾。邾，近國，不諱兵事。曹獨諱兵事者，曹爲同姓卒正首。于是不諱，則爲魯病矣。且以莒起曹之亦有兵事，而經諱之不書。此渝盟，故眛盟不日〔四〕。

冬，天王使凡伯來聘。戎伐凡伯于楚丘以歸。疏傳以戎爲衛。公羊、左傳多以真戎解之者，就經文説之也。故説經有未脩以前之説、既脩以後之説，須兼明之。

〔一〕「木」，原作「川」，日新本、鴻寶本同，此據白虎通改。
〔二〕「弟兄」，原倒作「兄弟」，日新本、鴻寶本同，此據傳文乙。後同。
〔三〕「稱」字原脱，日新本同，此據鴻寶本補。
〔四〕「眛」，原作「蔑」，據隱元年經、傳文改。

凡伯者，何也？據聘、伐兼言，嫌其異。**天子之大夫也。**據稱字。天子大夫氏采，采，國辭，如蔡叔、許叔之稱，天子大夫視子男是也。諸侯大夫氏，氏雖有采，不敢見，非天子所封也。傳曰「不言濫子，非天子所封」是也。**國而曰伐，此一人而曰伐，何也？**據伐有所斬壞之稱也。**大天子之命也。**據外執諸侯猶言「執」，知此大之也。伐天子命，是伐天子，罪重于常執，故大之言「伐」。**戎者，**據不地。西戎遠在外州，不能入執。又隱世不見夷狄。**衛也。**據楚丘，衛地，非實戎；地楚丘之衛也。**戎衛者，**據狄鄭言鄭，晉言貿戎也。**疏**按：此辟諱託名之例，春秋當不止二條。今明文可攷者：本傳之戎衛，公羊之貿戎與齊仲孫而已。攷禮，王者不治四夷。春秋真四夷概不見經，則其稱「戎」多爲託名也。今頗由此例推廣之。**爲其伐天子之使，**犯天子，不敢言衛也。**貶而戎之也。**犯順宜貶，貶窮于人。不可言「衛人」，故詭辭託戎以存中國，而地楚丘以起之。**疏**不單稱衛以戎之者，戎衛，則終貶之，如蔡、秦是也。春秋內衛篤從中國，故此別以戎主之。不出衛，不可言衛也。晉以二伯故，戎晉言貿戎。貿，晉地，猶言楚丘也。二國北近戎〔一〕，故可託戎也。**楚丘，**據貿戎不出地。**衛之邑也。**據城楚丘。王師有敗文，故言「貿戎」；楚丘有伐，故不「楚丘戎」。**以歸，**據不言「執」，當言「以凡伯歸」。**猶愈乎執也。**劉子云：「周室多禍，戎攻其使。」據言「以凡伯歸」，則以爲執辭。言「以歸」先言「執」，惡在執，「以歸」無惡。此不言「以凡伯歸」，辟「執」文。言「以歸」不言「執」，則「以歸」爲善辭也。

〔一〕「二」，原作「三」，據日新本、鴻寶本改。

八年

春，宋公、衛侯遇于垂。垂，內地。**不期**期，地期，約定地相會。**而會，**行會禮，餘會皆期地。**曰遇。**曲禮曰：「諸侯未及期相見曰遇。」先有期地，未至其地適相見而行會禮，不更至期地，爲遇也。傳又曰：「一君出，一君要之。」聞其來，因俟于道，不復至期地也。**遇者志，**據不志。**相得也。**志宋、衛相得。外遇不志，志者，在內地。

三月，鄭伯使宛來歸邴。劉子云：「鄭伯以邴將易許田。」**疏**鄭世家：「鄭莊公怒周弗禮，與魯易祊、許田。」

名宛，據言「使」，命大夫宜氏。**所以貶鄭伯；**王制曰：「次國之卿命于其君者，如小國之卿。」據小國乃不氏，貶臣，而君亦從小國例貶矣。**惡與地也。**惡，大惡，應得貶罪奪爵從小國。此專責鄭與地也。**疏**公羊云：「宛者，鄭之微者也。」此就既貶之後言之。「使」不以微者，知爲惡事貶之。

庚寅，我入邴。此專責魯受地也。時鄭以不祭泰山、無用之邴歸魯，尚無易祊明說。後數年，鄭入許，乃從魯假近許湯沐閒田，魯助鄭取許，皆原于此。故以易許田主之。

入者，據言歸不言入。**內弗受也。**鄭雖歸，而我義不得入。**日入，**據日入，內滅中國辭。**惡入者也。**惡，大惡。內滅中國，惡。此入天子邑，以國言之，與下日入許相起。**邴者，**據惡，疑國。**鄭伯所受命於天子，**鄭爲二伯，故禮得從行，有湯沐邑。**疏**據左氏、國語，鄭爲二伯，所謂「周之東遷，晉、鄭焉依」是也。鄭之伯黜，齊桓代之，然經不以伯禮待鄭。隱世，鄭尚爲伯，故以二伯之禮待之。**而祭泰山**傳，鄭伯冀州國，當以屬于北嶽。東嶽主青、徐二州，西嶽主雍、梁二州，東西二嶽中外分界。禹貢海岱、華陽以二嶽爲界，明當附于二嶽也。鄭不在東方，泰山下有湯沐邑。巡狩，二伯當從，不拘方嶽，故鄭得有湯沐邑于泰山下也。若方伯，則各會于方嶽下〔一〕。**之邑也。**許慎說：「諸侯有大功盛德于王室者，京師有朝宿之邑，泰山有湯沐之邑，所以共祭祀。」**疏**劉子云：「五嶽：泰山，東嶽也，有湯沐之邑也；華山，西嶽也；常山，北嶽也；霍山，南嶽也；嵩山，中嶽也。五嶽何以視三公？能大布雲雨焉，能大斂雲雨焉。雲，觸石而出，膚寸而合，不崇朝而雨徧天下，施德溥大，故視三公也。」

夏，六月己亥，蔡侯考父卒。蔡，初記卒日，以爲同盟也。後乃狄之，不純用中國禮。**疏**蔡世家：「宣侯二十八年，魯隱公初立。三十五年，宣侯卒，子桓侯封人立。」

諸侯傳言大國、次國、小國，又言諸公、諸侯，統以諸侯爲言，何也？魯，侯；從我言，皆舉侯。或曰：舉其中，可以包上下也。**日卒，正也。**方伯正例，並爲宿男卒起。

辛亥，宿男卒。小國不日。日者，明不卒，以一見起例。**疏**班氏云：「爵有五等，以法五行也；或三等者，法三光也。或法三光，或法五行何？質家者據天，故法三光；文家者據地，故法五行。含文嘉曰：『殷爵三等，周爵五等，各有宜也。』王制曰：『王者之制禄爵，凡五等，謂公、侯、伯、子、男也。』此據周制也。春秋公羊傳：『天子三公稱

〔一〕「方」，日新本、鴻寶本均作「本」。

公，王者之後稱公，其餘大國稱侯，小國稱伯子男。』王制曰：『公侯田方百里，伯七十里，子男五十里。』所以名之爲公侯者何？公者，通也，公正無私之意也。侯者，候也，候順逆也；人皆千乘，象雷震百里，所聞同。伯者，白也，明白于德也。子者，孳也，孳孳無已也；男者，任也，人皆五十里。差次功德。小者不滿爲附庸。附庸者，附大國以名通也。百里兩爵，公、侯共之。七十里一爵，伯。五十里復兩爵何？公者，加尊二王之後；侯者，百里之正爵；上有可次，下有可第，中央，故無二。五十里有兩爵者，所以加勉進人也。小國下爵猶有尊卑，亦以進人也。」

宿，據小國不日，次國不名。**微國也。**據男與許同，「男」在「子」下。微國，謂不與盟會。**未能同盟，**劉子云：「諸侯五月而葬，同會畢至。」同盟，謂常書盟會。見經之國必同盟乃書卒葬，以見五月同盟至之禮。大國，齊、晉、宋；次國，衛、陳、蔡、鄭；小國與許、曹、莒、邾、滕、杞、薛，此中國之書同盟者。外州夷狄不言同盟而有盟會者，秦、楚、吴是也。王臣、天子三公、九卿常見于盟會亦書卒者，傳曰「爲魯主」，左傳所謂「喪之如同盟」。禮，諸侯五月而葬，同會畢至。春秋惟此十八國與王臣見盟會。又傳之所謂「同盟」者，以同盟之例待之而已，不拘事實曾否同盟，亦不泥經書同盟與否，故但卒皆得爲同盟之國。凡不在同盟，雖見同盟，如小邾，而通不得卒葬。左氏以同盟爲例，與傳同，此先師舊説也。

疏此卒者，一卒示例，起千八百國。舊史卒者多，春秋削之，僅以同盟之國見也。小邾不卒，附庸也。夷狄卒楚、吴，主會盟，進之也。天子臣卒，劉子，三公也；尹氏，大夫也；王子虎，卿也；因同盟乃得卒之。左傳以爲「喪之如同盟」是也。

故男卒也。左傳：「凡諸侯同盟，死則赴以名。」赴以名則書之，不然則否。此與傳同。男卒，謂不名也。以名卒，則嫌正卒，故削之以見不卒也。

疏此不卒之者，一卒以見卒例，因

不名以起同盟乃名，十九國乃爲同盟也。凡例常者不一而足，一者皆變以起其餘之正。

秋，七月庚午，宋公、齊侯、衛侯盟于瓦屋。宋在齊上，王後尊于先。參盟何爲託始于此？大國言宋、齊，同姓之國舉衛，此舉親、貴之大例。春秋凡舉以見例者，多目三國也。此爲始，如媵女言齊、晉、衛，胥命言齊、衛是也。

疏齊，二伯，在宋下，未成伯也。

外盟不日。據「曹南」不日。**此其日，何也？**據石門已謹始。**諸侯之參盟於是始，**據左傳，參盟已前見矣。傳言此者，公羊所謂「春秋之始」也。**故謹而日之也。**據石門月，此日，知以謹參盟也。人三爲衆，爲惡有助，因是往而不反，糾聯攻伐，迄無已時，故譏參也。不于後譏者，後事不勝譏，惡惡疾始，故于參譏之〔一〕，以絶其源，易爲功也。**誥誓不及五帝，**班氏說：「五帝：黄帝、顓頊、帝嚳、帝堯、帝舜也。」伏生說：「五帝之治，不言而喻，不俟誥誓之言。」

疏白虎通：「五帝者何謂也？禮曰：黄帝、顓頊、帝嚳、帝堯、帝舜也。黄者，中和之色，自然之性，萬世不易。黄帝始作制度，得其中和，萬世常存，故稱黄帝也。謂之顓頊何？顓者，專也；頊者，正也。能專正大人之道，故謂顓頊也。謂之帝嚳者何？嚳者，極也，言其能施行窮極道德也。謂之堯者何？堯猶嶤嶤也，至高之貌。清妙高遠，優游博衍，衆聖之主，百王之長也。謂之舜者何？舜猶僢僢也，言能推信堯道而行之。」

盟詛不及三王，班氏說：「三王，夏、殷、周也。」據三王，殷、周誥誓而不盟詛。如二伯之事，周禮有盟，以治諸侯

〔一〕「譏」，原譌作「議」，據日新本、鴻寶本改正。

之變，故二伯以盟詛約束諸侯。三王不躬親詛以爲治。此尚書説，非春秋説也。春秋乃專以盟詛顯。**疏**白虎通云：「三王者何謂也？夏、殷、周也。故士冠禮『周弁、殷冔、夏收，三王共皮弁也』。王者受命，必立天下之美號以表功自克，明易姓爲子孫制也。夏、殷、周云者〔一〕，有天下之大號也。百王同天下，無以相别；改制，天子之大禮，號以自别于前，所以表著己之功業也。必所以改號者〔二〕，所以明天命已著，欲顯揚己於天下也。己復襲先王之號，與繼體守文之君無以異也。不顯不明，非天意也。故受命王者，必擇天下美號表著己之功業，明當致施是也。所以預自表克于前也。不以姓爲號何？姓者，一字之稱也，尊卑所同也。諸侯各稱一國之號，而有百姓矣；天子至尊，即備有天下之號，而兼萬國矣。夏者，大也，明當守持大道。殷者，中也，明當爲中和之道也；聞也、見也，謂當道著見中和之爲也。周者，至也，密也，道德周密，無所不至也。何以知即政立號也？詩云『命此文王，于周于京』，此改號爲周、易邑爲京也。春秋傳曰：『王者受命而王，必擇天下之美號以自號也。』五帝無有天下之號何？五帝德大能禪，以民爲子，成于天下，無爲立號也。或曰：唐，蕩蕩也；蕩蕩者，道德至大之貌也。虞者，樂也，言天下有道，人皆樂也。論語曰：『唐、虞之際。』帝嚳有天下，號曰高辛。顓頊有天下，號曰高陽。黄帝有天下，號曰有熊。有熊者，獨宏大道德也。高陽者，陽猶明也，道德高明也。高辛者，道德大信也。」**交質子**據左傳，春秋有交質，經不著

〔一〕「云」，日新本作「也」，鴻寶本作「王」。
〔二〕「所以」二字疑衍。

之。**不及二伯。**劉子說：「王者已爲州伯，所以復有二伯何？欲使絀陟也。三歲一閏，天道小備，故二伯絀陟也。何以爲二伯乎？曰：以三公在外稱伯，東西分二。所以稱爲伯何？欲抑之也。三公，臣之最尊者也，又以王命行天下，爲其盛，故抑之也。」班氏說：「齊桓、晉文，霸于周者也。又傳曰：周公入爲三公，出爲二伯，中分天下，得行絀陟〔一〕。」按：周初分陝而治，周公主東南，召公主西北。王制：「八州八伯，各以其屬屬于天子之老二人，分天下以爲左右，曰二伯。」孔叢子：「古帝王分天下，使二公，謂之二伯。」又云：「王季以功九命，九命作伯，受瓚鬯之賜。文王因得專征伐，猶周、召之爲伯。」是也。小國統于方伯，方伯統于二老，天子在上，不勞而治，强幹弱枝、以簡御繁之道也。東遷以後，王道不行，天子內臣不命二伯，八州方伯不復統馭，春秋欲明王法以馭諸侯，因桓、文有糾合之功，授齊、晉爲二伯，齊、晉爲正，楚、吴爲變，畧示中外之分；又爲黜陟之道，假以內臣之制，尊託上公之品，故序宋公上。內公言「如」，得通及天下諸侯。齊桓方興，没隱晉事；晉文既伯，終于春秋。傳曰「桓非受命之伯」，謂非內臣也；「將以事授之」，謂春秋託之也。孟子：「其事則齊桓、晉文，其文則史。」春秋以二伯爲綱，所序皆統于齊、晉也。禮制有盟，春秋惡之者，齊、晉以盟詛糾合諸侯，故春秋重盟，貴胥命而譏累盟，謂不純與之也。戰國以後，通行交質，傳陳古之變，謹盟詛之始。二伯功用，全在盟詛，因盟詛之褒貶，知二伯之美不及，謂僅免于是，後不爾也。故五帝，三王之不及；即三王，二伯之治本也。

疏班氏云：「伯者何謂也？伯者，長也，選擇賢良，使長一州，

〔一〕「得行」二字原脱，日新本同，此據鴻寶本補。

故謂之伯也。王制曰：『千里之外設方伯。五國以爲屬，屬有長；十國以爲連，連有帥；三十國以爲卒，卒有正；二百一十國以爲州，州有伯。』唐、虞謂之牧者何？尚質，使大夫往來牧視諸侯〔二〕，故謂之牧。王者所以有二伯者，分職而授政，欲其亟成也。王制曰：『八伯各以其屬屬於天子之老二人，分天下以爲左右，曰二伯。』詩云：『蔽芾甘棠，勿剪勿伐，召伯所茇。』春秋公羊傳曰：『自陝以東，周公主之；自陝以西，召公主之。』不分南北何？東方被聖人化日少，西方被聖人化日久，故分東西，使聖人主其難，賢者主其易，乃俱至太平也。又欲令同有陰陽寒暑之節，共法度也。所分陝者，是國中也，言面八百四十國矣。」按：劉子引魯詩傳，與公羊同文，魯詩與穀梁同師，是穀梁與公羊同也。班氏云：「五霸者何謂也？昆吾氏、大彭氏、豕韋氏、齊桓公、晉文公是也。昔三王之道衰，而五霸存其政，帥諸侯朝天子，正天下之化，興復中國，攘除夷狄，故謂之霸也。昔昆吾氏，霸於夏者也。大彭、豕韋，霸於殷者也。齊桓、晉文，霸於周者也。」班氏云：「帝王者何？號也。號者，功之表也，所以表功明德、號令臣下也。德合天地者稱帝，仁義合者稱王，別優劣也。禮記謚法曰：『德象天地稱帝，仁義所生稱王。』帝者，天號；王者，五行之稱。帝者，諦也，象可承也。王者，往也，天下所歸往。鈎命決：『三皇步，五帝趨，三王馳，五伯騖。』」

八月，葬蔡宣公。三月而葬。言八月，見其渴早遲。由經書之，託以見其臣子志。此蔡記卒葬之始也。

月葬，方伯月葬，正例也。此以月葬問者，六月卒，八月葬，是二月葬，不及時。**故也。**爲繼嗣有亂。禮，五月葬。

〔二〕「牧」，原作「得」，日新本、鴻寶本同，此據白虎通改。

經于常文以五月書之，如其有他故，則或遲或早，因其遲早以見意。如内之書即位不即位，非因即位乃書，不即位不書也。

九月辛卯，公及莒人盟于包來。言及，以尊及卑也。凡「人」通言「及」。

可言公及人，「人」，小國、大夫盟會之稱。莒國君尊不敵公，其臣更微，貴賤相懸，故無疑伉之疑。惠能逮下，有寬下之美，内尊外卑，臣子所樂道者。**不可言公及大夫。**據處父伉。大夫，謂大國大夫，尊同小國之君，與公尊近相嫌。春秋決嫌，故去氏，使同小國大夫，與稱「莒人」等，則不嫌也。明堂位，諸侯之位，尊卑近者異面，異者同面。禮，異姓同車，同姓不同車。皆以明嫌也。

螟。劉子云：「時鄭伯以邴歸我，將易許田，有貪利心。」

冬，十有二月，無侅卒。公羊：「此展無駭也。」與左傳同。不日者，因不氏，起俠時。此蓋貶之。

無侅之名，據左氏以無駭爲司空，且帥師，則非微者。以爲入極貶，則卒當氏，不應終身貶，與翬同。**未有聞焉。**不得其尊卑、名氏之故，師説舊無傳。言「聞」者，明説皆有傳，否則不敢以己見質言。以此無聞，起餘皆有聞也。**或曰：**此以無駭爲未命，同彄。**隱不爵大夫也。**傳説同公子彄，與入極傳異，以爲同所俠。**疏**知非貶者，前去氏已明，又不日也。**或説曰：**此説同公羊。**故貶之也。**公羊：「何以不氏？疾始滅也。」故終其身不氏。」據前帥師，傳：「貶也。」稱將，尊也；不氏，知貶也。於卒焉貶者，滅同姓大惡。諸侯名，罪當死也。前去氏，貶在君；名宛，則所以貶鄭伯是也。此于卒焉貶，貶其私罪，翬之比也。不日者，傳「惡也」。猶月，明非微者。　**疏**左氏以此爲請族氏「展」，與公羊「展無駭」説同〔一〕。此又一説，以明請族乃得氏之禮。但此一見例，不當推以説別經也。

九年

春，天王使南季來聘。桓王二言「使」。按：博士經説無下聘明文，傳以爲譏是也。周禮有下聘明文，劉歆以攻博士者也；據以疑傳，非也。異義：公羊「天子不下聘」，今傳無此文矣。**南，**疑其采氏。**氏姓也。**據天子大夫以采爲氏，不如諸侯大夫氏王父字也。然其子孫即以采爲姓。曰「氏姓」，兼釋之。**季，**據王季子。**字也。**據天子大夫字也。**聘，**據與外大夫同辭。**問也。**使人問其安否。**聘諸侯，**據諸侯使人自相聘。**非正也。**周時制，天子實聘方伯。春秋乃爲不下聘，所以尊天子也。劉子云：「孔子曰：『夏德不亡，商德不作；商德不亡，周德不作；周德不亡，春秋不作。』春秋作，君子是以知周德之亡也。」又曰：「易曰：安不忘危，存不忘亡。是以身安而國家可保也。」故聖賢之君，博觀終始，窮極事情而是非分明。王者必通三統，明天命所授者博，非獨一姓也。又曰：「正色三而復者也，故三王術如循環。」　**疏**今文「天子不下聘」

〔一〕「駭」，原作「侅」，日新本、鴻寶本同，此據公羊傳改。

者，許慎云「公羊『天子不下聘』」，與此同也。左氏雖無下聘明文〔一〕，異義以左氏同爲古學，當與周禮同，實則非也。漢師十四家博士説無異同，左氏禮亦多同今學。周禮晚出，文多立異〔二〕，與今學爲難〔三〕，不足據也〔四〕。孔子曰：「殷因于夏禮，所損益，可知也；周因于殷禮，所損益，可知也。其或繼周者，雖百世，可知也。」繼周，謂春秋也。又曰：「行夏之時，乘殷之輅，服周之冕，樂則韶舞。放鄭聲，遠佞人。」時、輅、冕者，通三統也。樂用韶者，備四代也。尹更始云：「七廟，據周禮。」則餘多夏、殷禮也。

三月癸酉，大雨，震電。劉子云：「大雨，雨水也。震，雷也。」

震，雷也。據震夷伯廟。**電，霆也。**據在「震」下。劉子云：「天所以有雷霆風雨霜雪霧露何？欲以成歲、潤萬物，因以見災異也。」震與霆皆霹靂也；電謂電光也。

庚辰，大雨雪。劉子云：「周三月，今正月也，當雨水，雪雜雨，雷電未可以發也；即已發矣，則雪不當復降，皆失節，故謂之異。」易，雷以二月出，其卦曰豫，言萬物隨雷出地，皆逸豫也。以八月入，其卦曰歸妹，言雷復歸。入地則孕育根核，保藏蟄蟲，避盛陰之害；出地則長養華實，發揚隱伏，宣盛陽之德。入能除害，出能興利，人君之象也。是時，隱

〔一〕「雖」，鴻寶本同，日新本作「亦」。「明文」，鴻寶本同，日新本作「之義」。
〔二〕「文」，原作「又」，此據日新本、鴻寶本改。
〔三〕「爲難」，原作「相輔」，鴻寶本同，此據日新本改。
〔四〕「據」，原作「疑」，鴻寶本同，此據日新本改。

公以弟桓幼，攝而代立，公子翬見隱居攝已久，勸之遂立。隱不遂立，翬懼而易其辭，遂與桓共弒隱。天見其將然，故正月大雨雪，是陽不閉陰，出涉危難而害萬物〔一〕。天戒若曰：爲君失時，賊弟佞臣將作亂矣。後八日大雨雪，陰見閒隙而勝陽，篡弒之禍將成也。公不寤，後二年而弒〔二〕。」

志疏數也。 據雨不日。此日，志二異相連數見。疏，以起閒八日；數，以言僅八日。劉子云：「異有大小稀稠，占有舒疾緩急〔三〕，聖人所以決疑也。」**八日之閒，** 癸酉至庚辰得八日。**再有大變，** 變，異也。雨本月志，因二雨不應連見，遂成大異；此非見日，不足以起其爲大異也。**陰陽錯行，** 劉子云：「雷未可以出，電未可以見，則雪不當復降，皆失節也。雷電，陽也；雨雪，陰也。雷出非其時者也，是陽不能閉陰，陰氣縱逸而將爲害也。」**故謹而日之也。** 據二日以謹再，與再取邑同。**疏** 此疏數例。不言日月，則不見其意，故假日月以明之。如即位以年決，不日；而定公書戊辰即位，以與喪至相起。又如「御廩災」、「乙亥嘗」類，皆以日見意。此與人事相同而日月異以見例者不同。**雨，月志，** 據月以記時節，雨雪、大雨皆同。**正也。** 月以記時，明其緩急常變，此不爲例者。唐、宋以下，以爲日月不爲例，此類是也。

〔一〕「難」下原衍「危」字，日新本、鴻寶本同，此據漢書五行志删。
〔二〕「後」，原作「不」，日新本、鴻寶本同，此據漢書五行志改。
〔三〕「疾」，原作「急」，日新本、鴻寶本同，此據漢書劉向傳改。

俠卒。不日者，未命不日，禮降大夫。

俠者，據卒者宜有氏。**所俠也。**尹更始云：「所者，俠之氏。」 **疏**此説爲二傳所佚。知傳本詳事實，姓氏之學亦精。**弗大夫者，**據卒者大夫，例宜氏之。**隱不爵大夫也。**公羊作「吾大夫之未命者」。按：餘君卒大夫皆氏，惟隱再見不氏者。**隱之不爵大夫，何也？**據以爲大夫，當請命于天子。不大夫之，則不應卒；卒之，是已命。**曰：**曰者，經意如此，非事實。由不即位、不有正月推之。**不成爲君也。**不成，謂攝也。隱自以爲攝，君不自君，則臣亦不得臣，故以未命言之。**疏**所謂未命不氏者也。未命不卒，此卒，起所執大夫事、非未命，以成公志也。隱不自正，其臣從之，所謂以臣從君。

夏，城郎。郎，邑也。夏城不時，譏之也。城諸及防，傳曰：「可城也。」可城則不書。雖脩舊，不時則譏。傳文偶未備耳。

秋，七月。

無事焉，何以書？據元年正月無事以起即位，此無事言月。**不遺時也。**傳曰：「春秋編年，四時具而後爲年。」必四時具，故不遺時。必書首月以記時變，僖歷一時，首月言不雨，餘月不言是也。於此乃發傳者，疑，而後與之平，子曰「不憤不啓，不悱不發」也。于後又補傳者，子曰：「中人以上可以語上，中人以下不可以語上也。」

冬，公會齊侯于防。防，宋邑也。會于防，謀取防也。

會者，外爲主焉爾。 **疏**左傳「不與謀曰會」。與謀，即主謀。言會，則所會者爲主。故齊、晉會皆曰會，不曰及。

十年

春，王二月，公會齊侯、鄭伯于中丘。 中丘，前已城。此猶同名者，非舊制，不以邑許之。**疏**據左傳，鄭，二伯也，叙在齊下者，經以鄭爲方伯也。傳有黜陟，經不能如此，故終春秋，以鄭爲方伯也。在喪不稱子，又與方伯異。

夏，翬帥師會齊人、鄭人伐宋。 劉子云：「公扈子曰：『有國者不可以不學春秋，生而尊者驕，生而富者傲，生而富貴又無鑑而自得者鮮矣。春秋，國之鑑也。春秋之中，弑君三十六，亡國五十二，諸侯奔走、不得保其社稷者甚衆，未有不先見而後從之也。』」**疏**上下有公，是公在師也。公在而曰翬，翬不臣也。師中知翬而不知公，起翬有無君之心，彊將爲弑也。齊人、鄭人者，齊侯、鄭伯也。何以不言侯、伯也？貶也。何爲貶之？以翬貶也。貶翬，不可以不貶其同會也。貶則如微者，避公在師之辭也。

六月壬戌，公敗宋師于菅。 菅，内地。**疏**地理志：濟南有菅。

内不言戰， 據外戰而後舉敗。春秋内其國而外諸夏，内敗外，不言戰是也。内諸夏而外夷狄，中國敗夷狄，不言戰是也。夷狄相敗者，大夷尊厭小夷，楚敗徐是也。**舉其大者也。** 戰以求敗，敗功大于戰；不言戰，舉大而畧小，言若直敗之〔一〕，不須戰也。

辛未，取郜。辛巳，取防。 郜、防，宋邑，此後爲魯。

〔一〕「直」，原作「真」，日新本同，此據鴻寶本改。

取邑不日，據取闞不日。取邑小事，滅中國乃日。**此其日，何也？**或郜有國辭，或以見疏數。**不正其乘敗人而深爲利。**春秋惡人乘危緩急。時有乘人之危、貪利忘義。「蔡潰」，傳曰：「不土其地，不分其民，明正也。」又不伐喪。又曰：「不正其乘敗人之績。」皆惡取乘危。**取二邑，故謹而日之也。**再日以記再取，與紀災同。

秋，宋人、衛人入鄭。舉入爲重。不言侵伐戰敗圍矣，見者不復見也。**疏**報前役。三國伐鄭，何以不敘從伐之國？舉二國爲重，以外可省，此春秋隱見例。

宋人、蔡人、衛人伐載，鄭伯伐取之。時三國伐載，劉子云：「鄭滅載。」**不正其因人之力，**公羊：「因誰之力？因宋人、蔡人、衛人之力也。」**而易取之，**時三國伐載，鄭伯自謂于三國有讎，將救之，載人信之，因滅載。春秋惡其詭詐。託義兵以取人國，不曰滅而曰取，明因救滅之。言「取」，以起其實。**故主其事也。**主事，謂書鄭伯伐、取。時三國皆有所取，惡其詐，使鄭主其事，專蒙滅國之罪。

冬，十月壬午，齊人、鄭人入郕。郕已滅矣，此取之衛也。初入不日，此何以日？非齊、鄭取之，内取之也。内取則曷爲日？外惡事也。何以知我滅？以郕後爲我邑也。衛初取郕，衛與鄭有隙，而和于我，故取郕以報，衛求喜于内也。

入者，據取之衛人當言「取」。取邑，易辭也。**内弗受也。**以滅國罪加之。**日入，**據前狄不日。此取邑之辭矣，何猶日之？**惡入者也。**惡内，兼惡齊、鄭。以前入非滅，至此乃滅之辭。**郕，**據前已入，此當爲遺。**國**

也。據日，仍科以滅國之罪也。衛初取，不能有；内同姓，宜救之。因人之力，取而自有，郕自是乃真亡矣。故初入不日，此再取乃日。

十有一年

春，滕侯、薛侯來朝。以滕先薛者，尊同姓也。稱侯者，本爵也。此稱侯，下稱子、稱伯者，春秋制名之稱也。春秋決嫌明疑，不使尊卑相混，故首定名稱；爲其文微難見，故立意懸絶，不使相嫌，不拘舊封，不守周制，一惟春秋之制而已。周制有五等爵，公、侯、伯、子、男是也。魯、齊、燕、宋、杞，舊封皆公，同有二伯、王後之制。而春秋制法，爵惟見公、侯二等，不見伯、子、男。王臣、王後稱公，方伯稱侯，此一定之制也。至于卒正，皆百里國，依爵皆稱侯，内之滕侯、薛侯、紀侯，外之邢侯、隨侯是也。而通稱則惟以伯、子、男見，不稱侯。蓋一州三十百里之國，八州共得二百四十侯國。春秋録大畧小，故凡見經者，皆百里之國，不能下及子男五十里、七十里，而上舍百里，亦已明矣。春秋二王後稱公，方伯稱侯，小國稱伯。宋，王後稱公；而黜杞爲伯，以殿小國之末；齊本公，以非内伯改侯，以辟内臣；魯本公稱侯，以爲方伯。故春秋之爵禄，與周初全不合。春秋尊卑因名以立，不如此不能明也。後世譜帙、名號之書，皆緣飾春秋立義。至以爲周舊爵本如是，是循末忘本。以杞證之，其疑自破矣。春秋立義，小國用見卒正之義。卒正皆百里國，而不能與方伯同，苟或改稱伯、稱子、稱男，則其本爵無故奪之，且不見百里之制，故稱侯以明本爵，以起下稱子、稱伯之爲以子、以字而非貶。而以爵稱，以起本爲侯爵。春秋正名，辭窮相避以成方伯之尊也。惟其非定稱，故非卒正亦可言伯，郕伯、單伯是也。方伯亦可言伯，秦伯、鄭伯是也。不相疑者，以秦、鄭、郕、單之尊卑不嫌也。非卒正亦可言子，楚子、吴子是也。不相别者，以小邾與楚、吴之貴賤不嫌也。春秋貴賤不嫌則同號，專爲此子、伯發例。此品類過繁，不能碎折，立其名號，又其有定之中又復無定。如方伯而稱「伯」、「子」以入七等。故惟恃别有起文，以明其尊卑貴賤。而此之稱，則可以假借通用，以此明所見子、伯皆非爵也。男惟二見，許，外卒正，稱男，以别于内卒正，亦非爵稱也。不稱伯、子稱男者，其方伯稱伯，故其卒正稱男不稱伯，以界鄭伯、曹。不言「子」，獨見無所起，故稱男，以畿内加等之例推之爲伯矣〔一〕。宿男不卒，則「男」不見，可知此以書卒見不卒，書男見不言男，所謂以所見起不見也。以爵言之，則子、伯貴于男；以春秋言之，則男貴于子、伯，男猶爵，而子、伯乃等之卑稱耳。春秋所序諸侯，大國三而一公、二侯，侯即爲方伯之爵。方伯八而四侯、二子、二伯，而子、伯即爲卒正之稱。六卒正而三子、二伯、一子伯並見，而子、伯即爲方伯之稱。以此别有起文，故貴賤不嫌也。吴、楚之「子」不如五等之男，故曰：「子，卑稱也。」齊、晉不同稱「公」，以非内三公也。鄭、秦不稱侯，以爲王畿諸侯，一主東，一主西也。莒不稱伯，實夷也。邾不稱伯，初進也。滕不稱伯，狄之也。就其本言之，則當云齊公、晉公、宋公，陳侯、蔡侯、衛侯、鄭侯，許伯、莒伯、邾伯、滕伯、薛伯、杞伯，小邾子。不如是者，不能也。文不能而實如是者，所謂「實與而文不與」也。必知其常，然後知變，既窮其變，則仍守其常。觀其常變之故與夫文實之端，則信乎春秋爲

〔一〕「畿」，原譌作「譏」，據日新本、鴻寶本改正。

素王之制〔一〕，進退褒貶，非復時王爵禄矣。**疏** 班氏云：「三歲一閏，五歲再閏，故五年一巡守。三年二伯出，述職黜陟。一年物有終始，歲有所成，方伯行國。」周官六年五服一朝；又六年，王乃時巡，攷制度于四岳，諸侯各朝于方岳〔二〕，大明黜陟。是朝有進退爵秩之禮。春秋諸侯不朝天子，而政在大國，猶相朝，因此以託王法。滕、薛來，稱侯，本爵也。郳、牟、葛來，稱人，明得退也，因其朝以明黜陟。孟子曰：「諸侯朝于天子曰述職。」伏生説：「諸侯朝天子，無過行，得復其圭以歸其國。有過行者，留其圭，能改過者復其圭。三年圭不復，少黜以爵；六年圭不復，少黜以地；九年圭不復，而地畢。」此諸侯朝天子之禮也。傳曰「考禮脩德」〔三〕，明亦有述職攷功之事。方伯得進退屬國，故大國爵有定，小國爵無定。外小國有定，內屬無定，內從升降之也。侯者，尊之；不嫌同公者，侯爲五等通稱，傳曰「諸侯」是也。內尊君曰公，故不嫌外從。小國從下稱得言公者，不統于公，不相嫌也。此遠近之義。

天子無事，諸侯相朝，正也。 無事，謂無喪、葬、朝、守之事。無則可朝，有則不可朝。**考禮脩德，** 攷禮脩德之文，見大戴禮朝事篇。天下無事，謂六年遠近畢朝之年，然後使諸侯相朝也。**所以尊天子也。** 王制曰：「天子無事，與諸侯相見曰朝。攷禮正刑一德，以尊天子。」班氏云：「諸侯相朝者，爲相尊敬也，故諸侯朝聘。天子無事，法度無所變更，所以攷禮正刑一德，以尊天子。」亦謂是也。**疏** 朝者，君自行之辭。相者，互言。小國統朝于

〔一〕「素」，原作「興」，鴻寶本同，此據日新本改。
〔二〕「岳」，原作「伯」，據日新本、鴻寶本改。
〔三〕「脩」，原作「一」，日新本、鴻寶本同，據傳文改。

方伯，又朝于二伯也。二伯，天子内臣；朝二伯，即朝天子。方伯，二伯所屬；朝二伯，亦以尊天子也。春秋公朝京師言「如」，于齊、晉亦言「如」，明方伯朝二伯與京師同也。宋亦大國，不言「如」，王者後，爵尊不任事，不如二伯相統制也。曹、莒、滕、邾、薛、杞、小邾與紀，于魯言朝者，魯，方伯，所屬當朝也。會盟小國但序魯屬者，王制曰「八州八伯各以其屬屬于天子之二老」，左傳「伯合諸侯，則侯牧帥伯子男以會于伯」，是春秋内魯，小國獨言魯屬也。凡内不與魯屬，無所統也；序而内不在，有所避也；言内屬以起内在也。楚，夷狄，亦言「如」者，痛其禍，不能奪其實也。王畿無方伯，故内無朝事，外不通諸侯，此也。**諸侯來朝，時；正也。**朝禮常事，故時。**犆言，**據言穀伯綏、鄧侯吾離來朝〔二〕。**同時也；**同時，一去一來。犆言，使爲二事。**累數，**據言滕侯、薛侯來朝也。**皆至也。**同至言來，使爲一事。滕、薛皆近魯之國。**疏** 知近魯爲卒正者，地理志沛郡公邱下云：「故滕國，周懿王子錯叔繡所封，三十一世爲齊所滅。」魯國薛下云：「夏車正奚仲所封國。」

夏，五月，公會鄭伯于時來。謀伐許也。入郲，辟内。此目内者，許遠郲近，郲同姓，許異姓也。月者，謹之，起其滅。

秋，七月壬午，公及齊侯、鄭伯入許。此滅許也。許與鄭爲近，春秋初以爲鄭之卒正。魯湯沐之田近許，故下繫許謂之許田。湯沐皆天子閒田，許乃封國，與許有别。許稱男，託號也。鄭方號伯，故許不可稱子、伯，詞窮，故以「男」

〔二〕「吾」，原作「無」，日新本、鴻寶本同，據傳文改。

稱。鄭以伯爲方伯，許以男先曹也。許在鄭後以顯屬鄭，且以界鄭、曹，明方伯屬國之分。內不言入；言入，則滅也。言及，從內及之也。日入，許，中國也。　**疏**許田爲魯食邑。王制：「方伯湯沐邑，如天子元士。」蓋不能五十里之國也，魯全食之。許乃百里，與閒田有別也。事詳左傳。下許叔入許，許更立也。

冬，十有一月壬辰，公薨。　**疏**魯世家：「十一年冬，公子翬諂公，謂曰：『百姓便君，君其遂立。吾請爲君殺子允，君以我爲相。』隱公曰：『有先君命。吾爲允少，故攝代。今允長矣，吾方營菟裘之地而老焉，以授子允政。』翬懼子允聞而反誅之，乃反譖隱公于子允曰：『隱公欲遂立，去子，子其圖之，請爲殺隱公。』子允諾。十一月，隱公祭鍾巫，齊于社圃，館于蔿氏。翬使人弒公而立子允。」

公薨不地，據公薨皆地，夫人乃不地。**故也。**據閔不地，故；非正卒，謂弒。**隱之不忍地也。**隱，諱也；傳：「諱莫如深。」深，則隱諱之深無所見，故不地。**其不言葬，何也？**據桓公言葬。**君弒，賊不討，不書葬，**賊者，罪人。君弒，其臣子能討賊，則經紀其葬。不討賊，則賊或繼立，或居位，是通國皆賊，無復收藏之人也。**以罪下也。**下謂臣子。「葬桓王」，傳曰：「舉下也。」葬，臣子事；不葬，是無臣子也。不葬，是後君與弒也。**隱十年無正，**據十一年惟元年有正月也。**隱不自正也。**隱自以非父命，有讓志，故于元年去即位，十年無正，以成其志，因正其義。**元年有正，**元年無正，定不當立。春秋去十年之正，存元年之正，以明傳立。**所以正隱也。**劉子云：「春秋之義，有正春者無亂秋，有正君者無危國。是以君子貴建本而重立始。」隱既得天倫之正，復有君父之命，乃探揚父惡，志存讓國，十年無正，明弒逆之禍全釀于讓也。元年有正，所以張大法、黜邪命。以朝廷之正義，絶閨門之私恩，所以治惠公也〔二〕。

〔二〕廖宗澤補疏：隱公十一年，合周南十一篇，齊詩十一篇，小雅後半三京三個十一篇。

重訂穀梁春秋經傳古義疏卷二

桓公名允，惠公子，隱公弟，弒隱而自立。

元年年表：桓公元年，周桓王九年，齊僖公二十年，晉哀公七年，宋殤公九年，衛宣公八年，陳桓公三十四年，鄭莊公三十三年，蔡桓公四年，楚武王三十年，秦甯公五年，曹桓公四十六年，杞武公四十年。

春，王。劉子說：「文王似元年，武王似春王，周公似正月。」董子同。提要據此以爲「春王」句絶之證，非穀梁誤斷也。

桓無王，其曰「王」，何也？據春月不繫「王」者十四。**疏**弟子深于經例、禮制，凡問皆依據。或因夏小正傳疑「問」爲設辭爲虛衍者，誤矣。**謹始也。**元年有王，王其始誅討之。**疏**此與隱元有正月相比。始者，元年正朔即位也。桓弒君以争國，因即位言「王」以謹之，明當誅。**其曰無王，何也？**據例宜有王。**桓弟弒兄，**言兄弟者，盡其親以惡之。**臣弒君，**繼體諸侯盡臣諸父昆弟，故曰君臣。**天子不能定，**弒逆之賊，當征討之。按：「不能定」，所謂「上無天子」。**諸侯不能救，**所謂「下無方伯」。**百姓不能去，**劉子云：「上無明天子，下無賢方伯，天下爲無道。臣弒君，子弒父，力能討之，則討之可也。」按：百姓，百官也。不能去，謂不討之，如州吁、無知事，更醜顔事之。故桓不卒大夫，以爲隱無臣。**以爲無王之道，遂可以至焉爾。**弑賊雖多，而桓外無征伐之兵，内無臣民之變，安然襲位。以爲無王之世，乃有此事。**元年有王，所以治桓也。**若竟無王，治法不明，反嫌縱惡，故于元年書王以討之。于即位時行誅，則王法嚴矣。

正月，公即位。即位，國之大事。不日者，傳曰：「以年決者，不以日決。」月者，從首時。

繼故不言即位，即位，猶言繼立。君新立，必言即位，乃見終始。不言者，例所必言，經不書之。**正也。**據莊公不言即位。**繼故不言即位之爲正，何也？**據隱亦不言即位。**疏**實皆即位，春秋去之，故曰不言。左氏説則實不即位。**曰：先君不以其道終，則子弟不忍即位也。**即位者，繼立之變文，可即此以明繼君之志。莊、僖不與弑，繼居先君位，有哀痛不忍之心，故如其志，不言即位。**繼故而言即位，則是與聞乎弑也。**據桓、宣言即位是也。**繼故而言即位，是爲與聞乎弑，何也？**據即位例所必書。**曰：**言「曰」者，謂經有此義，不關事實，就經所書之意言之。**先君不以其道終，**當哀痛不忍。**己正即位之道而即位，**貪位慕榮，安然無惻怛之念。**是無恩於先君也。**以無恩，起其與弑也。**疏**春秋内魯，大惡當諱，諱則没其實。故于即位之初緣情起例，務使其諱雖深，其志甚著。此誅志、諱惡之大義也。「正月」，或以爲當聯「春王」者，誤。

三月，公會鄭伯于垂。鄭伯因事求賂，公許以許田，因爲此會。桓會皆月，因薨于齊，危録之。

會者，據盟越言「及」。**外爲主焉爾。**垂，内邑。以外主之者，鄭以祊求易許田也。下盟，鄭已得許田，内求盟之，故以内爲主也。

鄭伯以璧假許田。此爲弑君賂鄭也。以假言之者，避賂也。以璧言假，知非假，而不以璧亦可知也。**疏**魯世家：「鄭以璧易天子許。」

假不言以，假者，直相假借，可不言「以」。**言以，非假也。**有「以」，則是相易。明此易地，非假也。**非假而曰假，**實非假而文曰假，詭辭相託，必有所避。**諱易地也。**因易地不可言，託於假耳。**疏**言假，偶爾假借之辭，非敢擅專執，是諱易也。而言「以璧」，以起其實易，明辟其顯罪，陰露其微文，其辭甚恭而其實不没，故曰「其文微而顯」。**禮，天子在上，諸侯不得以地相與也。**地，諸侯所受于天子，天子乃得專之。**疏**邴、許，皆閒田也。魯、鄭不食其入，當歸天子以入閒田。今因不朝祭，各以近便互易，專天子之地，棄先君之封，而崇私利。凡情之所便，而亂之所生者，春秋所謹也。**無田，**不言假許而曰許田，惟田乃可言假，許不可言假。**則無許可知矣。**言假田則無許可知。傳以許爲邑名，與許國之「許」不同。公羊以爲繫許，與傳異。**疏**許，天子閒田也，田繫于許，取田是取許也。**不言許，**但言假田，若許尚在。**不與許也。**田有種植，可以言假。許爲天子邑，不得竟以假人。**疏**凡外取内邑皆言田。邑重于田，天子守土不可失，故田可言，邑不可言也。**許田者，魯朝宿之邑也。**魯爲方伯，天子所賜。王制曰：「方伯爲朝天子，皆有湯沐之邑于天子之縣内，視元士。」**邴者，鄭伯之所受命，**鄭伯爲方伯，所受七錫之命。劉子云：「諸侯三年一貢士，士一適謂之好德，再適謂之尊賢，三適謂之有功。有功者，天子一賜以輿服弓矢，再賜以鬯，三賜以虎賁百人，號曰命諸侯。命諸侯者，鄰國有臣弑其君、孽弑其宗，雖不請于天子而征之可也〔二〕。已征，而歸其地于天子。」**疏**鄭在冀州爲方伯者，西京、東都京畿通，鄭在王畿外，爲外諸侯也。説詳王城下。**而祭泰山之邑也。**劉子云：「泰山者，五岳之長，羣神之宗，故獨封泰山，告成于天，報神功也。」泰山，一名岱宗，言王者受命易姓，報功告成于岱宗也。東方，萬物交代之處。宗，長也，言羣岳之長。

疏鄭祭泰山者，鄭初本爲王臣，春秋稱伯，亦爲天子大夫辭。天子巡守，鄭從行，故方岳下有湯沐邑。**用見魯之不朝於周，**不朝，不可言。無所見，則疑于常事不書，故以此起之。此見朝覲禮廢，下見巡守禮廢。**疏**見者，由此見彼，所據者可言，所見者不可言也。終春秋，魯不朝周，不可言；故言易田以起之。朝王所、伐秦如京師，全其行，使如朝耳。**而鄭之不祭泰山也。**天子巡守，當祭泰山，鄭伯從而助祭。天子不巡守，故鄭不祭泰山也。王制：「天子祭天下名山大川，五岳視三公，四瀆視諸侯。」**疏**言此明巡守之禮廢也。八州四岳，二方伯主一岳，尚書之「四岳」謂八州八伯也。天子巡守，東方祭泰山，鄭從祭，賜以湯沐之邑。言朝宿邑不言湯沐邑者，魯不朝，責在魯；言湯沐邑，則責在鄭；言祭泰山，鄭不祭泰山，知以責天子不巡守也。終春秋，天子不巡守，言此以起之。守河陽，諱致天王也。朝覲巡守之禮廢，則天子無以治諸侯。故春秋尊二伯以代王治，朝二伯即所以尊天王，扶微抑强，振王道于不墜，春秋之功也。

夏，四月丁未，公及鄭伯盟于越。公盟，正例日。

〔二〕「雖不」二字原脱，日新本、鴻寶本同，此據説苑脩文篇補。

及者，據會垂言「會」。**内爲志焉爾。**鄭已得所欲，公結鄭爲此盟以求助己。**越，**據下有越國。**盟地之名也。**據越初見言「於越」。　**疏**春秋，正名之書，于物事必盡其辭。地邑凡同名者，皆别之。苟二事同名，則必相别異，北燕、小穀、魯濟、郪葭之類是也。無一名數地之理。因下有越，故傳亟明之。凡傳所及者，皆有所起。

秋，大水。水必言「大」。水，常也，必大水成災乃記之。

高下有水災曰大水。記災，麥、禾皆傷。　**疏**下有災曰水，高下皆然曰「大」，如大旱。

冬，十月。詩篇名有十月、正月、四月、七月，亦春秋首時之義。又有六月，合爲五帝、五行、五官。

無事焉，何以書？不遺時也。因下四年、七年再去秋、冬，故再發傳。**春秋編年，**春秋較詩、書年代最少，故用編年例。詳于春秋，别經可推，故惟春秋編年。**四時具而後爲年。**傳曰：「日繫于月，月繫于時。」

疏六藝唯春秋編年繫月，從史文也。魯史記事詳，十二公之籍當百倍于此，蓋削其人事而不能變易失常，故虚存首月也。再去秋、冬，不成年矣。

二年

春，王正月，戊申，宋督弑其君與夷。　**疏**宋世家：「太宰華督利孔父妻，乃使人宣言國中曰：『殤公即位十年耳，而十一戰，民苦不堪，皆孔父爲之，我且殺孔父，以甯民。』十年，華督攻殺孔父，取其妻。殤公怒，遂弑殤公而迎公子馮于鄭而立之，是爲莊公。」

桓無王，其曰王，何也？ 據陳侯鮑卒無王。 **正與夷之卒也。** 正，如諸侯正不正之「正」。無王，疑與夷不當立而立，有無王之道，故言「王」也。 疏 與夷受命于繆公，又宣公之嫡子，明得正、有王；亦以明桓無王、不正。 督以國氏者，辟下華氏爲世卿也。不葬者，賊不討，起爲馮弒也。

及其大夫孔父。 方伯卿比于天子大夫。此公之卿，何以亦稱大夫？自我言之也。小國卿比于天子之士，何以亦稱大夫？自我言之，以爲于内則爲大夫也。大夫以方伯國爲正例，故大國、小國大夫不名，見非大夫也。 疏 大國大夫尊，惟晉、宋言弒及，餘不言也。

孔父先死， 據事實先死。 **其曰及，** 當先書殺孔父，如晉殺胥童，後再書弒君。 **何也？** 據仇牧、荀息後死乃言「及」，此失先後之序。 **書尊及卑，春秋之義也。** 春秋明君臣之義，臣雖先死，而尊卑之分不敢先君，亦以「及」言之。臣不先君，子不先父，婦不先夫，小國不先大國，夷狄不先中國，外不先内，諸侯不先王人，微者不先大夫，小夷不先大夷也。 **孔父之先死，何也？** 據仇牧、荀息不先死。 **督欲弒君而恐不立，** 督之弒君，爲馮也。恐弒君而孔父執政，是馮終不得立，故先殺之也。 **於是乎先殺孔父。孔父，閑也。** 據殺大夫言殺及，弒君言弒及。 疏 弒，下殺上之名〔一〕。大夫而以弒及之者，因孔父扞禦其君。殺孔父者〔二〕，先有弒心，起孔爲君

〔一〕「上」字原脱，日新本同，此據鴻寶本補。
〔二〕「者」字原脱，日新本同，此據鴻寶本補。

也。傳曰：「兩下相殺不道。」春秋賢孔父爲君黨而以弑及之也。**何以知其先殺孔父也？**據與仇牧、荀息同辭。**曰：子既死，父不忍稱其名；臣既死，君不忍稱其名；**許慎説：「既没，稱字而不名。孔父先死，故稱其字。」**疏**禮：生名之，死諱之，示人鬼之别，亦以相崇敬。若哀公誄孔子稱「尼父」也。**以是知君之累之也。**傳「累數」，謂累累相繼。孔父先死，君從而弑，是爲累之也。累，相繼也。**疏**按：孔父先死，事見左傳、世家，當日譜帙載記必詳。師不引用而單由經例、禮制推之，凡事必自經求證，乃爲治經門户乃嚴。然游衍推説，其利弊相等，學者又當考求實事，就經推合。如此傳下「或説」，即不用先死不名之説是也。**孔，**據儀父，「儀」爲字。**氏；**據孔子以孔爲氏，此以字爲氏耳。**父，**據儀父，「父」繼字爲美稱。**字謚也。**春秋字例不舉實字，但言伯仲。其有舉實字者，不單舉一字，別繫「父」于實字下，如儀父、家父是也，故以「父」爲字謚。**疏**父、甫同爲字之美稱〔一〕。有以繫名者，禄父是也。有以繫字者，儀父是也。禮：五十以伯仲見。則不以伯仲見者，當未五十也。字有配名者，季友、伯糾、叔肸，此在名例者也。有稱伯仲者，有稱父者，有稱別字如儀父者，皆從字例。傳以天王、天子爲一稱者，此亦同也。**或曰：**此説與上不同。凡不同者，傳乃言「或曰」。二「傳曰」，非一師之言，但無大異同，皆不出説者主名。傳蓋合衆師説而成者。**其不稱名，蓋爲祖諱也。**此從臣子先死、君父猶名之説也。**疏**孔父弑及，與仇牧、荀息同閑，不應此獨以先死言之。以其氏孔，孔子殷人，下宋大夫不名，知不敢

〔一〕「爲」、「之」二字原脱，日新本同，據鴻寶本補。

稱祖諱也。此言氏，後不言氏者，祖有遠近，恩有淺深，故下痛其無罪見殺，並没其氏也。**孔子，故宋也。**春秋從史文。禮，家事不廢王事。私諱得諱者，孔子脩春秋，託王，有繼周之意，故得顧其私親，故宋也。**疏**補傳：春秋素王。據顔注梅福傳引穀梁傳，補其「故宋」之例。則孔，氏字。宋殺大夫不名，三記災，會盟三紀事，皆顧先人，異于他國。雖爲王後，其黜杞者，亦故宋之義也。

滕子來朝。稱子者，正辭也。小國稱伯、子、男。桓世記往來詳。初立，詳小國朝之禮也。

三月，公會齊侯、陳侯、鄭伯于稷，以成宋亂。劉子云：「諸侯會討宋督，公受賂而歸。」

以者，據「以」下必有所繫。「釋宋公」不言「以」。**内爲志焉爾。**據言「以」，明公以諸侯；與「以楚師」内爲主同。不以諸侯成宋亂者，言會，外爲主，兼首齊。**公爲志乎成是亂也。**言會，事之成。言「以」，内主之，使如内以諸侯成宋亂，非諸侯之意也。**疏**據馮已立，無納、入文。**此成矣，取不成事之辭而加之焉。**言「成」，先不成也。若謂宋亂將敗，公乃與諸侯成之，故謂取不成事辭而加之也。**疏**時諸侯討宋，會于稷，是宋亂將敗。公會其事，取賂而歸，是公獨成其亂也。傳：「地而後伐，疑辭。」又曰：「會者，事之成。」明諸侯會稷，疑未進，公會之而改謀取賂。故使若宋亂已敗，而公獨成之。**於内**内，指桓公。桓公，惡人；長養同惡。不書其弑，特于近弑之惡著以起之。**之惡，**惡比于弑，亂爲小惡。**而君子無遺焉爾。**君子，孔子也。無遺，謂追誅也。春秋先治内，于内惡盡録之，外惡不盡也。孔子曰：「躬自厚而薄責于人。」**疏**内大惡諱者，罪惡重，不可録；小惡書，所以自治。外大惡書、小惡不書者，治外以大惡而遺其小。内無大惡，然後可治人也。

夏，四月，取郜大鼎于宋。戊申，納于大廟。大廟，以宗廟臨之也。「禘于大廟，用致夫人」，亦同罪。惡不能正，託于先公以正之，以見其失正也。　**疏**納，例時；日者，惡之也。

桓内弑其君，誅絶之罪。**外成人之亂，**大惡。**受賂而退，**取郜大鼎。**以事其祖，**納于大廟。**非禮也。**納，非禮。**其道，**據獻捷不言納廟。**以周公爲弗受也。**大廟，周公之廟。言「納」，明弗受也。出「大廟」者，以宗廟辭臨之。周公弗受，則納者不當納也。**郜鼎者，**據取于宋不當繫郜也。**郜之所爲也。**據衛寶也〔一〕。郜以所出爲名，郜善爲鼎，宋滅郜取之，因以繫郜，宋人名其鼎曰「郜鼎」也。**曰宋，取之宋也；**據歸獻也。此親取之于宋國都，故地宋也。**以是爲討之鼎也。**討，討賊也。不曰取宋郜大鼎而地宋者，明諸侯討宋，兵至城下，取其寶而歸。取物不地，地者，明爲討宋之賂。**孔子曰：**此子夏所受説春秋之詞。**「名從主人，物從中國。」**此借華、夷繙譯之例以釋之也。名有定名，如人名、地名；物謂鼎、地之類。春秋于華、夷異稱，凡人、邑名，夷狄舊有定名，不若地、物有形名可正，則從夷狄辭。地與物有形名可正，則以中國辭言之，鼎物是也。　**疏**楚、吴，爲郜所作，自名大鼎；自魯名之，則曰郜鼎。亦如夷狄之物，彼雖有異稱，以我爲斷，故曰「從中國」。疏楚、吳，王也，自我言之，則爲子。諸侯三等，從内言之，則爲「諸侯」。卿有三等，自我言之，則爲大夫。諸侯有三等，葬皆稱公。此推繙譯之例。**故曰郜大鼎也。**從魯言之，名郜也。

〔一〕「寶」，原作「俘」，案：莊六年經「齊人來歸衛寶」，左傳作「俘」，公、穀作「寶」，此據本傳改。後同。

秋，七月，紀侯來朝。 惡，當貶；稱侯，明舊爵也。月此以起其餘已畢喪得朝。

朝，時； 據滕子來朝，時。**此其月，何也？** 一年之內，其文兩異。**桓內弑其君，** 此說其根本。事在滕朝之先。**外成人之亂，** 事在滕朝之後。**於是爲齊侯、陳侯、鄭伯討，** 三國伐宋，因魯而止，公獨受賂，三國由是憤怒，反兵討魯之罪。**數日以賂。** 二句解所以成亂納鼎之意。一說因用兵久，暫賂以兵費，三國乃罷。不書者，恥辱深，諱之也。**己即是事而朝之，** 己，紀也。是事，謂三國討魯之事。滕朝之先，尚無成亂納鼎之事，猶可；新有惡事，又朝，故特用以起爲新事月之。紀以齊欲滅紀，故結魯以自助也。**惡之，** 朝惡人，亦惡也，故惡之。

故謹而月之也。 因其朝，下有爲紀交兵之事。**疏** 據此是日月例。有不關典禮、不爲通例，即前後書事相起而見。此屬辭比事之教。

蔡侯、鄭伯會于鄧。 外會不書，書者，左傳云：「始懼楚也。」鄧，近楚之國，莊十六年爲楚所滅。此在楚武王三十一年。下六年侵隨，有「漢陽諸姬，楚實盡之」之語。楚强，侵伐及豫州，故三國爲此會。外會不書，書，以見楚之强，有滅國侵地事，而經不書也。左傳亦于此始見楚字，經諱之，故傳亦不言。**疏** 知鄧、穀皆豫州國者，地理志南陽鄧下云：「故國。」筑陽下又云：「故穀伯國。」按：此鄧在南陽，與下來朝之鄧不是一國；穀與楚近，與來朝之穀亦非一國，說者多誤。

九月，入杞。

我入之也。 内諱「滅」言「入」。杞，中國；不日，非滅也。當言「帥師」，不言，非滅也。非滅而言「入」，同外辭也。諱滅言「人」，從此起也。

公及戎盟于唐。唐，晉邑，唐叔所封也。戎者，晉也，與隱會同。**疏**桓踰竟，皆月，此不月者，因致以見。

冬，公至自唐。桓行皆月，此不月，因致以起隱不致。而桓致者，危桓也。**疏**據經隱元年書盟于唐，于五年見曲沃莊伯伐翼，詳晉事。經至僖二年始書晉師滅夏陽，晉與齊同爲二伯，較齊遲見經六十餘年，經之遲見晉爲大例。隱二年言盟唐，桓二年又言盟唐以相起，見經之遲書晉人也。

桓無會，據桓十五會，十書月以危之。春秋三辭，隱、桓之世臨天下辭，則天下一家，凡出皆不致。隱全不致，桓二致而已。**而其致，何也？**會以月危，則可不致，故但書二致。**遠之也。**唐，遠在千里外，因其過遠，偶一致之。春秋隱、桓臨天下，莊、閔、僖、文、宣、成、襄、昭臨一國，定、哀臨一家。而隱、桓，定、哀二公之間又有升降，故桓公有臨國辭也。

三年年表：晉小子侯元年。

春，正月，公會齊侯于嬴。左傳「成昏于齊也」。**疏**嬴，齊邑。謹夫人之禍，故詳録之。

夏，齊侯、衛侯胥命于蒲。疏蒲，衛邑，甯氏所食。古帝王無盟，春秋惡盟無信，故美胥命而惡累盟。詩「君子累盟，亂是用長」是也。

胥之爲言猶相也。相者，齊、衛同命，無先後之辭。**相命而信諭，**諭，同喻。盟皆有所約束，今不陳牲、讀書、築壇，要約相見于蒲，各言其意而兩相喻。**謹言而退，**左傳云：「胥命不盟也。」謹，俞樾讀爲「結」。結言而退，謂不盟誓禁誡，各約言而退。**以是爲近古也。**荀子云：「不足于行者，過説；不足于信者，誠言〔一〕。故春秋善胥命，其心一也。」傳：「盟詛不及三王。」古，謂三王也。**疏**周禮有盟者，乃諸侯不協，盟以結好，凡有結事亦相盟。春秋屢盟無信，能有不盟，固是所賢者也。**是必一人先，**據二人不能同命。**其以「相」言之，**必有一人先也。**何也？**據相，同命無先後。**不以齊侯命衛侯也。**齊大衛小，言先後必首齊。言齊命衛，是有大小之分、先後之别。衛侯之信不見，齊侯之美亦没。故言「相」，以起同心同德、無分首從也。

六月，公會紀侯于郕〔二〕。郕，内邑也。上齊、鄭入郕，以郕歸我，故爲内邑。紀畏齊，求魯爲助，故下魯救紀也。

秋，七月壬辰朔，日有食之，既。劉子云：「前事已大，後事將至又大，則既。先是，魯、宋弑君，魯又成宋亂、易許田，無事天子心，楚僭稱王，鄭拒王師，射桓王。又二君相篡〔三〕。」

言日言朔，據或不日不朔。**食正朔也。**正，周曆正朔日也。日食必在朔，或在晦、二日者，曆失也。惟食朔，曆能合天；食正朔，明推測密合。**既者，**據或不言「既」。**盡也，**據繫「食」下，知盡。**有繼之辭也。**據盡言殲、言無。既者，成事之辭，明今不然也。日不欲其食，故言「既」以喜其生。明餘言「盡」者，盡，無再；既，有繼之辭也。

〔一〕「誠」，原作「謹」，據荀子大畧篇、日新本、鴻寶本改。

〔二〕「紀」，阮刻本作「杞」。左傳作「杞」，公羊則作「紀」。

〔三〕「篡」，原作「弑」，日新本、鴻寶本同，此據漢書五行志改。

公子翬如齊逆女。 逆女，恒事不書。書者，謹女禍終始，亦以氏翬，見與弑也。**疏** 逆女，親事，非心膂不使。翬使，明翬與聞弑。遂使，亦明遂與弑也。凡帥師、逆女，皆非善辭。氏「公子」者，明隱之罪人、桓之親貴。桓無大夫，隱無臣也。已命翬、未命柔，皆逆黨也。翬逆女，桓遂死于此。女亦禍殃之鑒也。

逆女，親者也。 禮曰「親迎」。**使大夫，** 卿也，謂之大夫者，順經文之稱。**非正也。** 再發傳，明內外同也。

九月，齊侯送姜氏于讙。 讙，內邑。月者，非禮，謹其禍。年表：「翬逆女，齊侯送女，君子譏之。」

禮：送女， 遣人致送之制，詳于左氏。二傳文不備，非彼有逆者而女家不送之也。**父不下堂，** 劉子云：「夫行女從，拜辭父于堂，父誡之東階上。」士昏禮：「婦從降自西階，主人不降送。」**母不出祭門，** 孟子曰：「往送之門。」**諸母、兄弟不出闕門。** 劉子云：「女拜諸母于大門，諸母誡之兩階之間。」諸母，庶母。兄弟，女子有大功服者。**父戒之曰：「謹慎從爾舅之言。」** 釋親：「夫之父曰舅。」父戒從舅，各就所重言之，亦所謂男不言內也。**母戒之曰：「謹慎從爾姑之言。」** 釋親：「夫之母曰姑。」母戒從姑，不與外事也。內則曰：「婦事舅姑，如事父母。」子夏曰：「婦學于舅姑，禮也。」**諸母般申之曰：** 般，鞶帶；申，重也，重申父母命。**「謹慎從爾父母之言。」** 父母曰「從舅姑」，諸母曰「從父母之言」，明有從不自戒之者，卑不敵尊，奉行而已。孟子曰：「往之汝家，必敬必戒，無違夫子。」戒辭不同者，各從其事命之，不一定也。**送女** 齊侯親送女。**踰竟，** 據讙內邑。**非禮也。** 送女過遠，明女禍之本始于不正。

公會齊侯于讙。 **疏** 桓會皆月。時者，在內。

無譏乎？ 據送譏齊侯，會宜譏公。不月，又無譏文。**曰：爲禮也。** 據不言翬逆，以託于齊送嫁、公親逆于讙也。謂天子親迎于郊境，有此禮，詩「造舟爲梁，親迎于渭」，是不至女國之辭。然天子禮斷不至女國以與后父君臣爲禮，當郊迎之，不能俟堂。著諸侯不能用天子禮。然父送嫁之禮則有之，此爲變禮。不親迎，爲送嫁。**齊侯來也，**因齊侯送女于讙，則得以爲送嫁，非用親迎之禮。**疏**以親迎言，則送女者非禮；以送女言之，則齊侯自以女來館于讙，則同國辭。不許翬逆，以明親迎禮。因其送逆失禮不可書，故託之于送女，非送女也。**公之逆而會之，**逆，逆女也。逆女之禮，夫親受女于女父母。齊侯來讙，則女猶繫父，齊侯以公不親迎，躬送女于讙，約公來會，再行親迎之禮。不言公逆女于讙者，已使人，不以親迎許之也。言「會」者，没其送女之文，亦不許齊送也。**可也。**可者，雖失正，亦有可通之謂。公既前失禮，齊侯親來，約公往逆，因此以正前失。可者，許其改過也。

夫人姜氏至自齊。 此其如專行之辭者，翬與公皆不得逆禮之正。

其不言翬之以來，何也？ 據遂言「以夫人至」。**公親受之于齊侯也。** 禮：親迎，夫受女于其父母。于讙會而受女于齊侯，與親逆同，故不言翬以也。不言至自讙者，見齊侯矣，可從國辭，且不使公以正逆辭也。**子貢曰：** 周時婿禮畧，孔子制禮，天子諸侯皆親迎。子貢疑改制過重，故商酌欲少殺其儀。**「冕而親迎，不已重乎？」** 冕，天子諸侯之服。天子諸侯尊，有政事，越國親迎，疑過重。大夫以下乃親迎也。**孔子曰：「合二姓之好，** 二姓，同姓不昏也。春秋譏吴孟子。**以繼萬世之後，** 后夫人上奉宗廟祭祀，下開繼體之宗。有夫婦然後有父子，有父子然後有君臣，有君臣然後有兄弟朋友。夫婦，倫常之始；親迎，又夫婦之始也。**何謂已重**

乎？」國家大事莫過于此，親迎而備禮，非爲過也。文亦見大戴，以爲哀公問。詩「親迎于渭」、「韓侯迎止」，與此同也。

冬，齊侯使其弟年來聘。桓世記往來詳。**疏**左傳云：「致夫人也。」嫁女，舉其親者，兼以起公孫無知之事。爲致來，則送致當有儀節。二傳以書致女爲不宜致說者，遂疑致女非禮。不知致女爲禮，常則不書致，因宋伯姬不肯廟見，特見致女以示意，不能因此謂無致女禮也。

有年。不以日月書者，有年、凶飢以年計者，不以日月見也。春秋不書「有年」，惟于桓、宣二見，以二君皆弒君惡人而有年，則爲怪異，所謂天福淫人也。

五穀皆熟，爲有年也。志者，喜之，重民也。**疏**先師行事，順逆陰陽災異，據理不據事，于此可見。

四年此年缺秋、冬文，與七年相起。

春，正月，公狩于郎。冬曰狩。春，田也，何以曰狩？正月子，以夏正言之，則猶冬也。哀十四年「春，西狩獲麟」，所以終十三年事，亦此意也。**疏**在內，月者，以見無王。

四時之田，皆爲宗廟之事也。班氏說：「四時總名爲田。爲田除害，上以共宗廟。」**春曰田，**劉子云：「其曰田何？聖人舉事，必反本。五穀者，以奉宗廟、養萬民者也。去禽獸害稼穡者，故以田言之。」班氏說：「春，歲本，舉本而言之。」**夏曰苗，**劉子云：「苗者，毛也，取之不圍，澤不掩羣，取禽不麛卵，不殺孕重者。」班氏說：

「苗，擇去未懷妊者也。」**秋曰蒐，**劉子云：「秋蒐者，不殺小麛及孕重者。」班氏說：「搜索肥者。」**冬曰狩。**劉子云：「冬狩皆取之。」**四時之田用三焉。**王制曰：「天子諸侯無事，歲三田。」劉子云：「夏不田，何也？曰〔二〕：天地陰陽盛長之時，猛獸不攫，鷙鳥不搏，蝮蠆不螫，鳥獸蛇且知應天，而況人乎？是以古者必有豢牢。」

疏用三，謂四時田，無事但用其三，有事乃夏田也。四時之田，以簡卒而脩戎。唯三田，非有急，不夏田。五年八月壬午大閱，此夏田也。傳曰「脩教明諭，國道也」，言夏有苗禮也。「平而脩戎事，非正也」，此言無事夏不田也。以「三」屬下三者，非也。**唯其所先得，一爲乾豆，二爲賓客，三爲充君之庖。**王制曰：「一爲乾豆，二爲賓客，三爲充君之庖。無事而不田，曰不敬；田不以禮，曰暴天物。天子不合圍，諸侯不掩羣。天子殺則下大綏，諸侯殺則下小綏，大夫殺則止佐轝。佐轝止，則百姓田獵。獺祭魚，然後漁人入澤梁；豺祭獸，然後田獵；鳩化爲鷹，然後設罻羅；草木零落，然後入山林；昆蟲未蟄，不以火田；不麛、不卵、不殀夭〔三〕、不覆巢。」**疏**劉子說三事：「此皆聖人在上，君子在位，能者在職，大德之發者也。」按：此三事，皆得先者爲之。三事之外，其餘以與士衆。傳曰「禽雖多，天子取三十焉，其餘以與士衆」是也。

夏，天王使宰渠伯糾來聘。此所謂天子不能定也。桓有罪，宜討；不能討，乃下聘之，故下去秋、冬以決其義。

〔二〕「曰」，原作「田」，日新本、鴻寶本同，此據說苑脩文篇改。

〔三〕「殀夭」，原倒作「夭殀」，日新本、鴻寶本同，此據王制乙正。

桓世七記天王事，此爲始一見，亦謹始也。渠伯糾：「伯」，字；「糾」，名；以字配名，在可名、可字之間，下大夫也。

疏〔一〕據左傳傳文，秋、冬二時皆有事。經無秋、冬者，譏王違天，不討桓而下聘，故不成年也。下聘，非禮，加于無王之人。桓則無王，王又無天也。文去「天」，譏在文也。此去時，譏在天王也。秋冬主殺，不討桓，無王法也。

五年

春，正月甲戌、己丑，陳侯鮑卒。陳世家：「桓公三十八年正月甲戌、己丑，陳侯鮑卒。桓公弟厲公，其母蔡人，故蔡人爲厲公殺桓公太子免。桓公病而亂作，國人分散，故再赴。」**疏**按：世家舊有誤，今據經、傳校定。說二傳者，以爲陳桓公因狂病逸出，不知所在，越十六日乃得其尸。以諸侯之尊，全無侍衛，又不詳免、佗事，亦似國家無事、陳侯因狂疾而卒者非也。

鮑卒，何爲以二日卒之？據卒例一日。**春秋之義，信以傳信，**信者，其事明著，緣事直録，不爲隱晦之辭，如昔，夜中、六鷁、五石之類。**疑以傳疑。**疑者，其事難明，莫知其實，如日食、二日卒；有史文脱誤，闕所不知，如「夏五」之類。孔子因魯史，存王法，欲明進退，先審疑信。信者，功過易明，而罪疑則輕，功疑則重。孔子曰：「多聞闕疑。」又曰：「知之爲知之，不知爲不知，是知也。」又：「吾猶及史之闕文也。」皆傳疑之謂也。春秋決嫌

〔一〕「疏」，原作「○」，據本書體例改。

疑，定猶豫，本謂其事已明，定從違以解衆人之惑，非謂本事可疑而肊斷之也。**陳侯以甲戌之日出，**陳侯有疾，亂作，爲佗所攻，免奉之以出。甲戌，其始奔之日也。**疏**師説以爲有疾，是也。特再日之，故不爲狂疾，爲亂耳。

己丑之日得，左傳云：「于是陳亂，文公子佗殺太子免代之。公疾病而亂作，國人分散，故再赴。」越十六日，佗乃殺免，亂定，求公，乃得其尸。公病，由免奉以出，得尸由佗，故曰「分散」。**不知死之日，**所謂疑也。免死，其黨亦分散，越久得尸，不能定死日。**故舉二日以包也。**所謂傳疑，其事可疑不能定。據此事與齊桓公相同，桓公不以兩日卒之者，爲齊桓諱。且六十七日亂乃止，不能繫月也。齊世家：「桓公病，五公子各樹黨争立。及桓公卒，遂相攻，以故宫中空，莫敢棺桓公。桓公尸在牀上六十七日，蟲出于户。」**疏**按：左傳再赴，謂春秋以二日書之，如陳人以二日赴耳，非謂二次赴告。按傳云「公疾病而亂作」，此時免何暇赴告？即免以告，佗又何必再告？杜説未詳傳意也。

夏，齊侯、鄭伯如紀。外相「如」不書，書者，明非實「如」。又大國不「如」小國，蓋襲之。不言襲者，紀備，事未成，不探意以成人惡也。

天王使任叔之子來聘。聘已非正，再聘桓，甚已。

任叔之子者，據武氏子不言「之」。**録父，**據言「之」繫父，父在之辭。**以使子也。**武氏子，父已卒；任叔之子，父在而使，言「之」，録父使子也。**故微其君臣，**天子大夫稱字，不字而言子，是微君臣。**而著其父子，**言任叔繫父，是著之也。門外治義掩恩，閨門私愛不加朝廷，此亦譏世卿之義也。**不正父在子代仕之辭也。**

周時事如此。春秋制：不許子代父仕。王制云：「五十而爵，六十不親學，七十致仕。」又云：「八十者，一子不從政；九十者，其家不從政。」**疏**父、子可以同仕一君，未可同居一位。父在而老，子攝其事，父缺傳家之義，子非服勞之正。以父子之恩，亂君臣之道，春秋不貴惠，盞如曹世子參譏之也。

葬陳桓公。陳，月葬，正也；時葬，故。**疏**班氏説：「喑聾跛躄惡疾不免黜者，尊人君也。春秋曰：甲戌、己丑，陳侯鮑卒。傳曰：『甲戌之日出，己丑之日得。』蜚亡而死，由不絶也。」按：班説以爲狂疾，空言立説，未攷事實之故。

城祝丘。祝丘，地；新城，譏之。

秋，蔡人、衛人、陳人從王伐鄭。孟子曰：「春秋無義戰，彼善于此則有之矣。」征者，上伐下也，敵國不相征。**疏**鄭世家：「三十七年，莊公不朝周，周桓王帥陳、蔡、虢、衛伐鄭，莊公與祭仲、高渠彌發兵自救，王師大敗。祝瞻射王中肩。」

舉從者之辭也。據從王師當言征，此言伐，是舉蔡、衛伐之之辭。**其舉從者之辭，何也？**據言從王，則當以王主之。**爲天王諱伐鄭也。**劉子云：「諱傷桓王。」**疏**天王伐鄭而敗，春秋深諱之，不使王征鄭，若三國奉命而伐之，王不在師中，則可以免伐同姓近畿之病。而王師之敗、傷肩之辱，諱深而隱。**鄭，同姓之國也，**鄭，宣王母弟所封。**在乎冀州，**王制曰：「凡四海之内九州。」劉子云：「八荒之内有四海，四海之内有九州，天子處中州而制八方。」爾雅：「兩河間曰冀州，河南曰豫州，河西曰雍州，漢南曰荆州，江南曰揚州，濟南曰兖州，濟東曰徐州，燕曰幽州，齊曰青州。」按：鄭國在豫州，不在冀州。傳以冀州言者，謂爲冀州伯也。晉在冀州，爲二伯，不主州。春秋之先，版宇隘，素王收南服以成九州之制。九州，王在雍，鄭主冀，楚主荆，秦主梁，陳主豫，蔡主徐，吴主揚，衛主兖，魯主青。四方拱衛東都，如井田之義。方伯稱侯，鄭、秦稱伯者，從王臣例也。伯，字也，天子大夫例字。鄭在王畿，豫州近行在，使如諸侯入爲卿士，故稱伯。小國乃稱伯，以此見鄭伯非爵也。諸侯在喪稱子，鄭不稱子者，辟同小國主也。**疏**九州建國圖說，詳見王制釋義中。秦、鄭一主西京，一主東京，故二國皆以方伯而稱伯者也。

于是不服，劉子說：「置本未固，無務豐末，親戚未悦無外交，比近未悦無脩遠，是以反本脩邇，君子之來道也。」

疏王者，天下所歸往也。王者在上，四方莫不服。桓王失道，鄭伯不服，當脩德反己以懷之，近者已服，遠者且來。今不務德而招外諸侯，興師圻内以討懿親，兵敗身傷，爲世所笑。王道廢墜，遂以不振。春秋深爲諱，故舉從者辭也。

爲天子病矣。劉子云：「内治未得，不可以正外；本惠未襲，未可以治末，是以春秋先京師而後諸夏，先諸夏而後戎狄。及周桓以遭亂世，繼先王之體，而强楚稱王，諸侯倍叛，欲申先王之命，一統天下，不先廣養京師以及諸夏、諸夏以及戎狄。内治未得，忿則不料力、權得失，興師而伐强楚〔一〕，大敗，撙辱不行，大爲天下戮笑，幸逢齊桓公安尊。故内治未得，不可以正外；本惠未襲，不可以治末。」**疏**按：劉子說周伐楚事，經、傳皆無其文，當是諱而不書，故傳亦無之。以與伐鄭事相近，故附于此。

〔一〕「楚」，原作「鄭」，日新本、鴻寶本同，此據説苑指武篇改。

大雩。

螽。劉子云：「螽，介蟲之孽，屬言不從。前歲，公獲二國之聘，取鼎、易邑，諸蟲皆從。」

螽，蟲災也；甚則月，不甚則時。 **疏**說見前。

冬，州公如曹。六卒正皆已先見，于此乃見曹者，辟紀也。曹與魯近，又爲同姓國，故不見兵事。以曹不服爲魯病，如鄭不服爲天子病，故諱之也。 **疏**州，小國，稱公者，寓公也。不言爵，畧之也。如在朝後，先言「如」者，致其意，起過相朝。

外相如不書，據唯內言如。**此其書，何也？過我也。**傳曰：「有其末，不得不録其本。」稱公者，從下録之也。

六年年表：晉侯湣元年，陳厲公元年。

春，正月，寔來。月者，譏失禮。

寔來者，據不見國、名、氏。**是來也。**寔，猶是也。是來，禮作「實來」，古有此語。**何謂是來？**據無氏也。**謂州公也。**據承去年無間事，知州公。又外「如」不書。**其謂之是來，何也？**據鄭詹猶再出。會盟不同時，再序。**以其畫我，**行過無禮謂之畫。畫，謂以過相朝。**故簡言之也。**簡，謂畧之。簡，故不言朝，不再稱也。**諸侯不以過相朝也。**凡書來，皆行朝禮；不言朝，簡之不許朝也。稱公，與虞同在五等。非不能者不言朝，知以過相朝署之。朝于廟，以攷禮脩德；出當告廟禡社，不因過竟朝也。公如京師以伐秦，朝，並于此見譏也。

夏，四月，公會紀侯于郕。左氏：「會于郕，紀來諮謀，齊難也。」**疏**説同三年。月者，起非會。

秋，八月壬午，大閱。不地者，在國。周兵制署而不傳。大閱者，春秋之制也。

大閱者何？據治兵言兵，閱非蒐比。**閱兵車也。**周禮「仲冬教大閱」。閱，如治兵之「治」，因加「大」不言兵也。冬，農事畢，用事久，故加「大」。閱，猶觀，謂攷校之。兵車，用車戰也。**脩教明諭，國道也。**劉子云：「苗、獮、蒐、狩之禮，簡其戎事也。兵不可廢，廢則召寇。强弱成敗之道，在附士卒、教習之而已。」**疏**劉子引太公兵法曰：「致慈愛之心、立威武之戰以卑其衆，練其精鋭、砥礪其節以高其氣；分爲五選，異其旗章，勿使冒亂；堅其行陳，連其什五以禁淫非；壘陳之次，車騎之處，勒兵之勢，軍之法令、賞罰之數，使士赴火蹈刃，陷陳取將，死不旋踵者，多異于今之將也。」**平而脩戎事，**平，謂無兵事。春秋四時皆有田獵，無事則夏不田。周八月，今六月也。無兵事而夏田，又以田獵見者，書田獵；習戰而不田獵，言大閱治兵。**非正也。**非時習戰，又不田獵。**其日，**據田例時。**以爲崇武，故謹而日之。**劉子云：「兵不可玩，玩則無威。故明王之治國也，上不玩兵，下不廢武。」崇武，猶言慎兵，因慎兵之意「日」之也。**蓋以觀婦人也。**蓋，在傳疑之例，不取質言之也。桓觀兵以悦婦人也。劉子云：「幽王舉烽以悦褒姒，卒殺其身。」事類于此。

蔡人殺陳佗。田敬仲世家：「厲公者，陳文公少子也，其母蔡女。文公卒，厲公兄鮑立，是爲桓公。桓公與佗異母。及桓公病，蔡人爲佗殺桓公鮑及太子免而立佗，爲厲公。厲公既立，娶蔡女。蔡女淫于蔡人，數歸。桓公之少子林怨厲公殺其父與兄，乃令蔡人誘佗而殺之。佗之弑，以淫出國，故春秋曰『蔡人殺陳佗』，罪之也。」　**疏**按世家舊有誤，今校正。

陳佗者，據不氏。**陳君也。**據書，知是君也。**其曰陳佗，何也？**據外殺當言爵。**匹夫行，**棄諸侯之尊，微行越竟，不從卿旅，淫爲田獵，是匹夫之行。**故匹夫稱之也。**因事生名，亦正名之義。匹夫稱名者，辭窮也。　**疏**班氏云：「庶人稱匹夫者，匹，偶也，與妾爲偶，陰陽相成之義也。一夫一婦成一室，明君人者，不當使男女有過失時無偶也。故論語曰『匹夫匹婦』。」**其匹夫行，奈何？**據方踰年，恐以鮑亡事見録。**陳侯憙獵、淫，**獵與淫爲二事。**獵于蔡，**于蔡，越竟也。**與蔡人爭禽，**禽，鳥獸通名，謂所得也。　**疏**據公羊、世家、董子，皆以爲淫。傳以爲獵，或誘實以淫，而殺之則出于獵。**蔡人不知其是陳君也，**故曰匹夫行。**而殺之。**傳言此者，明憙獵殺身，以爲後世戒。　**疏**按：世家本林令蔡人誘而殺之。傳以爲蔡人不知爲陳君者，就經以匹夫稱之之義而説之。或當時誘殺，蔡人實不知爲陳君，亦不可知。**何以知其是陳君也？**據外殺皆爵。不氏，乃微者。**兩下相殺不道。**下，臣民也。春秋亂世，爭殺繁多，不能備載。孔子纂脩以明王法，必上下弑殺有關國事，乃書以謹之。兩下相殺，乃私門之事，不關王跡，則不志也。**其不地，**據戕繒子地繒。**于蔡也。**據在陳當有入文。諸侯君其竟內，越竟失國，故不爵。在陳，則當地。

九月丁卯，子同生。同者，莊公名，此定説也。春秋凡成君之名，通不見經，疑因同生乃名「同」，故爲指其事，不爲君名也。　**疏**內大事例日。

疑，同生則可疑也。雙生，其狀貌、長幼易疑惑也。禮說：文家據已見，以先生爲兄，後生爲弟；質家據本意，以先生爲弟，後生爲兄。論語：「周有八士：伯達、伯适、仲突、仲忽、叔夜、叔夏、季隨、季騧。」謂四乳雙生也。**故**據二傳，莊公名「同」。或因其同生命名「同」，然乃三月已後之名。初生之「同」，固非名也。**志之。**據般、赤生不志也。外君在，稱世子。不稱「世」者，凡世子明其得立，無所起，故不言世也。禮，子生三月，父乃名之，以名告于山川。此生而曰「同」，知「同」非名也。傳曰「葬而後舉謚」，知不預名之也。又臣不名君，未成君乃名之；使此「同」爲莊公正名，經當諱之言「子生」，不得名也。**疏**杜預春秋釋例母弟篇云：「傳稱季友，文姜之愛子，與公同生，故以死奉般。情義相推，攷之于左傳，有若符合節也。」按杜所引傳，未詳何書。史記以季子母爲陳氏，左傳以季子爲文姜所生，當是文姜生而使陳女母之也。**時曰：**與左傳同。魯世家：「六年，夫人生子，與桓公同日，故名之曰同。」

同乎人也。謂季友同生，故命名一爲同，一爲友。一說與桓公同日。

冬，紀侯來朝。不月者，前爲成宋亂也。**疏**紀二朝，二年及此是也。

七年此年缺秋、冬文，與四年相起：焚咸邱，與狩郎相起；穀、鄧來朝，與宰渠伯糾來聘相起。

春，二月己亥，焚咸丘。焚咸丘，與狩于郎相起，文如以火獵也。春月，非其時，書以譏非禮。

其不言邾咸丘，與公羊同，知此說有本。**何也？**據城邾葭言邾也。**疏**凡不繫國皆邾者，近邾也。近之，固可不繫。**疾其以火攻也。**以火攻邑，則傷人甚多，故不繫國，託之如內地田獵、焚而取之者然；以與狩郎相起。廄焚，子退朝，曰：「傷人乎？」不問馬，貴人賤畜之道也。**疏**不繫邾，内地也。日者，明非内地也。諱其以火攻，不能以伐見，故日。不繫國，知爲邾邑。

夏，穀伯綏來朝。鄧侯吾離來朝。穀，古爲内邑，則穀，近内之亡國食采邑者。與郚〔一〕、郕已亡猶有郚子、郕伯同。非青州國，不來朝。鄧，内雖不見，然以穀推之，知非楚滅之鄧也。**疏**據年表：「莊公十六年，楚伐鄧，滅之。」與左傳同。知此鄧侯非楚滅者，與前會鄧之鄧，同名異地。

其名，何也？據滕、薛不名。**失國也。**失國在春秋前，猶言朝者，食采邑。春秋繼絶存亡，不許以絶之辭也。**疏**據年表，豫州鄧，莊十六年乃滅于楚，知非此鄧侯。**失國，則其以朝言之，何也？**據失國不葬、不得朝也。**嘗以諸侯與之接矣。**二國先爲魯屬，盟會之事，屬國同在。**雖失國，弗損吾異日也**〔二〕。公羊：「貴者無後，待之以初。」按：寓公得以諸侯禮終其身，示不以盛衰異志也。論語：「故舊不遺，則民不偷。」

疏春秋外屬國于魯不言朝，又滅國不言朝。○春秋編年，四時足而後爲年。四時不足，不成年之辭也。四年，于天王聘下去秋冬，此年于亡國朝下去秋冬。天子下聘爲王之衰，亡國朝爲朝之重，罪人不討而朝聘之，是無天之世，故去二時以明失討。天王初見則去秋冬，諸侯終朝亦去之，又以終始見義也。

〔一〕「與」字，原在「古爲内邑」句上，日新本、鴻寶本同。頗嫌不辭，且此句若脱「與」字，文意有缺，疑上下互錯，故移於此。
〔二〕「弗」上原有「猶」字，據傳文删。

八年

春，正月己卯，烝。日者，祭，國之大事也。常事不書，爲下再烝乃書。**烝，**時祭獨見烝名。**冬事也。**王制：「天子諸侯宗廟之祭，春曰礿，夏曰禘，秋曰嘗，冬曰烝。」**春興之，**以周正言之，則爲春。**志不時也。**于周正言烝，明子月仲冬用夏正，則爲冬。田獵、祭祀從夏正。不時，謂子月宜改爲春。周祭禮不分四時，春秋乃定爲天子四時祭、諸侯二時祭也。**疏**此與言春、言狩、三月首事，皆以明用夏正之意。

天王使家父來聘。來聘者，謀婚于紀也。**疏**家父者，王子也。家，字；父，男子美稱。詩有「家父」。一說以「家」爲采氏，天子大夫也。聘已失禮，聘桓尤非。三聘志以譏天王也。

夏，五月丁丑，烝。禮無再烝，言再烝，非烝也。譏僭天子禮也。不可言礿，故言烝，以辟僭天子。**烝，冬事也。春夏興之，**王制：「諸侯礿則不禘，禘則不嘗，嘗則不烝，烝則不礿。」既已烝矣，不應再舉礿祭，烝而後礿，以諸侯僭天子之禮。僭天子不可言，故言烝，以明烝則無礿也。**黷祀也。**僭不可見，故言烝以爲黷祀。黷祀可言，僭天子不可言也。**志不敬也。**禮曰「祭不欲數，數則黷，黷則不敬」，謂此也。魯人行之，爲依時制。春秋定禮，乃譏之也。

秋，伐邾。不言其人，諱之也。

冬，十月，雨雪。劉子云：「時夫人有淫齊之行，而桓有妒媢之心。夫人將弒，其象見也。桓公不寤，後與姜氏如齊而弒死。凡雨，陰也，雪，又雨之陰也。出非其時，迫近象也。」**疏**周十月，今八月，非雨雪之時，此爲異矣。雨月者，記時不當雪。此不爲例者，歸入記時類。

祭公來，遂逆王后于紀。公羊：「祭公者，天子之三公也。」春秋天子三公，經見二人，周公、祭公是也，以爲一公留守。王臣稱公，氏祭。監者字，祭伯、祭仲、祭叔皆監也。以氏祭，起王臣；以字，知爲大夫。

其不言使焉，何也？據王臣例言「使」。**疏**公羊以爲「婚禮不稱主人」。傳不同之者，宋公使公孫壽來納幣，稱主人也。**不正其以宗廟之大事，**取后以奉宗廟之祀，繼萬世之後，是爲大事。**即謀於我，**不行六禮于紀，而取決于魯。天子嫁女，使諸侯主之，不與卑者爲禮，且不使女以尊臨夫。娶后以承宗廟，天子當自主，今使魯主之，是嫁女之禮，非娶后之正。卑賤主昏，非禮。**疏**公羊「成使乎我也，使我爲媒，可則因是往逆」是也。**故弗與使也。**以魯爲主，則祭公從魯決事，不以王命制也。**疏**左傳以爲禮，傳弗與使者，左自天子不與諸侯交禮言之；傳自不早聘定，全由魯問名、納徵，遂迎之。事出一時，議其率畧，非有異同。**遂，繼事之辭也。**遂者，因至魯乃有逆后事，是以魯主其事；祭公來聽命，非王所專也，皆以釋不言「使」。**其曰「遂逆王后」，**據夫人逆言逆女。**故畧之也。**據劉夏言逆王后，因過我，畧之。知此亦畧之，在紀不言女也。**疏**「故」字衍文。**或曰：**此說同公羊。公羊云：「王者無外，其辭成矣。」**天子無外，**據逆夫人在女國言女，入夫國稱夫人，有內外之辭。**王命之，則成矣。**諸侯有入境、不入境之分。王者一統，不分內外。王既有命，紀人亦當「王后」稱之，不必入王畿之境乃可言王后。諸侯之尊不出竟，不入國不得稱夫人。二說釋稱王后也。

九年年表：秦出子元年〔一〕。

春，紀季姜歸于京師。如專行者，譏不親迎。　**疏**左傳：「凡諸侯之女行，唯王后書。」**爲之中者，**謂魯主婚。**歸之也。**劉夏逆，不言歸；此以魯主婚乃言。此亦如專行之辭，以逆者微也。禮：天子不親迎至女父之國，猶當親迎于郊，詩所謂「親迎于渭」是也。此言歸，不以祭公終其事，明天子當親迎，非但使人而已。

夏，四月。

秋，七月。

冬，曹伯使其世子射姑來朝。曹，百里國，卒正也。稱伯者，避方伯也。叙首者，同姓國，大于滕。　**疏**此與齊世子光，皆以明世子之禮。周禮「諸侯世子以皮幣繼子男之後」。世子稱孤，所謂「大國之孤」。孤、世子，與大國之卿也。

朝不言使，據諸侯曰朝，大夫聘乃言使。**言使，非正也。**此曹世子代政自來朝。由父使，因其父尚存，如後世內禪之事，追繫其事于父，故言「使」也。左氏曰：「稟命則不威，專命則不孝。」此世子不可以代政也〔二〕。　**疏**此

〔一〕「子」，原作「公」，日新本、鴻寶本同。案：年表誤，此據秦本紀改。

〔二〕「政」，原作「故」，據日新本、鴻寶本改。

書曹朝之始。**使世子伉諸侯之禮而來朝，**伉者，用諸侯禮。曹伯來，言朝；其子來，驕伉。用其父之禮，是二君也。曹世子雖下其君一等，亦不得言朝也。**曹伯失正矣。**惟名與器不可以假。國無二君，老病使其子代政，僭用君禮。言「使」，譏曹伯。**疏**公羊：「春秋有譏父老子代政者，未知其在齊與？在曹與？」**諸侯相見曰朝，**曹伯來言朝。**以待人父之道待人之子，**據王世子言會，不待以其父之禮，父子猶君臣也。曹臣僭用君禮，魯當正之，不許用朝禮，今不爾也。**以内爲失正矣。**君子以禮自處，亦以禮處人。射姑伉禮不能正，内失正也。**疏**左傳：「賓之以上卿，禮也。」禮，謂當以卿禮待之，而書來朝，知僭用君禮矣。**内失正，**不使人、己皆失。**曹伯失正，**孝子揚父美，不揚父惡。來朝，信邪命，成父之惡也。**世子可以已矣，**不信邪命而從道義，春秋之大義也。**則是放命也。**據臣子大受命。專命、廢命皆譏，許不朝，是方命也。尚書「方命」。**疏**放，同方。**尸子曰：「夫已，多乎道。」**此譏曹世子從邪命、揚父惡、不合于道也。已則放命，嫌于棄命。然春秋信道不信邪，能已，則雖有放命之嫌，而有信道之美，故曰：「夫已，多乎道。」**疏**劉子引孔子曰：「良藥苦口利于病，忠言逆耳利于行。故武王諤諤而昌，紂嘿嘿而亡。君無諤諤之臣，父無諤諤之子，兄無諤諤之弟，夫無諤諤之婦，士無諤諤之友，其亡可立而待。故曰：君失之，臣得之；父失之，子得之；兄失之，弟得之；夫失之，婦得之；士失之，友得之。故無亡國破家、悖父亂子、放兄棄弟、狂夫淫婦、絶交敗友。」按：國語「違而道，從而逆，不從亂命」，義與此同。

十年

春，王正月，庚申，曹伯終生卒。 疏曹世家：「桓公五十五年卒，子莊公夕姑立。」**桓無王，其曰王，何也？正終生之卒也。** 傳曰「夷狄不言正、不正」，簡之也。春秋大夷與小國同禮，內屬國不言正不正，亦簡之。曹居卒正之首，猶可援次國之例，故一見日以起其例，此春秋禮待升降。以下不日者，復其卒正之例。

夏，五月，葬曹桓公。 月葬者，卒正之首，明小國亦五月葬，特著五月以明之。疏卒正，桓世不卒葬。此卒葬者，曹，卒正首也。故特卒葬曹，亦一見例也。

秋，公會衛侯于桃丘，弗遇。 弗遇，起下戰有衛也。疏桓會皆月。時者，內邑。**弗遇者，**據不期而會曰遇，會不言弗遇。**志不相得也。** 據不遇不志。**弗，**據沙隨言「不見公」。**内辭也。** 弗，猶「不」也。外言「不」者，可已之辭；弗者，己不欲之。

冬，十有二月丙午，齊侯、衛侯、鄭伯來戰于郎。 左傳以此戰鄭爲主，我有辭，故不稱侵伐。**來戰者，**據戰不言「來戰」。**前定之戰也。** 據言來盟前定盟。前定結日，戰無詭詐也。**内不言戰，**據內敗外不言戰。**言戰則敗也。** 據內勝言敗，則言戰是內敗也。親者諱敗不諱敵，故言戰諱敗。**不言其人，**據戰當目公、大夫。敗外皆言公、大夫。**以吾敗也。** 據乾時及敗不言公。內敗諱言其人，故不出主名。**不言及者，**據「來輸平」不言及。**爲內諱也。** 言人，內及外之辭。因敗，不使內主之。前定戰，謂結日戰也。結日而敗，辱深，故不言人、不言及。非前定，則或不言及、或言及。詐敗辱淺，諱亦淺。此總傳諸戰敗。

十有一年年表：曹莊公元年。

春，正月，齊人、衛人、鄭人盟于惡曹。已勝而盟，謀再伐也。稱人，貶之。用師踰年，更謀伐人國，惡之，故貶。月者，謹之。惡曹，内地也。

夏，五月癸未，鄭伯寤生卒。**疏**鄭世家：「四十三年莊公卒，太子忽立，是爲昭公。」

秋，七月，葬鄭莊公。未及時而葬。嗣子弱，將有失國之事。不及時者，嗣子弱。過時者，多爲國有禍難。

九月，宋人執鄭祭仲。祭者，采也，王畿邑。天子三公食采，祭公是也；爲監于外，皆用氏采以起爲王臣，否則不顯著，如祭伯、祭仲、祭叔是也。「仲」者，字。傳：「天子大夫不名也。」王制：「天子大夫爲監于方伯之國，國三人。」鄭，方伯國。祭仲，天子大夫爲監者，故不名而氏采，與王臣同也。**疏**月者，謹之也。

宋人者，據微不執尊；稱「人」，討賊辭。**宋公也。**據兩下殺猶不志，知宋公也。**其曰人**〔一〕**，何也？**據是公宜言公。**貶之也。**據卑稱人，上爵公，貶之也。執人臣以易其君，大惡也。盡奪其爵，使從微者辭，不地于宋也。月者，謹之也。**疏**按：祭仲，監者，故左傳以爲祭封人。不名者，天子大夫不名，如内之單伯，無論美惡，往、

〔一〕「曰」，原作「稱」，日新本、鴻寶本同，此據傳文改。

致皆稱單伯是也。公羊以祭仲爲行權，由祭仲之不名而生，因欲解其不名，故以爲賢。後師誤説，當以傳爲正。

突歸于鄭。劉子云：「鄭突劫相祭仲，而逐兄昭公代立。」

曰突，據嫌猶當氏國。**賤之也。**據挈之與失嫌同辭。春秋挈者至賤，無繫屬也。賤之謂賊，天下皆得討之，無所容留也。**曰歸，**據嫌篡辭，當言「入」也。**易辭也。**據挈，知非善辭。入，内有拒；歸，内無拒，知易辭也。**祭仲易其事，**祭仲執，言歸不言入，是得仲而國無拒者。**權在祭仲也。**祭仲立突而國無難者，權下移也。劉子云：「上下相虧，猶水火相滅。人君不察，大盛臣下〔二〕，則私門盛而公家毀。」莞子曰：『權不兩錯，政不二門。』故曰：脛大于股，難以步；指大于臂，難以把。本小末大，不能相使也。」**疏**鄭世家：「莊公娶鄧，生太子忽。又娶宋雍氏女，生厲公突。雍氏有寵于宋，宋莊公聞祭仲之立忽，乃使人誘召祭仲而執之。曰：『不立突，將死。』亦執突以求賂焉。祭仲許宋，與宋盟，以突歸，立之。」**死君難，臣道也。**據褒孔父也。劉子云：「賢臣之事君也，受官之日，以主爲父，以國爲家，以士人爲兄弟。故苟有以安國家、利人民者，不辟其難，不憚其勞，以成其義也。」**疏**按：臣食君食，當死其事也。曰君難者，明無與國存亡之義也。許仲不死者，惟仲存則國存，仲亡則國亡。國重君輕，易君存國。傳以二君争立，君難非國禍。仲即死，宋不能滅鄭，有死君之道，非存國之比也。**今立惡而黜正，**據荀息立不正、能死，猶許之。言惡、正，盡其事以罪之。**惡祭仲也。**貪生忘義，逐君求榮。言歸，所以歸惡于仲。

〔二〕「大盛臣下」，原作「臣下大盛」，據説苑君道篇、日新本、鴻寶本改。

疏劉子云：「孔子曰：『可以適道，未可與權也。』夫非知命、知事者，孰能行權謀之術？夫權謀有正、有邪，君子之權謀正，小人之權謀邪。夫正者，其權謀公，其盡心也誠。彼邪者好私尚利，故其心也詐。夫詐則亂，誠則平。是故堯之九臣誠而興于朝，四臣詐而誅于野。」

鄭忽出奔衛。不言「鄭子」者，以子、伯非爵，嫌同小國子伯並稱，故鄭在喪通不稱子。不言世子忽，嫌于初死之稱。下稱世子，不嫌也。此稱忽，亦辭窮也。**疏**鄭世家：「昭公忽聞祭仲以宋要立其弟突。九月辛亥，出奔衛。己亥，突至鄭，立，是爲厲公。」

鄭忽者，世子忽也。據言鄭世子忽復歸也。**其名，**據下言世子。**失國也。**據失國，名。權移祭仲，不能保其宗廟，名以罪之。

柔會宋公、陳侯、蔡叔盟于折。蔡叔者，蔡侯封人也。稱「叔」者，使與「季」相起，明兄終弟及之義。凡經稱叔，皆及立之正辭也。此叔，非蔡侯之弟，與春秋凡稱叔、季，皆爲君者，下季入爲君，此稱叔，知是蔡侯也。生不稱君，死不稱公，蔡不純以中國禮待之。

柔者何？據不氏。**吾大夫之未命者也。**未命，未受爵命于天子。次國三卿，一卿命于其君者，爲未命。小國三卿，皆君命，故小國大夫皆不氏。

公會宋公于夫鍾。不月。夫鍾，内地。突立，宋求賂不已。鄭以魯成宋亂，賂魯爲之解，故爲此會。

冬，十有二月，公會宋公于闞。在内，月者，謹一年再會。闞，内邑，再會爲商鄭賂也。

十有二年年表：鄭厲公元年。

春，正月。

夏，六月壬寅，公會紀侯、莒子盟于曲池。紀稱侯，本爵也。盟，拒齊也。

秋，七月丁亥，公會宋公、燕人盟于穀丘。宋求賂不已，公故往會于宋地，燕人畧之。盟，爲紀、燕求和于齊也。**疏**地理志東郡下南燕[一]，班氏曰：「南燕國，姞姓，黄帝後。」地與句須近。

八月壬辰，陳侯躍卒。不葬者，不立公子完。完賢不立，使後奔齊，爲田氏。林後繼立，皆以兄弟相繼也。**疏**陳世家：「厲公七年卒，立中弟林，是爲莊公。」經不書葬，故不見厲公之謚。故世家誤以厲爲佗，改躍之謚爲「利」也。

公會宋公于虚。爲鄭平也。虚，内邑，故不月。

冬，十有一月，公會宋公于龜。在内，月者，謹一年再會。龜，内地。二年之中，二盟、四會，乃與鄭伐宋，悉書盟會以交惡之也。

丙戌，公會鄭伯盟于武父。劉子云：「鄭伯突簒兄而立，公與相親，長養同類。」**疏**宋不許鄭平，公怒，與鄭盟約伐宋。

丙戌，衛侯晉卒。**疏**衛世家：「宣公殺太子伋，以子朔爲太子。十九年，宣公卒，太子朔立，是爲惠公。」

〔一〕「東郡」，原作「東國」，日新本、鴻寶本同，此據漢書地理志改。

再稱日，據上已見日，時可相蒙。**決日義也。**明晉正也。前因衆立，以見「不以賢」之義。此乃日，以明得正。董子說：「立晉爲善，以其正。」**疏**二事同例日，不日，嫌蒙上。日之，以明凡例日皆日，一日二事則異日書之。此亦一見例。

十有二月，及鄭師伐宋。丁未，戰于宋。公與鄭伐宋，小不和而戰，魯敗焉。**疏**經戰地宋，是明與鄭戰也。公羊以爲嫌與鄭人戰者，同伐而自相戰，耻事，故辟之，如與宋戰之辭也。左傳「遂帥師伐宋，戰焉宋，無信也」。焉，當爲「于」，說詳左傳補證。三傳同以爲戰于宋也。

非與所與伐戰也。據地宋，知與鄭戰。**不言與鄭戰，**據與鄭戰當出鄭，故公羊「辟之」，以爲如與宋戰。**耻不和也。**左傳以爲「無信」是也。方與鄭結盟伐宋，至宋而自相戰，師克在和，故諱言鄭也。**於伐與戰，**據伐宋戰宋，内與鄭戰，非與宋戰。**敗也。**據下言戰，由外言之，故並言敗。此内與鄭戰，内無與國，則言戰爲敗，不由外言。**内諱敗，**爲親者諱敗。内獨與戰，故主内。**舉其可道者也。**可道者，戰不諱也。傳曰：「言戰，則敗也。」

十有三年年表：衛惠公元年，陳莊公元年。

春，二月，公會紀侯、鄭伯。己巳，及齊侯、宋公、衛侯、燕人戰，齊師、宋師、衛師、燕師敗績。經外戰當地，此不地者，公羊謂「戰于内」是也。傳以爲戰于紀，左氏以爲「後也」。說者遂以爲三傳各異。案：是時紀、齊爲深讐，鄭與宋爲賂搆兵，魯居其間，助紀、鄭，伉齊、宋。齊、宋因連兵伐紀。紀師至，魯會紀、鄭，亦合伐宋，因戰于內。齊志在滅紀，宋志在報鄭。齊、紀急而宋、鄭緩，故經先紀于鄭，先齊于宋。左傳言「後」者，以此事由鄭主謀，而後書鄭之義。傳以爲于紀者，爲後因紀事而戰，故以紀小國序于鄭之上，爲紀事戰，故不地內。使果戰于紀，自當以地紀。三傳本同，各就一端言之，遂致參迕。

其言及者，據言戰主外。紀、鄭不及齊、宋大國。**由內及之也。**以在內戰，故下言及。公會戰于外不言及。春秋由尊及卑，今由卑及尊，尊內，故從內言及。**其言戰者，**據「及」主內。「戰于宋」，敗辭，內不言戰。**由外言之也。**以紀主戰，故言戰：；自主戰，乃直敗。辟主兵，故下云戰于紀也。**戰稱人，**據燕人畧之不爵。**敗稱師，**據燕不爵，亦無師。**重衆也。**盟戰序人，微者也。從大國，則有徒衆：；從同言「師」，傷其所害者衆。**其不地，**據內戰例地。戰于郎，猶地。**于紀也。**鄭君說：紀當爲己。據言戰，紀先鄭，以紀爲主，爲紀事戰于紀之辭。辟在內，如戰于紀國城下，故不地也。**疏**同時紀、齊、宋、鄭皆有侵伐，經無明文，故説者互異。公羊以「後日」爲恃，外恃者，亦以外爲主。魯居間之人，被兵，故不地也。

三月，葬衛宣公。劉子云：「衛宣公取其太子伋妻，生壽及朔。殺伋及壽，立朔爲太子，是爲惠公。亂及三世，至戴公乃定。」**疏**月者，方伯正例。立朔不危之者，下已見于經。

夏，大水。劉子云占與元年同。

秋，七月。

冬，十月。

十有四年

春，正月，公會鄭伯于曹。尋武父之盟也。魯與鄭和，齊與宋和。

無冰。劉子云：「周春，今冬也。先是，連鄰國三戰而再敗也。内失百姓，外失諸侯，不敢行誅。鄭伯突簒兄而自立，公與相親，長養同類，不明善惡之罰也。」**疏**一曰：「水旱之災、寒暑之變，天下皆同，故曰：無冰，天下異。天下異者，桓公弑君弑兄，外成宋亂，與鄭易田，倍畔周室。」

無冰，劉子云：「視不明，用近習。賢者不進，不肖不退，百職壞，庶人不從，其過在政教舒緩。」**時**正例：過時無冰乃志。成二月志。**燠也。**劉子云：「無冰，恒燠也。小燠不書；無冰，然後書，舉其大者。」

夏五，鄭伯使其弟禦來盟。鄭伯，厲公也。公前與盟武父，今又來尋盟，譏公長養同類。

諸侯之尊，弟兄不得以屬通〔一〕**。其弟云者，以其來我，舉其貴者也。**再傳者，鄭爲次國也。小國無兄弟之稱。**來盟，**據聘、盟，先舉聘。**前定也。**據聘、盟，聘後舉盟，從聘生事。此來即盟，明前定，不再聘。

不日，據前定戰猶日。**前定之盟不日。**前定戰，日其正；盟，日以謹信。前定信辭，不日，如桓盟。**孔子**

〔一〕「弟兄」，原倒作「兄弟」，日新本、鴻寶本同，此據傳文乙。

曰：「聽遠音者，聞其疾而不聞其舒；記聞，耳治也。疾舒猶緩急，聲緩難聽。**望遠者，察其貌而不察其形。」**記見，目治也。貌謂行立，形謂美惡，不能見其細微。**立乎定、哀，**孔子所見之世。**以指隱、桓，**所傳聞之世。**隱、桓之日遠矣。**聞見皆有所窮，孔子因史立義。世遠聞見難盡，凡大事，人所素知，不能有疑；細微事實，人罕傳聞；史册記載，直録經文，别無傳、注，故有久而失傳之事。不知其事，則不敢削其文。故春秋大事諸記並同，至于細微，則各以己意相測，實皆在傳疑之例。説詳傳疑表。**「夏五」，**據當有「月」。**傳疑也。**日月在舒、形之例。凡有疑難，非聞見可定，故闕之也。**疏**此史文脱誤之疑。論語：「君子于其所不知，蓋闕如也。」又曰：「吾猶及史之闕文也。」傳疑，以起傳信也。

秋，八月壬申，御廩災。乙亥，嘗。劉子云：「御廩，夫人八妾所舂米之藏以奉宗廟者也。時夫人有淫行，挾逆心，天戒若曰：夫人不可以奉宗廟。桓不寤，與夫人如齊，夫人譖于齊侯，齊侯殺桓公。」

御廩之災不志，據藏祭米廩所害小。**此其志，何也？**問筆意。**以爲唯未易災之餘而嘗，**據下書嘗。唯，同「惟」。**可也；**據不嘗則不志，知以嘗事志。可者，傳推其意，以爲惟以嘗乃可志也。**志不敬也。**宗廟之祭，祭器有災，宜易之，如牛有變，改卜牛也。**疏**志以明其不敬，故志災、嘗也。**天子親耕以共粢盛，**祭義曰：「古者，天子爲籍千畝，冕而朱紘，躬秉耒；諸侯爲籍百畝，冕而青紘，躬秉耒。以事天地山川社稷先古〔二〕，

〔二〕「古」，原作「王」，據禮記祭義、日新本、鴻寶本改。

以爲醴、酪、粢盛，于是乎取之，敬之至也。」**王后親蠶以共祭服。** 劉子云：「王后親織玄紞，公侯之夫人加之紘綖，卿之内子爲大帶，命婦成祭服，列士之妻加之朝服，自庶士以下皆衣其夫。」**國非無良農工女也，以爲人之所盡事其祖禰，不若以己所自親者也。** 祭統：「天子親耕于南郊以共粢盛，夫人蠶于北郊以共純服〔一〕，天子諸侯非莫耕也，王后夫人非莫蠶也。身致其誠信，誠信之謂盡，盡之謂敬，敬盡然後可以事神明。此祭之道也。」**何用見其未易災之餘而嘗也？** 據踰四日能易米。**曰：甸**甸師，掌田之官。**粟而内之三宮**〔二〕，天子六宮，故諸侯三宮，九女所居也。禮，三宮，中爲高宮，始封君夫人所居。以下左右姑居東宮，婦居西宮，以此相推。祭義：「布于三宮夫人世婦之吉者〔三〕，使繅。」**三宮米而藏之御廩。** 劉子云：「御廩，夫人八妾所舂米之藏以奉宗廟者也。」**疏**董子云：「諸侯大國立一夫人、一世婦、左右婦、三姬、二良人，共九也。八妾者，世婦一、左右婦二、三姬、二良人，八也。」**夫嘗，必有兼旬之事焉。** 據從卜日已後脩祭物也。兼旬，二十日以外。視牲、舂米有旬日之事；畢乃齊，散齊七日，致齊三日，又得旬也。**疏**劉子云：「齊者，思其居處也，思其笑語也，思其所爲也。齊三日，乃見其所以爲齊者。祭之日，將入户，僾然若有見乎其容，盤旋出户，喟然若有聞乎歎息之聲，先人之色不絶于目，聲音咳唾不絶于耳，嗜欲好惡不忘于心，則是孝子之齊也。」**壬申御廩災，乙亥嘗，**四

〔一〕「純」，原作「冕」，日新本、鴻寶本同，此據禮記祭統改。
〔二〕「内」，原作「納」，據傳文改。
〔三〕「吉」，原作「祭」，日新本、鴻寶本同，據禮記祭義改。

日不能易御廩米。**以爲未易災之餘而嘗也。**故志災以起之。主書者，災餘當易，如改卜牛也。耕籍粟掌于甸人，臨祭乃春藏御廩，然則御廩所容少，故不志災也。

冬，十有二月丁巳，齊侯禄父卒。據左氏，莊二十七年，桓伯，乃受命。經僖、襄皆叙宋公上，待以二伯之禮。後世因有齊僖爲小伯之説者，蓋春秋本因齊桓以齊爲伯，經固宜有一定之制，若有升降，則學者疑不能明，故終春秋之世，齊皆有伯辭，不止桓公一世也。**疏**齊世家：「三十三年，僖公卒，太子諸兒立，是爲襄公。」

宋人以齊人、蔡人、衛人、陳人伐鄭。宋求賂不得，又敗于紀，故伐之。人者，君也，貶稱人。**以者，**據紀、虞主兵不言以。**不以者也。**據義兵不言以。鄭突篡兄自立，宋實主之，賂不入而伐鄭。使宋主之者，討不以罪也。言以者，責四國助宋討賂。皆君也，人者，署之也。**民者，君之本也。**孟子曰：「民爲貴，社稷次之，君爲輕，是故得乎邱民爲天子。」劉子云：「君臣于百姓互相爲本，如循環無端。」**疏**莞子曰：「君人者，以百姓爲天。百姓與之則安，輔之則强，非之則危，背之則亡。」**使人以其死，非正也。**劉子云：「天之生人，非爲君也。天之立君，非爲位也。夫爲人君，行其私欲，不顧其人，是不承天意，亡其位之所宜事也。如此者，春秋不與能君而夷狄之。」

十有五年年表：齊襄公元年，秦武公元年。

春，二月，天王使家父來求車。**疏**例時。月者，謹之。

古者諸侯時獻于天子，以其國之所有；職方氏：「制其貢，各以其所有。」**故有辭讓而無徵求。**諸侯時獻天子，于獻時禮辭之，故但有辭讓之事，無所徵求。言此者，春秋貴讓也。**求車，非禮也；求金，甚矣。**荀子：「天子不言多少，諸侯不言利害，大夫不言得喪，士不通貨財，有國之君不息牛羊，錯質之臣不息雞豚，冢卿不脩幣，大夫不爲場園，從士以下皆羞利而不與民爭業，樂分施而恥積藏，故民不困。財貧窶者有所竄其手，多積財而羞無有，重民任而誅不能，此邪行之所以起，刑罰之所以多也。」

三月乙未，天王崩。不葬者，天王以不葬爲正也。天子七月而葬。三月崩，九月以前邾、牟、葛來朝，當在未葬之時，故貶之也。**疏**周本紀：「桓王二十三年崩〔二〕，子莊王佗立。」按：桓王三聘桓，一求一伐，禮樂征伐自天子出也。

夏，四月己巳，葬齊僖公。二伯日葬，正也。成以下，齊失伯，以不日見之。

五月，鄭伯突出奔蔡。疏鄭世家：「厲公四年，祭仲專國政，厲公患之，陰使其壻雍糾殺之。祭仲反殺雍糾，戮之于市。夏，厲公出居邊邑櫟。」月者，謹之。

譏，據諸侯不生名。名者，誅絶之罪。譏，當爲「誅」字之誤。**奪正也。**奪正，謂突奪忽國。

鄭世子忽復歸于鄭。疏鄭世家：「祭仲迎昭公忽。六月乙亥，復入鄭，即位。」

〔二〕「三」，原作「四」，日新本、鴻寶本同，此據史記周本紀改。

反正也。稱世子，明正也。言「復歸」，反之也。言復，通王命也。

許叔入于許。許已滅矣，如有國之辭者，存許也。**疏**據左傳，隱十一年，鄭入許，許莊公奔衛，鄭伯使許大夫百里奉許叔以居許東偏。今因鄭亂，許叔遂復許國也。

許叔，據以國氏、言字。**許之貴者也，**據紀季、蔡季同。諸侯繼立，凡以子繼父者稱子，以弟繼兄者稱叔、季，兄終弟及之正辭。稱許叔，明其以弟繼莊公之位也。**莫宜乎許叔。**據以弟繼兄，得禮之正。**其曰入，何也？**據蔡季言歸。**其歸之道，非所以歸也。**據許滅與蔡季歸不同也。許歸，正，猶以「入」言之者，春秋于嫌得者見不得。入許叔，而諸侯之正、不正視此矣。**疏**蔡季內有臣下之迎，外有諸侯之助，歸國繼立，其辭易也。許叔內無君命，外無與國，許民已爲鄭守，乘機應變，入而有之，其辭難，故曰「入」也。人多許叔之功，春秋惡專地、私自擅據，雖復國，以「入」言，明不許也。稱「叔」，以起其貴，有宜道。

公會齊侯于蒿。前與齊戰，僖公時事也。襄公立，乃求好焉，故爲此會。**疏**不在月內。

邾人、牟人、葛人來朝。牟、葛，魯屬，邾在牟、葛之上，以後進爲卒正也。來朝，君也。人者，天王喪尚在，未葬期內而來朝，故貶之也。傳曰：「天子無事，諸侯相朝，正也。」**疏**地理志泰山郡牟下云：「故國。」知魯屬也。

秋，九月，鄭伯突入于櫟。櫟，鄭之大邑。突入之後，終逐昭公。**疏**鄭世家：「秋，鄭厲公因櫟人殺其大夫，遂居之。」月者，謹之。

冬，十有一月，公會宋公、衛侯、陳侯于袲，伐鄭。公羊「宋公」上有「齊侯」。**疏**鄭世家：「諸侯聞厲公出奔，伐鄭，弗克而去。宋頗與厲公兵，自守于櫟，鄭以故亦不伐櫟。」月者，謹之。

地而後伐，據伐者不先地。**疑辭也，**先地次也。伐、救皆不地次，言地次，是不進兵而託于救伐，是有所疑沮。**非其疑也。**諸侯伐鄭者，助突也，不言納突，作爲討突之辭；討賊不進，故非之也。自此以後，敘鄭事畧。

十有六年年表：周莊王元年，衛黔牟元年，鄭昭公元年。疏桓十七年，高渠彌弑昭公。十八年，齊侯殺子亹，子嬰繼立。自十五年至莊十五年〔一〕，突乃入鄭，經皆不書，公羊以爲「末言爾」是也。凡不見經事，皆于年下據年表書之，以明經之削例。

春，正月，公會宋公、蔡侯、衛侯于曹。蔡，突黨，謀納厲。疏年表：「公會曹，謀伐鄭。」

夏，四月，公會宋公、衛侯、陳侯、蔡侯伐鄭。曹會，衛在蔡下，此何以衛在陳上？衛、陳、蔡三國同稱侯，次序無定，因無定以起上下之有定。蔡自從楚後，狄之。楚會皆在陳、衛上，夷之也。疏月往爲近，桓出皆月。

秋，七月，公至自伐鄭。致而月，危于致唐，因下外薨。

桓無會，其致，何也？據桓十五會而十「月」，同爲不致。**危之也。**此後濼會，公遂不反，故于此危之。疏桓會不致，惟致二事：盟唐以其遠致，此以外會之終而致之。下有盟，皆爲齊事矣。

〔一〕「自」，原作「三」，日新本、鴻寶本同，誤。因厲公去位在魯桓公十五年，復位在魯莊公十五年。

冬，城向。向，舊城，爲莒所取，今取于莒，故城之。伐莒不言，諱之。

十有一月，衛侯朔出奔齊。疏衛世家：「左右公子不平朔之立也。惠公四年，左右公子怨朔之讒殺前太子伋而代立，乃作亂，攻惠公，立太子伋之弟黔牟爲君。惠公奔齊。」**朔之名，**據衛侯奔楚不名。**惡也。**曲禮：「諸侯不生名。」有可殺之罪，故名，以死待之，與大夫不復見同。**天子召而不往也。**劉子云：「周室多禍，衛侯召不往，齊逆命而助朔。」據下王師救衛助黔牟。

十有七年

春，正月丙辰，公會齊侯、紀侯盟于黄。黄，内地。齊、紀和而盟。疏左傳：「平齊、紀且謀衛故也。」

二月丙午，公及邾儀父盟于趡。字者，紀存，猶未進之爲卒正，且起儀父即克。疏時紀未滅。莊世，紀滅而後邾稱子。

夏，五月丙午，及齊師戰于郎。郎，公、左作「奚」。左以爲此「疆事」，蓋二月方與齊盟于黄，齊方求好于公，無緣此時忽有戰事。以爲疆事，争逐之常。書此以示例，公與齊侯皆不與其事也。疏郎，内邑。

内諱敗，舉其可道者也。傳曰：「爲親者諱敗不諱敵。」謂言戰而已，不言敗也。**不言其人，**齊但稱師。**以吾敗也。**因敗，諱言其人。**不言及之者，**不言公、大夫，並不言疆吏。**爲内諱也。**因釋不言其人，兼及不言「及」也。

六月丁丑，蔡侯封人卒。封人生稱叔，葬稱侯，皆一見以示例，因以見春秋之待蔡不如陳、衛也。**疏**蔡世家：「二十年，桓侯卒，弟哀侯獻武立。」

秋，八月，蔡季自陳歸于蔡。月者，爲下葬出也。季者，獻武稱季，明貴得立。**蔡季，**據下卒稱獻武，大夫歸而立者，當名不字。**蔡之貴者也。**據蔡侯上稱「叔」，此稱季，明兄終弟及，與許叔同。**自陳，**據歸或不言自。**陳有奉焉爾。**歸，必有所自。無奉不見，有奉明得助。傳曰：「歸爲善，自某歸次之。」**疏**左傳：「蔡桓侯卒，蔡人召蔡季于陳而立之。」

癸巳，葬蔡桓侯。劉子云：「周桓王時，蔡侯卒，謚桓侯。有德則善謚，無德則惡謚，故同也。」葬稱公，臣子辭；稱侯，見正稱也。春秋凡葬稱公，三等諸侯皆同。今不稱公而稱侯，本爵也，謂從臣子辭稱公，而實非公也。**疏**日者，危；季歸而後乃葬也。繼嗣不早立，既卒逾月，季乃得歸。危，故日之。葬，此一稱侯，餘仍稱公。而左傳、史記及他書言蔡君者，皆稱侯，不以公加之。以諸書皆緣經而出，故經一稱侯，以下皆稱侯也。

及宋人、衛人伐邾。邾，内屬也，方盟于趡，乃與外大國合兵伐之，内病矣。不言其人，爲内諱也。

冬，十月朔，日有食之。劉子云：「是時，衛侯朔有罪，出奔齊，天子更立衛君，朔藉助五國舉兵伐之而自立，王命遂壞。魯夫人淫佚于齊，卒弑桓公。」

言朔不言日，食既朔也。班氏云：「穀梁傳曰：『言朔不言日，食二日也。』」

十有八年年表：鄭子亹元年，蔡哀侯元年。

春，王正月，公會齊侯于濼。

公與夫人姜氏遂如齊。劉子云：「將伐鄭，納厲公，遂與夫人如齊。申繻曰：『不可。女有家，男有室，無相瀆也，謂之有禮，易此則敗。且禮：婦人無大故則不歸。』公不聽，遂與如齊。」疏月者，爲危公。

濼之會，不言及夫人，何也？據陽穀言「公及夫人」。以夫人之伉，據尊以及卑，不言及，敵也；知以伉。弗稱數也。春秋夫以及妻，不言「及」，夫人不以公爲夫也。弗稱數，絶其屬也。不及，婦不屬夫，則是非夫人也。劉子云：「奪文姜之屬。」不繫，則賤之，故許討之。

夏，四月丙子，公薨于齊。劉子云：「文姜與襄公通，桓公怒，禁之不止。文姜以告襄公，襄公享桓公，酒醉之，使公子彭生抱而乘之，因拉其脅而殺之，遂死于車。魯人求彭生以除耻。齊人殺彭生。」疏齊世家：「襄公四年，魯桓公與夫人如齊。襄公故嘗私通魯夫人。魯夫人者，襄公女弟也。自僖公時嫁爲魯桓公夫人，及桓公來而襄公復通焉。魯桓公知之，怒夫人，夫人以告襄公。與魯君飲，醉之，使力士彭生抱上魯君車，因拉殺魯桓公，桓公下車則死矣。魯以爲讓，而齊襄公殺彭生以謝魯。」

其地，據隱、閔皆不地。於外也。據言齊也。諸侯卒於封內，不地；地，皆有所起。卒於外國，則地。録其實、謹其變也。內與弑，不地。外地者，內地小不忍質言；外地國，辭不迫近，言以紀變。薨稱公，據葬公在下，此公在上。舉上也。上，謂公也，君子慎終。薨時事皆自主，故言公薨，謂公自薨於此。言君本身正不正者，以薨死者事。葬，先言葬，後言公，傳以爲「舉下」，臣子葬其君，葬在先者。所謂舉下，謂葬爲臣子事，故危子孫于葬言之矣。傳言此者，明乎生死之際，終始之事，人道之大也。

丁酉，公之喪至自齊。 稱公者，未殯以前，以生禮事也。日者，喪自外至，如初喪，故五日乃殯喪柩也。 **疏** 班氏云：「尸、柩者何也？尸之爲言陳也，失氣亡神，形體獨存。柩之爲言究也，久也，久不復變也。曲禮曰：『在牀曰尸，在棺曰柩。』」

秋，七月。 **疏** 首時削之也。此年專叙桓事，四時四記，若不貳事者，傷之也。

冬，十有二月己丑，葬我君桓公。

葬我君， 據生不稱君，天王不言「我」也。 **接上下也。** 上下，謂君臣也。接，謂交舉上下相接屬也。我，內國辭，猶外舉國也。公，爵；稱公，上有天子，不純君之義；言君，謂諸侯專治封中，有純君之義。葬言君，已葬乃得申其私恩也。以君繫我，故曰接上下。尊之曰君，親之曰我；尊尊親親，春秋之義也。 **君弒，** 齊人殺而曰弒者，首文姜妻弒夫也。 **賊不討，不書葬，** 母以賊稱者，公不言「及」，先君已絶之如路人，得討也。 **此其言葬，何也？** 據隱不葬、閔母殺乃不葬也。 **不責踰國而討，** 踰國，時文姜在齊未歸。討，謂討母于齊，言報讎也。 **于是也。** 于是，謂此是也。親喪方至，不責即時討賊，明當殯盡禮，于練時乃討之也。內言孫，奔也。奔得爲討者，緩追逸賊，親親之道也。 **桓公，** 據公上加「桓」。 **葬而後舉謚，** 謚，易名之典。桓，謚也。于葬乃以謚稱。 **謚，所以成德也，** 劉子云：「謚者，累生時之行而謚之。生有善行，死有善謚，所以勸善戒惡也。謚之言列，陳列其所行，身雖死，名常存，故謂謚也。」又曰：「有德則善謚，無德則惡謚。」**於卒事乎加之矣。**班氏云：「葬乃謚之者，諸侯薨，世子告喪于天子，天子遣大夫會其葬而謚之。幼不誄長，賤不誄貴。」故既葬然後舉謚。人之行，始終不能若一，故據其終，始可知也。卒，謂終也。嗣君未葬稱子某，猶謂父前子名也；既葬稱子，即尊之漸；父事已終，子乃不名也。**知者慮，義者行，仁者守，有此三者備，然後可以會矣。**傷無三臣，出會不反，痛之也。又不復讐，故莊不卒大夫也〔一〕。

〔一〕廖宗澤補疏：桓公十八年，合二九之數，文、宣、成三公三「十八」年，合爲七十二之數。

重訂穀梁春秋經傳古義疏卷三

莊公穀梁隱、桓爲遠世，定、哀爲立世。從莊至昭爲一世，在立、遠之間，因有伯也。故從莊至昭詞多同，小有升降而已。

疏魯世家：「莊公名同，桓公子。」

元年年表：周莊王四年，齊襄公五年，晉緡公十四年，宋莊公十八年，陳莊公七年，燕桓公五年，衛黔牟四年，蔡哀公二年，鄭厲公八年、子儀元年，曹莊九年，杞靖十一年，秦武五年，楚武四十八年。

春，王正月。

繼弒君不言即位，正也。桓薨于齊難，與内弒不同，然其事相類，故師叚以爲説。**繼弒君不言即位之爲正，何也？曰：先君不以其道終，則子不忍即位也。**解在桓元年。

三月，夫人孫于齊。春秋奔爲討賊，明此方當屏之于齊，不宜受其歸也。孫同薨，例日；不日，惡也；又以明未歸。

孫之爲言猶孫也，據公孫于齊，下書「公在」，若退孫不自當者然。**諱奔也。**言奔，内逐之也。**疏**奔與殺爲討賊詞。于此言奔，明得逐之也。變文不諱，此諱者，有尊親之異。**接練時，**禮：十三月而練。當至四月乃練，故曰「接」，猶未至練也。**録母之變，**録，猶録囚；變，謂大故，弑君之罪也，謂討母弑也。奔則爲討者，緩追逸賊、親親之義。**疏**討賊爲嗣君首事，練時期斷，可以出討。練則當于四月，非首事之義。若一春無事，嫌正月首時，故因接練時討之。本未至魯，以孫言者，起討之。故「孫邾」，同也。昭奔言「孫」，討夫人亦言「孫」，美惡不嫌同文也。**始人之也。**人，謂貶絶其屬如路人，即不稱「姜氏」是也。始，謂首事以明法。父尊母親，討母以報父仇，不以親害尊也。莊知有母，不知有父，絶屬以明其討母，絀私恩、申大義也。**不言氏姓，**據「孫邾」猶言氏姓。言夫人無氏姓，非夫人也。**貶之也。**劉子云：「絶文姜之屬，不爲不愛其母。」**疏**春秋罪重者絶骨肉之屬，離人倫之親，至賤乎賤者也。故有大故不奉天命者，皆絶其天倫。「用致夫人」、「曰文無天」是也。殺二子言「姜」，弑夫不言「姜氏」者，弑夫罪重殺子也。**人之於天也，**君子畏天命。**以道受命；**傳曰：「信之所以爲信者，道也；信而不道，何以爲信？」**於人也，**君子畏大人、畏君也。**以言受命。**傳曰：「人之所以爲人者，言也；人而不言，何以爲人？」又曰：「君之所存者〔一〕，命也。」**疏**人，君也；言，命也。春秋重命，以君尊之也。**不若於道者，天絶之也。**春秋貴命以治臣，而本天以治天子。臣奉命于君，君奉命于天，天爲君之主，道爲命。**疏**傳曰：「爲天下主者，天也；繼天者，君也。」稱天王，謂爲天臣，明當承天也。稱天子，謂天之子，當順天也。王至尊，以天臨之，如臣子之禮。故傳曰：雖天子，必有尊也。天子朝日，用朝禮，如臣子禮。絶者，如王言出、宋稱公、蒲社災是

〔一〕「之」，原作「子」，日新本、鴻寶本同，此據傳文改。

也。傳曰「文無天」，亦以天治之也。**不若於言者，人絶之也。**左氏「不稱姜氏，絶不爲親，禮也」，與傳同。不用命者，皆以人絶之，謂以君命討之也。疏傳曰：「桓無王也。」人絶，以君討之。不順君命之人，以王命討之。夫人不受命，不言「反」言「孫」，以王法討之；得絶其屬，不念母也。**臣子大受命。**天子爲天之臣子，當守道以奉天命；諸侯爲天子之臣子，當奉言以順王命。受命，不背于道。言大者，春秋貴命，義莫大於此。疏董子順命篇曰：「人之於天也，以道受命；其于人，以言受命。不若于道者，天絶之；不若于言者，人絶之。臣子大受命，天子受命于天，諸侯受命于天子，子受命于父，臣受命于君，妻受命于夫。諸所受命，其尊皆天也；雖謂受命于天，亦可。天子不能奉天之命，則廢而稱公，王者之後是也。公侯不能奉天子之命，則名絶而不得就位，衛侯朔是也。子不奉父命，則有伯討之罪，衛世子蒯聵是也。臣不奉君命，雖善以叛言，晉趙鞅入于晉陽以叛是也。妻不奉夫之命，則絶夫不言『及』是也。曰：不奉天者，其罪如此。」按傳義孤證，董子説最明，故附焉。

夏，單伯逆王姬。逆，左氏作「送」，形近易誤。然天子大夫爲監於魯，作「逆」者，從至京師之辭也；作「送」者，從天子召而使之、從京師至魯之辭也，義實相通。

單伯者何？據天子卿有單子，又稱字。**吾大夫**據與内臣同事。「吾」，君稱「我」，下辭。**之命乎天子者也。**魯見四監者，單伯、夷伯、祭伯、祭叔是也。傳于祭叔又云「天子之内臣」，所謂天子内臣，即吾大夫命于天子之變文也。王制：「天子使其大夫爲三監，監于方伯之國，國三人。其禄視諸侯之卿，其爵視次國之君，其禄取之于方伯之地。」疏公羊同。魯爲方伯，天子命單伯爲監，食邑；或單父與？**命大夫，故不名也。**傳曰：「天子大夫不名。」按：王臣無論矣。在外則祭仲、原仲、女叔，皆此例。自漢以後，此説甚微。**疏**天子大夫不名；諸侯大夫命于天子者，名氏並見；命于其君者，名而不氏；爲三等。**其不言如，何也？**據逆于京師當「如」，疑以天子召而使之，故不言。**其義不可受於京師也。**據臣魯當言「如」。爲義不可受，不言「如」，使如私行〔一〕，非莊公所使，亦以拒邪命。**其義不可受於京師，何也？**據天子嫁女，禮得使諸侯爲主，爲主，則必先逆。**曰：躬君弑於齊**〔二〕，**疏**俞樾説：躬君，當作「君躬」，誤倒。**使之主婚姻，**班氏云：「王者嫁女，必使同姓諸侯主之者，婚禮貴和〔三〕，不可相答，爲傷君臣之義，亦欲使女不以天子尊乘諸侯也。必使同姓者，以其同宗共祖，可以主親也。故使攝父事。不使同姓卿主之者，謂天子卿不使列土諸侯，尊加諸侯，爲威厭不得舒也。不使同姓諸侯就京師主之者，諸侯親迎入京師，當朝天子，爲禮不兼。春秋『築王姬之館于外』，明不往京師也。」**與齊爲禮，**婚姻乃嘉禮，新有父讎，未出喪，使與仇人爲禮，非正也。齊侯内通女弟，外殺人君，法所當誅。不討，失道一；爲婚，失道二；使魯主，失道三也。**其義固不可受也。**春秋「貴義不貴惠，信道不信邪」，周使魯主昏，邪命也；以義言之，當拒而不受，故不言「如」，使如天子大夫自私行逆王姬，以辟莊公逆也。

秋，築王姬之館于外。于外當地。不地而曰外，非外也。非外而曰外，諱與齊爲禮。外王姬，不受邪命也。不言

〔一〕「使」，原作「便」，據日新本、鴻寶本改。
〔二〕「弑」，原作「殺」，日新本、鴻寶本同，此據傳文改。
〔三〕「和」，原作「賤」，日新本、鴻寶本同，此據白虎通改。

「如」、言「于外」、不言齊侯來逆，皆拒邪命，使魯若不與其事者然。

築，禮也； 據本事築于内。**于外，** 據主昏不能在外築。**非禮也。** 據變其實而託于外，知非典禮之正。**築之爲禮，何也？** 據變以合正，諸侯館不須築也。**主王姬者，必自公門出。** 公門謂廟、寢門。出，親迎出車。嫁于諸侯，必受女于諸侯，禮也。諸侯嫁女大夫，則不出公門。**於廟，則已尊；** 禮：天子適諸侯，舍于廟。若在廟，則以天子禮待王姬，失之過尊，非禮也。**疏**〔一〕公羊作「路寢」。**於寢，則已卑。** 寢，公羊作小寢，諸侯所居。諸侯嫁女於敵國，女自寢門出，親迎者于寢相授。若王姬於寢出，則禮如内女。天子女禮制異，以諸侯禮待之，過於卑，不可也。**爲之築，** 則不由廟、寢出。**節矣。** 班氏云：「改築必於城郭之内。」節，謂尊不嫌于天子、卑不嫌于内女，有節度也。**疏**按：以上同公羊。**築之外，** 據失禮，變宜得正。**變之正也。** 左傳：「爲外禮也。」變者，異於常禮；正，謂得禮意也。**疏**魯莊忘仇，親與狩郎，無緣此時能築於外；又有告廟親迎之禮，不能于野外行之。春秋因其失正，託言于外，使齊、魯不相交接，若王姬過竟、魯備館舍者然。變接内之實事，以求報仇之正道。孔子曰：「因其事而加王心。」此之謂也。**築之外，變之爲正，何也？** 據變而得正，所變宜得禮。築外，失禮，故兼舉以爲問。**仇讎之人，** 齊侯也。**非所以接婚姻也。** 魯主婚。接，接内，謂齊侯來

〔一〕「疏」，原作「〇」，日新本、鴻寶本同，此據本書體例改。

疏當時築于内，莊親接公。**衰麻，**公在大祥内，未出喪。**非所以接弁冕也**〔一〕**。**冠冕，諸侯冕而親迎也。

疏言與齊侯相接行禮，仇讐爲婚媾，衰麻對冠冕，大耻深惡不可以言。王姬至魯，外當有館，因此託義使若未嘗至國。言「于外」，所以避莊公與齊接也。按〔三〕：以上同左氏。公羊、左氏各言一節，傳乃全言之。凡三傳説禮不同者，多爲此例。**其不言齊侯之來逆，何也？**據内已避公，外王姬可言逆于外。**不使齊侯得與吾爲禮也。**

疏春秋已見不再見。仇齊侯實來，來則接内，雖館在外，必有婚姻之禮。且于外託辭，諱莫如深，故再没其文也。事數見者，公已數與齊接，辟使若不見，故隨事起義，不一言也。

冬，十月乙亥，陳侯林卒。

疏陳世家：「莊公七年卒，少弟杵臼立，是爲宣公。」

諸侯日卒，正也。

王使榮叔來錫桓公命。王制：「三公一命卷，若有加，則賜也不過九命，次國之君不過七命，小國之君不過五命。大國之卿不過三命，下卿再命；小國之卿與大夫一命。」

疏魯爲方伯，例得七錫。死而追錫，是於七命錫外再加命也。獨「王」者，與國辭同。春秋尊王，不目周而曰王，如「王人、王正月」是也。舉國，在諸侯爲狄之，在王爲貶之。追錫罪人以求婚於齊，失孝子心，亂先王之制，大惡，故去「天」也。王，莊王也。

〔一〕「弁」，原作「冠」，日新本、鴻寶本同，此據傳文改。
〔三〕「按」上原有「〇」，日新本、鴻寶本爲空格，據本書體例删。

禮有受命，無來錫命。諸侯初立，朝王還圭，天子使其襲爵，命之以服，此正也。若有加，天子進爵慶賞，亦必在朝覲巡狩之時，親受于王，天子不使人往錫也。**錫命，非正也。**王制曰：「爵人於朝，與士共之〔一〕。」**疏**禮當受命於朝。來錫，則輕髦王爵，天子失尊，與下聘同譏也。**生服之，死行之，**生服，謂及身受錫；行，謂葬，墳墓如所命級。**禮也。**王制：「祭從生者〔二〕。」**疏**禮：祭從生者，葬從死者。中庸：「上祀先公以天子之禮。」明葬從死者也。「斯禮達乎諸侯、大夫及士、庶人。父爲士，子爲大夫，葬以士，祭以大夫；父爲大夫，子爲士，葬以大夫，祭以士。」時葢錫命加葬桓公也。**生不服，死追錫之，**桓公，惡人，生不錫之，死乃因欲婚于齊，追錫惡人。**疏**生爲方伯，得服七命；已死，追錫之，是過七命矣。越制求悦于諸侯。**不正甚矣。**班氏云：「春秋傳曰：『追錫死者，非禮也。』大夫功成未封而死，不得追錫爵之，以其未當股肱也。王制曰：『葬從死者，祭從生者。』所以追養繼孝〔三〕。」許慎引傳説：「追錫死者，非禮也。死者功可追錫，如有罪，又可追討？」案：甚之者：越七命，一也；來錫，二也；追錫，三也；桓罪人，四也；求婚，五也。故春秋去「天」以絶之也。**疏**案：左傳有追討之制。罪大惡極，生逃憲典，死得加刑，如戮崔子之棺是也。桓公，惡人，當在追刑之例。傳但言追討，此意在言外也。至于小惡，由生而定；已死，則從鬼道，王法不更加。故伐喪，經所不許。

〔一〕「士」，原作「衆」，日新本、鴻寶本同，此據王制改。

〔二〕「祭」，原作「喪」，日新本、鴻寶本同，此據王制改。

〔三〕「追」，原作「近」，日新本、鴻寶本同，此據白虎通改。

王姬歸于齊。

爲之中者歸之也。 據尊同言歸，從魯辭，與內女同也。 **疏** 歸，如專行辭，絶齊侯，不使來逆。言歸，明魯主婚，起與齊侯爲禮，且明錫命爲釋齊、魯仇。制人子與仇人爲禮，棄先王命，褎罪人，違道而行，故去「天」也。

齊師遷紀、郱、鄑、郚。

紀， 據繫三國。**國也。** 據下「大去」。傳曰：「遷，亡辭也。其不地，不復見矣。」 **疏** 遷而不地者，不復見。此遷而復見者，不使小人加君子。紀從此遷，從者四年而後畢。四年言「大去」，因國人從紀侯，故曰「紀侯」。紀侯實于此已去紀，蓋遷于鄑。**郱、** 據在紀下鄑上。**鄑、** 據會鄑。**郚，** 據城郚。**國也。** 據鄑、郚分見，知爲國。三國皆小國，同紀而遷，齊一時滅四國。累言，爲紀侯殺耻。此據人遷皆不地。**或曰：** 又一師説。公羊以爲取紀邑，與傳二説皆不同。**遷紀于郱、鄑、郚。** 傳曰：「地者，郱復見也。」遷紀於三邑，不成爲國，故以三邑見。 **疏** 據下紀見言「大去」，故以爲地也。不言「于」者，分紀民于三邑，恐其得民爲亂，無專地，故不言「于」。凡言地者，皆自遷，國家未失。此國家分散，又爲人所遷，故不言以起之也。

二年

春，王二月，葬陳莊公。 月葬，正例。

夏，公子慶父帥師伐於餘丘。 帥師不言「如」，以爲私行，惡專兵也。此帥師起慶父弑也。 **疏** 莊公時年十五，慶父又小于莊公，以弱弟將兵，以起下弑君之禍。慶父凡三見經。

國而曰伐據伐，國辭。**於餘丘，**公羊有「口繫邾婁」之説。一本又有無「於」字者。在公羊，當爲口繫邾婁，「於」，聲邾婁之誤。**邾之邑也。**據大夫九伐皆屬邾，春秋進邾，故邾邑可不繫國。**其曰伐，何也？**據疾火攻乃有國辭。**公子，貴矣；**親則公弟，貴則大夫，所謂將貴也。翬伐宋，不稱公子；此稱公子者，時慶父幼，禮不責童子。**師，重矣；**師，衆稱師。**而敵人之邑，**謂伐邑不繫國。**疏**公伐皆言國，不以公敵邑也。**公子病矣。**獨言邑，病公子也。**疏**春秋伐邑得言國者，邑繫於國，重其伐，故目國也〔一〕。此不目國，變文以病公子也。慶父，莊公弟，則慶父弱矣，弱而主兵，故以敵人邑不言國。**病公子，所以譏乎公也。**大夫，國體。貶大夫，所以貶諸侯；譏公子，則病及公矣。**疏**弱弟不教以禮，寵異使主兵，用兵不報仇而以伐邑，其後卒有弑逆之禍。弑非一朝一夕之故，故于此不言邾以譏之也。**其一曰：**公羊「曷爲國之？君存焉爾」，與傳同。秦以前，傳與公羊不分。**疏**穀梁五家皆在漢以後，此亦先師説，與公羊同。**君在，**謂公在師中也。**疏**隱十年，翬帥師伐宋，公在師不言公，知此亦公在不言也。慶父幼，故知公在也。不出公，兼辟不復仇。**而重之也。**重，故言伐也。公羊「曷爲國之？君存焉爾」。**疏**翬曰伐宋。此不目國，翬事上下有公，此不出公文，故于伐起地邑者。以慶父專兵，言伐以起公在。翬、慶父皆弑、專兵，有無君之心，以公在不言公。舊説：君謂邾子。邾子，傳不言君。

〔一〕「故」字原脱，日新本同，此據鴻寶本補。

秋，七月，齊王姬卒。 不日者，非内女也，故月，以明親疏之義。内女卒，皆日；由魯嫁，爲之服大功。傳曰：「以吾爲之變，卒之也。」

爲之主者卒之也。 外女不卒，魯主婚，有父兄之道，故得卒之。**疏** 檀弓曰：「齊穀王姬之喪，魯莊公爲之服大功。或曰：由魯嫁，故爲之服姊妹之服。或曰：外祖母也。」檀弓後説以爲襄母，非新逆者。蓋二世娶周，皆魯爲主。

冬，十有二月，夫人姜氏會齊侯于禚。 禚，公羊作「郜」，内邑也。夫人歸，未至魯，駐于禚，故齊侯來會之。經以夫人爲從内至此者，託辭也。**疏** 婦人無外事，踰竟皆言國，齊、莒、邾是也。不地外國，地内地，以起不踰竟之義。公大夫在國乃地國，非國踰竟皆地地。禮曰：男子志在四方。故不同女子也。月者，謹始也，惡惡疾其始。

婦人既嫁不踰竟， 據踰竟皆地國。言嫁踰竟者，禮不内娶，必出疆以遠别也。**踰竟，非正也；** 劉子云：「婦人之禮，有閨内之脩而無竟外之志，非有大故不出夫家」〔一〕。班氏云：「婦人不踰竟而弔者，所以防淫佚也。雜記曰：『婦人越疆而弔，非禮也。』而有三年之喪，君與夫人俱往。」**疏** 大故，謂出也。穀梁：夫人無歸甯之義，所以防淫佚、絶禍亂也。**婦人不言會，言會，非正也；** 據諸侯大夫會以脩事，辟公不言。言會，公在言會、饗，會饗猶可言也。**饗，甚矣。** 饗，甚于會。**疏** 元年迎夫人，至禚不歸魯。畢喪之後，齊侯至禚而會之。不言

〔一〕「閨内」，原作「閨門」；「夫家」，原作「公家」，日新本、鴻寶本同，此據列女傳改。

「至」，絶之也。前討言「孫」，此如在内辭；前「孫」無姓氏，使如二人然。此未踰竟，傳統言婦人例。故言踰竟，不爲此事出。

乙酉，宋公馮卒。 此不日者也。其日之，何也？其不正前見矣。

疏 宋世家：「十九年，莊公子湣公捷立。」

三年

春，王正月，溺會齊師伐衛。 劉子云：「朔奔齊，天子更立衛君，齊會魯伐之。」月者，惡之。 **疏** 不卒者，非世卿也。魯爲世卿乃卒。翬、柔，經不卒者，皆以非世卿故。臧氏世卿不卒，至辰乃卒，故以爲桓、莊不卒大夫也。

溺者，何也？ 據不氏，疑微者。 **疏** 公羊以爲未命大夫。 **公子溺也。** 據下伐衛會諸侯，知此以惡事貶。

疏 公羊與傳小異，知柔微者以盟折，無貶義。 **其不稱公子，何也？** 據翬以與弒貶。 **惡其會仇讎而伐**

同姓， 同姓，親也，與仇伐之，加常二等。 **疏** 左氏云：「疾之也。」與傳同。 **故貶而名之也。** 貶公子，所以貶公也。會仇伐天子所立同姓之國，貶公也。「齊師」者，齊侯也。不言齊侯，不使内與仇讎接也。故終齊襄，不與内接也。惟夫人出會言齊侯，起同罪。

夏，四月，葬宋莊公。

月葬，故也。 爲捷與弒。大國例日，不日者，危其弒。

五月，葬桓王。 劉子云：「大臣吉服之南郊。素服，稱天而謚之。」班氏云：「崩薨別號，至葬則同，何也？時臣子葬君父，安厝之義，貴賤同。葬之爲言下藏之也。所以入地何？人生於陰，含陽光，死則入地，歸所藏也。」月者，危改葬也。

疏「桓」，謚也。葬而後舉謚，謚所以成德也；卒事乎加之，諸侯天子同也。天王謚桓、莊、僖，三代與魯同。

傳曰： 傳，舊傳文，説與公羊同。 **改葬也。** 據崩在七年前。 **疏**鄭君云：「墳墓以他故崩壞，將亡失尸柩，則改葬。」按：改牛言改，葬不言改者，葬，事；牛，物。言葬可知。再烝不言「再」〔一〕，又雩言「又」，明非雩也。

改葬之禮緦， 因魯君爲之服，志之也。 **疏**鄭君云：「緦者，臣也、子也、妻也，三月而除之。」 **舉下緬也。** 據天王崩，「天王」在上，舉上也。此「葬」在上，「王」在下，舉天下而葬一人，故曰「舉下」也。 **疏**舉下與舉上對文。上下，謂君臣。舉，謂春秋舉其君臣之辭也〔二〕。緬，「緦」字誤衍者。舊説訓「邈」，以舉下爲説緦，非也。 **或曰：** 説與左氏同。 **郤尸以求諸侯。** 此謂緩喪，非改葬也。左氏云：「緩也。」 **疏**諸侯不奔喪也。傳曰：「魯人曰：『固吾君也，親之者也。』」時諸侯不至，嗣王欲求諸侯，遷延至七年乃葬。直書其事而惡見，不待貶絶也。

天子志崩不志葬， 以下釋志天子葬通例。 **必其時也。** 九月而葬，禮無所屈。 **何必焉？舉天下而葬一人，其義不疑也。** 劉子引傳曰：「天子何以不書葬？天子記崩不記葬，必其時也。諸侯記卒記葬，有天子在，不必其時也。」諸侯當同來奔喪，有定制，無遲早之疑。 **志葬，故也，** 志葬，非正。 **危不得葬也。** 月者，

〔一〕「烝」，原作「蒸」，日新本、鴻寶本同，此據傳文改。
〔二〕「舉，謂春秋舉其君臣」八字原脱，據日新本、鴻寶本補。

危之甚。**曰：** **疏**此釋王三不志崩之傳。傳無所繫，故附録于此。**近不失崩，**近謂入莊世，爲近代。**疏**傳以隱、桓爲遠，故有傳疑之事。至近，則聞見確。天王崩又大事，天下所知，不能謂失于聞見也。**不志崩，**據莊公十二年莊王不志崩，莊十七年僖王崩不志，文十四年頃王崩不志，皆在近世也。與諸侯皆志卒例不同。**失天下也。**據諸侯失國不葬，諸侯以不葬爲例。天王不志葬，故以不志崩爲例也。志葬，危之，如諸侯之日月葬。不志崩，則同諸侯之不葬也。失天下，如諸侯失國，故不志崩也。失天下，謂權下移，起二伯興、政在諸侯。天子失天下，傳曰「天絶之」是也。**疏**春秋以隱、桓爲權在天子，莊以後，權在諸侯。天子失權，而後諸侯乃得專之。失權始於桓王，而盛于莊王，故桓志葬而莊、僖不志葬也。**獨陰不生，**陰，猶母也。**疏**以下釋稱天子、天王之例。公羊無此傳，董子繁露有之。**獨陽不生，**陽，猶父也。**獨天不生，**天，謂感生帝。**三合然後生。**謂感生必因于人，脩己吞珠而生禹，簡狄感乙卵而生契，姜嫄履跡而生稷，三代之興，莫不由之。人雖由父母而生，必感天氣，惟受命有符，則其象昭著耳。三合者，言帝王有父而生也。**故曰母之子也可，**卑賤屬于其父母，如「任叔子」、「杞伯姬來朝其子」是也。不曰父者，感生之義，重子母，故謂聖人無父而生也。**天之子也可。**尊取尊稱，經言天子，是。班氏云：「王者，父天母地，爲天之子也。」**疏**御覽引保乾圖云：「天子至尊也。精神與天地通，血氣含五帝精，天愛之、子之也。」**尊者，取尊稱焉；**謂稱天子也。**疏**易乾鑿度云：「天子繼天理物，致一統，各得其宜，父天母地，以養萬物，至尊之號也。」感精符云：「人主日月同明，四時共信，故父天母地，兄日姊月。」宋均云：「父天，圜丘之祭也；母地，方澤之祭也。」**卑者，取卑稱焉。**卑者，亦有父天之義者。天，父之天也；無天而生，未之有也。天者，萬物之主也。傳言此者，釋王稱「天子」爲天之子也。**其曰王者，**據「王」「天子」正稱。經「天子」一見，傳皆言「天子」。**疏**此謂王爲爵稱，爲天臣也。不言「天」，爲天子，王繫天不疑。**民之所歸往也。**荀子云：「天下歸之謂之王。」春秋朝廷之治，義以掩恩，著其君臣而微其父子，故不稱天子，一見示例，明臣子同也。尊者之稱，天子以下至五等爵，子、字、名、氏。其無德于天地之間者，州、國、人、氏。甚者，不得繫國邑，皆絶骨肉之屬，離人倫，謂之閽盜而已。無名姓號氏于天地之間，至賤乎賤者也。

秋，紀季以酅入于齊。以字繫紀者，存紀，兄終弟及之詞，譏專地也。字而入，起以酅事齊也。**疏**一説：字爲附庸字者三十里，如儀父是也。與天子大夫不同者，天子大夫繫采，此繫國，與稱弟同，故與天子大夫不名有別。

酅，據紀已遷。**紀之邑也。**據繫紀言「以」。**疏**古者諸侯封地皆有采邑，國滅則子孫守之，以奉其先君之祀，示不絶賢者後。酅，紀之采邑，公四十里，侯三十里，伯子男二十里，然則酅三十里也。**入于齊者，**據以地不言「入」。**疏**以地皆言「奔」。**以酅事齊也。**公羊引魯子曰：「請後五廟以存姑姊妹。」言入者，初非齊臣，言「入」，起事齊。**疏**伏生云：「齊人滅紀，紀季以酅爲齊附庸」。按：奔，絶於本國；入，如反國辭，知以酅事齊也。蓋紀侯使其弟如微子事，以存宗廟之祀。**入者，**據下言紀侯大去，于此可言奔以存紀也。**内弗受也。**不專地，故言入。**疏**弗，内辭也。春秋惡專地，許叔復國，紀季存紀，衆人所許，而春秋拒之。若曰：天子在上，事雖善如此，猶不許專地。則易地、專地之罪明矣。以地者，貶；此稱字，貴之也；貴之，許之也。言入，不許；而稱字許之，以正其義也。春秋之法，大夫不專地，公子無去國之義，君子不辟外難，紀季犯此三者，盜地、以下敵上、棄君以辟禍而貴之者，曰「賢者不爲是」，故託于紀季，以見紀季之弗爲也。紀季弗爲，而紀侯使之也。

冬，公次于郎。次，止也，據次、侯，知止也。左氏云：「凡師一宿爲舍，再宿爲信，過信爲次。」**有畏也，**用兵不進，是畏敵逗遛耳。**欲救紀而不能也。**據次侯，知兵事。紀已遷，猶言救者，欲復其國。不言救紀，不敢訟言救紀，且事終未成。出公者，此與齊仇用兵也。下諱公言「師」者，與齊同好和，故辟言公也。

四年

春，王二月，夫人姜氏饗齊侯于祝丘。祝丘，内地。月者，甚之，因饗而月。**饗，甚矣。**承會加甚。**饗齊侯，**禮：男女不相饗。**所以病齊侯也。**會、饗，公皆在，目夫人，辟公也。公不言饗，包于會；夫人饗，盡其實以譏之。以大國侯與夫人爲禮，病辱也。**疏**饗禮，即鄉飲酒禮，儀禮爲卿相饗禮。此則諸侯相饗，所謂有公在也。

三月，紀伯姬卒。傳例：婦人不踰夫。此卒伯姬者，明紀侯得卒者也。得卒而不卒，明失國不卒也。内女卒而不葬，此葬者，起失國不葬也。爲一見例。

外夫人不卒，此其言卒，何也？據列國夫人不卒。**吾女也。適諸侯，則尊同。**據適大夫不卒。**以吾爲之變，**變，爲服也；服大功，有服則書卒。**卒之也。**禮：姑姊妹女子子在室，期；出嫁，大功。諸侯絶旁期，尊得壓不服。惟嫁許諸侯則尊同，尊同，則出嫁服大功，郯伯姬是也。許嫁諸侯在室卒，則服期，伯姬以下是也。此統爲内女卒發例，非爲紀伯姬卒也。内女卒，例日；此月者，失國，且與日葬起。

夏，齊侯、陳侯、鄭伯遇于垂。遇者，前已見齊、宋、衛，此再見陳、鄭者，以見内州國乃言遇也。齊爲二伯，魯、衛、陳、鄭爲四方伯，故言遇。此如宋、衛、陳、鄭災，凡記災之國，乃言遇也。**疏**遇者，志相得。外遇不書，書者，起齊彊不能救紀。鄭伯者，子亹弟嬰也。

紀侯大去其國。經言「大去」，一見例。傳以爲賢紀侯，公羊以爲爲襄公諱。案：九世復仇之説，非常可駭。董子亦以紀侯有賢行，傳説爲長。**疏**齊世家：「襄公八年，伐紀，紀遷，去其都邑。」

大去者，據出奔不言「大」。**不遺一人之辭也。**據言出奔，君出而已。此言大，是盡去之辭。**言民之從者四年而後畢也。**元年遷紀，紀民不忍其君，相率從之，至此乃畢。得民心，是紀侯賢也。孟子曰：「太王辟狄，邑于岐山之下，邠人曰：『仁人也，不可失也。』從之者如歸市。」蓋同此也。**紀侯賢而齊侯滅之，**傳曰：「得衆則是賢也。」以言「大去」，知賢。春秋貴得衆，故賢之。**不言滅，**據遷後言滅。**而曰「大去其國」者，**凡出奔者繫之國，絶於本國而言所在之國。此不言所去之地，而乃繫于本國，使如太王辟狄自去其故地而別營新居，其本國實未亡也。不曰紀而曰「其國」，已滅之辭，其猶存紀也。**不使小人加乎君子。**春秋以賢治不肖，不以亂治亂，況以不肖治賢乎？君子宜有國，小人宜亡國，以小人滅君子，是反常也。春秋撥亂反正，不使小人加君子，而使如君子辟小人者，是翦亂助正也。不嫌失誅齊者，前言「遷」，已明亡，而不加滅辭，愈深齊惡，未爲失討也。

疏公羊以爲爲襄公諱。

六月乙丑，齊侯葬紀伯姬。目齊侯者，紀伯姬無主，齊、紀同姓，齊得主之。又禮：寓公夫婦得食于所寓之君。葬，臣子事；目齊侯，病齊侯也。

外夫人不書葬，此其書葬，何也？據列國夫人不書葬。**吾女也。失國，故隱而葬之。**傳曰：「日葬，月卒，不葬者也。」**疏**據葬宋共姬，知隱也。夫人之義不踰君，葬共姬，先葬共公；葬紀伯姬，不先葬紀侯，是踰君也。不嫌踰者，葬共姬，賢也，妻賢而夫亦賢，故先葬共公。葬伯姬，失國也，失國君不葬，若葬，則非失國，故不葬紀侯也。夫人不踰君，葬伯姬，則紀侯得葬也。不葬，以決其失國；葬伯姬，以起其可葬。蓋欲存紀，故葬伯姬以抑齊。

秋，七月。

冬，公及齊人狩于郜。于此出公，以譏公也。于其重者，一譏而已。

齊人者，據夫人會饗目齊侯。**齊侯也。**不没公，知齊侯。**其曰人，何也？**據救災言衆。以衆言，非貶。**卑公之敵，所以卑公也。**外貶稱人。内無稱人之例，不出公，又爲諱，無以明貶，故爲貶「公及」之例：貶公敵以貶公。凡公會盟交接非小國，大夫貶伉；凡言「人」者，皆貶外以貶公也。**疏**公羊：「諱與仇狩也。」**何爲卑公也？**據冬狩無貶道。**不復讎，**仇强我弱，時勢未可輕舉。諸侯以宗社爲重，不共戴天之仇，經許諸侯不急于報復。**而怨不釋，**父母之仇不共戴天。國君宗社爲重，雖不勤兵而其故常存，不能釋怨。而相爲禮，如同狩之事。**刺釋怨也。**外無報仇之事，内忘不共戴天之志，相與田獵，遨翔竟内，失子臣之道，故刺之也。自元年至此辟公，狩乃見者，狩事重；餘不復言者，一譏已明也。

五年

春，王正月。

夏，夫人姜氏如齊師。如齊，踰竟也。言師，公在也。公在不言公，諱也。公同夫人如齊，約伐衛也。**師而曰「如」，**據「師」在「齊」下，「如」亦爲師出。**衆也。**據京師言「如」。衆所聚，如城邑，故師言「如」。傳曰：「公、大夫在師言師。」**婦人既嫁不踰竟，踰竟，非禮也。**穀梁説：諸侯夫人父母已没，不歸寧。大夫妻亦同。傳曰「不使得歸之意」是也。

秋，郳黎來來朝。疏此言郳黎來，如隱元年之言邾儀父也。儀父，由字稱子；黎來，由名稱子。一卒正、一附庸，相比見義也。春秋附庸常叙小邾，十九國之最小者，曷爲于此焉叙？叙一郳，以明中國之附庸皆在也。五年以後，乃叙荆。中國既見附庸，外州乃言方伯，先中國後夷狄之義，春秋中外之分也。此言黎來，復言小邾子者，既升邾爲卒正，乃明附庸之義也。

郳，據下言小邾不言郳。**國也。**此言朝目郳，則是國辭。附庸雖小，得名國。**黎來，**名也。附庸字者三十里，在名例者二十里。邾初見字，進之爲卒正；此初見名，進之爲附庸以相起。**微國之君，**微，謂附庸也。傳：「邾之上，古微。」**未爵命者也。** 郳以字進卒正，此以名進附庸，後皆稱「子」。郳之子卒正，統三國，故賦于魯四百乘。郳之子附庸從三十里例。雖同稱子，而大小懸殊。小郳以繫郳敘末，明附庸序會，則不得不言子也。 **疏** 左氏云：「名，未王命也。」

冬，公會齊人、宋人、陳人、蔡人伐衛。 劉子云：「朔奔齊，天子更立衛君，朔帥五國兵伐天子所立，王命遂壞。」 **疏** 魯世家：「五年冬，伐衛，納衛惠公。」

是齊侯、宋公也。 以公言會、言齊、宋者，舉大國以包小國。 **其曰人，何也？** 據議釋怨已見，兼及三國也。 **人諸侯，所以人公也。** 人，貶之也。傳「卑公之敵以卑公也」。 **其人公，何也？** 據兼貶五國。 **逆天王之命也。** 世家所謂「逆王命」也。天子立黔牟，五國伐天子所立，故曰逆命。逆天王命，惡，得貶也。不言天子命，從王也。 **疏** 左氏：「冬，伐衛，納惠公也。」

六年

春，王三月，王人子突救衛。 公羊以子突爲貴，繫之「人」。 **疏** 衛世家：「衛君黔牟立八年，齊襄帥諸侯逆王命共伐衛，納惠公，誅左右公子，衛君黔牟奔于周。」

王人， 據稱「人」，又名。 **卑者也。** 據石尚士稱名。不名者，下士也，故曰卑。 **稱名，** 據洮盟稱人不名。傳曰：「人不如名。」**貴之也。** 據例稱人。稱名，貴于人。春秋善其事，必舉貴而名之。 **善救衛也。** 據貴之，名，善也。

救者善，據救舉突不名。**則伐者不正矣。**據伐，人四國也。善者，小美。王失政，不能庇所立，救又無功，故言善。不正，大惡，逆天子命，當奪爵、放逐。不言戰，不使諸侯敵王師；不言敗，諱王師敗于諸侯。

夏，六月，衛侯朔入于衛。月者，謹之。月出、月入，逆王命，謹之甚。**疏**衛世家：「惠公復立，惠公立三年出亡，亡八年復入，與前通，凡十一年矣。」

其不言伐衛納朔，何也？據上言伐。齊納子糾，上伐下入，是納也。**不逆天王之命也。**逆王命，大惡。伐可言，納不可言者，内已有君，更立君之辭。不言納，使若朔自入其國，則惡事殺矣。**入者，内弗受也。**據人皆惡也。公羊：「篡辭也。」**何用弗受也？**據衛侯歸言「歸」。反國，内不得拒。**爲以王命絶之也。**絶之，謂絶其國。衛人不以爲君，凡人皆絶。歸者不絶，如至家，故婦人謂嫁曰歸。**朔之名，**據諸侯入不名者多。**惡也。**其入，逐天子所立，與他人不同，以申天王之命于天下。**朔入，逆；**入，又名也。**則出，順矣。**朔出，更立君，黔牟爲天子所立。天子得廢置諸侯，與他人國不同。故于入名以起黔牟正也。**朔出入名，**據諸出入不皆名。**以王命絶之也。**出，逆天子召；入，逐天子所立；其事遂諱不見經，故兩名以起之。絶者不世，故不葬也。

秋，公至自伐衛。**疏**公羊以致會、致伐爲説，以致伐爲不敢勝天子，意亦同傳。然上無地、會之文，自當致伐，傳義爲長。

惡事不致，致者，告廟致成也。所事惡，不可以告周公，故不致以諱之。其事于會夷狄、會大夫之外，別爲一例也，如伐齊不致、侵宋不致是也。**此其致，何也？**據侵宋不致。致則目其事，故不致也。**不致，則無用見公**

之惡事之成也。據師經四時不致，則嫌公伐已歸。朔自入衛，于秋致公，則六月入衛，公成其事也。螟。劉子云：「先是衛侯朔出奔齊，齊侯會諸侯納朔，許諸侯賂。齊人歸衛寶，魯受之，貪利應也。」

冬，齊人來歸衛寶。疏自此以後八年，不記衛事。

以齊首之，據取郜鼎，內自取。公羊云：「衛人歸之也。」分惡於齊也，目惡以外也。使之如下齊而來我然。朔奔齊，齊主兵，故使如下齊，齊轉致于我。實則衛自歸，不由齊來。疏公羊：「讓乎我也。齊侯曰：『此非寡人之力，魯侯之力也。』」與傳同。惡戰，謂伐衛也。則殺矣。首惡于齊，則惡從末減。取鼎，魯主兵，故內爲主；此齊主兵，故首齊，緣情定罪也。不言使，傳曰：「內與同，不言使也。」

七年

春，夫人姜氏會齊侯于防。

婦人不會。會，非正也。公會而主夫人，以有辟也。董子云：「春秋書事，時詭其名，以有辟也。」

夏，四月辛卯昔，恒星不見。劉子云：「常星二十八宿者，人君之象也。衆星，萬民之象也。列宿不見，象諸侯微也。衆星隕墜，民失其所也。夜中者，爲中國也。不及地而復，象齊桓起而救存之也。嚮亡桓公〔二〕，恒星遂隕至地，

〔二〕「亡桓公」，原訛脱作「若」，日新本、鴻寶本同，此據漢書五行志改。

中國其永絶矣。」

恒星者，據隕不言恒。**經星也。**劉子云：「孔子曰：古者聖王既臨天下，必變四時、定律曆、攷天文、揆時變、登靈臺以望氣氛。故堯曰：『天之曆數在爾躬，允執厥中，四海困窮。』書曰：『在璿璣玉衡，以齊七政。』璿璣，謂北辰，勾陳樞星也。以其斗柄之所指二十八宿爲吉凶禍福。天文列宿盈縮之占，各以類爲驗。夫占變之道，二而已矣。二者，陰陽之數也。故易曰：『一陰一陽之謂道。』道也者，物之動莫不由道也。是故發于一，成于二，備于三，周于四，行于五。是故懸象著明，莫大乎日月；察變之動，莫著乎五星。天之五星運氣于五行，其初猶發于陰陽，而化極萬一千五百二十。所謂二十八宿者，東方曰角、亢、氐、房、心、尾、箕，北方曰斗、牛、須女、虚、危、營室、東壁〔一〕，西方奎、婁、胃、昴、畢、觜、參〔二〕，南方曰東井、輿鬼、柳、七星、張、翼、軫。所謂宿者，日月五星之所宿也。其在宿外運内者，以宫名别，其根荄皆發于地，而華見于天。」**日入至於星出，謂之昔。**據下出「夜中」言星不見，知星出爲昔。昔，與「夕」通也。**不見者，**據弗，内辭；不，外辭。**可以見也。**言不者，反常之辭。恒星常見，此夜獨不見，反常，故曰「不見」。

疏左氏云：「恒星不見，夜明也。」

夜中，星隕如雨。劉子云：「夜中者，言不得終性命，中道敗也。或曰：象其畔也，言當中道畔上也。天垂象以

〔一〕「虚危」，原倒作「危虚」，日新本、鴻寶本同，此據説苑辨物篇乙。

〔二〕「觜參」，原倒作「參觜」，日新本、鴻寶本同，此據説苑辨物篇乙。

示下，將欲人君防惡遠非，慎卑省微，以自安全。如人君有賢明之才，畏天威命，若高宗謀祖己，成王泣金縢，改過脩正，立信布德，存亡繼絶，脩廢舉逸，下學上達，裁十一之稅，復三日之役，節用儉服以惠百姓，則諸侯懷德，士民歸仁，災消而福興矣。遂莫肯改悟，法則古人，而各行其私意，終于君臣乖離，上下相怨。自是以後，齊、宋之君弑，譚、遂、邢、衛之國滅，宿遷于宋，蔡獲于楚，晉相弑殺，五世乃定，此其效也。」**疏**左氏云：「星隕如雨，與雨偕也。」杜氏讀「如」爲「而」。星隕與雨並不足志。偕，同也，謂星隕同于雨雪、雨螽之「雨」。

其隕也如雨，雨、隕本是二例，今言隕矣，又言雨。言隕，是其本義；兼言雨，所謂「與雨偕也」。**是夜中與？**據隕不見于上，疑不見即隕，非二時。**春秋著以傳著，**著，信之大者，書日中、夜中是也。**疑以傳疑。**如陳侯鮑以二日卒〔一〕。著者，于一日一夜之中分定時刻；疑者，則合十數日爲一書。詳畧疑著，各有所取。**中之幾也，**日中則昃，月中則移。幾，微也；中，爲時少。**而曰夜中，**與紀「日中」同。**著焉爾。**因其隕時月正中，如日之中，其事明著，故言中。日中言日，月中言夜，夜猶月也。「昔」由日星定，「夜中」由月定。**何用見其中也？**據葬言日中。禮：日中乃葬，故見日中。記異不須夜中，書異已見，無取記時也。**失變，**失，當爲「天」，形之誤。**而録其時，**一夜二異，有先後之别，故著其時，如雨志疏數日之是也。**疏**變，謂恒星不見；失變，謂星見也。星反不言，紀其異，不記其正也。昔時星不見，夜中星反而隕，星由不見而反，由反而隕，一夜異數改，不録其時，則其

〔一〕「二」，原作「一」，據日新本、鴻寶本改。

實不顯，故記時也。再大變，曰：記其時，別再也。**則夜中矣。**録夜以別於昔，一夜再記變也。**其不曰恒星之隕，何也？**據言隕者不見於上，恒星不見，正其例也。**我知恒星之不見，**當時衆星見而恒星不見，觀其部位，目之所見，則知不見惟恒星。**而不知其隕也；**恒星雖反舍，而衆星飛流，不能必惟恒星隕、列星不隕。不言「恒」，傳疑也。**我知其隕，**據言星，是見其隕。**而接於地者，**據雨、隕皆見于下。**則是雨説也。**謂經可言「雨星」，不必言「星隕如雨」也。**著於上，**未隕于地之先，空中先見其物，雪、雹、螽之類是也。**見於下，**接于地。**謂之雨；**經之言如雨者，正以見上。**著於下，**凡雨、隕皆接于地。宋言隕石，即隕後言；此言隕星，即方隕時言，實皆著下。**不見於上，**據隕石不見上。**疏**石、霜言隕，于空中不見石與霜。雪、螽、雹，則天上可見。**謂之隕。**此隕，因包恒星而言，故謂之隕。上言不見，但言雨，嫌衆星隕而恒星反不隕。**豈雨説哉？**經之言隕，正以起不見。上言不見，則不可獨言雨也。然二者之分，又繫于地。發于地爲雨，「雨螽」是也；降于天爲隕，隕星是也。或天或地，其辭不可同也。

秋，大水。劉子云：「莊母文姜與兄齊襄公淫，共弒桓公。莊釋父仇，後娶齊女，未入，先與之淫，一年再出會于道，逆亂賊臣賤之應也。」

高下有水災曰大水。水災常有，小者不志，必高下皆災乃志，故水皆言「大」也。

無麥、苗。　**疏**左氏：「無麥苗，不害嘉穀也。」論語：「苗而不秀，秀而不實。」謂水災苗壞尚可更種，于穀無害，故曰「不害嘉穀」。

麥、苗，據「大無麥、禾」，于無禾及無麥。**同時也。**公羊傳：「待無麥，然後書無苗。」苗者，稚禾也。苗生在麥熟之先，一受水災，先無禾而後無麥。同時皆盡，故書二災。

冬，夫人姜氏會齊侯于穀。劉子云：「一年再出會于道。」

婦人不會，會，非正也。

八年

春，王正月，師次于郎，以俟陳人、蔡人。傳：「公、大夫在師曰師。」言師者，諱公也。**疏**公羊云：「其言俟何？託不得已也〔一〕。」何君以陳、蔡爲滅郕出，傳以爲伐我，小異。月者，爲下治兵。

次，止也；據言俟。**俟，待也。**據言次。聞陳、蔡將至，勒兵于郎以待之，因習戰而陳、蔡懼也。**疏**次不言俟，言俟者，因陳、蔡不至，美而著之也。

甲午，治兵。治兵，田事，不日；日者，著其美也。**疏**外事用剛日，内事用柔日。日者，内大事。

出曰治兵，公羊作「祠兵」。傳曰：「出曰祠兵，入曰振旅，其禮一也，皆習戰也。」釋天：「出爲治兵，尚威武也。」**疏**孫炎云：「出則幼賤在前，貴勇力也。」皆用田獵而選車徒。**習戰也。**大司馬中秋教治兵，如振旅之

〔一〕「得」字原脱，日新本、鴻寶本同，此據公羊傳補。

陳。辨旗物之用：王載大常，諸侯載旂，軍吏載旗，師都載旜，鄉遂載物，郊野載旐，百官載旟，各書其事與其號焉。其他皆如振旅。**入曰振旅，**釋天：「入曰振旅，定尊卑也〔一〕。」孫炎曰：「入則尊老在前，復常法也。」**習戰也。**大司馬中春教振旅，司馬以旗致民，平列陳，如戰之陳。辨鼓鐸鐲鐃之用：王執路鼓，諸侯執賁鼓，軍將執晉鼓，師帥執提，旅帥執鼙，卒長執鐃，兩司馬執鐸，公司馬執鐲，以教坐作進退疾徐疏數之節。遂以蒐田〔二〕，有司表貉，誓民，鼓，遂圍禁；火弊，獻禽以祭社。**治兵而陳、蔡不至矣。**治兵爲秋田所習。今師次于郎以待陳、蔡之師，陳、蔡懼而不至。**疏**公羊與陳、蔡同爲圍郕，傳以爲伐我，經無明文。疑本意伐我，因我有備，又同齊圍郕。二傳各就始終一面言。**兵事以嚴終，**嚴，戒嚴也。陳、蔡合兵遠來，當有大戰，故曰兵事。今因魯內外戒嚴，無隙可乘，二國罷去〔三〕，戰事未行，因此而罷，故曰「嚴終」。**故曰「善陳者不戰」，此之謂也。**兵有先聲不示人以隙，彼將畏而自止。**善爲國者不師，**劉子云：「上古之時，其民敦樸，三皇教而不誅，無師而威，故善爲國者不師。三皇之德也。」**疏**班氏云：「舜脩百僚，咎繇作士，命以『蠻夷猾夏，寇賊姦宄』，而刑無所用，所謂善師不陳者也。」**善師者不陳，**劉子云：「至于五帝，有師旅之備而無用，故善師者不陳。五帝之謂也。」**善陳者不戰，**劉子云：「湯伐桀，文王伐崇，武王伐紂，皆陳而不戰，故曰善陳者不戰。三王之謂也。」**疏**班氏云：「湯、

〔一〕「定」，原作「反」，據爾雅、日新本、鴻寶本改。
〔二〕「田」，原作「出」，據周禮、日新本、鴻寶本改。
〔三〕「二」，原作「三」，據日新本、鴻寶本改。

武征誅，陳師誓衆，放禽桀、紂，所謂善陳不戰者也。」**善戰者不死，**劉子云：「夏后之伐有扈，殷高宗之討鬼方，周宣王之征獫鸞，兵不血刃，皆仁聖之惠、時化之風也。至齊桓侵蔡而蔡潰，伐楚而楚服，而强楚以致包茅之貢于周，北伐山戎，使奉朝覲，一存亡、一繼絶，九合諸侯，一匡天下，衣裳之會十有一，未嘗有大戰，亦不血刃。至晉文，設虎皮之威，陳曳柴之僞，以敵楚師，以安中國，故曰善戰者不死，晉文之謂也。」**疏**班氏云：「齊桓南服彊楚，使貢周室，北伐山戎，爲燕開路，存亡繼絶，功爲伯首，所謂善戰不敗者也。」死，班作「敗」。**善死者不亡。**劉子云：「楚昭王遭闔閭之禍，國滅，昭王出亡，父老迎而笑之。昭王曰：『寡人不仁，不能守社稷，父老反笑何？』無憂，寡人且從入海矣。』父老曰：『有君若此，其賢也。』及申包胥請救，哭秦廷七日，秦君憐而救之，秦、楚同心，遂走吴師，昭王反國。故曰善敗者不亡，楚王之謂也。是故自晉文以下，至戰國而暴兵始衆。於是以强并弱，以大吞小，故强國攻取，弱國備守，合縱連横，羣相攻伐，故戰則稱孫、吴，守則言墨翟。觀乎秦、漢，世之爲兵者，可畧覩矣。」**疏**班氏云：「楚昭王遭闔閭之禍，國滅出亡，父老送之，王曰：『父老反矣。何患無君？』父老曰：『君若是，其賢也。』相與從之。或奔走赴秦，號哭請救，秦人憐之，爲之出兵，二國竝力，遂去吴師，昭王返國，所謂善敗不亡者也。」劉子説見御覽所引新序〔一〕。

夏，師及齊師圍郕。此次郎之師也。

〔一〕「新序」，原作「説苑」，日新本、鴻寶本同，此據太平御覽所引改。

郕降于齊師。魯因陳、蔡兵求救于齊，二國不至，移兵圍郕。

其曰降于齊師，何？據齊人降鄣，此言郕降。**不使齊師加威于郕也。**郕，同姓國；齊侯，仇讐而小人者，不使加于郕。桓賢而鄣邑，故得言降也。降者，爲齊屬國。踰七十一年，郕伯來奔，言伯，猶未失地也。**疏**公羊云：「不言降魯師，避之也。」與傳各明一義。

秋，師還。事已畢矣。言「師還」者，辟公降郕以輔仇人。**疏**公羊、左氏以還爲善辭，與傳例小異。

還者，據致言至。**事未畢也，**據言還自晉，下又致也。**遯也。**臨陳而逃，不終其事也。言還者，與仇讎降同姓，大惡不可言，故託言「還」以避其事，爲公諱也。還在降後，已成之辭。不辟，當言「至自降郕」也。

冬，十有一月癸未，齊無知弑其君諸兒。劉子云：「齊公孫無知有寵于先君，襄公絀之。無知帥怨恨之徒攻襄公于田所，遂弑之。」**疏**諸兒，仇也。春秋之義：不追錫、不伐喪。其人已死，不遷怒于後人。未弑以前，辟齊、魯不相接，從報仇起義；既弑已後，不再從報仇言者，不追戮也。

大夫弑其君，以國氏者，嫌也，據無知公孫也。**弑而代之也。**嫌不以爲君，故大夫不名。

九年

春，齊人殺無知。**疏**齊世家：「桓公元年春，齊君無知游于雍林，雍林人常怨無知，及其往游，雍林人襲殺無知。」

無知之挐，失嫌也。再傳，爲已踰年，且大國。**稱人以殺大夫，**大國稱公，其卿非大夫也。以大夫言者，自我言之，所謂「號從中國」也。**疏**無知立已踰年矣，以大夫言者，不許其得立之辭也。**殺有罪也。**前以國氏，狀其爲亂之志；此去國，絶其繫屬之名。

公及齊大夫盟于暨。此見大國大夫不名之始。曹殺大夫不名，傳：「無命大夫也。」大國殺大夫不名者，亦以其非命大夫也。二伯比于天子之公，其卿比于天子之卿，故不得言大夫。此雖經因無君乃不言名氏，亦因其本有此例。至于方伯之國，則全經無不稱名氏之例矣。**疏**齊世家：「十二年，初，襄公使連稱、管至父戍葵丘，瓜時而往，及瓜而代。往戍一歲，卒瓜時而公弗爲發代。或爲請代，公弗許。故此二人怒，因公孫無知謀作亂。連稱有從妹在公宮，無寵，使之間襄公，曰：『事成以女爲無知夫人。』冬，十有二月，襄公游姑棼，遂獵沛丘，見彘，從者曰『彭生』。公怒射之，彘人立而啼，公懼，墜車傷足，失屨。反而鞭主屨者茀三百。茀出宮。而無知、連稱、管至父等聞公傷，乃遂率其衆襲宮，逢主屨茀，茀曰：『且無入驚宮，驚宮未易入也。』無知弗信，茀示之創，乃信之。待宮外，令茀先入，茀先入，即匿襄公户間。良久，無知等恐，遂入宮，茀反與宮中及公之幸臣攻無知等，不勝，皆死。無知入宮，求公不得，或見人足于户間，發視，乃襄公，遂弑之，而無知自立爲齊君。」

公不及大夫，謂大國大夫稱名氏者，大國大夫尊與公近。傳曰：「可以言公及人，不可言公及大夫。」凡會大國大夫，不出公也。**大夫不名，**宋大夫不名，爲祖諱；曹大夫不名，無大夫。此宜有名。**無君也。**左氏：「公及齊大夫盟于暨，齊無君也。」與傳同。無君，故公不没，辭窮無嫌也。盟爲納糾，故不名大夫以起之。無君，齊急于立君，譏緩納也。　疏公羊云：「公曷爲與大夫盟？齊無君也。」傳兼二事言之，無君，謂一年無二君。先君已薨，薨年臣名皆統于先君也，踰年爲新君年。無君，故不名也。**盟，納子糾也。**據目大夫無君。**不日，**據公盟大夫亦例日。**其盟渝也。**定盟乃立小白。**當齊無君，制在公矣。**齊大夫無君，求納于君而盟，其權專在公，欲立糾，齊不得拒也。**當可納而不納，**傳曰：「道之貴者，時；其行，勢也。」　疏立國之道，首重專謀，知者審幾，不失時勢。齊殺無知而迎公子糾，當即時奉子糾還齊。乃不知乘時，坐失機會，使小白乘間先入，得以奪正。使子糾不保首領，國奪師敗，爲世大笑，失立國之要。**故惡内也。**此謂不諱敗也。

夏，公伐齊納糾。納者，内弗受也。名者，以公臨之，君前臣名也。殺言子，明當立，故以「子」言。與鄭世子忽同。**當可納而不納，**齊人來逆糾，當于盟曁納之。**齊變而後伐。**公羊：「伐而言納者，猶不能納也。」小白乘間以入，機會失矣，乃以伐納之。**故乾時之戰不諱敗，**外公也，外公同外。**惡内也。**不從復仇言者，納糾非以尋仇。仇人已死，義已明，于其生不再見義。

齊小白入于齊。　疏齊世家：「雍林人告齊大夫：『無知弑襄公自立，臣謹行誅。唯大夫更立公子之當立者，唯命是聽。』初，襄公之醉殺魯桓公，通其夫人，殺誅數不當，淫于婦人，數欺大臣，羣弟恐禍及，故次弟糾奔魯，其母魯女也，管仲、召忽傅之。次弟小白奔莒，鮑叔傅之。小白母，衛女也，有寵于僖公。小白自少好善大夫高傒。及雍林人殺無知，議立君，高、國先陰召小白于莒，魯聞無知死，亦發兵送公子糾，而使管仲別將兵遮莒道，射中小白帶鉤。小白佯死，管仲使人馳報魯，魯送糾者行益遲，六日至齊，則小白已入，高傒立之，是爲桓公。」

大夫出奔反，歸而得國，從大夫例者，時未成君。**以好曰歸，**據蔡季歸，歸爲易辭，未失其家之意。**以惡曰入。**據許叔入，入爲難辭，内有拒之之義。此言入，惡之。**齊公孫無知弑襄公，公子糾、公子小白不能存，**稱公子，同非世子，糾以兄宜立。傳：「兄弟，天倫也。」**出亡。齊人殺無知而迎公子糾於魯，**傳謂「可納也」。**公子小白不讓公子糾先入，**傳謂變也。劉子云：「鮑叔謂桓公曰：『公子糾在上位而不讓，非仁也。』」**又殺之于魯，**取子糾殺之是也。**故曰齊小白入于齊，**傳曰：「以不正入虛國，故稱嫌焉爾。」**惡之也。**劉子云：「管仲傅糾，鮑叔傅小白。無知弑襄公，糾奔魯，小白奔莒。齊人殺無知，迎糾于魯。公子糾與小白争入，管仲射小白，中其帶鉤，小白佯死，遂先入，是爲桓公。」**疏**齊桓不受先君之命，不宜爲君而立，罪亦重矣。然知恐懼，舉人而以自覆蓋，知不背要盟以自湔洗也，遂以爲君而朝諸侯焉。

秋，七月丁酉，葬齊襄公。葬者，賊已討。七月乃葬者，因桓入乃葬，主桓也。**疏**日爲大國正例。

八月庚申，及齊師戰于乾時，我師敗績。傳云：「不諱敗，惡内也。不言其人，以吾敗也。不言及之者，爲内諱也。」公羊以不諱敗爲「伐敗」，以爲復仇。按：此本爲一見例，故二傳説不同。納糾，不得爲復仇，則本傳爲長。傳又曰「不言其人」者，據及而不言其人，以吾敗也。據言「敗績」，凡言「及」，皆從此爲敗。不言及之者，以來戰不言及，據此不諱言及也。來戰，尤諱之深；疑戰，不諱及，但不言敗，辱淺也。**疏**齊世家：「桓公之中鉤，佯死以誤管仲，已而載温車中馳行，亦有高、國内應，故得先入立，發兵拒魯。秋，與魯戰于乾時，魯敗。」

九月，齊人取子糾殺之。傳曰：「又殺之于魯。」荀子云：「仲尼之門人，五尺之豎言羞稱五伯，是何也？齊桓，五伯之盛。前事則殺兄而争國，内行則姑姊妹之不嫁者七人，外事則詐邾、襲莒，竝國三十五。」月者，謹之，惡内也；言「子」，明以兄得立。　疏齊世家：「齊兵掩絶魯歸道，齊遺魯書曰：『子糾兄弟，弗忍誅，請魯自殺之。召忽、管仲，仇也，請得而甘心醢之。不然，將圍魯。』魯人患之，遂殺子糾于笙瀆。」

外不言取〔一〕**，言取，病内也。**　據外惟邑言取。此人言取，明内不能拒而殺之。内不拒之，爲内耻。　**取，易辭也。**　内取于人，託于易取之爲無拒。　**猶曰取其子糾而殺之云爾。**　實魯自殺，託言齊取其子糾而殺之。齊人自取，以易辭言之，所以辟内殺也。蓋齊殺之愈易，則辟之愈遠，若不干于内者然。則内方欲納糾，乃不能拒齊取，則内辱大矣。　**十室之邑可以逃難，百室之邑可以隱死，**　若晉納蒯聵、吴封慶封之比。難死皆不受誅，小邑猶能蒙庇之。　**以千乘之魯，**　魯頌：「公車千乘。」明堂位：「封魯地方七百里，革車千乘。」七，當爲「四」。千乘者，方伯閒田之入方三百一十六里，一州惟方伯有千乘。孟子曰：「千乘之國，百乘之家。」王制：「諸侯有功者，取于閒田以禄之。」　**而不能存子糾，**　内懼齊，殺之魯。　**以公爲病矣。**　釋經不地魯而言齊取也。言魯殺，則嫌别故殺；言齊取，不能庇糾之罪明矣。若辟内乃殺，深著其畏齊也。

冬，浚洙。　洙，水名，在魯北竟，適齊道也。

浚洙者，　浚，一見例，不知與城、築異同。　**深洙也；**　公羊：「深之也。」深洙以淘沙淤通道也。著之，因便守

〔一〕「外」，原作「内」，據傳文、日新本、鴻寶本改。

禦、禁厲揭者。**著力不足也。**設防具者，不能戰也。下乃勝，見師無常勢也。失機不進，轉福爲禍，反功爲敗，皆自取。

十年

春，王正月，公敗齊師于長勺。

不日，據來戰日。**疑戰也。**據未有定日。**疑戰而曰敗，**據外疑戰不言敗。**勝内也。**内戰喜其勝，雖疑，言勝也。傳曰：「成敗之也。」疑，詐譎。

二月，公侵宋。不致者，惡事不致也。

侵，時；小事例時。**此其月，何也？**據無所譏。**乃深其怨於齊，**敗長勺。**又退侵宋以衆其敵，**此屬詞之教也。齊、宋皆大國，尤危。**惡之，**失謀國交鄰之道。**故謹而月之。**起下齊、宋之師。

三月，宋人遷宿。宿，内邑，宿男所食。遷者，宋報前役，伐我而取之也。不言侵伐，宋不言伐我，使宿主之，若無與于内，諱之也。遷，滅也。宿不日者，會盟國滅乃日。宿不能同盟，月而已。

遷，據爲人遷與自遷異。**亡辭也。**據不地、不復見，亡也。**其不地，**據邢、衛、許地。**宿不復見也。**已滅亡，不復見也。賊不復見，殺也。不言滅，爲内諱之。

疏遷者，遷其民人，但食采邑，如今西人滅國事，故言遷；已誅其君而壞社稷，則言滅而已。**遷者，**此釋自遷出地者，亦惟衛、蔡、許三國。**猶未失其國家以往者也。**

自遷者，保其國家，遷其都城，非亡也。往，猶遷也。

夏，六月，齊師、宋師次于郎。不言伐者，宋于我無伐文。言齊伐，當言「鄙」，此已深入。月者，公結怨二大國，謹之，與侵宋月同。

次，據內言次于郎。**止也，**據內外同。**畏我也。**次郎者，圍郎也。內次，次于內地；此外次于內，非次也。非次而曰次，起公結怨大國，志在深入，雖圍郎，猶幸未深入，託于畏我而止。目郎者，起圍。言次，諱之以起深入。

公敗宋師于乘丘。獨敗宋者，齊不與戰。**疏**公子偃因宋師不整，先犯之，敗宋師，齊師還。事詳左氏。

不日，疑戰也。疑戰而曰敗，勝內也。**疏**再發傳者，齊强于宋，疑異例，故再傳以立義。

秋，九月，荆敗蔡師于莘，以蔡侯獻武歸。荆至此乃見者，齊桓已立，故見之。初見以獲蔡侯者，蔡侯後遷于州來〔一〕，以夷狄治夷狄也。不日，釋蔡侯之獲也。春秋夷蔡，以其亡同中國之心也。**疏**楚世家：「楚文王六年，伐蔡，獲蔡哀侯以歸，已而釋之。楚强，陵江、淮間小國，小國皆畏之。」

荆者，據九州國舉國不舉州。傳曰：「州舉之也。」春秋九州，外州見荆、徐、梁以起揚州，內四州州名不見。但見外州，中國、夷狄之分也。八伯中：四侯、二伯、二子。説詳王制疏證中。**楚也。**楚爲荆州伯，舉州，定其爲州伯，後乃僭爲盟主。楚、吳皆爲方伯，由荆可以推揚也。劉子云：「漢南曰荆州。」**何爲謂之荆？**據衛、陳、鄭內四

〔一〕「者蔡侯」三字原脱，據日新本、鴻寶本補。

州方伯不舉州。**狄之也。**狄之者，本非狄而狄之也。春秋中外之分自此始。以上皆中國，如詩風。以下乃治外，先中國後夷狄之大例。**疏**春秋著録，以詳者爲尊，畧者爲賤。一州二百一十國，言州，疏達荒忽之詞。中國舉國，夷狄舉州。州不如國，知夷狄詞。楚本南蠻，春秋收復南服，以中國待之，故舉州狄之。必中國然後言狄，真夷狄則不言狄。内夷狄狄之，不入五等、入七等之例。真夷狄不入七等。進之乃氏「子」，能用中國，則中國之，用夏變夷之道也。**何爲狄之？**據荆在九州爲侯、綏，非要、荒。**聖人立，必後至；**若桓召陵之盟。周公天下已平，猶膺楚也。其俗强悍，喜于爲亂，爲四夷寇，故後諸夷乃來服。**天子弱，必先叛；**謂周室多禍。**疏**楚先稱王，先四夷爲亂，叛中國，因其地風俗强悍，重狄之。地理志：「楚地，翼、軫之分野也。今之南郡、江夏、零陵、桂陽、武陵、長沙及漢中、汝南郡，盡楚分也。周武王時，封文王先師鬻熊之曾孫熊繹於荆蠻，爲楚子，居丹陽。」春秋元命苞：「軫星，散爲荆州，分爲楚國。荆之爲言强也。其氣急悍也〔二〕，亦曰楚也。言南蠻數爲寇盜，其人有道後服〔三〕，無道先叛，常警備也。」晉書地理志引。**故曰荆，**言荆，州舉外州之名，以别于内州。**狄之也。**狄之，謂如要、荒，夷狄待之也。春秋于外州四國，楚最大，後攝盟主，故以州先見。春秋于内州託見西戎、北狄而不見南蠻者，以南服遠隔于楚、吴，故不見其名也。司馬遷云：楚、吴，周初小國，至春秋而始大。荆、揚本禹貢九州地，周衰

〔二〕「急」，原作「息」，日新本、鴻寶本同，據元命苞改。

〔三〕「其」，原訛作「聖」，據晉書地理志、日新本、鴻寶本改正。

而楚、吳蠶食諸侯以成大國。春秋建土，以中國狹隘，乃立收復外州之制，以楚、吳爲方伯，不以真夷狄待之。託于王者初立，以德綏服，用夏變夷，楚、吳皆襲籍于成周而歸化也。中國與戎狄近，不收戎狄而收南服者，以畫井開方，東、北、西三面地已盡，而南方地廣，故推擴于南，以成禹貢之制。今嶺南、閩、浙、滇、黔悉爲内地，皆春秋立楚、吳爲方伯，收南服之意也。春秋不見真夷狄，舊解誤以楚、吳爲夷狄。**蔡侯何以名也？**據晉執衛、曹不名。**絶之也。**據諸侯不生名；名，如已死。**疏**誅君子不得立爲絶。哀侯留楚九年卒，不書卒，初絶之也。不記蔡事者，亦絶之也。**何爲絶之？**據莒、衛不絶。**獲也。**據夷狄不言執、獲、敗，而言「以歸」，是獲也。韓之戰，晉侯不名者，言「獲」已見。此爲諱獲，故出名也。**中國不言敗，**不以夷狄敗中國。**此其言敗，何也？**據大夷敗小夷言敗，疑狄蔡。**中國不言敗，蔡侯其見獲乎？**中國不以楚及之。言戰敗，惟外州國有之。傳言此者，謂蔡爲中國，後爲夷狄，一國介居中外之間；若果全以中國待蔡，則不當以荆敗之矣。**疏**楚爲大夷。于中國無及戰者，雖屢爭鄭，而楚無及鄭戰之文，惟陳、蔡有之。言滅、言入、言執，不一而足，以二國有夷狄辭，故楚得及之也。據不言敗，當言「蔡侯及荆戰于莘，蔡師敗績，以蔡侯歸」，則是蔡侯見獲之跡甚明也。**其言敗，何也？釋蔡侯之獲也。**言敗，有蔡侯不在師意，如二事。以蔡侯歸，非由戰獲也。**以歸，**據晉人執衛侯言「執以歸」〔一〕。**猶愈乎執也。**據彼言執衛侯以歸，此言以蔡侯歸，「以」易「執」，辟言執。「以」者，從其所使，較「執」爲善辭。中

〔一〕「衛侯」，原作「蔡侯」，日新本、鴻寶本同，據僖二十八年傳文改。

國言「執」，夷狄雖大不言「執」，辟中國也。疏蔡世家：「哀侯十一年，初，哀侯娶陳，息侯亦娶陳。息夫人將歸，過蔡，蔡侯不敬。息侯怒，請楚文王：『來伐我，我求救于蔡，蔡必來，楚因擊之，可以有功。』楚文王從之，虜蔡哀侯以歸。哀侯留九年，死于楚。凡立二十年卒。蔡人立其子肸，是爲繆侯。」

冬，十月，齊師滅譚，譚子奔莒。譚，齊屬國。齊欲伯，譚不從，滅之。不名者，微國也。不言出者，國已滅。月者，亦微國也。疏齊世家：「桓公二年，伐譚，譚子奔莒。初，桓公亡時，過譚，譚子無禮，故伐之。」

十有一年

春，王正月。

夏，五月戊寅，公敗宋師于鄑。鄑，紀遷之邑，近齊。不致者，惡事也。

內事不言戰，舉其大者〔一〕**。其日，**據敗齊師于長勺，不日。**成敗之也。**疑戰不日。此日者，大其事，以正戰許之，因萬獲也。**宋萬之獲也。**劉子云：「長萬以勇力聞，萬與魯戰，師敗，爲魯所獲，囚之宮中。數日，歸之宋。」疏宋世家：「魯生虜宋南萬，宋人請萬，萬歸宋。」按：左氏以爲在乘邱之役，有小異。

秋，宋大水。劉子云：「宋愍公驕慢，睹災不改，而明年與其臣萬博戲，婦人在側，矜而罵萬，萬弒君之應。」

〔一〕「者」下原衍「也」字，日新本、鴻寶本同，據傳文删。

外災不書，據外州國通不記災。**此何以書？**内州得記災，又有大小數例。**王者之後也。**劉子云：「二王之後不攷功，有誅無絶。」班氏說：「王者所以存二王之後，何也？所以尊先王，通天下之三統也。明天下非一家之有，敬謹謙讓之至也。故封之百里，使得服其正色，行其禮樂，以事先祖。」書災始此者，尊宋也。**疏**春秋内州方伯以上得記災，蔡不記災，遷州來，外之也。宋三記：一爲王後，一爲故宋，餘一記見例。因王後一記此災，非王後有災必志也。記災、記卒皆始宋，爲尊冠諸侯。**高下有水災曰大水。**明内外同也。**疏**宋世家：「宋大水，魯使臧文仲往弔水，閔公自罪曰：『寡人不能以事鬼神，政不脩，故水。』臧文仲善此言。此言乃公子子魚教閔公也。」

冬，王姬歸于齊。書者，起前歸内爲主。因前辟公，嫌不明。王姬不字者，尊之不與内女同，故不字也。字者以相別。**其志，**據外嫁女不志。**過我也。**據不逆、築，知過我。過我不志者，多矣。此言因過而可志以見義。不過，則不能志。非凡過必志。在筆削之例，非說特書之旨。凡言筆削例類如此。

十有二年莊王崩，不志，王事一使一葬。**疏**周本紀：「子莊王佗立。莊王四年，周公黑肩欲弒莊王而立王子克，辛伯告王，王殺周公。王子克奔燕。十五年，莊王崩，子胡齊立。」

春，王三月，紀叔姬歸于酅。

國，而曰歸；據伯姬歸，于地紀。嫁于諸侯曰歸。**此邑也，**據以酅。**其曰歸，何也？**據嫁于大夫言來逆，不言歸。大夫，采也。**吾女也，失國，**元年遷紀。**喜其得所，故言歸焉爾。**禮：女夫死，無主，兄弟弗爲之主，以夫之黨爲主。叔姬反魯，久欲歸酅。桓公立，卒申其志，春秋許之。

夏，四月。

秋，八月甲午，宋萬弑其君捷〔一〕。賊已討，不葬者，失德不葬也。捷失君道，故致弑。

宋萬，以國氏，未知爲嫌爲微。**宋之卑者也。**據奔氏國，嫌則挈；此不挈，知卑非嫌也。卑，謂未命大夫也。

卑者以國氏。據鄭詹始終以國氏也。卑者不氏，上繫國，以國爲氏。

及其大夫仇牧。劉子云：「宋閔公博，婦人在側，謂萬曰：『魯君孰與寡人美？』萬曰：『魯侯美，天下諸侯惟魯君美耳，宜其爲君也。』閔公矜，婦人妒，因言曰：『爾魯之囚虜，爾何知？』萬怒，遂搏閔公之頰〔二〕，齒落于口，絶吭而死。仇牧聞君死，趨而遇萬于門，携劍而叱之，萬臂擊仇牧而殺之，齒著于門闔。仇牧可謂不畏强禦矣！趨君之難，顧不旋踵。」**疏**宋世家：「萬因殺太宰華督，乃更立公子游爲君，諸公子奔蕭，公子禦説奔亳，萬弟牛將兵圍亳。」

以尊及卑也。弑時先弑君，然後及大夫。**仇牧，閑也。**死在君後，詞與孔父同者，以死衛其君，許之。故以

〔一〕「捷」下原衍「及其大夫仇牧」六字，日新本、鴻寶本同。此據經文删。

〔二〕「遂」，原作「逐」，據新序、日新本、鴻寶本改。

弑及之，不言殺也。

冬，十月，宋萬出奔陳。嫌挈不挈，卑者也。此殺也，其以「奔」言者，宋萬卑者，奔則氏國也。與猛殺而以卒言同。月者，謹賊出。**疏**宋世家：「冬，蕭及宋之諸子共擊殺南宮牛，弑宋新君游而立湣公弟禦説，是爲桓公。宋萬奔陳，宋人請以賂陳。陳人使婦人飲之醇酒，以革裹之歸宋。宋醢萬也。」

十有三年

春，齊人、宋人、陳人、蔡人、邾人會于北杏。外會參國以此始。此中國會，以齊主之，何爲序蔡？蔡由內而遷外，間于中外，故可序也。未遷以前，爲何州伯？仍屬徐也。中國可以主，春秋故言「同盟」無蔡也。**疏**蔡序陳下，桓伯，蔡一會于此而已。小國獨序邾者，起以補紀缺爲卒正也。有天王喪、不譏會盟者，爲事也。惟祭禮乃譏。**是齊侯、宋公也，**據言齊侯，知下非卑者。桓會盟皆諸侯，大夫尚不專盟會。**其曰人，何也？**據人，疑貶宋公。**始疑之。**之，謂齊侯，因下有伐宋事，故疑之。下不言公，再疑。**何疑焉？**據地，伐乃疑。會，其道不疑。**桓非受命之伯也。**凡三傳單稱伯者，皆二伯。王制曰：「八州八伯，五十六正，百六十八帥，三百三十六長。八伯各以其屬屬于天子之老二人，分天下以爲左右，曰二伯。」**疏**桓由外自强，非天子命之伯。天子命之，當稱公；不以侯在宋公上矣。按：受命伯，謂受上公爵命于周，爲二伯也。古二伯皆天子三公爲之。左傳説齊、晉爲伯，天子亦有錫命。然以外諸侯受命爲之，終爲變例。蓋春秋乃託之齊、晉。齊在東，爲東伯；晉在西，爲西伯也。

將以事授之者也〔一〕。孟子：「孔子曰：『其事則齊桓、晉文，其文則史，其義丘竊取之矣。』」**疏**因其有尊周之功，託之爲伯，舉諸侯而授之，以歸其統馭也。春秋所記，多孔子歸之二伯者。十二公以隱、桓爲遠，定、哀爲立。遠爲臨天下，立爲臨一家。莊、閔、僖、文、宣、成、襄、昭八世爲近世，爲臨一國。莊、閔、僖，齊伯也；文、宣、成、襄、昭，晉伯也。隱、桓，伯之將起，故以爲遠世；定、哀，伯之將終，故以爲立世。近八世，百八十年爲一世者，因紀伯功，故年多也。**曰：可矣乎？未乎。**因功授以諸侯，而齊旋有伐宋之事，是伐同會也。託于疑之，必其仁信昭著，然後乃許之，故辟不出宋公，以辟伐同會之嫌也。**舉人，**據不稱爵。**衆之辭也。**衆，謂天下同疑。傳曰：「救災以衆，舉人。」此舉人，天下國人同疑之，非但其君。其人諸侯何也？因其人宋，不可不人諸侯也。

夏，六月，齊人滅遂。

遂，據不日夏陽，邑言滅。**國也。**據下殲遂，知國。**其不日，微國也。**傳曰：「滅國有三術：中國日，卑國月，夷狄時。」衛國，傳或以卑國，謂不能同盟會者，當是卒正國。

秋，七月。

冬，公會齊侯盟于柯。**疏**説詳劉子。左氏但云「及齊平」，解經而不記事。劉歆嘗用要盟説此事。先秦以前諸書皆同，左不能易也。

〔一〕「者」字原脱，日新本、鴻寶本同，此據傳文補。

曹劌之盟也。 荀子云：「桓公劫于魯莊。」劉子云：「昔齊桓公與魯莊公爲柯之盟，魯大夫曹劌謂莊公曰：『齊之侵魯，至于城下，城壞壓竟，君不圖與？』莊公曰：『嘻！寡人之生則不如死矣。』曹劌曰：『然則君請當其君，臣請當其臣。』及會兩君，就壇，兩相相揖。」按：壇會必築壇，相會于壇上。兩相，管仲、曹劌也。「曹劌手劍拔刀而進迫桓公于壇上，曰：『城壞壓竟，君不圖與？』管仲曰：『然則君何求？』曰：『願求汶陽田。』管仲謂桓公曰：『君其許之。』桓公許之。曹劌請盟，桓公遂與之盟。已盟，提劍而去。左右曰：『要盟可倍，曹劌可讎，請倍盟而討曹劌。』管仲曰：『要盟可負而君不負，劌可仇而君不仇，信義著于天下矣。』遂不倍，天下諸侯翕然而歸之。爲鄄之會、幽之盟，諸侯莫不至；爲陽穀之會、貫澤之盟，諸侯皆來。南伐彊楚以致菁茅之貢〔二〕，北伐山戎爲燕開路，三存亡國，一繼絶世，尊事周室，九合諸侯，一匡天下，功次三王，爲五伯長。本信起乎柯之盟也。」**疏** 晉文伐原，起本信。不書，惡文也。**信齊侯也。** 據不日大信辭。**桓盟雖内與，不日，** 據謹外盟猶日，内盟無不日也。**信也。** 據大事日。渝盟如不盟，本不信也。大信亦盟如不盟，本信也。惟信盟謹日。不致者，惡事也。

十有四年

春，齊人、陳人、曹人伐宋。 齊人，辟齊侯也。齊桓中國用兵皆稱人，爲齊桓諱。伐宋，故疑之。

〔二〕「彊」，原作「疆」，日新本、鴻寶本同，此據新序改。

夏，單伯會伐宋。 三監不侵伐，此何以言侵伐？明齊桓初伯，復古制也。天子使三大夫居閒田爲方伯監，凡方伯政事皆三監守之，强幹弱枝，征伐自天子出也。天子失政，則方伯私臣得奪盟者權、與兵事，監者不得與争，此征伐所以自諸侯出也。桓公初伯，亟明此制，收監者之權反之天子，此伯之大義也。以下不言大夫專兵伐國、會諸侯矣。

會，據外爲主。**事之成也。**師已至宋，單伯後至，故不列序而言會。**疏**左氏言以内爲主。本傳云：「會者，外爲主焉爾。」

秋，七月，荆入蔡。荆再見，皆爲蔡事者，夷蔡，以夷狄治夷狄也。春秋中外四伯，中爲齊、晉，外爲楚、吴，雖有隆殺〔一〕，而時勢相等。故入莊世，内升齊功，即外録楚禍；桓方得齊，楚即敗蔡；齊方會北杏，楚即入蔡；而諸侯内外從黨之分亦嚴焉。宋爲大國，服從中國。方伯之國，惟衛篤從中國。蔡從夷狄，劃然可分。外如陳、鄭，從違不一，功過相敵，隨事褒之而已。**疏**蔡從此二十四年不見經，畧之也。不記災、不言聘，外之也。不專記事，皆附見，亦畧之也。月者，謹。

荆者，楚，莊世五見皆稱荆。**楚也。**自僖元年以後皆稱楚矣。**其曰荆，何也？州舉之也。**謂其地在禹貢荆州也。前傳云「狄之」，此云「州舉」。荆在九州，本非四裔，因其難化，故分中外。故凡外州國，三目州也。中國

〔一〕「隆」，原作「降」，據日新本、鴻寶本改。

以國爲狄，夷狄以州爲狄，其例相同。**州不如國，**稱州不如稱楚。王制：「一州二百一十國〔一〕。」州略而國詳，中國之附庸皆稱國，外州之大國亦舉州：此内外之大防，亦七等之通例也。**疏**春秋詳貴略賤，但舉州，忽略言之，賤之至也，故不如國。**國不如名，**「名」上有脱文。公羊云：「國不若氏，氏不若人。」當據以相補。按：以上州、國、氏、人，皆夷狄稱號之進退；人、名以下，乃王臣稱謂之貴賤，各不相通。蓋國君之辭，自稱「人」而止，無名、字之例。王臣以人、名、字、子見，亦無國、州之例。氏如赤狄潞、英氏、甲氏，人如下稱「楚人」是也。**名不如字。**公羊云：「人不如名，名不如字，字不如子。」此大夫貴賤稱號之例，如天子卿稱子、大夫稱字、元士稱名、微者稱人是也。傳文有脱誤，當據公羊補正。

冬，單伯會齊侯、宋公、衛侯、鄭伯于鄄。衛已絶，爲桓紀之，八年一見。鄭厲復位，不書者，略之也。**復**因下而衍。**同會也。**春秋外會，參國以上始於北杏，至此而再，故曰「復同會」，言桓伯會諸侯之始也。傳以桓同盟爲「尊周」，以桓會無外州國相嫌。至于曾盟，乃以「外楚」言之。不言「盟」者，信未著不言，以爲桓諱也。**疏**「桓用賢相之能，用大國之資，即位五年，不能一致諸侯。于柯之會見其大信，一年而近國之君備至，鄄、幽之會是也〔二〕。其後二十年之間，尚未能大會諸侯也。至于救邢、衛之事，見存亡繼絶之義，而明年遠國之君畢至，貫澤、陽

〔一〕「十」下原衍「五」字，日新本、鴻寶本同，此據王制删。
〔二〕「也」字原脱，日新本、鴻寶本同，此據春秋繁露精華篇補。

穀之會是也。故曰：近者不以言召，遠者不以勢使。此其效也」。

十有五年年表：鄭厲元年。**疏**鄭世家：「子嬰十二年，祭仲死。十四年，故鄭亡厲公突在櫟者〔一〕，使人誘劫鄭大夫甫瑕，要以求入。瑕曰：『舍我，我爲君殺鄭子而入君。』厲公與盟，乃舍之。六月甲子，瑕殺鄭子及其二子而迎厲公突，突自櫟復入即位。初，内蛇與外蛇鬭於鄭南門中，内蛇死。居六年，厲公果復入。入而讓其伯父原曰：『我亡國外居，伯父無意入我，亦甚矣。』原曰：『事君無二心，人臣之職也。原知罪矣。』遂自殺。厲公于是謂甫瑕曰：『子之事君，有二心矣。』遂誅之。瑕曰：『重德不報，誠然哉。』厲公突後元年〔二〕，桓公始霸。」

春，齊侯、宋公、陳侯、衛侯、鄭伯會于鄄。

復同會也。桓大會三也，且以同會起同盟也。**疏**衣裳會：北杏一、二鄄三。此三大會爲桓會之始，故言之。

獨言此三者，類不過三。

夏，夫人姜氏如齊。

婦人既嫁不踰竟，踰竟，非禮也。

〔一〕「者」字原脱，據史記、日新本、鴻寶本補。

〔二〕「後」上原衍「入」字，據史記、日新本、鴻寶本删。

秋，宋人、齊人、邾人伐郳。宋在齊上，齊下宋也。伯者必先有下人之志，而後人爲之下。梁丘亦是也。獨宋乃得先者，大宋也。宋，公，叙侯上，尊卑之舊序，無所嫌也。

鄭人侵宋。宋、鄭同會于鄄，有侵事者，桓伯未盛也。

冬，十月。

十有六年

春，王正月。

夏，宋人、齊人、衛人伐鄭。討伐宋也。鄭從齊，故下荆伐鄭，復爲幽之會。

秋，荆伐鄭。伐其從齊也。

疏鄭受楚禍次于蔡，故次見。鄭受楚禍烈矣，經多爲之諱，不如蔡者，不以夷狄治中國也。

冬，十有二月，會齊侯、宋公、陳侯、衛侯、鄭伯、許男、曹伯、滑伯、滕子同盟于幽。春秋二伯會盟始此言「同」也。齊在宋上，升齊爲伯，内公在外公上也。陳、衛、鄭，三方伯也。陳在上，王者後，次宋也。鄭在下，伯次侯也。伯爲方伯者，畿内諸侯稱字也。許初爲鄭屬國，許稱男者，伯、子、男一也，言「男」以別内外。蔡亦方伯，專心事楚，不書，外之也。曹以下爲魯屬，魯爲青州伯，一州之正、帥、長皆統于魯。春秋内魯，叙魯屬國，外小國則不書。許男在曹上者，許以一國見，序在杞下，則内外不分也。内得序七卒正，曹、莒、邾、滕、薛、杞，故卒葬之。小邾不卒葬者，邾附庸，殺之也。滑，惟此一序，不序者也；序者，起晉在也。不言晉者，春秋方欲伯齊，不使晉見也。滑近晉，春秋不以屬晉者，二伯古制，在内不統卒正，故齊、晉、宋皆無屬國也。桓初爲五伯首，春秋之例，同姓爲上；晉復爲伯，不可以序晉上，故不見之。于此言滑，方授東伯，即起西伯也。滑稱伯，與邢侯相起，屬國皆侯爲卒正者，不見侯而稱伯，辟方伯侯也。間稱侯者，明其實也。滑序曹下，從伯爵，衣裳之會一也。衛自此九年乃不專叙，畧之也。

同者，據盟貫不言「同」。**有同也；**據同爲伯辭。言同，則有所指。公羊：「同，同欲也。」**疏**按：言「同」者，兼以分制中外。凡言「同」，皆中國國，故蔡在不言同也。文以下同盟無陳，此何以有陳？文以後間用外陳之例。陳記災、言聘，因中國也。**同尊周也。**尊周、外楚，爲春秋二大綱。桓伯時，楚未大盛，故以尊周言之。晉伯以能攘楚，從其重者言之。實則尊周者，未嘗不外楚；外楚，亦即所以尊周也。劉子云：「春秋之時，天子微弱，諸侯力政〔一〕，皆畔不朝。衆暴寡，强劫弱，南夷與北狄交侵，中國不絶若綫。桓公于是存三亡國，一繼絶世。從中國，攘夷狄，卒脅荆蠻以尊周室，伯諸侯。」**疏**據推齊、晉主會言「同」者，同起伯辭。齊言「同」二，晉言「同」十三；齊言尊周，晉言外楚，二伯升降之序。**不言公，**據言「會」、下序小國。**外内寮一疑之也。**外，宋也；内，公也。同盟，信辭。公與齊盟，而後要盟，是伐同盟，故内不言公，疑之。**疏**寮，舊説以爲同寮，謂宋與魯。

郳子克卒。莊世不卒小國。此卒者，明由方伯所壓之卒正，進爲見經之卒正也。春秋内六卒正列盟會。郳初稱字，

〔一〕「力」，原作「專」，據説苑尊賢篇、日新本、鴻寶本改。

後列北杏稱子，因前稱字卒之，以明其進也。

其曰子，據上字「儀父」。**進之也。**列會北杏，明爲見經卒正也。王制「一州七卒正」，見經共六者，一壓于方伯，故不見。郳初爲方伯所壓之卒正，紀亡，因移郳以備六卒正，故得同盟會，得卒葬。卒正例稱伯子者，明進之也，非實卒正也。始卒，故不日；不日，故不葬，畧之也。

十有七年天王僖王崩不志。僖王事不見經。**疏**周本紀：「僖王三年，齊桓公始霸。五年，僖王崩，子惠王立。」

春，齊人執鄭詹。春秋惟大國乃以執見，齊、晉、宋、楚是也。方伯以下無之。

人者，據執或目君。**衆辭也。**據衛人立晉。**以人執，**據執祭仲，「人」爲貶。**與之辭也。**據與討賊同。不稱齊侯，爲伯討者；詹，卑者；愛齊侯，故不目。春秋以人執諸侯、以諸侯執大夫，以尊治卑、以衆治寡之義也。齊侯大尊，鄭詹大卑，變文起例，故稱「人」爲與辭。**鄭詹，**據宛貶。**鄭之卑者。**據來不氏，知非貶。**卑者不志，此其志，何也？**據獲萬不書。有大夫國，卑者不見也。**以其逃來志之也。**據内以接、内記未命大夫。**逃來，則何志焉？**據取郜鼎不言宋取于郜。**將有其末，不得不録其本也。**此紀事本末也。人與物不同辭。鄭詹，鄭之佞人，不録其執，則逃不明，無以起佞人也。卑者來，亦不因佞志之。**鄭詹，鄭之佞人也。**據「人」執、逃來，知有罪。卑者，書執；來，志佞也。論語：「放鄭聲，遠佞人。」**疏**左氏云：「鄭不朝也。」當是因詹巧佞，鼓惑鄭伯，故桓公討而執之。

夏，齊人殲于遂。疏地理志泰山郡蛇丘下云：「隧鄉，故隧國。春秋曰：『齊人殲于隧也〔一〕。』」**殲者，**據與敗同辭。**盡也。**據字訓，爾雅：「殲，盡也。」**然則何爲不言遂人盡齊人也**〔二〕？據邾子戕鄫子，以戕者加之。王師敗績于貿戎，文乃同此。**無遂之辭也。**無遂者，遂已滅，如言遂人殲齊人，是遂未亡之辭。遂已亡，不能先言遂人。**無遂則何爲言遂？**據亡國當地邑，遂已亡，不應再見。**其猶存遂也。存遂奈何？**問其存，謂本亡也而存之。春秋存中國、存陳、内存公，經意本不存遂，其言遂者，猶有存之意焉。事實。**曰：齊人滅遂，**上十三年事。**使人戍之，遂之因氏飲戍者酒而殺之，**左傳：「夏，遂因氏、頜氏、工婁氏、須遂氏饗齊戍，醉而殺之，齊人殲焉。」此傳但言因氏，舉其爲首戍。按：三傳，經有明文之事，莫不相同。即此事甚小，而三傳所同也。言因氏遂〔三〕，左同，知三傳原不求異。**齊人殲焉。**遂亡已久，故家舊族能爲國復讐，雖不濟于亡，春秋嘉其事，存之，謂遂猶有人也。**此謂狎敵也。**傳曰：「不狎敵，不邇怨〔四〕。」疏故以自殲爲文，與棄師、梁亡同也。

秋，鄭詹自齊逃來。卑者來不志，志者，謹以佞；逃來不志，志，譏内受罪人也。

〔一〕「殲」，原作「遷」，日新本、鴻寶本同，此據漢書地理志改。
〔二〕「也」字原脱，日新本、鴻寶本同，此據傳文補。
〔三〕「因」，原作「國」，日新本、鴻寶本同，此據左傳改。
〔四〕「怨」，原作「怒」，據傳文、日新本、鴻寶本改。

逃義曰逃。言逃者，畿内之爲逋逃藪也。有罪，見執于伯國，宜待罪聽放，所逃之國亦不得受罪人。言逃，絶之，亦放佞之意。

冬，多麋。劉子云：「麋色青，近青祥也。麋之爲言迷也，蓋牝獸之淫者也〔一〕。莊公取齊女，其象先見，天戒若曰：勿取齊女，淫而迷國。莊不寤，遂取之。夫人既入，淫于二叔，終皆誅死，幾亡社稷。」**疏**班氏云：「諸侯射麋，示遠迷惑人也，麋之言迷也。」

十有八年

春，王三月，日有食之。劉子云：「夜食者，陰因日明之衰而奪其光，象周天子不明，齊桓將奪其威，專會諸侯而行伯道。其後遂九會諸侯，天子使世子會之，此其應也。」

不言日、不言朔，夜食也。何以知其夜食也？據日食記見目治也。夜食，食在地，不可見。**曰：王者朝日。**玉藻曰：「天子玄冕，而朝日于東門之外；諸侯皮弁，以聽朔于太廟。」**疏**此謂頒朔禮也。天子不朝朔，朔由天子定也。朔日，天子于東門外朝日，明法天也；退而頒朔于天下。因朝日，見日體有吐狀外壞，知其夜食之也。**故雖爲天子，必有尊也。**謂以天爲君也。傳曰：「爲天下主者，天也；繼天者，君也。」言朝，以

〔一〕「牝」，原作「牡」，日新本、鴻寶本同，此據漢書五行志改。

臣事君之辭也。**貴爲諸侯，必有長也。**謂以天子爲天也。王以天法頒朔，諸侯受朔而布之，是以天子爲天也。**故天子朝日，諸侯朝朔，**朝日，即玉藻「朝日于東門之外」；朝朔，即玉藻「聽朔于太廟」也。諸侯受治于天子，天子受治于天，故傳曰：「爲天下主者，天也。」春秋以魯年繫周正，即天子頒朔于諸侯、聽朔于太廟之義也。

疏此亦所以見記日食之意。

夏，公追戎于濟西。王制：「西方曰戎。」戎不在東，在東非戎。「戎伐凡伯于楚邱」，戎爲衛。以此推之，則戎者，曹也。何以知爲曹？以下定曰「濟西田」也。曹爲同姓卒正首，故經不言魯、曹侵伐之事。不致者，在内也。**其不言戎之伐我，何也？**據下言齊侵。至莊世一國辭，得言伐也。**以公之追之，不使戎邇於我也。**齊可言侵，戎不可言伐。言追，使如過竟，公怒追之，不以伐我，所以成公美也。**疏**左氏：「不言其來，諱之也。」**于濟西者，**據地鄙〔二〕。「濟西」，舉水名。**大之也。**據「守于河陽」大天王。**何大焉？**鄙不大〔三〕，此獨言大之。**爲公之追之也。**公追，故大。其鄙不大者，此追戎，彼追齊。齊，大國；戎，外夷，以公追之，故舉大。追齊，不可舉大也。

秋，有蜮。劉子云：「蜮生南越，越地多婦人，同川而浴，淫女爲主，亂氣所生，故聖人名之曰蜮。蜮，猶或也。時莊

〔二〕「鄙」，原作「下」，據日新本、鴻寶本改。
〔三〕「鄙」，原作「下」，據日新本、鴻寶本改。

公娶齊之淫女，蜮至，天戒若曰：勿取齊女，當生篡殺之禍。莊不寤，遂取之。入後，淫二叔，二叔以死，兩子見弒，夫人亦誅〔一〕。」

一有一亡曰有。據蜮南越生。一，猶或也。**蜮，射人者也。**劉子云：「蜮在水旁，能射人。射人有處〔二〕，甚者至死，南方謂之短狐。近射妖，死亡之象也。」

冬，十月。

十有九年 **疏**蔡世家：「楚虜蔡侯以歸。哀侯留楚九年，死于楚。凡立二十年卒。蔡人立其子肸，是爲穆侯。」自獻武獲以後，不記蔡事者，絶之也。不志卒者，亦絶之也。從獲至齊桓伐蔡，乃記蔡，二十七年乃記蔡事。

春，王正月。

夏，四月。

秋，公子結媵陳人之婦于鄄，遂及齊侯、宋公盟。劉子云：「春秋之辭有相反者，既曰大夫無遂事；又曰大夫出疆有可以安社稷，利國家者，專之可也。此二者各止其科，不轉移也。不生事者，謂生平經常也；專之可也，

〔一〕「夫人」，原作「大夫」，據漢書五行志、日新本、鴻寶本改。
〔二〕「處」，原作「毒」，據漢書五行志、日新本、鴻寶本改。

謂救患除危也。公子結擅生事，春秋不譏，以爲救莊公危也。公子遂擅生事，春秋譏之，以爲僖公無危事也。故君危而不專救，是不忠也；君無危而擅生事，是不臣也。春秋無通義，此之謂也。」

媵，淺事也，不志。大事非常者乃志。**此其志，何也？**據内媵不書，當言如陳，不志媵事。**辟要盟也。**要盟，生事邀盟也。辟者，所以免結之罪也。

疏結以媵至鄄，逢齊、宋來伐魯，生事要而盟之。大夫以君命出疆，例言「如」而不繫事。以常例言之，結事當云「公子結如陳，遂及齊侯、宋公盟于鄄」，則是結生事要盟迹顯著，妄生事如公子遂也。春秋以莊公有危，許結生事，故言媵陳人之婦于鄄，遂及盟，則結要盟之迹不著。言「遂」，以著其遂事之實。言「媵」，以辟乎要盟之名。大夫出疆，有可以安社稷利國家者，則專之可也，故許生事而辟之。然終有專制之罪，故特言「遂」以明其意。**何以見其辟要盟也？**據遂命不辟。**媵，禮之輕者也**〔一〕；媵，婚姻之小事，例不志。**盟，國之重也**〔二〕。盟事大，故以日志。雖微者盟，猶志。**以輕事遂乎國重，**據凡言「遂」，皆以重遂輕，如以京師遂晉是也。事論重輕，如魯命結往陳，以二事論，自當以重者爲主，不能爲輕者出而遂重事也。

無說。别無所解，則明辟其要盟。不然，則書「如陳，遂及盟」，則結有要盟之罪。以輕遂重，反若爲盟出，媵爲遂者，所以免其專命之罪。**其曰「陳人之婦」，**據陳侯乃媵，當言「侯夫人」。**略之也。**據言人、言婦，略以起

〔一〕「者」字原脱，日新本、鴻寶本同，此據傳文補。
〔二〕「重」下原有「者」字，日新本、鴻寶本同，此據傳文删。

意：不在陳事，辟下要盟耳。**其不日，**内大夫盟例日。**數渝，**數猶速，秋盟而冬渝。**惡之也。**柯盟不日，起本信；此不日，惡渝。各爲一事，成人之美也。因渝盟，故幽盟，内疑之也。鄄，陳地也。陳侯亦在盟。

夫人姜氏如莒。

婦人既嫁不踰竟。踰竟，非正也。疏再發傳者，莒，異國。

冬，齊人、宋人、陳人伐我西鄙。言伐鄙者，齊在魯西北，邾在魯南，莒在魯東。宋人、陳人不言伐我，言西鄙者，從齊言之。

其曰鄙，據哀以上伐我者皆言鄙。**遠之也。**據鄙爲邊鄙，左傳所謂「疆埸」之事。故郎不言鄙，以其近也。**其遠之，何也？**據定、哀以上，師入近皆不言伐，伐皆鄙。**不以難邇我國也。**伐我，耻辱，故遠言鄙，爲内諱。傳曰：「有臨天下之言焉，有臨一國之言焉，有臨一家之言焉。」疏臨天下，謂隱、桓不言伐也；臨一國，謂莊至昭言伐鄙；臨一家，謂定、哀言伐我。孟子曰：「天下之本在國，國之本在家，家之本在身。」内本國外諸夏，一國言；内諸夏外夷狄，天下言也。

二十年

春，王二月，夫人姜氏如莒。再如，故月。詳録夫人之踰竟，所以譏内也。

婦人既嫁不踰竟。踰竟，非正也。疏再發傳者，因其月，疑不同。

夏，齊大災。劉子云：「外災不因其宫館者〔一〕，畧之也。齊桓好色，聽女口，以妾爲妻，嫡庶屢更，故致大災。桓公不瘠以死，嫡庶分争，九月不得葬。」**疏**齊一紀災，大國也。伯，故次宋。

其志，據大國得紀災，不同中國、夷狄。然齊災多矣，何以獨于此志？**以甚也。**因甚而特于此志以起例。

疏五行志：「公羊以大災爲大疫。」

秋，七月。

冬，齊人伐我。　**疏**我，二傳作「戎」。莊世伐我當言鄙。戎者何？我也。諱其伐我，故託言之。

二十有一年

春，王正月。

夏，五月辛酉，鄭伯突卒。此不正，其日之，何也？不正前見也。　**疏**鄭世家：「厲公卒，子文公捷立。厲公初立，四年，亡居櫟，居櫟十七年〔二〕，復入，立七年，與亡凡二十八年〔三〕。」

秋，七月戊戌，夫人姜氏薨。

〔一〕「因」，原作「言」，據漢書五行志、日新本、鴻寶本改。
〔二〕「七」，原作「八」，日新本、鴻寶本同，此據鄭世家、十二諸侯年表改。
〔三〕「與」，原作「乃」，據鄭世家、日新本、鴻寶本改。

婦人弗目也。再傳者，疑夫人有罪，當如夷薨言地。此與夫人薨于夷相起。

冬，十有二月，葬鄭厲公。月者，緩。方伯正例，日。

二十有二年

春，王正月，肆大眚。傳曰：「天子親耕以供粢盛，甸粟而納之三宫。」**眚，災也。**疏甸師：「喪事代王受眚災。」鄭君云：「粢盛者，祭祀之主也。今遭大喪，若曰：此社稷不馨，鬼神不饗，使鬼神不遑于王。既殯，大祝作禱辭授甸人，使以禱藉田之神。受眚災，弭後殃。」**災，紀也；**紀，喪紀也。**失，故也，**疏故，讀如祝。大祝：「大喪言甸人讀禱。」鄭君云：「甸人受喪事受眚災，大祝爲禱詞語之，使以禱藉田之神也。」**爲嫌天子之葬也。**天子葬，乃用此禮。今不曰受眚災、曰肆大眚者，辟其名也。主書者，禮：公族有罪，刑之于甸師。文姜與弑，當誅。**肆，失也。**疏失，讀爲「受」，謂受眚故也。受，篆似「失」。今乃禮葬，故言甸師之事以起失刑也。

癸丑，葬我小君文姜。

小君，據葬我君不言「小」。**非君也。**據小邾言小，與邾别。孟子曰：「天無二日，民無二王。」言小，非君也。

其曰君，何也？妻統于夫。言及，有尊卑之别。春秋所以别嫌明疑，當絶正其義。**以其爲公配，**夫人爲公敵體，承宗廟，繼萬世，主内治，爲公配也。**可以言小君也。**配公，不可與臣子同辭，得言君也。言此，故禮必親迎。論語：「邦君之妻，君稱之曰夫人，夫人自稱曰小童，邦人稱之曰君夫人，稱諸異邦曰寡小君，異邦人稱之亦曰君夫人。」

陳人殺其公子禦寇。殺公子必言大夫，言公子而不言大夫，非大夫也。不日，世子也。**疏**陳世家：「二十一年〔一〕，宣公有嬖妾生子款，欲立之，乃殺其太子禦寇。」陳、蔡、鄭、楚言殺公子、公孫無不氏大夫者，惟盜殺乃不言。

言公子而不言大夫，據方伯國殺公子當言大夫。**疏**陳不正見公子，皆有所起。禦寇，世子；招，弒者；留，招所立；過，招黨。**公子，未命爲大夫也。**言非命大夫也。禦寇爲世子，公子不命不見經，以此見非公子，乃太子也。**疏**下書陳世子款，此如稱「世子」，是陳有二世子也。諸侯盟會，非世子不得書，此爲辟兩世子以稱「公子」。不言大夫，以起爲世子。左傳作「殺太子」，與世家同。**其曰公子，何也？**據莒無大夫，乃不言大夫而互目公子。此例不同。**公子之重視大夫，**此以親敵尊也。**疏**公子，親也；大夫，尊也。公子雖不命，春秋以親親之義，推而重之，與命大夫比。故公子與大夫同以名氏見，此親親之道。故禦寇不言大夫，得見次國大夫尊，公子亦與之同尊也。**命以視公子**〔二〕**。**此以尊敵親也。大夫命于天子，以名氏見，亦如公子以氏見，此尊尊之義。傳言所書之故也。此一見例，起世子也。**疏**莒殺意恢，不言大夫；曹殺大夫，不言名氏，互以相起。次國

〔一〕「一」字原脱，日新本、鴻寶本同，此據陳世家補。

〔二〕「視」，阮刻本作「執」。范注「命以執公子」云「一本『大夫命以視公子』」，知廖氏據另本傳文改。

大夫與小國尊卑不同，公子亦與小國異也。一本作「命以執公子」。

夏，五月。 以五月首時者，文姜方葬，又謀取齊女，再有女禍，故不繫也。

秋，七月丙申，及齊高傒盟于防。 日者，起公盟。又公與齊交，至此因爲信辭也〔一〕。不致，在內也。

不言公，高傒伉也。 齊卿見經者，高氏、國氏、崔氏、慶氏、欒氏、陳氏，共六族。國、高爲正卿，與春秋相終始。所紀外四族，一卿三大夫。齊得晉之半，詳晉畧齊也。

冬，公如齊納幣。 劉子云：「莊釋父仇，取齊女。」

納幣，大夫之事也。 據公子遂納幣不譏。士昏禮：納采、問名、納吉、納徵、請期，皆使者將事。唯親迎，乃親事焉。**禮有納采，** 士昏禮：「納采用鴈。」鄭君云：「將欲與彼爲婚姻，必先使媒氏下通其言，女氏許之，乃後使人納其采擇之禮。納采而用鴈者，取其順陰陽往來。」**有問名，** 士昏禮：「賓執鴈，請問名。」鄭君云：「問名者，將歸卜其吉凶。」**有納徵，** 士昏禮：「納徵，玄纁束帛、儷皮，如納吉禮。」鄭君云：「徵，成也。使使者納幣以成昏。」

疏 按：不言納吉，卜吉乃納徵，納徵可包納吉。**有告期，** 士昏禮：「請期，用鴈。主人辭，賓許，告期。」鄭君云：「主人辭者，陽倡陰和，期日宜夫家來也，夫家必先卜之者〔二〕，得吉，乃使使者往，辭即告之。」**四者備而**

〔一〕「此因」，原倒作「因此」，據日新本、鴻寶本乙正。日新本、鴻寶本「因」下有「故」字，誤。

〔二〕「必」上原衍「人」字，日新本、鴻寶本同，此據鄭玄儀禮注删。

後娶，禮備，然後親迎。**禮也。**以士禮推合諸侯，亦如此禮。**公之親納幣，非禮也，**劉子云：「公取齊女，未入，先與之淫。」**疏**親納幣者，譏公淫也。公淫不可言，譏納幣而已。**故譏之。**納幣禮使人，公雖如齊，亦當使大夫代行。因淫，乃目公；不起淫，當目大夫。

二十有三年

春，公至自齊。桓會不致，此如桓會致者，危公淫也。

祭叔來聘。祭叔與祭伯、祭仲同爲監大夫，王臣稱祭公。以字行之，伯、仲、叔，皆監也。閒田居一州之中，方百里者九，三監國主方百里者三，以外諸侯爲方伯統之，與方伯本國別自爲政。方伯本國大夫不得干與方伯事，三監亦不與方伯本國事與天子事。今來聘，是爲監，而兼爲天子行也。**疏**惠王不見天王稱，惟此及王人會。

其不言使，何也？據祭伯無聘文。此聘不言使。**天子之内臣也。**「女叔」，傳曰：「天子之命大夫也。」公羊「單伯」傳曰：「吾大夫之命乎天子者也。」「夷伯」，傳云：「魯大夫也。」内臣，謂天子大夫爲魯監也。内謂魯，不曰天子之内臣。**疏**稱字，大夫。常文當云天子之大夫。「四選」皆内臣，不得大夫獨稱之；聘有君命，亦不得以外交爲聘。**不正其外交，**天子大夫，禮得爲行人，適諸侯。然既爲監大夫，則又兼臣屬于魯，聘魯，當別使人，不得因其適魯之使，兼此聘差。天子大夫可外使，監大夫則不可使，并不可使別國〔二〕。**故不與使也。**凡聘，皆言使。不言使，奪其使也。本使而奪其使，明監大夫不得奉使也。

夏，公如齊觀社。劉子云：「天子大社、王社，諸侯國社、侯社制度奈何？曰：皆有垣無屋，樹其中以木。有木者，土主生萬物，萬物莫善于木，故樹木也。」**疏**墨子：「燕有祖，齊有社，宋有桑林，楚有雲夢，此男女之所屬而觀也。」**常事曰視，非常曰觀。觀，無事之辭也，**非有禮典故事。**以是爲尸女也。**劉子云：「哀姜者，齊侯之女，莊公之夫人也。初，哀姜未入時，公數如齊與哀姜淫〔三〕。」**無事不出竟。**劉子云：「天子諸侯分土而治，天子無事，不得出圻内；諸侯無事，不得至封外，故出則有告祭之事。」

公至自齊。惡事不致。此致者，因在齊，故致以危之也。

公如、往，時；如：出疆、侵伐、昏禮、朝、會盟皆同也。**正也。**出疆得禮，例時。**疏**此非禮，時者，言觀，惡事，惡事不致，致則危之，謹女禍。**致，月，故也。**致月，謹之者，故也。如往，月，亦故也。此互言之耳。**如、往，月；致，月，有懼焉爾。**自莊世以下，例往來皆月，危之甚。**疏**隱、桓以上不致，致則爲變。入莊世，致爲常事；又以月起其變。常則來、往皆時。夷狄往，皆月，危之也。

〔二〕自「此聘」至「并不可」，凡二十字，原脱，據日新本、鴻寶本補。

〔三〕「如」，原作「入」，日新本、鴻寶本同，此據列女傳改。

荆人來聘。荆人聘，起公貳于楚。**疏**荆前三見，皆惡事，直稱荆；此爲善事，乃稱人；入僖世，則稱楚矣。

善累，累，積也。**而後進之。**據善狄救齊。**疏**伐衛救齊，善累而後進之，稱狄「人」。**其曰人，何也？**據荆前無善事。夷狄聘，一事未累，而遂進「人」之。**舉道不待再。**據來聘者皆進，大國舉貴，小國舉名，聘道也。道爲大美，善爲小節，善累後進，舉道不待再，大小異也。能聘，用夏變夷，崇德化兵争也。

公及齊侯遇于穀。上言荆來聘，此言遇齊侯，明公篤于中國而外夷狄也。

及者，據在内言會。**内爲志焉爾。**言公急于求齊和。**遇者，**據或言會。**志相得也。**非記災之國不言遇。言遇者，皆中國，故以相得言之。言内相得，從此不疑也。有伯以後不言遇。

蕭叔朝公。朝不可在外，聘則有在外者。蕭，宋封附庸也。言朝者，亦魯。春秋不以王後爲方伯，故于魯言朝。蕭已滅，食采三十里，故稱字。後楚滅蕭，則並采邑亦廢。蕭遂專爲宋邑，無食采之人矣。此非卒正，不記來朝。記者，爲譏外朝也。凡卒正以下，例不記朝，朝皆有起。卒正常朝不記，記，皆有起也。

微國之君，故言朝也。附庸與屬國言朝。**未爵命者。**微國，附庸也，字者三十里。**疏**地理志沛郡蕭下云：「故蕭叔國，宋别封附庸也。」**其不言來，**據郳子來會在外言「來」。**於外也。**據曹伯來朝在内也。**朝於廟，**據來接内在廟。**正也。**春秋禮：朝聘于廟，不可自專；歸功先人，示不敢當。故言來朝，不目公也。**於外，**據不言來，又目公。**非正也。**據會在外言來。朝在外不言來，明朝在外，春秋所不許。**疏**後蕭屬宋者，附庸爲所食之閒田，不得自有其國，如宿、穀皆目爲内邑是也。

秋，丹桓宫楹。劉子云：「莊公飾宗廟，刻桷丹楹以夸夫人。」

禮：天子丹，據莊譏丹楹。**疏**今注疏本無「丹」字，據御覽一百八十七引傳作「天子丹」補。**諸侯黝，**黑色。**堊，**白土白色。**疏**堊，當爲卿色，傳文脱「卿」字。**大夫倉，**青。**士黈。**黄，尊卑各以其色爲序。**丹楹，非禮也。**劉子云：「諸侯有黝堊之色，無丹青之采。」**疏**非禮，謂僭天子。丹，南方；黝，北方。天子南，諸侯北，以相别異也。倉青，東；堊白，西。卿大夫皆在左右，黄以士居中。

冬，十有一月，曹伯射姑卒。不日，反其小國例也。曹爲卒正之首，始日，起其侯也，一見已明，以下反其卒正例，明春秋以小國接之也。若以日言正不正，則竟與大國同，故以後不日。**疏**曹世家：「三十一年，莊公卒，子釐公夷立。」

十有二月甲寅，公會齊侯盟于扈。扈，晉邑也。盟扈，晉在也。遠盟扈，諸侯皆在也。不言晉，故不言諸侯。不言晉，方欲伯晉，晉，同姓，當叙齊上，故不出之也。**疏**莊世不叙晉。據管子齊桓與晉交涉事，經不見晉，諱之也。桓盟不日，此盟日者，以其有魯大會，故日以起之。

二十有四年

春，王三月，刻桓宫桷。劉子云：「莊公刻飾宗廟，多築臺囿，後嗣再絶，春秋刺焉。」

禮：天子之桷，斲之、齊之使平。**礱之，**磨之使光。**加密石焉。**以密石爲飾，天子禮數備。**諸侯之**

桷，斲之、礱之。不加密石，殺也。**大夫斲之。**不礱也。**士斲本。**不純，降于大夫。**疏**禮含文嘉：「宮室之飾，士首本，大夫達棱，諸侯斲而磨之，天子加密石焉。」宋均注云：「大夫達棱，謂斲爲四棱以達兩端。士首本，士斲去木之首本，會細與尾頭相應。」禮記禮器正義引，國語亦有此說。**刻桷，**據刻桷與禮合。**非正也。**刻雖近禮，然以齊女入而刻，爲失正。不合于道，雖合禮不達權者爲非正，春秋不以正待之。**夫人所以崇宗廟也。**夫人所以奉承宗廟祭祀。崇，謂尊奉之。**取非禮，**傳：「丹楹非禮。」**與非正，**傳：「刻桷非正。」**而加之於宗廟，**據于桓宮也。言宗廟，謂五廟皆加飾，不獨桓宮。**以飾夫人，**劉子云：「丹楹刻桷以夸夫人。」謂夫人來，當廟見，欲夸耀夫人，故加飾之。**非正也。**誣蔑宗廟以悦婦人，失正也。**刻桓宮桷，丹桓宮楹，斥言桓宮，**據言「新宮」，傳云：「稱謚，如疏之然。」**以惡莊也。**據常脩不當獨于桓，獨言桓者，莊取仇女以薦于桓廟，尤惡。言「桓」，以惡釋怨，且如疏其禰也。**疏**傳以失禮者爲非禮。雖合于禮，事不當行，爲非正。禮與正有別，失正較失禮尤重。

葬曹莊公。小國之首，故九卒皆葬，特筆以起爲卒正長也。許凡卒亦皆葬，與以外卒不盡葬相別也。

夏，公如齊逆女。劉子云：「『夏，公如齊逆女。』何以書？親迎，禮也。其禮奈何？曰：諸侯以屨二兩加琮，大夫士庶人以屨二兩加束脩二〔二〕。曰：『某國寡小君，使寡人奉不珍之琮、不珍之屨，禮夫人貞女。』夫人曰：『有幽

〔二〕「脩」，原作「修」，據説苑、日新本、鴻寶本改。後同。

室數辱之産，未諭于傅母之教，得承執衣裳之事，敢不敬拜祝。』祝答拜。夫人受琮，取一兩屨以履女，正笄，衣裳，而命之曰：『往矣，善事爾舅姑，以順爲宫室，無貳爾心，無敢回也。』女拜，乃親引其手，授夫于户。夫引手出户。夫行，女從。拜辭父于堂，拜諸母于大門。夫先升輿執轡，女乃升輿。轂三轉，然後夫下，先行。大夫、士〔一〕，稱其父曰：『某之父，某之師友，使某執不珍之屨、不珍之束脩，敢不敬禮某氏貞女。』母曰：『有草茅之産，未習于織紝紡績之事，得奉執箕帚之事，敢不敬拜。』」**疏**稱母，即「昏禮不稱主人」之説也。昏禮不稱主人，使者辭命之事。經書則不然，故宋公納幣言「使」也。公羊蓋以禮説主經言之耳。人，卑稱，故君貶稱人。必曰使，寡君則稱使之禮也。婦人命不通使者，云「母命」而已。國語季氏母賦緑衣之詩，意亦如此。公羊云：「稱諸父、兄弟、師友也。」

親迎，恒事也，不志。據常事不志。**此其志，何也？不正其親迎於齊也。**取譬，深惡之。

秋，公至自齊。後有女禍，故謹夫婦之禮。始不正者終必亂也。常事不書，詳言之者，謹女禍也。

迎者，親迎在途之儀，先師所傳，文不見于禮經。**行見諸，**在道，則車相接，可以望見。**舍見諸。**止舍，則館相近可見。言見者，防淫佚，不同止宿。**先至，**據夫人入在後。**非正也。**先致公者，别公于大夫。以下言「入」也，公不可同入，故先致之也。**疏**不言非禮言非正者，爲仇女，經故别之。

八月丁丑，夫人姜氏入。劉子云：「哀姜入，與其弟叔姜俱。」言入，拒之，不使得入也。言日，謹之也。仇人女，

〔一〕「士」，原作「女」，日新本、鴻寶本同，此據説苑脩文篇改。

又先與公淫，後有淫亂之禍，又崇飾宗廟以悦之，惡之深也。拒之，則魯不致弑二君。

入者，據文姜言至。**內弗受也。**據與篡同辭。**曰入，**據入多例時。**惡入者也。**據與滅國同文，謹之乃日。**何用不受也？**據臣無外君之義，君親迎，「不受」，外君也。**以宗廟弗受也。**親迎已至，行告至禮于廟。言入，致于廟之辭。以宗廟臨之，明不得入。不，外辭；弗，內辭。當受而不受，例言「不」；不當受而不受，故言「弗」也。**其以宗廟弗受，何也？**據用致有辭乃弗受。**娶仇人子弟，**襄公女也。**以薦舍於前，**謂告致也。夫人以崇宗廟，禮有廟見及奉粢盛承祭祀。**其義不可受也。**夫人當同奉宗廟，仇女不可以見先君也。

戊寅，大夫、宗婦覿用幣。宗婦，大夫之妻，一作世婦。禮：二十七世婦。世婦，即二十七大夫之妻。一事二日，謹之至也。以此起男女無別，故哀姜淫于二叔。言大夫者，起二叔淫禍。

覿，據臣下言朝。**見也。**據用幣贄以見初至禮也。**禮：大夫不見夫人。**據男女異贄也。凡譏「以夫人」、夫人會饗出竟，皆所以遠嫌厚別，示無外事也。**不言及，**據男女有別。夫尊，當及妻。**不正其行婦道。**夫妻同贄，故男女列數不言及。據周禮用幣爲世子之禮。今大夫不用羔，宗婦不用棗栗，而同用幣，蓋以世子之贄贄于夫人。周禮：「世子執皮幣以繼子男之後。」又云：「大國之孤，公之孤執皮幣以繼子男之後。」孤，即世子之稱。**故列數之也。**劉子云：「公使大夫、宗婦用幣見夫人，夏甫不忌曰：『婦贄不過棗栗，以致敬也。男贄不過玉帛禽鳥，以彰物也。今婦贄用幣，男女無別也。男女之別，國之大節也，不可。』公弗聽。又丹其父桓公廟之楹，刻其桷以夸哀姜。」**男子之贄，羔鴈雉腒。**劉子云：「天子以鬯爲贄。鬯者，百草之本也。上暢于天，下暢于地，無所不暢，故天子以鬯爲贄。諸侯以圭爲贄。圭者，玉也。薄而不撓，廉而不劌，有瑕于中，必見于外，故諸侯以玉爲贄。卿以羔爲贄。羔者，羊也。羊羣而不黨，故卿以羔爲贄。大夫以鴈爲贄。鴈者，行有長幼之禮，故大夫以鴈爲贄。士以雉爲贄。雉者，不可指食籠狎而服之〔一〕，故士以爲贄。庶人以鶩爲贄。鶩者，鶩鶩也。鶩鶩，無他心，故庶人以爲贄。贄，質也。」**疏**班氏云：「贄者，質也。質己之誠，質己悃愊也。王者緣臣子之心以爲制，差其尊卑，以副其意。」冬用雉，夏用腒。雉取其耿介、交有時、別有倫也。雉必用死，以其不可生服也。夏用腒，備臰腐也。**婦人之贄，棗栗鍛脩。**劉子云：「婦人之贄以棗栗鍛脩者，婦人無專制之義，御衆之任，交接辭讓之禮〔二〕，職在供養饋食之間，其義一也。故傳：『宗婦覿用幣，非禮也。』」**用者，**據鼓不言用。**不宜用者也。**據「用牲」言用也。傳例：凡物當用者不言用；非其宜，乃言用也。**大夫，國體也，**天子所命以爲股肱，其位尊而任重。**而行婦道，惡之，故謹而日之也。**用，例時；日以謹之，一事兩日也。

大水。劉子云：「哀姜初入，公使大夫、宗婦覿用幣，又淫于二叔，公弗能禁，臣下賤之，故是歲、明年仍大水。」

冬，戎侵曹。劉子云：「曹不用負羈之諫，敗死于戎。」戎者何？內也。不言內者，內辟侵伐曹，故詭其名也。不言

〔一〕「可」字原脱，日新本、鴻寶本同，此據説苑脩文篇補。
〔二〕「禮」字原脱，日新本、鴻寶本同，此據白虎通補。

敗，署也，且爲曹羈諱其事。

曹羈出奔陳。劉子云：「易曰：『王臣蹇蹇，匪躬之故。』人臣之所蹇蹇爲難而諫其君者，非爲身也，將欲以匡君之過，矯君之失也。君有過失者，危亡之萌也。見君之過失而不諫，是輕君之危亡也。夫輕君之危亡者，忠臣不忍爲也。三諫不聽，則去。不去，則身亡。身亡者，仁人所不忍爲也。是故諫有五：一曰正諫，二曰降諫，三曰忠諫，四曰戇諫，五曰諷諫。孔子曰：『吾其諷諫矣乎。』夫不諫則危君，固諫則危身；與其危君，甯危身。身危而終不用，則諫亦無功矣。知者度君權時，諷其緩急而處其宜，上不敢危君，下不以危身。故在國而國不危，在身而身不殆。昔陳靈公不聽泄冶之諫而殺之，曹羈三諫，曹君不聽而奔陳。春秋序義雖俱賢，而曹羈合禮。」曹無大夫，其曰曹羈，賢也。

赤歸于曹，郭公。劉子云：「齊桓公出游于野，見亡國故城郭氏之墟，野人曰：『善善而不能用，惡惡而不能去，所以爲墟也。』」郭亡國在齊竟，稱公，已失國也。失國之君稱公，從下目之也。稱爵者，以天子臨之。已失國，從下也。

赤，據與突歸于鄭同，疑曹君。**蓋郭公也。**據曹無赤，知非曹君。蓋，疑辭。經郭公字，先師所注，故傳不釋，又云「蓋」也。**疏**云曹無赤者，不記赤卒，譜帙亦無赤君也。**何爲名也？**據出奔當言爵、國，不挈。**禮：諸侯無外歸之義。**失國而歸曰歸。外歸，將謀據有曹也。**疏**赤乘曹亂，欲據之爲國，如突于鄭。諸侯失國，歸于本國，正也。外國，非天子所封，私入竊據，專地棄舊，大惡也。**外歸，非正也。**非正，故名。言歸，使如內歸然，以正其義，故與內歸同文也。

二十有五年

春，陳侯使女叔來聘。蔡不見來聘。陳後不同盟，何以來？以見監者之制也。陳何以來聘？見監者。陳初爲中國也，以監者來聘，明爲方伯事。蓋禮：監者居閒田以主一州之事，與本國事公私各别。此言陳使監聘，與魯言單伯會伐同。桓公以二伯帥諸侯方伯，皆各如禮。以監者領事，所以尊王命也。**疏**方伯唯使大夫相聘，不自相朝，相遇曰會而已，所以别于事大國也。陳此記聘，起季子報聘，並明陳方伯有監者也。

其不名，何也？據陳有大夫，無不名氏。**天子之命大夫也。**惟天子大夫乃不名。陳見二監，女叔與原仲是也。天子大夫爲方伯臣，方伯如天子之卿。**疏**陳爲方伯。女叔，天子大夫爲監于方伯者，故不名也。

夏，五月癸丑，衛侯朔卒。不書葬者，絶也。不正，日，前見也。自六年朔入，至此二十年。不書衛事，絶也。鄄、幽伐鄭，書者，爲齊桓録之。**疏**衛世家：「三十一年，惠公卒，子懿公赤立。」

六月辛未朔，日有食之。鼓，用牲于社。班氏云：「社者，衆陰之主，以朱絲縈之，鳴鼓攻之，以陽責陰也。」

言日、言朔，食正朔也。劉子占見下年。**鼓，**據在「用」上。**禮也。**據不言用，傳：「救日以鼓兵。」**用牲，**據鼓不言用。**非禮也。**據言用也。**天子救日，置五麾，**置于社上。**疏**麾，旌幡也。麋信云：「各以方色之旌置之五處也。」**陳五兵、****疏**五兵，徐邈云：「矛在東，戟在南，鉞在西，楯在北，弓矢在中央也。」孔穎達云：「東方用戟，南方用矛，西方用弩，北方用楯，中央用鼓也。」**五鼓。**劉子云：「劫嚴社而不爲驚靈。」皆以五者應五方、五色也。社主土在中，主黃，並于四方交責之。**疏**麋信、徐邈並云：「東方青鼓，南方赤鼓，西方白鼓，北方黑鼓，中央黄鼓也。」楊士勛云：「周禮六鼓云：『以靈鼓鼓社稷。』則用靈鼓别以方色異之而已。」**諸侯置三麾，陳三鼓，三兵。**天子諸侯有社，麾、鼓、兵皆于社陳之，以劫責陰道。社爲陰主，責之以救日。**疏**楊士勛云：「去黑、黄二色。」**大夫擊門，**據下「于門」非禮。**士擊柝。**士卑，故殺。大夫、士無土不立社，故但有所擊。聲，陽也，擊聲以充陽氣。**疏**御覽杵部引作「士擊杵」。**言充其陽也。**劉子云：「日食，乃陰氣大甚，以上滅陽光。故鳴鼓懾之，朱絲縈而劫之。直責逆者，不避其難。」

伯姬歸于杞。

其不言逆，何也？逆之道微，無足道焉爾。統傳也。再發者，杞，魯屬國。

秋，大水。鼓，用牲于社、于門。劉子云：「夫水旱，俱天下陰陽所爲也。大旱則雩祭請雨，大水則鳴鼓而劫社，何也？曰：陽者，陰之長。其在鳥則雄爲陽，雌爲陰；其在獸則牡爲陽，牝爲陰；其在民則夫爲陽，而婦爲陰；其在家則父爲陽，而子爲陰；其在國則君爲陽，而臣爲陰。故陽貴而陰賤，陽尊而陰卑，天之道也。今大旱者，陽氣大盛以壓于陰，陰壓陽固，陽其填也〔一〕。惟填壓之大甚，使陰不得起也，亦雩祭拜請而已，無敢加也。至于大水及日蝕者，皆陰氣大甚，以減陽精，以賤淩貴，以卑淩尊，大逆不義，故鼓而懾之，朱絲縈而劫之。由此觀之，春秋乃正天下之位，徵陰陽之失，直責逆者，不辟其難，是亦春秋之不畏强禦也。故劫嚴社而不爲驚靈，出天王而不爲不尊上，辭蒯聵之命，

〔一〕「陽」字原脱，日新本、鴻寶本同，此據説苑辨物篇補。

不爲不聽其父；絶文姜之屬，不爲不愛其母，其義之盡耶？」

高下有水災曰大水。既戒鼓而駭衆，鼓以驚衆，辟水難，使衆知戒爲禮也。**用牲**王制：「天子社稷皆太牢，諸侯社稷皆少牢。」**可以已矣。**用牲者，祀之也。與雩祭禮近，方懾劫之，不應用牲，故言「用」以譏之也。

救日以鼓兵，傳：「天子救日，陳五兵五鼓。」曾子問：「孔子曰：『諸侯皆在而日食，則從天子救日，各以其方色與其兵。』」**疏**按：漢制，天子救日食，素服辟正殿，陳五鼓五兵，以朱絲縈社，内外嚴警。太史登靈臺，候便伐鼓，大僕贊，祝史陳辭以責之。聞鼓音，近臣皆著赤幘、帶劍入侍，三臺令史以上，皆持劍立其户前。衛尉驅馳繞縈察守備。日復常，皆罷。**救水以鼓衆。**鼓衆，使辟水也。此言鼓之得禮也。按：諸侯立社；大水，但當責社，不當于門。救日，大夫擊門。故用牲于社，非禮；于門，尤非禮也。**疏**公羊傳曰：「于社，禮也；于門，非禮。」謂責陰于社爲禮，諸侯責陰于門，非禮耳。說者多誤以爲說用牲，則與「用不宜用」反矣。

冬，公子友如陳。蔡不言「如」，陳亦不言「如」，此何以言如陳？因下奔于陳也。内諱季子之奔，以「如」言之，故此先言「如陳」也。**疏**友，桓公子，莊公母弟，凡七見經。陳見友如二，以外統不言「如」，知此爲奔也。按：杜氏說友與莊公同生，爲雙生，一名同，一名友，如易之同人、大友也〔一〕。

〔一〕「大友」，日新本、鴻寶本作「大有」，廖宗澤補疏：今本作「有」，古字通。論語學而章「有朋自遠方來」，「有」，古本作「友」。

二十有六年

春，公伐戎。戎者何？曹也。不言曹，諱伐同姓。曹爲青州國，于是不服，爲内病矣。故終春秋，魯、曹無侵伐之文也。自此以後，不託於戎，託於狄矣。**疏**以上無狄、以下無戎者，西方曰戎，王畿在西，故先治之也；狄在北，故緩治之。不言夷蠻，詳西北而畧東南也。

夏，公至自伐戎。致者，得意，不分伐、會也。

曹殺其大夫。小國無大夫，曹爲小國首，故一言大夫以示例。經惟大國齊、晉、宋有不名氏大夫，小國曹一見，其餘方伯大夫皆名氏也。稱國以殺，殺無罪也。大夫者，羈之徒，賢者也。羈奔，又殺賢者，故狄曹也。

言大夫而不稱名姓，據方伯大夫無不名氏者。**無命大夫也。**據曹無大夫，謂大夫盟會不出名氏，以見小國無大夫之例也。方伯比于天子卿，其卿比于天子大夫。經稱大夫不稱卿者，從天子内臣之例推之，歸權于天子，收指臂之效。卒正國君比于天子大夫，其卿比天子之士；以天子推之，則小國卿當爲士，不得稱大夫，故于曹以示例。此爲先師最初確説。**無命大夫，**方伯以上國，大夫在盟會稱名氏。許、曹以下，經但稱人，無名氏。其大夫未命，故但稱人。曹卿比于天子内臣，當爲元士。**而曰大夫，**大夫爲方伯卿正稱。宋卿則尊，曹卿則卑，皆非正辭。曹非大夫而稱曰大夫，爲進之，若曰：是可進爲大夫。**疏**莒、邾、紀録大夫皆不目大夫，以名目。曹在卒正首，猶以大夫見。**賢也；**據進，知以賢。**疏**按：春秋諸侯三等，以中等立法。魯爲侯，從魯言之，又從中而上下見，故盟會稱諸侯，不言公、伯子男。因其以侯立法，于諸侯大夫仍從侯稱之，小國卿則士也；稱爲大夫，特不名以示例，亦所謂「號從中國」也。此爲定説。後來相傳，此説甚微。故不名之例，傳以爲賢，公羊以爲衆，左傳于宋不名亦有衆之説，非本義也。**爲曹羈崇也。**因羈賢之，奔、殺事同。經凡殺後奔、奔後殺，皆爲從黨〔一〕。前年羈奔，此殺，故知爲徒黨。或曰：羈見幾而作，爲明哲保身；此好盡言，於亂國而不去，所以殺身。**疏**傳曰：「爲伯姬崇也。」崇，尊也，言爲羈而崇之。傳曰：「身賢賢也，使賢亦賢也。」此言羈賢賢也，羈友亦賢也。主爲羈，故前名；此由羈崇，故言大夫而不名也。

秋，公會宋人、齊人伐徐。徐者何？州舉之也。禹貢「海、岱及淮，惟徐州。」荆，州舉而國楚，徐，州舉何以不國？曰：蔡即徐州之國也。春秋三舉州，荆、徐、梁是也。此其伐之何？中國可以治夷狄。何爲不以齊主之？愛之也。何愛之？治夷狄當自楚也。**疏**至此乃見徐州國。不見方伯，則不見其屬國。十年見荆，至此十六年，再見徐。

冬，十有二月癸亥朔，日有食之。劉子云：「時戎侵曹，魯夫人淫于慶父、叔牙，將以弑君，故比年再蝕以見戒。」

二十有七年

春，公會杞伯姬于洮。婦人不會。會，非正也。既嫁不踰竟。踰竟，非正也。譏與姜氏會同。

〔一〕「從」，日新本、鴻寶本作「徒」。

夏，六月，公會齊侯、宋公、陳侯、鄭伯，同盟于幽。不序衛，不至也。衛專事中國，桓會唯此不至。

疏劉子說：「管仲言齊桓公曰：『夫墾田刱野，闢土殖穀，盡地之制，則臣不如甯戚，請置以爲田官。登降揖讓，進退閑習，臣不如隰朋，請置以爲大行。蚤入晏出，犯君顔色，進諫必忠，不重富貴，不避死亡，則臣不如東郭牙，請置以爲諫臣。決獄折中，不誣無罪，不殺無辜，則臣不如弦甯，請置以爲大理。平原廣囿，車不結軌，士不旋踵，鼓之而三軍之士視死如歸，則臣不如王子成甫，請置以爲大司馬。如欲治國强兵，則此五子者足矣。若欲霸王，則夷吾在此。』管仲能知人，桓公能任賢，所以九合諸侯，一匡天下，不用兵車，管仲之力也。」

同者，據會不言同。**有同也，**據「同圍齊」，知言「同」，有所事。**同尊周也。**盟言「同」，尊周。因有同，乃言「同」也。

疏春秋以同盟起二伯。初言同者，喜始集也。傳以齊之同盟爲「尊周」，晉之同盟爲「外楚」。以桓主尊周，右桓也。

於是而後授之諸侯也。春秋至此，乃以諸侯授桓爲二伯。前猶有疑，至此内外皆從，不復疑。

其授之諸侯，何也？據下有侵伐。**齊侯得衆也**〔一〕。内得魯，外得宋、陳、鄭，是得衆之辭。

疏陽穀事爲偏至，此得三方伯、一王後。常序不在者，惟衛、蔡，故以得衆許之。

桓會不致，據晉會致。**安之也。**傳曰：「致君，殆其往而喜其反。」安之如在内，故不致。**桓盟不日，**據内盟例日。**信之也。**傳曰：「桓盟，雖内與，不日，信也。」據盟例日；渝，不日，如不盟；大信不日，亦盟如不盟也。**信其信，**信，故不日。

疏桓信

〔一〕「侯」，原作「桓」，日新本、鴻寶本同，此據傳文改。

著于天下，諸侯翕然歸之。其信著，故不日也。**仁其仁。**其仁昭著，會無危事，故會不致。**衣裳之會，**衣裳會，謂糾合條約，爲文事而會；論語所謂「會同」，則以司空居守，司徒與司馬同出。傳所謂「有文事者必有武備」，不爲兵事而行者。**十有一，**論語：「孔子曰：『桓公九合諸侯，不以兵車，管仲之力也。』」**疏**據管仲未死以前爲衣裳會也。十一者，北杏一、二鄄三、二幽五、檉六、貫七、陽穀八、首戴九、甯母十、葵丘大會，衣裳也。孔子言九合者，合二鄄、二幽爲二會，據地而言；傳據實數也。**未嘗有歃血之盟也，**孟子曰：「諸侯束牲載書而不歃血。」據此，則桓盟皆然，不獨葵邱。**信厚也。**桓公之信著。

疏劉子曰：「伯成子高謂禹曰：『昔堯之治天下，舉天下而傳之他人，至無欲也。擇賢而與之同位，至公也。以至無欲行至公，故不賞而民勸，不罰而民畏。舜亦然。今君賞罰，而民欲且多私，是君之所懷者私也。百姓知之，貪爭之端自此始矣。德自此衰，刑自此繁矣。』春秋曰『五帝不告誓』，信厚也。」**兵車之會，**徵兵乞師爲征伐而會，則以仁者居守，故司徒不出，司空與司馬爲左右，所謂「知者慮，義者行」。**四，**據傳：洮、鹹、牡丘、淮也，皆在仲死後。故孔子曰：「不以兵車，管仲之力也。」**未嘗有大戰也；**劉子云：「桓侵蔡而蔡潰，伐楚而楚服，北伐山戎，使奉朝覲，未嘗有大戰，亦不血刃。」**愛民也。**桓公之愛民，仁也。

疏伯者之本在于仁信，故春秋重信愛民。孟子曰：「五霸，桓公爲盛。」故以仁信許之。

秋，公子友如陳，葬原仲。陳，不「如」者也。不如而言如，知爲奔，此與女叔來聘相起。陳不言聘，因女叔乃言聘；此以見原仲，乃言「如」。女叔，傳曰：「天子之命大夫也。」仲，字，與「叔」同。天子大夫不名也。陳爲方伯，故女叔與原仲同爲三監。**疏**按：天子賜晉原周，然則原周，原仲所食者。

言葬不言卒，據葬必先言卒。**不葬者也。**經無其事，又以大夫不與諸侯爲禮，不如天子卿尊得相通，知例不葬。左氏言「非禮」，即此意。**不葬而曰葬，**諸侯五月而葬，同盟至；卿則惟大夫乃會葬之。不通于君，則不書，此通季子之私行而書之。左氏云「原仲，季友之舊」，以爲季子自以友義往葬之也。**諱出奔也。**不言葬，則如陳爲出使，不足以起奔。言奔，則公子賢，不忍言；故言如，使若出使。言葬以起出奔，以不葬起非正行。公子結以輕遂重，起非要盟，意亦同也。**疏**公羊：「通乎季子之私行，辟内亂也。」史記以季友爲陳女所生，公羊又以爲文姜子。杜氏釋例以季友與莊公同生，一名同，一名友。言季者，以與伯同生，別異之，實居長。故三桓以季爲首。案：奔陳，女家也。文姜雙生，而使陳女母之。

冬〔二〕**，杞伯姬來。**不言及、不月、不繫事，歸甯正例。

莒慶來逆叔姬。莒無大夫，其言莒慶，以其來接我目之也。逆當言「女」，叔姬，自内稱之，不與夫婦之稱。

諸侯之嫁子女子子。**於大夫，**外大夫。**主大夫**内同姓。**以與之。**諸侯、大夫尊卑不敵，不相爲禮，故使同姓大夫在外主之，其禮與王姬下嫁諸侯同也。**來者，**據紀履緰言來。**接内也。**據朝聘言來，皆接于宗廟，與公相爲禮。**不正其接内，**尊卑不相敵也。**故不與夫婦之稱也。**據夫婦辭，親迎言女，「公如齊逆女」是也。

杞伯來朝。凡卒正事方伯，五年一朝，合期則不書。莊世至此乃書「朝」者，則朝爲譏也。杞伯與伯姬同來，非禮，故

〔二〕「冬」，原作「秋」，日新本、鴻寶本同，此據經文改。

書「朝」以譏之。

公會齊侯于城濮。 城濮，衛地也。會城濮，會衛也。不序諸侯，衛不來也。衛不至，故有明年之戰。

二十有八年

春，王三月，甲寅，齊人伐衛，衛人及齊人戰，衛人敗績。 會同之事，大者主小；戰伐之事，後者主先。惡戰伐，故使之居下，所謂「客不言及」也。伐不日，日者，以至。戰不言伐，言伐，以至之日戰也。

於伐與戰， 據戰不言伐，甗戰有間事。 **安戰也？** 問戰地。 **疏** 此二句，弟子問辭。 **戰衛。** 戰在衛都，兵至城下即戰。 **疏** 二字，師答辭。 **戰，則是師也，** 據齊、衛有師，戰當言師。 **其曰人，何也？** 據戰皆言師，齊侯二伯，不得稱人。 **微之也。** 據人，卑者，若非齊侯然。 **何爲微之也？** 據人楚，不以臣敵君。 **今授之諸侯，** 內授魯，親魯；外授宋，故宋。衛雖不至而授者成其美也。 **而後有侵伐之事，** 去年幽盟，授諸侯；今年伐衛，則明衛不服也。 **故微之也。** 微之，使若微者之事，非齊侯之意，以爲賢者諱過也。 **其人衛，何也？** 據城濮戰獨人楚，諸侯言師。 **以其人齊，不可不人衛也。** 不人衛，則人齊爲貶，非辟桓公之例。人衛，使如二國皆微者之事，則可以辟桓公也。 **衛小齊大，** 衛爲方伯，在次國例；齊爲二伯，在大國例。衛統于二伯，有尊卑之分。

疏 傳凡言大國三，齊、晉、宋也。衛爲次國，以齊比之則爲小，皆就五長立說，毫無疑義。 **其以衛及之，何也？** 傳例有以大及小，有以主及客，此衛以主及客也。問者，以國大小同，則言主客。甗戰，齊、宋大小同，言主客是也。

國大小異，則大及小，不分主客，晉及鄭是也。此當從大小例，不得以主客，故疑之。**以其微之，可以言及也。**大國唯卿以上異于次國，大夫以下，爵秩皆同。唯言主客，不分大小。**其稱人以敗，何也？**據燕人戰言人，敗言師；楚城濮亦戰言人，敗言師。**不以師敗於人也。**據紀城濮敵言師，故以師敗。此齊言人，不得言師也。師重人微，不失其序。泓戰，譏襄公，乃以師敗于人。幽會，衛不至，桓怒而大敗之。衛滅之端兆于此矣。

夏，四月丁未，邾子瑣卒。此不日者。日者，起其實進，子繼父。

秋，荆伐鄭。董子説：「春秋慎辭，謹於名倫時物者也。是故小夷言伐而不得言戰，大夷言戰而不得言獲，中國言獲而不得言執，各有辭也。有小夷辟大夷而不得言戰，大夷辟中國而不得言獲，中國辟天子而不得言執，名倫弗與，嫌于相臣之辭也。是故大小不踰等，貴賤如其倫，義之正也。」

荆者，楚也。其曰荆，州舉之也。不言人者，侵伐中國，反其狄道也。

公會齊人、宋人救鄭。

善救鄭也。是齊侯、宋公也。人者，功淺不足録，使若微者也。善者，功小不足録。

冬，築微。公羊「諱以凶年造邑」，左傳「邑曰築」，傳以爲虞利。似有異同。然下傳云：「民勤于力則功築罕。冬築微，春新延廄，以用民力爲已悉矣。」又云：「一年罷民三時，虞山林藪澤之利。」是傳以築爲脩築，用民力。築時更令山林藪澤各出財物，以供所費；非以築微爲虞利，築臺乃爲罷民力也。然則三傳皆同矣。

山林藪澤之利，所以與民共也。王制云：「林麓山澤之地，以時入而不禁。」山澤不以封，與民共之，但以時入耳。孟子：「斧斤以時入山林，數罟不入污池。」皆春秋學。**虞之，**築微，設官以收其利。**非正也。**孟子曰：「文王治岐，澤梁無禁。」**疏**經言築微，傳以「虞山林藪澤之利」爲言者，凡所脩築，必取資材用，上有造作，則民不敢取用。凶年而更爲此，故書以譏之。凶年則當弛山澤之禁。

大無麥、禾。劉子云：「水旱當書，不書水旱而曰『大無麥禾』者，土氣不養，稼穡不成。是時，夫人淫于二叔，內外無別，又因凶饑，一年而三築臺，故應是而稼穡不成，飾臺榭、內淫亂之罰。遂不竄改，四年而死，旣流二世，奢淫之患也。」**疏**麥、禾之災，皆冬前，例應書于「築微」之前。後書災，公羊云「諱以凶年造邑也」，且使與臧孫告糴連文，使非國記災，臧孫之意如此也。

大者，據無麥、禾不言「大」。**有顧之辭也；**據麥、苗不同時。**於無禾及無麥也。**禾實在秋末，麥實在夏。麥實時，禾正爲苗。大水，麥、苗同傷。此無麥時，苗尚秀，一災不書，故於無禾，乃追録無麥。

臧孫辰告糴于齊。與「大無麥禾」連文者，無麥、禾之災，史本不書，臧氏據此以告糴耳，故曰「私行」也。**疏**公子彄字子臧，孝公子僖伯，見隱五年經。其孫始氏臧，即文仲也。莊三十八年，左傳正義引世本：孝公生僖伯彄，彄生哀伯達，達生伯氏缾，缾生文仲辰。按：不卒達、缾者，桓、莊不卒大夫也。

國無三年之畜，曰：國非其國也。王制曰：「國無九年之蓄，曰不足；無六年之蓄，曰急；無三年之蓄，曰國非其國也。三年耕，必有一年之食；九年耕，必有三年之食。以三十年之通凶旱水溢，民無菜色，然後天子食，日舉以樂。」**疏**國以民爲本，民以食爲天，國無三年之畜，一有凶旱，民無所食，則餓殍散亡，國誰與守？是亡國也。**一年不升，**謂此年無麥禾。**告糴諸侯。**諸侯謂齊。**告，**據或言乞求。**請也。**不言乞求，此得禮，不言乞求也。**糴，**據歸言粟。**糴也。**糴，以財易粟也。糴甚貴傷民，甚賤傷農。魯饑無食，時米粟不出，竟告於齊，乃得以財易於齊也。**不正，**一年不升，遂無食而告糴，是國無蓄積，危殆之甚。**故舉臧孫辰以爲私行也。**據奉使言如，出竟必言如。帥師會盟不言如，非善，亦如私行，所以爲内諱。**疏**「魯饑，臧文仲言於莊公曰：『夫爲四鄰之援，結諸侯之信，重之以婚姻，申之以盟誓，固國之艱急，是爲鑄名器藏寶財，固民之殄病是待。今國病矣，君盍以名器請糴於齊？』公曰：『誰使？』對曰：『國有饑饉，卿出告糴，古之制也。辰也備卿，辰請如齊。』公使往，從者曰：『君不命吾子，吾子請之，以爲選事乎？』文仲曰：『賢者急病而讓夷，居官者當事不避難，在位者恤民之患，是以國家無違。今我不如齊，非急病也；在上不恤下，居官而惰，非事君也。』文仲以鬯圭與玉磬如齊告糴，曰：『天災流行，戾於敝邑，饑饉薦降，民羸幾死，懼乏周公、太公之命祀職貢業事之不共而獲戾。不腆先君之敝器，敢告滯積以紓執事以救敝邑，使能共職，豈惟寡君與二三臣實受君賜，其周公、太公及百辟神祇實永饗而賴之。』齊人歸其玉而予之糴。」**國無九年之畜，曰不足；**三年耕，餘一年，以三十年之通制國用，必餘九也。不足，明不足以備災祲。**無六年之畜，曰急；**急，迫危於不足。**無三年之畜**〔二〕**，曰國非其國也。**魯無一年之畜，言此以明其危。**諸侯無粟，諸侯相歸粟，**據歸粟於蔡言「歸」，不待於告。言粟歸之，不以財相易。**正**

〔二〕「無」上原衍「國」字，日新本、鴻寶本同，此據傳文删。

也。大司徒：「大荒則令邦國移民通財。五族爲黨，使之相救；五黨爲州，使之相賙。」按：此務穡勸分之禮也。孟子曰：「無遏糴。」有無相通。**臧孫辰告糴于齊，告，然後與之，言內之無外交也。**交鄰無道，有災，外不相救，待請而糴。傳言者，譏內也。**古者稅什一，**孟子曰：「夏后氏五十而貢，殷人七十而助，周人百畝而徹，其實皆什一也。」**豐年補敗，**王制曰：「冢宰制國用，必於歲之杪，五穀皆入，然後制國用。用地大小，視年之豐耗，以三十年之通制國用，量入以爲出。祭用數之仂。喪三年不祭，唯祭天地，爲越紼而行事。喪用三年之仂。喪祭，用不足曰暴，有餘曰浩。豐年不奢，凶年不儉。」所謂耕九餘三，以所餘備凶災。**不外求而上下皆足也。**已有餘，不外求救於鄰國。**雖累凶年，民弗病也。**三十年，則有九年之畜，雖累凶而民食足。**一年不艾而百姓饑〔二〕，君子非之。**君子，孔子也，非其失制用之道。**不言如，**據大夫出竟言如。不繫事不言如，亦因臧孫自請。**爲內諱也。**使如私行，辟國辭也。

二十有九年

春，新延廐。

延廐者，據廐人掌馬政，又在「延」下也。**法廐也。**據路馬之廐名「延」也。**疏**南門，傳曰：「法門。」**其言**

〔二〕「不」，原作「弗」，日新本、鴻寶本同，據傳文改。

新，據臺囿言「築」。**有故也。**據雉門、兩觀言新，先言災，有舊。**有故，則何爲書也？**據脩舊不書。**古之君人者**〔一〕**，必時視民之所勤。**班氏云：「一年物有終始，歲有所成，方伯行國；時有所生，諸侯行邑。春秋穀梁傳曰：『古之人君者，必時視民之所勤。』」**民勤於力，則功築罕；**王制曰：「用民，歲不過三日。凡使民，任老者之事，食壯者之食。」疏大司徒：「四曰弛力。」鄭司農云：「弛力，息繇役也。」大荒乏則令邦國弛力。均人：「凡均力政，以歲上下。豐年，則公旬用三日焉；中年，二日；無年，則一日。凶札則無力政，不均地政。」**民勤於財，則貢賦少；**疏大司徒：「二曰薄征。」大荒則令邦國薄征。均人：「凶札則無財賦，不收地守、地職。」「無財賦，恤其困乏也。財賦，九賦也。不收山澤及地税。」**民勤於食，則百事廢矣。**疏玉藻曰：「年不順成，則天子素服，乘素車，食無樂。至於八月不雨，君不舉。年不順成，君衣布搢本，關梁不租，山澤列而不賦，土功不興，大夫不得造車馬。」**冬築微，春新延廄，以其用民力爲已悉矣。**劉子云：「聖人之於百姓，其猶赤子乎！饑者則食之，寒者則衣之，將之、養之、育之、長之，惟恐其不至大也。召公述職，當蠶桑時，不欲變民事，故不入邑中，舍於甘棠之下而聽斷焉。」

夏，鄭人侵許。

秋，有蜚。劉子云：「蜚色青，近青眚也，非中國所有。南越盛暑，男女同川澤而浴，淫風所生，爲蟲臭惡。是時，莊

〔一〕「君人」，原倒作「人君」，日新本、鴻寶本同，此據傳文乙。

公取齊淫女爲夫人，既入，淫於兩叔，故蜚至。天戒若曰：今誅滅，尚及，否將生臭惡，聞于四方。莊不寤，其後夫人與二叔作亂，二嗣殺死，卒皆被辜。」

一有一亡曰有。 **疏** 蜚，南越蟲，非中國所有也。

冬，十有二月，紀叔姬卒。 不日，失國也，且與葬日相起。

城諸及防。

可城也， 凡城脩舊不譏。此譏者，凶年脩城。**以大及小也。** 據漆、閭邱不言及，大小敵。城無尊卑，言及，則必以大小也。

三十年

春，王正月。

夏，師次于成。

次，止也，有畏也。 **疏** 詳見次郎。**欲救鄣而不能也。** 據與次郎事同。**不言公，** 據郎言公。**耻不能救鄣也。** 郎不耻者，滅在紀。鄣已屬我，爲齊取，故耻深也。

秋，七月，齊人降鄣。 降凡二見，八年郕降及此，皆齊國事。

降， 據在「鄣」上。**猶下也。** 據郕降于齊也。**鄣，** 據郕降，國辭。**紀之遺邑也。** 據言降，知邑；下繫紀事，知紀遺也。遺邑，非齊取未盡，蓋附我者。不繫紀者，因屬内。公救，大之如國。

八月癸亥，葬紀叔姬。不言齊侯，葬有喪主也。**疏**謂紀季主之，不使齊葬，明季存祭祀之功。

不日卒而日葬，閔紀之亡也。**疏**説詳伯姬卒葬。

九月庚午朔，日有食之。鼓，用牲于社。劉子云：「魯二君弑，夫人誅，兩弟死，狄滅邢，徐取舒，晉殺世子，楚滅弦。」

冬，公及齊侯遇于魯濟。内遇四，止于此。皆齊、宋大國也。**疏**魯濟，内地也。濟水經數國地入海，因國名水，從史文也。此北燕、邾葭之比。

及者，内爲志焉爾。遇者，志相得也。齊數言遇，故亦數記災，大國也。**疏**遇于濟，約伐山戎也。莊公許之，而師不出。言遇，明相得也。

齊人伐山戎。劉子云：「齊桓北伐山戎，爲燕開路。」**疏**齊世家：「桓公二十三年，山戎伐燕，燕告急于齊。齊桓公救燕，遂伐山戎，至于孤竹而還。」

齊人者，齊侯也。據獻捷言「齊侯」。**其曰人，何也？**據人微之。**愛齊侯乎山戎也。**愛惜齊侯，不肯使孤軍遠伐戎狄，故不言齊侯，若微者。公羊以人爲貶，説小異。**其愛之，何也？**據齊侯、許男伐北戎言齊侯。**桓内無因國，**因國，所受命者。齊侯爲二伯，自爲主也。**外無從諸侯，**伐北戎有許男，此獨言齊侯。**而越千里之險，**山戎在燕北，以地記計之，有千里之險。**北伐山戎，**據言北燕。**危之也。**劉子云：「魯君臣曰：『桓公師行數千里，入蠻狄之地，必不反矣。』」故危而愛之。**則非之乎？**據危有所致難。**善之也。**據下出齊侯，善其不辟險遠、孤軍深入以攘夷狄。僅善之者，山戎禍淺，僅爲燕。**何善乎爾？**據山戎未見侵伐。**燕，**不言北燕者，南燕微，北燕國大名顯。**周之分子也**〔一〕。召公，周之別子，爲二伯，封於燕國。**貢職不至，**山戎爲燕禍，貢職不通中國，山戎之故。**疏**齊世家：「齊救燕，燕公後脩召公之政，納貢於周，如成、康之時。諸侯聞之，皆從齊。」**山戎爲之**之，爲燕。**伐矣。**劉子云：「齊桓北伐山戎，其道過燕，燕君逆而出竟。桓公問管仲曰：『諸侯相逆出竟乎？』管仲曰：『非天子不出竟。』桓公曰：『然則燕君畏而失禮也。』乃割燕君所至之地以與之。諸侯聞之，皆朝于齊。」**疏**燕世家：「莊公二十七年，山戎來侵我，齊桓公救燕，遂北伐山戎而還。燕君送齊桓公出竟，桓公因割燕所至于燕，使燕共貢天子，如成周時職；使燕復脩召公之法。」

三十有一年

春，築臺于郎。**疏**此内築臺也。與外築臺同文者，用力徵財之事，一也。

夏，四月，薛伯卒。**疏**莊世不卒小國。卒，起築臺也。不名，起不卒。至昭世乃名、乃正卒。

築臺于薛。

〔一〕「分」，原作「別」，日新本、鴻寶本同，此據傳文改。

六月，齊侯來獻戎捷。 劉子云：「齊桓公將伐山戎孤竹，使人請助于魯。魯君進羣臣而謀，皆曰：『師行數千里，入蠻夷之地，必不反矣。』於是魯許助之而不行。齊已伐山戎，至孤竹而欲移兵于魯。管仲曰：『諸侯未親，今又遠伐而還誅近鄰，鄰國不親，非伯王之道。君之所得山戎之寶器者，中國之所鮮，何不以進周公之廟乎？』桓公乃分山戎之寶，獻之周公之廟。明年，起兵伐莒，魯下令丁男悉發，五尺童子皆至。孔子曰：『聖人轉禍以福，報怨以德。』此之謂也。」 **疏** 戎捷者，山戎之捷也。前曰山戎，此曰「戎」者，言「山」，別其種也；言「戎」，致宗廟，舉其大名，不別之。

齊侯來獻捷者， 據齊大國，不親來獻也。**内齊侯也。** 據内同不言使。近世，内本國外諸夏。齊侯不來而言來，内之，如親來，此内諸夏之詞也。**不言使，** 據楚使宜申言「使」。**内與同，不言使也。** 據歸衛寶，内與同，不言使也。 **疏** 齊伐山戎，魯不在，内齊桓，使如内與同，亦主善以内也。**獻戎捷，** 據楚獻捷不言「宋」，此言戎捷。**軍得曰捷，** 據伐乃言捷，戎捷，伐戎所得。楚捷不言宋，不與楚捷於宋。此言「戎」不別「山」者，告廟以大名。**戎菽也。** 言所獻有戎菽也。 **疏** 管子云：「伐山戎，出冬葱、戎菽，布之天下。」劉子云：「桓公分山戎之寶，獻之周公之廟。」按：戎菽，以「菽」繫「戎」，如郜鼎也；中國所無，因此傳種。傳獨言之以記異。

秋，築臺于秦。 劉子云：「又因凶饑〔二〕，一年而三築臺，飾榭，禍流二世〔三〕。」

〔二〕「又」，原作「公」，日新本、鴻寶本同，此據漢書五行志改。
〔三〕「二」，原作「三」，日新本、鴻寶本同，此據漢書五行志改。

不正罷民三時，凶年均力。今春夏秋三時接續，勞民築臺，民力盡也。**虞山林藪澤之利；**謂築臺財用取之于山澤，與民争利，財盡則怨也。**且財盡則怨，**虞利也。**力盡則懟，**勞民也。劉子云：「孔子曰：『治民懔懔焉若枯索馭奔馬。』子貢曰：『何其畏也？』孔子曰：『夫通達之國皆人也，以道導之〔一〕，則吾畜也；不以道導之，則吾讐也。若何而不畏？』」**君子危之，故謹而志之也。**據築不志，因凶年三築而志之。**疏**劉子云：「太公曰：『治國之道，愛民而已。利之而勿害，成之而勿敗，生之而勿殺，與之而勿奪，樂之而勿苦，喜之而勿怒，此治國之道、使民之要也。民失其所務，則害之也；農失其時，則敗之也；有罪者重罰，則殺之也；重賦斂者，則奪之也；多徭役以罷民力，則苦之也；愛而擾之，則怒之也。故善爲國者，遇民如慈父之愛子、兄之愛弟，聞之饑寒爲之哀，見其勞苦爲之悲。』」**或曰：倚諸桓也。**倚，讀若奇，異也。**疏**桓能遠出討罪，莊不從桓，乃遠出爲人築臺。築臺，過舉；伐戎，得正。非不勤民而功過異致，譏公也。**桓外無諸侯之變，内無國事，越千里之險，北伐山戎，爲燕辟地。**傳言此者，善齊桓也。**魯外無諸侯之變，内無國事，一年罷民三時，**謂三築臺也。**虞山林藪澤之利，**即謂築臺所費，非指築微也。**疏**不從齊伐山戎，乃又不與民脩養，因凶徭役，罷盡民力，譏其空勞民力。**惡内也。**凶年勞民搜利，又倍大國，惡也。

冬，不雨。劉子云：「不傷二穀，謂之不雨。」是歲一年而三築臺，奢侈不恤民之效。

〔一〕「導」，原作「畜」，日新本、鴻寶本同，此據説苑政理篇改。後同。

三十有二年 **疏**曹世家：「釐公立九年卒，子昭公般立。」經不卒釐公〔一〕。

春，城小穀。 劉子云：「是時，諸侯爲管仲城穀以爲之邑乘，春秋書之，褒賢也。」 **疏**言小穀者，别于穀也。自齊言之，但云穀。

夏，宋公、齊侯遇于梁邱。 以宋先齊。遇禮，近者爲主也。外遇三，止於此，齊、宋、衛、陳、鄭。 **疏**經言遇者六，終于此，皆中國大國。外州國通不言遇，小國亦不言遇。鄫子、季姬又爲變例。

遇者，志相得也。 **疏**諸侯皆不疑也。志宋者，以大主之。**梁邱在曹、邾之間，**曹在魯西，邾在魯南。**去齊八百里，**以圖籍攷之，相去八百里。**非不能從諸侯而往也。**此如扈盟也。八百里，遠矣。桓遠出會梁邱，則諸侯從者多矣。**辭所遇，**方千里二百一十國，今八百里中諸侯多矣。今不序此小國，是以辭之也。**遇所不遇，**據梁邱非齊、宋來往之道。宋公，不遇者也。遇所不遇，明因期地乃會辭也。**大齊桓也。**不言會而言遇，齊桓得諸侯也。 **疏**遇禮以近爲主。序則當云「宋公、諸小國、齊侯遇于梁邱」，反使小國主齊侯，是小齊侯。故盡削小國，獨舉宋，以宋大國，大宋即以大齊也。不嫌獨有宋者，地梁邱，諸侯在之辭也。不嫌實遇者，地梁邱，非遇之辭也。外疑目宋，内疑目公，由外及内也。内相得，言魯濟；宋相得，言梁邱，由内及外也。

〔一〕 廖宗澤補疏：春秋二輪，除隱、桓、定、哀以外，莊、僖、襄、昭皆三十二年，二公合成八八之數，統計四公共成一百二十八年，幾占春秋全年之半而有餘。襄公三十一年，僖公三十三年，酌盈補虚，合全卦之倍數。

秋，七月癸巳，公子牙卒。 劉子云：「哀姜通于慶父、叔牙，謀弑，卒皆被辜。」此惡也，如正卒者，諱也，如子般日卒也。此何所見？曰：莊不卒大夫。此卒，知不卒者；日不卒，知不日。不言刺，大惡未成，不目其事，親親之道，爲季子録之也。 **疏** 牙飲藥而卒，非其殺之，如正卒，故日，爲季子諱也。

八月癸亥，公薨于路寢。 劉子云：「人主智能知賢，而强不能決，猶豫不用，而大者死亡，小者亂傾。以莊公不知季子之賢，安知疾將死，召季子而授之國政？能見賢而不早用，卒以賊嗣。」

路寢，正寢也。 正寢，君疾所居。 **寢疾，** 疾將死爲寢疾，謂移居正寢之疾。小疾，居内寢，使侍疾。 **居正寢，** 據或言高寢、楚宫、臺下。 **正也。** 得正終之道。 **男子不絶于婦人之手，以齊終也。** 内寢，婦人之居，燕居在内寢。至疾革，則必移居，不使婦人主之。死當正終，在内，嫌褻也。故婦人亦不絶於男子之手，皆以明慎終之義。

冬，十月乙未，子般卒。 劉子云：「公薨，子般立。慶父與哀姜謀，遂弑子般於黨氏，立叔姜之子，是爲閔公。」 **疏** 班氏云：「父殁，則稱子某者，屈於尸柩也。緣始終之義，一年不可有二君也。」按：禮：未葬，稱子某；既葬，稱子；踰年稱君。

子卒日， 據子野日卒。 **正也。** 據野正卒，正卒禮詳。 **不日，** 據子赤不日。 **故也。** 據宣弑也。宣弑自立言即位，無所見，去日以起爲弑也。 **有所見，** 據閔不言即位，與莊同也。 **則日。** 據赤無所見乃不日。内諱弑，以不日起之。至于有所見，則不去日。則一見不再見之例，從一決。 **疏** 閔不言即位，有所見；宣言即位，無所見，故般日而赤不日，以有見、不見故也。

公子慶父如齊。慶父弑子般，季子奔陳，慶父未嘗奔也。不言季友之奔而外慶父於齊者，討之也。夫人至自齊而曰「孫」，慶父未出而曰「如」，討賊之義也。何以言「如齊」？閔公爲齊所立，所以責齊也。使慶父弑君者，桓公之過也。**疏**傳以爲奔，不言奔者，爲下再奔地也。此諱言「如」，下乃奔之。若此言「奔」，則罪已明。再入爲亂，則齊桓之罪大矣。

此奔也，未如言「如」，春秋討其罪，放逐之辭。齊桓未討，春秋乃逐之也。**其曰如，何也？**據公子友如陳言葬。此如常辭，既討其罪，則當以「奔」言之，乃如其罪。**諱莫如深，**諱，謂不言弑。若言奔，則觸弑，故諱欲其深。**疏**推其諱惡之心，惟恐所藏猶淺，所辟未盡，一有破綻，其跡顯著，則有失本意。故欲諱，則從其深。**深則隱。**能深，則彌縫辟諱其迹。務化其迹，乃爲諱之善。**疏**如諱此弑，諱牙殺矣。諱子弑，從日矣。又諱奔言如。諱之備，則其事隱矣。論語曰：「隱惡而揚善，父爲子隱，子爲父隱。」**苟有所見，**春秋微而顯，隱而著。諱國惡，本爲臣子之義。然使别無微文見義，是因諱而失其實，此不可也。故有一諱，必有一見。諱以辟指斥之非，見以著「莫見乎隱」之義。此下文不言即位，有所見。**疏**見與隱反。中庸「莫見乎隱」，謂春秋隱、見備舉。從臣子之義，爲之隱諱；從王者之法，爲之著見。隱見如陰陽無始，循環無端。隱之非以養奸，隱之深必見之著也。**莫如深也。**但得所見，則不如深之以專其義，不再於别條見義。此左傳所謂「微而顯」、董子所謂「約而明」也。

狄伐邢。春秋非同盟之國不言夷狄之事。邢非州國，此何以言之？爲伐者之爲晉也。晉伐何爲以狄言？二伯一伐一救，不可爲訓，故辟之也。盟唐，晉託之戎；此伯，爲託於狄。自此以下，皆以狄言。初託戎，後託狄，王化自西而北也。不言東南，畧之也。外州不言戎狄，皆夷也，不以夷狄言之。稱子之國不言子者，夷之。言戎狄之事者，大國齊、晉、宋，次國魯、衛、鄭，小國一言曹、邢而已，示例也。**疏**邢不專記事，此專記者，見伐邢之爲晉也。韓非子説：「晉伐邢，桓公待其亡爲救之。」

閔公按：漢藝文志：今文春秋皆十一卷，師説以閔附莊末。三年不改父道，故附于篇末。左氏經文則别爲一篇，故古經十二卷。今從舊例，以閔附莊公之末，仍爲十一卷焉。**疏**魯世家：「莊公卒而季友立班。十月己未，慶父使圉人犖殺魯公子般於黨氏。季友奔陳。慶父竟立莊公子開爲閔公〔一〕。」

元年年表：周惠王十六年，齊桓公二十五年，晉獻公十六年，宋桓公二十一年，衛懿公八年，陳宣公三十二年，蔡穆侯十四年，鄭文公十二年，秦成公三年，楚成王十一年〔二〕，曹昭公元年。

春，王正月。

繼弑君，指世子般爲慶父所弑。**不言即位，正也。**再發傳者，嫌未踰年君有異。**親之，非父也；**據閔

〔一〕廖宗澤補疏：隱桓，定哀二公同二十九年，莊、僖六十五年，襄、昭六十三年，文、宣、成同爲十八年。立乎定、哀以望隱、桓，同於二十九年。其中也，文、宣、成三公五十四年，惟莊、僖六十五年，以較襄、昭，少二年，加以閔公二年，春秋十一卷前後相差惟此四年耳。

〔二〕「十一」上原衍「三」字，日新本、鴻寶本同，此據史記十二諸侯年表删。

於般爲兄弟。般未有子。閔公，哀姜娣叔姜之子。**尊之，非君也。**據般未踰年未成君。諸侯踰年乃稱君者，一年不二君也。**繼之，**閔公繼子般，不繼莊公，以般已即位。**如君父也者，**據不言即位，與莊公同，如繼君父。**受國焉爾。**禮：爲人後者爲之子。天子諸侯以大宗爲重。凡嗣君于故君皆如子，不拘世次。閔、僖兄弟，傳言「祖、禰」是也。

疏般、閔以弟繼兄，以兄爲君父；閔、僖以兄繼弟，以弟爲君父。諸侯盡臣諸父昆弟，爲之臣者，與子同也。

齊人救邢。管子：「狄伐邢，邢君出奔於齊。桓公築夷儀以封之，予車百乘，卒千人。」**善救邢也。**存中國攘夷狄，善事也。

疏善之，故言救；人者，不足乎揚。齊桓不早救，待其敗亡而後救之。

夏，六月辛酉，葬我君莊公。先君未葬，得稱君即位者，禮：以殯爲斷。未踰年，雖葬不稱君；已踰年，未葬得改元；未殯乃不即位。

莊公葬而後舉謚，謚由會葬，不書者，常事也。**謚所以成德也，於卒事乎加之矣。**解見桓公。十月乃葬，故也。

秋，八月，公及齊侯盟于洛姑。公何爲與齊盟？閔之立，齊桓與有力焉。言盟，以見子般之弒由於齊也。爲齊侯諱，故託以爲盟納。

疏左氏：「閔公，哀姜之娣叔姜之子也，故齊人立之。」慶父立閔公，專政，不能謀納季子，公何又不能自主？據世家，季子閔弒後，乃由陳如邾。

盟納季子也。此慶父與齊盟，立閔公耳。爲賢者諱，故託以爲盟納季子也。

季子來歸。 此季子奔陳，其言來歸何？因季子之奔，一月有弑君之禍，不忍言其奔，而以「來歸」喜之也。何以於此乃書？因齊之盟而志之，爲桓公諱也。季子於莊公未薨時，未討公子牙而立子般，既立般，何以不能保衛，爲慶父所弑？何以不自討慶父而出奔陳？慶父與季子賢奸不兩立，既因齊人立閔公，何以能使閔公與齊會而盟納季子？蓋慶父之弑子般，實藉齊人之力，季子不能討而出奔陳，齊近陳遠，齊又賢，不奔齊而奔陳，明閔公爲齊立，齊叔姜子，故急欲立之耳。

疏 季子之事，可疑殊甚。奔陳不書，既書其歸而無出文，且藉齊之力而歸，宜有以制慶父。魯人喜其歸，既歸而再有弑君之事，則又何喜之有？文姜至自齊而曰「孫于齊」，季子奔于陳而曰「來歸」，文例一也。喜歸者，望辭，懼有禍而望其歸，所以深惡齊桓也。

其曰季子， 據如陳不字，卒字不子。**貴之也。** 據與王季子同。子者，貴在名、字上，所謂「字不如子」也。季子貴不如高子，亦稱子，内外辭不同。季者，字也；子者，貴之也。不言公子者，言公子必以名，故言字氏「季」。從名而字，從字而子，加二等也。

疏 子者，人之尊稱，非爵也。人於卑者名之，敵者多字，尊者則子之。凡子游、子夏、穀梁子、尸子、公扈子之「子」，皆尊稱之辭。春秋子不爲爵，雖滕子、邾子亦是也。稱字舉伯、仲，正如今人字爲舉行，子則稱君、公之比。

其曰來歸， 據内不言來歸，與内女反曰來歸同。**喜之也。** 據來如外來。已奔，絶於國；言來，喜得之。歸者，以内爲家，繫於内，如女反也。

疏 按：盟納季子及來歸，三傳説皆同。此就經文書意言之。内賢臣不能討，有伯者而助亂，皆所不忍言，故託之於此耳。

冬，齊仲孫來。 公子慶父不當繫于齊國，以親親之故，爲之諱而謂之齊仲孫，去其公子之親也。故有大罪、不奉其天者，皆絶其天倫也。　**疏** 仲孫，左氏以爲湫，公羊以爲慶父。攷公羊子女子説，明知仲孫爲齊湫。以春秋之法説春秋，則以仲孫託之慶父。齊桓立閔公，起再弑之禍，爲賢者諱，不可明言，又不可全失實，故其説如此。三傳相同，一就事實定，一就經意言。以原有二仲孫言來繫齊本爲例，而經不見齊仲孫之文，故以齊無仲孫也。

其曰齊仲孫， 據齊經無仲孫，知仲孫，慶父也。　**疏** 奔齊不當氏齊。季子言來歸，以齊無仲孫，魯無單，鄭無祭，陳無女、原，以周有單、祭，知同爲天子大夫氏族之學也。　**外之也。** 據繫于齊，外之也。　**疏** 弑賊不再見，已弑而奔，又反魯，外之弗有，從良霄、欒盈之比。　**其不目，** 據目，如公子慶父。　**而曰仲孫，** 據公子之孫乃氏王父。　**疏** 公子，親也，而目仲孫，與仲遂同。傳曰：「不目公子、公孫，疏之也。」不名者，方外于齊，不可名之也。　**其言齊，** 據欒盈不反繫楚，慶封繫齊。　**以累桓也。** 齊桓立閔，故起再弑之禍。慶父專，季子奔，皆齊爲之，故雖爲桓諱，而繫齊以累之。

二年

春，王正月，齊人遷陽。 稱人，微之。月者，微國不地。陽不復見。

夏，五月乙酉，吉禘于莊公。 王制：「天子諸侯宗廟，春曰礿，夏曰禘，秋曰嘗，冬曰烝。」按：此在夏，蓋時祭也。

吉禘， 據禘于大廟不言吉。　**不吉者也。** 王制曰：「喪三年不祭。」　**疏** 言吉者，祭爲吉禮。除喪不言吉，居喪言吉，明不吉也。吉時吉不見，此明名理也。　**喪事未畢，** 喪於五禮屬凶。　**而舉吉祭，** 喪大記曰：「禫而從御，吉祭而復寢。」士虞記曰：「中月而禫，是月吉祭猶未配。」班氏云：「二十七月而禫，通祭宗廟。」**故非之也。**譏不三年也。**疏**此今文説也。古文説：卒哭而成事則祭，但其禮簡畧而已，今文説則全不祭也。

秋，八月辛丑，公薨。劉子云：「閔公既立，慶父與哀姜淫益甚，又與慶父謀弑閔公而立慶父。遂使卜齮襲弑閔公于武闈，將自立。魯人謀之，慶父恐，奔莒，哀姜奔邾。齊桓公立僖公。聞哀姜與慶父通以危魯，乃召哀姜，酖而殺之。魯遂殺慶父。」

不地，據當地武闈。**故也。**據隱不地。不忍言僵尸之處。**其不書葬，**據孫于齊、葬桓公、孫邾，討賊辭，又爲齊桓酖殺之。**不以討母葬子也。**據文姜以妻弑夫，罪重得討，又實未討，故文葬桓公以成其討。哀姜之討，實事而罪輕。於文因其甚明不加葬。以此之不討葬，起前之討葬也。閔，叔姜子；言母，統于嫡。此之母子，從文姜夫妻言之，一輕一重，一虚一實，因文如此。婦人夫死從長子，非謂君母弑君，臣子不當討也。

九月，夫人姜氏孫于邾。劉子云：「夫人與慶父淫，弑二君。國人攻之，夫人孫于邾，慶父奔莒。」**疏**此討賊也，但從奔起義。不追戮者，緩追逸賊，親親之義。賊在外，已爲討賊；議親之禮，如不同國。以此與文姜孫爲討賊。

孫之爲言猶孫也，諱奔也。據慶父言奔。夫人尊與君同，言奔，是臣下逼逐之。春秋既諱弑，並諱奔，若謙讓孫位而去，如善詞。大夫言奔，以君奔之，故不諱。**疏**孫例日。此不日，有罪，惡之也，與文姜不日同。慶父時者，卑于夫人也。

公子慶父出奔莒。出奔例日，有罪不日，與叔孫得臣得卒同。

其曰出，據内奔不言出，前奔言「如」而已。**絶之也。**上言如，爲辟。此奔，據周言「出」失天下，知此絶之言「出」。**慶父不復見矣。**據上言「如」。于此再見者，弑君賊不再見，見者，討之也。此逐而殺之。言「出」不言「殺」，緩追逸賊，言出而已。不目言刺，爲内諱也。

冬，齊高子來盟。天子卿稱子，高子何以亦稱子？大國大夫視天子之卿。**疏**齊世家：「桓公二十七年，魯閔公母曰哀姜，桓公女弟也。哀姜淫于魯公子慶父，慶父殺閔公，哀姜欲立慶父，魯人更立僖公。桓公召哀姜，殺之。」**其曰來，**據前盟地洛姑。**喜之也。**據來接内。時魯無君，高子來盟，立僖公。言來，喜之。不言前定者，時魯無君也。**其曰高子，**據天子卿稱子。齊高，氏名例也。**貴之也。**貴者，因其可貴而貴之。天子三公爲伯，齊爲二伯，其卿亦得同天子之卿，故稱子，一見以明其貴，餘仍從内辭稱名氏。左傳曰：「有天子之二守國、高在。」**盟立僖公也。**據魯無君也，與暨盟納子糾同。**不言使，何也？**據大國言使，許以下乃不言使。**不以齊侯使高子也。**「公」乃可以使「子」。「侯」如天子卿，「子」亦天子卿之稱，以侯使子，是品秩相同也。春秋子者，尊貴之稱，與侯相同。不稱齊公，故不可言使。天子大夫稱字，陳侯得使女叔，是二伯得使子。不言使，辟齊侯爵不稱公耳。

十有二月，狄入衛。劉子云：「衛懿公有臣曰泓演，使未還，狄人攻衛，其民曰：『君之所與禄者，鶴也；所富者，宫人也。君使宫人與鶴戰，余焉能戰？』遂潰而去。狄人追及懿公于滎澤，殺之，盡食其肉，獨舍其肝。泓演報使于肝畢，呼天而號，盡哀而止，曰：『臣請爲表。』因自刺其腹，納懿公之肝而死。齊桓公聞之，曰：『衛之亡也以無道，今有臣若此，不可不存。』於是救衛于楚丘。」不言懿公之死，失道，畧之也。時文公嗣立，不言滅，爲齊桓諱。按：衛侯一不志卒，蔡侯二不志卒。**疏**衛世家：「懿公即位，好鶴，淫樂奢侈。九年，翟伐衛，衛懿公欲發兵，兵或畔。大臣言曰：『君好鶴，鶴可令擊翟。』翟於是遂入衛，殺懿公。懿公之立也，百姓大臣皆不服。自懿公之父惠公朔之讒殺太子伋代立至于懿公，常欲敗之，卒滅惠公之後而更立黔牟之弟昭伯頑之子申爲君，是爲戴公。」

鄭棄其師。鄭者，夷狄之；棄民，故有不君辭。

惡其長也，長，帥也，謂高克。**兼不反其衆，**鄭君惡高克，使將兵，久而不召，師散而歸。**則是棄其師也。**

劉子云：「天之生人也，蓋非以爲君；天之立君也，蓋非以爲位也。夫爲人君，行其私欲不顧其人，忘其位之所宜事也，如此者，春秋不與能君而夷狄之。鄭伯棄一人而兼棄其師，故有『夷狄不君』之辭。人主不以此自省懼，既已失實，心奚因知之？故曰：『有國者不可以不學春秋。』此之謂也。」**疏**傳曰：「梁亡、鄭棄其師，我無加損焉，正名而已矣。」按：此名家所祖也。棄師，大惡，且非人情，事理所無，人所不受。而「惡長」不忍，其事至此，不加貶絶而罪惡見者，此類皆是也。

重訂穀梁春秋經傳古義疏卷四

僖公名申，莊公子，閔公庶兄，閔弑，季子奉而立之。　**疏**僖爲有伯之世，十七年以前，齊獨伯；二十七年以後，晉爲伯。其中十年，天下無伯，宋爲間閏居於其間。此世政在諸侯，大夫不專兵。

元年年表：周惠王十八年，齊桓公二十七年，晉獻公詭諸十八年，宋桓公御説二十三年，衛文公燬元年，陳宣公杵臼三十四年，蔡穆侯肹十六年，鄭文公捷十四年，曹昭侯三年，秦穆公任好元年，楚成王惲十三年，杞惠公十四年。

春，王正月。

繼弑君不言即位，即位如繼立，不言即位，則繼立之君不詳矣。**正也。**劉子云：「春秋賢僖公。」

齊師、宋師、曹師次于聶北，救邢。救者，不獨三國之師，大國言齊、宋，近國言曹；無所見，則從畧也。

救不言次，救，急事也；次，則遲延不進，失救急之道。春秋凡次，則不以救許之。言救，則次不可同見。　**疏**據前救邢不言次。救，善舉也；次，有畏。救不宜次。**言次，非救也。**師久在聶北，邢國已危，不能相救。　**疏**據公次于郎，本救紀，以次不言救。**非救而曰救，何也？**加救言次，知有所起。　**疏**據次郎、次成，皆不言救。**遂齊侯之意也。**志在救而事未成，春秋遂其意而言之。　**疏**齊侯伯者，後有城邢之功，善善善終，故如其意言救。**是齊侯與？**怪其稱「師」。**齊侯也。**據言曹師。**何用見其是齊侯也？**會北杏，諸侯書「人」，猶出齊侯。**曹無師，**據君將言「伯」，臣將言「人」，無言「師」者。卒正有一軍，以「無師」言者，無大夫也。軍統于大夫，無大夫，故亦無軍。**曹師者，曹伯也。**師重於人，言師，知是君；非君，例言人。以曹君在，知齊侯在也。**其不言曹伯，何也？**據「楚子、鄭師敗績」，師、爵同見。**以其不言齊侯，不可言曹伯也。**言師者，大夫也。曹伯者，君也。曹不可在齊上，君不可在大夫下，故不可言曹伯。**疏**大夫不主諸侯。言曹伯，明齊侯在。**其不言齊侯，何也？**據救，善事，成其美，宜出齊侯。**以其不足乎揚，不言齊侯也。**其義近於貶之。**疏**據管子，時師已出，遲留不進，待邢亡，然後救之，以要存亡繼絕之功。言次，爲齊桓諱；不言齊侯，亦諱文。

夏，六月，邢遷于夷儀。管子：「狄伐邢，邢君出致于齊〔一〕，桓公築夷儀以封之，予車百乘，卒千人。」**疏**按：邢、衛，魯之同姓也。狄人滅之，春秋爲諱，避齊桓也。夷儀，邢邑。衛滅邢，後爲衛邑。

遷者，據國在「遷」上，與爲人所遷異。**猶得其國家以往者也。**齊遷之，以自遷爲文者，諸侯不專封，成桓之善，故不言齊遷之。言救，則遷可見。**疏**據自遷遷後復見，知未失國家。**其地，**據宿不地。**邢復見也。**據下有邢。邢遷言遷，衛遷不言者，邢小國，衛爲方伯；邢可言，衛不可言。**疏**自遷者，國未滅；爲人所遷，國滅

〔一〕「致」，原作「奔」，據管子大匡、日新本、鴻寶本改。

之辭。滅則不復見，自遷則復見。復見則繫地；不復見，已無其國，不更地之也。

齊師、宋師、曹師城邢。 此言城邢，下不言城衛；此言齊師，下不言齊師者，邢，卒正微，不如衛方伯尊，邢猶可言，衛則不可言也。且春秋其文互見，因此有所見，故下可以不見。因下義不可見，可以悟此亦義不可見。使皆不見，則反如自遷，故擇其可言者，一言之以見例，然後乃可以不言也。此筆削相救之道也。

是向之師也， 再叙三師，並出曹師，知向師。**使之如改事然，** 據「滅項」、「遂伐楚」不再叙。此不異事，再叙師，是改事之辭。**疏** 實未改事，春秋再序，使之如改事。春秋變實而存名，當先求其實，而後知其名，不可如名家之循名責實也。**美齊侯之功也。** 前聶北救言次，非救之辭。此城邢，有存亡之功，故再出「師」，使如師初無功，改事乃有功。善善樂終，再叙以成前事。不言齊侯者，起爲向師也。

秋，七月戊辰，夫人姜氏薨于夷。 劉子云：「齊侯聞哀姜與二叔通以危魯，乃召以酖殺之。」**疏** 齊世家：「魯閔公母曰哀姜，齊桓公女弟也。哀姜淫於魯公子慶父，慶父弒閔公，哀姜欲立慶父，魯人更立僖公。齊桓公召哀姜，殺之。」夷，齊地。先言夷，後言「以歸」，知以歸薨之。

夫人薨，不地； 據文姜不地。**地，故也。** 據公薨不地，故也。公薨在内外皆地，不地，則故。夫人薨在内外皆不地，唯故，乃地。以婦女無外事，故在外亦不地也。

齊人以歸。 「以歸」，執辭也。内不可目執，因薨後夫人不能自行，乃可言「以歸」，實則「以」在「薨」先，春秋變其先後之實。**疏** 齊以哀姜歸而戮之，魯僖公請而葬之。

不言以喪歸，據歸在薨後，當加喪文，如「叔姬之喪以歸」言喪也。**非以喪歸也。**非以喪歸，則實以夫人歸也，執之以夫人歸之詞也。是知「以歸」後乃薨也。**疏**既喪，則不應以歸也。「以歸」，執詞，明執夫人也。**加喪焉，**據本執夫人以歸。經乃先加「薨」文，後乃言「以歸」。**諱以夫人歸也，**據「以歸」，執辭，執後言薨，則殺之之跡顯。故預加喪文，使如薨事以歸，則夫人見殺於齊之事隱矣。**其以歸薨之也。**執之於邾，故言「以歸」。

疏召之至齊，反於魯，至夷乃酖殺之。薨之者，爲齊所酖，非自薨之文。經言夫人薨，猶如自薨，傳所謂「舉上」也。

楚人伐鄭。荆始書楚，稱人，少進之。**疏**鄭者，中國也，言伐鄭，惡其以夷狄治中國。志伐鄭，起檉謀救鄭。

八月，公會齊侯、宋公、鄭伯、曹伯、邾人于檉。檉，宋地，謀救鄭也。陳、蔡不序，從楚也。衛不序，有難也。小國，齊伯言曹、邾，晉伯乃詳録。**疏**鄭已在會，左以爲救鄭者，思所以禦楚也。

九月，公敗邾師于偃。偃，服虔以爲魯地。以夫人奔，故伐邾也。邾無師，以公敗之言「師」也。

不日，疑戰也。疑戰而曰敗，勝内也。勝邾，所以能自立，此季子之功也，連勝二卒正。

冬，十月壬午，公子友帥師敗莒師于麗，獲莒挐。麗，魯地。傳例曰：「獲者，不與之辭。」以慶父奔，故來戰也。以上公五敗外師，以下大夫三敗外師。前無大夫敗，後無君敗。僖以下，權在大夫也。

莒無大夫，王制曰：「小國二卿皆命于其君。」**疏**據大夫盟會稱人，無命大夫也。莒，魯屬國，在曹下；無大夫，亦無師。其大夫見皆不氏，非命大夫也。**其曰莒挐，**據在盟會，莒稱人。**何也？**據莒慶隨衛侯乃言之。

以吾獲之目之也。據外事，莒不見大夫；録内，故言莒挐。**内不言獲，此其言獲，何也？**内戰所獲疏穀梁義例者，義不可言獲。言獲，則惡詞也。如宋萬不言獲，亦是也。**惡公子之紿。**師説惡紿乃言獲。公羊内惡諱，嚴謹。獲，惡辭；敗，病辭。内不言獲言敗。言獲言敗者，皆以惡主之。内惡無遺，目之，故不復諱。公羊內惡諱，故以二事皆爲善；可以不諱，乃目之，與宋襄事同也。**紿者奈何？**問紿事實。**公子友謂莒挐**左傳：「莒挐，莒子之弟。」**曰：「吾二人不相説，**莒求賂，季子拒之，故相戰。**士卒何罪？」屏左右而相搏，**先本列陳，公羊所謂「偏戰」也，後乃去士卒。**公子友處下，**謂力不勝。**左右曰「孟勞」。孟勞者，魯之寶刀也，公子友以殺之。**戰事，左傳不詳，此當據以相補。**然則，何以惡乎紿也？**據慶父奔莒，有討賊之義，勝則當褒之。**曰：棄師之道也。**春秋重師，鄭棄其師，有夷狄之辭。公子友，貴矣；師，衆矣；與小國大夫戰，不脩師陳之具，而以徒搏相紿，非道而行，有棄師之道，故言「獲」以惡之。獲，惡詞，不避者，敗莒以討慶父，因其事善，故斥「獲」以明用師之道，不諱以明討賊之義也。疏公羊以此獲爲大季子，傳以爲惡紿，蓋公羊就本事言之，傳則專就相搏一節立説。公羊言其大體，本傳説其細節。二者相合，其義乃足。

十有二月丁巳，夫人氏之喪至自齊。

其不言姜，據薨言姜氏。**以其殺二子，**謂子般、閔公。**貶之也。**據文姜孫齊不言姜氏，貶，弑君也。夫人無母子恩，故絶其骨肉之親以貶之。於薨後乃去姜，罪減於文姜，亦不討母葬子之義。疏此説公羊同。**或曰：**按：此説同左氏。左氏云：「君子以齊之殺哀姜爲已甚矣。」**爲齊桓諱殺同姓也。**傳曰：「爲賢者違過。」夫人於齊桓有大功，親有罪，齊桓討之，有傷親親之義。然伯者得討亂，故諱去氏以起殺同姓，謂若不氏姜，先絶去其氏，使其得討之。言諱者，明有親親義。

二年

春，王正月，城楚丘。劉子云：「狄攻衞，大破之。衞侯奔走，涉河而南至楚邱。齊桓爲存之，遂城楚邱以居。」月者，譏專封。**疏**衞世家：「戴公申元年卒。齊桓公以衞數亂，乃帥諸侯伐翟，爲衞築楚邱，立戴公弟燬，是爲文公。文公初立，輕賦平罪，身自勞與百姓同苦，以收衞民。」

楚丘者何？據内城不月，疑國詞。**衞邑也。**據圖籍，國在楚邱。**疏**據戎伐凡伯于楚邱以歸。戎，衞，知衞邑。**國而曰城，**外城詞如城杞也。**此邑也，其曰城，何也？**據城邢。邢，國也。**封衞也。**劉子云：「懿公無道，爲狄所滅。齊桓公帥諸侯伐狄，而更封衞於河南曹〔一〕、楚邱，是爲文公。而河内殷墟，更屬於晉。」

疏據言城，知封衞也。衞遷楚邱，因爲城之，封衞於楚邱，邑而爲國，故有國詞。**則其不言城衞，何也？**據桓實城衞。春秋言城邢，何言於衞獨異？**衞未遷也。**春秋不言衞遷也。**疏**據邢遷地夷儀，言邢即夷儀，可言城邢。衞無遷文，言城衞，則是舊都無以見楚邱，故言城楚邱，不言衞也。**其不言衞之遷焉，何也？**據桓實遷衞，經言邢遷，此亦當言衞遷於楚邱。**不與齊侯專封也。**言邢者，邢小，猶可借以起實。衞大，不可言。且譏

〔一〕「曹」字原脱，日新本、鴻寶本同，此據漢書地理志補。

城衛，則城邢之實可見；言遷邢，則遷衛之實可見，互見以相起也。**疏**言衛遷，是棄舊都，別封於楚邱。不言遷，是舊都猶在，辟專封之名，「實與而文不與」。故不出齊侯、不言遷，以辟其名。**其言城之者，**據如內自城辭。**專辭也。**專，謂不稟命於天子而自主之。**疏**言城以起專封之實。不言齊侯，以避其名；不言衛自城，以存齊侯之功。**故非天子不得專封諸侯，**傳曰：「古者天子封諸侯。」又曰：「君不尸小事，臣不專大名。」禮：二伯代天子巡守，例得攷功黜陟。然封諸侯必先告命於天子，以天子命封之。今桓封衛，未奉命於天子而自封，專制其事，以僭天子。**疏**邢言「遷」者，邢，小國，二伯代天子巡守，得黜陟之，故言遷也。衛，方伯國，受命諸侯爲一州長，二伯不得黜陟之，故不言遷以辟之也。**諸侯不得專封諸侯。雖通其仁，**通其存亡之義。言城，與也。**疏**通，謂通其事於經。如言城，是與其專封。**以義而不與也。**辟其專封不言遷，不出齊桓也。**疏**陸賈引傳曰：「仁者以治親，義者以利尊，萬世不亂，仁義之所治也。」**故曰：仁不勝道。**荀子云：「君子處仁以義，然後仁也；行義以禮，然後義也；制禮反本成末，然後禮也。三者皆通，然後道也。」道者，仁、義、禮之合，故曰：仁不勝道。**疏**春秋仁義之實，皆歸於道；上下之尊，皆歸於天；道出於天，仁義出於君。中庸云：「天命之謂性，率性之謂道，脩道之謂教。」地理志山陽郡武城下云：「有楚邱亭。齊桓公所城，遷衛文公於此。子成公徙於濮陽。」

夏，五月辛巳，葬我小君哀姜。哀姜者，莊公之夫人也。

虞師、晉師滅夏陽。至此乃出晉者，不使與齊爲禮也。此里克、荀息也。不言其人，從虞言之也。虞，小國，無大夫，言大夫不氏，與大國異。無師言師，與大國同者，卿文師實，文變而實不變，故紀實也。疏此滅二國辭。不日者，春秋中國同盟者日，不同盟不日；近者月，遠者時；以遠、近爲時、月之分。

非國而曰滅，據言滅皆國。夏陽，虢邑。疏知邑者，按圖籍攷之。**重夏陽也。**從重言之，邑從國辭。疏虢者，二伯，春秋雖及滅國，亦不見虢文者，所以避鄭也。內四州祇立一伯，初見鄭伯，後見齊桓。外州諸侯未見，不能立二伯，故不言虢，因亦不早言晉。虢滅之後，然後出晉。**虞無師，**傳曰：「小國一軍。」疏晉未伯時，以爲冀州伯。虞，其所屬之小國，如魯之曹、莒，故曹無師，虞亦無師，以內卒正推得之。小國有一師，言無師者，師統於將，無大夫，則是無師也。言師，不異於大國者，據實有一師也。**其曰師，何也？**據曹言師，君在。**以其先晉，**以大小之序，晉時爲方伯，虞爲所屬，小不可先大。**不可以不言師也。**「人」不得居「師」上，貴賤之序。**其先晉，何也？**據小不先大。**爲主乎滅夏陽也。**虞主兵。凡小國從大國，雖爲小國事，亦序大國後，以二伯統天下也。此虞先序，罪虞自滅之詞，春秋之變文也。疏曹非主兵，不可以在齊上；又齊是君，不可以先之。此先虞者，罪之也。**夏陽者，虞、虢之塞邑也。**劉子云：「虞、虢，皆小國也。虞有夏陽之塞，虞、虢共守之，晉不能禽。」疏虞、虢，二國。經見虞，爲不見虢，以夏陽代之，此孔子特筆。紀年乃亦言「滅」，此作僞者仿春秋爲之。當時之史，不如此也。**滅夏陽而虞、虢舉矣。**下不言滅虢、滅虞者，從此滅通之也。滅一邑而兩國舉，故於此言滅。下滅二國不見，以二國之存亡繫此邑也。此釋不言二國滅而言夏陽滅。**虞之爲主乎滅夏陽，何也？**據夏陽亦虞塞，本晉主滅也。**晉獻公欲伐虢，**伐虢則虞舉，欲并二國。**荀息曰：「君何不以屈**

產之乘、垂棘之璧，而借道乎虞也？」荀息，晉大夫。屈邑產駿馬，垂棘出良璧。公曰：「此晉國之寶也，如受吾幣而不借吾道，則如之何？」荀息曰：「此小國之所以事大國也。彼不借吾道，必不敢受吾幣。如受吾幣而借吾道，則是我取之中府而藏之外府；外府，喻虞。取玉於晉而藏於虞，取則得之，猶外府耳。「外廄」義同此。取之中廄，而置之外廄也。」公曰：「宮之奇存焉，宮之奇，虞之賢大夫。必不使受之也。」劉子云：「虞有宮之奇，晉獻公爲之息謀。」荀息曰：「宮之奇之爲人也，達心而懦，又少長於君。達心，則其言略；明達之人，但舉綱領，不必詳說，則愚者不悟。懦則不能彊諫；無犯顏彊諫之才。少長於君，則君輕之。且夫玩好在耳目之前，而患在一國之後，此中知以上乃能慮之。臣料虞君，中知以下也。」公遂借道而伐虢。宮之奇諫曰：「晉國之使者，其辭卑而幣重，必不便於虞。」虞公弗聽，遂受其幣而借之道。宮之奇諫曰：「語曰『脣亡則齒寒』，其斯之謂與？」疏國策：「魏謂趙王曰：『昔者晉人欲亡虞而伐虢，伐虢者，亡虞之始也。故荀息以璧與馬假道以伐虢，宮之奇諫不聽，卒假晉道。晉人伐虢，反而取虞。故春秋書之，以罪虞公。』」挈其妻子以奔曹。三諫而不聽，則去，合於禮矣。獻公亡虢，本事滅夏陽。五年而後舉虞。五年冬，晉人執虞公是也。疏此傳說是事，與左傳同，而文有詳略者，古書之體例類如此。又左傳著於竹帛，傳所言多先師口說，其語故各不同。左傳多文，二傳所以多質也。荀息牽馬操璧而前曰：「璧則猶是也，而馬齒加長矣。」劉子云：「荀息非霸王佐，宮之奇可謂忠之謀也。」謂馬有五年之長，明前中府外府、中廐外廐之許得也。**疏**晉世家：「獻公十九年，獻公曰：『始吾先君莊伯、武公之誅晉亂，而虢常助晉伐我，又匿晉亡公子，果爲亂。弗誅，後遺子孫憂。』乃使荀息以屈產之乘假道於虞。虞假道，遂伐虢，取其夏陽以歸。」

秋，九月，齊侯、宋公、江人、黄人盟于貫。劉子云：「江、黄，小國也，在江、淮之閒，近楚。楚，大國，數侵伐，欲滅取之。江人、黄人患楚。齊桓公方存亡繼絶，救危扶傾，尊周室攘夷狄，爲陽穀之會、貫之盟，與諸侯伐楚。江人、黄人慕桓公之德，來會盟于貫。」**疏**此齊桓獨伯之辭也。晉爲伯，與楚分主中、外。凡同盟，無近楚之國，惟中國四方伯，陳且不在焉。齊爲伯，則一人獨伯。左傳：「五侯九伯，女實征之。」傳以爲諸侯皆來至。而經列江、黄，是天下皆統以一伯之辭也。貫，宋地。桓自幽後不會諸侯，新有存亡繼絶之功，故諸侯從之，貫、陽穀是也。不日者，雖内與，桓盟不日。

貫之盟，不期而至者，然則餘會有期約。左傳所謂求諸侯「徵會」是也。**江人、黄人也。**據江、黄遠國，楚屬。**疏**期，地期也。諸侯欲會，必先告列國以期地日月，先遠後近，同時皆至。不期而來，其從中國之心至矣。凡期而不至者，皆從夷之國也。**江人、黄人者，**據不爵稱人。**遠國之辭也。**據許以下爲魯屬，近國之辭。此不常録，是遠國。遠國，謂外卒正也。稱人者，衆辭。**中國稱齊、宋，**據一伯一公，大國也。大國至，則方伯以下莫不至矣，中國皆至辭也。**遠國稱江、黄，**江、黄，中國小國。會盟外録大國，不録小國；録，則遠近小國畢至之辭。**以爲諸侯皆來至也。**皆來至，所謂「一匡天下」。一國主政，不分中外也。近國舉大以包小，遠國舉小以盡大，徧至辭，故不叙方伯、小國。至於晉、楚分伯，則分中外言也。諸侯者，内夷狄，從中國也。荆國之國，春秋以方伯待之。楚有君大夫，與夷狄全異，因其從夷，乃夷之；善事，則不夷之也。**疏**如夷狄戎蠻、山戎、北戎、淮夷、不州不國、無君無臣、不名不氏，乃全狄之，故江、黄有中國辭。

冬，十月，不雨。劉子云：「不傷二穀，謂之不雨。」

不雨者，據不成災不志也。**勤雨也。**勤，讀如民勤於力之「勤」，民望雨之甚。

楚人侵鄭。此侵，淺事也，下乃伐矣。主書者，起桓攘楚之功。**疏**鄭，中國也。再言侵，起楚彊。不言陳、蔡，以爲不足言也。

三年

春，王正月，不雨。

不雨者，勤雨也。

夏，四月，不雨。劉子云：「先是，莊公夫人與公子慶父淫，而弒二君。國人攻夫人，夫人遜於邾，慶父奔莒。僖公即位，南敗邾，東敗莒，獲其大夫，有炕陽之應。」**疏**攷異郵：「僖公三年，春夏不雨。於是僖公憂閔，玄服避舍，釋更徭之逋，罷軍寇之誅，去苛刻峻文慘毒之教，所蠲浮令四十五事，比於九月（謂三時九月也），公大驚懼，率羣臣禱山川，以六過自責，絀女謁，放下讒佞郭都等十有三人，誅傾人之吏受貨賂趙祝等九人，曰：『辜在寡人。』」

一時言不雨者，據文歷時乃言不雨。**閔雨也。**據閔不雨，故於首月志之。文之自十二月不雨至於秋七月，即此三時不雨也。此冬首月望雨切，若前月已不雨也。過夏時則七月矣，志在前。**閔雨者，**據文不閔雨。**有志乎民者也。**僖公時，季子爲政，知務本勸穡。國以民爲本，民以食爲本。不雨則害穀成災，故如其志而言閔雨也。春秋賢僖惡文，故文歷時乃言不雨。

徐人取舒。徐，夷狄也，小夷也。其言取者，易辭也。春秋不記徐事，此書者，一見例也。以此見所削者多。

六月，雨。夏首時言不雨。六月，夏也。望雨之切，不待過時乃志。

雨云者，據文不言雨。**喜雨也。**喜，故志。**喜雨者，**據文不喜。**有志乎民者也。**喜得雨而民力蘇，故言雨也。

疏攷異郵：「僖公三時不雨，禱於山川，以六過自責，曰：『方今大旱，野無生稼，寡人當死，百姓何謗？不敢煩人請命，願撫萬人害，以身塞無狀。』禱已，舍於南郊，雨大澍。」

秋，齊侯、宋公、江人、黄人會于陽穀。李賢引傳曰：「陽穀之會，一匡天下。」**疏**此繼貫之辭也。貫，諸侯徧至，猶盟；此不盟而會，故桓公此爲盛。不月者，猶美也。天下謂中國、夷狄。匡，正也。一匡，謂統正天下也。不外江、黄，臨天下辭。

陽穀之會，桓公委端，劉子云：「公冠，始加玄端與皮弁。」**搢笏，**劉子云：「能正三軍者，搢笏。」**而朝諸侯，**言衣裳之會，無所作爲也。**疏**言朝者，屬國統於方伯，方伯統於二伯。二伯爲天子老，統轄諸侯，一匡天下。小國於方伯言朝，朝魯諸國是也。方伯於二伯言朝，公如齊、晉與如京師同文是也。此故得言朝也。委，委貌之冠也。端，玄端之服。搢，插；笏以記事者也。所謂衣裳之會不盟也。**諸侯皆諭乎桓公之志。**據不言盟言會也。傳曰：「相命而信諭，結言而退，以是爲近古也。」又曰：「衣裳之會十一，未嘗有歃血之盟〔一〕。」**疏**桓公之志，謂尊周也。諸侯皆知桓志，故不盟。

冬，公子季友如齊莅盟。劉子云：「僖公即位而任季子，魯國安寧，内外無憂，行政二十一年。」此其篤從齊桓安國之事也。**疏**公方會於陽穀，此何爲復盟？著季子安魯之功、齊桓繼絶之績也。傳例曰：莅，位也。内之前定之盟，謂之莅；外之前定之盟，謂之來。按：盟皆在隙地，唯聘盟前定在國，君主之。

莅者，位也。盟誓之言素定，今但往正其位而盟。**其不日，**據内大夫盟例日。**前定也。**前有定約，非臨時所制。春秋以信者爲前定，不信爲臨制。信，故不日。**不言及者，**據聘盟言及，此解來盟也。**以國與之也。**來盟不言及，是内一國皆盟之，故不言及。**疏**彼至我國聘盟言「及」，謂公與之盟也。來盟則前定，盟不言「及」者，若本國上下之人同與盟，以美前定，有不獨公盟之意。**不言其人，**此解莅盟不言其人。**亦以國與之也。**莅盟不言彼國人，亦如彼國皆盟，故不言其人也。**疏**謂我至彼國莅盟，亦如來盟。蓋伐、聘、盟言其人，前定盟則不言其人，使彼國上下之人皆與盟；亦如來盟不言及，若舉國與之也。言「亦」者，以别外國也。

楚人伐鄭。主書者，起桓公攘楚救中國。

〔一〕「歃」，原作「插」，日新本、鴻寶本同，此據傳文改。

四年

春，王正月，公會齊侯、宋公、陳侯、衛侯、鄭伯、許男、曹伯侵蔡，蔡潰。桓兵事言「人」，此敘諸侯者，伐楚，大功，故言諸侯也。蔡從楚最深，侵蔡，所以侵楚也，先其易者。蔡潰，伐也，此言侵者，爲以伐加楚，不並言伐也。

疏蔡世家：「齊桓公伐蔡，蔡潰，遂虜穆侯，南至楚召陵。已而諸侯爲蔡謝齊，齊侯歸蔡侯。」

潰之爲言上下不相得也。潰者，下叛其上，魚爛而潰。君臣失道，各不相救，不言戰、敗也。**疏**左例：「凡民叛其上曰潰，在上曰逃。」與傳同。**侵，淺事也。**據楚伐。**侵蔡而蔡潰，**侵淺而蔡潰，蔡失道也。**以桓公爲知所侵也。**傳曰：「善陳者不戰。」劉子云：「齊桓侵蔡，蔡潰。」伐楚而楚服，以至苞茅之貢。未嘗大戰，不至血刃。」兵事貴時勢，善其得用師以伐無道也。**不土其地，**土，讀爲「度」。據不言「入」也。**不分其民，**據不言遷也。**明正也。**用兵以征無道，又不乘人敗而深以爲利。蔡從楚，倍中國，故侵之，使反中國，爲得正也。

疏中國潰例日。不日者，夷之也。蔡、沈皆不日，獨莒潰日，春秋用中國則中國之也。

遂伐楚，次于陘。楚彊，齊欲綏之以德，故不速進，而次于陘。陘，楚地。

遂，據楚大蔡小。**繼事也。**以「遂」言之，輕楚，故以遂言之。**次，**據救不言次。**止也。**伐楚而楚服，不進兵以俟屈完。傳曰：「誅不填服。」已服可言次。救不言次，急辭也。伐可言次，不窮誅也。以此見愛民之意、惡兵之道也。

夏，許男新臣卒。不日者，踰境也。師在陘，蓋卒在陘也。

諸侯死於國，不地。據在國都不地。**死於外，地。**據晉侯黑臀卒于扈、許男卒于楚皆地。外，謂國都之外，統踰竟、不踰竟也。**死於師，**據曹伯廬卒于師不日。此不日，知卒于師。**何爲不地？**據曹伯廬卒于師言地。**內桓師也。**卒在師，如卒在國。言桓於諸侯有恩義，雖卒在師，與國無異，故不地師。

楚屈完來盟于師，盟于召陵。劉子云：「桓公存三亡國，繼絶世，救中國，攘夷狄，卒脇荆蠻，以尊周室，霸諸侯。」**疏**劉子云：「楚地，翼、軫之分野也。今之南郡、江夏、零陵、桂陽、武陵、長沙及漢中、汝南郡，盡楚分野。」此經與欒盈入于晉、入于曲沃相同。古本當駢書，後乃分爲二句。

楚無大夫，據夷狄國無大夫。楚其君未見，不得先出其臣也。**疏**楚後爲伯，有大夫，此就其初見言之。**其曰屈完，**屈爲氏。**何也？**據無大夫國，大夫見不氏，下椒來聘猶不氏是也。**疏**楚卿見經者，屈氏、薳氏、成氏、囊氏、郤氏及鬬氏，共六族，以配三卿。大夫之制，公子不世。卿不在此例。**以其來會桓，**與桓爲敵。**成之爲大夫也。**據春秋大齊桓。桓爲二伯，不氏卑國大夫〔一〕，嫌以盟微，故使如命大夫言氏。成者，楚尚無命大夫，春秋成之以尊桓也。**其不言使，**據國佐言使。**權在屈完也。**國佐因敗爲城下之盟，實受命，故言使。此伐，次不進，楚使屈完來覘，盟不盟之權在屈完，非楚子得制，故不言使。傳所謂「得志爲僅」也〔二〕。**則是正乎？**問出疆專命常制否？**曰：非正也。**臣不專大功。楚彊無危，專命，非正也。**以其來會諸侯，重之也。**因

〔一〕「氏」，原作「是」，據日新本、鴻寶本改。
〔二〕「爲」，原作「已」，日新本、鴻寶本同，此據傳文改。

其來會，重其權。不言使，明受命不受辭之義也。**來者何？**據國佐言如師。此桓爲主，不應言來。**內桓師也。**內桓師，故與內同文，亦以公在師中。**于師，**據如師不言來盟。此「來盟」在「于師」上。**前定也。**如內之前定盟，故言「來盟」，使內主之也。**于召陵，**據國佐地，不再言盟。**得志乎桓公也。**據再出盟，知得志。桓公召陵之會，魯既主之，復言召陵，辟齊桓，使齊主之也。**得志者，不得志也。**據已伐而盟，以伐致也，明楚未服也。**以桓公得志爲僅矣。**桓爲霸主，以會諸侯，楚子不來，屈完受盟。令問諸江〔二〕，辭又不順。僅乃得志，言楚之難服。**屈完曰：「大國之以兵向楚，何也？」**較左傳文畧。**桓公曰：「昭王南征不反，菁茅之貢不至，**禹貢：「荊州之貢包茅。」鄭君云：「菁茅，茅之有刺者。」管仲曰：「江、淮之閒，一茅三脊，所以爲貢者。」**故周室不祭。」**劉子云：「桓公南伐楚，以致菁茅之貢。」**屈完曰：「菁茅之貢不至，則諾。昭王南征不反，我將問諸江。」**江，左作水濱。問江邊之民有見之否？此不服罪之言，故退於召陵而與之盟。屈完所以得志，桓公之不得志爾。**疏**齊世家：「三十年春，齊桓公率諸侯伐蔡，蔡潰。遂伐楚。楚成王興師問曰：『何故涉吾地？』管仲對曰：『昔召康公命我先君太公曰：「五侯九伯，若實征之，以夾輔周室。」賜我先君履，東至海，西至河，南至穆陵，北至無棣。楚貢包茅不入，王祭不共，是以來責。昭王南征而不復，是以來問。』屈完曰：『君以道則可；若不，則楚方城以爲城，江、漢以爲溝，君安能進乎？』乃與屈完盟而去。」

〔二〕「令」，原作「今」，日新本、鴻寶本同，此據范甯集解改。

齊人執陳袁濤塗。劉子云：「桓南伐强楚。其後不内自正，而外執陳大夫，則陳、楚不服，鄭伯逃盟。」按：此伐而執也。其不伐而後執，何也？外濤塗於陳也。外濤塗，即以外齊侯也。疏陳國卿，經見袁氏、夏氏、洩氏、儀氏、慶氏、鍼氏、孔氏、干氏，與宋見八族相同，以見三卿五大夫之制。女叔、原仲是監大夫，不在此例。陳國公子、公孫、公弟不世卿，亦不在此例。齊世家：「桓公過陳，陳袁濤塗詐齊，令出東方，覺。秋，齊伐陳。」

齊人者，據下冬侵陳。人，微者。**齊侯也。**據内桓師，知齊侯。**其人之，何也？**據兵事乃「人」。此人，伐而後執之辭。執在伐先，宜書齊侯。**於是哆然外齊侯也；**據執在先也。外，謂外于陳。下伐，内桓師。此先目齊人，伐與執，使若二事。外濤塗于陳，以見執之非；内桓師，以明陳之罪。陳有附楚之罪，以濤塗伐之，則非也。哆，同誃，離散貌。**不正其踰國而執也。**踰國，非以聘會，明以計謀而執袁濤塗。爲申侯所賣，齊侯不察也。疏袁濤塗誤軍道，桓不自責，因此小過伐人之國，而執其大夫，故不正之。

秋，及江人、黄人伐陳。不叙齊桓，獨言江、黄者，遂事之辭也。江、黄前不叙，以列叙諸侯，不可以叙江、黄；且楚旋滅江、黄，不使伐楚，爲桓諱也。此不叙諸侯，故獨叙江、黄以别異之，明爲外州國也。疏江、黄，荆州國，傳於楚有夷辭，以下小國反不狄之，引而進之也；惟大國若吴、楚，乃狄之。

不言其人及之者何？據齊侯執袁濤塗，知此伐，諸侯同在。**内桓師也。**内桓師者，外江、黄也。以桓及江、黄，桓得内辭，以其爲外州國也。疏伐陳、侵蔡、伐楚，同一師，皆善事，故同内桓師也。陳有從楚心，伐之，得其罪；而因袁濤塗伐之，則非。故先言齊人執袁濤塗，外齊人以辟其事；而後以伐陳内桓師，一内一外，功過不掩也。舊本「師」上脱「桓」字，今從上傳例補。

八月，公至自伐楚。此侵楚也。其曰伐者，大之也。因致，故大之。

有二事，公出有二事。**偶，**偶，敵也，二事大小同。**則以後事致；**據如京師、伐秦，以伐秦致。**後事小，則以先事致。**據僖六年伐鄭、救許，以伐鄭致，後事小則先事大。**其以伐楚致，**據二伐宜以後事伐陳致。**大伐楚也。**伐爲大事，侵爲小事，今齊桓侵楚、伐陳。今致伐者，楚彊莫能伐者，故以伐楚爲大事，不致伐陳也。

疏月者，伐楚大事，重之。

葬許穆公。許葬皆時，小國正例也。

疏劉子魯詩説云：「衛懿公女爲許穆公夫人。初，齊、許皆求，女因傅而言曰：『許小而遠，齊大而近。當今之世，强者爲雄，如使邊竟有戎寇之事，赴告大國，女在不猶愈乎？今舍近而就遠，離大而附小，一旦有車馳之難，何以慮社稷？』不聽，爲嫁之許。後狄攻衛，許不能救，遂奔走涉河而南至楚丘。齊桓往而存之，遂城楚丘以居。」

冬，十有二月，公孫兹帥師會齊人、宋人、衛人、鄭人、許人、曹人侵陳。侵例時。月者，惡之。陳不服，當脩德以來之。秋冬連興大衆以討陳，故月以惡之。兹繫叔牙子，三見經，五年如牟，十六年卒。

五年

春，晉侯殺其世子申生。劉子云：「晉侯信驪姬之言，申生自經于新城。」

目晉侯斥殺，殺世子、母弟目君，以親親責之。**惡晉侯也。**班曰：「父殺其子當誅何？以爲天地之性，人爲貴，人皆天所生也，託父母氣而生耳。王者以養而教之，故父不得專殺也。」**疏**晉獻殺申生而立不正，禍流五君，晉國大亂，至文公乃定，故不葬之，爲無臣子也。

杞伯姬來朝其子。傳謂「母之子也可」，「卑者取卑稱」是也。子者，世子也。不言世子，子不繫世於母也。**疏**此與曹伯使其世子射姑來朝相起。曹伯言使、言世，此不言世。言使，母專也；不言使，故言來；伯姬實未來也。

婦人既嫁不踰竟，踰竟，弔喪乃踰竟，此非其事。**非正也。**言來，則有失禮之嫌，何以必言來？**疏**杞伯姬來朝，婦人命不通於外，故以踰竟責之。**諸侯相見曰朝，**杞伯來朝是也。**疏**據內女歸曰來。**伯姬爲志乎朝其子也。**據此乃伯姬使之來朝，不言使，故以「朝」繫「來」。**疏**踰竟之失，猶小於專命也，此與曹伯使世子同。曹伯父可言使，此不可言使，故言「來朝其子」，以明男女之分。**伯姬爲志乎朝其子，**曹以伯使書。

疏據曹伯使其世子射姑來朝言「使」。**則是杞伯失夫之道矣。**妻不從夫，其失大，不可爲訓，故言來以殺之。**諸侯相見曰朝，以待人父之道待人之子，**據魯以朝禮待之，故言朝。**非正也。**與曹世子同，此譏內。**故曰：杞伯姬來朝其子，參譏也。**參譏，謂伯姬、杞伯、魯也。曹伯使其世子射姑來朝，譏世子。此不譏者，明子幼弱，母使以來，未可責以人子之道。**疏**事出於杞伯，書當與于曹同。婦人無故挾世子抗諸侯禮以朝外國，杞伯不能制，亦失夫道，此譏杞伯。

夏，公孫兹如牟。牟，微國也。連帥以下猶「如」者，明臣卑於君，以大待小之制。　**疏**兹，叔牙子〔一〕。季友之子不見經。左傳以如牟爲因聘而自娶也〔二〕。

公及齊侯、宋公、陳侯、衛侯、鄭伯、許男、曹伯會王世子于首戴。言及，主善以內。殊會吴，主惡以外也。

及以會，據公會劉子召陵不言及以會。**尊之也。**使若公與諸侯相會而往見王子然，不與諸侯相齒。　**疏**據「會又會」外吴〔三〕。此「及以會」，明尊之。殊會，使不與諸侯齒，尊也。**何尊焉？**據會王臣不殊。臣、子一也，則子宜不異。**王世子云者，**據鄭世子，諸侯亦言「世子」。**唯王之貳也。**班氏説：「父在稱子何？繫於君也。」按：貳，謂當繼立副貳也。　**疏**天子諸侯言世子，明世位。大夫言適子，明大夫不世爵也。**云可以重之存焉，**言有繼尊之漸，後將爲吾君。爲君之貳，故尊之不與臣同。　**疏**喪服：「父爲長子斬衰。」傳曰：「父爲長子何以三年？正體於上，又乃將所傳重也。庶子不得爲長子三年，不繼祖也。」**尊之也。**據陳招殺世子志，從以下弑上之例，尊之也。世子當繼爲君，主天下，其尊與臣下不同，故王臣不殊，世子則殊也。**何重焉？**據臣、子一例。**天子世子世天下也。**天子諸侯世，故適子名世子，明當繼也。　**疏**內不言世子者，言子，即世

〔一〕「叔牙」，原作「慶父」，日新本、鴻寶本同，誤。
〔二〕「因」，原作「内」，據左傳、日新本、鴻寶本改。
〔三〕「又」，原訛作「以」，日新本、鴻寶本同，據成十五年、襄十年傳文改。

子。外因有所起，乃言世子。王世子不言世，嫌王子。鄫不言世，嫌鄫子。殺世子與世子弒君言世子，盡其親以惡之。鄭世子、衛世子，明得正。宋、齊世子見於會，非世子。不爲臣不得見，非此不言世。故子同生，不言世子；糾，杞伯姬子，皆不得言世也。世子之稱，衹可施於天子諸侯。其大夫之長子，不得稱世，以大夫不世爵禄也。大夫以下言適子。

秋，八月，諸侯盟于首戴。再出地者，不同月。不叙者，鄭伯逃也。言諸侯者，前目而後凡也。**無中事，**中，閒也。**而復舉諸侯，**可以言「同盟」，不再舉「諸侯」。**何也？**據諸侯盟于葵丘，中有閒事，癸酉，同盟于新城。無中事，不出諸侯。**尊世子而不敢與盟也。**據翟泉晉與「王人」盟不殊，知此以世子尊，不敢與盟也。**尊則不敢與盟，何也？**據小國從二伯盟。**盟者，不相信也，**不信乃盟。**故謹信也。**據盟皆以謹之。**不敢以所不信而加之尊者。**尊者出命無方，盟者自相約束，不敢使尊者從卑者，命以謹信也。**桓，諸侯也，**雖升爲二伯，猶在五等。**不能朝天子，**據致王世子，是不能朝也。**是不臣也。**劉子說：「天子使世子會桓公，失權。」**疏**據齊以二伯受諸侯朝，已乃不朝天子，是失臣道，臣不臣也。**王世子，子也。**據稱子，有天在君父之道。**塊然受諸侯之尊己，**據及會不與盟，皆尊之。塊然，獨尊貌。荀子：「塊然獨坐。」**而立乎其位，**桓不能朝，乃致王世子于首戴，率諸侯而朝之，位在諸侯上，代天子受朝。**疏**左傳：「謀寧周也。」惠王將廢太子立王子帶，齊桓會諸侯以定其位。**是不子也。**王世子伉其父之禮，而受諸侯之朝，是不子也。孔子曰：「君不君，臣不臣，父不父，子不子，雖有粟，吾得而食諸？」**桓不臣，王世子不子，**臣不臣，子不子矣。

則其所善焉〔一〕**，何也？**據盟不日，善之也。**是則變之正也。**雖非禮之正，是合當時之宜。**天子微，**周微弱無權勢。**諸侯**方伯、卒正以下皆言之。**不享覲，**據魯、鄭易田也。**桓控大國，**宋也，言此以包方伯。**扶小國，**江、黄是也。以此包不見之國。**統諸侯，**大國言宋，小國江、黄，一統之内諸侯皆至。此桓公一人獨伯，如鄭伯，左傳言春秋初一人獨伯是也。**不能以朝天子，**據會王世子。**亦不敢致天王，**據下天王狩于河陽，是致天王。**尊王世子于首戴，乃所以尊天王之命也。**劉子説：「春秋上無明主，桓公能行伯道，攘夷狄，安中國，雖不正，猶可。春秋實與而文不與之義也。」天子命王世子出會，尊王世子，以其有天王命，則雖不朝天子，而尊王世子可也。**世子含王命，會齊桓，亦所以尊天王之命也。**尊世子，即所以尊王；世子猶貴，則王尊矣。**疏**傳：「人之於天也，以道受命；於人也，以言受命。」尊天王命，即所以尊天子，是齊桓得命之正。**世子受之可乎？**據抗天子禮，疑與曹世子同。**是亦變之正也。天子微，諸侯不享覲，世子受諸侯之尊己，而天王尊矣。**其子已尊，則其父可知。然則王世子受朝，亦所以爲尊天王、爲天王受朝也。**世子受之可也。**可也者，反經合權，通其變以濟時事也。

鄭伯逃歸不盟。劉子云：「齊侯不能自正，執陳大夫，鄭伯逃盟。」**疏**左傳：「凡民叛其上曰潰，在上曰逃。」逃與叛同。

〔一〕「所」字原脱，日新本、鴻寶本同，此據傳文改。

以其去諸侯，故逃之也。傳曰：「逃義曰逃。」爲此會以尊天王，乃逃不盟，不審善惡，從夷狄逃之，使得執之也。言去諸侯者，辟王世子也。

楚人滅弦，弦子奔黃。有伯之世，不可以言滅國，此何以不諱？以其爲以夷狄滅夷狄也。伯者不言滅國。楚滅者，楚爲荆伯，滅近國以自廣。故齊伯以後中國不言滅，惟言楚滅，以楚之難化也。**疏**弦在荆州，楚屬國也。稱子者，夷狄也。不以夷狄云者，荆州爲狄，餘國皆待以中國也。

弦，國也。據言滅。失國不名者，其事已見，外小國責之略，故不言也。奔黃者，黃爲與國，且方通於齊也。**其不日，微國也。**荆州微國也。不月者，遠也。**疏**春秋近近而遠遠。近微國，月；遠微國，時。凡言微國，皆謂中國，不待以夷狄也。

九月戊申朔，日有食之。劉子說：「齊桓行伯，江、黃自至，南服彊楚。其後不内自正，而外執陳大夫，則陳、楚不服，鄭伯逃盟，諸侯將不從桓政，故天見戒。其後晉滅虢，楚圍許，諸侯伐鄭，晉弒二君，狄滅温，楚伐黃，桓不能救。」

冬，晉人執虞公。滅同姓不稱名者，方罪虞，不以罪晉，義各有見。**疏**地理志河東郡大陽下〔一〕：「周武王封太伯後於此，是爲虞公，爲晉所滅也。」

執不言所於，晉人執邾子，言「于祝柯」。**疏**凡滅國執君，皆于滅下言「以歸」。執諸侯，則前後必有起文以見

〔一〕「河東」，原作「宏農」，日新本、鴻寶本同，此據漢書地理志改。

其地。虞不從滅國例，不言盟會，蓋夏陽已有滅辭，故不地，執在虞。「於」，同「于」。**地緼於晉也。**滅國例言「以歸」。不言「以歸」者，若虞已滅，虞公在晉，晉執之耳。**其曰公，**據此足見公爲稱號，非實爵。**何也？**據虞小國，不得言公。**疏**虞見經稱公，左傳緣經亦稱公，後人不察，乃誤以虞爲公爵，失之遠矣。**猶曰其下執之之辭也。**諸侯於其國中稱公，故凡國稱公，皆從其臣子之辭。此如其下執之，故可言公也。**其猶下執之之辭，何也？**據晉執之，不得言虞民也。**晉命行乎虞民矣。**雖虞人執之，而曰晉人，虞人已爲晉用也。**疏**虞既失險塞，不能守，晉取虢，尤逼，民皆從晉命也。**虞、虢之相救，非相爲賜也。**賜爲施惠。**今日亡虢，**據左、史，十二月丙子朔滅虢，師還，遂滅虞。**而明日亡虞矣。****疏**劉子説：「宫之奇曰：『虞、虢之相救，非相爲賜，今日亡虢，而明日亡虞矣。』」按：言此者，明所以書滅也。**疏**晉世家：「晉復假道於虞以伐虢。虞之大夫宫之奇諫虞君曰：『晉不可假道也，是且滅虞。』虞君曰：『晉，我同姓，不宜伐我。』宫之奇曰：『太伯、虞仲，太王之子也，太伯亡去，是以不嗣。虢仲、虢叔，王季之子也，爲文王卿士，其記勳在王室，藏於盟府。將虢是滅，何愛于虞？且虞之親，能親於桓、莊之族乎？桓、莊之族何罪？盡滅之。虞之與虢，脣之與齒，脣亡則齒寒。』虞公不聽，遂許晉。宫之奇以其族去虞〔一〕。其冬，晉滅虢，虢公醜奔周。還，襲滅虞，虜虞公及其大夫井伯、百里奚以媵秦穆姬，而脩虞祀。荀息牽曩所遺虞屈産之乘馬，奉之獻公。獻公笑曰：『馬則吾馬，齒亦老矣。』」

〔一〕「族」，原作「屬」，日新本、鴻寶本同，此據史記晉世家改。

六年

春，王正月。

夏，公會齊侯、宋公、陳侯、衛侯、曹伯伐鄭，圍新城。據左傳，新城，密也。因其新城，故以新城目之，因此乃言圍邑也。

伐國不言圍邑，邑輕國重。此其言圍，何也？重言圍邑，必有別義。病鄭也，據上逃歸。畏討，新城密以抗諸侯。討而乞盟，進退失據，病辱也。被伐見圍，故特著「新城」以起之。疏左傳：「圍新密，鄭所以不時城也。」著鄭伯之罪也。諸侯共伐討其逃盟之罪。餘伐不言圍，此言圍，以顯著之。疏齊桓公行伯，尊崇王室，綏合諸侯，翼戴世子，盟之美莫盛於此。而鄭伯辟義逃歸，違叛霸者，是以諸侯伐而圍之。罪著於上，討顯於下。圍、伐之文雖同，而善惡之義有殊。

秋，楚人圍許。圍許，所以救鄭。疏時許爲僖公。

諸侯遂救許。伐鄭之諸侯。

善救許也。圍許以救鄭，救許所以攘楚。

冬，公至自伐鄭。

其不以救許致，何也？據救許後事。大伐鄭也。鄭大許小，救，緣於伐也。疏與伐楚同。鄭之懿親不結中國，私附於楚，甘心事戎狄，棄霸國。大之，起其與楚同罪。

七年

春，齊人伐鄭。鄭未服，故再伐之。僖世，大夫兵事稱「人」。

夏，小邾子來朝。郳也，於此乃名。小邾以朝見，襄世乃入盟會。**疏**小邾者，不能以郳通，附於邾，故名小邾也。附庸獨見小邾，因其近，且一見以起其餘也。

鄭殺其大夫申侯。鄭大夫正稱七見，此言申侯者，寓公也。楚文王滅申，申侯事楚。文王卒，乃適鄭。諸侯不臣寓公，臣寓公，非禮也。**疏**鄭伯不附齊侯，數被伐，殺申侯以説齊侯。説苑〔一〕：「楚文王有病，告大夫曰：『筦饒犯我以義，違我以禮，與處不安，不見不思；然吾有得焉，必以吾時爵之。申侯伯，吾所欲者勸我爲之，吾所樂者先我行之〔二〕，與處而安，不見則思；然吾有喪焉，必以吾時遣之。』大夫許諾。乃爵筦饒以大夫，贈申侯伯而行之。申侯伯將之鄭，王曰：『必戒之矣，而爲人也不仁，而欲得人之政，毋以之魯、衛、宋、鄭。』不聽。遂之鄭，三年而得鄭國之政，五月而鄭人殺之。」

稱國以殺大夫，據稱國狄之。**殺無罪也。**據討賊稱人。人，衆辭，明有罪。**疏**申侯有罪，其以無罪言者，以其臣寓公。

〔一〕「説苑」，原作「國語」，日新本、鴻寶本同。案：文出説苑君道篇。

〔二〕「樂」，原訛作「惡」，日新本、鴻寶本同，此據説苑君道篇改正。

秋，七月，公會齊侯、宋公、陳世子款、鄭世子華，盟于寗母。 **疏**鄭世子華，後不見，未立而見殺。

衣裳之會也。 以上爲衣裳之會，以下爲兵車之會。蓋管仲此年死也。 **疏**劉子云：「管仲死，德日衰。」故以前爲衣裳之會，以下爲兵車之會。論語曰：「桓公九合諸侯，不以兵車，管仲之力也。」知管仲死後，乃用兵車也。

曹伯班卒。 卒閒不日，所以别於大國也。 **疏**曹世家：「九年，昭公般卒，子共公襄立。」

公子友如齊。 聘齊也。言公子友，明僖公善事，得友之助也。凡帥師、聘盟，皆以起執政。 **疏**盟後更如齊，與十三年夏會鹹、冬季友復聘同。

冬，葬曹昭公。

八年 曹共公襄元年。

春，王正月，公會王人、齊侯、宋公、衛侯、許男、曹伯、陳世子款，盟于洮。 洮，内地。 **疏**左傳：「謀王室也。」故首録王人。

王人之先諸侯，何也？ 據人，微者；侯，國。微者在諸侯之下。 **貴王命也。** 涓勳説：「春秋之義，王人微者序諸侯之上，尊王命也。」 **朝服雖敝，必加於上；** 朝服，禮服。雖敝，不使餘衣加於上。 **弁冕雖舊，必加於首；** 弁冕雖舊，不以足而上下倒置也。 **周室雖衰，必先諸侯。** 衰，微也。微，謂王人。王人，王朝未命之士，比於小國大夫，尊下公侯遠矣。而會列諸侯之上，亦如朝服、弁冕雖敝舊，必以加之於首上也。 **兵車之**

會也。 **疏**自此以下五會，先師截末四會爲兵車。又以葵丘爲盛，當爲衣裳。故以此會爲兵車。實則兵車、衣裳別無明據也。

鄭伯乞盟。 此被伐而乞。**疏**春秋方伯國，衛從中國，蔡從夷狄，以死相要結。陳、鄭二國，依違兩大之閒，陳、鄭皆逃歸、乞盟。其去也，則夷之；其來也，則書之。所以惡夷狄、信中國也。

以向之逃歸乞之也。 逃首戴盟，附楚背齊，不知向背。**疏**春秋褒齊桓、申霸討，鄭首敗其事，故言逃義以責之。乞盟不書，此書者，著其困辱，以明人君當知順逆，不可棄善從逆。**乞者，據求與乞同義。重辭也，** 據重師乞。**疏**傳曰：「古之人重請。何重乎請？人之所以爲人者，讓也，則是舍其所以爲人也，是以重之。」**重是盟也。** 據此會有王人，因其逃王世子，於此王人重之，以王討其罪。**乞者，處其所而請與也，** 上言鄭世子盟，下言鄭伯。上不言鄭伯，知未來。**蓋汋之也。** 公羊「汋」作「酌」。**疏**周官「邦汋」，鄭衆曰：「汋，讀如『酌酒尊中』之『酌』。斟酌盜取國家密事，若今刺探尚書事。」然則汋猶探也。鄭屬於楚，不敢親來盟，使人乞盟，以探齊侯之意。齊侯許之，故葵丘鄭伯來。

夏，狄伐晉。 狄，北狄，近晉者。左傳以爲報采桑之役。

秋，七月，禘于太廟。 王制曰：「天子諸侯宗廟之祭，春曰礿，夏曰禘，秋曰嘗，冬曰烝〔一〕。」按：七月而行夏時

〔一〕「烝」，原作「蒸」，日新本、鴻寶本同，此據禮記王制改。後同。

祭，不時也。春秋以禘爲時祭，以祫爲時祭，合享。天子四時祭唯春犆，餘皆祫。諸侯礿犆，禘一犆一祫，嘗祫，烝祫。此蓋祫禘也。經不見礿者、犆者，文略不見，説禘祫與古文學異也。**疏**按：五經通義云：「三年一祫，五年一禘。祫者，合也。禘者，諦也。祫者，大祫祭於祖廟也。諦者，諦其德而差優劣也。聖人將祭，必先潔齊精思，若親之在。方興未祭〔一〕，惆惆憧憧，專一想親之容貌，相似彷彿，此孝子之誠也。四方之來助祭，空而來者，滿而返；虛而至者，實而還，皆取法則焉。」此古文説，與穀梁言禘祫者不同。

用致夫人。劉子説：「夫人，成風也。致之於太廟，立之以爲夫人。」許慎引穀梁説：「魯僖公立妾母成風爲夫人，入宗廟，是子而爵母也。以妾爲妻，非禮也。」**疏**致，至也，於廟告致。公至自言致，共姬不廟見，言致，至之於廟。前無入文，知妾母於廟行廟見禮。禘不日者，明爲致起也。

用者，不宜用者也。據致女不言用。**致者，**據與致女同。**不宜致者也。**據大夫至，致不言致。**言夫人，必以其氏姓；**據至齊入，皆以姓氏。**言夫人而不以氏姓，非夫人也，**許慎引穀梁説：「雖妾子亦不得稱其母爲夫人。」**疏**昏禮以名氏告，不言姓氏，是不聘辭。公羊之義，母以子貴。子既立，夫人薨，妾母得稱夫人。穀梁：妾母雖子爲君，不得稱夫人，以公子母之，所以正統也。於義，穀梁爲長。**立妾之辭也；**夫人不姓氏，明君自夫人之。本妾辭。**疏**經夫人不言氏姓，故説三傳者以爲異義。然考以妾爲妻之説，公與穀同。哀姜

〔一〕「興」，原作「與」，日新本、鴻寶本同，此據説苑脩文篇改。

之說，左又與公同。是三傳本同而說者異之耳。僖公之嫡母爲哀姜，生母爲成風。凡妾母之立爲夫人，必在嫡母已死之後，方無二嫡之嫌。僖於禘時致已薨之哀姜，立未死之成風。必致哀姜，乃可立成風。「致」字生死皆可言之。不言氏姓，以有二夫人也。左傳專就哀姜說，穀梁專就成風說，惟公羊兼言之。所謂不稱姜氏，即致哀姜也。所謂以妾爲妻，即立成風也。所謂齊媵者，即指成風爲哀姜之媵，非如何君說娶楚女而爲齊所脅也。**非正也。**此去姓氏，傳不言夫人，皆貶以明非正。以妾體君，上下無別，雖尊其母，是卑其父，故曰「非正也」。**夫人之，**在生立爲夫人。**我可以不夫人之乎？**釋妾在君世不見經，不以妾詞，以夫人辭言之。**夫人卒葬之，**文公以夫人之禮卒葬成風，夫人卒十一，惟成風妾母。**我可以不卒葬之乎？**據弋氏葬，妾母辭，經亦夫人言之，所謂如其志也。**一則以宗廟臨之而後貶焉，**據從祀不言太廟。以妾爲妻，失宗廟之大禮，故於太廟去夫人氏姓，以明君之非正。**一則以外之弗夫人而見正焉。**據秦人來歸僖公成風之襚，母以子氏也。**疏**僖因哀姜卒，援母以子貴之義，立其母爲夫人。書「用致」，著其立之實；去其姓氏，以見妾辭。以宗廟臨之、外弗夫人，以明嫡庶之義也。

冬，十有二月丁未，天王崩。左傳以爲崩在去年閏月，期年乃見於經，此緩書，以明其有難，所謂「難故也，是以緩」。如晉文入國，及晉惠之卒，皆遲一年乃書。諸侯皆同，不能以爲獨左氏如此，與此同爲緩書例也。**疏**周本紀：「二十五年，惠王崩，子襄王鄭立。」

九年

春，王三月丁丑，宋公禦説卒。劉子云〔一〕：「宋襄公茲父爲桓公太子，桓公後妻子曰公子目夷，公愛之。茲父爲公愛之也，欲立之，請於公曰：『請使目夷立，臣爲之相兄以佐之。』公曰：『何故也？』對曰：『臣之舅在衛，愛臣，若終立，則不可以往，絶路於衛，是背母也。且臣自知不足以處目夷之上。』公不許，彊以請公，許之。將立子目夷。目夷辭曰：『兄立而弟在下，是經義也。弟立而兄在下，不義也。不義而使目夷爲之，目夷將逃。』乃逃之衛，茲父從之。三年，桓公有病，使人召茲父：『若不來，是使我以憂死也。』茲父乃返，公復立之，以爲太子，然後目夷歸也。」不葬者，爲桓公諱也。葵丘，盟之美者，不受「宋子」稱宋，責宋之不言葬，爲桓公諱。魚、向、蕩三族皆桓公後，不稱公子、公孫，皆自別氏，以後乃見經，與魯、鄭不同。**疏**宋世家：「三十年，桓公病，太子茲甫讓其庶兄目夷爲嗣。桓公義太子意，竟不聽。三十一年春，桓公卒，太子茲甫立，是爲襄公。以其族兄目夷爲相。未葬，而齊桓公會諸侯於葵丘，襄公往會。」

夏，公會宰周公、齊侯、宋子、衛侯、鄭伯、許男、曹伯于葵丘。劉子云：「桓公爲葵丘之會以偃天下之兵者，文也。」**疏**此大會也。宰周公，天子内相，上公也。齊侯，天子外相，東伯也。不敘晉者，專其功於桓也。宋子，王者後也。陳、衛「子」，在鄭下。會例此依序者，大國止于宋，不以下於次國。陳、衛、鄭，皆方伯國，故二子可在鄭下也。衛、鄭，方伯之國也。不言蔡、陳，從楚也。曹，魯屬也，不敘莒、邾，以僖世不詳録小國也。周襄王使宰孔賜桓公文武胙、彤弓矢、大路，命無拜。桓公欲許之，管仲曰：「不可。」乃下拜受賜。

〔一〕「劉子」，原作「班氏」，日新本、鴻寶本同，誤。按：文出説苑立節篇。

天子之宰通于四海，翟方進説：「春秋之義，尊上公謂之宰，海内莫不統焉。」據會盟不言官也。**疏**按：宰，冢宰也。天子三公，司徒攝冢宰。周天子以司徒見；宋，王者後，以司馬、司城見，明三公制也。此天子三公也。天子三公，二相爲伯，一相主乎内，周禮〔一〕。春秋託齊、晉爲二伯。此爲天子之公〔二〕。齊主東，晉主西，而内相出宰，則爲三公也。三公輔天子，故可以官言。齊、晉不言者，非受命伯，外諸侯以事授之，此春秋之義也。**宋其稱子，何也？**據宋稱公。**未葬之辭也。**禮：諸侯五月而葬，五日而殯。三月卒，夏會，是殯而未葬。禮：未踰年稱子，一年不可二君也。三月有宋公，則夏不可復有宋公也。稱子，爲桓會正之也。左：「凡公侯在喪稱子。」與此同。齊、晉，侯；鄭，伯。三國未踰年稱君，爲別例。宋、陳、衛三國稱子也。**禮：柩在堂上，**據未五月，知殯在堂上。**孤無外事。**王制云：「喪不貳事。」劉子云：「有喪，三年不呼其門。」**疏**外事，謂盟會。孤，無父之名。孟子曰：「幼而無父曰孤。」**今背殯而出會，**「欑木如郭，塗之曰殯。殷人殯於兩楹之間，周人殯於西階之上。」宋，殷後也。**以宋子爲無哀矣。**無哀慟之至意，外與諸侯揖讓爲禮，故非之。

秋，七月乙酉，伯姬卒。

内女也。據紀伯姬卒言「紀」。但曰伯姬，知未嫁也。女子二十而嫁。**未適人不卒，**據嫁，尊同乃卒。禮：

〔一〕「周禮」上原有「説見」二字，據日新本、鴻寶本删。

〔二〕「此」，原作「北」，鴻寶本同，此據日新本改。

諸侯絶旁期，姑姊妹女子在室不服也。**此何以卒也？許嫁，笄而字之。**據言伯姬，以字行，知已笄。**死則以成人之喪治之。**據嫁諸侯，尊同乃卒，知此亦許嫁諸侯。**疏**在室女子許嫁不爲殤，死則以成人喪治之。許嫁諸侯，尊，在室則服期也。吉笄以象爲之，刻鏤其首以爲飾，成人著之。

九月戊辰，諸侯盟于葵丘。再出諸侯，亦不敢盟宰周公也。**疏**此不在兵車之數者，因初會以兵：此大會，明天子禁，反其衣裳之事也。

桓盟不日，此何以日？據衣裳、兵車同不日。**美之也。**據葵丘盛會。**疏**美，公羊作「危」。此取舍不同，不足爲異。凡天下至盛之時，即伏衰危之漸。就前言之則爲美，由後言之則爲危，皆一也。孟子與傳同爲魯學，故其説尤合。**爲見天子之禁，**據言宰周公，宰在會時奉天子禁約來，桓尊周約束，皆承命於天子。傳曰：「尊王世子，所以尊天子之命也。」**故備之也。**據日謹之。詳其事，故文備。所謂「詞繁不殺」，有美者也。**葵丘之會，陳牲而不殺，**所謂無歃血之盟。**疏**鄭君曰：「盟牲，諸侯用牛，大夫用豭。」**讀書加于牲上，壹明天子之禁。**壹，猶專也。**曰：毋雍泉，**專水利以障谷。**毋訖糴，**訖，止也，謂貯粟。**毋易樹子，毋以妾爲妻，毋使婦人與國事。**孟子：「葵丘之會，諸侯束牲載書而不歃血，初命曰：誅不孝，勿易樹子，無以妾爲妻。再命曰：尊賢育才，以彰有德。三命曰：敬老慈幼，無忘賓旅。四命曰：士無世官，官事無攝，取士必得，勿專殺大夫。五命曰：無曲防，無遏糴，無有封而不告。曰：凡我同盟之人，既盟之後，言歸於好。」**疏**按：傳與孟子語有詳畧也。

甲子，晉侯詭諸卒。晉初見多緩書。經作九月卒，則此「甲子」當從公羊，實不必在九月也。**疏**晉世家：「獻公病甚，謂荀息曰：『吾以奚齊爲後。年少，諸大臣不服，恐亂起，子能立之乎？』荀息曰：『能。』獻公曰：『何以爲驗？』對曰：『使死者復生，生者不慚，爲之驗。』於是遂屬奚齊於荀息。荀息爲相，主國政。秋九月，獻公卒。」日者，正也。

冬，晉里克殺其君之子奚齊。春秋之例：上殺下曰殺，下殺上曰弒。經作殺，而如兩下相殺然，罪晉侯也。春秋之法，未踰年稱子。里克弒奚齊，避此正辭而稱「君之子」，何也？驪姬謀，三君而死之，蔽於所欲得而不見難也。春秋痛其所蔽，故去其位，詞徒言「君之子」而已。録所痛之詞也。**疏**晉世家：「里克、邳鄭欲内重耳，以三公子之徒作亂，謂荀息曰：『三怨將起，秦、晉輔之，子將何如？』荀息曰：『吾不可負先君言。』十月，里克殺奚齊於喪次，獻公未葬也。」

其「君之子」云者，據舍弒，成之爲君。**疏**任叔之子，父在辭。晉侯已薨，猶繫於父。**國人不子也。**國人皆不子之，故言「之」〔一〕，以爲君之子。**疏**尹氏立王子朝，與衛人立晉所以不同，亦如此。**國人不子，何也？**據諸侯嗣位，當繼立爲君。**不正其殺世子申生而立之也。**諸侯在喪稱子。舍遇弒則言君，所以甚臣下之惡、正君臣之分也。奚齊殺世子而立，與殺君同。不言「君」，言「君之子」，明不宜立。不日，不正也。不言弒，

〔一〕「言之」二字原脱，據日新本、鴻寶本補。

不以弒道道也。

十年年表：宋襄公兹父元年，晉惠公夷吾元年。

春，王正月，公如齊。

狄滅温，温子奔衛。劉子云：「狄滅温，桓不能救，謂霸未盛也。」**疏**左氏稱「蘇子」，從後言之也，當日祇稱温子。此爲外諸侯。蘇子失國，乃爲内臣也。不日者，遠微國。温在河内〔一〕。班氏云：「己姓，蘇忿生所封。」蓋内諸侯。下會於温，是其故國。狄滅内諸侯，起狄强也。

晉里克弒其君卓，及其大夫荀息。劉子云：「獻公卒，奚齊立，里克殺之。卓子立，又殺之。乃戮驪姬，鞭而殺之，於是秦立夷吾。」**疏**晉世家：「荀息將死之，或曰：『不如立奚齊弟卓子而傅之。』荀息立卓子而葬獻公。十一月，里克弒卓子於朝，荀息死之。」

以尊及卑也，荀息閑也。卓言其君者，已踰年也。**疏**殺申生，本爲奚齊，已殺奚齊，荀息扳卓而立之。晉既有君，里克爲重耳再行弒逆，故許息之忠，以成君責克，正其君臣之辭，以克之弒爲已亟也。不日，不正也。荀，高士奇地名攷畧：「桓九年，左傳荀侯、賈伯伐曲沃。杜注：『荀，國名。』孔疏：『世本荀、賈皆姬姓。蓋晉滅之以賜

〔一〕「河内」，原作「河陽」，日新本、鴻寶本同，此據漢書地理志改。

其大夫，故晉有荀氏、賈氏。』漢書地理志：扶風栒邑，注引左傳作『郇侯』，臣瓚曰：『汲郡古文晉武公滅荀，賜大夫原氏黯，是爲荀叔。』」

夏，齊侯、許男伐北戎。北戎，山戎别種，無君無臣。不言盟會，王者不治夷狄。**疏**伐山戎言人，此言侯，以有許男與國，故不從變詞，但言許，不叙諸侯也。諸侯無所見，則從畧不叙也。凡叙，皆有所起。

晉殺其大夫里克。里氏不復見。**疏**晉世家：「里克等已殺奚齊、卓子，使人迎公子重耳於翟，欲立之。重耳謝曰：『負父之命出奔，父死，不得脩人子之禮侍喪，重耳何敢入？大夫其更立他子。』還報里克，里克使迎夷吾於梁。夷吾欲往，吕省、郤芮曰：『内猶有公子可立者而外求，難信。計非之秦，輔强國之威以入，恐危。』乃使郤芮厚賂秦，約曰：『即得入，請以晉河西之地與秦。』乃遺里克書曰：『誠得立，請遂封子於汾陽之邑。』秦穆公乃發兵送夷吾於晉。齊桓公聞晉内亂，亦率諸侯入晉。秦兵與夷吾亦至晉，齊乃使隰朋會秦，俱入夷吾，立爲晉君，是爲惠公。齊桓公至晉之高梁而還歸。惠公夷吾元年，使邳鄭謝秦曰：『始夷吾以河西地許君，今幸得入立，大臣曰：「地者，先君之地，君亡在外，何以得擅許秦者？」寡人争之，弗能得，故謝秦。』亦不與里克汾陽邑，而奪之權。四月，周襄王使周公忌父會齊、秦大夫，共禮晉惠公。惠公以重耳在外，畏里克爲變，賜里克死，謂曰：『微里子，寡人不得立，雖然，子亦殺二君一大夫，爲子君者，不亦難乎？』里克對曰：『不有所廢，君何以興？欲誅之，其無辭乎？乃言爲此！臣聞命矣。』遂伏劍而死。」

稱國以殺，罪累上也。謂殺無罪。言此者，誅意也，明討不以罪。**里克弑二君與一大夫，**謂奚齊、卓子及荀息。其以累上之辭言之，何也？據有罪。其殺之不以其罪也。據殺有罪當稱人，不稱人，知爲私討。其殺之不以其罪，奈何？據寧喜以賂不入。里克所爲弒者，爲重耳也。殺奚齊、卓子而夷吾立，有功於夷吾，殺之不以其罪，知因重耳故。夷吾曰：「是又將殺我乎？」連殺二君，以爲重耳故，疑又將殺己。故殺之不以其罪也。其爲重耳弒奈何？晉獻公伐虢，劉子作伐「虢戎」，「虢」，當作「驪」也。地理志新豐下云：「驪山在南，故驪戎國。」得麗姬，獻公私之。有二子：長曰奚齊，稚曰卓子。麗姬欲爲亂，劉子說：「麗姬嬖於獻公。齊姜先死，公以麗姬爲夫人，麗姬欲立奚齊。」故謂君曰：「吾夜者夢夫人趨而來曰：『吾苦畏。』夫人，申生母齊姜。胡不使大夫將衛士而衛冢乎？」公曰：「孰可使？」曰：「臣莫尊於世子，則世子可。」故君謂世子曰：「麗姬夢夫人趨而來曰：『吾苦畏。』女其將衛士而往衛冢乎？」世子曰：「敬諾。」築宮，宮成。麗姬又曰：「吾夜者夢夫人趨而來曰：『吾苦飢。』世子之宮已成，則何爲不使祠也？」故獻公謂世子曰：「其祠。」世子祠。已祠，致福於君，君田而不在，麗姬以酖爲酒，藥脯劉子云：「寘鴆於酒，施毒於脯。」晉語：「寘堇於肉。」堇，烏頭也。以毒。獻公田來，麗姬曰：「世子已祠，故致福於君。」君將食，麗姬跪曰：「食自外來者，不可不試也。」覆酒於地，而地賁；疏劉子作「墳」。賁，沸起也。以脯與犬，犬死。疏晉語：「公祭之地，地墳，申生恐而出。」驪姬與犬肉，犬斃；飲小臣酒，亦斃。公命殺杜原款，申生奔新城。」麗姬下堂而啼呼曰：「天乎！天乎！國，子之國也。子何遲於爲君！」君喟然歎曰：「吾與女未有過切，吾與女未有過差切急。是何與我之深也？」」疏與、予，古字通。方言：「予，讎也。」謂讎我之深也。使人謂世子曰：「爾其圖之。」世子之傅里克謂世子曰：「入自明。入自明則可以生，不入自明則不可以生。」世子曰：「吾君已老矣、已昏矣。吾若此而入自明，則麗姬必死，麗姬死，則吾君不安。所以使吾君不安者，吾不若自死。吾寧自殺以安吾君，以重耳爲寄矣。」慮麗姬又譖重耳，故以託里克使保全之。刎脰而死。故里克所爲弒者，爲重耳也。夷吾曰：「是又將殺我也。」明不以罪。疏傳記此事詳於左傳。

秋，七月。

冬，大雨雪。劉子云：「先是，僖公立妾爲夫人，陰居陽位，陰氣盛也。」疏班氏說：「公羊經曰：『大雨雹。』」

十有一年

春，晉殺其大夫㔻鄭父。㔻氏不復見。疏據左氏，殺在去年，此緩書例。

稱國以殺，罪累上也。里克之徒也。稱國以殺，殺不以罪，從里克辭也。疏晉世家：「於是邳鄭使謝秦未還，故不及難。邳鄭聞里克誅，乃説秦穆公曰：『呂省、郤稱、冀芮實爲不從。若重賂與謀，出晉君，入重耳，事必就。』秦繆公許之，使人與歸報晉，厚賂三子。三子曰：『幣厚言甘，此必邳鄭賣我於秦。』遂殺邳鄭及里克、邳鄭之黨七輿大夫。」

夏，公及夫人姜氏會齊侯于陽穀。 公及夫人，尊承卑也。及夫人會，三譏也。

秋，八月，大雩。 劉子云：「其夏旱雩祀，謂之大雩。大旱者，陽氣太盛，以壓於陰。陰壓陽固〔二〕，陽氣填也。惟填壓之太盛，使陰不能起〔三〕。維雩祭拜而已，不敢加也。」

雩月， 據秋冬大雩言時。**正也。** 傳曰：「雩月，雩之正也。月之爲雩之正，何也？其時窮人力盡，然後雩，雩之正也。」**疏** 據雩皆在八九月。玉藻云「至於八月不雨」是也。**雩得雨曰雩，** 得雨則不旱。言雩，以見其事。**疏** 荀子云：「雩而雨，何也？曰：無何也，猶不雩而雨也。日月食而救之，天旱而雩，卜筮然後決大事，非以爲得求也，以文之也。故君子以爲文，而百姓以爲神。以爲文，則吉；以爲神，則凶也。」**不得雨曰旱。** 言旱，則明雖雩，無功成災也。雩無雨應，言旱成災也。

冬，楚人伐黃。 劉子說：「楚伐黃，桓不能救。」

十有二年

〔二〕「固」，原作「因」，日新本、鴻寶本同，此據説苑辨物篇改。

〔三〕「使陰不能起」，原作「俟陰而得起」，日新本、鴻寶本同，此據説苑辨物篇改。

春，王正月，庚午，日有食之。劉子說：「是時楚滅黃，狄侵衛、鄭，莒滅杞。」

夏，楚人滅黃。時者，小國之遠者。**疏**黃本荆州國，慕桓伯，尤春秋所嘉。不見，於前已明。貫之盟，初見江、黃。管仲曰：「江、黃，江、黃慕義而來。遠齊而近楚。在荆州，與齊遠。**疏**傳曰：「江人、黃人，遠國之辭也。」楚，爲利之國也；近楚，欲滅以自廣。若伐而不能救，遠討不能及。則無以宗諸侯矣。」宗諸侯，謂爲諸侯主，伯者之辭也。有江、黃，不足爲榮；失江、黃，則足爲全局之玷。桓公不聽，遂與之盟。管仲死，據左、史，管仲之卒，在桓公四十一年，當僖公十五年，則滅之時，管仲尚在也。傳以管仲死爲說，緣仲意，知不能救，不欲受之。公不聽，以致敗覆。爲之諱，故以卒後言之也。楚伐江滅黃，桓公不能救，本管仲不能救，因事出桓公，故深責之。故君子閔之也。劉子云：「是後，桓公信讒德衰，諸侯不服，遂陵遲不能復興。仁智之謀，即事有漸，力所不能救，未可以受其質。桓公受之，過也。管仲可謂善謀矣。」

秋，七月。

冬，十有二月丁丑，陳侯杵臼卒。**疏**陳世家：「四十五年，宣公卒，子款立，是爲穆公。」

十有三年陳穆公款元年。

春。狄侵衛。温子奔衛，故狄侵之。**疏**記狄侵，起桓伯衰也。

夏，四月，葬陳宣公。**疏**月葬者，方伯正例。

公會齊侯、宋公、陳侯、衛侯、鄭伯、許男、曹伯于鹹。 鹹，内地，爲城杞也。

兵車之會也。 兵車二也。 **疏** 據左氏，淮夷病杞，且戍周，故以兵車會諸侯，懾以威也。諸侯以德隨誼，不服，有散辭。以此見以力服人，非心悦誠服也。

秋，九月，大雩。 月者，正。八月、九月，皆正。

冬，公子友如齊。 聘齊也。 **疏** 一年之中，公會卿聘，事齊謹也。

十有四年

春，諸侯城緣陵。 劉子云：「莒滅杞。」 **疏** 外城，國辭，知城杞也。緣陵，杞邑。蓋遷於緣陵，而桓城之。不言杞遷，杞，王者後，且避下城杞也。

其曰諸侯， 據城楚丘不言「諸侯」。 **散辭也。** 言諸侯，以有散離，不叙之也。 **聚而曰散，何也？** 言諸侯，聚詞。 **諸侯城，有散辭也，** 據盟于首戴言諸侯，以鄭伯不盟也。 **桓德衰矣。** 衰，故諸侯不至。貫言四國，皆至也。此言諸侯，散辭，以起兵車之不足服人。 **疏** 言城杞，後杞稱子，此下再稱子，起爲城杞，貶之也。

夏，六月，季姬及繒子遇于防，使繒子來朝。 朝例時，此非所宜，故謹而月之。 **疏** 季姬已嫁於繒，此不繫繒者，因繒子之文可知。婦人從夫，不可言繒。季姬會繒子，杞伯來逆叔姬之喪不言杞，三傳未爲不同，説者歧之耳。

遇者， 據内女不遇諸侯。 **同謀也。** 據遇者志相得。夫婦相得，知同謀。 **來朝者，** 據朝不言使，此由内女使。

來請己也。公羊「使來請己也」。公止之，使其朝，則己可歸，非初婚也。傳云「請己」，文義未詳。舊説因以爲淫佚，使自擇配。左傳文義甚明，當從之。疏左傳：「繒季姬來寧，公止之，以繒子之不朝也。夏，遇于防，而使來朝。」**朝不言使，**據諸侯相見曰朝，諸侯不使。臣來聘，乃言使。**言使，**據至防本來朝魯，不由季姬起意。**非正也，**以諸侯受命於女子，所以譏之。**以病繒子也。**惡其不行禮，因婦人之故而來朝，前後失據，有所耻辱。

秋，八月辛卯，沙鹿崩。劉子云：「臣下背叛散落，不肯事上之象也。先是，齊桓行伯道，會諸侯，事周室。管仲既死，桓德日衰，天戒若曰：伯道將廢，諸侯散落，政逮大夫，陪臣執命，臣下不事上矣。桓公不寤，天子蔽晦。及齊桓死，天下散而從楚。王札子殺二大夫〔二〕，晉敗天子之師，莫能征討，從是陵遲。」疏此爲晉伯記災也。不言晉者，因以見名山大川不以封也。

林屬於山爲鹿。沙，山名也。班氏引穀梁傳曰：「林屬於山曰鹿。沙，其名也。」**無崩道而崩，故志之也。**據梁山以壅河不流乃書，此因其崩而志。**其日，**據梁山不日。**重其變也。**劉子云：「崩者，陷而下也。鹿在山下平地。地，臣象，陰位也。崩者，散落背叛，不事上之象。」疏「山者，君之象也；鹿者，臣之象也。言沙鹿崩者，臣背叛也。沙鹿平地，無崩道而崩，其異矣。」無崩道而崩，大異。梁山壅河爲災，災，不日也。

狄侵鄭。疏再記侵鄭，桓伯益衰。

〔二〕「王」下原衍「立」字，日新本、鴻寶本同，此據漢書五行志删。

冬，蔡侯肸卒。 莊二十五年立，至此卒，共十七年，不記其事，惟言「蔡潰」而已。 **疏** 蔡世家：「二十九年，繆侯卒，子莊侯甲午立。」

諸侯時卒， 蔡爲方伯國，與小國不同。 **惡之也。** 蔡侯肸父哀侯，爲楚所執。背中國而事父仇，故惡之。不葬，夷之也。不記其事，亦夷之也。 **疏** 諸侯卒例日。不正者，月；惡者，時。惡則不言其正不正。

十有五年是年管仲卒。

春，王正月，公如齊。 公十年朝齊，此又朝齊，合五年一朝之制。 **疏** 月如，特著之。

楚人伐徐。 **疏** 徐附中國，楚來争之。徐，夷狄也。有國辭者，從中國進之也。純狄之，則不舉國。

三月，公會齊侯、宋公、陳侯、衛侯、鄭伯、許男、曹伯盟于牡丘。 **疏** 桓盟不日。會乃月者，見會皆盟也。桓雖盟，未嘗歃血，故盟、會同辭。有信，則不盟如盟也。

兵車之會也。 爲謀救徐。 **疏** 兵車三。

遂次于匡。 救徐也，時楚人伐徐。匡，衛地。

遂，繼事也。次，止也，有畏也。 主書者，明齊侯德衰，畏楚，不能救徐。劉子云：「管仲死，桓德日衰。」

公孫敖帥師及諸侯之大夫救徐。 諸侯既盟，次匡，皆遣大夫將兵救徐，故不復具列諸國。 **疏** 此即下伐厲之師也。

善救徐也。 **疏**再發傳者，爲徐爲狄，疑救非善。敖，慶父子，七見經，僖世見敖、兹，以起三桓之禍。

夏，五月，日有食之。 劉子云：「晉文行伯道，遂伐衛，執曹伯，敗楚城濮，再會諸侯，召天王而朝之，此其效也。日食者，臣之惡也；夜食者，掩其罪也。以爲上無明王，桓、文能行伯道，攘夷狄，安中國，雖不正，猶可。蓋春秋『實與而文不與』之義也。」

秋，七月，齊師、曹師伐厲。 厲，楚屬國。伐厲，所以救徐。月者，譏不直：救徐，乃伐厲。曹無師，因齊及之，即救徐之大夫。救，目內；伐，舉外。 **疏**知厲，楚屬者，地理志南陽隨下云：「厲鄉，故厲國也。」

八月，螽。 劉子云：「先是，僖公有鹹之會，後城緣陵，是歲復以兵車爲牡丘會，使公孫敖帥師及諸侯大夫救徐。」

螽，蟲災也。甚則月， 甚則詳之。**不甚則時。** 不甚則時。災以時爲正，甚乃月，不日也。異以日爲正，不甚乃月，不時也。記螽之始，故再發傳。

九月，公至自會。 桓會不致者，安之也。此致，久也。正月出，九月乃歸。

季姬歸于繒。 **疏**季姬何爲上不繫繒？以下言「歸于繒」，則上可以不繫繒。杞伯來逆叔姬之喪以歸，亦不繫杞也。內女歸寧反國不書，此何以書？因止而書之。文何以與初嫁同？上有遇防之文，不嫌其初嫁也。

己卯晦，震夷伯之廟。 劉子云：「晦，暝也；震，雷也。夷伯，世大夫。晝雷，其廟獨冥。天戒若曰：勿使大夫世官，將專事晦暝。明年，公子季友卒，果世官，政在季氏。至成公十六年六月甲午晦，正晝皆暝，陰爲陽，臣制君也。成公不寤。其冬，季氏殺公子偃。季氏萌於僖公，大於成公，此其應也。又以爲此所謂夜妖也。」

晦，據言朔，恐是晦日。**冥也。**劉子云：「冥，晝晦。」**震，**據地震亦言震。**雷也。**加震於廟，知與震電同。**夷伯，**據稱伯，「夷」非國，乃天子大夫。廟災不書。**魯大夫也。**據大夫廟災書，知内事。「祭叔」，傳云：「天子之内臣。」「女叔」，傳云：「天子之命大夫。」公羊「單伯」傳曰：「吾大夫之命乎天子者也。」此言魯大夫，與女叔内臣、單伯吾大夫同謂天子大夫爲監於魯，爲魯大夫者。**因此以見天子至于士，**王制：「天子之卿授地視伯，大夫授地視子男〔一〕。」按：此天子、公、卿、大夫、元士凡五等，君、卿大夫、上士、中士、下士凡五等，合十等。然則此士兼就天子、諸侯言之。公九錫起，士一命止，共十八等也。**皆有廟。**此大夫廟也。言大夫無士，大夫有廟，則上自天子下至士皆有廟可知。**天子**王者。**七廟，**此當指公卿。**諸侯五，**八錫、七錫。五廟，兼包四廟，則五錫、三錫者當之。**大夫三，**大夫當指列國一錫及九命者。**士二。**士指諸侯之士。二廟爲七命、五命者，一廟爲三命、一命者。王制曰：「天子七廟，三昭三穆，與太祖之廟而七。諸侯五廟，二昭二穆，與太祖之廟而五。大夫三廟，一昭一穆，與太祖之廟而三。士一廟。庶人祭於寢。」**疏**禮説衹言單數，叠殺以兩。中實有雙數，以爲加降之等。元士二廟〔三〕，是雙數。禮緯有「六廟、四廟」之説。又如九命其上皆見單數，至於士，乃言再命。因禮有全數、雙命之文，知廟亦如此。**故德厚者流光，**尹更始云：「天子七廟，據周也。」石渠論：「周世后稷、文、武特七廟。」

〔二〕「大夫」，原作「元士」，日新本、鴻寶本同，此據王制改。
〔三〕「元」，原作「九」，日新本同，此據鴻寶本改。

據天子七。 **疏** 劉歆引穀梁傳：「天子七廟，諸侯五廟，大夫三，士二。」天子七月而葬，七日而殯；諸侯五月而葬，五日而殯。此喪事尊卑之制，與廟數相應。其文曰：「天子三昭三穆，與太祖之廟而七。諸侯二昭二穆，與太祖之廟而五。故德厚者流光，德薄者流卑。」蓋用其父穀梁説也。按：禮稽命徵：「唐、虞五廟，親廟四，始祖廟一。」又曰：「天子五廟，二昭二穆，與始祖而五。夏四廟，至子孫而五。殷五廟，至子孫六。周六廟，至子孫七。夏無太祖，宗禹而已，則五廟。殷人祖契而宗湯，則六廟。周尊后稷，宗文王、武王，則七廟。自夏及周，少不減五，多不過七。」天子元士二廟，諸侯之上士亦二廟。下士一廟者，祖禰共廟。**德薄者流卑。**據士二也。德厚者位尊，道隆者爵重。故天子遠及七世，士祭而已。**是以貴始，**攷説苑重本。**德之本也。**荀子云：「郊止乎天子，而社止乎諸侯，廟及士大夫，所以別尊者事尊，卑者事卑，宜大者巨，宜小者小。故有天下者事七世，有一國者事五世，有五乘之地者事三世，有三乘之地者事二世，持手而食者不得立宗廟，所以別積厚者流澤廣，積薄者流澤狹也。」**始封必爲祖。**據大夫亦稱太祖廟，王制所言是也。

冬，宋人伐曹。同盟相伐，齊伯衰也。稱人，貶之也。言此以起宋强，後乃争伯也。

楚人敗徐于婁林。婁林，徐地。楚、徐皆夷，不言戰者，楚大徐小。楚師不言夷狄，從國畧之也。此蓋英氏、項同在也。 **疏** 夷狄相敗不志。此志者，爲徐從中國，我往救之也。

夷狄相敗，志也。傳曰：「中國不言敗。」救而徐敗，楚彊，桓伯衰。 **疏** 凡中國與夷狄戰，戰而後敗，内中國外夷狄也。大夷敗小夷，但言敗不言戰，尊大夷以及小夷。

十有一月壬戌，晉侯及秦伯戰于韓，獲晉侯。劉子云：「秦伯嘗亡其駿馬，自往求之，見人已殺其駿馬，以次食之酒。居三年，晉攻秦穆公，圍之，往時食馬者相謂曰：『可以出死報食馬得酒之恩矣。』遂潰圍，穆公卒得以解難，勝晉，獲惠公歸。夫人穆姬爲之請，秦伯遂館晉侯，饋以七牢而遣之。」**疏**不言秦伐晉者，戰不言伐，舉其大者。不名者，言獲，絶已明。蔡侯名者，言「以歸」，獲未明，故以名起之。

韓之戰，據宋師敗績，獲宋華元，先敗後獲。**晉侯失民矣，**師未敗而君獲，見民之不救君。**疏**或以君獲不言師敗績，爲舉重，君與將一也。華元先言敗而後言獲，敗晉侯當與同例。又楚子、鄭師敗績，君傷不言師敗績，傳本有其説，不得推以説此條。**以其民未敗而君獲也。**劉子云：「春秋記國存亡，以察來世，雖有廣土衆民，堅甲利兵，威猛之將，士卒不親附，不可以戰勝取功。晉侯獲于韓，楚子玉、得臣不能使不附之民，先軫不能戰不教之卒，故强弱成敗之道，在乎附士卒、教習之而已。」**疏**晉世家：「四年，晉饑，乞糴于秦。」

十有六年

春，王正月戊申朔，隕石于宋五。劉子説：「以爲象宋襄公欲行伯道、將自敗之戒也。石，陰類；五，陽數；自上而隕，行欲高反下也。石與金同類，以白爲主，近白祥也。鷁，水鳥；六，陰數；退飛，欲進反退也。其色青，近青祥，屬于貌之不恭。天戒若曰：德薄國小，勿持炕陽，欲長諸侯，與彊大爭，必受其害。襄公不寤。明年齊桓死，伐齊喪，執滕子，圍曹，爲雩之會，與楚爭盟，卒爲所執。後得反國，不悔過自責，復會諸侯伐鄭，與楚戰于泓，軍敗身傷，爲諸侯笑。」 **疏** 許慎引穀梁説云：「隕石于宋五，象宋公德劣國小，陰類也。而欲行伯道，是陰而欲陽行也。其隕，將拘執之象也，是宋公欲以諸侯行天子之道也。」

先隕而後石，何也？ 據六鶂退飛。石，實物，宜見於上，與霜不同。星隕如雨，先言星後言隕。 **隕，**不見於上、著於下爲隕。 **而後石也。** 未隕時不見石，既隕墜於地，詳視之，乃知是石。故不言石隕，與霜隕後乃霜同。 **于宋，** 據下言宋都。 **四竟之内曰宋。** 石下不在一處。宋，國辭，大名，統四竟言之。 **後數，** 據下言六鷁。 **散辭也；** 散隕於四竟，數而知其數，故後數之。 **耳治也。** 隕石，記聞也。聞其隕，然後視之則石，察之則五。論語：「多聞闕疑，慎言其餘，則寡尤。」

是月，六鶂退飛，過宋都〔一〕**。** 劉子云：「鶂，陽類也；六，陰數也；象陽而陰行，必衰退。」 **疏** 鄭君云：「六鷁俱飛，得諸侯之象也。其退，示其德行不進以致敗也。得諸侯，是陽行也；被執敗，是陰行也。」

是月者， 據上已言正月。 **決不日而月也。** 欲著石日、鶂月，故言是月。若不言是月，則嫌與戊申同。 **六鶂退飛，過宋都，先數，** 據隕石五，後數。 **聚辭也，** 目見其六鶂羣飛。 **目治也。** 六鶂退飛，記見也。視之則六，察之則鶂，徐而察之則退飛。論語：「多見闕殆，慎行其餘，則寡悔。」 **子曰：「石，無知之物；鶂，微**

〔一〕「鶂」，原作「鷁」，日新本、鴻寶本同。阮元校勘記云：「閩、監、毛本同，石經『鷁』作『鶂』，下『五石六鷁』同。釋文出『六鶂』。案十行本鷁字係剜補，乃淺人妄改而仍有改之未盡者。」此據阮説並傳文「鶂」字改。餘皆仿此。

有知之物。石無知，故日之；石無知而隕爲大異，重其變，故詳而日之。傳所謂「無崩道而崩，其日，重其變也」是也。**鶂，微有知之物，故月之。**鶂或時至，其爲異小，故畧而月之。所謂有崩道，故不日也。**君子之於物，無所苟而已。**論語：「子曰：『君子於其言，無所苟而已。』」**疏**班氏云：「名家者流，蓋出於禮官。古者名位不同，禮亦異數。孔子曰：『必也正名乎？名不正，則言不順；言不順，則事不成。』此其所長也。」**石、鶂且猶盡其辭，而況於人乎？**此發凡起例也。春秋文成數萬，其旨數千，學者苦比屬，故於此發例焉。人之所知，莫明於石、鶂，故別之又立石、鶂例，知因所易以悟所難見。凡春秋日月之例，必如此戊申、是月也；於人事之變、名號之殊，必如此石、鶂者然。況春秋者，耳目所及知，能盡其辭；如石、鶂，則其於春秋之旨庶幾矣。**故五石、六鶂之辭不設，則王道不亢矣。**荀子云：「王者之制名，名定而實辨，道行而志通，則慎率民而一焉。故析辭擅作名以亂正名，使民疑惑，人多辨訟，則謂之大姦，其罪猶爲符節度量之罪也。故其民莫敢託爲奇辭以亂正名，故其民愨；愨則易使，易使則公。其民莫敢託爲奇辭以亂正名，故壹於道法而謹於循令矣。如是，則其迹長矣。迹長功成，治之極也，是謹於守名約之功也。今聖王沒，名守慢，奇辭起，名實亂，是非之形不明，則雖守法之吏、誦數之儒，亦皆亂也。有王者起，必將有循於舊名，有作於新名。然則所爲有名，與所緣有同異，與制名之樞要，不可不察也。」**民所聚曰都。**在宋國都。

三月壬申，公子季友卒。劉子說：「國家惛亂而良臣見。魯國大亂，而季友之賢見。僖公即位，而任季子，魯國安寧，內外無憂，行政二十餘年。季子之卒後，邾擊其南，齊伐其北，魯不勝其患，將乞師於楚以取全耳。故傳曰：『患之起，必自此始也。』公子買不可使戍衛，公子遂不聽君命而擅之晉，内侵於臣下，外困於兵亂，弱之患也。僖公之性，非二十年本賢而後乃漸爲不肖也，此季子存之所益、亡之所損也。」**疏**僖公以後不卒公子，起三家執政，僖釀成之。

大夫卿也。**日卒，正也。**劉子云：「賢者不名。」謂稱季子，不獨名之。**稱公弟叔仲，賢也。**傳曰：「其曰公弟叔肸，賢之也。」**疏**肸，公子也。諸侯之尊，兄弟不得以屬通。此言公弟，舉其親，知以賢也。肸，舊誤「仲」，稱「仲」，疏之。經亦無稱「叔」事也。**大夫不言公子、公孫，疏之也。**傳曰：「此公子也。其曰仲，何也？疏之也。」據仲遂也。又曰：「此公孫也。其曰仲，何也？子由父，疏之也。」據仲嬰齊。兩舉其例，以見友事也。不言弟，因其後世官，有三家之禍，故不敢純許之也。言季，以字配名，如叔肸，起其實賢，雖子孫不肖，不掩祖父之美也。**疏**魯世家：「季友母陳女，故亡在陳。其後爲季氏，慶父爲孟氏。僖元年，以汶陽田封季友。」

夏，四月丙申，繒季姬卒。疏此不卒者。卒者，凡有歸文者皆卒，故卒之。

秋，七月甲子，公孫茲卒。茲，共仲慶父之姪。僖世，三桓爲卿，世執魯政，連言季孫、仲孫以明之。以下非三家不卒，卒者，爲特筆矣。

大夫日卒，慶父卒，茲爲卿，二見經。子得臣繼立，文元年稱叔孫。**正也。疏**再發傳者，桓、莊不卒大夫，季友賢，稱子。此大夫正卒例。

冬，十有二月，公會齊侯、宋公、陳侯、衛侯、鄭伯、許男、邢侯、曹伯于淮。邢，衛之屬也，不叙。叙者，起外小國不録，但録方伯也。幽之同盟録滑，桓始伯也，起晉在、來遠國也。淮出會録邢，桓後會也〔一〕。於始終言之，起餘從同；起小國畢在，且明桓存邢也。於中言江、黄，美其盛也；江、黄遠於齊，邢，且非中國也。淮，淮水也，近楚竟。邢侯在許、曹之閒，明外小國。不序徐人，外之。邢，衛屬，稱侯者，録本爵也。滑稱伯者，從春秋稱也。一侯一伯，互相起也。在曹上者，伯不先侯也；在許下者，許常叙，邢不常叙，不使在鄭下也。

兵車之會也。爲伐英氏、滅項。

十有七年

春，齊人、徐人伐英氏。徐人，夷狄不叙者也。諸侯同伐英氏，例叙。例叙不叙者，辟徐人，不使同也。徐雖夷狄而行仁義，故引而進之不言「及」也。不序諸侯而序徐，著之也。**疏**英氏，夷狄也。春秋凡夷狄無國名。英以氏見，因桓伐大之，所以大桓也。

夏，滅項。不言齊滅，蒙上伐英氏之文，與滅偪陽同。此不言「遂」，則爲桓公諱。項，楚屬也，爲楚敗徐，乃同會淮以伐楚屬國，故序徐人也。項，不日，微國；時者，遠也。**疏**知項，楚屬者，地理志汝南項下云：「故國。」知楚屬也。説左傳者，竟以項爲内滅。按：項去魯遠，魯滅不能有，何以滅之乎？且當僖公時，尚無專權之臣，如昭公之三家。以

〔一〕「後」，日新本、鴻寶本作「從」。

爲内滅，知非左傳之意。

孰滅之？不繫國，疑内滅。**桓公也。**據内諱滅，知此伐英氏之師爲伯者諱，故不言齊。**疏**左傳：「師滅項。淮之會，公有諸侯之事，未歸而取項，齊人以爲討而止公。」按：項與徐、英氏近。師者，即伐英氏之師，當是公與齊侯在淮，遣别師伐英，魯師亦在行。中國伐英氏，爲滅項，非齊桓意，遷怒於公而止之。左氏不應竟以爲魯滅也。傳爲説者未深詳傳義耳。**何以不言桓公也？**據滅譚稱齊師。**爲賢者諱也。**春秋以二伯爲賢而諱之。傳爲尊者諱，周也；爲親者諱，魯也；爲賢者諱，二伯也。非此不在諱例也。**項，**不日，疑非國。**國也。**據諱，知滅國。**不可滅而滅之乎？**據諱之也。**桓公知項之可滅也，**據夷狄附楚攻徐。**而不知己之不可以滅也。**據蔡從楚，蔡潰，不土其地，不分其民，爲得正。討罪而已，不以得國爲利。**既滅人之國矣，何賢乎？**方諱惡，無應復賢也。**君子惡惡疾其始，**據入國言「入」，又謹始之等皆是也。絶其始，則不得終於惡，謂疾其初爲惡之事，不終身疾之，謂見者不再見也。**善善樂其終。**據齊滅遂、滅譚不諱也。書曰「靡不有初，鮮克有終」，故善事以終爲美。春秋伯桓，託於善善，其初存亡繼絶尤善，樂觀其終，故終有滅國之事，辟之以成其美。**桓公嘗有存亡繼絶之功，**存亡，謂存邢、衛、杞；繼絶，立僖公也。**故君子爲之諱也。**劉子説：「昔齊桓前有尊周之功，後有滅項之罪，君子以功覆過而爲之諱行事。」

秋，夫人姜氏會齊侯于卞。卞，魯地。**疏**左傳：「聲姜以公故，會齊侯于卞。」聲姜，僖公夫人也。言夫人會者，公在之辭。主夫人者，以其抗禮也。以卑抗尊，病公失夫道，蓋三譏之。

九月，公至自會。上無會，會者，謂卞也。公取于齊，公與夫人往會，出非禮，故月以致之。離會不致，在内不致；此致會，主夫人抗禮，往會如一國然，深危之。**疏**月者，爲滅項事止公。

冬，十有二月乙亥，齊侯小白卒。劉子云：「或曰：桓公仁義乎？殺兄而立，非仁義也。將謂桓公恭儉乎？與婦人同輿馳於道中，非恭儉也。將謂桓公清潔乎？閨門之内，無可嫁者，非清潔也。此三者，亡國失君之行也。然而桓公兼有之，以得管仲、隰朋，九合諸侯，一匡天下，朝周室，爲五霸首，以其得賢也。失管仲、隰朋，任豎刁、易牙，身死不葬，蟲流出户。一人之身，榮辱俱施者，何也？其所任異也。由此觀之，則任佐急矣。」**疏**齊世家：「四十三年初，齊桓公之夫人三，曰王姬、徐姬、蔡姬，皆無子。桓公好内，多内寵，如夫人者六人，長衛姬，生無詭；少衛姬，生惠公元；鄭姬，生孝公昭；葛嬴，生昭公潘；密姬，生懿公商人；宋華子，生公子雍。桓公與管仲屬孝公於宋襄公，以爲太子。雍巫有寵於衛共姬，桓公卒，作亂，立無詭。」

此不正，據書「入于齊」。**其日之，**疏據左、史，卒在十月，以十二月書者，緩書，有難。凡有難者，皆緩書之。**何也？**據諸侯不正不日。**其不正前見矣。**據書「入」也。春秋之義以決嫌疑，義所未明，則見以章明。凡已見者，則不復再。傳曰「有所見，則諱莫如深」是也。**其不正之前見，何也？**據諸侯正不正皆於卒決，不於生決。**以不正入虚國，故稱嫌焉爾。**據前言「入于齊」，貶不稱公子。虚國，謂齊無君。傳例曰：「以國氏者，嫌也。」有所見，則爲之諱。

十有八年齊孝公昭元年。

春，王正月，宋公、曹伯、衞人、邾人伐齊。劉子説：「宋公遇災不懼，齊桓死，伐齊喪。」衞人，衞君也。其在曹下者，微之也。何爲微之？齊存衞，邢猶思齊功而救之，已乃伐其喪，故微之。宋爲首惡，嫌不責衞，故「人」以起之。邾稱人，邾初入會盟稱人，至晉伯乃稱子。**疏**齊世家：「孝公元年三月，宋襄公率諸侯兵送齊太子昭而伐齊。齊人恐，殺其君無詭。齊人將立太子昭，四公子之徒攻太子，太子走宋。」

非伐喪也。據戰言伐、客言及，知惡伐喪。伐喪無道，故謹而月之。桓公死，國亂，孝公出奔宋，公子分爭，宋伐齊，納孝公。不言納昭者，桓内寵女色，以妾爲妻，嫡庶數更，不早立太子，以私愛屬宋，立孝公，非正道。宋聽桓立愛，以外國預嗣事，亦非正道。故不與討亂而正其伐喪，明桓、襄皆失正也。宋伐，疑於討亂，春秋正之，所謂決嫌明疑，以解衆惑。**疏**伐，不月；譏伐喪，故月之。

夏，師救齊。主善以内也。善事當言其人，不言者，諱之也。

善救齊也。據非伐喪，知善者。

五月戊寅，宋師及齊師戰于甗，齊師敗績。甗，齊地。**疏**齊世家：「宋遂與齊人四公子戰。五月，宋敗齊四公子師而立太子昭，是爲齊孝公。宋以桓公與管仲屬之太子，故來征之。以亂故，八月乃葬齊桓公。」

戰不言伐，據戰韓不言伐，舉重也。據其先後，知主客也。此言伐，著宋惡。伐人喪，齊不得已乃戰，所以著宋惡也。**客不言及，**據言伐齊，齊爲主，宋爲客。齊、宋同爲大國，當言主客也。會同之事，大者主小；戰伐之事，後者主先。惡戰，故使之居下。此春秋惡兵之義也。國大小不同，則以大及小，此尊卑之分，如齊、衛，傳曰：「齊大衛小，以衛及之，何也？」此大小例。國同等，則言主客，此齊、宋同等，傳「客不言及」是也。**言及，**據主客，當言「齊人及宋人」。**惡宋也。**據宋首之也。常詞及客，惡戰故使之居下。此及主，明主人在喪，不欲戰宋，起意伐人喪；齊有敗亡之患，故舉兵應之，爲不得已之辭。故常變起例，以明伐喪之罪。

狄救齊。狄者何？赤狄也。此是晉使之，不出晉，故目狄也。

善救齊也。春秋之義，不許夷狄憂中國。傳言此者，楚彊狄弱，不許楚，以楚功深遠，嫌絶之。不稱人者，善未積，君子不以一事遂「人」之。

秋，八月丁亥，葬齊桓公。劉子云：「管仲有疾，桓公往問之曰：『仲父若棄寡人，豎刁可使任政乎？』對曰：『不可。豎刁自刑以求入君，其身之忍，將何有於君？』公曰：『然則易牙可乎？』對曰：『易牙解其子以食君，其子之忍，將何有於君乎？若用之，必爲諸侯笑。』及桓公没，豎刁、易牙作難。桓公好女色，以妾爲妻，適庶數更，及死，適庶分争，九月不得葬。」

疏曰者，二伯正例日。豎刁、易牙争權，五公子争立，有難，故九月乃葬之。不言亂者，爲桓諱。桓之伯也，王禁明而王臣不下聘者六十年，盟會而諸侯無私争者三十年。師次召陵而荆服矣，陳旅聶北而狄退矣，獻捷過魯而戎弭矣；貫盟而下葵丘以前，衣裳不歃血，兵車不大戰，仲尼稱其「一匡」，孟子歎其「爲盛」。故身死之後，其功德及遠近，而邢、狄救之。然内寵外亂，自管仲死後不復振，卒有尸見之禍，抑不幸矣。齊世家：「桓公十有餘子，要其後立者五人：無詭立三月死，無謚；次孝公；次昭公；次懿公；次惠公。」按：五世亂乃定，故葬日也。

冬，邢人、狄人伐衛。 邢，衛屬者，近衛。因齊有存國之德，感之，故結狄伐衛以救齊也。以伐衛救齊，知前衛該在師也。

狄，其稱人，何也？ 據救齊不言人。**善累，** 據救齊善之，此又救，故爲累。**而後進之**〔一〕。因其累，而後進。考功之道，不以一事遂進之，惟大善乃一事得進。傳曰：「舉道不待再。」不進，當如「晉人及姜戎」。**伐衛，所以救齊也。** 據齊人、狄人盟于邢，知救齊。**功近，** 謂齊桓存邢之功，近者，邢爲衛屬，感桓公功而救之。**而德遠矣。** 謂狄遠于齊，慕桓公之德而來救之。言此以譏衛忘桓功，不如邢、狄，故於「伐衛」言之。

十有九年

春，王三月，宋人執滕子嬰齊。 劉子云：「襄公不寤天變，執滕子，圍曹，與楚争權。」月者，惡宋襄。左傳以爲滕宣公。 **疏** 按：執，不名；名者，絶之。蓋以滕不從伐齊也。執者，二伯之辭，宋不得爲二伯者，以所治乃小國之滕，非大國也。

夏，六月，宋公、曹人、邾人盟于曹南。 此宋公求合諸侯也。齊桓已卒，晉文未興，中閒宋襄有求伯之志，如閒閏然。故舊説有以宋爲伯者。左傳「諸侯無伯」，不以伯許之矣。又所會之國，皆内卒正、小國也。 **疏** 此曹伯、邾

〔一〕「進」，原作「近」，日新本同，此據傳文、鴻寶本改。

子也。其人曹伯何也？人曹伯，所以人宋公也。曹南在邾、曹之閒。外盟不日。

繒子會盟于邾。繒者，連帥於邾者也。言會邾者，卒正乃列會盟，連帥不見，故以邾統之。因其屬邾，故執、戕皆邾治之。**疏**會盟，後于盟也。來盟而曰會盟，遂繒子之志，見以會盟執也。于邾，不在會也。

己酉，邾人執繒子，用之。大國乃言執，邾得爲執，以卒正執連帥，一見以明其制也。此宋使邾執也。不言宋使者，宋爲王後，春秋不許其爲二伯，方伯之辭也。**疏**地理志東海郡繒下云：「故國，禹後。」

微國不言小國曰微者，連帥爲微國。春秋惟青州見連帥，外州不見。**之君，**春秋卒正以上得與盟會，卒正以下不得與盟會。傳以連帥爲微國。滅，以繒爲中國者，中國中之微國也。**因邾**據會于邾，知因邾也。**以求與之盟。**謂與宋盟也。前盟，繒不在。言會盟，致意，知求盟于邾。**疏**知因邾者，「吴欲因魯之禮，因晉之權，而請冠端，而襲其藉於成周。」則微國之會必有所因也。**人**繒。**因己**邾。**以求與之盟，**宋。**己**邾。**迎而執之，**邾聽宋命，不在會，先執之。不言「以歸」者，明執于邾。**惡之，**戕繒子，入其國。此因求盟執，大惡，故惡之。**故謹而日之也。**據戕繒子同。**用之者，**據用牲乃言用。**叩其鼻以衈社也。**劉子云：「天子大社王社，諸侯國社侯社制度奈何？曰：社皆有垣無屋，樹其中以木。有木者，土主生萬物，萬物莫善於木，故樹木也。」**疏**衈者，釁也，取鼻血以釁祭社器。左傳：「宋公使邾文公用繒子于次睢之社，欲以屬東夷。」公羊亦同。

秋，宋人圍曹。劉子云：「宋圍曹，不拔，司馬子魚謂君曰：『文王伐崇，崇軍其城，三旬不降，退脩其教，而後伐之，因壘而降。今君德毋乃有所闕乎？胡不退脩德，無闕而後動？』」**疏**宋求諸侯皆在青州朝我之國。終春秋兵事，小國亦在青州，以宋與我同州也。然則王後所在之州，諸侯亦得事之。按：方盟而圍之，不信甚矣。

衛人伐邢。言此以明方伯治卒正之例也。衛爲方伯，邢爲連帥。上無二伯，則方伯於一州諸侯無道者，皆得討之。執前役也，獨伐邢者，起主救齊。**疏**左傳：「『今邢方無道，諸侯無伯，天其或者欲使衛討邢乎？』從之。」

冬，會陳人、蔡人、楚人、鄭人盟于齊。此謹楚人盟中國之始也。内不言其人，公也。爲初盟夷狄，諱不言也。陳、蔡、鄭，皆君也，其「人」之，何也？貶之也。**疏**方伯惟衛不叙，内衛也。陳、蔡以後不在同盟，陳、蔡連文，楚黨也。鄭爲中國，故後之。不能自入中國，有召之者，三國是也。楚在中者，莫爲之先後，不能肆於中國。蓋或推之、或挽之也。陳、蔡、鄭者，中國之次序也。齊不出者，齊大國，不能與夷狄言會，故不出之。不言小國，爲公諱也。言此，明楚黨也。陳、蔡、鄭三國君皆不葬，惡之也。

梁亡。劉向引石讐曰：「春秋忽然而足以亡者，國君不可以不慎也。妃妾不一，足以亡；族不親，足以亡；大臣不任，足以亡；國爵不用，足以亡；親佞近讒，足以亡；舉百事不時，足以亡；使民不節，足以亡；刑罰不中，足以亡；内失衆心，足以亡；外慢大國，足以亡。」梁者何？州舉之也。春秋外州三見其名，荆、梁、徐是也。亡者何？秦滅之也。秦滅不言秦者，以秦爲梁州伯也。春秋存西京以爲舊都，秦稱伯，從天子大夫之例，如王巡守東都，以秦爲留守，其本封則在梁州也。春秋伯子男爲小國，秦、鄭二國則爲方伯，以爲外諸侯入爲卿士者然：鄭爲行者，秦爲居者也。**疏**此記事者，因秦録之，實見而文不見。

自亡也。據不舉滅者，以自亡爲文，如鄭棄其師，自棄之，不使人加之。**疏**晉世家：「秦滅梁。梁伯好土功，治城溝，民力罷怨，其衆數相驚，曰『秦寇至』，民恐惑，秦竟滅之。」**湎於酒，淫於色，心昏耳目塞，上無正長之治，大臣背叛，民爲寇盜。**以上皆有滅亡之道。**梁亡，**「梁」在上，「亡」在下，不言秦取之。**自亡也；**傳曰：「非其所與人而與人謂之亡〔一〕。」自亡，一見例。亡者，自不願有其國而以與人之辭。**如加力役焉。**據滅則必加力役。梁亡者，自力求亡，不亡而力求其亡之辭。**湎，**滅。**不足道也。**自滅爲亡，人滅之爲滅。梁君無道，自亡其國，則秦之滅之不必言，故不言「秦取梁」而曰「梁亡」。春秋舉重，故録其自亡之重，不舉滅者之文也。人無欲自亡者，無道之極至於此矣。故有國者不可不察也。**疏**滅，舊誤作「湎」。因上「湎」而誤。**梁亡，**不言秦滅梁。**鄭棄其師，**不言師潰。**我無加損焉，**加，如「加喪焉」；損，則畧之是也。**正名而已矣。**論語：「子曰：『必也正名乎？名不正，則言不順。言不順，則事不成。事不成，則禮樂不興。禮樂不興，則刑罰不中。刑罰不中，則民無所措手足。故君子名之必可言也，言之必可行也。君子於其言，無所苟而已矣。』」**疏**荀子云：「隨而命之，同則同之，異則異之。單足以喻，則單；單不足以喻，則兼；單與兼無所相辟，則共；雖共，不爲害矣。知異實者之異，名也；故使異實者莫不異名也，不可亂也。猶使異實者，莫不同名也。故萬物雖衆，有時而欲偏舉之，故謂之物；物也者，大共名也。推而共之，共則又共，至於無共，然後止。有時而欲偏舉之，故謂之鳥獸；鳥獸也者，大别名也。推而别之，别則又别，至於無别，然後止。名無固宜，約之以命，約定俗成謂之宜；

〔一〕下「人」字原脱，日新本、鴻寶本同，此據傳文補。

異于約則謂之不宜。名無固實，約之以命實，約定俗成謂之實名。名有固善徑易而不拂，謂之善名。物有同狀而異所者，有異狀而同所者，可別也；狀同而爲異所者，雖可合，謂之二實。變狀而實無別而爲異者，謂之化；有化而無別，謂之一實。此事之所以稽實定數也。此制名之樞要也。」**梁亡，出惡正也；**梁君無道，貪於土功而弗居，民罷爲弗堪，因之以亡，故曰惡正。**疏**一説：出惡正，當爲「好土功」，與下對文。出正，「土功」之誤。**鄭棄其師，惡其長也。**長，謂高克。二句釋其本意。因好土功、惡高克，不得道，以至於此。

二十年

春，新作南門。劉子云：「僖外倚强楚，炕陽失衆，作南門，勞民興役。」**疏**〔一〕顔注：「南門，本名稷門，更改高大而作之。」

作，爲也，據「作僖公主」。**有加其度也。**據作三軍、作邱甲。脩舊不譏，言「新作」，知非作；言作，知不止脩舊。**言新，**三軍、邱甲不言新。**有故也，**據「新作雉門及兩觀」。**非作也。**據新廐但言新，皆搠始辭。**南門者，**據定言雉門，與此同異。**法門也。**法門，謂天子諸侯皆南面法令之所出入，故謂之法門。

夏，郜子來朝。此失國之君也，其不名者，同姓諱之也。内取郜，則郜子爲寓公，食其采也。**疏**伏、董説皆云：

〔一〕「疏」，原作「〇」，據本書體例改。

諸侯初封有采地。郜亡已久，猶稱郜子，食采之君也。今外洋諸國，凡滅國不滅其主，封之數邑，食其所出。故國有滅數百年而猶有國主，正此例也。朝一見，不朝者也。

五月乙巳〔二〕，西宮災。劉子説：「僖立妾母爲夫人，以入宗廟，故天災閔宮。」若曰：去其卑者，將害宗廟之正禮。」**疏**公羊：「西宮者何？小寢也。小寢，則何爲謂之西宮？有西宮，則有東宮矣。魯子曰：『以有西宮，亦知諸侯之有三宮也。』」

謂之新宮，劉子説：「諸侯三宮，有高寢，有左路寢、右路寢。」公羊之東宮、西宮，即劉説之左、右路寢也，寢與廟制同。閔居西宮，僖繼閔則當居東。閔所居之宮，繼君當敬異之，如就宗廟之例直稱爲宮，如新災宮。**則近爲禰宮。**稱宮新之廟，如稱爲「新宮」，則路寢人所居，與棲神之廟同稱矣，故不言「新宮」。**以謚言之，**以寢例廟，如桓宮、僖宮，災之例言謚。**則如疏之然。**東西相對之寢，如桓，僖已毁之廟，人鬼異道，是疏遠之。**以是爲閔宮也。**班氏説：「穀梁以爲閔公宮也。以謚言之則若疏，故謂之西宮。」寢得言西宮，公薨于楚宮，是寢與廟同得稱宮。以爲閔宮，謂閔在生所居之左路寢也。**疏**舊説以西宮爲閔廟，不惟與左、公不合，以僖繼閔，傳有父子祖禰之説，則謂閔廟爲禰廟，乃是正稱。且文公篇書「躋僖公」，未嘗不稱謚，則亦不得以稱謚爲疏也。左傳有東宮、西宮、北宮説，亦同。

〔二〕「乙」，阮刻本作「己」，誤。

鄭人入滑。滑近鄭，在衛、鄭之間。衛與鄭争，故鄭人入滑。**疏**鄭世家：「三十七年秋，鄭入滑，滑聽命。已而反與衛〔一〕，于是鄭伐滑。」

秋，齊人、狄人盟于邢。若「邢人」叙，則爲主意不見；若首叙之，則不可以先齊，故地邢起爲主意也。**邢，**據盟不出邢。**爲主焉爾。**據邢人、狄人伐衛，邢主之。**邢小，**據齊大。**其爲主，何也？**據齊伯會盟，以伯爲主。**其爲主乎救齊。**據邢伐首序，知邢主兵。主書者，起功近德遠，著之也。**疏**左傳爲邢謀衛難，傳以救齊爲説者，衛滅邢之禍，自救齊始也。

冬，楚人伐隨。隨，荆州夷狄國。春秋于外州小國通不加以夷狄之説，引而進之也。**隨，**疑其爲邑。**國也。**據下從楚稱隨侯，爲荆州卒正。伐隨，明隨爲楚屬也。**疏**地理志南陽郡隨下云：「故國。厲鄉，故厲國也。」

二十有一年

春，狄侵衛。不稱人者，非其侵也。善事稱人，非善事則反其狄道。

宋人、齊人、楚人盟于鹿上。宋人者何？宋公也。齊人者何？齊侯也。齊何以在宋下？齊失伯，宋以公求

〔一〕「衛」下原衍「和」字，據鄭世家、日新本、鴻寶本删。

伯諸侯，故先之也。獨三國與？諸侯皆在也，以無見，故畧之。稱人者，以與楚盟貶之，使若微者。楚不言及，宋公招之來以自取辱，故不及之。**疏**宋世家：「襄公八年，齊桓公卒，宋欲爲盟會。十二年春，宋襄公爲鹿上之盟，以求諸侯于楚，楚人許之。公子目夷諫曰：『小國争盟，禍也。』不聽。」

夏，大旱。劉子説：「庶徵之恒陽。春秋大旱，其夏旱雩祀，謂之大雩。不傷二穀，謂之不雨。」又：「齊桓既死，諸侯從楚，僖尤得楚心。楚來獻捷，釋宋公之執。外倚强楚，炕陽失衆。又作南門，勞民興役。」班氏曰：「諸雩旱不雨〔一〕，畧皆同説。」**疏**按旱、水、雩言「大」者，懼災也；亦以小者不志。

旱，不言飢者，據左傳：「是歲也，飢而不害。」**時，**據雩時，不正。**正也。**雩必八九月者，言乞請之時。旱非可以月計，故時爲正。

秋，宋公、楚子、陳侯、蔡侯、鄭伯、許男、曹伯會于雩，執宋公以伐宋。傳曰：「雩之耻，襄公有以自取之。伐齊之喪，執滕子，圍曹，雩之會，不顧其力之不足而致楚成王，成王怒而執之。」劉子説：「襄公爲雩之會，與楚争盟，卒爲所執。」**疏**鹿上稱「人」，此稱爵者，已見不再見。不言齊者，爲大國諱也。楚序宋下，起其争盟，爲兩伯之辭也。不言盟者，畧之也。不言楚子執，不許執中國。宋非從楚國，故辟之也。陳、蔡、鄭，從楚之國也；許、曹，從宋之國也。黨羽少而争盟，宜其見執。楚稱「子」始此，「蠻夷雖大曰子」也。楚稱王，曰「子」者，傳：「王，尊稱；子，卑

〔一〕「諸」，原作「請」，日新本、鴻寶本同，此據漢書五行志改。

稱。辭尊稱而居卑稱，以令諸侯，以尊天王。」按：王，中國之尊；子，中國之卑。以子稱之，奪其王稱，使如中國小國，所以尊天王也。此春秋制名之義，非楚舊子爵也。宋世家：「秋，諸侯會宋公盟于盂。公子目夷曰：『禍其在此乎？君欲已甚，何以堪之？』於是楚執宋襄公以伐宋。冬，會于亳，以釋宋公。」

以，重辭也。據「執」下「以」，與「以歸」輕重不同。齊執結以伐衛，傳曰：「重辭。」衛人共重結，故齊挾以伐衛。楚執宋公以要挾於宋，言「以伐」，重在「以」也。主書者，善宋立君以拒楚，惡楚執君以伐人國。晉執伐，諱。以此不諱者，晉，伯，爲賢諱；此夷狄，故著其惡，不諱。公在也，不言公者，目惡以外。

冬，公伐邾。邾稱子，夷狄也，爲須句之事伐之。**疏**起下升陘之敗。

楚人使宜申來獻捷。劉子說：「僖深得楚心，楚來獻捷，釋宋公之執。」**疏**言使，楚子也；稱人，貶之，爲執宋公貶之也。言使者，内與同；不言使，外之也。宜申，鬬宜申也；不氏者，楚無大夫。椒來聘，稱「楚子使」；此稱人者，惡其捷也。

捷，據「戎捷」繫國。**軍得也。**據獻在伐後，與戎捷同，知軍得。**其不曰宋捷，**據上伐宋，知宋。**何也？**據「戎捷」，戎，國名。**不與楚捷於宋也。**不與夷狄捷王者後，故爲之諱，使若與伐宋異事，以起其義。戎捷，中國捷夷狄可言也。

十有二月癸丑，公會諸侯盟于薄。

會者，外爲主焉爾。　**疏**再發傳，以成宋亂，以内爲主，此不以外爲主也。

釋宋公。外釋不志。據晉執曹伯不言釋。此其志，何也？內釋志，如邾子是也。以公之與之盟目之也。劉子云：「僖深得楚心，能釋宋公之執。」疏據不言楚，知以公與楚。內釋，志；與盟，故以公尸其功。不言楚，據楚執宜出楚。不與楚專釋也。使若諸侯共釋宋公，不由楚制，不使夷狄加中國。諸侯，會雩者也，不敘，畧之。此乃出公，主善以內也。

二十二年

春，公伐邾，取須句。須句，國也，成風之母家。此取於邾，明爲邾所滅，而公復之，反其君焉。在外如楚伐陳、納頓子之事，其文與邾邑無別者，時已爲邾邑，是邾之屬國也。邾爲卒正，須句則屬邾之連帥也。

夏，宋公、衛侯、許男、滕子伐鄭。與楚爭鄭也。據左傳，因鄭朝楚，故伐之。時從楚者，陳、蔡、鄭也。從宋者，衛、許、滕也。宋弱楚彊，以從之者衆也。

秋，八月丁未，及邾人戰于升陘。此邾伐我，戰不言伐也。結怨而戰，又不設備，故敗。

內諱敗，舉其可道者也。不言其人，以吾敗也。不言及之者，爲內諱也。疏再發傳者，爲卒正異例。

冬，十有一月己巳朔，宋公及楚人戰于泓，宋師敗績。劉子說：「襄公後得反國，不悔過自責，復會諸襄公將戰，子魚諫，不聽。」**疏**宋世家：「宋伐鄭，子魚曰：『禍在此矣。』秋，楚人伐宋以救鄭。襄公將戰，子魚諫，不聽。」侯伐鄭，與楚戰于泓，軍敗身傷，爲諸侯笑。」

春秋日事遇朔曰朔。朔爲月始，重始，得兼言朔。傳又云「日事遇晦曰晦」，謹終始也。日事言朔，僅此一見。

三十有四戰，三十四戰，謂有敗文者，如莊公二十八年衛人敗績，成十六年楚師敗績，桓十三年齊師、宋師、衛師、燕師敗績，僖十八年甗齊師敗績、二十四年城濮楚師敗績，文二年彭衙秦師敗績，宣二年大棘宋師敗績、十二年邲晉師敗績，成二年新築衛師敗績、十六年鄢陵楚子、鄭師敗績〔一〕，定四年伯舉楚師敗績，哀二年鐵鄭師敗績、十一年艾陵齊師敗績。隱十六年公敗宋師，莊十年公敗齊師、又敗宋師、十一年公敗宋師，僖元年公敗邾師、又公子友敗莒師，文十一年叔孫得臣敗狄，昭元年晉荀吴敗狄。桓十二年戰宋、十年齊、衛、鄭來戰郎〔二〕、十七年及齊戰郎，莊九年戰乾時敗績，僖二十二年戰升陘。外敗：僖十五年楚人敗徐、三十三年晉人敗狄、又晉人敗秦，成十二年晉人敗狄〔三〕，莊十年荆敗蔡師，昭二十三年吴敗頓、胡師，定十五年越敗吴，成元年王師敗績于貿戎。經三十六戰，除䍧、泓不數，共三十四戰有敗文也。泓本事同䍧，驕敵也。**未有以尊敗乎卑、**據三十四戰不言尊敗卑。**以師敗乎**

〔一〕廖注三十四戰，然文中所列僅三十二戰，此與後「文十一年叔孫得臣敗狄」，皆據經補足之。
〔二〕「十年」至「戰郎」八字原脱，日新本同，據鴻寶本補。
〔三〕「十二」，原作「十一」，日新本、鴻寶本同，此據經文改正。

人者也。傳曰：「不以師敗於人〔二〕。」疏據僖二十八年城濮敗楚稱人。以尊敗乎卑，以師敗乎人，則驕其敵。按：鞌戰齊侯敗於大夫，是齊頃公驕而至敗。三十六戰，惟鞌戰以尊敗乎卑，泓戰以師敗乎人〔三〕。襄公以師敗乎人，而不驕其敵，何也？據宋從少兵弱，非敵而驕。責之也。宋弱楚彊，不權攻守之宜，昧夫形勢之道，經故彊楚弱宋，若曰：非此不用道。所以深責之也。泓之戰，以爲復雩之耻也。雩之耻，宋襄公有以自取之：伐齊之喪，執滕子，圍曹，爲雩之會，不顧其力之不足而致楚成王，疏經不志楚葬，知成王者，據史文也，故春秋不可以空言說之。成王怒而執之。故曰：禮人而不答，則反其敬；愛人而不親，則反其仁；治人而不治，則反其知。孟子曰：「愛人不親，反其仁；治人不治，反其知；禮人不答，反其敬；行有不得者，皆反求諸己。其身正，而天下歸之。」徐幹說：「孔子制春秋，詳内而畧外，急己而寛人。」過而不改，又之，是之謂過。論語曰：「過而不改，是謂過矣。」襄公之謂也。古者被甲嬰冑，非以興國也，湯伐桀、武王伐紂是也。則以征無道也。文王伐密、伐崇是也。豈曰以報其耻哉！班氏曰：「凡兵所以存亡繼絶，救亂除害。」宋公與楚人戰于泓水之上，經言泓，以水地之，起不迫險。司馬子反曰：子反，當作子魚，字之誤也。劉子云：「宋襄不用公子目夷

〔二〕「於」字原脱，日新本、鴻寶本同，此據傳文補。
〔三〕「敗乎卑」、「敗乎人」，二「乎」字原缺，日新本、鴻寶本同，此據傳文補。

之言，大辱于楚。」「**楚衆我少**〔二〕**，鼓險而擊之，勝無幸焉。**」 **疏**孫子曰：「險形者，我先居之，必居高陽以待敵。」「**楚衆我少，鼓險而擊之，勝無幸焉。**」 **疏**孫子曰：「山林險阻沮澤，凡難行之道者，爲圮地。所由入者隘，所從歸者迂，彼寡可以擊吾之衆者，爲圍地。圮地則行，圍地則謀。」無，莫也。幸，僥倖。**襄公曰：「君子不推人危，不攻人厄，**不推人危、不攻人厄，此古用兵之道。不迫人於險，欲以盛德服之。**須其出。」**須，竢也。**既出，旌亂於上，** **疏**孫子曰：「旌旗動者，亂也。」**陳亂於下。**軍擾者，將不重也。孫子以治待亂，以静待譁，此治心者也。**子反曰：「楚衆我少，擊之，勝無幸焉。」襄公曰：「不鼓不成列。」**不鼓不成列，亦古用兵之道。**須其成列，而後擊之，則衆敗而身傷焉，七月而死。**卒在明年，五月傷輕，故不言。 **疏**宋世家：「冬十一月，襄公與楚成王戰於泓。楚人未濟，目夷曰：『彼衆我寡，及其未濟擊之。』公不聽。已濟未陳，又曰：『可擊。』公曰：『待其已陳。』陳成，宋人擊之。宋師大敗，襄公傷股，國人皆怨公。公曰：『君子不困人於阨，不鼓不成列。』子魚曰：『兵以勝爲功，何常言與！必如公言，即奴事之爾，又何戰爲？』」**倍則攻，敵則戰，少則守。** 孫子曰：「五則攻之，倍則分之，敵則能戰之，少則能逃之。」按：鄭君曰：「戰當觀敵爲策，倍則攻，敵則戰，少則守。今宋襄違之，不用其臣之謀而敗，故徒善不用賢良，不足以興霸者之功；徒言不知權詐之謀，不足以交鄰國、會遠疆。故易譏鼎折足，詩刺不用良也。」 **疏**曹公云：「以五敵一，則三術爲正，二術爲奇。以二敵一，則一術爲正，一

〔二〕「少」，原作「寡」，日新本、鴻寶本同，此據傳文改。

術爲奇。己與敵人衆等，善者猶當設奇伏以勝之。少，則高壁堅壘，勿與戰也。」**人之所以爲人者，言也；**傳曰：「爲天下主者，天也；繼天者，君也；君之所存者，命也。」又曰：「於人也，以言受命。」謂天子諸侯有君道者。言，猶命也。君之所以爲君者，以其有命，故能治天下國家也。**人而不能言，何以爲人？**傳曰：「爲人君而失其命，是不君也。爲人臣而侵其君之命而用之，是不臣也。君不君，臣不臣，此天下所以傾也。」**言之所以爲言者，信也；**傳曰五帝不告誓。信，原也。又曰：「盟者，不相信也，故謹信也，不敢以所不信而加之尊者。」**疏**卑當奉君之命，故不敢疑之。**言而不信，何以爲言？**春秋貴信，故譏臣子專命、遂事、棄命也。**信之所以爲信者，道也。**傳曰：「人之於天也，以道受命。」道出於天，春秋以天治君父，以道統仁義，莫不本於天、道以制萬事。故尊君也，以天臨之，則君不驕；重命也，以道次之，則命不苟從。散爲萬事，而實合爲一本。故天、道者，春秋之主宰也。**信而不道，何以爲道？**傳曰：「春秋信道不信邪。」信必本於道，故春秋尤貴道惡邪命。譏隱公、曹世子，許衛輒拒父、魯莊絶母是也。**疏**攷異郵云：「襄公大辱，師敗於泓，徒信不知權譎之謀，不足以交鄰國、定遠疆也。」**道之貴者，時；其行，勢也。**論語：「孔子曰：『可與共學，未可與適道；可與適道，未可與立；可與立，未可與權。』」又曰：「我則異於是，無可無不可。」孟子曰：「伯夷，聖之清者也；伊尹，聖之任者也；柳下惠，聖之和者也；孔子，聖之時者也。孔子之謂集大成。集大成也者，金聲而玉振之也。金聲也者，始條理也。始條理者，智之事也〔一〕。智，譬則巧也；聖，譬則力也。猶射於百步之外也，其至，爾力也；其中，非爾力也。」**疏**雖合於道，未合於時，春秋譏之，如宋公守常訓而敗於楚〔二〕。雖反乎道而合於時，春秋許之，如築館於外、大夫城杞、會王世子，傳以爲得變之正是也。晉文曳柴以敗楚，春秋猶伯之，伯之，但取攘夷之功，不責用兵之詐。今楚强宋弱，必須多謀善將，乃能勝之；守常不變，泥古不通，卒使楚横中國，幸晉文起而攘之，中國乃定。事有反經合道者，此類是也。

二十有三年據左、史，晉惠卒在本年九月，經書在明年。

春，齊侯伐宋、圍閔。閔，二傳作「緡」。**疏**齊世家：「六年春，齊伐宋，以其不同盟於齊也。」

伐國不言圍邑，此其言圍，何也？不正其以惡報惡也。前宋伐齊喪，今齊與楚結，乘宋敗而報之，是以惡報惡。論語曰：「以直報怨，以德報德。」

夏，五月庚寅，宋公茲父卒。傳曰：「泓之戰，宋公傷焉，七月而死。」**疏**宋世家：「夏，襄公病傷于泓而竟卒。子成公王臣立。」

〔一〕「智」，原作「聖」，日新本、鴻寶本同，此據孟子萬章下改。

〔二〕「楚」，原作「齊」，日新本、鴻寶本同，此言泓之戰，宋敗於楚也。

兹父之不葬，何也？據正卒宜葬。**失民也。**葬者，臣子事；無民，則無葬者。襄公失民，故不葬也。**其失民，何也？**據韓之戰未敗而獲，乃失民。**以其不教民戰，則是棄其師也。**過而不改，輕用其師。既戰，不審强弱之計、衆寡之分，愎司馬子反之諫，而以三軍之命爲戲，是不教而戰也。論語：「以不教民戰，是謂棄之。」輕用其師，與鄭棄師同也。**爲人君而棄其師，其民孰以爲君哉？**輕用其民，置之死地。不從則棄命，從之則喪身辱國，人不願爲之民，故奪其葬詞，如鄭棄師狄之也。

秋，楚人伐陳。紀楚禍也，以後陳從楚。**疏**此楚成得臣也。稱人者，僖世，大夫將，猶例稱人也。

冬，十有一月，杞子卒。左傳作「成公」。**疏**杞世家：「德公十八年卒，弟桓公姑容立〔二〕。」

二十有四年杞桓公元年。據左、史，晉文公入國在此年春。經書在明年，緩一年乃書，晉始書多緩例。

春，王正月。

夏，狄伐鄭。此周與狄同伐也。獨言狄者，爲天王諱也。襄王不忍小忿，與夷狄伐懿親，旋爲狄伐，出奔鄭，耻辱大，故爲之諱也。**疏**鄭世家：「滑聽命，已而反與衛，鄭於是伐滑。周襄王使伯犕請滑。鄭文公怨惠王之亡在櫟，而文公父厲公入之，而惠王不賜厲公爵禄，又怨襄王之與衛、滑，故不聽襄王請而囚伯犕。王怒，與翟人伐鄭，弗克。冬，翟攻

〔二〕「弟」，原作「子」，日新本、鴻寶本同，此據杞世家改。

伐襄王，襄王出奔鄭。」

秋，七月。

冬，天王出居于鄭。

天子無出，據天王居于狄泉不言出。劉子云：「文公時，天子失道，出居于鄭。」**出，**劉子說：「春秋出天王，不爲不尊上。」**失天下也。**劉子說：「天王有弟大叔之難，出亡居于鄭，不得入。」**疏**左傳：使告難于魯、于晉、于秦。其明年春，秦伯師于河上，將納王。晉侯辭秦師而下。三月甲辰，次于陽樊，右師圍温，左師逆王。夏四月丁巳，王入于王城，取太叔于温，殺之于隰城。戊午，晉侯朝王，王享醴，命之宥。與之陽樊、温、原、欑茅之田，晉於是始啓南陽。按：失天下，起晉伯，一見例。大叔逐王自立，王辟居于鄭。言出，明不能烝乂母弟，保守四海，失天下，當絶也。狄泉不出者，狄泉纂統，非立後乃失，故其辭不同。**居者，**據諸侯出奔不言居。**居其所也。**據居于狄泉、居于鄆，是安居得所之詞。**雖失天下，**言「出」。**莫敢有也。**據公居于鄆，鄆，内邑。此言居鄭，如王邑然，鄭不敢有其國也。禮：君適其臣，升自阼階，示不敢有其室也；天子適諸侯，必舍於其祖廟。按：王者無外，雖失京師，而諸侯國皆王土，故「出」與「居」兼言之也。言此以明無外之義。**疏**晉世家：「二年春，秦軍河上，將入王。趙衰曰：『求霸莫如入王尊周。周、晉同姓，晉不先入王，後秦入之，毋以令于天下。方今尊王，晉之資也。』三月甲辰，晉乃發兵，至陽樊，圍温，入襄王於周。四月，殺王弟帶。周襄王賜晉河内、陽樊之地。」

晉侯夷吾卒。卒在去年，於此乃書者，緩之也。不言晉文入晉者，爲晉文諱也。有所見，則不復見，從畧也。**疏**

晉世家：「十四年九月，惠公卒，太子圉立，是爲懷公。子圉之立，秦怨之，乃求公子重耳，欲納之。子圉之立，畏秦之伐也，乃令國中諸從重耳亡者與期，期盡不到者盡滅其家。狐突之子毛及偃從重耳在秦，弗肯召。懷公怒，囚狐突。突曰：『臣子事重耳有年數矣，今召之，是教之反君也，何以教之？』懷公卒殺狐突。秦繆公乃發兵送内重耳，使人告欒、郤之黨爲内應，殺懷公於高梁，入重耳。重耳立，是爲文公。晉文公重耳，晉獻公之子也。自少好士，年十七，有賢士五人，曰趙衰、狐偃舅犯、賈佗、先軫、魏武子。舅犯，文公舅也。」

二十有五年晉文公元年。

春，王正月丙午，衛侯燬滅邢。有伯中國不言滅，此言滅者，無伯之辭也。方伯一見滅國，衛見滅邢，明衛爲方伯也。邢遷于陳儀，故以後陳儀爲衛邑。日者，中國滅例日。**疏**公羊：「何以名？絶之也。曷爲絶之？滅同姓也。」左氏：「衛侯燬滅邢，同姓也。」三傳皆同。

燬之名，何也？據齊侯滅萊不名。**不正其伐本而滅同姓也。**曲禮：「諸侯不生名。滅同姓，名。」諸侯生不名，名者，有死道，春秋誅殺之罪也。**疏**邢，衛同姓，又魯同姓，爲中國，因此一見名例以示義。春秋見者不再見，楚爲夷狄，故畧之，不更以同姓名見義。後儒以滅同姓不皆名，疑「燬」爲衍字，不知此義三傳所同，又文見曲禮，必不至誤。同姓有親親之義，滅之則絶其祀。絶先公之祀，失庇根之道，以爲有王者作，此皆誅絶之罪也。

夏，四月癸酉，衛侯燬卒。**疏**衛世家：「文公卒，子成公鄭立。」

宋蕩伯姬來逆婦。 **疏**經文八年書「司城來奔」，左傳云「蕩意諸」，公孫壽之子。此年逆婦，下至文八年，共十六年，則意諸當以幼爲卿。如伯姬歸壽而生意諸，則經五十一年乃見公孫壽，則壽當近九十矣。攷宋卿氏蕩者，桓族公孫之子始以蕩爲氏，此何以先稱蕩？子以母氏也。伯姬嫁于司城蕩，生子壽，其孫意諸以蕩爲氏，經追書蕩氏，如惠公仲子、僖公成風之類。逆婦，爲壽娶婦。壽生意諸。壽，成八年見經。成十五殺山，伯姬曾孫也。

婦人既嫁不踰竟。宋蕩伯姬來逆婦，禮，親迎。姬來逆女，非正也。書者，大夫卑，不接內，由伯姬言之猶可，故公羊以爲「兄弟辭」，蕩伯姬亦不同書也。**非正也。**與「朝子」同，皆婦人專事不從夫。再發傳，伯姬，大夫妻，疑尊卑有異。**其曰婦，何也？**據紀逆言女，「婦姜」有譏文。**緣姑言之之辭也。**班氏云：「外屬小功以上，亦不得娶也。」春秋說：譏娶母黨也。」伯姬內女，今所逆在姪行，不言「婦」，疑如單伯爲媒氏。言此，譏不親迎、娶母黨。書逆不書求，與杞伯姬書求不書逆互相起，明適人不拘諸侯大夫，同不得娶母黨。

宋殺其大夫。此宋殺其大夫之始。言大夫不言名姓，尊也：君爲公，其大夫當爲卿。曹不言名姓，無大夫之國，卑也。此不言，大國尊也。惟方伯大夫乃例以名氏見。**疏**宋殺大夫不名者二，此與文七年是也。此不稱人，文七年稱人，傳曰：「稱人以殺，誅有罪也。」然則此當云「不稱人，累上之辭也」。

其不稱名姓，據孔父目。以下殺大夫皆不名氏。**疏**方伯之卿，比于天子大夫，故稱大夫見名。大國大夫尊爲卿，經書大夫，故例不名氏。宋卿爲卿，不曰殺其卿而曰大夫，由內言之也。天子卿不名，故宋卿亦不名也。**以其在祖之位，**孔父因爲孔子遠祖，故特氏字。**尊之也。**梅福說：「此言孔子故殷後也。」**疏**顔注謂：「宋所殺者，亦孔父之後留在宋者，於孔子爲祖列，故尊而不名也。」按：此殺，左傳不言其人，宋亦無孔氏爲卿者，知傳本謂孔氏爲祖，因問而答，非謂此殺爲祖，舊説皆誤。

秋，楚人圍陳，納頓子于頓。此如齊、魯平莒之事。陳爲方伯，頓，所屬卒正也。頓子有罪，陳侯出之。楚子求諸侯自託於伯禮，故伐陳納頓，以陳治頓，又以楚治陳也。**疏**頓，陳屬國。

納者，大國乃言納。納頓在圍陳後，疑與常納異。**内弗受也。**與常納同。**圍，一事也；**在陳。**納，一事也。**在頓。公羊：「何以不言遂？兩之也。」**而遂言之，**納在楚，當再言楚。不言，與遂事同例，明納即在圍。**蓋納頓子者，陳也。**據哀四年陳人圍頓也。頓，陳屬國。納君之權，陳實主之，故楚伐陳以求納。圍陳納頓，與伐楚救江同。**疏**一説：納當爲出，謂頓子之出由陳也，故伐以納之。

葬衛文公。方伯葬例月。時者，爲滅同姓，兼失禮晉文，以致子孫之禍，故同小國。

冬，十有二月癸亥，公會衛子、莒慶，盟于洮。衛在喪稱子，朔倍殯不言「子」者，誅之。**疏**此以洮、向二盟，起君與大夫班次也。王制：「大國之卿，位如小國之君。」衛，次國，其卿與莒子尊同，特互見之，以明君先於臣之義。

莒無大夫，據會盟，小國大夫通稱人。**其曰莒慶，何也？**凡小國大夫通不見經，見則有所起。**以公之會，**據二伯主會通稱人。此在内，以公主之。**目之也。**據接内，則得録之也。在洮會公，與如國同，故得以名見。

二十有六年衛成公元年。

春，王正月己未，公會莒子、衛甯速，盟于向。 大夫在會，以前稱「人」，此名者，志大夫專權之漸也。莒叙衛上，小國君尊於次國大夫。 **疏** 己未去癸亥五十六日〔一〕，中當有閏月。公皆在，而衛、莒互易其君臣。衛本大於莒，又以在喪稱子言之，皆以決嫌疑也。

公不會大夫。 據公會齊、晉大夫，皆諱公避敵；會方伯大夫，皆不言會。 **其曰甯速，** **疏** 甯速，衛正卿，穆仲靜之子，武公曾孫跪之孫。公羊作「遬」，莊六年甯跪見左傳〔二〕。速謚莊子。 **何也？** **疏** 甯速上當有「會」字，因上文誤删。不問莒慶者，莒無大夫，疑因公進之。衛有大夫，疑可會，故問其敵。 **以其隨莒子，** 齊、晉大夫不序小國君下，以其尊也。方伯以下大夫乃獨序小國君下，以卑不敵小國君也。 **可以言會也。** 有莒子，則公會莒子，甯速在會不嫌。衛序莒下者，大國臣不敵小國君，示有上下，且親莒子，明甯速隨盟。

齊人侵我西鄙，公追齊師至巂，弗及。 巂，即酅，紀季邑也。

人，微者也； **侵，淺事也。** **公之追之，非正也。** 據公子伐邑猶譏。事淺人微，公輕自追，失應敵道。不諱公者，耻辱淺。 **至巂，** 據公追戎於濟西不言「至」。 **急辭也；** 據「至」未畢詞，故爲急。 **弗及者，** 據追戎不言「弗及」。 **弗與也；** 弗，當爲「不」，字之誤也。 據内言「弗」、外言「不」也。 **可以及而不敢及也。** 據

〔一〕「五十六」，原作「五十五」，日新本、鴻寶本同，誤。

〔二〕「左」字原脱，日新本、鴻寶本同，此據左傳文補。

言「弗及」猶「不及」。**其侵也曰人，其追也曰師。**將卑師衆，侵宜稱師。侵、追異詞，故問。**以公之弗及大之也。**公羊：「其言至巂弗及何？侈也。」變人言師，以大其事。公追微者，畏不敢逼，恥重辱深，故言「師」以殺恥。**弗及，**據言不及。**内辭也。**春秋正名，凡言「弗」者，皆可以辭。言「不」，則譏文。内諱惡，變「不」言「弗」。「弗」爲善，無譏文，如「弗克葬」言「弗」之比。

夏，齊人伐我北鄙。上追，畏不敢及，故再見伐。齊在魯西北。

衛人伐齊。洮之盟故也。

公子遂如楚乞師。劉子説：「季子卒後，邾擊其南，齊伐其北，魯不勝其患，將乞師於楚以取全身。故傳曰：『禍之起，必此始也。』」**疏**遂，莊公子，卒稱仲遂，十五見經，因弑君疏之。據左氏，有臧文仲爲介。不書者，與重也〔一〕。

乞，重辭也。公羊：「乞師者何？卑辭也。曷爲以外内同若辭？重師也。」文義較傳爲詳。**何重焉？**據賻金不言乞。**重人之死也**〔二〕**，**財物可以乞假於人，身命非以爲賜之物，故重而言乞。**非所乞也。**惟財物乃有乞道。乞人以死，與以死乞人，皆非也。**師出不必反，戰不必勝，**公羊：「曷爲重師？師出不正反，戰不正勝也。」按：正，篆與「必」字相似而誤，當以「必」爲是。**故重之也。**戰者，凶事，出不必反，如秦師殽戰；戰

〔一〕「與」，或宜作「舉」，傳有「舉重」之文。

〔二〕「也」字原脱，此據傳文、日新本、鴻寶本補。

不必勝，三十六敗是也。有死亡之慮，故重之言乞，不如財物言求而已。

秋，楚人滅夔，以夔子歸。 夔，楚同姓也。滅同姓，何以不名？楚，夷狄待之畧。方稱楚人，不名也。**疏** 夔在秭歸爲中國者，待楚以方伯，因用狄道乃狄之，非以地狄也。

夔，國也。 梁州國，以備卒正之數。梁、崇、鄀、巴、庸、夔、蜀，共見七國。**不日，** 中國日。**微國也。** 地在荆州，爲楚屬國，與沈、頓、胡在中國者不同，微國以遠而微之，在中國稱小國。**以歸，** 據晉人執季孫以歸言「執」〔一〕。

猶愈乎執也。 夷狄辟執中國，故言以歸不言執。夔遠不日。

冬，楚人伐宋，圍閔。 據左傳，此子玉、子西之師也。稱人者，文以下乃稱大夫。

伐國不言圍邑，此其言圍，何也？以吾用其師， 據左傳，臧孫乞師，見子玉而道之伐齊、宋。**目其事也，** 據上乞師，下言「以」也。師本爲魯出，乃用以圍宋，因用其師，故録之詳。以夷狄連犯二大國，惡之也。**非道用師也。** 道用師者，本爲魯伐齊，於道中别出伐宋。非者，惡之也。惡之，故目其圍。

公以楚師伐齊取穀。 桓公子在楚求納，非獨爲魯事也，蓋子玉以求諸侯。**疏** 楚世家：「三十九年，魯僖公來請兵以伐齊，楚使申公叔侯將兵以伐齊，取穀，置桓公子雍焉。」

以者， 據二伯救難不言以。**不以者也。** 言以，正用師之道。**民者，君之本也。** 孟子曰：「民爲貴，社稷

〔一〕「晉」，原作「楚」，日新本、鴻寶本同，誤。經不見楚人執季孫。而昭十三年經云「晉人執季孫意如以歸」。

次之，君爲輕。是故得夫丘民而爲天子，得夫天子爲諸侯，得夫諸侯爲大夫。」使民，謂不當使而使也。師者，古人所重，不得已而用之。今以假人，是輕使之也。**使民以其死，非其正也。**傳曰：「古者被甲嬰冑，非以興國，則以征無道。」今假師以伐人復讎，非用師之正，故言「以」。

公至自伐齊。傳例，取邑不致。「以」，從邑爲内辭，不致也。從内，又惡事，致者，危之。

惡事不致，據以夷狄伐大國，爲惡事。**此其致之，何也？**據成宋亂，亦不致。**危之也。**以蠻夷遠國伐鄰近大國，招禍深怨，危亡之道。

二十有七年

春，杞子來朝。杞桓公也。稱子者，伯、子、男一等。然子專爲夷狄之稱，故左氏以爲「用夷禮」。

夏，六月庚寅，齊侯昭卒。疏齊世家：「孝公十年卒，孝公弟潘因衛公子開方殺孝公子而立潘，是爲昭公。

昭公，桓公子也。」

秋，八月乙未，葬齊孝公。日葬，猶待以大國禮。晉文未起，猶以齊爲伯也。弟潘争立，殺嗣子，亦以危之。

乙巳，公子遂帥師入杞。日不繫月，如下壬申公朝。春來成而秋入之，魯之於小國，亦甚矣。故稱子，託於用夷禮以殺恥，所以爲魯諱也。

疏乙巳，九月三日也。日不繫月，公子遂不臣。日入，惡入者，内入爲滅也。目遂，起下弑也。

冬，楚人、陳侯、蔡侯、鄭伯、許男圍宋。此楚主諸侯之始也。陳、蔡、鄭、許終春秋從楚最篤。前同言楚，在中，辟齊也。此稱爵，著其實以明貶也。人楚，貶楚子，亦以辟夷狄實主中國。**疏**晉世家：「四年，楚成王及諸侯圍宋，宋公孫固如晉告急。先軫曰：『報施定霸，於是在矣。』狐偃曰：『楚新得曹而初婚於衛，若伐曹、衛，楚必救之，則宋免矣。』於是晉作三軍，趙衰舉郤縠將中軍，郤臻佐之；使狐偃將上軍，狐毛佐之，命趙衰爲卿；欒枝將下軍，先軫佐之；荀林父御戎，魏犫爲右，往伐。冬十二月，晉兵先下山東，而以原封趙衰。」

楚人者，據趙盾序諸侯下。**楚子也。**據下言諸侯。**其曰人，何也？**問：在諸侯上，以何貶？**人楚子，所以人諸侯也。**以「人」主諸侯，知貶在諸侯。春秋惡楚，以楚子而在諸侯之上，所不忍言，故變文以貶之。**疏**公羊以爲貶楚子，又一說。**其人諸侯，何也？**圍宋不宜貶。**不正其信夷狄而伐中國也。**劉子說：「文公時，上無天子，下無賢方伯，强楚主盟，諸侯倍畔。」**疏**凡在圍，陳、蔡、鄭、許之君皆不葬，貶之也。

十有二月甲戌，公會諸侯盟于宋。言諸侯，外楚子也。公實與楚圍宋，散言，不使公會楚子。

二十有八年此年專叙晉事，凡二十八，春秋之最詳者。因楚强，亟欲晉之抑之，故録之詳。

春，晉侯侵曹，晉侯伐衛。劉子云：「文公伐原得温，于是諸侯歸之。遂侵曹、伐衛，爲踐土之會。温之盟後，南破强楚，尊事周室，遂成霸，功次齊桓。本信由伐原也。」**疏**晉世家：「五年，晉文公欲伐曹，假道於衛，衛人弗許。還自河南度，侵曹，伐衛。正月，取五鹿。二月，晉侯、齊侯盟于斂盂。衛人請盟，晉人不許。衛侯欲與楚，國人不欲，故出其君以説晉。衛侯居襄牛。」

再稱晉侯，據齊桓侵蔡、伐楚不再出齊侯。**忌也。****疏**忌，當作「异」，謂兩之也。一師故言遂，二師則再出。晉侯以其二師，故入曹在伐衛後。

公子買戍衛，不卒戍，刺之。内諱殺大夫言刺。**疏**晉世家：「公子買守衛，楚救衛，不卒戍。」按：買字子叢，系未詳，因殺絶後于魯。據左、史，楚救衛在刺買之先。

先名後刺，據公子偃先刺後名。**殺有罪也。**據言不卒戍，知有罪。**公子啓曰：**公子啓，先師也。按：繁露、説苑皆有公扈子説春秋之文，「扈」與「啓」字近，疑此公子啓即公扈子之誤。語皆解經釋例之文，非當時人。

「不卒戍者，據刺公子偃不言事。**可以卒也。**據言「不」，皆可詞。君命戍衛者，從晉也。因楚救不敵，棄戍歸國而棄君命，故非之也。**可以卒而不卒，譏在公子也。**春秋貴命，戍衛，輔助同姓，有協正之美，故曰可以卒而不卒，是棄君命也。**刺之可也。」**公子偃刺不言罪，此言不卒戍，棄君命，故言可刺。直言其事而善惡見，春秋不加貶絶之義也。

楚人救衛。終春秋，衛不從楚。言救者，不許救之辭。稱人，貶楚子。衛篤信中國，惟此因晉伐救之，使楚得市恩於衛者，晉爲之也，故言救也。

三月丙午，晉侯入曹，執曹伯畀宋人。

入者，内弗受也。惡曹不能拒外難。**日入，**據或不日。**惡入者也。**言日，以謹其事，惡入者之强。不日，兼責其國。**以晉侯而斥執曹伯，**據執衛侯言人。**惡晉侯也。**據「人」衆辭。執諸侯，伯討當稱人；目君，則諸侯相執之詞，惡之也。執大夫，伯討言爵，以君尊上得執下。**畀，**據晉人執戎蠻子歸于楚言「歸于」。**與也。**畀，與也，以上與下之辭。**其曰人，何也？**據歸于楚不言人。言人，疑貶宋公也。**不以晉侯畀宋公也。**以下奉上曰歸，以上與下曰畀。五等公尊而侯卑，因晉升爲二伯，在宋公上，故得言畀。然春秋實與而文不與，猶稱侯。今若直言晉侯畀宋公，是以侯臨公，失尊卑之序，故降宋稱人以成晉侯之尊，此名爵之例也。**疏**晉世家：「晉侯圍曹。三月丙午，晉師入曹，數之以其不用釐負羈言，而用美女乘軒者三百人也。令軍毋入釐負羈宗家以報德。」

夏，四月己巳，晉侯、齊師、宋師、秦師及楚人戰于城濮，楚師敗績。晉在齊上，主兵，且成晉伯也。齊、宋，大國也，不及秦，秦，中國也。三國皆大夫也。楚不言得臣，臣不敵君，貶稱人也。城濮，衛地，因救衛而戰也。序三師，明陳、蔡、衛、鄭、曹、許及魯同從楚也。**疏**劉子云：「城濮之戰，文公謂舅犯曰：『吾卜戰而龜熸；我迎歲，彼背歲；彗星見，彼操其柄，我操其標；吾又夢與荆王搏，彼在上，我在下。吾欲無戰，子以爲何如？』舅犯對曰：『卜戰龜熸，是荆人也；我迎歲彼背歲，彼去我從之也；彗星見，彼操其柄我操其標，以埽則彼利，以擊則我利；君夢與荆王搏，彼在上君在下，則君見天而荆王伏其罪也。且吾以宋、衛爲主，齊、秦輔我，我舍天道，獨以人事，固將勝之矣。』文公從之，荆人大敗。」又云：「晉文公與荆人戰，君問咎犯，咎犯對曰：『服義之君，不足于信；服戰之君，不足于詐。詐之而已矣。』君問于雍季，雍季對曰：『焚林而田，得獸雖多，而明年無復也；乾澤而漁，得魚雖多，而明年無復也。詐猶可以偷利，而後無報。』遂與荆王戰，大敗之。及賞，先雍季而後咎犯。侍者曰：『城濮之戰，咎犯之謀也。』

君曰：『雍之言，萬世之謀也；咎犯之言，一時之權也。寡人既行之矣。』」晉世家：「楚圍宋，宋復告急。晉文公欲救則攻楚，爲楚嘗有德，不欲伐也；欲釋宋，宋又嘗有德於晉；患之。先軫曰：『執曹伯，分曹、衛地以與宋，楚急曹、衛，其勢宜釋宋。』文公從之，而楚成王乃引兵歸。楚將子玉曰：『王遇晉至厚，今知楚急曹、衛而故伐之，是輕王。』王曰：『晉侯亡在外十九年，困日久矣，果得反國，險阨盡知之，能用其民，天之所開不可當。』子玉請曰：『非敢必有功，願以閒執讒慝之口也。』楚王怒，少與之兵。于是子玉使宛春告晉。己巳，與楚兵合戰，楚兵敗，得臣收餘兵去。」

楚殺其大夫得臣。此因敗而殺也，此成得臣。楚無大夫，故不氏也。楚僭王，臣不曰公子、大夫。以公子、大夫言者，所謂「物從中國」也。稱國，外之也。夷狄不言有罪無罪，殺得臣，起不能與晉争。**疏**晉世家〔一〕：「子玉之敗而歸，楚成王怒其不用其言，而貪與晉戰，讓責子玉，子玉自殺。晉文公曰：『我擊其外，楚誅其内，内外相應。』於是乃喜。」

衛侯出奔楚。不名者，猶未失國也，所以成叔武之志。**疏**衛世家：「成公三年，晉欲假道於衛救宋，成公不許，晉更從南河渡，救宋。徵師于衛，衛大夫欲許，成公不肯。大夫元咺攻成公，成公出奔。晉文公伐衛，分其地予宋，討前過無禮及不救宋患也。」

五月癸丑，公會晉侯、齊侯、宋公、蔡侯、鄭伯、衛子、莒子，盟于踐土。劉子説：「文公時，上無天子，下無方伯，强楚主會，諸侯背畔，天子失道，出居于鄭。文公于是憫中國之微，任賢養士。四年，政治内定，則舉兵而

〔一〕「晉世家」，原作「楚世家」，日新本、鴻寶本同，誤。

伐衛，執曹伯，還敗强楚，威震天下。明王法，率諸侯而朝天子，天下莫敢不服，天下曠然平定，周室尊顯。故曰：「大功之效，在於用賢積道，浸章浸明。」**疏**按：此亦晉伯也。不疑者，文功淺，初伯致王，與桓反。衛子，叔武也。在鄭下者，未成君，宜末序。叔武，弟也。稱「子」者，明君有絶道，己無立志也。在莒上者，莒，小國也；雖降序，不踰等，故衛子在方伯末，宋子在大國末。蔡從楚，惟此三盟從中國。衛方適楚，蔡即列會晉〔一〕，起其義也。大國言齊、宋，次國言魯、衛、陳、蔡、鄭，小國言莒。陳、許不序者，不在。故下陳如會，言圍許也。諸侯因楚敗，反從中國也。

諱會天王也。據下言「王所」也。時王在踐土，諸侯因王在而往會。不諱，當言「公會天王、諸侯于踐土」。此先録會盟，若諸侯自相會盟，而别言王所，使王自至踐土。朝爲遂事，以避會天王之嫌。**疏**晉世家：「甲午，晉師還至衡雍，作王宫于踐土。初，鄭助楚，楚敗，懼，使人請盟晉侯。晉侯與鄭伯盟。五月丁未，獻楚俘于周，駟介百乘，徒兵千。天子使王子虎命晉侯爲伯，賜大輅，彤弓矢百，玈弓矢千，秬鬯一卣，珪瓚，虎賁三百人。晉侯三辭，然後稽首受之。周作晉文侯命：『王若曰：父義和，丕顯文、武，能慎明德，昭登於上，布聞在下，維時上帝集厥命于文、武。恤朕身，繼予一人永其在位。』于是晉文公稱伯。癸亥，王子虎盟諸侯於王庭。晉焚楚軍，火數日不息，文公嘆，左右曰：『勝楚而君猶憂，何？』文公曰：『吾聞能戰勝安者唯聖人，是以懼。且子玉猶在，庸可喜乎？』」

陳侯如會。公在言會，前從楚伐宋，此因楚敗乃來，故後至。後至，故責之較蔡、鄭猶深，卒而不日也。

〔一〕「列」字原脱，據日新本、鴻寶本補。

如會，據鄭伯乞盟言「乞盟」。**外乎會也。**已會後，陳侯始如。外，猶外之。外于會，謂夷狄之也。蔡、鄭來，陳不來，惡之深，故卒不日，從夷狄例。**於會，受命也。**受伯之命。劉子說：「晉文公會諸侯而盟，曰：『吾聞國之亂，不由聲色，必由姦利。好樂聲色者，淫也；貪姦者，惑也。夫淫惑之國，不亡必殘。自今以來，勿以美妾疑妻，勿以聲色妨政，勿以姦情害公，勿以貨利示下。其有之者，是謂伐其根素，流於華葉。若此者，有患無憂，有寇無弭，不如言者，盟示之。』于是，君子聞之曰：『晉侯其知道乎！其不王者，猶無佐也。』」**疏**按：陳侯後至，再申命。言此者，與乞盟起。

公朝于王所。劉子說：「諸侯會天子，則以方明爲主。覲禮云：方明，木也，其形四方六面：上玄、下黄、東青、南赤、西白、北黑。方明者，上下四方神明之象也。」**疏**王所者，踐土也。所，爲安居；言所，非其所也。

朝不言所。據公朝王言「如京師」，朝二伯言如齊、晉。下歸言京師，此亦當言公如京師也。**言所者，**據變京師之文而言王所者，起王失所。故言所，非也。**非其所也。**據不曰京師也。京師，常文；言京師，則與朝于王城同，不見致王意，故言王所。天子以天下爲家，諸侯有於行在朝王之禮。諸侯會王于踐土，春秋諱其事，使若自會盟，王適來，因相率朝王。疑于實非會王，故言「王所」，以起王在踐土，諸侯實會王。

六月，衛侯鄭自楚復歸于衛。諸侯歸不言所自。惟此言之，與大夫同辭，所謂君不君也。殺叔武不言殺者〔二〕，

〔二〕上「殺」字，原作「歸」，日新本同，此據鴻寶本改。

爲叔武諱，叔武志在讓國也。　**疏**　衛侯得歸，甯武子之力也。衛，春秋有兩逐君，皆得歸。

自楚，據曹伯歸不言自宋。　**疏**　據左傳，此時衛侯在陳不在楚。又言晉人執衛侯，非楚力，猶以自楚書者。　**楚有奉焉爾。**晉，楚敵也，楚新敗，不能敵晉，衛侯不在楚而以楚言者，惡其從楚。　**復者，**內歸言復。　**復中國也。**據自楚復，從夷狄入中國也。衛未嘗從楚，故言「復」以起之，內從外夷狄也。　**歸者，**據下有復入也。　**歸其所也。**據「入」，不善。「歸」，善詞也。衛從楚，反國言復，喜其得脱于夷。言歸，安之于國。傳曰「歸爲善」是也。凡歸于楚不言復者，皆從楚之國。　**鄭之名，**據許其反國，宜不名。　**失國也。**奔不名，歸乃名。以其殺叔武罪之，與鄭忽同。雖反正，失社稷，猶貶。

衛元咺出奔晉。傳曰：「以是爲訟君也。」君歸臣出，明衛侯誤殺弟。

陳侯款卒。諸侯例日。不正者不日而月、時者，惡也。有惡當誅，不復言正不正也。不葬者，惡其從楚圍宋，引援夷狄，亂中國。凡會齊之衛、陳、鄭三君，皆不葬也。不日者，踐土不早至，較蔡、鄭從楚尤深，故惡之不日也。

秋，杞伯姬來。杞伯姬來，入杞之怨釋矣。

公子遂如齊。如齊，所以釋取穀之憾也。

冬，公會晉侯、宋公、蔡侯、鄭伯、陳子、莒子、邾子、秦人于温。邾至此會盟乃言「子」。陳叙鄭下，未成君也。在莒上者，次國也。秦不稱大夫者，諸侯大會不言大夫，且時會大夫猶不名也。温，衛邑。桓會有宋子，晉文有陳子。

諱會天王也。劉子說：「文公納王。後三年，遂再會諸侯以朝天子，天子錫之弓矢秬鬯以爲二伯。」**疏**温，即河陽也。會，即「天王守」也。會不書天王，而别出「天王守」文者，是諱没會天王之事，故别以守主之。

天王守于河陽。王制：「天子五年一巡守，歲二月，東巡守，柴而望祀山川，覲諸侯，問百年者就見之。命大師陳詩，以觀民風；命市納賈，以觀民之所好惡，志淫好辟；命典禮，考時月定日，同律、禮、樂、制度、衣服，正之。山川鬼神有不舉者爲不敬，不敬者君削以地；宗廟有不順者爲不孝，不孝者君絀以爵；變禮易樂者爲不從，不從者君流；革制度衣服者爲畔，畔者君討；有功德於民者，加地進律。五月，南巡守，至於南嶽，如東巡守之禮。八月，西巡守，至于西嶽，如南巡守之禮。十有一月，北巡守，至于北嶽，如西巡守之禮。歸假於祖、禰，用特。天子將出，類乎上帝，宜乎社，造乎禰。諸侯將出，宜乎社，造乎禰。」劉子云：「天子曰巡守，諸侯曰述職。巡守者，巡其所守也。述職者，述其所職也。春省耕，補不足也。秋省斂，助不給也。入其境，土地辟除，敬老尊賢，則有慶，益其地。入其境，土地荒蕪，遺老失賢，掊克在位，則有讓，削其地。一不朝者黜其爵，再不朝者削其地，三不朝者則六師移之。」

全天王之行也。劉子說：「晉文公敗楚城濮，再會諸侯，召天子而朝之。」上無明王，桓、文能執伯道，攘夷狄，安中國，雖不正，猶可，蓋春秋「實與而文不與」之義也。**疏**據言「王所」，知非實守。晉侯會諸侯于温，欲率之朝周，力不能，恐其有畔者，故言天王守于河陽。**爲若將守而遇諸侯之朝也，**班氏云：「王者巡守，諸侯待于境，諸侯以守蕃爲職者也。祭儀曰：『王者巡守，諸侯待于境也。』」守在朝先，若實守，因而相朝。**爲天王諱也。**

疏晉世家：「冬，晉侯會諸侯于温，欲率之朝周。力未能，恐其有畔者，乃使人言周襄王守于河陽。壬申，遂帥諸侯朝王于踐土。孔子讀史記至文公，曰：『諸侯無召王、王守河陽者，春秋諱之也。』」**水北爲陽，**水，陰，以陰爲陽。**山南爲陽。**山，陽，以陽爲陽。**溫，**溫在河北。**河陽也。**據在水陽，故以河陽名，異名同實也。**疏**地理志河内郡温下云：「故國，己姓，蘇忿生所封也。」

壬申，公朝於王所。溫、河陽、王所、京師，四者異名同實也。小諸侯言溫，大天子言河陽，自天子言「王所」，自諸侯言「京師」。王所常居爲王城，王所暫住爲「王所」。言所，非其所也。言京師者，自臣下目之之辭。

朝於廟，禮也。據來朝不地。**於外，非禮也。**據朝公于外，譏。**獨公朝與？**據諸侯同會。**諸侯盡朝也。**據王所即溫，知盡朝。**其日，**據上不日。**以其再致天子，故謹而日之。**朝例時，日者，譏其甚。**主善以内，**於外，雖非禮，而朝爲善事，故得以魯主之。變召言朝，使魯主其事，故獨言公朝，内内之義也。**目惡以外。**齊人歸衛寶，使齊主之，外外之義也。**言曰公朝，**據公如京師朝，言「如」不言「朝」。**逆辭也，**逆，迎也，即爲若將守而遇諸侯之朝之義，言公逆王朝之。**而尊天子。**桓不敢致王，會王世子以尊天子；晉文致王犯順，猶自託尊王，故春秋許其外楚，不許其尊周，此之謂也。**會以溫言，**據會即守所，不言河陽。**小諸侯。**會事在一邑。溫，河陽邑。小溫，所以小諸侯。**疏**舊作「會于溫，言小諸侯」。今從俞氏改訂。**溫，**據與河陽異出。**河北地。**據會、守同地，知在河北。**以河陽言之，**據同地，宜言守于溫。**大天子也。**守不獨于一邑，故以河陽言之。包溫於河陽，明天王尊大。**日繫於月，月繫於時。**常例。**壬申公朝于王所，其不月，**言冬而不月，則日上無所繫。**失其所繫也：**日無所繫，猶臣不統於君。**以爲晉文公之行事爲已傎矣。**梅福説：「晉文召天王，不顧順逆，此謂失伯道也。」**疏**此日不繫月之例也。春秋月日各自爲例，多不相繫，皆當以此推之。

晉人執衛侯，歸之于京師。傳曰：「以晉侯而斥執曹伯，惡晉侯也。」京師者，河陽也。天子所居爲京師，非城名也，城名王城也。天子無外，天下皆爲其邑，不如諸侯有專地，故言「京師」而已。內公言「師」，天子言「京師」。京，大也；天子，故大之。亦如諸侯爲上，天子曰「大上」也。內師可言「如」，故京師亦言「如」也。傳曰：「京，大也。師，衆也。」言天子，必以大、衆言之。

此入而執，據衛侯已歸，又無出文。**其不言入，何也？**據執曹伯言晉侯入曹。**不外王命於衛也。**時晉侯與天王同在温，晉人、執，如受命而執之。**歸之于京師，**據歸曹伯不言「之」。**緩辭也，**據「之」緩辭。**斷在京師也。**斷在京師者，以天子主之也。晉執人於天子之側，有專制之嫌。伯討須禀命而行，不能自專，故以王主之也，所以抑臣扶君也。成十五年，斷在晉侯者，伯在外，得自制事，故主晉也。此王在，故言「之」也。

衛元咺自晉復歸于衛〔一〕**。**上言衛侯自楚復歸于衛，此言衛元咺自晉復歸于衛，君臣同辭也。大夫不言復歸，惟咺言之，辭同諸侯，所謂臣不臣也，所以惡晉侯也。**疏**衛世家：「成公三年，晉侯欲假道于衛以救宋，徵師于衛，成公不肯，大夫元咺攻成公，成公出奔。晉文公伐衛，分其地與宋。衛成公遂出奔陳。二歲，如周求入，與晉文公會。晉使

〔一〕「衛元咺」，原作「晉元咺」，日新本、鴻寶本同，此據經文改。

人鴆衛成公，成公私于周主鴆，令薄其鴆，得不死。已而周爲請晉文公，卒入之衛，而誅元咺。」

自晉，晉有奉焉爾。 據執君而臣歸，與自楚同。**復者，** 據自楚乃言復。**復中國也。** 據楚言「復歸」，責晉入人國、執其君以助其臣，制人之上下，與楚無異。**歸者，** 據當言「入」。**歸其所也。** 其君已執，無與爲難。言歸，易辭也。善不善同言歸，美惡不嫌同辭也。**疏** 君臣同辭，晉、楚同辭，功罪淺深之故可見矣。此與上「自楚」文相起。

諸侯遂圍許。 劉子說：「文公霸功既立，期至意得〔一〕，湯、武之心作而忘其衆，一年三用師，且弗休息，遂進而圍許，兵亟弊而不能服，罷諸侯而歸。自此蕩怠政事。」圍許者，許從楚也。故踐土不敘許。**疏** 晉世家：「丁丑，遂圍許。」

遂， 據上無諸侯目。**繼事也。** 據公致圍許，知會温諸侯。**疏** 諸侯有遂事。言遂，譏其一年三用師。

曹伯襄復歸于曹。 衛侯言「自」。此不言自者，諸侯之正辭也。衛侯自楚，與元咺相起。**疏** 晉世家：「曹伯臣或說晉侯曰：『齊桓公合諸侯而國異姓，今君爲會而滅同姓。曹，叔振鐸之後；晉，唐叔之後。合諸侯而滅同姓，非禮也。』晉侯說，復曹伯。」

復者，復中國也。 據以上二「復」字如此解。**天子免之，** 據斷在京師。歸，是天子免之。**因與之會。** 謂

〔一〕「意」，原作「竟」，據說苑敬慎篇、日新本、鴻寶本改。

因遂會諸侯圍許。**其曰復，**據此後事與上二事不同。有天子之命，不宜以「復中國」言之。**通王命也。**曹伯實未至曹。故言「復」者，如從晉歸，起奪晉之權以申王命也。言「歸」者，以王命通之。王者無外，雖在許，可言歸也。言復，非以狄京師，特狄晉，以使之不得制其事而獨通王命也。凡復皆言「自」，此不言自者，辟京師也。

遂會諸侯圍許。

遂，據歸而會，當言曹伯會。**繼事也。**言遂，明實未歸國。會温，天王説晉，許曹伯歸，因得會。春秋言「復」以通王命，言「遂」以起未復。

二十有九年陳共公元年。

春，介葛盧來。公不在。來，未見公，故冬更來。

介，疑與白狄同異。**國也。**據言介人，又言葛盧，知非狄。此與蕭叔來朝公相起。介、蕭同爲附庸，下云「介人侵蕭」是也。二朝公皆不在，一云朝公，一云來。**葛盧，**未知君臣。**微國之君，**據微國無大夫，蓋黎來之比〔二〕。**未爵者也。**未爵，故無五等之目。傳以繒爲微國，繒言子，已受爵者。此以介爲微國，未受爵。然則連帥以下與附庸同得稱微國也。**其曰來，**據黎來言朝，本爲朝來。**卑也。**卑，謂不能三十里，不能行朝禮，下於黎來，與白

〔二〕「黎」，原作「犂」，日新本、鴻寶本同，此據傳文改。

狄等。**疏**卑，謂卑國也。卑與「微」異，謂附庸與進夷狄未至於中國者。能來，則以微國待之，不曰卑。

公至自圍許。圍許，以後事致。朝王所，非本意，故不致之。

夏，六月，公會王人、晉人、宋人、齊人、陳人、蔡人、秦人，盟于翟泉。劉子說：「文公怠於政事，翟泉之會不親至，信衰誼闕，如羅不補，威武詘折不信，則諸侯不朝。鄭遂叛，戎狄內侵，衛遷于帝邱。」**疏**按：稱人，微者也。晉侯不親主，故微之也。秦在蔡下，亦外方也。衛不在者，元咺不叙也。鄭、許不叙者，不服也。齊在宋下，齊以下大夫也。晉文圍許，不服，乃盟王人以求諸侯，年老志衰，不能自致，故諸侯多以大夫會之。月者，惡盟，以其盟王人，故不與以信詞。

秋，大雨雹。劉子說：「盛陽雨水，温煖而湯熱，陰氣脅之不相入，則轉而爲雹；盛陰雨雪，凝而冰寒，陽氣薄之不相入，則散而爲霰。故沸湯之在閉器而湛於寒泉，則爲冰；雪之消，亦冰解而雪散，此其驗也。故雹者，陰脅陽也；霰者，陽薄陰也。春秋不書霰者，猶月食也。僖公末年信用公子遂，遂專權自恣，將至於弑君，故陰脅陽之象見。僖公不寤，遂終專權。後二十年，弑子赤，立宣公。」

冬，介葛盧來。前來，公未在，故再來，起介人侵蕭。

三十年

春，王正月。

夏，狄侵齊。 劉子説：「晉侯信衰誼闕，夷狄内侵。」 **疏** 言狄侵者，起晉侯伯衰始於翟泉。

秋，衛殺其大夫元咺。 衛不見公子、公孫。見咺，起其當國，與公孫剽同。因咺立之乃見，非是不見。 **疏** 衛世家：「已而周爲請晉文公，卒入之衛，而誅元咺。衛君瑕出奔。」瑕，左傳字子適，系未詳。按：陳曙峯譜，叔武、子適、子儀，皆文公子，成公弟。

稱國以殺， 據逐君被殺，疑有罪。 **罪累上也。** 據不去「大夫」。衛侯歸不言自京師，罪在上。 **以是爲訟君也。** 據衛君有罪，訟而弗勝。 **衛侯在外，** 據下歸。 **其以累上之辭言之，何也？** 據甯喜、陳乞目賊，疑不當歸罪衛侯。此周、冶殺之，非衛侯自殺。 **待其殺而後入也。** 咺奉晉拒衛侯，使殺之，乃歸。 **疏** 左傳：「衛侯使賂周歂、冶廑曰：『苟能納我，吾使爾爲卿。』周、冶殺元咺及子適、子儀，公入。」

及公子瑕。 據瑕已立，不應言「及」。 **疏** 瑕，世家以爲出奔，記實也。左傳以爲殺，緣經言之。奔，而以殺科之，如鄭段。不言殺，則爲二事，不能言「及」也。

公子瑕，累也。 以咺主之，則瑕從累文，故奔而言「及」，以從累文。失道之人，不復責以臣禮也。 **以尊及卑也。** 瑕本未命大夫，咺因叔武已死，援而立之，已踰三年，於咺有君臣之義。春秋反以咺及瑕者，據其始事言之。咺以臣訟君，春秋所惡，絶其君臣之文，録其權勢所歸，皆以扶陽抑陰，尊君卑臣也。

衛侯鄭歸于衛。 公羊：「此殺其大夫，其言歸何？歸，惡乎元咺也。」按：名者，惡之。歸，易辭，明咺殺而後入也。

晉人、秦人圍鄭。劉子說：「秦、晉圍鄭，以其無禮而附於楚。使燭之武說秦君，圍乃解。燭之武可號善謀矣，一言存鄭而安秦。鄭君不早用善謀，所以削國也；困而覺焉，所以得存。」圍鄭者，鄭從楚也。劉子云：「翟泉不親至，鄭遂叛，故圍之也。」疏鄭世家：「四十三年，晉文公與秦穆公共圍鄭，討其助楚攻晉者，及文公過時之無禮也。初，鄭文公有三夫人，寵子五人，皆以罪早死。公怒，概逐羣公子。子蘭奔晉，從晉文公圍鄭。時蘭事晉文公甚謹，愛幸之，乃私於晉，以求入鄭爲太子。晉文公欲入蘭爲太子，以告鄭。鄭大夫石癸曰：『吾聞姞姓乃后稷之元妃，其後當有興者。子蘭母，其後也。且夫人子盡已死，餘庶子無如蘭賢，今圍急，晉以爲請，利孰大焉？』遂許晉，與盟，而卒立子蘭爲太子，兵乃罷去。」

介人侵蕭。介、蕭皆附庸微國，不專記事。此記者，一見例，明十九國魯史雖附庸小國，猶專記其事。春秋非不記事，此以筆明削例也。獨於此記者，因上有二朝，故記之。春秋記事不問十九國，惟此及狄滅温、滅邢、梁亡四事而已。稱人者，人不如名；以好曰名，以惡曰人，因善惡以定名。

冬，天王使宰周公來聘。下聘，非禮。三公尊，又不可當行人，故著言「宰」，譏以尊使卑。公猶不親往，大夫如京師又不周乎「如」。譏周，以惡內也。疏周公再見皆繫「宰」。下出奔，乃不言宰。

天子之宰，冢宰，天子居喪攝政之官。今已出喪，猶言宰，以尊使卑，著其舊爲冢宰以明之。行人，大夫也。通於四海。春秋不言官。天子三公，齊、晉在外，周公在內，統臨天下，故言官。

公子遂如京師，遂如晉。劉子說：「大夫出疆不專命，公子遂擅生事，春秋譏之，以爲僖公無危事也。」疏此非實「如」也。以遂事譏者，緣經制義也。以尊遂卑猶不可，明無專制之道。

以尊遂乎卑，遂本因晉伯受命如晉，中當越周境，不可以不朝，故「如京師」。致其本意，當以晉遂京師。春秋卑不踰尊，故主如京師而遂晉也。**此言不敢叛京師也。**此爲内臣如晉之始。至晉，當過周。若言「如晉」，嫌使從京師過而不如京師，是叛上也。春秋謹始，因其過周，加以入文，未見而言「如」，以明不叛之義，所以爲尊親諱也。

疏此與公伐秦上下一見。

三十有一年

春，取濟西田。此分曹田，惡事也。何以書？曹爲魯屬，晉初爲伯，得進退諸侯。王制：「諸侯有功，取於閒田以禄之。」其奪地者，歸之閒田。」此如曹有罪、魯有功，晉奪曹地以爲閒田。今又加之於魯，以爲賞功之辭。故地土出入，經皆以「田」目之。**疏**濟西，曹田。前公追戎於濟西，起其爲曹也。言田者，外取内邑言田，外歸内邑亦言田。此曹取内邑，以前後言「如晉」，若晉畀之。

公子遂如晉。再如晉，拜曹田也，且起上爲晉出也。不再言「如京師」者，已見不再見。

夏，四月，四卜郊，不從，乃免牲，猶三望。劉子説：「信鬼神者失謀，信日者失時。夫賢賢周知，能不時日而事利，敬法令貴勞，不卜筮而身吉。謹仁義，順道理，不禱祠而福。故卜數擇日，齋戒，肥犧牲，飭圭璧，精祠祀，而終不能除悖逆之禍。以神明有知而事之，乃欲以背道妄行，而以祠祀求福，神明必違之。天子祭天地、五嶽、四瀆，諸侯祭社稷，大夫祭五祀，士祭門户，庶人祭其先祖：聖人承天心，制禮分也。凡古之卜日者，將以輔道稽疑〔一〕，示有所承，而不敢自專也。非欲以顛倒之惡，而幸安全之。」

夏四月，不時也。傳曰：「子不志三月卜郊〔二〕，何也？郊自正月至於三月，郊之時也。」**疏**郊，春事也。

四卜入夏，爲不時。**四卜，非禮也。**傳曰：「我以十二月下辛卜正月上辛，如不從，則以正月下辛卜二月上辛，如不從，則以二月下辛卜三月上辛，如不從，則不郊矣。」**免牲者，**傳曰：「全曰牲，卜免牲。」免牲者，吉則免；不吉則否。**爲之緇衣熏裳，有司玄端，奉送至於南郊。**免牲之禮。**免牛亦然。**傳曰：「傷曰牛，其牛一也；其所以爲牛者，異。有變而不郊，故卜免牛也〔三〕。已牛矣，其尚卜免之，何也？禮：與其亡也，寧有；嘗置之上帝矣，故卜而後免之，不專也。卜之不吉，則如之何？不免。安置之？繫而待。六月上甲始庀牲，十月上甲始繫牲，十一月、十二月牲雖有變，不道也。」**乃者，**據改卜不言「乃」。**亡乎人之辭也。****疏**亡乎人，若曰不由人。禮：三卜不從，則不郊。卜不已，至四卜，是其心急欲郊，卜不得已而罷。言「乃」，譏其黷於事天，可已而不已。**猶者，可以已之辭也。****疏**郊尊而望卑，郊卜而望不卜，蓋從事也。今既不郊，尊者不行，則卑者可從止。乃復三望，譏其卑不從尊。凡傳言「猶」，皆可已之辭。

〔一〕「輔」，原作「補」，日新本、鴻寶本同，此據説苑反質篇改。
〔二〕「志」，原作「忘」，日新本、鴻寶本同，此據傳文改。
〔三〕「卜」字原脱，日新本、鴻寶本同，此據傳文補。

秋，七月。

冬，杞伯姬來求婦。

婦人既嫁不踰竟。此譏來也。再發傳者，爲求婦起例。**杞伯姬來求婦，非正也。**譏與外事也。伯姬有

疏此夫則從夫，無夫則從子，專來求婦，非禮也。婦不言求，言求，譏之也。當有媒妁，不親求也，且以譏娶母黨。書求，與蕩伯姬逆婦相起，一見不再見。

狄圍衛。 **疏**記狄禍，晉伯衰也。

十有二月，衛遷於帝丘。劉子說：「晉侯衰弱，戎狄内侵，衛遷于帝丘。」 **疏**地理志東郡濮陽下云：「衛成公自楚丘徙此。故帝丘，顓頊之墟。」

三十有二年

春，王正月。

夏，四月己丑，鄭伯捷卒。 **疏**不葬，從楚與圍宋也。陳、蔡、鄭三國皆不葬。鄭世家：「四十五年，文公卒，子蘭立，是爲繆公。」

衛人侵狄。 **疏**狄有亂，衛乃侵之。言侵，淺事也。初遷都以避之，此因難乃侵，侵狄以求盟。

秋，衛人及狄盟。 **疏**不地者，侵狄而盟，盟在狄竟可知。言「及」，外狄也。與狄和不侵伐者八年。

冬，十有二月己卯，晉侯重耳卒。 **疏**晉世家：「九年冬，晉文公卒，子襄公歡立。」

三十有三年 晉襄公歡元年，鄭繆公蘭元年。

春，王二月，秦人入滑。 傳曰：「秦伯將襲鄭。」又曰：「秦越千里之險，入虚國，不能守。」蓋秦本千里襲鄭國，遇犒而止，乃反師入滑。滑與鄭近，晉與國也。 **疏**秦本紀：「鄭人有賣鄭于秦曰：『我主其城門，鄭可襲也。』三十三年春，秦兵遂東，更晉地，過周北門。兵至滑，鄭販賣賈人弦高持十二牛將賣之周，見秦兵，恐死虜，因獻其牛，曰：『聞大國將誅鄭，鄭君謹脩守禦備，使臣以牛十二勞軍士。』秦三將軍相謂曰：『將襲鄭，鄭今已覺之，往無及已。』滅滑。滑，晉之邊邑也。當是時，晉文公喪尚未葬，太子襄公怒曰：『秦侮我孤，因喪破我滑。』遂墨衰絰，發兵遮秦兵于殽，擊之，大破秦軍。」

滑，國也。 入者，内弗受，責滑也。不日惡秦者，從下狄之見。 **疏**滑稱伯，晉與國。此滅也，秦滅而不能有，故以入目之。月者，卑國也。

齊侯使國歸父來聘。 此記齊國氏之始。國、高爲齊上卿，所謂天子之守，春秋終始無大惡，故經藉齊以見三卿之制。國、高與齊終始爲二正卿，下卿則歷見崔、慶、欒、陳四姓以配之。世卿不譏國、高譏崔氏者，以崔亂而國、高治也。

疏與齊通者，晉伯衰也。二伯强弱與此相起。歸父，國莊子，父懿仲，子國佐。

夏，四月辛巳，晉人及姜戎敗秦師于殽。 劉子説：「好戰之臣，不可不察也。羞小耻以搆大怨，貪小利以忘大衆，春秋有其戒，先軫是也。先軫以秦不假道要結于殽，大結怨搆禍于秦。接刃流血，伏尸暴骨，縻爛國家十有餘年，卒喪其師衆，禍及大夫，憂累後世，故好戰之臣，不可不察也。」言「及」者，外姜戎也。姜戎亦夷狄，嫌其與晉同中國，故外之。　**疏**劉子云：「秦地。」

不言戰而言敗，何也？據外敗先言戰。**狄秦也。**據「晉人敗狄於箕」不言戰。　**疏**三傳於不見國風之國，皆以爲夷狄。以梁、荆、徐、揚四州入于二南，凡二南所轄之地，皆以爲夷狄；凡雍、冀、兖、青、豫五州，則皆以見于國風，謂之中國。此春秋中分天下之大例也。魯、衛、陳、鄭爲内方伯，在中國。楚在荆，吴在揚，蔡遷於徐，秦寓於梁，此四者，三傳皆爲夷狄，職此故也。秦所居，乃王畿故都，以爲狄，就本封言之，不就王畿言之，此存西京開南服之大例也。**其狄之，何也？**據韓不狄秦。**秦越千里之險，入虚國，**滑。**進不能守，**不久留。**退敗其師徒，**師還敗于殽。**亂人子女之教，無男女之别。**此事不見於左傳，當是入滑時事。**秦之爲狄，自殽之戰始也。**因留守王畿，初猶不待以狄，自此以後，春秋乃從梁州本封狄之。　**疏**必以爲自此始者，圍鄭不言「及」，與晉列數；以後，以晉及之。**秦伯將襲鄭，**劉子説：「秦人遣兵襲鄭，不假道於晉。」班曰：「襲者，行不假途，掩人不備。春秋傳曰：『秦伯將襲鄭。』入國，掩人不備，行不假塗，人銜枚，馬韁勒，晝伏夜行，爲襲也。諸侯入人家國，宜告主人，所以相尊敬，防兼并也。」**百里子與蹇叔子**加「子」者，尊之。**諫曰：「千里而襲人，未有不亡者也。」秦伯曰：「子之冢**先爲之椁。**木已拱矣，**木已拱，言其當早死也。**何知！」師行，百里子與蹇叔子送其子而戒之曰：「女死，必於殽之巖唫**公羊作「嶔巖」。**之**

下，公羊又云：「是文王之所以避風雨者也。」**我將尸女於是。」師行，百里子與蹇叔子隨其子而哭之。秦伯怒曰：「何爲哭吾師也？」二子曰：「非敢哭師也，哭吾子也。我老矣，彼不死，則我死矣。」**公羊此下有弦高事，與左傳同。**晉人與姜戎要而擊之殽，匹馬倚輪無反者。晉人者，**據「人」不敗「師」。**晉子也。**據師敗于人，知非微者。**其曰人，何也？**據禦襲無敗道。**微之也。**據人敗之。**疏**不以「子」稱者，二伯在喪不稱子，所以異方伯也。傳言晉子，從在喪之稱，以明釋殯耳。經雖在喪，不言「子」也。**何爲微之？**據狄秦。**不正其釋殯而主乎戰也。**班氏說：「子夏問：『三年之喪，既卒哭，金革之事無辟者，禮也？』孔子曰：『周公、伯禽，則有爲爲之也。今以三年之喪，從其利者，則吾不知也。』」禮：金革不辟，謂危事也。晉子用先軫，以小忿背殯從戎，結怨于秦，故深譏之。

癸巳，葬晉文公。**疏**桓、文同稱而春秋惡文，蓋桓二十餘年積威養晦，乃能服楚；文公一駕而城濮之功多於召陵。桓公屢盟數會，遲暮始會宰周公；文公一會，而溫之事敏乎葵丘。然功多而罪鉅，事數而道僨；召天王，執諸侯，亂人君臣之分，務於大戰以爭功；仁信，非桓之比也。

日葬，危不得葬也。大國葬例日，故大國日多有。無時者，桓、文二伯，春秋所貴，備日所以美之。傳以爲危者，以晉初記葬文，禮待不純於伯，故從次國説之，以日爲危也。**疏**晉子釋殯而主戰，晉、秦相仇，兵連數世不解。楚因秦力愈强，中國愈衰，晉伯因以不振。禍積於微，故深危之。

狄侵齊。因晉有喪事。**疏**再言侵齊，齊亦弱也。

公伐邾，取訾樓。以報升陘。　**疏**伐、取不貶者，直書而罪惡見，故亦不日也。

秋，公子遂帥師伐邾。　**疏**此專兵也，故釀弒禍。大夫之專，皆僖之過也。君取而臣又伐，惡亟也。

晉人敗狄于箕。箕，晉地。此狄伐晉。左傳：「八月戊子，晉侯敗狄於箕。郤缺獲白狄子。」此蓋白狄也。　**疏**不言戰，中國敗夷狄不言戰，同内辭也。

冬，十月，公如齊。　**疏**月如，危往也。晉侯新卒，改事齊，有危道也。

十有二月，公至自齊。月致，危致也。下接公薨，不忍蒙，猶隱之之詞也。

乙巳，公薨于小寢。

小寢，非正也。左：「薨于小寢，即安也。」

隕霜不殺草。劉子說：「今十月，周十二月。于易，五爲天位，爲君位。九月陰氣至五，通於天位，其卦爲剥，剥落萬物，始大殺矣。明陰從陽，令而後殺也。今十月隕霜而不能殺草者，君誅不行，舒緩之應也。是時，公子遂專權，三桓始世官，天戒若曰，自此之後，皆將爲亂矣。文公不寤，其後遂殺子赤，三家逐昭公。又隕霜不殺草，爲嗣君失秉事之象也。其後卒在臣下，則災爲之生矣。異，故言草；災，故言菽；重殺穀。一曰菽，草之難殺者也，言殺菽，知草皆死也；言不殺草，知菽亦不死。」

未可殺而殺，舉重也；爲殺菽發傳。**可殺而不殺，舉輕也。**韓非子說：「魯哀公問於仲尼曰：『春秋之記曰：「冬十一月隕霜，不殺菽。」何爲記此？』仲尼對曰：『此言可以殺而不殺也。夫宜殺而不殺，桃李冬實。

天失道，草木猶干犯之，而況君乎。』」**疏**攷異郵云：「僖公即位，隕霜不殺草，臣威强也。李梅冬實，李，大樹，比草爲貴，是君不能伐也。定公即位，隕霜不殺菽，菽者，稼最强，季氏之萌。」

李梅實。劉子說：「周十有二月，今十月也。李梅當剥落，今反華實，近草妖也。先華而後實，不書華，舉重者也。陰成陽事，象臣專君、作威福。一曰：冬當殺，反生，象驕臣當誅，不行其罰，故冬華。華者，象臣邪謀有端而不成；至於實，則成矣。是時，僖公死，公子遂專權，文公不寤，後有子赤之變。一曰：君舒緩甚，奥氣不藏，則華實復生也。」

實之爲言猶實也。

晉人、陳人、鄭人伐許。**疏**陳、鄭皆貳於晉者，今從晉伐許，以起晉襄繼伯也。言人，大夫也，不出名氏者，權猶在諸侯也。文以後乃出名氏，大夫專兵也〔二〕。

〔二〕廖宗澤補疏：春秋編年，隱、桓、定、哀四公，分二十九年，共五十八年。莊、僖、襄、昭各三十二年，倍全卦之數，共一百二十八年。其中閒文、宣、成三個十八年，共五十四年，共成二百四十年，惟多閔公二年耳。

重訂穀梁春秋經傳古義疏卷五

文公文世，齊不爲伯，吴未起，時勢則晉、楚爲二伯，一中國，一夷狄。經例一如楚攝齊事者，然不以夷狄治中國，故傳與以伯辭也。

元年　**疏**魯世家：「釐公三十三年卒，子興立，是爲文公。」年表：文公元年，周襄王二十六年，齊昭公七年，晉襄公二年，宋成公十一年，衛成公九年，陳共公六年，蔡莊公二十年，鄭穆公二年，燕襄公三十二年，秦穆公三十四年，楚成王四十六年，曹共公二十七年。

春，王正月，公即位。　**疏**未葬即位，殯，然後即位也。

繼正即位，正也。　**疏**經例有正、變。傳道此者，明必先通正例，然後知變。隱無正以見讓，繼正之變；莊、閔、僖繼弒不即位，爲正；桓書即位，變。

二月癸亥，日有食之。　劉子說：「先是，大夫始執國，公子遂如京師。後楚世子商臣弒父，齊公子商人弒君，皆自立。宋子哀出奔魯，楚滅江、滅六。大夫公孫敖、叔彭生並專會盟。」

天王使叔服來會葬。　班氏云：「諸侯薨，世子告喪于天子，天子遣其大夫會其葬而謚之。」　**疏**按：服者，字也。叔者，長幼偁也。一説同公羊，以爲王子虎。言「王子」，下必繫名，君前臣名也。天子大夫不名，故不言「王子」；因不氏，知王子也。「服」，實字。春秋稱字者，但以伯、仲見；單言實字，避名、字並見之例也。此兼言實字者，下言名，名、字同見，故舉實字以起字皆實字。「儀父」名見經，故亦實字。或説同左傳，則此當同爲內史。內史舉字，天子之大夫也。

葬曰會，喪曰「奔」，急詞也；葬曰「會」，緩詞也。**其志，**據禮：五月葬，同盟至。會葬必多，此乃初志。**重天子之禮也。**因天子賜謚之禮，特書以見之王也。此王有「天」，以起下之無「天」。列國會葬，僅于定、哀書小國者，常事不書也。

夏，四月丁巳，葬我君僖公。重其賜謚，得書之。獨于文書者，謚由天子賜，故會葬在前。

薨稱公，舉上也；葬我君，接上下也。僖公葬而後舉謚；天子會葬賜謚，乃稱謚。**謚，所以成德也，於卒事乎加之矣。**再發傳者，因上會葬之文再明之。

天王使毛伯來錫公命。劉子云：「天子使叔服來會葬，毛伯錫命。」文上得天子。**疏**魯爲方伯，世子襲位，皆當如周受命。不「如」，皆來錫。文于元年書者，起世子還圭之禮〔一〕。錫不言數者，錫方伯命，可知也。桓命乃加命。

禮有受命，王制曰：「爵人于朝，與衆共之。」劉子云：「爵人于朝，刑人于市，古之道義也。」**疏**班氏云：

〔一〕「圭」，原作「主」，日新本、鴻寶本同，俱誤。

「爵人于朝，示不私人以官，與衆共之之義也。封諸侯于廟者，示不自專也。明德度皆祖之義制也，舉事必告焉。王制曰：『爵人于朝，與衆共之。』祭統曰：『古者明君，爵有德，必于太廟，君降立于阼階，南鄉，所命北面，史由君右執策命之。』」**無來錫命，**繼立童子乃來錫命。公壯，不當來錫。**疏**班氏云：「世子三年喪畢，上受爵于天子何？明爵者，天子之所有，臣無自爵之義。童子而受命爵者，使大夫就其國命之，明王者不與童子爲禮也。世子上受爵命，衣士服，謙不敢自專也。」**錫命，非正也。**再發傳者，與錫死有異。即位受錫，正也，故傳但譏之。**疏**錫爲九錫，命爲九命，經、傳多合言之。今合錫命，分訂爲十八級，如今九品之分正從。九錫命爲二伯，一品。七錫爲方伯，二品。五錫爲卒正，三品。三錫爲連帥，四品。一錫爲屬長，五品。九命爲百里國，從五。七命七十里國，六品。五命五十里國，七品。三命三十里附庸，八品。一命方十里附庸，九品。自三錫以下，通不見于經，故大國卿從七錫，次國卿從五錫，小國卿從三錫。天子公九錫，卿七錫，大夫五錫，元士三錫。八州之國，惟魯録之，詳見連帥三錫之國。外州則自三錫以下，通不見經。先師所謂「三命以上，乃書于經」是也。

晉侯伐衛。據左傳，晉侯朝王，此先且居、胥臣伐衛也。其目晉侯者，權在諸侯也。此有諸侯，不言者，略之。有取有獲，不言者，亦略之也。**疏**討其不朝。定以後，唯此一伐衛，與衛伐相起。

叔孫得臣如京師。世子繼世，當自朝于天子、受爵命。來錫，乃使大夫「如」，譏失臣禮，不待貶絶而罪惡見。**疏**此内臣如京師之始。公通不朝天子，言大夫，以譏公也。

衛人伐晉。内方伯不言伐晉，衛何以言伐？其篤從中國，可以言，内衛也。唯齊、秦與狄言伐晉。**疏**狄圍衛，晉不能救；及與狄盟，又不朝，因討之。孔達用陳謀，故報之。

秋，公孫敖會晉侯于戚。戚，衞邑也。晉侯在戚，伐衞也。伐衞不言伐衞，服而會也。晉侯在戚，則諸侯莫不在戚。不言者，畧之也。**疏**左傳以爲「疆戚田」，蓋伐衞所取戚邑之田。

冬，十月丁未，楚世子商臣弑其君髡。劉子云：「商臣貪忍，楚子欲廢之，遂興師作亂，圍王宮。王請食熊蹯而死，不可得也，遂自經。」**疏**年表：「成王欲殺太子立職，太子恐，與傅潘崇殺王。王欲食熊蹯死，不聽。自立爲王。」世子于君，有君父之義。言其君者，春秋朝廷之治，故以君爲重，舉重也。

日髡之卒，楚卒皆日。傳據以爲説者，謂初卒當由漸進也。**疏**此日以謹弑，下日以明進，皆不爲正不正〔一〕。**所以謹商臣之弑也。**般弑不日。此以子弑父，天倫大變，較以臣弑君尤重，雖在夷狄，君子謹之。蔡不日，此日者，中國與夷狄異辭以相起也。**夷狄不言正不正。**據楚卒皆日，吳卒皆月，爲二等，明有所區別。不如中國以日別正不正，或日或不日。**疏**中國大國次國君，以日明正不正。劉子云：「有正君者無亂國。」春秋絶亂屬，惡不正。又雖不正，已受命而立，春秋君之，特于卒則不正以正之。小國唯曹言正不正，夷狄與小國同不以日見正不正。楚以下日者，少進也。

公孫敖如齊。晉已伯，則齊不主會盟。經言齊，何也？以齊、晉爲二伯之正，楚、吳不過攝之而已。貴者不後，待之

〔一〕「不爲正」三字原脱，據日新本、鴻寶本補。

以初，所以春秋禮待皆得也。**疏**左傳以爲即位歷聘。

二年

春，王二月，甲子，晉侯及秦師戰于彭衙，秦師敗績。此秦伐晉也。不言伐者，由地知。此一詳言，以下皆略，以其亟也。**疏**秦、晉自殽之後，凡十二交兵，秦不記事，惟一言入鄀，一言來聘，一言滅庸，一言會蜀，一弟出奔而已。晉伯，皆及秦，不以主客書。晉世家：「秦使孟明伐晉，報殽之敗，取晉汪以歸。」

丁丑，作僖公主。班氏說：「祭所以有主何？言神無所依據，孝子以主係心焉。論語：『哀公問社于宰我，夏后氏松，松者，所以自悚動。殷人以柏，柏者，所以自迫促。周人以栗，栗者，所以自戰栗。』所以用木爲之者，木有終始，又與人相似也。」蓋題之以爲記，欲後世可知也。方尺，長一尺二寸，孝子入宗廟之中，見木主，亦當盡敬也。**疏**作主，功程淺。日者，重之也。先君之主至重，如先君也。

作，據作門、觀言「新作」，作丘甲、作三軍言「作」，與此「作主」異。**爲也；**與作丘甲、作三軍同爲造作。**爲僖公主也。**爲僖公立主。**立主，**明作主時。**喪主於虞，**據當在前年四月。班氏云：「孝子既葬，日中反而祭，謂之虞。其主用桑，念親已没，棺柩已去，悵然失望，彷佛哀痛，故桑主以虞，所以慰孝子之心，虞以安神也。」所不用祭者，方與神接。三代俱用桑。**疏**虞，安也，以安神。天子九虞，諸侯七，大夫三。檀弓曰：「虞而立尸，有几筵。」按：桑木猶哀也，喪主取之。**吉主於練。**當在前年十一月。班氏云：「士虞禮記曰：『喪主不文，吉主皆刻而謚之，蓋禘祫時别昭穆也。』」**作僖公主，**據恒事不書，此當爲吉主。**譏其後也。**班氏説：「僖公薨十六月，乃作主。」**疏**按：後三月乃作。**作主壞廟有時日，**禮則有一定期限。**於練焉壞廟。**鄭君説：「凡祔已復于寢，練而後遷廟。」按：壞廟，遷新主于廟。練祭後，主仍反于寢。必三年喪畢歸于其廟，而後祫祭于太祖。明年春，禘于羣廟。**壞廟之道，易檐可也，改塗可也。**易檐、改塗，小加脩飾。新主入廟，有從新改舊之意。諸侯五廟，然則壞唯同昭穆二廟，一祖廟、一新廟也。

三月乙巳，及晉處父盟。此如晉之始，爲記晉大夫主盟會之始，起下六年殺。不氏，使若内外皆微者也。

不言公，據日知公。**處父伉也，**伉者，以臣伉君禮，君在而臣代君。大國大夫尊與次國君相嫌，相嫌則辟，故君會大國大夫乃去氏，次國不以伉爲嫌。**爲公諱也。**如晉不見晉侯，恥辱深，故諱之。**疏**左傳「晉人使陽處父盟公以恥之」。**何以知其與公盟？**據「及宋人盟于宿」，内卑也。**以其日也。**據公及晉侯盟，日。

疏左傳「公如晉」。不地者，盟在晉；地，則「公如」見也。**何以不言公之如晉？**據不言處父來，知在晉。下盟晉侯，言如晉也。**所恥也。**左傳：「適晉不書，諱也。」盟于晉都，晉君不出，卑公已甚。**出不書，反不致也。**據三年書「如」，又致。使若公不適晉，内微者與處父盟然。**疏**公如有盟會，無所起，書「如」、言致而已，不言會盟。又詳則書事不言「如」，畧乃言「如」。言未必至晉，不「如」，如不至晉也。

夏，六月，公孫敖會宋公、陳侯、鄭伯、晉士縠，盟于垂斂。討衛也。齊不與會者，惰也。討衛，衛服，故下會有衛，此中國之諸侯也。**疏**士縠，九年見殺。伯者大夫始專會盟，至襄三年，而諸侯失政。不日者，以臣會君，不以信許之，疾始之義也。月者，不以信許之。

内大夫可以會外諸侯。 據公盟處父不出公，知内臣亦不可會諸侯。春秋内魯外諸侯，故内外異事。諸侯，謂大國宋。 **疏** 按：言内大夫可以會外諸侯，見外大夫不可以主外諸侯也，譏士穀主盟也。盟例日，不日者，大夫始主盟，惡之，不日也。

自十有二月不雨，至于秋七月。 劉子說：「文公即位，天子使叔服來會葬，毛伯錫命，又會晉侯于戚，公子遂如齊納幣，又與諸侯盟。上得天子，外得諸侯。」 **疏** 夏侯勝曰：「天久陰不雨，臣下有謀上者。」文公之篇末，不雨者三，卒致仲遂逆謀，嗣子遘禍，此其效也。沛然自大，躋僖公主，大夫始專事。

歷時而言不雨， 據僖一時過，書不雨。 **文不憂雨也。** 不憂，則若忘其事，故歷四時乃書，是不勤雨也。 **不憂雨者，無志乎民也。** 以文與僖比，僖善而文不善，故其辭如此。

八月丁卯，大事于大廟，躋僖公。 大事者，祫祭也。班氏說：「作主後六月，又吉禘于大廟，而致僖公。春秋譏之曰：『大事于大廟，躋僖公。』」 **疏** 周公稱太廟。

大事者何？ 據言「有事」。 **大是事也，** 據有大蒐、大饑。 **著祫嘗。** 著，謂言「大」以顯著之，非禘嘗。秋曰嘗。王制：「天子犆礿，祫禘，祫嘗，祫烝。諸侯礿則不禘，禘則不嘗，嘗則不烝，烝則不礿。諸侯礿犆，禘一犆一祫，嘗烝皆祫。」經烝、嘗獨言者，祫可知也。此不言嘗，言大事于大廟者，所謂以周公臨之爲不可，故著祫嘗。不以周公臨之，不言大事言嘗而已。 **祫祭者，** 祫謂合祭，與犆祭對文。言祭者，指四時祭，有祫有犆。 **毁廟之主，** 王制：「諸侯五廟，二昭二穆，與大廟爲五。」按：禮，親盡則毁除，二昭二穆。則隱以上爲毁廟。**陳于大祖**〔一〕**；**周公爲大祖，大祖稱大廟。言大廟者，以周公臨之也。**未毁廟之主，**四親：桓、莊、閔、僖。**皆升合祭于大祖。**大祖以下之主，各依昭穆爲次，同合食于大廟。犆祭則但未毁之主來，已毁之主不來。凡經言大廟者，皆以周公臨之。**疏**按：禮說言已毁未毁皆合食爲祫，爲大事；而無已毁不至、公但祭未毁之說。今以已毁不至者，爲犆祭，經所書「有事」是也。又禮有日祀、月享、三年世祭之文，各有等次。諸書各言一端，非全文。**躋，升也，**僖爲禰廟，言躋之爲升也。**先親而後祖也，**以僖禰閔。文受國于僖，僖受國于閔。君以受國爲重，僖于閔有臣子之義。今升僖公，是以禰爲祖，以祖爲禰也。**逆祀也。**先禰後祖，故曰逆祀。舊說：僖公，閔公庶兄，故文公升僖公之主于閔公之上。然僖公雖長，已爲臣矣；閔公雖少，已爲君矣。臣不可先君，猶子不可先父，故以昭穆祖父爲喻。**疏**集解引舊說。**逆祀，則是無昭穆也；**國君以傳國爲昭穆，不拘世次。閔公在西，則僖在東，各爲昭穆。今逆祀，則改閔于東，移僖于西，昭穆淆亂，失其舊次，故曰無昭穆也。**無昭穆，則是無祖也**〔二〕**；**先親而後祖，是暱禰忘祖也。班氏云：「大事者，祫祭也。僖先禰後祖也。」**無祖則無天也。**祖，父之天也。無祖近禰，是無天也。**故曰：文無天。**此舊傳文也。**無天者，**後二「王」去「天」，明文無天；前二「王」不去

〔一〕「祖」，原作「廟」，日新本、鴻寶本同，此據傳文改。
〔二〕「則」字原脱，日新本、鴻寶本同，此據傳文補。

「天」，明因逆祀乃貶。**是無天而行也。**傳曰：「爲天下主者，天也。」春秋以天統天王，天子以王統二伯，以二伯統八方伯，以八方伯統六卒正。又曰：「人之于天，以道受命。不若于天者，天絶之。」逆祖，失乎天倫，故于文去「天」以絶之。**君子不以親親害尊尊，**親親者，閨門之事也；尊尊者，朝廷之治也。閨門恩掩義，故尊不奪親；朝廷義掩恩，故親不敵尊。春秋明王道乃朝廷之治，故不以親奪尊。母親而父尊，父親而祖尊，魯親而周尊。譏躋僖公、許莊絶母、許衛輒拒父，不以魯敵周，皆不以親害尊之義也。**此春秋之義也。**親親者，僖爲文父；尊尊者，閔爲僖君；臣子一例。文于僖有祖道。尊尊親親，人道之大，二者不廢，不以親親而害尊尊也。

冬，晉人、宋人、陳人、鄭人伐秦。報彭衙之役。**疏**此皆大夫，不氏稱人者，至此猶不以大夫專征伐也。

公子遂如齊納幣。譏喪娶也。直書其事而惡見，不待貶絶者也。

三年

春，王正月，叔孫得臣會晉人、宋人、陳人、衛人、鄭人伐沈，沈潰。此晉與楚争伯也。沈，近楚之中國也，後滅于蔡，與胡、頓同見。沈，中國也，潰不日者，未同會盟也。滅日者，以同盟會也。**疏**中國諸侯皆在，唯齊不至；小國畧而不書。

夏，五月，王子虎卒。天子之子爲王子，與諸侯之子稱公子同。公子視大夫，則王子亦同公卿。主書者，起王子尊也。此王子正卒也，不日者，明非列土諸侯不卒者。此因事乃卒，並以起奪猛也。

叔服也。據舉實字，知下有卒名。**疏**儀父舉實字，下名卒「克」。此上舉叔服實字，知卒者即叔服。**此不卒者也，何以卒之？**據王臣不外交不卒。**以其來會葬，**事在元年。**我卒之也。**此說同公羊。因其新來會葬，乃得卒之。尹更始說：「王子虎爲魯主，此爲會葬，事異，故重引之。」**或曰：**此說同左氏。**疏**古今人表：「內史叔服。」史記「周命王子虎策命晉爲伯。」若內史，則不能執重以守矣。**以其嘗執重以守也。**與冢宰執政同。襄王出奔于鄭，虎以王子居內以守。重，謂天子位也。**疏**路史云：「襄王未復國，王子虎嘗爲之居守。」蓋主此義。

秦人伐晉。但言伐而不言取，畧之也。**疏**晉世家：「秦穆公大興師伐我，渡河，取王官，封殽尸而去。晉恐，不敢出，遂守城。」

秋，楚人圍江。遠國不書，因下救乃書之。**疏**晉與楚爭伯，晉擾于秦，不能救江之亡。以此相起，以見殽之誤，所以不能勝楚也。

雨螽于宋。劉子說：「先是，宋殺大夫而無罪，有暴虐賦斂之應。」**疏**洪範招災本不以事爲據。春秋所以書者，既已成災，天心較著，因而自省愈不可緩也。

外災不志，此何以志也？據王後、故宋義已見。**曰：災甚也。**據言雨也。內災言螽，外螽不志，外因甚乃志。螽以雨見，異也。甚災，故志之。**其甚奈何？茅茨盡矣。**班氏曰：「穀梁傳曰：上下皆合言甚。」案：著于上見于下謂之雨。螽多，上下皆見，爲雨。而所食則不惟禾稼，雖茅茨亦盡，故從大災書之。**著於**

上、見於下謂之雨。此謂上下皆合也，其例與雪雹同，故言雨也。**疏**公羊以爲異，雨爲死螽。說詳起起廢疾及陳壽祺五經異義疏證。

冬，公如晉。王制：「比年一小聘，三年一大聘，五年一朝。」去年朝，今又朝，晉召之也。**疏**此記如晉之始。晉爲伯，公始朝晉也。去年如晉未書，今乃書之。

十有二月己巳，公及晉侯盟。如晉言盟，起處父之盟伉也。**疏**春秋異同之端，多在一簡，因其相近，足以相起也。

晉陽處父帥師伐楚、救江。氏處父于盟後，起前因公去氏。外大夫帥師書名自此始，大夫始專征伐也。不言「使」，不與使也，使如私行。以下君將稱爵，大夫將稱名。以下將稱人，凡稱人爲貶，凡言人皆將。**疏**左傳：「伐楚，門于方城，遇息公子朱而還。」

此伐楚，其言救江，何也？據邢人、狄人伐衛不言救江。**江遠楚近，**楚大江小，楚大地廣，故邊竟近中國。**伐楚，所以救江也。**言此明不能救江之故，所以釋貫管仲不受江、黄以救之難。

四年

春，公至自晉。正月不存公，傳曰：「中國不存公也。」**疏**公初如晉言「如」，又致，備其文以起處父盟出入不書也。

夏，逆婦姜于齊。**疏**齊，不專記事，因内及之。

其曰婦姜，據宣致乃言婦，莊姜逆言女。**爲其禮成乎齊也。**劉子說：「禮：大夫以下不問舅姑在否，皆三月見宗廟，然後成婦禮。」按：婦者，成婦之稱。公成昏于齊，故在齊便稱婦。**其逆者誰也？**據不言其人。**親逆而稱婦，**據禮家親迎言婦也。叔姬，不與夫婦辭。**或者公與？**疑言婦，則爲公自逆詞。**何其速婦之也？**據莊自逆不言婦。**曰：公也。**公親逆，已成昏于齊，故不曰女。**疏**據不目其人，知爲公。大夫逆，必目人。親逆，乃不目也。**其不言公，何也？**據莊如齊逆女，言公不言婦。**非成禮於齊也。**爲公諱，不言公逆。莊書公者，不取仇女，不譏先通。**曰：**此又一說。上以稱婦爲成昏于齊，故在齊稱婦。此以稱婦爲譏娶母黨。**婦，**據文、宣、成三公夫人皆稱婦。**有姑之辭也。**據内女來求婦、逆婦，婦皆對姑而言，謂姑與婦皆同姓也。稱婦，以起取母黨，不以爲親逆之稱。**其不言氏，何也？**婦姑皆氏姜，故不言氏，以起其同姓。**貶之也。**文姜不言姜氏，哀姜不言姜，去姓，如大夫不氏，貶也。**何爲貶之也？**據女子在家制于父，無貶夫人之道。**夫人與有貶也。**所以譏之者，即在母黨，其事由姓氏而起，去氏，即知譏在同姓。姓在夫人，欲貶同姓，不得不去氏以貶夫人也。**疏**按：夫婦一體，榮辱共之。共伯姬賢，不肯辟火，至于葬，則崇婦以及夫，明同榮也。此則同貶，明同辱也。

狄侵齊。狄何以侵齊？晉使之也。何以不言晉？諱之也。諱之則何以言狄？狄侵齊，齊大國，不使狄深入，故言侵。不言晉，爲二伯諱也。**疏**齊自僖二十九年後，至成五年，方與諸侯會盟，共四十五年，後晉、齊乃同見盟會。中言「狄侵」者五，言「赤狄侵」者二，皆晉主之也。至于鞌之戰，乃實見晉伐齊。

秋，楚人滅江。不日，微國。時者，遠也。主書者，閔之也。救而不能存，譏晉也。江人會桓書、從晉不書者，爲晉諱也，因諱乃救。**疏**楚世家：「穆王三年，滅江。」

晉侯伐秦。**疏**晉世家：「晉伐秦，取新城，報王官役也。晉趙衰成子、欒貞子、咎季子犯、霍伯皆卒。趙盾代趙衰執政。」

衛侯使甯俞來聘。嘉能用甯俞，免晉患也。言聘以起蔡不聘，言甯俞以起世卿。世卿，則有喜弒，譏世卿也。

疏方伯于方伯，遣大夫聘而已。相會于其竟曰會，所以次尊卑，不使與二伯同也。

冬，十有一月壬寅，夫人風氏薨。傳曰：「夫人卒葬之，我可以不卒葬之乎？」**疏**妾母在孫世，氏不見。如見，當從母以子氏之例。言僖公風氏卒，以僖用致夫人，故經書如夫人之例，而特于外之弗夫人見其義，「秦人歸僖成風之禭」是也。春秋不能改實，而于别條起例有如此者。

五年

春，王正月，王使榮叔歸含且賵。言王，如舉國辭。**疏**去「天」者，文無天，且譏兼使也。王，襄王也。月者，譏兼事，且起早晚也。

含，一事也；含以送死，在始死。**賵，一事也；**賵以佐生，在將葬。**兼歸之，**二事遲早不同，以一人使二事。**非正也。**兼使之事，如卿出列聘，未嘗不可；若一人同使一國，兼二事，則不可。**其曰且，**據歸數邑不言「且」。**志兼也。**言且，以起兼之非也。**其不言來，**據歸賵言來。**不周事之用也；**以一人兼二使，其來意不誠，故不言。使宰咺言來者，過在臣。不及事，不言來；此過在君，奪其使，不言來也。**賵以早，而含已晚。**「不周」與「不及」不同。不周事，不言「來」，如未嘗來也，故不言。使，但不及事者，言「使」。**疏**國有遠近，不責早晚。諸侯五日而殯，斂在殯前。嗣子以含斂之，外聞喪歸含，受之以葬，以備乘車之實。含雖不責及事，而含與賵時去五月，禮當二使，今兼之，失禮，故以早晚不中譏之，所謂不周事之用也。不責其不及事、責其不周事。説詳釋范、起起廢疾〔一〕。

三月辛亥，葬我小君成風。傳曰：「夫人卒葬之，我可以不夫人卒葬之乎？」**疏**「成」者，字也。「風」，氏也。以字配氏，不以夫人許之也。會葬乃賜謚，先葬而後會葬者，奪其謚，不與之詞也。

王使毛伯來會葬。來言會葬，以起逆祀去「天」也。文無天。

會葬之禮於鄙上。班氏云：「葬于城郭外何？生死別處，終始易居。易曰『葬之中野』，所以絶孝子之思也。傳曰：『作樂于廟，不聞于墓；哭泣于墓，不聞于廟。』所以于北方者何？就陰也。檀弓曰：『葬于北方，北首，三代之達禮也。』禮曰：『冢人掌兆域之圖，先王之葬居中，以昭穆爲左右，羣臣從葬〔三〕，以貴賤序。』」會葬在葬後者，

〔一〕「起起」，原脱一「起」字，據廖氏起起廢疾補。
〔三〕「羣臣」上原衍「不」字；「從」，原作「公」，日新本、鴻寶本同，此據白虎通、周禮删改。

奪「成」之謚也。禮：會葬以賜謚。已葬乃會葬，起成風非謚也。會葬于鄙上，言會葬，當至鄙。會在葬前，起賜謚之禮；會在葬後，起會葬必如鄙上。**疏**一説：「成」，謚也。因其來會遲，柩已至鄙乃至，譏晚也。因其會葬在葬後，乃于葬稱謚也。

夏，公孫敖如晉。「如」，有所事，恒事書「如」而已，不出外。**疏**此大夫如晉之始。文世四記大夫如齊，五記大夫如晉，明兼事二伯，以起宣之如齊不如晉，爲齊所立也。

秦人入鄀。鄀，梁州國也。世本以爲地在若水，昌意降居若水；此爲其後。言秦入鄀，明秦爲梁州伯也。不言滅庸與盟蜀，皆秦有，以鄀、梁、巴、庸、蜀、夔、麇皆在梁州，秦統之。**疏**楚有鄀邑，楚常遷鄀，見于左傳，與此不同。

秋，楚人滅六。杞世家皋陶之後，世譜不言，故不能詳其世。**疏**楚世家：「穆王四年，滅六、蓼，皋陶之後。」地理志六安國六下：「故國，皋陶後，偃姓，爲楚所滅。」城濮以後，楚滅江、六，猶外州國也。至于九年，則伐鄭矣。

冬，十月甲申，許男業卒。許初爲鄭卒正，在王畿内。記卒葬異于魯屬，内外之别也。**疏**許六記卒，皆葬，與内屬國異也。自僖以後，皆月卒、時葬；僖以上，不卒，有滅文也。

六年年表：「秦穆公薨，殉葬以人，從者百七十人〔二〕，君子譏之，故不言卒。」**疏**秦穆賢君，不書卒，三傳無説。史

〔二〕「七」，原作「一」，日新本、鴻寶本同，此據史記十二諸侯年表改。

記此文，足以補之。緣康公以下書卒，當自穆公始，因其殉葬用人，故不卒之，所以譏殉葬之事也。

春，葬許僖公。許葬皆時，以明小國例時，以有定起無定也。

夏，季孫行父如陳。二伯、方伯國多三年一聘。若專使，則事不給，故可以兼使；又禮有列聘，如季聘。故事譏不兼者，謂在一國，遲早不同，不以一人兼二事。至于常聘，則不拘也。上方譏兼事，此即明兼事，辨同異、明是非也。

疏録季孫行父，起三家之本，書聘，以明列聘之禮。

秋，季孫行父如晉。此兼使也。再出大夫，明兼使也。兼使不言「遂」。言遂者，非君命，其人自生事，故曰大夫不遂。

疏去年大聘，今又大聘，譏亟也。

八月乙亥，晉侯驩卒。疏晉世家：「襄公卒，太子夷臯少。晉人以難故，欲立長君。趙盾曰：『立襄公弟雍。好善而長，先君愛之；且近于秦，秦故好也。立善則固，事長則順，奉愛則孝，結舊好則安。』賈季曰：『不如其弟樂。辰嬴嬖于二君，立其子，民必安之。』趙盾曰：『辰嬴賤，班在九人下，其子何震之有？且爲二君嬖，淫也。爲先君子，不能求大而出在小國，僻也。母淫子僻，無威；陳小而遠，無援，將何可乎？』使士會如秦迎公子雍。賈季亦使人召公子樂于陳。」

冬，十月，公子遂如晉，葬晉襄公。劉子說：「諸侯五月而葬，同會畢至。」葬大國，親者也；使人，非正。卿來會葬，非禮。**疏**如晉會葬，事二伯之禮；事二伯，以會葬。大夫「如」例時，以葬之月加于「如」上者，見以葬「如」也。不日者，危，靈公立，有秦師送雍。

晉殺其大夫陽處父。據世家，殺在葬前；左氏以爲九月殺，是也。何以敘在葬後？使與狐射姑出奔連文，起非晉殺也。

稱國以殺，殺大夫不稱人。罪累上也。晉、狄之累在君。襄公已葬，據子在喪中不命。其以累上之辭言之，據事乃賈季使人殺之。何也？不以新君爲嫌者，一年不二君也。知累在襄公。君漏言也。據狐夜姑殺之。漏言，此狐夜姑所殺，本兩下相殺也；歸殺于君，若君使殺之詞。上泄則下闇，闇，同暗，上不密，下恐得禍，故不敢盡言。下闇則上聾，下不陳獻，則孤立于上，不知善惡。且闇且聾，無以相通。劉子云：「公叔子曰：『上嚴則下闇，下闇則上聾，聾闇不能相通，何國之治也？順針縷者成帷幕，合升斗者實倉廩，并小流而成江海。明主者，有所受命不行，未嘗有所不受也。』」夜姑，殺者也。據下夜姑出奔。夜姑之殺，奈何？問其實事。曰：晉將與狄戰，據左氏，爲蒐于夷，舍二軍，事在六年。趙成子、欒貞子、霍伯、臼季皆卒也。使狐夜姑爲將軍，左傳作「將中軍」。趙盾佐之。陽處父曰：「不可。古者君之使臣也，法古。使仁者佐賢者，不使賢者佐仁者。仁，讀爲「仁而不佞」之「佞」，謂才技也。夜姑才技過人，乃偏裨之器，非大將才。今趙盾賢，左傳作「趙盾能」。夜姑仁，其不可乎！」公羊作「夜姑，民衆不悅，不可使將。」襄公曰：「諾。」謂夜姑曰：「吾始使盾佐女，今女佐盾矣。」襄公明謂爲處父之意，傳不言者，從可知。公羊：「處父出，夜姑入，君謂夜姑曰：『陽處父言曰：夜姑，民衆不悅，不可使將。』」夜姑曰：「敬諾。」襄公死，處父主竟上事，主竟上迎逆事。夜姑使人殺之，兩下相殺不志。志者，此兩下相殺，春秋歸獄于上，乃書。　疏左氏：「賈氏怨陽子之易其班也，而知其無援于晉也。九月，賈季使續鞫居殺陽處父。」**君漏言也。**故以「累上」言之。**故士造辟而言，**辟，當爲「膝」，密謀不可使聞。疏辟，當爲膝。據王引之說。**詭辭而出，**出，不語人以所言。**曰：用我則可，**用之則曰：「斯謀斯猷，爲我后之德。」歸美于君。**不用我則無亂其德。**不聽則不致取禍殺身。諫其君以殺其身，知者不爲也。

晉狐夜姑出奔狄。公羊：「晉殺其大夫陽處父，則夜姑曷爲出奔？夜姑殺也。」疏趙盾廢賈季，以其殺陽處父。十月，葬襄公。十一月，賈季奔狄。殺陽處父後出奔，起殺處父。狐偃之子狐氏止于此。

閏月不告月，猶朝于廟。班氏云：「月有閏餘何？周天三百六十五度四分度之一，歲十二月，日過十二度〔二〕，故三年一閏，五年再閏，明陽不足陰有餘也。故讖曰〔三〕：閏者，陽之餘。」

不告月者，何也？據禮有告朔，無告月。**不告朔也。**據言閏月，知告月即告朔。班諸侯以月吉，告朔于廟，特牲以事死，故國君朔朝宗廟，存神受正也。**不告朔，則何爲不言朔也？**據閏月亦有朔日，可目朔也。

閏月者，附月之餘日也，積餘分以成閏，十九年七閏以爲一率。**積分而成於月者也。**以奇零之數積餘成月，故歸于有閏之終。**天子不以告朔，**謂王立門中，不出南門外，與常月不同。疏玉藻云：「天子聽朔于

〔二〕「過」，原作「通」，日新本、鴻寶本同，此據白虎通改。
〔三〕「讖」，原訛作「議」，日新本、鴻寶本同，此據白虎通改正。

南門之外。」凡聽朔，必以特牲告其帝及神，然後頒于諸侯。戴德云：「天子告朔于諸侯，率天道而敬行之〔一〕，以示威也〔二〕。」禮：天子聽朔于南門之外，閏月則立門中聽月，不出門。春秋云閏皆在十二月之後，左氏云「歸餘于終」，周禮云「終月」。是葢十二月告朔，常禮也。閏月，則多此一月，其年已告十二朔，正朔祇十二，故云「告月」，而不出南門之外，但立于其中耳。**而喪事不數也。**喪事不數，謂以年計者。閏爲餘，喪以期計者，必在期時。公羊以爲喪數閏者，謂以月計者，如葬與大功、小功以月爲計，則不能不數月。二傳各言一端，相合乃成全義，非有異同也。

「猶」之爲言可以已也。爲告月乃朝廟。即不告朔，則朝廟可已。舍大存細，故譏「猶」也，與不郊而望同。

疏異義以喪數閏，鄭駁以爲不數閏。二說岐異，非也。按：經義以閏歸年終，不據中氣。漢以下據中氣閏月，與各月相參見。西漢時偶用此法，後不通行，百世以後當有改用此法者。以閏月在終，乃爲餘閏，不與正月相雜也。

七年

春，公伐邾。不于此月者，不同月。

三月甲戌，取須句。公羊以爲「使若他人然」，爲内諱再取也。

〔一〕「率」，原作「幸」；「敬」，原作「放」，日新本、鴻寶本同，此據大戴禮記改。

〔二〕「威」，原作「成」，日新本、鴻寶本同，此據大戴禮記改。

取邑不日，此其日，何也？據僖公二十二年公伐邾、取須句不日。**不正其再取，故謹而日之也。**僖二十二年，公已伐邾，取須句，過而不改，于此故録日以志之。前取而失，不書者，外取内邑不書。

遂城部。疏齊邑，遷紀者也。因取邾邑，並取部。

遂，繼事也。疏言遂，判前後爲二事。部，齊邑而我取而城之也。言「遂」，起非邾也。

夏，四月，宋公壬臣卒。不日者，貶之如小國，不能報父仇也。不葬者，太子爲禦所殺也。疏宋世家：「十七年，成公卒，成公弟禦殺太子及大司馬公孫固而自立爲君〔一〕，宋人共殺禦而立成公少子杵臼，是爲昭公。」

宋人殺其大夫。大夫者何？公子禦也。言大夫而不氏名，大夫尊也。不言名氏，無以知殺者爲誰。下會晉大夫不名不嫌，不爲趙盾也。疏傳：「曹殺大夫不名，言大夫而不稱名姓，無大夫也。」以此推之，宋有大夫，言大夫而不稱名氏，非大夫也。傳又以齊大夫爲貴，蓋宋、齊、晉如公，其卿即比天子之卿，例不當名，以其貴，不名之。小國大夫卑，例稱人不名，不名以卑之。春秋殺大夫不名者，大國見宋，小國見曹，其閒方伯大夫無不名，此定例也。經大夫不言名氏，大夫即無名氏，其名氏可攷譜帙記載而知之。

稱人以殺，殺大夫不名，不知指固、指禦？**誅有罪也。**言誅，討罪之辭。此指公子禦而言。傳曰：「公子之

〔一〕「自」字原脱，日新本、鴻寶本同，此據史記宋世家補。

重視大夫，大夫命以視公子〔一〕。」言大夫，即氏公子之辭也。殺大夫不名，此爲正説。或以爲衆爲祖諱，爲非其罪，皆後師推衍之説。

戊子，晉人及秦人戰于令狐。以此事言之，隙由晉起。秦實爲主，晉實爲客，以晉先秦者，大小不同。**疏**晉世家：「靈公元年四月，秦康公曰：『昔文公之入也無衛，故有吕、郤之患。』乃多與公子雍衛。太子母繆嬴日夜抱太子以號泣于朝，曰：『先君何罪？其嗣亦何罪？舍適而外求君，將安置此？』出朝，則抱以適趙盾所，頓首曰：『先君奉此子而屬之子，曰：「此子才，吾受其賜；不才，吾怨子。」今君卒，言猶在耳，而棄之，若何？』趙盾與諸大夫皆患穆嬴，且畏誅，乃背所迎而立太子夷皋，是爲靈公，發兵以拒秦送公子雍者。趙盾爲將，往擊秦，敗之令狐。」

晉先蔑奔秦。不言出者，時逆公子雍，本在秦也。有軍位，乃在秦軍不反，故以「奔」言之。蔑雖爲盾所誤，不可輕去國也。**疏**晉世家：「先蔑、士會出奔秦。」本在秦也，無所謂奔。已戰而晉勝，國已有君，當反國。今怨趙盾，不入，使如在軍中而逃。

不言出，據奔則言出。**在外也。**先蔑，先受命使秦也。**輟戰而奔秦，**左傳叙晉三軍，先蔑乃將下軍，是有軍位。奔在戰後，不歸，乃奔敵國。**以是爲逃軍也。**傳：「逃義曰逃。」責蔑奔秦也。**疏**此春秋變實加損之例也。本不在軍，亦無所謂逃。因不歸國，以逃軍待之，所謂春秋以輕爲重也。

〔一〕「命」，原作「名」，日新本、鴻寶本同，此據傳文改。

狄侵我西鄙。狄何以侵我西鄙？爲齊所使也。何以知爲齊使？以伐我西鄙者，皆齊也。齊自城濮後，不與諸侯盟會，晉數侵伐之。不思自脩、和諸侯，又于此使狄侵我，故狄之，謹始也。**疏**晉伯以後，齊侵我西鄙自此始。單出「狄侵我西鄙」，自此始，故譏之也。左傳晉以事讓酆舒，蓋齊侯之伐我，經特目之。

秋，八月，公會諸侯、晉大夫盟于扈。此亦新城，以趙盾主諸侯同盟也。言大夫而不名氏，大夫尊也。不名者，公不會大夫也。據左傳，盟者，齊侯、宋公、衛侯、鄭伯、許男、曹伯會晉趙盾，盟于扈。**疏**扈，晉地。晉大夫再專會盟諸侯矣，故畧諸侯不叙也。晉大夫，盾也；不名，亦畧之。月者，亦畧之。

其曰諸侯，據新城列數諸侯。**疏**大國稱公，小國稱伯子男，以其「諸侯」目之何？我爲侯，故以侯目之。或曰：舉中也。**畧之也。**按：棐林大之，故數；此畧之，故不數。以大夫主諸侯，抑之，故不列數也。**疏**晉世家：「秋，齊、宋、衛、鄭、曹、許君皆會趙盾，盟于扈，以靈公初立故也。」

冬，徐伐莒。徐不稱人，反其狄道也。**疏**徐自此至昭四年乃見。

公孫敖如莒莅盟。劉子說：「公孫敖專會盟。」**疏**此言如莒，以起下之奔莒。

莅，位也。其曰位，何也？前定也。其不日，前定之盟不日也。**疏**再發傳者，小國同也。二伯、方伯、屬國莅盟同例，公子友〔一〕、叔孫婼如齊、叔還如鄭、敖如莒是也。

〔一〕「友」，原作「反」，日新本、鴻寶本同，俱誤。

八年

春，王正月。

夏，四月。

秋，八月戊申，天王崩。 **疏**周本紀：「三十二年，襄王崩，子頃王壬臣立。」

冬，十月壬午，公子遂會晉趙盾，盟于衡雍。 此扈之大夫，何以扈不名而此名？以爲遂可以會之也，不以大夫主諸侯之辭。 **疏**以遂會盾，列國不數也。衡雍，晉地。趙盾，衰之子，專政起弒，後分晉國。以大夫主大夫，故日也。

乙酉，公子遂會雒戎，盟于暴。 四日不能再出。不言「遂」者，兼使命也。二事兼使，再出大夫，季孫行父如陳、如晉是也。自生事，乃言「遂」。 **疏**季孫行父明兼聘之禮，此明兼盟之禮。

公孫敖如京師，不至而復。丙戌，奔莒。 大夫奔，例日。此「奔」上繫事，有罪則不日。有罪而日，則謹之也。 **疏**左傳：「穆伯如周弔葬，不至，以幣奔莒，從己氏焉。」

不言所至， 據公子遂言「至黄乃復」。 **未如也。** 未如，乃不言所至。 **未如，則未復也。** 據「復」由「如」先，既未如，則復無屬。 **未如而曰如，** 實未如，春秋託言其如。 **不廢君命也。** 春秋貴命，臣棄君命，大惡也。內臣廢命，爲親者諱，使若以奉命如京師，不使臣得廢命。 **未復而曰復，** 實未復，春秋託言其復。 **不專君命也。** 受命如京師，未復命而奔，是專君命也。未復言復，是不專君命也。 **其如，非如也；其復，非復也。唯奔**

莒之爲信，如、復皆虛，唯奔莒乃爲事實。以「奔」爲信，「如」、「復」則加損之辭。**故謹而日之也。**不言出，如在外也。如京師，爲葬襄王，故再使叔孫得臣。**疏**謹，爲惡之。無罪，日；有罪而日，特著其惡事也。

螽。劉子說：「時公伐邾，取須句，城郚。」

宋人殺其大夫司馬。司徒、司馬、司空，大國三卿也。不言司徒，司徒攝冢宰。周天子言宰；宋，王後，言司馬、司空，互文見義也。大國三卿，故司馬、司空並見；次國二卿，命于天子；當是司空命于其君。司馬，公子卬也，昭公之黨。鮑殺卬而以華孫代之。司馬主兵，常專兵權也。**疏**左傳：「大司馬公子卬也。襄夫人所殺卬，昭公之黨也。」

司馬，王制，大司徒、大司馬、大司空爲三公。**疏**王制司馬之職，雜見于司徒、司寇條下。**官也。**據天子乃稱官。宋，王者後，故亦稱官。諸侯有三卿者，分三事也，五大夫下。天子，王制曰：「天子三卿。」**疏**班氏說：「司馬主兵，司徒主人，司空主地。王者受命，爲天地人之職，故分職以置三公，各主其一，以執其功。別名記曰：『司徒典民，司空主地，司馬順天。』天者施生，所以主兵何？兵者，爲謀除害也，所以全其生、衛其死也。故兵稱天，寇賊猛獸皆爲除害主也。論語：『天下有道，則禮樂征伐自天子出。』司馬主兵，不言兵言馬者，馬〔一〕，陽物，乾之所爲，行

〔一〕「馬」字原脱，日新本、鴻寶本同，此據白虎通補。

兵用焉，不以傷害爲文，故言馬也。司徒主人，不言人言徒者，徒，衆也，重民衆。司空主土〔二〕，不言土言空者，空尚主之，何況于實？以微見著。」**其以官稱，**不言公子卬而氏司馬。**無君之辭也。**君前臣名，君有若亡，故曰無君之辭。襄夫人以戴氏之族殺卬，宋君不能救之，經故以無君待之也。下同。**疏**左傳：「司馬握節以死，故書以官。」以事實記。傳以爲無君者，由經意說之也。

宋司城來奔。司城，司空也。左氏：「宋以武公廢司空。」既殺司馬，又逐司城，則六卿皆鮑黨矣。**疏**左傳：「司城蕩意諸來奔，效節于府人而出。公以其官逆之。亦書以官。」亦就事實說之。

司城，王制曰：「司空執度度地，居民山川沮澤，時四時，量地遠近，興事任力。」**疏**按：王制說詳王制釋義。司城即司空，稱司城者，宋因辟諱改；名從主人也。**官也。其以官稱，無君之辭也。來奔者，不言出，**據外奔言出。**舉其接我也。**言來，則出已明。諸侯有分土，無分民。今自其國至魯，但之魯而「出」可知。宋之大夫殺不名者，以尊也。司馬、司城者，大夫之別名，亦以尊，可不明言名氏也。天子三公，司徒、司馬、司空；諸侯三公，亦司徒、司馬、司空。經于宋見二官，所以三卿與三公同職，爵有尊卑，職則同也。獨司馬、司空不見司徒者，以司徒爲「仁者守」，司馬、司空爲二伯，故獨見二官也。經以無君目官，因此可以見三公、二伯之職也。

〔二〕「土」，原作「地」，日新本、鴻寶本同，此據白虎通改。

九年

春，毛伯來求金。不稱使者，天子當喪不稱使。禮，天子居喪，諒陰三年，使冢宰攝政。故三年中不言使，則不稱天王。論語曰：「子張問曰：『高宗諒陰，三年不言，何謂也？』子曰：『古之人皆然。君薨，百官總己，以聽于冢宰三年。』」

求車，猶可；求金，甚矣。疏劉子說見求車，頃王事。

夫人姜氏如齊。公同如齊也。不奔天王喪而同婦人如齊，譏之也。

二月，叔孫得臣如京師。大夫如，時。月者，以葬之月加于「如」，見以葬「如」也。公不自行，乃使大夫。在公行後者，如叔孫私行。劉子云：「山川汙澤，陵陸邱阜，五土之宜，聖人執其實，因其便，不失其性。高者黍，中者稷，下者秔〔一〕，蒲葦菅蒯之用不乏，麻麥黍稷亦不盡，山林禽獸、川澤魚鱉茲殖，王者京師四通而致之。」如京師會葬，傳曰：「周人有喪，魯人有喪，周人弔，魯人不弔。周人曰：『固吾臣，使人可也。』魯人曰：『吾君也，親之者也，使大夫則不可也。』周人弔，魯人不弔，以其下成、康爲未久也。」疏按：京師如大上至尊。言京師，起西周。

京，大也；師，衆也。據夫人如師。**言周，必以衆與大言之也。**據河陽稱京師，京師非城名。天子六師，又統天下，故言京師。不地者，王者無外，無定居。天子所在，六師從之，故言六師而已。

〔一〕「秔」，原作「稅」，日新本、鴻寶本同，此據說苑辨物篇改。

辛丑，葬襄王。劉子說：「周襄王失道。」辛丑，二月之日。七月而葬，言月，以明葬時。**天子志崩不志葬，**據惠王不志葬。**舉天下而葬一人，其道不疑也。**禮，天子七月而葬，同軌畢至；天下諸侯當親往會葬。舉天下葬一人，無可疑，則不以葬見也。諸侯五月而葬，同盟畢至〔一〕；有王事、有禮不備、天子崩，諸侯殯後當往會葬。或不如時，故以葬見。**志葬，**據景王志葬。**危不得葬也。**據有王子朝之亂。**日之，**據匡王不日。**甚矣，其不葬之辭也。**據襄王出奔，失天下，滅國不葬，故日以危之；並起狩河陽，以南陽之地賜晉，周愈弱。

晉人殺其大夫先都。稱人以殺，殺有罪也。殺有罪，則何以書？譏專殺也。葵邱之盟曰：「無專殺大夫。」

疏討其殺先克也。事詳左傳。

三月，夫人姜氏至自齊。月者，謹之也。不可致公，故致夫人也。**卑以尊致，**致爲告廟，唯君行之。夫人出不辭，反不告，卑于君也。今夫人與君同出，禮當致公，今乃以卑者致。**病文公也。**公不奔喪而自至齊，不可以公致，故致夫人。致夫人，亦所以病公也。王制曰：「天子將出，類乎上帝，宜乎社，造乎禰。」班氏說：「王者將出，辭于禰。還格于祖禰者，言辭禰之禮，尊親之義也。獨見禰何？辭從卑，不敢留尊者之命，至禰不嫌不至祖也。尚書：『歸格于藝祖。』出所以告天何？示不敢專也，非出辭反面之禮也。

〔一〕「畢至」上原脱「五月而葬同盟」六字，日新本、鴻寶本同，此據隱三年公羊傳補。

與告廟異義〔一〕。」還不告天者，天道無内外，故不告也。尚書「歸于藝祖」，不言天，天不告也。**疏**婦人既嫁不踰竟，卑以尊致，失禮之尤，故更譏也。何休以爲得禮，失之矣。

晉人殺其大夫士穀及箕鄭父。此與「弑及」同，爲累辭。**疏**與先都之殺一也。別書者，譏之。

稱人以殺，誅有罪也。**疏**事詳左傳。**鄭父，累也。**據三郤不言「及」。鄭父，大夫也。不去氏者，大國大夫，尊于次國卿同。得以氏見者，釋所以言及之意，與「弑及」同。

楚人伐鄭。僖公三年以後至此，再言伐鄭。鄭初從楚，城濮以後從晉，楚不敢争。晉君少而楚争，鄭自此多事矣。**疏**年表：「楚伐鄭。」左傳：「范山言于楚子曰：『晉君少，不在諸侯，北方可圖也。』楚子師于狼淵以伐鄭。」

公子遂會晉人、宋人、衛人、許人救鄭。晉率諸侯救鄭。此晉趙盾、宋華耦、衛孔達、許大夫也。稱人者，至此會伐猶不列也。傳不言善救者，楚稱「人」已明。

夏，狄侵齊。狄者何？晉也。避二伯相伐，故以狄言之。以狄近于晉，晉師多有狄在也。**疏**春秋託戎狄之禍多在于内州大國，小國不言之，外州國無之。凡稱子之國，無有夷狄之名，不以夷狄相託也。莊以上託之戎，僖以下託之狄，王者之化自西而北也。陳、蔡、吴、楚、秦、莒、邾、滕、薛、杞皆不言戎狄侵伐。

秋，八月，曹伯襄卒。不日者，小國不言正不正，畧之也。**疏**曹世家：「三十五年，共公卒，子文公壽立。」

〔一〕「異」，原重出「異異」，據白虎通删。

九月癸酉，地震。劉子説：「春秋地震，爲在位執政盛也。又先是時，齊桓、晉文、魯釐二伯賢君新没，周襄王失道，楚穆王弑父，諸侯皆不肖，權傾于下，天戒若曰：臣下强盛者，將動爲害。後宋、魯、鄭、莒、齊、陳皆弑君。」**疏**又曰：「地動者，臣不臣也，臣下大責也。」穀梁説：「大臣盛，將動有所變。」集解引。

震，據「震電」，雷也。**動也。**據「震」在「地」下，知地動。**地，不震者也。**雷能震動地，無地取動也。**震，**故靈曜説：「地恒動不止而人不覺，故曰不動。」管子：「天道虚，地道静。」**故謹而日之也。**地震，大異，故日。春秋大異，日；地震、日食、災、雷震、隕星是也。小異，月。

冬，楚子使萩來聘。萩，專政也。春秋本不狄楚，因僭王狄之。書萩，與秦術〔一〕、吴札相起。

楚無大夫，據夷狄無大夫，凡子國無大夫。**其曰萩，何也？**無大夫而見大夫，皆不氏，吴札、秦術是也。**以其來我褒之也。**不氏者，漸進也。前稱人，此進稱名。

秦人來歸僖公成風之襚。前歸含、賵獨成風，知此非兼。**疏**成風之喪，五年矣。五年而來襚，明非襚也。秦自殽後不同盟會，言襚，明不襚者。襚不稱人，稱人，非襚也。不襚而言襚，託之秦以正非夫人也。若曰：雖秦猶知非夫人，則中國可知也。

秦人弗夫人也，僖薨已十年，歸成風，繫僖公，母以子氏，知秦不以爲夫人。**即外之弗夫人而見正焉。**

〔一〕「術」，原作「述」，日新本、鴻寶本同，據經傳文改。後同。

内以夫人卒葬之而無貶道，諸侯皆用夫人禮。惟託之秦，以妾母録之，以外之不以爲夫人而見正。**疏** 聘、襚，一也。楚已稱萩，秦狄稱人，此小大之分也。術聘乃與萩比。

葬曹共公。 曹卒皆葬。

十年

春，王三月辛卯，臧孫辰卒。 臧文仲也。卒，子紇武仲立。日卒，正也。非卿日卒者，賢者特著之。**疏** 臧氏爲魯賢大夫，與叔氏同，故書之。

夏，秦伐晉。 秦者，狄之也。**疏** 晉伐秦，取少梁，秦亦取晉之北徵。

楚殺其大夫宜申。 楚殺大夫，無稱人之例，畧之也。夷狄大夫有罪無罪，不足道也。**疏** 宜申二見，此闕宜申也。不氏者，楚無大夫之辭也。不氏而言大夫者，號從中國也。宜申謀弒穆王，有罪而殺。不言者，楚殺通不言人。

自正月不雨，至于秋七月。 劉子説：「先是，公子遂會四國而救鄭〔一〕，楚使越椒來聘，秦人歸襚，有炕陽之應。」

歷時而言不雨，文不閔雨也。不閔雨者，無志乎民也。 無志于民，失所以爲君，故春秋惡文公。

〔一〕「子」字原脱，日新本、鴻寶本同，此據漢書五行志補。

及蘇子盟于女栗。蘇子，天子之卿也。劉子、尹子、單子，皆大會，此何以不言其人？爲天王諱也。天王崩，諸侯不奔喪；新王立，又不朝。天子弱，求諸侯，乃使卿于外，故畧之，使如微者盟然。**疏**不言其人，爲内諱也。内諱盟王臣也。頃王新立，而求盟于諸侯，失天下也。不日者，不待貶絶而罪惡見。不日，惡盟，不敢以日謹；不信，故不日也。

冬，狄侵宋。宋睦于晉，狄何爲來侵之？即下楚、蔡也。宋，中國大國，蔡從夷狄而伐之，惡之，故言狄伐也。**疏**春秋見戎狄侵伐之國，畧與記災同。凡記災之國志夷狄侵伐，宋，一見示例也。

楚子、蔡侯次于厥貉。次者，有畏也。楚强，何以言次？以上已言侵也。蔡本在中國，篤從楚，入于夷狄，狄之不可見，則先言狄侵而後以次見。以侵宋爲即楚、蔡之師，次以待之也。**疏**蔡從楚，翟泉以後十四年始見于此。自城濮後十四年，楚子乃特見于是。以楚子先蔡侯，夷狄主會之辭也。諸侯從者多矣，獨見蔡者，決蔡于外以示例。不會者，以夷狄從夷狄也。

十有一年

春，楚子伐麇。麇，公羊作圈，荆州國。楚伐，春秋不志，志者，起滅麇也。

夏，叔彭生會晉郤缺于承匡。劉子説：「叔彭生專盟會。」此亦畧言之。會者，不獨二大夫。**疏**春秋凡内不言「如」，皆以私待之，故會盟帥師皆不言「如」。劉子以「專盟會」，明盟會、帥師非大夫所得專。

秋，曹伯來朝。 **疏**來朝，常事，不志。志者，曹伯未畢喪而行嘉禮，衰麻不可以接冠冕，故譏之，且不合五年之期。

公子遂如宋。 此聘王者後之例。雖稱公，不統方伯，故公不言「如」，唯其禮秩在方伯上而已。

狄侵齊。 齊，伯者之後也。桓以弱齊用管仲，一匡天下，尊周室。昭承餘業，不自脩業，自踐土以後，不與諸侯通，而怠于政事，遂使晉以狄人四侵之而不能振。春秋言其事，深痛之，故于其卒也不葬。**疏**齊，伯國也。狄四侵齊，起狄强，所謂南北狄交侵中國，直書其事而意見。

冬，十月甲午，叔孫得臣敗狄于鹹。 劉子說：「時周室衰微，三國爲大可責者也。天戒若曰，不行禮義，大爲夷狄之行，將至危亡。其後，三國皆有簒弑之禍，近下伐上之痾也〔一〕。」

不言帥師而言敗，何也？ 據季友敗莒言帥師。**直敗一人之辭也。** 據獨出得臣，知敗者亦一人。**一人而曰敗，何也？** 據敗必稱師。**以衆焉言之也。** 據晉人敗狄，狄，衆辭。**傳曰：** 公羊引此文不言「傳曰」。**長狄也。** 此長狄也。不言敗長狄者，夷狄接內舉大名。劉子說：「孔子曰：『汪芒氏之君，守封嵎之山〔二〕，其神爲釐姓，在虞夏爲防風氏，商爲汪芒氏，周爲長狄氏，今爲大人。」**弟兄三人佚宕中國，** 詩：「內奰于中國，覃及鬼方。」中國爲禹州；海外爲中國〔三〕。**瓦石不能害。叔孫得臣，最善射者也，射其目，**

〔一〕「近下伐上」，原作「逆上伐下」，日新本、鴻寶本則作「近上伐下」，此據漢書五行志改。

〔二〕「守封嵎」，原作「字封男」，日新本、鴻寶本同，此據說苑辨物篇改。

〔三〕「海外爲中國」，日新本、鴻寶本同，據文意，似宜作「海外爲鬼方」。

身不受金刀，惟七竅可殺，故射必于目。**身橫九畝，**山經「海外」之説，儒者動以爲疑。長狄既見于經，三傳同有是説，禹書所傳不虚。開闢日久，異族非化則絶。又如斷髮文身之俗久而禁絶，故今中外人民形體惟一。雖有五種之分，惟是性情形色畧有不同，以此種族得中和之氣，如五帝五方，小有不同，無大異也。**斷其首而載之，眉見於軾。**班氏云：「穀梁傳曰：『長狄弟兄三人，一者奔齊，一者奔魯，一者奔晉，皆殺之，身橫九畝，斷其首而載之，眉見于軾。』何以書？記異也。」**疏**山海經所言海外異族，長短大小形狀與中國詭異。今地球盡通，昔日異形皆無所見。此有數説：一由于自變。洪荒初氣，不免詭怪，開闢日久，形體亦革，一也。一由于絶。如長狄三人入中國，行者皆死，居者亦久而見滅，詩所謂「周餘黎民，靡有孑遺」，惟存中和之類，二也。一由緣飾。如彫題、鑿齒、穿胸之類，非實生形，乃由俗設，可以禁絶之也。一由異狀。如伏羲、神農，古帝之牛首蛇身，皆謂其形體偶爾相似，今相人書中常有之，非果牛首蛇身，後人誤解，四也。**然則何爲不言獲也？**據言獲莒挐。**曰：古者不重創，**重傷，二傷也。譏其已射目，又斷首。**不禽二毛。**頭有頒白爲二毛。**疏**三傳皆有此説，而所釋不同，蓋古師説也。**故不言獲，爲内諱也。**敗乃獲，言敗不言獲，爲内諱。**其之齊者，王子成父殺之；**成父，齊大夫。**疏**魯世家：「齊惠公二年〔二〕，鄋瞞伐齊，齊王子成父獲其弟榮如〔三〕，埋其首于北門。」**則未知其之晉**

〔二〕「齊」字原脱，據魯世家補。又，據左傳文公十一年所載，此事在齊襄公二年。
〔三〕「榮如」，原作「棼如」，日新本、鴻寶本同，此據魯世家改。

者也。 以非經事，師説偶遺。魯世家：「晉之滅潞，獲喬如弟棼如。」 **疏** 晉、齊、魯三國，即劉子之所謂「三國」也。

十有二年

春，王正月，郕伯來奔。 齊已滅郕，猶有郕伯者，食采也。來奔，爲齊所逐，不得食采也。月者，謹滅郕也。郕，不同會盟之國，故月之。

杞伯來朝。 卒正來朝，常事不書。書者，不合五年之期。

二月庚子，子叔姬卒。 **疏** 按：禮待母女弟與女子子有差等。詩曰：「問我諸姑，遂及伯姊。」左氏云：「凡嫁女于大國，姊妹則上卿送之，公子則下卿送之。」是禮制一也。

其曰子叔姬， 據叔姬歸紀不言「子」。**貴也，** 據季子言子。**公之母姊妹也。** 叔者，兄弟辭。子，貴稱，知同母姊妹。因同母姊妹，故未嫁而書，親親之義也。後説因許嫁諸侯而書，尊尊之義也。**其一傳** 喪服有大傳、間傳、服問、小記、三年問、喪服四制，共六篇，魯學；春秋當與之同。即以舊傳言，亦惟一家一本而已。**曰：** 此説同公羊。**許嫁以卒之也。** 據未嫁不卒。此不繫國，未嫁姊妹在室如兄弟。叔姬因許嫁于諸侯，尊同，乃卒之。**男子二十而冠，** 禮經文。**冠而列丈夫，** 冠後乃爲丈夫。**三十而娶。** 易坎爲中男。以三十計，長男則四十，少男則十六。班氏曰：「春秋穀梁傳：『男二十五繫心，女十五許嫁。』感陰陽也。」 **疏** 陳壽祺云：「今穀梁傳無此文，蓋穀梁説也。」按：傳文今本所無者多，不必皆師説，傳有五家，今存一家，故有佚傳也。説詳大義、佚傳條下。**女子十五而許嫁，二十而嫁。**易離爲中女。以二十爲定，長女則三十，少女則十四。尹更始説：「男三十而娶，女十五許嫁，笄，二十而嫁。」劉子説：「夫天地有德合，則生氣有精矣。陰陽消息，則變化有時矣。時得而治矣，時得而化矣，時失而亂矣。是故人生而不具者五：目無見，不能食，不能行，不能言，不能施化。故三月達眼而後能見，七月生齒而後能食，期年臏合而後能行，三年顋合而後能言，十六精通而後能施化。陰窮反陽，陽窮反陰，故陰以陽變，陽以陰變。故男八月而生齒，八歲而毀齒，二八十六而精化小通。女七月而生齒，七歲而毀齒，二七十四而精化小通。不肖者精化始至矣，而生氣感動，觸情從欲，故反施亂也。」**疏**按：此今文説也，左氏不同。又按：易有長男、長女、中男、中女、少男、少女之説：男四十女三十，爲長男長女；男三十女二十，爲中男中女；男十六女十四，爲少男少女。先師經説，從中立制，故曰：「三十而娶，二十而嫁。」長者過此，少者不及，非執一拘定如此。左氏與今公羊、穀梁説各明一義，實則相同。舊解强爲分别，各欲自成一家，此説萬不能通者也。

夏，楚人圍巢。巢，徐州國也，圍之而服楚，故下爲楚射吴子也。**疏**文世，楚伐滅國五：江、六、巢、庸、麇〔二〕，皆在外州。中州小國，楚不見滅文。中國兵事，惟一見伐鄭，一見次厥貉而已。

秋，滕子來朝。卒正朝，常事，不志。志者，不合五年之期。

秦伯使術來聘。秦何以稱伯？字也。外諸侯何稱字？曰：寰内諸侯稱伯，以天子卿士待之，與鄭相起也。何

〔二〕「麇」，原作「麋」，據傳文、日新本、鴻寳本改。後同。

爲以寰内伯之？存西周也。平王東遷，棄成周之地于秦；春秋存西周，不忍文、武舊都棄于秦也。周初都西周，又建中土以朝諸侯。天子所至言京師。春秋稱東周爲京師者，以爲天子駐蹕之所，其所都仍在西周也。鄭在東都畿内稱伯，以鄭爲冀州方伯，入爲天子卿士，從天子大夫例，不名稱字。使秦亦如鄭入爲天子卿士稱字。以東周例西周，是宗廟宫闕猶存；秦特西周一卿士，不敢據王舊都而君之也。此鄭、秦以方伯不稱侯而稱伯之精義。秦爲方伯，乃記卒葬。雍州既爲王畿，何以又立方伯？曰：秦爲梁伯，入爲留守，與鄭爲冀伯，入爲卿士同。鄭、秦同爲伯，同爲王臣，一守一從，字稱仲、叔。鄭、秦以伯見者，立子以長，故皆以伯言之也。**疏**劉子云：「秦地，于天官東井、輿鬼之分野也。其界自弘農以西，京兆、扶風、北地、上郡、西河、安定、天水、隴西，南有巴、蜀、廣漢、犍爲、武都，西有金城、武威、張掖、酒泉、敦煌，又西南有牂牁、越巂、益州，皆宜屬焉。」

冬，十有二月戊午，晉人、秦人戰于河曲。河千里一曲，河九曲爲九州。詩：「彼汾一曲。」河圖括地象詳九曲所至之文，即禹貢導水之説。**疏**晉世家〔一〕：「康公伐晉，取羈馬。晉侯怒，使趙盾、趙穿、郤缺擊秦，大戰河曲，趙穿最有功。秦師遁。晉六卿患隨會之在秦，常爲晉亂，乃佯令魏壽餘反晉降秦。秦使隨會之魏，因執會以歸。」

不言及，據晉人及秦人戰于令狐言及。**秦、晉之戰已亟，**據令狐猶言及，知以亟故。**疏**文世記秦事詳，凡九見，而晉、秦交兵者六焉，外來禭、入都、來聘三事而已。**故略之也。**晉不言及，狄晉也。自殽後狄秦。晉、秦不

〔一〕「晉世家」，原作「秦本紀」，日新本、鴻寶本同，皆誤。

言及，與白狄不言及同。因其亟戰，故畧之同夷狄。

季孫行父帥師城諸及鄆。此取之莒也。不言取，邊鄙之邑。一彼一此，諱言失，故畧之。大夫專兵。**稱帥師，**據内城何必帥師。言帥師，則非城矣。非城而託之于城，此莒伐我圍諸。帥師救諸，因遂取諸、取鄆。**言有難也。**設爲有難之辭，實則非城，乃取邑。

十有三年　**疏**楚世家：「穆王十二年卒，子莊王侶立。」是爲莊王。不卒之者，反其狄道也。

春，王正月。

夏，五月壬午，陳侯朔卒。不葬者，背殯出會，經不葬其父，更去其葬以責之。　**疏**陳世家：「十八年，共公卒，子靈公平國立〔二〕。」

邾子籧篨卒。不日卒，正。文世不日。前日以明進，此進已明，故從卒正例記之，不日也。邾無月卒者，進不進當明，不以月疑之也。七卒：三時、四日。

自正月不雨，至于秋七月。劉子說：「先是曹伯、杞伯、滕子來朝，郕伯來奔，秦伯使術來聘，季孫行父城諸及鄆。二年之閒，五國趨之，内城二邑。炕陽失衆。」　**疏**「一曰：不雨，五穀皆熟，異也。文公時，大夫始專盟會，公孫

〔二〕「國」，原作「圉」，日新本同，此據楚世家、鴻寶本改。

敖會晉侯，又會諸侯，盟于垂隴。故不雨而生者，陰不出氣而私自行，以象施不由上出，臣下作福而私自成。一曰：不雨，近常陰之罰，君弱也。」

世室屋壞。 班氏云：「穀梁經曰：世室，魯公伯禽之廟也。周公稱太廟，魯公稱世室。」 **疏**按：世，今本作「大」，此從五行志班引校改。作「大」者，左氏也。不日者，不可以日計也。

世室屋壞者， 據新延廄不言壞。 **有壞道也。** 屋久必壞，非人壞之，故先言屋壞，不言壞屋也。 **譏不脩也。** 宗廟有歲脩之道。久不脩，並至于壞，譏怠也。故春秋脩舊不譏。 **大室猶世室。** **疏**按：班固所見本，當作「世室猶大室」也。 **周公曰大廟，** 梅福說：「昔成王以諸侯禮葬周公，而皇天動威，雷風著變。」班氏云：「廟者，貌也，象先祖之尊貌也。所以有屋何？所以象生者之居也。」 **伯禽曰大室。** 諸侯五廟，二昭二穆，與太祖之廟而五，周公爲大廟。魯公親盡當去，因其初封不遷，附于大廟之室，不爲別立廟，故曰室。而廟，雖百世猶五數也。 **羣公曰宮。** 羣公，四親廟也；正廟，故言宮。武宮、僖宮、桓宮、仲子宮，皆別立者，不在五廟中。 **疏**據言武宮、桓宮、僖宮、新宮也。 **禮：宗廟之事，** 班氏云：「王者所以立宗廟何？曰：生死殊路，故敬鬼神而遠之，緣生以遂死，敬亡若事存，故但欲立宗廟而祭之。此孝子之心，所以追養繼孝也。」 **君親割，夫人親舂，** 祭統：「是故君子之齊也，專致其精明之德也。故散齊七日以定之，致齊三日以齊之。定之之謂齊。齊者，精明之至也，然後可以交于神明也。是故先期旬有一日，宮宰宿夫人〔二〕，夫人亦散齊七日，致齊三日。君致齊于外，夫人致齊于內，然後會于大廟。君純冕立于阼〔三〕，夫人副褘立于東房。君執圭瓚祼尸，大宗執圭瓚亞祼。及迎牲，君執紖，卿大夫從，士執芻，宗婦執盎從，夫人薦涗水。君執鸞刀，羞嚌，夫人薦豆，此之謂夫婦親之。」**疏** 親春說詳「御廩災」下。**敬之至也。** 祭統：「是故孝子之事親也，有三道焉：生則養，没則喪，喪畢則祭。養則觀其順也，喪則觀其哀也，祭則觀其敬而時也。盡此三道者，孝子之行也。既内自盡，又外求助，昏禮是也。故國君取夫人之辭曰：請君之玉女與寡人共有敝邑，事宗廟社稷。此求助之本也。夫祭也者，必夫婦親之，所以備内外之官也。」**爲社稷之主，而先君之廟壞，極稱之，志不敬也。** 王制：「祭器未成，不造燕器。」非有造意作爲，惟失于脩理，故急著之以明其失。

冬，公如晉。 夫至晉而言「如」，從告廟之辭言之也。有別事，獨目晉者，從重也。

衛侯會公于沓。 沓，衛邑。公如晉，過衛不言「如衛」。「如」者，朝也，唯二伯乃言「如」。傳例：會者，外爲主。公適衛，會由公起意，不曰「公會衛侯」而曰「衛侯會公」，衛得内辭也。春秋除二伯會，凡方伯下言會者，皆外爲主；言及者，皆内爲主。必于此異文，不言公及衛侯者，言及，皆外地；言會，皆内地；又以見二伯與方伯禮文不同，以起其

〔二〕「宰」，原作「卒」，日新本、鴻寶本同，此據禮記祭統改。
〔三〕「阼」下原衍「階」字，據禮記祭統、日新本、鴻寶本删。

餘也。更見如晉有會别國之事，畧不盡言耳。　**疏**左傳：「衛侯會公于沓，請平于晉。」是衛于晉有兵事也。公皆成之，故下同盟于新城。

狄侵衛。狄者何？晉也。公方會衛，又如晉，不可以言晉伐，故諱之。又以下言「同」，宜有所辟。　**疏**晉伐諸侯常用狄師，善事則舉晉，惡事則目狄，主名有異同，其實則一也。

十有二月己丑，公及晉侯盟。盟在晉都也。凡公「如」，多有事不言。此言者，因會盟三國，且起處父伉也。

疏文世，公三如晉，有三盟，以此可見「如」多有盟也。

還自晉。

還者，據致言「至」。**事未畢也。**據下言至自晉，知事未畢。言還者，起不在晉。言未畢，爲晉事出，雖會鄭伯，不敢以爲遂事。**自晉，**據致言自晉。**事畢也。**據與致言自晉同，是事畢。爲晉事出，還在鄭國也；文公不事晉。先齊侯潘卒一年，文公、衛侯、鄭伯皆不期而來，齊侯已卒，諸侯果會晉大夫于新城。

鄭伯會公于棐。棐，鄭邑也。公還經鄭，鄭伯會公，如衛侯會沓，此爲遂事也。　**疏**左傳：「鄭伯會公于棐，亦請平于晉，公皆成之。」

十有四年　**疏**周本紀：「頃王六年崩，子匡王班立。」

春，王正月，公至自晉。月者，久之。不以會致者，大「如晉」也。

邾人伐我南鄙。 伐方伯，譏邾也。

叔彭生帥師伐邾。 報上伐。

夏，五月乙亥，齊侯潘卒。 不葬者，失德也。昭公，桓公子，争立，不正。既立，不脩桓公業，有事諸侯以擯楚尊王。自踐土一盟，凡諸侯之事皆不與焉。而狄人四侵之，不能禦，此不交諸侯而自惰之所致。故春秋終惡其敗先人之業，致此夷狄交伐。故此十九年中，齊國不專記事，唯大夫記内如、狄侵而已。卒而去葬，特著其過。　**疏** 齊世家：「昭公立十九年，子舍立。」此不正者，其日之，何也？其不正前見矣。

六月，公會宋公、陳侯、衛侯、鄭伯、許男、曹伯、晉趙盾。癸酉，同盟于新城。 此會有陳、許。以下十二同盟，至昭十三，八十六年中，皆無陳、許，絶二國于夷狄也。同盟皆記災、記戎狄侵伐之國。大國齊、晉、宋，次國魯、衛、鄭，小國曹、莒、邾、滕、薛、杞、小邾；十三國爲同盟不見。中國夷狄外會，詳楚、秦、吴、蔡、陳、許，五方伯一卒正。餘均不言，畧之也。　**疏** 新城，鄭地。自此同盟至襄三年，凡中國無論大小，不雜外州國及十九國外者，多言同盟，桓爲尊周，晉爲外楚，二伯消息升降之道也。盟下日者，同月也。

同者， 據「鄟陵」不言同〔一〕。**有同也，** 據自齊伯以來，諸侯累盟皆謂同；惟有外州國及不叙事者，則雖有盟祇以會見，不許以同盟也。不然，則以事見，如伐秦、城杞是也。貴是同盟，故三傳皆以同盟爲説也。**同外楚也。** 此

〔一〕「鄟陵」，原作「幽陵」。考昭二十六年傳作「鄟陵」，又莊十六年及莊二十七年會盟於幽，均言「同」。

晉言「同盟」之始。以下言盟者，必言「同」也，此中國之伯，外尚有夷狄二伯之辭也。春秋隱、桓、莊五十年無伯，春秋之始也。莊、閔、僖、文五十年，楚伯未盛，不言同盟，以天子諸侯皆在是也。文十四年至昭十三年，晉主中國，楚主夷狄，言「同」，分中外之界也。言「同盟」，起外吴、楚。昭十三年以後至哀十四年，不言同，無伯之辭，春秋之終也。

疏 晉之同盟無蔡，則蔡已入之夷狄會矣。新城以下不言陳、許，以爲由此會以後，遂以二國歸夷狄也。

秋，七月，有星孛入于北斗。

劉子説：「君臣亂于朝，政令虧于外，則上濁三光之精，五星盈縮，變色逆行，甚則爲孛。北斗，人君象；孛星，亂臣類，簒弑之表也。星傳曰：『魁者，貴人之牢。』又曰：『彗星見北斗中，大臣諸侯有受誅者。』一曰魁爲齊、晉。夫彗星較然在北斗中，天之示人顯矣，史之有占明矣，時君終不改寤。是後，宋、魯、莒、晉、陳、鄭六國咸弑其君，齊再弑焉。中國既亂，戎狄並侵，兵革縱横，楚乘威席勝入諸夏，六侵伐，一滅國，觀兵周室。晉外滅二國，内敗王師，又連三國之兵大敗齊師于鞌，追亡逐北，東臨海水，威陵京師，武折大齊。皆孛星炎之所及，流至二十八年。星傳又曰：『彗星入北斗，有大戰。其流入北斗中，得名人；不入，失名人。』宋華元，賢名大夫，大棘之戰，華元獲于鄭，傳舉其效云。」

疏 劉子曰：「北斗，貴星，人君之象也。茀星，亂臣之類。言邪亂之臣將並弑其君。」集解引。

孛之爲言猶茀也〔一〕**。**

劉子云：「孛星者，非孛星，惡氣之所生也。内不大亂，則外有大兵，其所以孛孛曖曖

〔一〕「猶」字原脱，日新本、鴻寶本同，此據傳文補。

者〔二〕，亂之象也。不明之表，又參然孛焉，兵之類也。故聖人名曰孛。孛者，猶有所防弊、有所傷害也。」**其曰入**據孛于大辰及東方皆不言「入」。**北斗，**此言入者，明斗有規郭，入其魁中也。**斗有環域也。**因有環域，乃言入。東方，泛言，故不言入。　**疏**不日者，孛日久，不以日計也。

公至自會。

晉人納捷菑于邾，弗克納。捷菑，失嫌也。**是郤克也。**據納蒯聵言趙鞅。　**疏**左傳作趙盾，公羊作郤缺。當時或三卿並將，各言一軍，或各據所聞，經無明文，三傳各異。然其說則同，此小節不足爲異。**其曰人，何也？**不稱師，猶當言將。**微之也。**據以下「人」皆貶辭。**何爲微之也？**疑以弗克微之。弗，内辭。**長轂五百乘，**長轂，兵車；五百乘，動衆也。不言帥師，不許有師也。　**疏**據晉有四千乘，傳亦謂邾、魯爲千乘之國。晉言五百乘者，出軍之數，五百乘則五萬人，不爲不多矣。**緜地千里，**邾在魯南，晉在曲沃，以地望計之千餘里。**過宋、鄭、**宋近魯，徐州國。鄭近晉，冀州國。**滕、薛，**據此則滕、薛在魯西北。**敻入千乘之國，**邾，卒正，有千乘者，計所統微晉三十國之數也。卒正統三十國，故以小邾、濫附庸見焉。　**疏**據左傳，邾賦四百乘。所賦者四百乘，則計其自徵于小國軍數，當得近千矣。邾本國祇得百乘，然統三十國百里者四、七十里者八、五十里者十六，强其兵數統計，當得一千三百乘，合七卒正，共得

〔二〕「曖曖」，原作「達達」，日新本、鴻寶本同，此據開元占經引劉向洪範傳改。

九千一百，合之方伯，爲萬乘矣。**欲變人之主，**欲出貜且立捷菑也。**至城下，**據言邾，是已至城下。**然後知。**知，謂知貜且正、捷菑不正而自退。邾小國，晉弗克納，是晉自退。**何知之晚也！**譏其不審而輕于舉兵。以「弗」言者，許悔過也。**弗克納，未伐而曰弗克，何也？**據伐齊納糾言伐。克，能也；不能納，是力自屈。于伐，然後可言「弗克」。**弗克，其義也。**郤克至邾，知捷菑不正，自反而去，非以兵力見屈，故不言伐；而義不能勝，故言弗克，以譏其失。**捷菑，晉出也。**晉納之，知晉出。**貜且，齊出也。**劉子云：「貜且，齊出也。」顏師古云：「文公之子。」**貜且，正也。**據貜且卒，知已立。納不正，知貜且正。**捷菑，不正也。**弗克納，言「弗」，內辭；不納得內，是不正可知。**疏**主書，譏晉不慎于始，而許其悔過，亦惡惡疾始、善善樂終之意。

九月甲申，公孫敖卒于齊。卒于外，例地國。卒于本國，乃地地。踰竟，以國爲重，不舉其邑名。諸侯在外踰竟不日，此日者，內外異辭也。桓、昭在外皆日也。

奔大夫不言卒，而言卒，何也？大夫，國體，重其死，乃言卒〔一〕。此已奔，無與于國，故無取于志，如慶父不卒是也。去三桓，春秋許之。**爲受其喪，不可不卒也。**爲十五年歸喪録其本也。**其地，**據大夫卒不地。**於外也。**已踰竟，則地國。

齊公子商人弒其君舍。商人于舍爲叔父。封君之子盡臣諸父昆弟，已立，故稱君。**疏**齊世家：「舍之母無

〔一〕「言」字原脱，日新本同，此據鴻寶本補。

寵于昭公，國人莫畏。昭公之弟商人以桓公死争立而不得，陰交賢士，而愛百姓，百姓悦。昭公卒，子舍立，孤弱，即興衆十月即墓上弑齊君舍，而商人自立，爲懿公。懿公，桓公之子也，其母曰密姬。」言此，以著齊桓嗣子之禍。

舍未踰年，其曰君，何也？與弑成君同。**疏**奚齊言「君之子」。**成舍之爲君，**春秋決嫌明疑，不能言齊子、其子也。**疏**按：未踰年不繫父，當云「齊子」，或云「其子」。言齊子，則不能加于其臣；言其子，則嫌爲弑者之子。故傳無弑未踰年君正稱，所以别嫌疑也。奚齊繫之于父，言「君之子」，如父在之辭。舍則以成君目之，皆以辟不明也。異義：公羊説以奚齊爲正，繫于父；左氏以已葬稱君，舍爲已葬，皆不得經意。**所以重商人之弑也。**舍正得立，不予以君辭，嫌不正。不正而弑，則商人之罪輕，故成舍之君以重商人之罪。**商人其不以國氏，何也？**據州吁以國氏。知商人嫌者，以下見弑知嫌。**不以嫌代嫌也。**舍，未踰年未成君，嫌也。商人弑舍自立，二者皆有嫌辭。成舍之爲君，所以辟舍之嫌也。商人不去公子，所以辟商人之嫌也。其君已正，乃以嫌起弑者之罪。上下皆嫌，上成其君，下成其臣，然後弑罪明而君臣正。舍未能成君而成之，則不能不使得臣商人也。

舍之不日，何也？據弑君例日。**未成爲君也。**不日以起實未成君，明其不以嫌代嫌之意。

宋子哀來奔。劉子説：「宋子哀出奔，元年日食之應。」**疏**左傳：「以宋子哀爲蕭封人，以爲卿，不義宋公而出，遂來奔。」與祭仲爲祭封人、鄭以爲卿文義相同。然則，子哀者，宋之監者也。周初封三監以監殷，則監制原從王後而起。王制于方伯立監，而王後無其文，當據左傳文以補之者也。

其曰子哀，**疏**一説：以子哀爲世子。君在言世子，君卒乃言子。**失之也。**謂師説失傳，公羊所謂「無聞焉爾」。　**疏**一説：失之，謂失國也。傳以稱官爲無君之辭。世子不言「世」，亦無君之辭。言若宋公已卒，其子出奔然。鮑結黨逐世子，宋公不瘖，卒有被弑之禍。弑君皆有所見，此亦見也。

冬，單伯如齊。如齊者，以王命請子叔姬也。齊弑舍，魯人請叔姬歸，在道淫，齊乃執之。不書子叔姬歸齊者，常事唯言「如」，有所譏，乃出其事。　**疏**按：此與莊世單伯别一人。字「伯」者，長也，如秦、鄭皆字伯。

齊人執單伯。使臣出疆，以國事執，稱行人，明上累之，下不辱其官。執以私罪，則不言行人。公罪寬而私罪嚴，所以責之也。

私罪也。據不言行人。**單伯淫于齊，**據與叔姬同執，知淫于齊。此非送女道淫，蓋請叔姬歸而道淫，齊人怒，乃執之。**齊人執之。**人，衆辭，討有罪也。主書者，以魯使人不慎，貽羞國家。

齊人執子叔姬。　**疏**公羊師説，以爲子叔姬新嫁于齊。按：九月，齊方弑舍，子叔姬嫁于舍，則舍已弑；嫁于懿公，則九月方弑舍自立，不能急于婚魯。左氏、世家以子叔姬爲舍母，是也。

叔姬同罪也。據與單伯同執，知罪同。不言「及」者，非夫婦男女之際，不可言「及」。再出齊人，使若異罪然。

十有五年

春，季孫行父如晉。不合三年之數。

三月，宋司馬華孫來盟。華孫者何？華孫如仲孫，謂華耦也。稱孫者，明爲督之孫。弑賊子孫當討。此華氏初見經，前弒不氏，以辟此之再見。再見而初言「孫」，明此爲華氏子孫，以起督之不氏，以辟不討賊再見之義也。說詳左傳補證。

司馬，官也。五官，司馬爲睢鳩。**其以官稱，**官稱，謂不名。經無舉官之例，惟宋司馬、司城見。**無君之辭**

疏 齊言仲孫不名湫，宋言華孫不稱耦，惟大國大夫尊，故有不名之例。

也。華孫不名，如齊仲孫。**疏** 鮑殺公子卬，以華孫主兵，主司馬以起其代卬也。宋公不能治其國，華孫故不從恒辭。不日者，來盟不日。**來盟者何？前定也。不言及者，以國與之也**〔一〕。再發傳者，王者後也。「來盟」惟二伯、方伯。不言小國者，小國無大夫，絶使文，故不言來盟也。唯齊、宋、衛、鄭、楚言來盟。

夏，曹伯來朝。天王喪未三年，行朝禮。左氏以爲私者，葬已而後朝聘，以脩王命〔二〕，不譏也。志之，以明葬後踰年可朝也。此與郳人、牟人、莒人來朝相比。

齊人歸公孫敖之喪。不言來，大夫喪，不與其接内也，當使其家自主之。**疏** 大夫卒于外言歸喪，于竟内不言。

六月辛丑朔，日有食之。鼓，用牲于社。劉子說：「後宋、齊、莒、魯、鄭八年之閒，五君殺死，楚滅舒蓼。」

單伯至自齊。

大夫執則致，據意如至自晉，致。**致則名，**據意如、婼致皆去氏。**此其不名，何也？**據如、至皆稱單伯，

〔一〕「之也」下原衍「不言其人亦以國與之也」十字，日新本、鴻寶本同，此據傳文删。

〔二〕「王」，原作「五」，日新本、鴻寶本同，此據左傳改。

不名。**天子之命大夫也。**天子所命大夫爲監者。天子大夫例稱字，不如内大夫致則名；且伯舉字，故不去氏也。據是則見于諸侯不純臣也。

晉郤缺帥師伐蔡。戊申，入蔡。新城之盟不叙蔡，此討之也。蔡近楚，受楚禍深，不與中國通，春秋夷之。以其爲徐州伯，楚屬，得以夷狄治之。夷之，從小夷，故不書事。自此至成八年，乃以欒書侵書。不記事，唯記中國侵入之而已。日入，滅辭也。安心從楚，待之如亡國。**疏**蔡世家：「莊公甲午立，三十四年卒，子蔡文公申立。」是年，晉人蔡。

秋，齊人侵我西鄙。上言狄侵，此何以目齊？上之狄之，謹始，且以此之齊起彼狄非狄也。晉伐齊，諱之；齊伐我，初亦諱之也。其曰「人」，微之也。

其曰鄙，鄙，周禮所謂「都鄙」。左傳：「越國鄙遠。」春秋之世，列國屬地稱爲鄙，故秦、楚鄙地有在山東者。**遠之也。其遠之，何也？**據哀公世不遠。**不以難介我國也。**文世，外諸夏内本國。

季孫行父如晉。齊自僖二十九年以後，不與諸侯盟會。前伐我，經書狄。此又伐我，故往愬于晉。故下爲扈之盟，謀伐齊也。自成公以後，齊乃從晉〔一〕。

冬，十有一月，諸侯盟于扈。左傳：「晉侯、宋公、衛侯、蔡侯、陳侯、鄭伯、許男、曹伯盟于扈，尋新城之盟，且謀

〔一〕「從晉」下，日新本、鴻寶本並有「爲伐我也」四字。

伐齊也。」不言諸侯，言諸侯必言同盟也；不言同盟，有陳、蔡、許而無齊、魯，故不言也。**疏**其曰「諸侯」，畧之也。不言公者，爲齊難，公未行也。齊賂晉侯，故不克而還。

十有二月，齊人來歸子叔姬。月者，隱之也。**其曰子叔姬，**據公弟雖賢不言「子」。**貴之也。**有罪，猶貴之、親之也。**其言來歸，何也？**據以「來」屬「齊人」，「歸」屬子叔姬，與「出」異文。**父母之於子，**公姊妹以父母言之者，明公當念父母心，恩養之，不可使失所也。**雖有罪，猶欲其免也。**婦人有七出之道也。班氏云：「君不爲臣隱，父獨爲子隱何？以爲父子一體，榮辱相及，故論語曰：『父爲子隱，子爲父隱，直在其中。』」桓寬説：「父母之于子，雖有罪猶匿，豈不欲無罪？子爲父隱，父爲子隱，未聞父子之相坐。」從律，有親屬得相容隱之令。**疏**按：內女「出」言「來歸」。此未成婦道而出，故變文言歸，如無罪然，所以釋叔姬之罪也。

齊侯侵我西鄙，扈之盟，不能伐齊，取賂而還，故齊人又伐我也。**遂伐曹，入其郛。**因我事伐曹，討其來朝也。遂，繼事也。

十有六年　**疏**年表曹下云：「齊入我郛。」

春，季孫行父會齊侯于陽穀，齊侯弗及盟。齊師至陽穀，使行父行成。陽穀，內邑。**疏**據下曰不視朔，公有疾。與齊平，使季文子會齊侯，齊侯不肯盟。

弗及者，據莒人言「不肯」。**内辭也。**據公追弗及，「弗」爲内辭。**行父失命矣。**據下遂復盟。得盟，知此失命。**齊得内辭也。**行父受命而不能專對，二國之交不睦。至改命，使遂盟，乃得成。言「弗」，責行父也，如齊侯欲盟而行父不可盟者然。論語曰：「不能專對。」又曰：「使乎？使乎？」

夏，五月，公四不視朔。傳曰：「常事曰視，非常曰觀。」

天子告朔于諸侯，三朝記云：「周衰，天子不班朔于天下。」**諸侯受乎禰廟，禮也。公四不視朔，**據不視朔者，可以視也。**公不臣也。**據不奉天子之朔。**以公爲厭政以甚矣。**據言「四」也。一不視猶譏，五月四不視，唯正月視，甚其怠慢。

六月戊辰，公子遂及齊侯盟于師丘。大夫盟例日。

復行父之盟也。行父失命，不得盟。齊師至師丘，更使遂爲之盟。**疏**左傳：「公使襄仲納賂于齊侯，故盟于郪丘。」

秋，八月辛未，夫人姜氏薨。

毁泉臺。劉子説：「泉臺在囿中，公母姜氏嘗居之，有蛇孽。公母薨。公惡之，乃毁泉臺。夫妖孽應行而自見，非見而爲害也。文不改行循正，共御厥罰，而作非禮，以重其過。後二年薨，公子遂弑文公之二子惡、視，而立宣公，文公夫人大歸于齊。」

喪不貳事。王制曰：「天子達庶人，喪不貳事。」**疏**鄭君説：「貳之言二也。」此謂未葬以前，當爲喪事是謀，不應兼及外事。葬已後，禮稍除。**貳事，**喪未葬，而毀臺。**緩喪也。**禮當守殯，更爲他事，不以喪爲急。毀臺猶譏，則背殯出會者可知；從小以謹大者。按：王制「天子達庶人喪不貳事」云云，鄭注截「庶人」字下屬，以爲庶人乃不貳事。傳以説諸侯，知非庶人禮，且庶人則不能不貳事也。**以文爲多失道矣。**躋僖公、不憂雨、以夫人禮待妾母、喪又貳事，故曰多失道。**自古爲之，**公羊以爲「先祖爲之」。**今毀之，**公羊以爲即「郎臺」。不書者，見者不再見。**不如勿處而已矣。**公羊「處」作「居」。**疏**桓譚説：以爲揚先君之惡。子爲父隱，但當勿處，不可毀以彰惡。

楚人、秦人、巴人滅庸。巴、庸者，梁州國；秦者，梁州伯；此秦取庸，何爲以楚主師？楚大爲伯，統夷狄，故以楚先秦也。事實秦主之，經則以楚主之也。**疏**梁亡，秦滅之。入鄀，秦滅之。滅庸、盟蜀，皆有秦在，知巴、庸、蜀皆在梁矣。夔、麇，楚滅，以楚有梁地也。春秋秦自殽以後，戰伐攻取皆在梁州，不在東諸侯。左傳所云，知秦之不復東征矣。秦與晉仇，與楚和，分滅庸地，自此以後，楚、秦連結，晉伯衰而楚氛熾。不日者，從夔例。微國不日，遠乃時之。春秋蜀、庸、夔、巴，今四川地。

冬，十有一月，宋人弒其君杵臼。弒者，鮑也。不言鮑者，不葬、賊未討。下有鮑卒，知鮑也。宋人，猶言舉國皆鮑黨。宋公不知，卒有弒禍。不葬者，賊未討。不日者，如未成君然，所謂無君也〔一〕。**疏**宋世家：「九年，昭公

〔一〕「君也」下，日新本、鴻寶本並有「不君事也」四字。

無道，國人不附。昭公弟鮑革賢而下士。先，襄公夫人欲通于公子鮑，不可，乃助之施于國，因大夫華元爲右師。昭公出獵，夫人王姬使衛伯攻殺昭公杵臼。弟鮑革立，是爲文公。」

十有七年

春，晉人、衛人、陳人、鄭人伐宋。 據左傳，此晉荀林父、衛孔達、陳公孫甯、鄭石楚。 **疏**宋世家：「文公元年，晉帥諸侯伐宋，責以弑君。聞文公定立，乃去。」案：荀林父以諸侯伐宋討弑，宋及晉平。此大夫也，「人」之者，不能討也。

夏，四月癸亥，葬我小君聲姜。 文公之母。 **疏**九月而葬。左氏云：「有齊難，是以緩。」

齊侯伐我西鄙。 師邸已盟，此再伐我，惡齊也。

六月癸未，公及齊侯盟于穀。 及，内爲志。穀，魯邑，爲齊所得，故言「及」，又致也。

諸侯會于扈。 此十五年會扈之諸侯，晉、宋、衛、蔡、陳、鄭、許、曹也。不叙者，畧之，取賂而還，諸侯無功也。不言同盟，以有陳、蔡、許也。三會之，皆不列數，晉無伯道，故諸侯叛之即楚。 **疏**左傳：「又會諸侯于扈。」將爲我討齊，皆取賂而還。

秋，公至自穀。 離會致地。參國以上，乃以會致。在内不致，穀爲侵地，故外取邑不志，下城穀者，侵地歸反也。

冬，公子遂如齊。 拜穀之盟也。

十有八年

春，王二月丁丑，公薨于臺下。魯世家：「十八年二月，文公薨。襄仲殺子惡及視而立俀，是爲宣公。」

臺下，非正也。公寢疾，當于路寢正終。今在臺下，比小寢，猶失禮。泉臺下也。

秦伯罃卒。此秦康公也。穆公何以不卒？因其用殉不卒。于此卒康公，以見穆公之削也。秦初卒。**疏**秦初卒，時起狄秦也。終一日者，非真夷也。五卒皆時。徐彦云：「穀梁傳作秦伯偃。」秦本紀〔一〕：「康公立十二年卒，子共公立。」

夏，五月戊戌，齊人弑其君商人。劉子云：「懿公之爲公子也，與邴歜之父爭田，不勝。及即位，乃掘而刖之，而使歜爲僕。奪庸織之妻〔二〕，而使織爲參乘。公游于申池，二人浴于池，歜鞭抶織，織怒，歜曰：『人奪女妻而不敢怒，一抶女，庸何傷？』織曰：『孰與刖其父而不病奚若？』乃謀殺公，納之竹中。」**疏**齊世家：「懿公立，驕，民不附。齊人廢其子而迎公子元于衛，立之，是爲惠公。桓公子也。其母衛女，曰少衛姬，辟齊亂，故在衛。」弑舍而立。四年遇弑。按：不葬者，賊未討。

六月癸酉，葬我君文公。世子弑而葬者，其事已明也。舉謚而不言會葬者，一見已明也。

〔一〕「本紀」，原作「世家」，日新本、鴻寶本同，誤。

〔二〕「奪」，原作「辱」，日新本、鴻寶本同，此據説苑復恩篇改。

秋，公子遂、叔孫得臣如齊。何爲同行？同謀賂齊以行弒也。**疏**魯世家：「文公有二妃，長妃齊女哀姜，生子惡及視。次妃敬嬴，嬖愛，生子俀。俀私事襄仲，襄仲欲立之。叔仲曰：『不可。』襄仲請齊惠公，惠公新立，欲親魯，許之。」齊弒而聘之，同弒者也。

使卿爲使。**舉上客，**卿。**而不稱介，**大夫爲介，介卑不書。**疏**據出使但言正使，不言大夫。介者，下大夫，下大夫不見也。**不正其同倫而相介，**同爲正卿，而同使于齊，非同使也。公卒，同謀立宣，直言而惡見。**故列而數之也。**不言「及」，以起二人同惡相濟，倚齊弒赤而立宣，歸賂于齊，皆二人謀也。

冬，十月，子卒。班氏曰：「既葬稱子者，即尊之漸也。」**疏**般日，此不日者：閔不「即位」，有所見；宣即位，無所見。故日，傳曰：「有所見，則日〔二〕。」

子卒不日，據子般日。**故也。**故，弒也。不稱弒，諱也。日，例。有月者，明不日也。時者，變之甚也。**疏**魯世家：「冬十月，襄仲弒子惡及視而立俀，是爲宣公。」

夫人姜氏歸于齊。劉子說：「子赤，齊出，夫人姜氏子也。」**疏**魯世家：「歸齊，哭而過市，曰：『天乎！襄仲爲不道，殺適立庶。』市人皆哭，魯人謂之『哀姜』。魯由此公室卑，三桓强。」

惡宣公也。子卒，夫人歸，知以子卒歸。宣公母頃熊，異姓媵也。宣公長，弒子赤，大歸夫人姜，以尊妾母。**有**

〔二〕「日」上原衍「不」字，日新本、鴻寶本同，此據傳文删。

不待貶絶而罪惡見者，春秋決嫌明疑，以釋人惑。常于嫌得者見不得，人所素明，不加貶絶，故曰：「美惡不嫌同辭。」凡其事美惡易見，則無事褒貶以見義，故如恒辭。唯是非不定，美惡相嫌，則加貶絶以解疑惑。夫人姜氏大歸，不加貶絶而罪惡見者也〔二〕。**有待貶絶而惡從之者。**夫人歸于齊，此必加貶絶而後罪惡從之者也。哀姜大歸，宜自立其妾母熊氏爲夫人。**姪娣者，**姪娣，同姓女三人，二國異姓六人。**不孤子之意也。**恐一人無子，故備姪娣。又，孤，獨也，謂有子不得以自私。**一人有子，三人緩帶。**劉子云：「禮：天子十二，諸侯九，大夫三，士二。」恐一人無子，故備姪娣。又，宣公，姪娣之子。公子遂殺嫡立庶，以妾子而逐適母，謂有子不得以自私。

疏班氏曰：「諸侯一娶九女，重國繼嗣也。九者，法地有九州，承天之施，無所不生也。一娶九女，亦足以承君施。九而無子，百亦無益也。王度記曰：『諸侯一娶九女。』春秋公羊傳曰：『諸侯娶一國，則二國往媵之，以姪娣從。姪者，兄之子也；娣者，女弟也。』必一娶者〔三〕，妨淫佚也。備姪娣從者，爲其不相妒嫉。一人有子，三人共之，若己生之。姪娣年雖少，猶從適人者，明人君無再娶之義也。還待年于君子之國者，未任答君子也。」**一曰：就賢也。**

季孫行父如齊。爲遂、得臣所使。

〔二〕此句下，日新本、鴻寶本並有「書夫人歸，惡宣公也」八字。

〔三〕「一娶」，原倒作「娶一」，日新本、鴻寶本同，此據白虎通乙。

莒弑其君庶其。 稱國以弑，莒無大夫也。衆弑君之辭稱「人」，則爲如大國稱氏名之例。不日者，卒正始卒不日也。不葬者，夷狄全不葬，且莒無謚也。莒始卒其君，下皆月。此時者，莒，小夷也。吴卒，皆月；楚卒，皆日。 **疏**事詳魯語〔一〕。

〔一〕 春秋中部。廖宗澤補疏：文、宣、成三「十八」年，取九數，二九十八，合上經下經之數。三公五十四年，合桓公十八年，合七十二候之數。

十三經清人注疏

穀梁古義疏

下册

〔清〕廖平 撰
郜積意 點校

中華書局

重訂穀梁春秋經傳古義疏卷六

宣公宣公弑立，故不卒大夫。其時齊不會諸侯，以晉、楚爲二伯，楚强晉弱，故急存中國。**疏**魯世家：「文公次妃敬嬴，嬖愛，生子倭。襄仲殺惡及視而立倭，是爲宣公。」按：宣世不言公如楚，仍以齊、晉爲二伯也。楚强齊弱，齊不盟會諸侯，何以不伯楚而貶齊？齊、晉爲二伯之正，春秋存之也。宣世公如齊不如晉，非晉失伯歟？晉主諸侯同盟，不言如楚，仍伯晉可知。宣公藉齊之力以弑立，專心事齊，特著如齊以明其事耳。

元年年表：周匡王五年，齊惠元年，晉靈十三年，宋文三年，陳靈六年，衛成二十七年，蔡文四年〔二〕，鄭穆二十年，曹文十年，杞桓二十九年，秦共元年，楚莊六年。

春，王正月，公即位。公以子赤故，畏齊討；背晉專心事齊。十八年中，五如齊，不一如晉；大夫七如齊，歸父一如晉而已。**疏**終公世，與晉交涉者三見，與齊交涉者二十餘見，公專心事齊也。

繼故而言即位，據「子卒」不日爲故。繼故，正宜不言即位。**與聞乎故也。**劉子云：「宣公者，文公之子弟

〔二〕「四」下原衍「十」字，日新本同，此據十二諸侯年表、鴻寶本删。

也。文公薨，文公之子赤立，宣公殺子赤而奪之國，立爲魯侯。」**疏**劉説見新序〔一〕。

公子遂如齊逆女。言「如」，復繫「逆女」，譏逆女也。宣弑而遂逆女，起遂與弑也。與翬同，故卒疏之。翬不卒者，罪尤重也。**疏**凡弑君而言逆女者，皆爲與弑之人，如翬與遂是也。

三月，遂以夫人婦姜至自齊。傳曰：「大夫不以夫人。以夫人，非正也。刺不親迎。」月者，兼譏喪娶也。**疏**謹之則月，再甚則日。

其不言氏，據僑如「以」猶言姜氏。婦言夫人，必舉姓氏，貶乃去之。**喪未畢，**方練逆女，未畢三年喪。**故略之也。**宣弑，懼齊討，結婚以緩師，故急於成婚。以衰麻接冠冕，禮數畧，故去氏以畧之。**其曰婦，**據文夫人至不言婦。**緣姑言之之辭也。**言婦者，以譏三世娶齊，譏娶母黨也。**疏**娶母黨，内三言婦，外二言婦，逆婦求婦是也。緣姑言，兼譏齊也。**遂之挈，**據逆氏「公子」。**由上致之也。**凡大夫致，皆去氏。致者，告廟。君前臣名，告於廟，故去氏。例：夫人、大夫不致。不親迎，乃致大夫、夫人，皆譏也。大夫執乃致，閔之，故致也。

夏，季孫行父如齊。目季孫，責之也。不去、不討、受賊命而使，亦宣之徒也。不繫事者，首惡于遂也。亟如齊，譏之也。**疏**左傳以爲「納賂以請會」。

晉放其大夫胥甲父于衛。蔡放大夫公孫獵稱「人」。此不稱人者，無罪之辭也。兩見「放」。**疏**不書奔而書

〔一〕「新序」，原作「五行志」，日新本、鴻寶本同，俱誤。

放者，示君臣之義。

放，據與「殺」同舉國。「奔」猶舉下。**猶屏也。**不用其人而立其後，古之道也。**疏**班氏曰：「諸侯之臣諍不行得去者何？所以去尊申卑，孤惡君也。去曰：『某質性頑鈍，言愚不任用，請退避賢路。』如是，君待之以禮，臣待放。如君不以禮待，遂去。君待之以禮奈何？曰：『予熟思夫子之言，未得其道，今子不且留。聖人之制，無塞賢之路，夫子欲何之？』則遣大夫送於郊。必三諫者，以爲得君臣之義。必待于郊者，忠厚之至也。冀君覺寤能用之。所以必三年者，古者臣下有大喪，君三年不呼其門，所以順于己所不合耳。又君欲罪可得也。又援神契曰：『三諫，待放，復三年，盡惓惓也。』所以言放者，臣爲君諱，若曰有罪放之也。所諫事已行者，遂去不留。凡待放者，冀君用其言耳。事已行，災咎將至，其無爲留。臣待放于郊者，君不絶其禄者〔一〕，示不欲去也，道不合耳。以其禄三分之二與之，一留與其妻與長子，使得祭其宗廟。賜之環則返，賜之玦則去，明君子重恥也。」**稱國以放，**蔡放稱「人」。**放無罪也。**蔡獵有罪，此爲無罪。放與殺同，稱人有罪，稱國無罪。**疏**宣世，晉大夫除六卿之外見經者，有郤、胥、先。先亡于宣十三年，胥亡于成十八年，郤亡于成十七年。大國大夫尊，例得見經，又時有升降，故不嫌多見。左傳：「晉人討不用命者，放胥甲父于衛，而立胥克。」

〔一〕「不」字原脱，日新本、鴻寶本同，此據白虎通補。

公會齊侯于平州。子赤，齊出。宣弑赤，賂齊田〔一〕。宣公立，故爲此會。**疏**平州、陽州，皆齊地名。

公子遂如齊。已與齊會，往拜成，並許賂田也。公子遂與弑，故往約之。一年之中，大夫三如齊，罪之也。

六月，齊人取濟西田。哀世，齊取讙、闡不言田。此言田者，託於諸侯之閒田也。取，不月；月者，非取，乃賂也。

疏年表：「齊惠公元年，取魯濟西田。」

内不言取，據許田言「假」。**言取，**與殺子糾同。**授之也，**授者，上無伐文，知以地與之。**以是爲賂齊也。**

劉子云：「宣公殺子赤而立，子赤，齊出也，故懼而以濟西田賂齊。」**疏**自正月至此，七記事，皆記宣弑結齊之事。

中惟記一晉放大夫，所以惡宣之弑也。

秋，邾子來朝。宣弑立，方有喪而行嘉禮，非也。傳曰：「哀麻非可接冠冕。」卒正朝，得正，不志。宣唯志此朝，不使朝惡人也。**疏**不月者，其事可見，不假月以起之。

楚子、鄭人侵陳。文十七年伐宋，鄭從晉。因魯取賂，故受盟于楚。稱鄭人，貶之也，惡從楚。陳新受盟于晉，文十七年從伐宋，故從侵之。

遂侵宋。宋弑昭公，晉討之，受盟于晉，楚因侵之。**疏**楚有蔡、許之師，獨目鄭者，以其新從楚也。

遂，繼事也。先侵陳，後侵宋，陳近宋遠也。合序者，起其强。

〔一〕「田」，原作「來」，日新本同，此據鴻寶本改。

晉趙盾帥師救陳。此救陳、宋也，何以言救陳不言救宋？不許其救宋也。宋弑君，晉討之，受賂而還；以爲楚討其罪，晉不得救之。趙盾專兵，此弑之先見者也。正卿專政，不討賊，故從重也。疏年表〔一〕：「晉趙盾救陳、宋伐鄭。」

善救陳也。救宋不言，獨言救陳，以陳當救。救，善辭，不許以救宋也。

宋公、陳侯、衛侯、曹伯會晉師于棐林伐鄭。棐林，鄭地。文、宣之際，中國五年之中，五弑君。以晉靈之行，以一大夫立于棐林，拱手指揮，諸侯同至，此楚所以强也。

列數諸侯而會晉趙盾，據上趙盾帥師，知師即盾。**大趙盾之事也。**大夫例數諸侯末，今列數諸侯而殊會盾，以盾主諸侯，伯權在盾，諸侯不能自强，故以大夫主之。**其曰師，何也**〔二〕**？**據大夫尊于師。疏齊侯不足乎揚，乃言齊師。**以其大之也。**諸侯不會大夫。會出盾，則尊卑不敵。師者，衆辭，大之，故言師。**于棐林，**據伐不地。**地而後伐鄭，**據會伐不先地。**疑辭也。**會而後議伐，非前定，故曰疑詞。**此其地何？**據大之，不宜以疑詞。**則著其美也。**趙盾一出，諸侯景從。地棐林，明盾能得諸侯，故同來者衆，會于棐林以伐鄭。如會于别地，則嫌疑鄭。地，則不嫌疑也。疏左傳：「楚蔿賈救鄭遇于北林〔三〕，囚晉解揚，晉人乃還。」

〔一〕「年表」，原作「晉世家」，日新本、鴻寶本同，誤。

〔二〕「也」字原脱，日新本、鴻寶本同，此據傳文補。

〔三〕「鄭」，原作「陳」，日新本、鴻寶本同，此據左傳改。

冬，晉趙穿帥師侵崇。再書穿帥師，起穿弒也。侵崇，惡事；救陳，善事；穿惡盾善，亦起穿弒而盾不弒也。盾復見，穿不復見，亦起穿弒而盾不弒也。此皆弒之先見者。**疏**公羊以崇爲天子邑，左氏以崇爲近秦國。按：華陽爲梁州，近西京畿地。左氏以爲秦屬國，是也。公羊以爲「天子邑」者，以其近王畿言之。今以爲梁州國。

晉人、宋人伐鄭。晉再伐鄭，何以獨敘宋？以宋不可以伐鄭也。何以稱人？貶之也。宋有罪，不討，討而與之伐鄭，以晉失伯者之道，故貶之也。**疏**時陳、衛、曹皆從楚，獨目宋以貶之。左傳：「晉人伐鄭，以報北林之役。」

伐鄭，所以救宋也。宋在，不得言救宋。傳以救宋爲言，以此之「人」宋，即前之所以不言救宋也；春秋不許以救宋而更與之伐鄭，以晉意伐所以救宋也〔一〕。

二年宣公篇事實，三傳皆同無異者，師說、禮制小有參差而已。

春，王二月壬子，宋華元帥師及鄭公子歸生帥師戰于大棘，宋師敗績，獲宋華元。劉子云：「星傳曰：『彗星入北斗，有大戰，其流入北斗中，得名人；不入，失名人。』宋華元，賢名大夫。大棘之戰，華元獲於鄭，孛于北斗之效也。」**疏**按：此鄭伐宋也，不言伐者，戰不言伐也。大棘，宋地。歸生，左傳字子家，一見經。此戰下弒。鄭非七穆不見公子，此非七穆而亦見者，以起弒也。**疏**宋世家：「四年春，鄭命楚伐宋。宋使華元將，鄭敗

〔一〕此段注文全脱，據日新本、鴻寶本補。

宋，囚華元。華元將戰，殺羊以食士，其御羊羹不及，故怨，馳入鄭軍，故宋師敗，得囚華元。宋以兵車百乘、文馬四百疋贖華元。未盡入，華元亡歸。」

獲者，不與之辭也。獲者，惡辭。敗績言獲，得衆甚美，故不與鄭獲之。**言盡其衆以救其將也。**據經先言敗績，而後言獲者，明華元得衆心，軍敗而後見獲，不如晉侯不言敗而見獲。**以三軍敵華元，**據言師敗績，三軍謂師。班氏云：「國必三軍何？所以戒非常、伐無道、尊宗廟、重社稷、安危亡也。何以言有三軍也？法天地人也。以爲五人爲伍，五伍爲兩，四兩爲卒，五卒爲旅，五旅爲師，五師爲軍。萬二千五百人爲一軍，三軍三萬七千五百人也。傳曰：一人必死，十人不能當；百人必死，千人不能當；千人必死，萬人不能當；萬人必死，横行天下〔一〕。雖有萬人，猶謙讓自以爲未足，故復加二千人，因法月數。月者，羣陰之長也。十二月足，爲窮盡陰陽，備物成功。萬二千五百人，亦足以征伐不義，致天下太平也。穀梁傳曰：天子有六軍，諸侯上國三軍，次國二軍，下國一軍。諸侯所以有一軍者，諸侯，藩屏之臣也，任兵革之重，距一方之難，故得有一軍也。」**華元雖獲，不病矣。**鄭新從楚，受命伐宋。言此，與獲晉侯相起。**疏**去年冬，宋與晉伐鄭。今年，鄭伐宋，各爲一事。

秦師伐晉。著晉、秦之禍，楚之所以强、中國所以弱也。**疏**左傳：「以報崇也。」

夏，晉人、宋人、衛人、陳人侵鄭。晉使趙穿以兵伐鄭，報伐宋，鄭改從晉。**疏**不言魯者，時公從齊，齊不與

〔一〕「横」，原作「權」，日新本、鴻寶本同，此據白虎通改。

晉盟會，且與楚通也。

秋，九月乙丑，晉趙盾弒其君夷皋。不葬者，賊未討。**疏**晉世家：「趙盾使趙穿迎襄公弟黑臀于周而立之，是爲成公。成公者，文公少子，其母周女也。」

穿弒也。據盾後見，知非盾弒。以前言穿帥師，知穿弒。穿，盾從弟，爲盾弒君。**盾不弒而曰盾弒〔一〕，何也？**據穿弒不自主。**以罪盾也。**目趙盾，過在下也。**其以罪盾，何也？**據公子比猶不主之。**曰：靈公朝諸大夫而暴彈之，觀其避丸也。****疏**晉世家：「靈公壯，侈，厚斂以彫牆。從臺上彈人，觀其避丸也。宰夫胹熊蹯不熟，靈公怒，殺宰夫，使婦人持其屍出棄之，過朝。趙盾、隨會前數諫〔二〕，不聽；已又見死人手，二人前諫，隨會先諫，不聽。靈公患之，使鉏麑刺趙盾。盾閨門開，居處節，鉏麑退，歎曰：『殺忠臣、棄君命，罪一也。』遂觸樹而死。」**趙盾入諫，不聽，出亡至於郊。**劉子云：「趙宣孟將之絳，見翳桑下有卧餓人，不能動，宣孟止車，爲之下飧，自含而哺之，餓人再咽而能視。宣孟問：『爾何爲餓若此？』對曰：『臣居于絳，歸而絕糧〔三〕，羞行乞而憎自致，以故致此。』宣孟與之壺飧脯二朐，再拜頓首，受之，不敢食。問其故，對曰：『向者食之而美。臣有老母，將以貢之。』宣孟曰：『子斯食之，吾再與汝。』乃復爲之簞食，以脯二束與錢百，去之絳。居三年，晉

〔一〕後「弒」字原脱，日新本、鴻寶本同，此據傳文補。
〔二〕「諫」，原作「陳」，日新本同，此據晉世家、鴻寶本改。後同。
〔三〕「歸」，原重出，日新本、鴻寶本同，此據説苑復恩篇删。

靈公欲殺宣孟，置伏士于房中，召宣孟而飲之酒，宣孟知之，中飲而出。靈公令房中士急追殺之。一人追急，既及宣孟，向宣孟之面，『今固是君耶，請爲君反死』。宣孟曰：『子名爲誰？』及是，且對曰：『何以名爲？是夫桑下餓人也。』遂鬭死，宣孟得之以活。此所謂得惠也。故惠君子，君子得其福。惠小人，小人有其力。夫德一人，活其身，而況置惠于萬人乎？」**趙穿弑公，而後反趙盾。**以此見盾與弑謀。**史狐書賊曰：**首趙盾，與責許世子，此春秋特起之義，以明孝子忠臣之至，不必有所承也。左氏以爲晉史狐先書之，而傳同其説，知先師亦用左氏説。其言事實、禮制皆同于左傳，特必因弟子問事乃言事，不如今之説左傳，以事爲主耳。**「趙盾弑公。」**弑君者，不必以弑赴，盾亦不必以自弑赴。春秋見忠臣之道，故首盾耳。晉史書曰：「趙盾弑公。」左傳作「弑其君」，文字偶異。孟子：「晉之乘，楚之檮杌，魯之春秋，一也。」**盾曰：「天乎！天乎！予無罪，孰爲盾而忍弑其君者乎？」**爲，猶謂也。**史狐曰：「子爲正卿，**大國三卿，盾執政，將中軍。**入諫不聽，出亡不遠。**至郊未踰境，似有所待。**君弑，反不討賊，**不討穿，又同族，是同謀。**則志同。**盾、穿同罪。**志同則書重，**二人同罪，不能並書，故從其重書盾。**非子而誰？」**語與左氏同。**故書之曰**此謂春秋承晉史之文書之。**「晉趙盾弑其君夷皐」者，**左傳：弑君稱臣者，臣之罪也。**過在下也。**劉子云：「趙穿弑君，趙盾時爲貴大夫，亡不出竟，還不討賊，故春秋責之，以盾爲弑君。」劉子引公扈子曰：「爲人臣而不知春秋，則陷于弑逆之罪而不知。」司馬遷云：「爲人臣子而不通于春秋之義者，則必陷篡弑之誅、死罪之名。其實皆以爲善，爲之不知其義，被之空言而不敢辭。」**疏**按：臣子弑其君父，大惡也，不可虛以加人。而春秋盾、止不弑，乃以空言被之，一受弑君之罪而不能改者，由不知春秋臣子之道也。**曰：**盾、止未弒，而春秋加以弒文，此所謂從輕而重之。「曰」者，解經所以加弒之義。**於盾也，見忠臣之至；於許世子止，見孝子之至。**趙盾憂勤公家，世所謂忠臣。許止哀悔自責，世所謂孝子。忠臣之人，其與亂臣賊子不可同年而語，徒以不盡其道，遂坐弒逆之罪。然則臣子有毫釐未盡其道，皆足以爲弒逆之階。觀二人徒忠而弒君，徒孝而弒父，則欲免乎弒逆而爲忠孝之至者，必有鑒於此而克盡其道，庶純乎忠孝，不至空被惡名也。春秋責賢者備，所謂定嫌疑、明是非，以立臣子之大防也。

冬，十月乙亥，天王崩。　**疏**周本紀：「匡王六年崩，弟瑜立，是爲定王。」

三年年表：周定王元年，晉成公黑臀元年。

春，王正月，郊牛之口傷。傳曰：「我以六月上甲始庀牲，十月上甲始繫牲，十二月牲雖有變，不道也，待正月然後言牲之變。」劉子說：「近牛禍也。是時，宣公與公子遂謀，共殺子赤而立，又喪娶，區霿昏亂，亂成于口。幸有季文子，得免于禍，天猶惡之，生則不享其祀〔二〕，死則災燔其廟。」**疏**按：此記牛禍之始。言正月，記時也。至此記災。以順行言，則世降災愈重，天怒甚；以逆行言，則先承天怒，而後及小災。

之口，據食角不言「之」。**緩辭也。**言「之」，皆緩辭。**傷自牛作也。**傳曰：「牛傷不言傷之者，傷自牛作

〔二〕「祀」，原作「祝」，日新本、鴻寶本同，此據漢書五行志改。

也，故其辭緩。」别祭不詳祭肉，唯郊雖傷牛必致者，畏天命也。春秋尊天，若以天不饗其食畏之，畏之，故志之。

改卜牛，牛死，乃不郊。 傳曰：「未牲曰牛。」已死曰牛。有天王喪，以不郊爲變者，禮，有喪止宗廟，不止郊祭，不敢以父母之喪廢事天地之禮。禮，在喪不祭，唯祭天爲越紼而行事。

事之變也。 既已卜牛，所卜之新牛又死，非人力之所能。**乃者，** 據三望言「猶」。**亡乎人之辭也。** 亡乎人，謂不存人。言公意急欲郊，以牛死不郊，非公意。

猶三望。 傳曰：「猶之爲言可以已也。」有天王喪而言郊者，喪不廢郊，越紼而行，禮也。既不郊，望可已矣。**疏** 公羊傳云：「三望者何？望祭也。然則何祭？祭泰山、河、海。曷爲祭泰山、河、海？山川有能潤于百里者，天子秩而祭之。觸石而出，膚寸而合，不崇朝而遍雨乎天下者，泰山耳。河、海潤千里。」

葬匡王。 天王五葬，唯此特危之淺也，危定王。**疏** 葬，危之也。在位六年，事不見經。

楚子伐陸渾戎。 劉子云：「楚子伐陸渾戎，觀兵周室。」此與昭十七年晉荀吴滅陸渾戎相起。陸渾近晉，楚伐至此，寇深矣。**疏** 周本紀：「定王元年，楚莊王至。楚兵乃止。」不言觀兵，不使楚得邇王也。春秋使齊、晉伐楚，不以楚伐伯國，尤不使近王也。

夏，楚人侵鄭。 文世，楚見一伐鄭之文而已。宣世，五伐鄭，一圍鄭，一伐陳，一入陳，一伐宋，一圍宋，一敗晉；滅蕭、滅舒蓼，猶其小事。蓋宣世爲楚最盛之時，傷中國之無伯也。

秋，赤狄侵齊。 赤狄，近晉之狄也。此晉侵齊，因有狄在，假狄言之。前言狄，此後言赤狄者，先畧而後詳也。**疏**

左氏於狄侵齊六七見，皆無傳者，以非實狄也。齊，成以後乃服于晉。

宋師圍曹。宋所伐圍小國，皆朝于我者，以宋與我同州，青州有二王後也。青州有二王後，所以魯人三頌。**疏**惡其侵鄭不從晉。左氏：「報武氏之亂。」

冬，十月丙戌，鄭伯蘭卒。此不正也。其不正于不葬接見之。此晉所納也。春秋卒皆日，貴賤嫌，則辭不同以避嫌也。**疏**鄭世家：「穆公立二十二年卒，子夷立，是爲靈公。」

葬鄭穆公。不月者，起七穆世卿專政之禍也。鄭自宣以後，通不見異姓大夫，所見皆七穆。稱公子者，去疾、喜、發、騑、嘉及歸生、鰌，皆穆公之子。稱公孫者，輒、舍之、蠆、夏、段、黑，皆穆公之孫。以氏見者，良、游、國、罕、駟，皆七穆之子孫。

四年年表：鄭靈公夷元年。

春，王正月，公及齊侯平莒及郯，莒人不肯。與齊同平之。月者，爲取向出。莒者，卒正也。郯者，連帥也。莒、郯有事，則郯小于莒可知。齊爲二伯，魯爲方伯，同時見四等之尊卑：大國、次國、小國、微國悉備，以此明上下相制、諸侯建五長之禮也。

及者，內會二伯，當言「會」以尊之。**內爲志焉爾。**因下取向，故以內主其事。二伯主四州，方伯主治一州，皆得主之。**平者，**問與「輸平」同異。**成也。**與「輸平」同。**不肯者，**言不肯者，以肯爲變，不肯爲常。**可以肯**

也。春秋以尊治卑，莒、郯不和，二伯、方伯平之，和鄰事，大美事也。莒人乃恃强不肯，非也，故言「不」以責之。

公伐莒取向。向，内邑也。前爲莒人所取，後乃取而城之，又失于莒，今乃取之。失不書者，爲内諱。

伐猶可，傳言伐、言取，所惡也。傳言「可」而曰「猶」者，雖較可，非常法。**取向，甚矣；**伐已不正，取向尤甚。

莒人辭不受治也。治，討也。莒人辭不受其治。傳曰：「治人不治，則反其治。」公不反，忿怒而伐之，已非其道；取邑則惡矣。**伐莒，義兵也。**義兵者，假義以爲名。莒恃强陵郯，方伯治之是也。**疏**孟子曰：「春秋無義戰，彼善於此則有之矣。」**取向，**據内取邑不目公，此獨目公。**非也。**不諱公，非之也。此内邑也，不得「取」者，無義事，取之猶可；因義而取，春秋不許也。**乘義而爲利也。**春秋貴義惡利，常法也。專心爲利，攻城取地，直言其事，不加貶絶。唯乘義爲利，其事近義，其心爲利，義利一淆，是非不辨，故春秋必爲之著其善惡。内取邑，諱不目公；目公者，刺之也。

秦伯稻卒。記卒者，本方伯也。時者，起狄之也。滕，狄之，稱子；秦不「子」者，起方伯也。方伯稱侯，秦稱伯者，與鄭相起也。秦在西京，雍州伯；鄭在東京，冀州伯。劉子云：「周東西通王畿。」故二國稱伯，下外諸侯一等，而王臣爵秩加外臣一等。伯即侯。故狄之不稱子，與吳、楚、滕異也。春秋八伯：四侯，二伯、二子，「侯」爲常稱，「伯」爲王畿，「子」爲夷狄也。狄之猶名者，猶與中國通，有禮。至成以後，惡愈積，乃純狄之，不名。**疏**秦本紀〔二〕：「共公五

〔二〕「本紀」，原作「世家」，日新本、鴻寶本同，誤。

年卒，子桓公立。」

夏，六月乙酉，鄭公子歸生弑其君夷。歸生不弑而首之者，志重也。與趙盾同。劉子云：「楚人獻黿於鄭靈公，公子家見公子宋之食指動。謂公子家曰：『我如是，必嘗異味。』及食大夫黿，召公子宋而不與。公子宋怒，染指于鼎，嘗之而出。公怒，欲殺之。公子宋與公子家謀先，遂弑靈公。子夏曰：『春秋者，記君不君、臣不臣、父不父、子不子者也。此非一日之事也，有漸以至焉。』」**疏**鄭世家：「元年秦、楚獻黿。夏，弑靈公。鄭人欲立靈公弟去疾，曰：『必以賢，則去疾不肖〔一〕；必以順〔二〕，則公子堅長。』堅者，靈公庶弟，去疾之兄也。于是乃立子堅，是爲襄公。襄公立，將盡去繆氏。繆氏者，殺靈公、子公之族家也。去疾曰：『必去繆氏，我將去之。』乃止。皆以爲大夫。」按：不葬者，不討賊。

赤狄侵齊。兩言赤狄，先畧而後詳。齊，大國，赤狄再侵之，與下白狄相起，蓋晉使之。

秋，公如齊。

公至自齊。不如晉而如齊，起專事齊也。

冬，楚子伐鄭。楚前後皆「人」，此獨稱「子」者，美之也。鄭有弑君之罪，許得討之。獨見楚者，專其討也。**疏**鄭

〔一〕「肖」，原作「當」，日新本同，此據鄭世家、鴻寶本改。
〔二〕「順」上原有「去疾」二字，據鄭世家、日新本、鴻寶本删。

世家：「楚怒鄭受宋賂贖華元，伐鄭。鄭背楚，與晉親。」

五年年表：秦桓公元年。

春，公如齊。比歲如齊，譏亟，以明弒者畏人。不月者，事明。

夏，公至自齊。宣公五如齊，不如晉；成公四如晉，不如齊，明二公所事異，又以起成以下齊不爲伯。

秋，九月，齊高固來逆子叔姬。書接内者，畏齊，親之。月者，非禮，謹始也。**疏**此夫婦辭，故言高固、蕩伯姬。公羊以爲蕩氏母，故以蕩目之也。

諸侯之嫁子於大夫，主大夫以與之。據王姬下嫁之禮推之。**來者，接内也。**據齊人歸公孫敖喪不言「來」。不接内，不言來。**不正其接内，**大國大夫與次國君尊近。會，伉禮，則去氏。今逆子叔姬，貴矣，親與公爲禮，論賓主之誼，講甥舅之親，君臣無辨，且與齊君同禮，是不正也。**故不與夫婦之稱也。**逆當言女，解並見莊十七年。

叔孫得臣卒。凡弒君而立，其世不卒大夫。卒者，皆其黨也。宣世之卒遂與叔孫得臣是也。不日，惡之也。遂，日，從疏之見。得臣，公孫兹子、叔牙孫〔一〕。經於得臣始稱叔孫。僖十六年立，文元年始見，經共七見。子僑如立。**疏**

〔一〕「叔牙」，原作「慶父」，日新本、鴻寶本同，誤。

此不卒，正者也。卒者，以明「不日，惡」，且以起三家世專魯政也。

冬，齊高固及子叔姬來。爲國事書言及內。及內，明不爲內女書也。**及者，**據鄫季姬及鄫子。**及吾子叔姬也。**春秋內女適大夫者不書來，不接內也。及者，以內及外也，此固得內辭。言及，以尊及卑也。禮：歸寧必夫婦同行。經書女不言其夫，爲女事來，故主女。**爲使來者，**內女適大夫者來，不書。此書者，明爲使事書。高固新娶于我，齊因使來魯，挾叔姬同行。來不繫事者，譏其使而以私事。因女，故不言使也。**不使得歸之意也。**大夫妻不言「來」。言「及」，明高固有重事，得及叔姬。歸寧，當獨言女，出高固而言「及」，不許歸寧。

楚人伐鄭。去年稱「楚子」，此言「人」者，不與之之辭也。不能去亂臣而爭諸侯，故「人」之。**疏**左傳：「楚子伐鄭，陳及楚平。」

六年

春，晉趙盾、衛孫免侵陳。劉子云：「韓厥曰：『靈公遇弑，趙盾在外，吾先君以爲無罪，故不誅。』」**疏**盾六見經，以下不見。

此帥師也，其不言帥師，何也？據前言帥師。**不正其敗前事，**元年救陳也。**故不與帥師也。**此侵陳，敗其前事之功。陳從晉，鄭新有楚，軍不救鄭而侵陳，故非之。**疏**言趙盾，再見也。說詳公羊。左傳：「侵陳，陳即楚故也。」

夏，四月。

秋，八月，螽。 劉子云：「先是時，宣伐莒、取向。後此，再如齊，謀伐萊。」 **疏**月者，災甚也。

冬，十月。

七年

疏杞世家：「共公八年卒，子德公立。」不言卒。

春，衛侯使孫良夫來盟。 據左氏，孫氏爲正卿，甯氏爲次卿。經見孫、甯，起逐君之禍。良夫，成三年又來聘盟。詳記孫氏，至襄二十六年入戚畔，而孫氏絶于衛。

來盟，前定也。不言及者，以國與之。不言其人，亦以國與之。不日，前定之盟不日。 公事齊，不與晉、諸侯同盟會。衛侯使人來盟，結黑壤之會也。爲事晉，故以國許之。

夏，公會齊侯伐萊。 從齊伐萊，事齊專也。 **疏**左傳：「不與謀也。」爲齊所使，從而伐萊。

秋，公至自伐萊。 萊，兖州國，以備卒正之數。尚書所謂「萊夷」。不言夷者，以中國待之。

大旱。 劉子云：「是夏，宣與齊伐萊。」

冬，公會晉侯、宋公、衛侯、鄭伯、曹伯于黑壤。 此盟也。不言同盟者，諱賂也。無陳、蔡、許，從楚也。

疏左傳：「盟于黃父，公不與盟。以賂免。故黑壤之盟不書，諱之也。」

八年

春，公至自會。 公初會晉，因衛爲之請也。以後又專事齊，兼貳於楚。

夏，六月，公子遂如齊，至黄乃復。 據卒垂，蓋有疾而還。黄，齊地，從内至外，地外地；從外至内，地内地。此有疾也，不言疾，不以家事辭王事。大夫「如」，例時。月者，取卒之月加于「復」之上，見以疾返也。

乃者，亡乎人之辭也。 禮：大夫受命而出，雖死以尸將事。今遂本欲奉命如齊，因疾重而還，失禮違命。《春秋》貴命，託於不得已，故曰「亡乎人」，言遂本不欲還，以有疾而復，明非其本意。**復者，** 據公如晉乃「復」。**事畢也，** 據復者，反命於君之辭。**不專公命也。** 遂未畢事而反，如事畢之文言「復」，使爲復命。《傳》曰「使若反命而後卒」是也。

辛巳，有事于大廟。仲遂卒于垂。

疏 遂卒，子歸父立。垂，内地也。遂，不日者也，此何以蒙上日？曰〔一〕：遂非辛巳卒，以此日聞赴也。遂，辛巳以前卒，辛巳赴至，公在祭中，聞之而不去樂，至明日猶祭，故曰「譏宣」也。連書二日，中不容有閒事，有閒事，則一日也。

爲若反命， 據「復」反命也。**而後卒也。** 據卒垂，地在外也，在外未反。**此公子也，** 據上言公子遂。**其曰仲，** 不言公子而氏仲，如以仲爲字加于名上，則季友先言公子也。**何也？** 班氏説：「所以有氏者，所以貴功德，

〔一〕「曰」字原脱，據日新本、鴻寶本補。

賤伎力。或氏其官，或氏其事，聞其氏，即可以知其德，所以勉人爲善也。或氏王父字者，所以別諸侯之後，爲興滅繼絶也。王者之子稱王子，王者之孫稱王孫，諸侯之子稱公子，公子之子稱公孫，公孫之子各以其王父字爲氏。」**疏之也。**傳曰：「不言公子、公孫，疏之也。」**疏**按：稱公子，親之也。以「仲」氏之，則疏矣。**何爲疏之也？**據上言公子不疏。**是不卒者也。**宣公弑逆而臣子不討之，故與桓、莊不卒大夫同，言先君無臣子也。翬在桓世不卒，于卒去公子；知不卒遂，與宣共弑子赤，有罪，例不卒。**疏**春秋内臣與弑者不卒。春秋魯臣之不卒者，單伯、翬、結、柔、溺五人是也。以奔而不卒者，臧孫紇、公子慶父、公子憖是也。單伯之不卒，以王臣不卒之，不純待以臣禮也。翬、柔不卒者，桓不卒大夫也。溺、結不卒者，莊不卒大夫。隱卒微者，而桓不卒大夫，明以罪不卒也。**不疏，則無用見其不卒也。**若書公子，則與正卒者同，故去「公子」以見之。**則其卒之，何也？**據翬不卒。**以譏乎宣也。**據與「叔弓卒，去樂」同，知譏在宣。**其譏乎宣，何也？**疑與宣弑。**聞大夫之喪，**叔弓與仲遂皆卿，非大夫。言大夫，以包卿。**則去樂卒事。**據「籥入，聞叔弓卒，去樂卒事」，譏失禮。主書者，反命後卒，一也；疏，起不卒，二也；譏宣公，三也。其地，卒在外也。不日卒者，惡也，與得臣同。壬申，公子嬰齊卒于貍辰，卒在外，善無罪，故日。此不日。祭祀日聞其喪，非卒在辛巳。

壬午，猶繹。此與昭十五年「叔弓卒，去樂卒事」事相起。

猶者，可以已之辭也。據叔弓卒不言「繹」，許之，得正。經言「猶」者，皆可已而不已。**疏**檀弓：「仲尼曰：『卿卒，繹，非禮也。』」**繹者，**據郊言「猶三望」。**祭之旦日之享賓也。**據壬午，知明日。禮有繹以享賓。

萬入，去籥。 鄭君説：「去籥，藏之也。萬而言入，則去者不入藏之可知。」萬無聲，籥有聲。因有大夫喪禮，當去樂。惡其有聲者而用無聲者，故去籥，所謂「爲之變」。據事書之而美惡見，所謂不待貶絶者也。

以其爲之變，變，爲去籥；之，指仲卒。**譏之也。** 若不知，其非禮猶可言；知其不可而爲之，故特譏之。

戊子，夫人熊氏薨。 傳云：「夫人卒葬之，我可以不夫人卒葬之乎？」鄭君説：「文夫人姜氏大歸於齊，故宣公立己妾母爲夫人。」 **疏**上言夫人姜氏大歸，則爲妾母無疑。妾母，不卒葬者也，因其有弑惡之禍而書之。

晉師、白狄伐秦。 中國用師不言夷狄，此何以言白狄？一見以明晉師多用夷狄也。何用見有夷狄？以晉爲二伯，同夷狄伐國，善則目晉，惡則目夷狄；由白狄可以起赤狄與狄也。不言「及」，狄晉也。晉與狄伐秦，後成九年，秦又與白狄伐晉。 **疏**晉世家：「六年〔二〕，伐秦，虜秦將赤。」左傳叙晉用兵，多有夷狄在師。

楚人滅舒蓼。 中國自莊以下不言滅國。楚無世不言滅國，著夷狄之强也。楚滅國凡十四見。言「人」，貶之。舒蓼者，楚之與國也。滅書，以見州卒正之數，且以惡楚。 **疏**楚世家：「莊王十三年滅舒蓼。」一見。

秋，七月甲子，日有食之，既。 劉子云：「先是，楚商臣弑父而立，至於莊王遂彊。諸夏大國唯有齊、晉，齊、晉新有篡殺之禍，内皆未安，故楚横行。八年六侵伐而一滅國，伐陸渾戎，觀兵周室；後又入鄭，鄭伯肉袒謝罪；北敗晉師于邲，流血色水；圍宋九月，析骸而炊之。」 **疏**此晦日食也。

〔二〕「六年」，原作「七年」，日新本、鴻寶本同，此據晉世家、十二諸侯年表改。

冬，十月己丑，葬我小君頃熊。雨，不克葬。頃者，謚也。婦人無謚，從夫之謚。別謚，非禮也。**葬既有日，**禮當卜葬。葬日從先君而定，不當從己改。**不爲雨止，**以諸侯之尊，雨具可備；既卜日葬，當敬慎其事，不可因小事而止。**禮也。**王制曰：「三年之喪，自天子達於庶人；縣封，葬不爲雨止，不封不樹，喪不貳事。」許慎引穀梁説：「葬既有日，不爲雨止。」劉子云：「易曰：『古之葬者，厚衣之以薪，藏之中野，不封不樹。後世聖人易之以棺槨。』棺槨之作，自黄帝始。黄帝葬于橋山，堯葬濟陰丘隴，皆小葬，具甚微；舜葬蒼梧，二妃不從；禹葬會稽，不改其列；殷湯無葬處；文、武、周公葬于畢；秦穆公葬于雍橐泉宫祈年館下；樗里子葬于武庫，皆無丘隴之處。此聖帝明王賢君智士遠覽獨慮無窮之計也。其賢臣孝子，亦承命順意而薄葬之。此誠奉安君父、忠孝之至也。夫周公，武王弟也，葬兄甚微。孔子葬母於防，稱古墓而不墳。曰：『丘，東西南北之人也，不可不識也。』爲四尺墳，遇雨而崩。弟子脩之，以告孔子，孔子流涕曰：『吾聞之，古者不脩墓。』蓋非之也。延陵季子適齊而反，其子死，葬於嬴、博之閒，穿不及泉，斂以時服，封墳掩坎，其高可隱，而號曰：『骨肉歸復于土，命也；魂氣則無不之也。』夫嬴、博去吴千有餘里，季子不歸葬。孔子往觀曰：『延陵季子於禮合矣。』故仲尼孝子，而延陵慈父。舜、禹忠臣，周公弟弟，其葬君親骨肉，皆微薄矣；非苟爲儉，誠便於體也。宋桓司馬爲石槨，仲尼曰『不如速朽』。」

疏按：縣封、不封不樹、不爲雨止，鄭君以爲庶人禮，失傳旨矣。**雨不克葬，**據言不克葬者，可克葬。時在冬月，雨小，未至不可葬。怠緩喪事，以雨自托耳。**喪不以制也。**譏不早爲之備也。冬十月，今八月也〔一〕，非大雨之時。冬大雩，已見譏；雨小，不爲雨具，不克葬，譏其怠也。士喪禮有「潦車載簑笠」。**疏**異義引公羊説：「雨不克葬，爲天子諸侯也。卿大夫臣賤，不能以雨止也。」按：雨有大小，地有遠近平險，當各就本事立説。不爲雨備，偶因小雨而止，示慢也。雨大，涉險以葬，示忍也。公羊與傳各言一端，合觀乃得其全義。冬無大雨，譏之是也。

庚寅，日中而克葬。庚寅，剛日也。禮：内事以柔日。既已卜日，乃不葬，言庚寅，非其日也。故曰：有日不爲雨止。此與葬定公相比。

而，據葬定公言「乃」。**緩辭也。**據言日中，時當早，辭緩。**足乎日之辭也。**禮：日中葬，行虞禮。此日中葬，尚及反虞。定公日下昃乃葬，則過日中，失時，故言「乃」，傳曰「急辭也」是也。

城平陽。平陽，水名。

楚師伐陳。言師者，師愈乎人，討陳與晉平也。陳因討，與楚平。不叙從國者，畧之也。**疏**文世不言伐陳，宣世一伐一入。

〔一〕「八月」，原作「九月」，日新本、鴻寶本同，俱誤。

九年〔一〕

春，王正月，公如齊。月如，危往也。公有生母之喪，故危之。宣大歸姜氏，而自尊妾母爲夫人，則當以夫人禮責其子，出會無王事，故危之。**疏**按：異義：公羊以妾母喪不得出朝會。左氏以爲得出朝會。許從左氏，鄭從公羊。按：經有月以危往，則明不得也。宣妾母如適，即以爲夫人，不應又言妾禮；出又無王事，譏之是也。

公至自齊。事齊專也。此與襄二年夏夫人姜氏薨、三年公如晉相起。

夏，仲孫蔑如京師。宣五如齊，孟孫一如京師，直書而惡見。

齊侯伐萊。

秋，取根牟。根牟，國也。取者，易辭。

八月，滕子卒。左氏以爲滕昭公。從隱七年至此百一十七年，不卒者至多矣，至此乃卒，宣以後乃正卒小國也。月者，小國始卒不日也。不名，用狄道。

九月，晉侯、宋公、衛侯、鄭伯、曹伯會于扈。陳侯不會，故討之。月者，記時，爲下卒見月也。不言同盟，公不在；又晉侯卒。

晉荀林父帥師伐陳。晉侯會扈而荀林父伐陳者，於會命之也。因晉侯有疾，故使人也。**疏**晉世家：「七年，

〔一〕廖宗澤補疏：宣九年，爲春秋之中，前一百二十年，後一百二十年，其奇零之數，惟閔公二年耳。

成公與楚莊王争强，會諸侯于扈。陳畏楚，不會。晉使中行桓子伐陳，因救鄭，與楚争，敗楚師。是年，成公卒，子景公立。」荀氏始見專政，起下敗楚。僖二十八年，晉作三行，林父將中行，故其後爲中行氏。史記趙世家索隱：「晉大夫逝敖生桓伯林父。」

辛酉，晉侯黑臀卒于扈。九月無辛酉。不葬者，不討穿，失德也。**疏**晉世家：「成公卒，子景公立。」

其地，據外諸侯卒不地。**於外也。**據卒在國不地。**其日，**據曹伯卒於會不日。**未踰竟也。**知非踰竟者，踰竟當地國。扈，會地，不言會者，内屬國卒乃言會、師。此晉侯自卒于封内，故辟内不言會言地。凡未踰竟者，地地；踰竟，則地國，卒于齊、楚是也。**疏**按：襄七年，鄭伯卒于操，此年晉侯卒于扈，文正與襄二十六年許男卒于楚同。恐後人謂操、扈是國，故于疑似之際，每爲發傳。

冬，十月癸酉，衛侯鄭卒。**疏**衛世家：「三十五年成公卒，子穆公遬立。」不葬，殺叔武，又失國。

宋人圍滕。此朝我之國，宋何爲伐之？宋與同州，故朝我之國亦事宋也。曹、莒、邾、滕、薛、杞、小邾，宋無伐圍者惟莒、薛、杞而已。滕二見伐、圍，一言執；小邾一言執。伐喪稱「人」，貶之也。

楚子伐鄭。稱楚子，許其伐鄭也。

晉郤缺帥師救鄭。**疏**鄭世家：「襄公五年，晉以楚伐來救，敗楚師。」郤缺三見，起下殺三郤。

陳殺其大夫泄冶。劉子云：「三諫而不用，則去；不去，則身亡。身亡者，仁人不爲也。」**疏**陳世家：「十四年，靈公與其大夫孔寧、儀行父皆通於夏姬，衷其衣以戲於朝。泄冶諫曰：『君臣淫亂，民何效焉？』靈公以告二子，二子請殺泄冶。公弗禁，遂殺泄冶。」

稱國以殺其大夫，殺無罪也。 劉子云：「陳靈公不聽泄冶之諫而殺之；曹羈三諫，不聽而去。春秋序之俱賢，而曹羈合禮。」 疏此記殺大夫。下言弒君、殺夏徵舒、楚子入陳，記陳亂之本末。**泄冶之無罪，如何？**聞其事實〔二〕。**陳靈公通于夏徵舒之家，** 劉子云：「陳女夏姬，夏徵舒之母。」**公孫寧、儀行父亦通其家，或衣其衣，或衷其襦，以相戲於朝。** 劉子云：「公孫寧、儀行父與陳靈公皆通于夏姬，或衣其衣，衷其襦，以相戲于朝。」**泄冶聞之，入諫曰：「使國人聞之，則猶可；使仁人聞之，則不可。」** 諸書所記，文字語句不同，各以己意說之。古書之體如是。**君愧於泄冶，不能用其言而殺之。** 劉子云：「陳靈公行僻而言失，泄冶曰：『陳其亡矣！吾驟諫君，君不吾聽，而愈失威儀。夫上之化下，猶風靡草，東風則草靡而西，西風則草靡而東，在風所由〔三〕，而草爲之靡。是故人君之動，不可不慎也。夫樹曲木者，惡得直影；人君不直其行，不敬其言，未有能保帝王之號、垂顯令之名者也。易曰：「夫君子居其室、出其言，善，則千里之外應之，況其在邇者乎？居其室、出其言，不善，則千里之外違之，況其在邇者乎？言出於身，加于民；行發於邇，見於遠。言行，君子之樞機。樞機之發，榮辱之主也。君子之所以動天地，可不慎乎？」天地動，而萬物變化。詩曰：「慎爾

〔二〕「聞」，據文意，似當作「問」。
〔三〕「在」，原作「任」，據說苑君道篇、日新本、鴻寶本改。

出話，敬爾威儀，無不柔嘉。」此之謂也。今君不是之慎，而縱恣欲焉，不亡必弑。』靈公聞之，以泄冶語爲妖而殺之。後果弑于徵舒。」

十年年表：晉景公元年，衛穆公元年。

春，公如齊。

公至自齊。

齊人歸我濟西田。公事齊，故來歸田。

公娶齊，元年，夫人婦姜至自齊。**齊由以爲兄弟，**禮：婚姻爲兄弟之親。**反之。**因公如齊乃反可知。**不言來，**據歸皆言來。**公如齊受之也。**據公至後書歸。

夏，四月丙辰，日有食之。劉子云：「後陳夏徵舒弑其君，而楚滅蕭，晉滅二國，王札子殺召伯、毛伯。」**疏**此食晦日也。

己巳，齊侯元卒。元，桓公子，桓公嫡庶之禍，至此乃止，禍延四世。此不正者，其日之，何也？商人弑，國人迎而立之，有正辭也。**疏**齊世家：「十年惠公卒，子頃公無野立。」

齊崔氏出奔衛。異義許慎引穀梁說：「崔氏，譏世卿也。」班氏說：「大夫不世位者，股肱之臣，任事者也。爲其尊權擅勢，傾覆國家，又慮子孫庸愚不任輔政，妨塞賢路。諸侯世位，大夫不世位，定法也。以諸侯南面之君，體陽而行陽道，不絕；大夫人臣，北面體陰而行陰道，絕。以男生內嚮，有留家之義；女生外嚮，有從夫之義。此陽不絕、陰有絕之效也。」按：國、高亦世卿，不譏國、高者，因崔舉族以出，下有弑事，藉以見意。國、高爲正卿，則崔爲下卿可知。齊但記三卿，雖見六族，有交替之義，合之，則祇三卿也。 **疏**齊世家：「初，崔杼有寵于惠公，惠公卒，國、高畏其逼也，逐之，崔杼奔衛。」

氏者，據出奔皆名。**舉族而出之之辭也。**所謂譏世卿也。不名而以氏，以明世卿之禍耳。劉子云：「崔氏專。故後崔杼專國，有弑君之禍。」此光弑之前見者也。 **疏**左傳以崔氏爲即崔杼，下去弑君五十一年。左傳弑君以後，杼猶專齊，則于出奔時尚幼可知。蓋因其父有寵于惠公，父卒杼立，尚幼，齊人因怨其父之寵而逐之。崔幼，故舉族而出。經因此書氏以爲譏世卿耳，非有異也。故齊世家亦同左說。

公如齊。公奔喪而大夫會葬，非禮也。禮：大國，卿弔喪，公會葬。此因宣爲齊所立，故事齊過禮。 **疏**禮：大國有喪，卿弔，公會葬。成十年晉侯獳卒，公如晉；襄二十九年，楚子昭卒，公在楚，皆會葬之事。此奔喪，爲非禮。小國于魯三見奔喪、會葬之事：定十五年公薨，邾子來奔喪，如此年之公奔齊喪，爲非禮；襄三十一年滕子會葬；定十五年滕子會葬，皆如公于晉、楚之事。內事齊、晉、楚三大國，故外三見奔喪、會葬之禮以相起也。

五月，公至自齊。天王之喪，魯不奔、不賻；而爲齊奔喪，悖也。春書「公如齊，公至自齊」，曾未數月，又書「公如齊，公至自齊」，備書，所以貶也。月者，起六月歸父又如齊。 **疏**自此至昭二十七年，共八十五年，乃再見公如齊，以齊失伯也。齊失伯，故伯楚。於襄、昭之世，再見公如楚。左傳言「齊朝晉」，天王錫命齊稱「舅氏」，升楚爲伯，故同盟不言陳。

癸巳，陳夏徵舒弑其君平國。劉子云：「靈公與二子飲酒于夏氏，召徵舒，公戲二子曰：『徵舒似汝。』二子亦曰：『不若其似公也。』徵舒疾此言。靈公罷酒出，徵舒伏弩廄門，射殺靈公。公孫寧、儀行父出奔楚。」**疏**陳世家：「十五年，靈公與二子飲于夏氏，公戲二子曰：『徵舒似汝。』二子曰：『亦似公。』徵舒怒。靈公罷酒出，徵舒伏弩廄門射殺靈公。孔寧、儀行父皆奔楚。靈公太子午奔晉，徵舒自立爲陳侯。徵舒，故陳大夫也。夏姬，御叔之妻，舒之母也。」

六月，宋師伐滕。大國伐小國，皆方伯。宋在青州，小國宜事之也。月者，去年圍，今又伐，惡亟也。

公孫歸父如齊。此會大國葬也。不月者，會葬禮使大夫。大夫如京師，則月，非禮也。**疏**歸父，仲遂子，字子家，六見經。除臧氏、叔氏，僖以下惟見三桓，餘皆不見矣。

葬齊惠公。齊，大國也。以上葬例日，此何以時？失伯也。不日，則何以不月？初見特去日月以明之。自此以下不言公如齊者八十年，故特時葬以貶之。以下齊無日葬矣。

晉人、宋人、衛人、曹人伐鄭。七年，鄭與晉盟鄢陵。

秋，天王使王季子來聘。宣公弑逆大惡，春秋削小國之朝而乃獨記王之聘，何也？曰：此不志者也。志者，因天王之聘止於此也。自是，王與魯久無往來，如石尚所謂「周之不行禮於魯久」是也。**疏**左傳：「秋，劉康公來報聘。」

其曰王季，據「季」字，與王札不同。**王子也。**據蔡叔、紀季、許叔皆列國公子。**疏**王札子爲當上，王季爲王子正稱也。殺非臣下事，目札子，則是當上，非謂氏「王」也。**其曰子，**據列國公子不言「子」。**尊之也。**據子叔姬言「子」，同母姊妹；此言子，同母弟也。**聘，問也。**傳曰：「聘諸侯，非正也。」按：以後天王不言來聘。

疏隱世王五使，魯桓五使，魯莊二，僖一，文五，宣一，成、襄、昭無，定一，哀無。隱、桓詳，政在天子也。莊、僖畧，失天下也。文詳，起無「天」也。文世五使：未躋僖以前二使，有「天」；已下二使，無「天」；求金，有喪不稱王。宣、成以下，失天下，政在大夫，悉畧之。聘，隱二、桓三、莊一、僖一、宣一，八見。

公孫歸父帥師伐邾取繹。劉子云：「邾子，齊出。公比與交兵，臣下懼，致水災。」**疏**十一年歸父伐莒，十四年會齊侯于穀，十五年會楚子于宋。大夫專，見魯政下逮也。

大水。劉子云：「宣公弒子赤而立。子赤，齊出也。故懼以濟西田賂齊。邾子貜且，亦齊出也，而宣比與交兵，臣下畏齊之威，創邾之禍，皆賤公行，而非其正也。」

季孫行父如齊。劉子云：「宣公，區霿昏亂〔一〕，亂成于口，幸有季文子，得免于禍。」**疏**爲伐邾，故二卿再如齊。左傳作「初聘于齊」。

冬，公孫歸父如齊。大夫三年一聘二伯。今一年公再如齊，大夫三「如」，非禮也。

齊侯使國佐來聘。報聘也，平邾事。此「子」也，稱「侯」者，大國也。言子，則同方伯。宋得稱子者，爵公，尊已明。

〔一〕「區」，原作「愚」，據漢書五行志、日新本、鴻寶本改。

齊、晉以侯爲二伯，故禮制與方伯不同，故不稱使。凡言「子」者，自出言子。**疏**一説：譏齊侯也。禮：在喪不言，無言使者矣。因其使，稱「侯」也。

饑。傳曰：「二穀不熟，謂之饑。」

楚子伐鄭。討從晉，與楚平。稱子者，因賢進之，以下多言楚子。十一年楚入陳，十二年圍鄭滅蕭，十三年伐宋，十四年圍宋。宣世，楚莊最强。

十有一年

春，王正月。

夏，楚子、陳侯、鄭伯盟于夷陵。夷狄盟不書，以有鄭見。例：中國言同盟，夷狄不言「同」者，外之也。中國同盟，方伯見魯、衛、陳、鄭；夷狄盟，見楚、蔡、吴、秦。此不叙外州而叙中國者，外州可不言，傷中國之從夷也。以陳親楚，雖以侯先伯，從楚尤篤，亦因陳近楚、中國同盟外之故也。**疏**時陳、鄭新從楚，蔡、許舊不叙。夷陵，楚地。

公孫歸父會齊人伐莒。四年平莒、郯不得，因伐莒、取向。此再出「齊人」，明爲前事會二伯、方伯之師以討卒正。

秋，晉侯會狄于欑函。欑函，狄地。中國離會夷狄不書，書者，非會，起下滅狄。**疏**此謀滅狄也。會之，示親，然後以兵取之。爲下滅三國起文。

不言及，據公及戎盟言及。**外狄。**離而殊會，所以異之於諸夏。**疏**左傳以爲「衆狄盟」。

冬，十月，楚人殺陳夏徵舒。劉子云：「楚子舉兵誅徵舒，定陳國，立午，是爲成公。」月者，與丁亥同月。**疏**劉子云：「楚莊王欲伐陳，使人視之，使者曰：『陳不可伐也。』莊王曰：『何故？』對曰：『其城郭高，溝壑深，蓄積多，其國寧也。』楚王曰：『陳可伐也。夫陳，小國也，而蓄積多；蓄積多則賦斂重，則民怨上矣。城郭高、溝壑深，則民力罷矣。』興師伐之，遂取陳。」

此入而殺也。據不地、不言其入。**疏**左傳：「遂入陳，殺夏徵舒。」**其不言入，何也？**孔奂殺在滅陳後。**外徵舒于陳也。**春秋賊臣已出奔，與已討同例。外徵舒于陳，如陳已討其罪而逐之，故不從「入」後殺。繫陳者，明爲陳討〔二〕。**其外徵舒于陳，何也？**據公子招不外于陳。徵舒有罪，夷狄亦得討之。**明楚之討有罪也。**言其入陳，納罪人之實。不外，則先言入，爲内弗受，是不許楚討之辭。故外之，使楚得討。下乃言入、納，分别其功過。

丁亥，楚子入陳。自新城同盟至此，陳爲楚人。經遂以楚爲伯，以陳爲所屬之國，以夷狄治夷狄。故楚見入陳、滅陳、納陳大夫、執陳行人、圍陳。楚子出，叙從蔡下，定以下猶叙從楚，皆宋〔三〕、衛、鄭所無，以宋、衛、鄭爲中國，不許楚治之也。陳以下不與晉同盟，言「逃歸」，外之于會。**疏**楚世家：「莊王十六年伐陳，殺夏徵舒。弑其君，故誅之也。破

〔二〕「陳」，原作「臣」，據日新本、鴻寶本改。
〔三〕「宋」，原作「末」，日新本作「未」，此據鴻寶本改。

陳，即縣之。因申叔時諫，乃復國。」

入者，内弗受也。日入，惡入者也。日以謹其惡。**何用弗受也？**據討有罪，義當受。**不使夷狄爲中國也。**傳曰：「春秋以貴治賤，以賢治不肖，不以亂治亂。」劉子云：「春秋外夷狄。」按：楚子有賢行，討徵舒，得誅亂之義，人皆賢之。春秋言「人」，明不討之者。春秋決嫌疑，常於嫌得者見不得也。先外徵舒，不使以討賊爲辭；然後拒之，不使憂中國，以亂治亂也。**疏**春秋中外之分嚴，可以中國治夷狄，而不以夷狄治中國。陳雖有外辭，然春秋猶存之，不如蔡不存。

納公孫寧、儀行父于陳。不言出奔，絶之也。二臣從君于昏，有罪當誅。目其事，著其罪也。**疏**左傳故書曰：「楚子入陳，納公孫寧、儀行父于陳。書有禮也。」指入陳言，不謂納得禮。

納者，内弗受也。大夫不言納，言納，一見例，所以惡楚子。**輔人之不能民，**不能民，不能和民而治，謂納君，如「衛侯自楚復歸于衛」不言納，以惡之。**疏**此爲一事。**而討，**而，讀「如」。討，謂討罪，如夏徵舒。**疏**此與上文别爲一事。**猶可；**猶者，不足之辭。以上二事尚得正，中國不能，夷狄爲之，尚在可許之例。**入人之國，**所謂縣陳也。雖復之，然初乃滅也。**制人之上下，**言納二大夫，是陳侯討其罪、逐之之辭。楚以兵力納之，如陳侯不得行其志者然。「上下」，君臣也。**使不得其君臣之道，**經之書「納」，是使陳上下不相安。**不可。**凡納、奔，臣皆不正。而納惡臣，使人不能討，全失伯道。楚子賢，又徵舒有罪，嫌其得正，故著其惡事，所以惡夷狄、明伯者之正道。

十有二年

春，葬陳靈公。 二十一月乃葬，俟討賊然後葬之也。春秋之例，殺弑者，以討賊許之，雖久必葬；討不以其罪，雖討不葬；里克、甯喜是也。葬，以明非滅國。**疏**陳世家：「成公元年冬，楚莊王爲夏徵舒殺靈公，率諸侯伐陳。謂陳曰：『無驚，吾誅徵舒而已。』已誅徵舒，因縣陳而有之，羣臣畢賀。申叔時使于齊來還，獨不賀。莊王問其故，對曰：『鄙語有之，牽牛徑人田，田主奪之牛。徑則有罪矣，奪之牛，不亦甚乎？今王以徵舒爲賊弑君，故徵兵諸侯，以義伐之，已而取之，以利其地，則後何以令于天下？是以不賀。』莊王曰：『善。』乃迎陳靈公太子午于晉而立之，復君臣如故，是爲成公。孔子讀史記至楚復陳，曰：『賢哉楚莊王！輕千乘之國，而重一言。』」

楚子圍鄭。 此有從國，不言者，畧之，且諱以中國從夷狄也。此入鄭，不言入者，鄭爲中國，故爲之諱，言「圍」而已。鄭受楚禍極矣，經以書「圍」爲至極之辭，不如陳、蔡言入、言滅、言執行人，不言執其君。昭四年會于申，以後鄭不見事楚之文，與陳、蔡迴殊〔一〕，此中外分別之大例也。**疏**晉世家：「楚莊王圍鄭，鄭告急于晉。晉使荀林父將中軍，隨會將上軍，趙朔將下軍，郤克、欒書、先縠、韓厥、鞏朔佐之。六月，至河。聞楚已服鄭，鄭伯肉袒與盟而去，荀林父欲還。先縠曰：『凡來救鄭，不至不可，將率離心。』卒度河。楚已服鄭，欲飲馬于河爲名而去。楚與晉軍大戰，鄭新附楚，畏之，反助楚攻晉。晉軍敗，走河，争度，船中人指甚衆。楚虜我將智罃。歸而林父曰：『臣爲督將，軍敗當誅，請死。』景公欲許

〔一〕「迴」，原作「迴」，此據日新本、鴻寶本改。

之。隨會曰：『昔文公之與楚戰城濮，成王歸殺子玉，而文公乃喜。今楚敗我師，又誅其將，是助楚殺仇也。』」鄭世家：「莊王以鄭與晉盟，來伐，圍鄭三月，鄭以城降楚。楚王入自皇門，鄭襄公肉袒牽羊以迎，曰：『孤不能事邊邑，使君懷怒以及敝邑，孤之過也。敢不惟命是聽。君王遷之江南，及以賜諸侯，亦惟命是聽。若君王不忘厲、宣王、桓、武公，哀不忍絶其社稷，錫不毛之地，使復得改事君王，孤之願也。然非所敢望。敢布腹心，惟命是聽。』莊王爲卻三十里而後舍。楚羣臣曰：『自郢至此，士大夫亦久勞矣。今得國舍之，何如？』莊王曰：『所爲伐，伐不服也。今已服，尚何求乎？』卒去鄭。」

夏，六月乙卯，晉荀林父帥師及楚子戰于邲，晉師敗績。劉子云：「楚莊王既服鄭伯，敗晉師，將軍子重三言而不當。莊王歸，過申侯之邑，申侯進飯，日中而王不食，申侯請罪。莊王喟然嘆曰：『吾聞之，其君，賢者也，而又有師者，王；其君，中君也，而又有師者，霸；其君，下君也，而羣臣又莫若君者，亡。今我，下君也，而羣臣又莫若不穀，不穀恐亡。且世不絶賢，天下有賢而我獨不得，若吾生者，何以食爲？』故戰服大國，義從諸侯，戚然憂恐，聖知不在乎身，自惜不肖，思得賢佐，日中忘食，可謂明君矣。」又曰：「楚入鄭，鄭伯肉袒謝罪，北敗晉師于邲，流血色水。」**疏**鄭世家：「晉聞楚伐鄭，舉兵救鄭。其來持兩端，故遲。比至，乃敗。」

績，據「敗」在「績」上，敗或不言績。**功也。**據「績」在「敗」下，自敗其功。績與敗義別。**功，事也。**孟子曰：「其事則齊桓、晉文。」**日其事，敗也。**春秋記戰以勝敗定功罪，戎政宜如是也。晉敗，曰「晉師敗績」者，晉自敗其績，非楚能敗之也。與「鄭棄其師」同文。春秋重師慎戰，傳曰：「以不教民戰，是謂棄之。」又曰：「何以惡給？

曰：「棄師之道也。」國之大事，在兵戎。師敗則死民弱國，無以自立，故譏晉惠而不葬宋襄，皆從鄭棄師例也。疏楚世家：「夏六月，晉救鄭，與楚戰，大敗晉師河上，遂至衡雍而歸〔二〕。」

秋，七月。

冬，十有二月戊寅，楚子滅蕭。 蕭，蕭叔之國也，後爲宋之别邑。日者，中國附庸，謹之，同中國國也。疏有伯不滅中國，此言滅蕭，一見例。左傳：「冬，楚子伐蕭，宋華椒以蔡人救蕭。楚人圍蕭，蕭潰。」

晉人、宋人、衛人、曹人同盟于清丘。 齊桓獨伯以後，則晉與楚並伯，故傳于晉以同盟外楚。同盟皆有内在，此無内，何以言「同」？著之也。大會乃言同盟，此四國，何以言「同盟」？亦著之也。晉新敗于楚，中國之魯、陳、鄭皆從楚，中國微危，故急言「同盟」以著之也。同盟言四國，以爲齊、魯、陳、鄭、許皆從楚，宋、衛、曹篤從中國也。疏從晉唯宋、衛；從楚，陳、蔡、鄭、許。稱人，微之也。新敗同盟，同外楚也。晉二同盟。左傳：「晉原縠〔三〕、宋華椒、衛孔達、曹人同盟于清丘。卿不書，不實其言也。」

宋師伐陳。 宋兵事皆在青州，此何以伐陳？陳，方伯也。小國，乃必在青州。楚復陳，陳爲楚守；宋討陳，爲清邱之盟故。

〔二〕「衡雍」，原倒作「雍衡」，日新本、鴻寶本同，據史記乙。

〔三〕「縠」，原作「穀」，此據左傳、日新本、鴻寶本改。

衛人救陳。 此背清邱之盟也。以救言，善之也。陳新有楚禍，中國不能救，新附于楚，力未能拒楚，君子當助之。宋伐失時，故許衛得救之也。 **疏** 左傳：「宋爲盟故，伐陳，衛人救之。孔達曰：『先君有約言焉，大國若討，我則死之。』」

十有三年

春，齊師伐莒。

夏，楚子伐宋。 楚已得陳、鄭，又争宋，以其救蕭。 **疏** 文世，言次屈貉，託于狄伐宋。此乃直言伐宋，下且圍宋矣。

秋，螽。 劉子云：「公孫歸父會齊伐莒。」按：劉子以爲因上事得此災。

冬，晉殺其大夫先穀。 穀，先軫子也。此討有罪，何爲稱國以殺？狄晉也。何爲狄之？無君臣之道也。穀奔翟，謀伐晉，罪在穀也。因而族之，其族何罪？不言晉殺先氏而以穀目者，族誅非所忍言也。狄晉，以惡誅族。 **疏** 晉世家：「先穀以首計而敗晉軍河上，恐誅，乃奔翟，與翟謀伐晉。晉覺，乃族穀。」先氏見三人：先蔑、先都、先穀。此誅族而加殺文者。

十有四年

春，衛殺其大夫孔達。 因其救陳，晉討而自殺以說于晉。自殺而以國殺爲文者，衛以殺說也，故稱國，以累上言之。**疏**左傳：「孔達縊而死，衛人以説于晉而免。遂告于諸侯。」此自殺而加殺文者。

夏，五月壬申，曹伯壽卒。卒正不日，日者，進之也。篤從中國，賢，乃進之。**疏**曹世家：「文公二十三年卒，子宣公彊立〔一〕。」

晉侯伐鄭。討其從楚，郯戰助楚也。不言戰、圍者，蒐焉而還。**疏**晉世家：「五年，伐鄭，爲助楚也。是時，楚莊王彊，以挫晉兵于河上也。」

秋，九月，楚子圍宋。月者，與下「平」月相起，記其久也。**疏**楚世家：「莊王二十年，圍宋，以殺楚使也。」宋世家：「十六年，楚使齊過宋，宋有前仇，執楚使。九月，楚莊王圍宋。」

葬曹文公。

冬，公孫歸父會齊侯于穀。此言會齊，下言會楚，公貳于楚也。歸父心專主外會，且謀去三桓也。

十有五年年表：曹宣公盧元年〔二〕。

春，公孫歸父會楚子于宋。孟獻子因楚伐宋，懼，請公薦賄，求所以自免。會者，外主之。去年冬方會齊侯于

〔一〕「彊」，原作「疆」，日新本、鴻寶本同，此據史記曹世家改。

〔二〕「盧」，原作「疆」，日新本、鴻寶本同。案：左傳曹宣公名「盧」，十二諸侯年表亦作「盧」，然曹世家作「彊」，此據左傳、年表改作「盧」。

穀，今春又會楚子于宋，明楚强、晉失伯也。此與昭九年「叔弓會楚子于陳」相比。楚强，内往會于所侵伐之國。

夏，五月，宋人及楚人平。劉子云：「楚圍宋九月，析骸而炊之。」按：月者，謹其久，至于九月也。**疏**楚世家：家：「圍宋五月，城中食盡，易子而食，析骸而炊。宋華元出告以情。莊王曰：『君子哉！』遂罷兵去。」宋世家：「十

「十七年，楚圍宋五月不解。」按：晉又失宋，唯衛從晉。

平者，成也，善其量力而反義也。據宋及楚，以宋主之也。宋力盡而與楚盟。言平，以反義許之，惡傷人也。故曰：春秋重人。**人者，**據「平」時君在。**衆辭也。平稱衆，**據「平」皆言「人」。**上下欲之也。**争戰，人所苦。言平，以衆辭，君臣同欲之。**外平不道，**據平皆内。**以吾人之存焉道之也。**謂歸父與其事，故言平。亦如外釋不志，以公之與之盟志之。

六月癸卯，晉師滅赤狄潞氏，以潞子嬰兒歸。楚圍宋而晉滅國，譏之也。二伯不單言滅國，言滅國，皆方伯辭。以二伯王臣，不能取人之國以自廣。晉未失伯，何以言滅？赤狄猶可言，中國不可言。實則晉所滅國，一見赤狄以示例而已。夷狄滅不志，志者，以中國進之也，如中國自相滅。**疏**左傳：「六月癸卯，晉荀林父敗赤狄于曲梁，辛亥，滅潞。」

滅國有三術：説見下。**中國謹日，**中國者，中國同盟之國。滅則日，陳、蔡、許、邢、沈、頓、胡、繒八國是也。不分中國夷狄，滅皆日。**疏**按：諸侯葬，大國例日，次國月，小國時，當由此而推得之。**卑國月，**卑國者，中國之青州微國而不能與會盟，夷狄而未能同中國也。中國卑國，則降而月之；夷狄卑國，則進而月之，如譚、遂、甲氏、

萊、徐、陸渾戎是也〔一〕。**夷狄不日。**不日，謂時也。夷狄，謂州、弦、温、江、黄、項、厲、六、庸、舒蓼、舒鳩、舒庸、巢，皆外州微國之遠者也。**疏**春秋月不爲正例。此以日、時定中國、夷狄卑國。中國、夷狄皆有以消息其閒，雖三術，實二例而已。按：從夷狄進日者，唯嬰兒；從中國而時者，唯繒，故于此二條發傳也。**其日**據夷狄不日。**潞子，**言「子」，進之，在七等之首。**嬰兒賢也。**莒潰，日，傳曰：「莒雖夷狄，猶中國也。」賢，故從中國例。甲氏不言子，此言子者，潞子離夷狄而歸中國，以此得之。**疏**春秋謂之潞子以致其意。名者，失地，名。

秦人伐晉。魏顆敗秦師于輔氏。不書者，畧之。**疏**年表晉：「秦伐我。」

王札子殺召伯、毛伯。劉子云：「札子殺二卿，天王不能誅，故宣榭災。」按：外諸侯殺、弑必有名，此何以不名？內外異例，故別異之。**疏**札，左傳作「捷」，名也。札子，猶言子札，王子也。不言王子札者，起當上也。不言王札者，王臣必氏，以「子」起王子也。左傳：「王孫蘇與召氏、毛氏争政，使王子捷殺召戴公及毛伯衛，卒立召襄。」

王札子者，據殺事不繫大夫。**當上之辭也。**不言天王，乃王札子主之；以王札子當天子，故曰當上之辭也。使以別事，不爲當上。**疏**王札子與王季子同文。「季」，字，母弟。「札」，名，長庶。言子，皆王子。**殺召伯、毛伯不言其，何也？**據當上當言「其大夫」。**兩下相殺也。**據不言「其大夫」，知兩臣相殺。**兩下相殺，不志乎春秋，**昭八年，陳招殺陳偃師；十三年，楚棄疾殺比，皆非兩下相殺，正辭。**此其志，何也？**據兩下

〔一〕「陸渾戎」，原作「賁陸戎」，日新本、鴻寶本同，此據經、傳文改。

相殺或累言君，或窮諸盜，不以兩下累言。**矯王命以殺之，**據書，知非兩下相殺；據當上，知矯王命也。**非忿怒相殺也。**以私忿自相殺，私事不志乎春秋。**故曰：以王命殺也。**以王命殺之，是謂當上。**以王命殺，則何志焉？**據雖以王命，終是兩下相殺，可不志。**爲天下主者，天也。**據「天」在「王」上也。春秋王爲天下主，諸侯爲一國主。以王主諸侯，以諸侯主一國，王無所主，歸本于天。天主王，故爲天下主。春秋以天治王。孔子曰：「畏天命。」又曰：「五十而知天命。」**繼天者，君也。**據「王」在「天」下也。春秋王者承天，故以「天」加「王」曰天王者，如臣事君。曰天子者，如子事父。王子〔一〕、天子，有臣子之義。繼天者，如子繼父、臣繼君而爲治也。**君之所存者，命也。**傳曰：「人之所以爲人者，言也；人而不言，何以爲人？」故春秋貴命也。又曰：「人之于天也，以道受命；于人也，以言受命。」孔子曰：「畏大人。」**爲人臣而侵其君之命而用之，是不臣也。**劉子云：「湯問伊尹曰：『三公、九卿、大夫、列士，其相去何如？』伊尹對曰：『三公者，知通于大道，應變而不窮〔二〕，辯于萬物之情，通于天道者也。其言足以調陰陽、正四時、節風雨，如是者舉以爲三公。故三公之事，常在道也。九卿者，不失四時，通于溝渠，脩隄防，樹五穀，通于地理者也。能通不能通，能利不能利，如此者舉爲九卿。故九卿之事，常在于德也。大夫者，出入與民同衆，取去與民同利，通于人事，行猶舉繩，不傷于言。言之于世，

〔一〕「王子」，原作「王于」，據日新本、鴻寶本改。
〔二〕「變」，原作「辯」，日新本、鴻寶本同，此據說苑臣術篇改。

不害于身。通于關梁，實于府庫，如是者舉爲大夫。故大夫之事，常在于仁也。列士者，知義而不失其心，事功而不獨專賞〔一〕，忠政强諫而無有姦詐，去私立公而言有法度，如是者舉以爲列士。故列士之事，常在于義也。故道德仁義定，而天下正。凡此四者，明王臣而不臣。』湯曰：『何謂臣而不臣？』伊尹對曰：『君之所不名臣者四：諸父臣而不名，諸兄臣而不名，先王之臣臣而不名，盛德之士臣而不名，此之謂大順也。』」命者，上所以治天下之具也。臣而竊之以殺人，是臣而弄君柄，以臣伐君，是不臣。**爲人君而失其命，是不君也。**君所以治者，命而已。失其命，使臣得奪之，是失其所以爲君者，故曰不君。**君不君、臣不臣，**劉子云：「春秋者，記君不君、臣不臣、父不父、子不子者也。此非一日之事也，有漸以至焉。」**此天下所以傾也。**論語：「齊景公信如君不君、臣不臣、父不父、子不子，雖有粟，吾得而食諸？」春秋禍亂之起，由于君臣失馭。

秋，螽。劉子云：「宣亡熟歲，數有軍旅。」

仲孫蔑會齊高固于無婁。事齊，故重高固。

初税畝。班氏說：「殷、周之盛，詩、書所述，要在安民，富而教之。故易稱『天地之大德曰生，聖人之大寶曰位。何以守位？曰：仁。何以聚人？曰：財。』財者，帝王所以聚人守位，養成羣生，奉順天德，治國安民之本也。故曰：『不患寡而患不均，不患貧而患不安。蓋均亡貧，和亡寡，安亡傾。』是以聖王域民，築城郭以居之，制廬井以均之，開肆市

〔一〕「不」字原脱，日新本、鴻寶本同，此據説苑臣術篇補。

以通之，設庠序以教之。士、農、工、商，四民有業。學以居位曰士，闢土殖穀曰農，作巧成器曰工，通財鬻貨曰商。聖王量能授事，四民陳力受職，故朝亡廢官，邑無敖民，地亡曠土。五家爲鄰，五鄰爲里，五里爲族，五族爲黨，五黨爲州，五州爲鄉，鄉萬二千五百户也。鄰長位下士，自此以上，稍登一級，至鄉而爲卿也。於里有序，而鄉有庠。序以明教，庠以行禮，而視化焉。春令民畢出在壄，冬則畢入於邑。其詩曰：『四之日舉趾，同我婦子，饁彼南畮。』又曰：『十月蟋蟀，入我牀下。嗟我婦子，聿爲改歲，入此室處。』所以順陰陽、備寇賊也。」疏禮文也。「春秋出民，里胥平旦坐於右塾，鄰長坐於左塾，畢出然後歸，夕亦如之。入者必持薪樵，輕重相分，斑白不提挈。冬，民既入，婦人同巷，相從夜績，女工一月得四十五日。必相從者，所以省費燎火，同巧拙而合習俗。男女有不得其所者〔二〕，因相與歌詠，各言其傷。是月，餘子亦在于序室。八歲入小學，學六甲五方書計之事，始知室家長幼之節。十五入大學，學先聖禮樂，而知朝廷君臣之禮。其有秀異者，移鄉學於庠序；庠序之異者，移國學于少學。諸侯歲貢少學之異者于天子，學于大學，命曰造士。行同能偶，則别之以射，然後爵命焉。孟春之月，羣居者將散，行人振木鐸徇于路以采詩，獻之大師，比其音律，以聞于天子，故王者不窺牖户而知天下。此先王制土處民、富而教之大畧也。故孔子曰：『道千乘之國，敬事而信，節用而愛人，使民以時。』故民皆勸功樂業，先公而後私。其詩曰：『有渰淒淒，興雲祁祁。雨我公田，遂及我私。』民三年耕，則餘一年之蓄。衣食足而知榮辱，廉讓生而爭訟息，故三載考績。孔子曰：『苟有用我者，期月而已可也，三年有成。』成此功也。

〔二〕「男女」，原作「男子」，日新本、鴻寶本同，此據漢書食貨志改。

三考黜陟，餘三年食，進業曰登。再登曰平，餘六年食。三登曰泰平，二十七歲，遺九年食。然後王德流洽，禮樂成焉。故曰：『如有王者，必世而後仁。』繇此道也。周室既衰，暴君汚吏慢其經界，繇役横行，政令不信，上下相詐，公田不治。故魯宣公『初税畝』，春秋譏焉。於是上貪民怨，災害生而禍亂作，陵夷至于戰國。貴詐力而賤仁誼，先富有而後禮讓。」

初者，始也。 謂著爲令。**古者什一，** 孟子曰：「夏后氏五十而貢，殷人七十而助，周人百畝而徹。其實皆什一也。」**藉而不税。** 王制：「古者公田，藉而不税；市，廛而不税；關，譏而不征。」孟子曰：「助者，藉也。」龍子曰：治地莫善于助，莫不善於貢。藉，借也，謂借民力治公田。」不税民之私也。言藉者，改周之文，從殷之質。

初税畝， 此初税畝與成元年「作邱甲」、哀十二年「用田賦」相比。**非正也。** 據古不税，此税之，不正。**古者三百步爲里，名曰井田。井田者，九百畝。** 王制：「方一里者爲田九百畝；方十里者，爲方一里者百，爲田九萬畝；方百里者，爲方十里者百，爲田九十億畝；方千里者，爲方百里者百，爲田九萬億畝。」**公田居一，** 孟子曰：「井九百畝，其中爲公田，八家皆私百畝，同養公田。」**私田稼不善，則非吏；公田稼不善**〔一〕**，則非民。** 孟子曰：「公事畢，然後敢治私事。」**初税畝者，非公之去公田而履畝。** 王制云：「凡四海

〔一〕「則非吏公田稼不善」八字原脱，日新本、鴻寶本同，此據傳文補。

之内，斷長補短〔一〕，方三千里，爲田八十萬億一萬億畝〔二〕，方百里〔三〕，爲田九十億畝。山陵、林麓、川澤、溝瀆、城郭、宫室、塗巷，三分去一，其餘六十億畝。」又云：「古者以周尺八尺爲步，今以周尺六尺四寸爲步。古者百畝，當今東田百四十六畝三十步。古者百里，當今百二十一里六十步四尺二寸二分。」**十取一也，以公之與民爲已悉矣。** 劉子云：「是時，民患力役，民懈于公田，于是税畝。税畝者，就民田畝擇其美者税什一。」**古者公田爲居，井竈葱韭盡取焉。** 食貨志：「理民之道，地著爲本。故必建步立晦，正其經界。六尺爲步，步百爲晦，晦百爲夫，夫三爲屋，屋三爲井，井方一里，是爲九夫。八家共之，各受私田百晦，公田十畝，是爲八百八十晦；餘二十晦以爲廬舍。出入相友，守望相助，疾病相救，民以和睦，而教化齊同，力役生産可得而平也。民受田：上田夫百晦，中田夫二百晦，下田夫三百晦；歲耕種者爲不易上田，休一歲者爲一易中田，休二歲者爲再易下田；三歲更耕之，自爰其處。農民户人已受田，其家衆男爲餘夫，亦以口受田如比〔四〕。士工商家受田五口乃當農夫一人，此謂平土可以爲法者也。若山陵、藪澤、原陵、淳鹵之地，各以肥磽多少爲差。有賦有税。税謂公田什一及工商衡虞之入也。賦貢車馬甲兵士徒之役，充實府庫賜予之用。税給郊社宗廟百神之祀，天子奉養百官禄食庶事之費。民年二十

〔一〕「斷」，原作「絶」，日新本同，此據王制、鴻寶本改。
〔二〕後「億」字，原作「一」，日新本同，此據王制、鴻寶本改，後同。
〔三〕「方百」，原訛作「一」，日新本同，此據王制、鴻寶本改正。
〔四〕「比」，原作「此」，日新本同，此據漢書食貨志、鴻寶本改。

受田，六十歸田。七十以上，上所養也；十歲以下，上所長也；十一以上，上所强也。種穀必雜五種，以備災害。田中不得有樹，用妨五穀。力耕數耘，收穫如寇盜之至。還廬樹桑，菜茹有畦，瓜瓠果蓏殖於疆易〔二〕。雞豚狗彘毋失其時，女脩蠶織，則五十可以衣帛，七十可以食肉。在壄曰廬，在邑曰里。」

冬，蝝生。劉子云：「蝝，螟始生也。一曰螟始生。是時，民患力役，解于公田。宣是時初税畝。税畝者，就民田畝擇美者税其什一，亂先王制而爲貪利，故應是而蝝生，屬蠃蟲之孼。〔三〕」

蝝，據言螟不言蝝。**非災也。**冬而蝝始生，不成災。**其曰蝝，**據不成災不志。**非税畝之災也。**非，當爲「幸」。書蟲災皆在秋時，蝝在夏末，冬無爲蝝。秋而税畝，冬而蝝生，言天人相應之速也。雖不成災，猶志之，以明天災之速，謂天之愛魯，幸之也。劉子云：「楚莊王三年，無災則憂，以爲天之棄也。」**疏**公羊云：「蝝生不書，此何以書？幸之也。幸之者何？猶曰受之云爾。」左傳：「冬，蝝生，饑。幸之也。」二傳皆作「幸」，此本作「非」，幸、非字畫相近，不知者據上「非災」而改。

饑。此蟲災也。其在蝝下者，承蝝言之也。蝝初生，亦有損于穀。

〔二〕「疆」，原作「彊」，據漢書食貨志、日新本、鴻寶本改。

〔三〕「蠃」，原作「嬴」，日新本、鴻寶本同，此據漢書五行志改。

十有六年

春，王正月，晉人滅赤狄甲氏及留吁。 劉子云：「晉滅二國。」二伯不言滅國，僖二年滅夏陽者〔一〕，晉未伯也。以下晉不見滅國，以二伯不可言滅也。此再言滅，以爲夷狄，乃一見之。月者，進之也。中國滅夷狄不志，志者，以進，從卑國例。　**疏**晉世家：「七年，晉使隨會滅赤狄。」

夏，成周宣榭災。 成周，王居也。劉子云：「傳曰：『成周，東周也。』」又曰：「以爲十五年王札子殺召伯、毛伯，天子不能誅，天戒若曰：不能行政令，何以禮樂爲而藏之。」

周災，不志也。 **疏**也，當爲「地」。**其曰宣榭，何也？** 劉子云：外災不言宮觀，略之也。**以樂器之所藏，** 王制：「樂正崇四術，立四教，順先王詩、書、禮、樂以造士。春秋教以禮、樂，冬夏教以詩、書。」**目之也。** 公羊：「何言乎宣榭災？樂器藏焉。」班氏說：「榭者，所以藏樂。宣，其名也。」目宣榭者，黜武樂。「子曰：『樂則韶舞。』」又，「子謂『韶，盡美矣，又盡善也』。謂武，『盡美矣，未盡善也』。」

秋，郯伯姬來歸。 反曰來歸，見絶于夫家也。　**疏**此與成五年杞叔姬來歸同。

冬，大有年。 有年不書，惟桓、宣書「大有年」者，以爲天富淫人也。

五穀大熟爲大有年。

〔一〕「夏陽」，原作「下陽」，日新本、鴻寶本同，此據傳文改。

十有七年據左傳、世家，晉郤克如齊，頃公母笑之在此年。春秋傳以叙鞌戰前附二年末。范注乃以爲經脱「季孫行父如齊」，誤矣。

春，王正月庚子，許男錫我卒。日卒，起爲外卒正。

丁未，蔡侯申卒。**疏**蔡世家：「蔡文侯立二十年卒，景侯固立。」丁未，有日無月，譏其失繫而從楚也。

夏，葬許昭公。日卒、時葬，小國正也。許卒日、葬時。小國爲定例，以有定起無定。蔡而同許者，是貶從小國例。

大國無時葬者，知日、月、時三等，爲三等國分屬之。傳「中國日，卑國月，夷狄時」可推也。

葬蔡文公。蔡，方伯也。以方伯而下同許之不月，貶之也，相比而意見。**疏**從此至成八年，乃見。

六月癸卯，日有食之。劉子云：「後邾支解繒子，晉敗王師于貿戎，敗齊于鞌。」

己未，公會晉侯、衛侯、曹伯、邾子，同盟于斷道。大國不言齊、宋，次國不言陳、鄭，小國何以言同盟？存中國也。齊、楚結盟，陳、鄭從楚，魯、衛爲齊所侮，求晉報之，言此以起鞌之戰也。

同者，有同也，同外楚也。齊桓爲伯，天下諸侯皆在，此齊一匡天下，如鄭莊公故事。晉伯，左傳以爲用「平禮」。本傳于桓同盟以爲「尊周」；于晉同盟皆云「外楚」。以晉與楚分伯諸侯，中國統中國，夷狄統夷狄，中分天下，狎主齊盟。桓會可以叙江、黄，爲偏至辭。至于晉，則不叙外國，雖陳，猶外之于同盟，故晉禮待不如桓公也。

疏此晉三同盟。中國乃言同盟，同盟不見之國皆從楚者，宣世，楚彊，同盟僅五國，存之也。

秋，公至自會。二會晉也。公厭三桓，思結晉以去之，故與晉會。明年，使歸父如晉，謀去三桓也。

冬，十有一月壬午，公弟叔肸卒。宣不卒大夫，赤無臣子也〔一〕。前卒遂、得臣，起逆黨，故疏之。此記肸，非之者也，故稱弟。一桀一辱，以示法而已。春秋公子不爲大夫者不卒。此卒者，特進之。不爲大夫，故以親舉之曰「弟」。

其曰公弟叔肸，據季友言字不言弟。**賢之也。**叔，字；肸，名。内臣卒當以名，此兼稱字者，賢而進之，與季友同也。進則何以不單言字？君前臣名，上繫君，不可字，且與不名正例相混，故名、字並見。季友在僖世不可言弟，故但言公子。

其賢之，何也？據其行事不見經，與季友不同，是未爲大夫。**宣弑而非之也。**據師説事實如此，師因弟子問事，乃言之。**非之，則胡爲不去也？**據衛專出奔，桓元年傳曰：「百姓不能去。」也。臣三諫不聽則去，子不得去。**曰：兄弟也，何去而之？**董子云：「公子無去國之義。」班氏説：「親屬諫不得放者，骨肉無相離之義也。」延陵得去者，非母弟；專得去者〔三〕，所傷在己。春秋褒其有信，特取之耳。**與之財，則曰：「我足矣。」**不受宣之財粟，以其爲不義也。**織屨而食，**自食其力，與衛專同。**終身不食宣公之食，**此非大夫而卒之者，以其賢也。如非賢，則大夫猶不得卒，何況未食禄者？以後言叔氏者，爲賢者録子孫也。特稱「叔」字以著叔之爲肸後。春秋因賢肸而卒之也。**君子以是爲通恩也，**心非宣公，不討不去。閨門以恩掩義也。劉子云：「延陵季子曰：『爾殺吾君，吾又殺爾，是父子兄弟相殺無已時也。』君子謂其不殺爲仁。」

〔一〕「赤」，原作「般」，日新本、鴻寶本同，據文十八年廖氏注疏，宣公弑子赤，知此當云「赤無臣子」。般則卒於莊世。

〔三〕「專」，原作「鱄」，日新本、鴻寶本同，此據傳文改。餘仿此。

蓋謂通義也。**以取貴乎春秋。**劉子云：「肸，宣公之同母弟也。公子肸，其仁恩厚矣，其守節固矣，故春秋美而貴之。」春秋絶亂源，不正之君已立而弑，以弑君罪之者，所以塞奸賊之路也。弑君賊，本所宜討，但其事久已成，又有骨肉之恩，春秋不許其傷恩，以親討之。故季札、魯肸皆取其通恩不殺也。

十有八年年表：蔡景侯固元年。

春，晉侯、衛世子臧伐齊。二伯不相伐。凡目伐者，非二伯之辭也。齊伐晉者，晉失伯；晉伐齊者，齊失伯也。齊自踐土以後，數十年不會盟諸侯。春秋以下貶之爲方伯。言滅國不言公如，明皆爲方伯，非二伯辭也。臧，後立爲定公。伐齊獨叙二國者，以從楚者多，又公事齊。方伯從齊、楚，卒正畏齊，故惟以衛行也。**疏**晉世家：「九年，晉伐齊，齊使太子彊爲質于晉，晉爲罷兵。」

公伐杞。内三用兵于杞，以下不見矣。以上二見皆言入杞，此言伐〔一〕，輕于入。此有所得，爲下晉城杞、晉悼夫人疆杞田見也。公伐杞，明公不助齊、晉也。

夏，四月。

秋，七月，邾人戕鄫子于鄫。鄫自僖十六年再見于此。前見邾人用之，此言邾人戕之，兩見前後皆受禍于邾人，

〔一〕「此」，原作「皆」，日新本同，此據鴻寶本改。

何也？以繒爲邾所屬之國，一卒正統六連帥，故邾得治之也。小國不言滅國，莒得言滅繒者，亦以繒小，故得言滅。執、戕、滅三見，皆魯屬卒正爲之，則繒之爲連帥、爲卒正所統明矣。不日，繒不卒者，月以謹之。

戕，猶殘也，捝殺也。 劉子云：「邾支解繒子。」**疏**君殺于鄰國，曰殺，陳佗是也。殺非其殺道，曰戕，繒子是也。

甲戌，楚子吕卒。 始卒楚子。**疏**楚世家：「二十三年，楚莊王卒，子共王審立。」

夷狄不卒， 據文以上楚不卒，襄以上吴不卒。**卒，少進也。** 據楚祇此記卒；吴，襄二年始卒。**卒而不日，** 據莒、夷狄皆不日，楚、吴皆夷狄。楚早出，賢行多；吴晚出，賢行少。以楚較吴，楚爲優，故楚日吴月爲二等。各以其國爲斷，不關本君。**日，少進也。日而不言正不正，** 據楚皆日，吴皆月，楚雖不正，亦日。**簡之也。** 中國言正不正，録之詳；夷狄賤惡，不復言正不正，故但以日月定。二夷優次不復，各隨本君攷之。不葬者，春秋之例：凡中國書葬；夷狄不書葬者亦不卒。卒者，大夷惟吴、楚；小夷惟莒、秦。非實夷狄，得葬之也。楚卒皆日，吴卒皆月，始一時；秦卒皆時，終一日也。

公孫歸父如晉。 劉子云：「時三桓始執國政，宣公欲誅之，恐不能治。大夫公孫歸父如晉謀〔一〕。」歸父，遂之子也。卒不疏者，歸父無後，嬰齊繼嗣，故獨貴嬰齊，且以起歸父奔非其罪也。

冬，十月壬戌，公薨于路寢。 公不事晉，此使歸父如晉者，欲去三桓也。託于三桓執國，不事晉而事齊，欲因以

〔一〕「謀」下原衍「之」字，據漢書五行志、日新本、鴻寶本刪。

除去三桓，故終公之世，惟此一事與晉交。

正寢也。 解見前。　**疏**魯世家：「宣公卒，子成公黑肱立，是爲成公。」魯世家：「季文子曰：『使我殺適立庶失大援者，襄仲。』襄仲立宣公，公孫歸父有寵〔二〕。宣公欲去三桓，與晉謀伐三桓。會宣公卒，季文子怨之〔三〕，歸父奔齊。」

歸父還自晉。 「至檉，遂奔齊。」致之挈，由上致之也。

還者，事未畢也。自晉，事畢也。 解見文十三年。**與人之子，** 人，謂公子遂。子，謂公孫嬰齊也。魯人逐歸父而世嬰齊，明逐不以罪也。故赦不疏而嬰齊氏「仲」。**守其父之殯，** 時宣未葬，故曰守殯。**捐殯而奔其父之使者，** 喪不貳事，逐父使，失禮。**是以奔父也。** 劉子云：「歸父未反，宣公薨，三家譖歸父于成公，成公父喪未葬，而逐其父之臣，使奔齊。」論語：「子曰：『三年無改於父之道，可謂孝矣。』」三家專政，宣公謀去之，事未成而薨，成公當繼成其事。乃父方死，而逐其父之使，是失道也。

至檉，遂奔齊。 此以謀逐三桓見逐也。何以見爲三桓所逐？僖以後，公子無得氏者，三家執政而公族亡，以此見之也。　**疏**檉，内地。凡自外言至，皆内地。奔齊者，歸父與齊有舊。魯不事晉，公已薨，不敢如晉也。不日者，不可以日計。

遂，繼事也。 凡言遂，皆大夫自專，無君命。由此推之可見也。

〔二〕「有寵」，原作「不然」，日新本、鴻寶本同，此據魯世家改。

〔三〕「怨」，原作「恐」，日新本、鴻寶本同，此據魯世家改。

重訂穀梁春秋經傳古義疏卷七

成公成世，晉、楚爲二伯，齊、魯、衛、鄭爲晉屬中國方伯，秦、陳、蔡、吴爲楚屬夷狄方伯。齊本二伯，以鞌戰後退爲方伯，故以下不言公如齊，而言公如楚。　**疏**魯世家：「宣公卒，子黑肱立，是爲成公。」

元年年表：　周定王十七年，齊頃九年，晉景十年，宋文二十一年，陳成九年，蔡景二年，衛穆十年，鄭襄十五年，秦桓十四年，楚共王審元年，曹宣公五年〔二〕，杞桓公四十七年。

春，王正月，公即位。

二月辛酉，葬我君宣公。　葬在即位後，殯，然後即位也。

無冰。　劉子云：「時公幼弱，政舒緩也。」　**疏**一曰：「無冰，天下異也。時楚横行中國，王札子殺召伯、毛伯，晉敗天子之師於貿戎，天子皆不能討。」

終時無冰，則志。　據桓無冰在春終。　**此未終時而言無冰，何也？**　二月，時未終，而言無冰，恐三月將

〔二〕「五年」，原作「十二年」，日新本、鴻寶本同，此據史記十二諸侯年表改。

有冰。**終無冰矣，**丑月寒令尚燠，此月無冰，知無冰。**加之寒之辭也。**謂此月最寒也。寒不甚，則於時終紀無冰；寒甚，則於二月紀無冰。

三月，作丘甲。作丘甲，畏齊也。季孫有報齊之志，故作甲以圖報。**疏**班氏說：「自黄帝有涿鹿之戰以定火災，顓頊有共工之陳以定水害。唐、虞之際，至治之極，猶流共工，放讙兜，竄三苗，殛鯀，然後天下服。夏有甘扈之誓，殷、周以兵定天下矣。天下既定，戢臧干戈，教以文德，而猶立司馬之官，設六軍之衆，因井田而制軍賦，地方一里爲井，井十爲通，通十爲成，成方十里；成十爲終，終十爲同，同方百里；同十爲封，封十爲畿，畿方千里。有税有賦，税以足食，賦以足兵。故四井爲邑，四邑爲丘。丘，十六井也，有戎馬一匹、牛三頭。四丘爲甸。甸，六十四井也。有戎馬四匹，兵車一乘，牛十二頭，甲士三人，卒七十二人，干戈備具，是爲乘馬之法。一同百里，提封萬井，除山川沈斥，城池邑居，園囿術路，三千六百井，定出賦六千四百井，戎馬四百匹，兵車百乘，此卿大夫采地之大者也，是謂百乘之家。一封三百一十六里，提封十萬井，定出賦六萬四千井，戎馬四千匹，兵車千乘，此諸侯之大者也，是謂千乘之國。天子畿方千里，提封百萬井，定出賦六十四萬井，戎馬四萬匹，兵車萬乘，故稱萬乘之主。戎馬車徒干戈素具，春振旅以搜，夏拔舍以苗，秋治兵以獮，冬大閲以狩，皆于農隙以講事焉。五國爲屬，屬有長；十國爲連，連有帥；三十國爲卒，卒有正；二百一十國爲州，州有牧。連帥比年簡車，卒正三年簡徒，羣牧五載大簡車徒，此先王爲國立武足兵之大畧也。周道衰，法度墮。至齊桓公任用管仲，而國富民安。公問行伯用師之道，管仲曰：『公欲定卒伍，脩甲兵，大國亦將脩之，而小國設備，則難以速得志矣。』于是乃作内政而寓軍令焉。故卒伍定虖里，而軍政成虖郊。連其什伍〔一〕，居處同樂，死生同憂，禍福共之，故夜戰則其聲相聞，晝戰則其目相見，緩急足以相死。其教已成，外攘夷狄，内尊天子，以安諸夏。齊桓既没〔二〕，晉文接之，亦先定其民，作被廬之法，總帥諸侯，迭爲盟主。然其禮已頗僭差，又隨時苟合以求欲速之功，故不能充王制〔三〕。二伯之後，寖以陵夷，至魯成公作丘甲，哀公用田賦，搜狩治兵大閲之事皆失其正。春秋書而譏之，以存王道。于是師旅亟動，百姓罷敝，無伏節死難之誼。孔子傷焉，曰：『以不教民戰，是謂棄之。』故稱子路曰：『由也，千乘之國，可使治其賦也。』而子路亦曰：『千乘之國，攝虖大國之閒，加之以師旅，因之以饑饉，由也爲之，比及三年，可使有勇，且知方也。』治其賦兵，教以禮誼之謂也。齊桓、晉文之兵，可謂入其域而有節制矣，然猶未本仁義之統也。故齊之技擊不可以遇魏之武卒，魏之武卒不可以直秦之鋭士，秦之鋭士不可以當桓、文之節制，桓、文之節制不可以敵湯、武之仁義。故曰：『善師者不陳，善陳者不戰，善戰者不敗，善敗者不亡。』若夫舜脩百僚，咎繇作士，命以『蠻夷猾夏，寇賊姦軌』，而刑無所用，所謂善師不陳者也。湯、武征伐，陳師誓衆，而放禽桀、紂，所謂善陳不戰者也。齊桓南服强楚，使貢周室，北伐山戎，爲燕開路，存亡繼絶，功爲伯首，所謂善戰不敗者也。楚昭王遭闔廬之禍，國滅出亡，父老送之，王曰：『父老反矣，何患無君？』父老曰：『有君如是，其賢也！』相與從之。或犇走赴秦，號哭請救，秦人憐之，爲之出兵，二國并力，

〔一〕「什」，原作「計」，日新本、鴻寶本同，此據漢書刑法志改。
〔二〕「桓」，原作「威」，日新本、鴻寶本同，此據漢書刑法志改。
〔三〕「王」，原作「兵」，據漢書刑法志、日新本、鴻寶本改。

遂走吳師，昭王反國，所謂善敗不亡者也。」

作，爲也，顔師古云：「别令人爲丘作甲也。士農工商四類異業，甲者非凡人所能爲〔一〕，而令作之，譏不正也。」**丘甲，丘爲甲也。**周禮：「九夫爲井，四井爲邑，四邑爲丘。」丘，十六井；甲，鎧也；使一丘之民皆作甲。**丘甲，國之事也。**禮，百工皆官掌之。**丘作甲，非正也。**丘農民不與工作之事。**丘作甲之爲非正，何也？古者立國家，百官具，**如周官、如董子立官象天篇所言。**農工皆有職以事上。古者有四民，**劉子云：「春秋曰：『四民均，則王道興而百姓甯。所謂四民者，士農工商也。』」班氏説：「聖王域民，築城郭以居之，制廬井以均之，開市肆以通之，設庠序以教之；士農工商，四民有業。學以居位曰士，闢土殖穀曰農，作巧成器曰工，通財鬻貨曰商。聖王量能授事，四民陳力授職，故朝無廢官，邑無敖民，地無曠土。理民之道，地著爲本。」**有士民，有商民，**通四方之貨者。

疏王制：「有圭璧金璋不粥于市，命服命車不粥于市，宗廟之器不粥于市，犧牲不粥于市，戎器不粥于市，用器不中度不粥于市，兵車不中度不粥于市，布帛精麤不中數、幅廣狹不中量不粥于市，姦色亂正色不粥于市，錦文珠玉成器不粥于市，衣服飲食不粥于市，五穀不時、果實未熟不粥于市，木不中伐不粥于市，禽獸魚鼈不中殺不粥于市。」**有農民，**農民，專播殖耕稼者。**有工民。**王制：「凡執技論力，適四方，贏股肱，決射御。凡執技以事上者，祝、史、射、御、醫、卜及百工。凡執技以事上者，不貳事，不移官，出鄉不與士齒。」**夫甲，非**

〔一〕「甲者」，原作「甲人」，日新本、鴻寶本同，此據漢書顔注改。

人人之所能爲也。工民事，非農與商所能。**丘作甲，非正也。**書者，譏公盡民利，惟務强民，亂農功之業。

夏，臧孫許及晉侯盟于赤棘。魯以三家爲三卿。臧孫非卿也，何以書？內詳大夫也。詳內略外，如外州見卒正，內則見連帥也。按：許，辰之子，字宣叔。此初與晉盟。宣公世事齊，因齊傲，季孫乃主從晉，故有此盟。**疏**赤棘，晉近地。左傳，晉侯會楚公子罷亦于赤棘。罷既已涖盟，又盟于赤棘，當與此事同。

秋，王師敗績于貿戎。先舉「王師」，後言「敗績」，自敗之辭也。不言敵，乃敗績正例。

不言戰，據魯諱敗言戰。**莫之敢敵也。**言戰，則必列及，是敵也。**爲尊者諱敵不諱敗，**傳曰：「爲尊者諱恥。」據王師不言戰而言敗績，春秋尊周也。尊以敵爲辱，故諱敵不諱敗。**爲親者諱敗不諱敵，**傳曰：「爲親者諱疾。」據魯言戰不言敗，春秋親魯也。親則以敗爲隱，故諱敗不諱敵。**尊尊親親之義也。**春秋尊周、親魯。尊之不敵，愈以見尊。凡周與列國異文者，皆尊周。親之不敗，愈以見親。凡內與外異文者，皆親魯。此經之大例也。**然則孰敗之？**據貿戎地，如自敗文。**晉也。**劉子云：「周室多禍，晉敗其師于貿戎。」**疏**據趙穿侵崇也。不言崇、言貿戎者，辟晉敗之也。春秋爲賢者諱過，二伯爲賢，故諱敗王師。言「侵」者，侵天子地，不明，可言；敗王師則不可言也。

冬，十月〔一〕**。**

〔一〕「十月」下，日新本有「集解以爲此脱『季孫行父如齊』六字」。

季孫行父秃，髮少。**晉郤克眇，**目眇。**衛孫良夫跛，**足疾。**曹公子手僂，**身曲。**同時而聘於齊**〔二〕。四國同盟于齊，二伯、方伯、小國同聘于大國也。**齊使秃者御秃者，使眇者御眇者，使跛者御跛者，使僂者御僂者，**御，迓，迎也。于齊臣中擇有同疾者相迓以爲笑。**疏**據此可見古人不以形貌爲資格。**蕭同姪子**　**疏**左傳作「蕭同叔子」。**處臺上而笑之，聞於客。**婦人不檢至此，齊侯縱之也。**客不説而去，相與立胥閭而語，移日不解。**謀所以報齊，謀久不決。**齊人有知之者，曰：「齊之患，必自此始矣。」**傳謹禍患之始。言此者，爲下鞌戰。攷聘齊不在此年，傳先言此事附經，時因冬無事，故繫於其下，今仍之。集解以爲經脱「季孫行父如齊」六字，則誤矣。**疏**齊世家：「頃公六年春，晉使郤克于齊，齊使夫人帷中而觀之。郤克上，夫人笑之。郤克曰：『不是報，不復涉河！』歸，請伐齊，晉侯弗許。齊使至晉，郤克執齊使者四人河內，殺之。八年，晉伐齊，齊以公子强質，晉兵去。」

二年成編事實，三傳全同，大事細微皆合。惟郕〔三〕、入運、甲午晦三事小有異同。然各説一義，不爲大異也。

春，齊侯伐我北鄙。宣事齊篤，成立而與晉盟，故伐魯之貳於晉。**疏**已開隙於四國，猶復伐人，齊以强自驕縱，

〔二〕「聘」，原作「盟」，日新本、鴻寶本同，此據傳文改。

〔三〕「郕」，疑是「鄟」之訛。案：成六年經書「取鄟」，傳以鄟爲國，公羊以爲邑；廖平謂鄟或是郕之屬國，故此云「小有異同」。

故取敗。

夏，四月丙戌，衛孫良夫帥師及齊師戰于新築，衛師敗績。 劉子云：「齊頃公，桓之子孫也。地廣民衆，兵强國富，又得霸者之餘尊，驕蹇怠敖，未嘗肯出會同諸侯。乃興師伐魯〔一〕，反，敗衛師於新築。」按：齊大衛小，衛雖爲主，當以齊及衛，此何以先衛？齊失伯之辭。伯者不與中國戰，言戰，亦失伯之辭。衛爲次國，亦當有二軍，見四大夫，但詳主將，故畧之，以内見四大夫起之也。 **疏** 齊伐衛也，以客及之者〔二〕，遇齊伐我之師，故克齊也〔三〕。

六月癸酉，季孫行父、臧孫許、叔孫僑如、公孫嬰齊帥師會晉郤克、衛孫良夫、曹公子手及齊侯戰于鞌，齊師敗績。 劉子云：「齊頃輕小慢大之行甚。俄而晉、魯以往聘，以使者戲。二國怒，歸求黨與助，得衛與曹，四國相輔，期戰於鞌，大敗齊師，獲齊頃公，斬逢丑父。於是懼然大恐。賴丑父之欺，奔逃得歸。」按：内將見一卿，此見四卿，明凡師皆四卿，舉主將一人而已。臧孫在叔孫上者，佐上軍也。不言孟孫者，一卿居守也。晉之將帥非一人，此何以但目郤克？舉其主將，上下軍士燮、欒書可不言。凡師師皆同，非獨晉爲然。 **疏** 嬰齊，文公孫，叔肸子，四見經。手，左作首，曹一見公子、公孫。手會言郤克，起下殺三郤。齊世家：「十年春，齊伐魯、衛。魯、衛大夫如晉請師，皆因郤克。晉使郤克以車八百乘爲中軍將，士燮將上軍，欒書將下軍，以救魯、衛，伐齊。六月壬申，與齊侯兵合靡笄

〔一〕「乃」，原作「及」，據説苑敬慎篇、日新本、鴻寶本改。
〔二〕「客」，原作「克」，日新本同，此據鴻寶本改。
〔三〕據文意，此「克」字，似宜作「客」。

下。癸酉，陳於鞌，逢丑父爲齊頃公右。頃公曰：『馳之。破晉軍會食。』射傷郤克，血流至屨。克欲還入壁，其御曰：『我始入，再傷，不敢言疾，恐懼士卒，願子忍之。』遂復戰。齊急，丑父恐齊侯得，乃易處，頃公爲右，車絓于木而止。晉小將韓厥伏齊侯車前，曰：『寡君使臣救魯、衛。』戲之。丑父使頃公下取飲，因得亡，脱去，入其軍。晉郤克欲殺丑父。丑父曰：『代君死而見僇，後人臣無有忠其君者矣。』克舍之，丑父遂得亡歸。」

其日，據日在會上。**或曰：日其戰也。**凡敗皆日。**或曰：日其悉也。**悉，謂詳内二軍將佐四人，不如常例但目主將。**曹無大夫，其曰公子，何也？**據無大夫不言公子。**以吾之四大夫在焉，**小國之上卿，位當大國之中。内既見二佐之臧孫、嬰齊，則曹之卿自得叙也。**疏** 次國二軍，何以同時見四大夫？二軍四卿，一將一佐，一見以示例也。魯，方伯，位同天子之卿，其卿同天子大夫，其大夫同天子之士。三卿九大夫詳於内，得見十二人也。**舉其貴者也。**不使内詳見四大夫而外乃言「人」、與外卑者共行戰。

秋，七月，齊侯使國佐如師。君不使乎大夫，此其行使乎大夫者，特以貶齊。**疏** 不言來盟，言如師而後盟者，非前定之盟。如師，乃議之也。内大夫在，曰師。

己酉，及國佐盟于爰婁。齊自晉文會盟後至此四十餘年，不與諸侯相通盟會。此言盟，齊受盟於晉，齊爲方伯之辭也。

鞌，去國五百里，國，都城也。鞌爲齊地已五百里，合計齊地，不止方千里矣。左傳云：「今大國多數圻。」齊、晉同也。**爰婁，去國五十里，**知五百里、五十里者，以地圖考之。**壹戰緜地五百里。**從鞌至爰婁。**疏**

案：以上説本事，以下兼説襄十八年同圍齊事。**焚雍門之茨，**雍門，齊城門。茨，蓋也。詩：「牆有茨。」**疏**左傳襄十八年「伐雍門之萩」。按：左于此戰不詳此事。**侵車東至海。**侵車，侵伐之車。言時侵齊乃至海。左傳襄十八年，「東侵及濰，南及沂」。此戰未嘗至海。**君子聞之曰：**兼指三事而言。**「夫甚甚之辭焉，**此戰于鞌，乃盟于爰婁。襄十八年焚雍門之茨，侵車至海；言因齊之敗，逼之甚。**齊有以取之也。」**頃、靈二君，皆有以取之。**齊之有以取之〔二〕，何也？**此但問本事。**敗衛師于新築，侵我北鄙，**魯、衛，周同姓，二方伯。**敖郤獻子，**又得罪于大國。獨目郤克，舉其大者。**齊有以取之也。**以驕敖致敗，驕爲國之大戒。劉子云：「明主有三懼：一曰處尊位而恐不聞其過；二曰得意而恐驕；三曰聞天下之忠言而恐不能行。何以識其然也？越王與吴人戰，大敗之，兼有九夷。當是時也，南面而立，近臣三，遠臣五，令羣臣曰：『聞吾過而不告者，其罪刑。』此處尊而恐不聞其過者也。昔者，晉文公與楚人戰，大勝之，燒其軍，火三日不滅，文公退而有憂色，侍者曰：『君大勝楚，今有憂色，何也？』文公曰：『吾聞能以戰勝而安者，其唯聖人乎！若夫詐勝之徒，未嘗不危也，吾是以憂。』此得意而恐驕也。昔者齊桓公得管仲、隰朋，辨其言，説其義。正月之朝，令具太牢，進之先祖，桓公西面而立，管仲、隰朋東面而立，桓公贊曰：『自吾得聽二子之言，吾目加明，耳加聰，不敢獨擅，願薦先祖。』此聞天下之至言而恐不能行者也。」**爰婁在師之外，**謂國佐方來求盟，未入師中，而郤克與之約也。**郤克曰：「反魯、**

〔二〕「之」字原脱，日新本、鴻寶本同，據傳文補。

衛之侵地，前後所取於二國之邑，下汶陽田是也。取不見經，爲内諱，且見者不再見。以紀侯之甗來，兵敗，皆有所賂，戎捷、衛寶、郜鼎是也。紀侯甗，蓋齊滅紀所得。以蕭同姪子之母「之母」二字疑衍。爲質。前爲所笑，故欲以爲質。疏據此，則質子春秋常事。傳言「交質子不及二伯」者，經義如此，故春秋於交質之事，絶不一書。使耕者皆東其畝，詩言阡陌曰「衡從其畝」，言四方屬地曰「東南其畝」、曰「南畝」，無西北之文。曰「南畝」，謂南極之地，尚農粒食。「東南其畝」，亦謂東南方皆成田畝。東其畝，齊在晉東方，地雖屬齊，晉收其田畝之賦税。故左傳「盡東其畝」，則是鄙我也。鄙，謂外屬，如今泰西屬國。戰國，秦、楚屬地有在山東者是也。秦如滅鄭，則以鄭爲鄙，所謂「越國鄙遠」是也。疏齊世家：「晉軍追齊侯至馬陵。齊侯請以寶器謝，不聽；必得笑克者蕭桐叔子，令齊東畝。」然後與子盟。」要約四事，然後與盟，齊爲晉所屬。國佐曰：「反魯、衛之侵地，疏衛世家：「孫良夫救魯伐齊，得復侵地。」以紀侯之甗來，則諾。許其二事。以蕭同姪子之母爲質，「之母」二字疑因下文而衍，上文無二字，左傳、公羊亦無。則是齊侯之母也。齊侯之母，猶晉君之母也。晉君之母，猶齊侯之母也。戰而執人之母，非禮。齊、晉二伯如兄弟，故曰「猶晉君之母」。孝經曰：「愛親者，不敢惡於人；敬親者，不敢慢於人。」疏史記：「高祖謂項羽曰：『吾翁即若翁。』」即用此傳之義。使耕者盡東其畝，則是終土齊也。土齊，謂以齊爲晉屬邑。土齊，即割地；地雖在齊，晉收其賦税。舊説謂利戎車。詩「衡從其畝」，以阡陌言則縱横，因地自然斷無有東西無南北之理。且利戎車，亦主客相同盡改田畝，事極難行，於晉無大利，不知畝無東法也。按：周官以土圭土地中，土，度也。不可。駁其二事。請壹戰，

壹戰不克，請再；再不克，請三；三不克，請四；四不克，請五；以五言之，經有五卜。五不克，舉國而授。」舉國而授，則不得但許其四事。**於是而與之盟。**國佐不屈，魯、衛畏而爲之請晉，因而與之盟。

八月壬午，宋公鮑卒。 **疏**宋世家：「二十二年文公卒，子共公瑕立。」日者，不正前見矣。

庚寅，衛侯速卒。 **疏**衛世家：「十一年，穆公卒，子定公臧立。」

取汶陽田。田者，閒田，非本封，可以出入。故土地出入，皆託之田以避諱之。若實邑本封，先君受之天子，不敢言歸取。此分齊侵地，不言齊，諱會四國伐取田。**疏**公羊：「汶陽田者，鞌之賂也。」自此以後，齊貶爲方伯，楚升爲二伯。齊爲兖州，衛爲冀州，鄭爲豫州，魯爲青州，此内方伯也；外則陳屬荆州，故陳不與中國盟。公不如齊。年表：「與晉伐齊，齊歸我汶陽之田。」

冬，楚師、鄭師侵衛。伐衛以救齊。**疏**左傳：「冬，楚師侵衛，遂侵我師于蜀。魯請盟，楚人許平。」

十有一月，公會楚公子嬰齊于蜀。此蜀在青州，魯近地。左傳：「我於是有蜀之役。」劉子説亦從左傳。此無别事而下再舉地，非一地矣。何以再地皆目蜀？蜀爲近地，爲「匱盟」，故同以「蜀」言之，以爲盟非梁州之蜀也。例：公不會大夫。此不諱者，楚無大夫，與莒人同，故不諱也。按：下蜀〔二〕，今四川蜀也。尚書庸、蜀、羌、髳、微、盧、

〔二〕「下」字原脱，日新本同，此據鴻寶本補。

彭、濮，今地多在四川。攷春秋以秦爲梁州伯，故記秦事多在梁州，如梁亡，楚、秦、巴滅庸，秦入鄀，皆在梁州。此蜀亦在梁。攷自殽以後，秦師東道不通，未嘗至山東，則「匱盟」之蜀有秦，必在梁州無疑。梁州之國，經見梁、巴、鄀、庸、蜀、夔、崇七國，備七卒正之數。　**疏**會不月，以盟之月加於「會」之上，見會盟。楚大夫正言盟會始此，楚新爲二伯也。

楚無大夫，據椒、宜申不氏，此稱公子，貴同大夫。　**疏**楚以上大夫不專兵，會盟皆目君；自此始言大夫專兵會盟。**其曰公子，**傳曰：「號從中國，名從主人也。」時楚稱王，嬰齊稱王子，經用内外繙譯稱之爲「公子」。**疏**嬰齊，穆王子，莊王弟，字子重，五見經，兩伐鄭、伐莒、伐吳。**何也？**據處父猶不氏。**嬰齊，亢也。**亢，謂專與諸侯同盟。傳於大國大夫言亢，如處父是也。楚新升爲二伯，大夫尊爲卿，得與公相敵，故得氏「公子」、有大夫矣。

丙申，公及楚人、秦人、宋人、陳人、衛人、鄭人、齊人、曹人、邾人、薛人、繒人盟于蜀。此蜀者何？梁州國。何以見非前蜀？以秦不與伐我而與會盟，知不在魯也。何爲以蜀言之？二州皆有蜀，諸侯潛盟于梁州，畏晉，託以爲在山東城下之盟。左傳所謂「匱盟」也。**疏**年表：「竊與楚盟。」楚在上者，主盟會，新爲二伯也。齊爲二伯，何以序鄭、曹之間？新貶爲方伯，故使在方伯之末、卒正之上也。何以不序乎宋下陳上？宋、齊相連，則貶意不明，故特殿方伯之末以起之。繒及敘者，夷狄主會，故得敘微國。曹以下，君也，以齊稱人，則從同也。不致者，會夷狄則不致也。

楚其稱人，何也？據楚爲伯，會諸侯當言公子。**疏**左傳：「公及楚公子嬰齊、蔡侯、許男、秦右大夫説、宋華元、陳公孫甯、衛孫良夫、鄭公子去疾及齊大夫盟于蜀。」**於是而後，公得其所也。**公羊所謂稱人則不嫌也。

公諱會大國大夫，不諱會小國大夫。前會以公會嬰齊，嬰齊亢矣。此貶嬰齊稱人，所以抑其亢；以公盟人，則公獨尊，故曰得所。其「人」諸國，何也？匱盟也。**疏**左傳：「卿不書，匱盟也。於是乎畏晉而竊與楚盟，故曰『匱盟』。」蓋楚伐魯、衛，公與嬰齊會于師，楚得齊、魯、衛，乃與秦約，大盟會于蜀。山東諸侯皆從楚，秦而往盟之。當時既屬竊盟，在經亦諱。以中國從夷狄會，故以二蜀託爲一地也。**會與盟同月，則地會不地盟；**雞澤會，地；盟，不再地。**不同月，則地會地盟。**叔孫豹會與盟不同月，又非有間事，故再地宋。**此其地會地盟，何也？**此無間事，又同月，但會言蜀，下不再須地。**以公得其所，申其事也。**此說經意。兩言蜀，本起非一事，從「得所」言之，則若本一地者然。不地，疑會盟繼事，嬰齊亢意不顯，故地以起一事。**今之屈，向之驕也。**向氏「公子」，驕亢，嫌嬰齊實如中國稱公子，今故貶稱人。因後之貶，以起前之實非公子。爲奪其王號，故氏「公子」而後亢意見也。有前之尊驕，不能不有今之卑屈，正名號之義也。

三年年表：宋共公元年，衛定公臧元年。晉侯再立六卿，楚申公巫臣奔晉。

春，王正月，公會晉侯、宋公、衛侯、曹伯伐鄭。伐不月。月者，著之。何爲著之？冬十一月，盟于蜀，正月即伐鄭，蓋晉知其「匱盟」也。蜀之會，公及宋、衛、曹皆在會，諸侯盡從楚。晉侯討鄭而四國協從。盟楚稱人，伐鄭稱爵，進中國而惡夷狄也。**疏**年表：「魯會晉、宋、衛、曹伐鄭。」獨言宋、衛，明前會秦、陳、鄭皆楚黨，晉唯有魯、宋、衛、曹者，春秋惟三國篤從晉。不序邾、薛、繒，成世，猶畧小國也。伐鄭，及鄭平也。

辛亥，葬衛穆公。日葬者，伐鄭，衛侯背殯而出，故日以危〔二〕。

二月，公至自伐鄭。月者，危蜀之「匱盟」。公冬方與鄭同盟，楚主盟；春正月即同晉伐鄭，晉若不知蜀盟者，故危而致；又月，危之甚。

甲子，新宮災，三日哭。劉子云：「時三桓子孫始執國政，宣公欲誅之，恐不能，使大夫公孫歸父如晉謀。未反，宣公死，三家譖歸父於成公。成公父喪未葬，聽譖而逐其父之臣，使奔齊，故天災宣宮，明不用父命之象也。」一**疏一**曰：三家親而亡禮，猶宣公殺子赤而立。亡禮而親〔三〕，天災宣廟，欲示去三家也。

新宮者，據僖禰廟言「西宮」。**禰宮也。**公羊：「宣公之宮也。」劉子云：「宣謀殺子赤、喪娶，天惡之，生則不享其祀，死則燔其廟。」按：喪至此二十八月，喪方畢，主新入廟，故以「新」言之。不言「西」者，初入廟，故以「新」言之。災尤重，言「新」以起之。**三日哭，哀也；其哀，禮也。**禮檀弓：「有災其先人之室，則三日哭。」班氏說：「災，三日哭。所以然者，宗廟先祖所處，鬼神無形體，曰今忽得天災，得毋爲災所中，故哭也。」**迫近不敢稱謚，**據桓宮、僖宮災毁廟言謚。**恭也。**班氏說：「西宮。」穀梁以爲宣宮。不言謚，恭也。**其辭恭**不稱謚。**且哀，**三日哭。**以成公爲無譏矣。**嘉其得禮，餘言災，皆有譏辭。

〔二〕「危」字下，日新本、鴻寶本並有「之」字。

〔三〕「亡禮而親」，原作「親而無禮」，據漢書五行志、日新本、鴻寶本改。

乙亥，葬宋文公。 宋卒在衛先，何以葬在衛後？七月乃葬，緩也。何以緩？既背殯，且厚葬也。**疏** 宋世家：「始厚葬，君子譏華元不臣矣。」

夏，公如晉。 公如晉，明晉伯中國。成不言如齊，齊降也。成十年言如晉，存中國伯也。晉於此再立六卿，不書，爲之諱。成世，見趙、荀、士、欒、郤、韓六姓，以起立六卿，六卿專政也。再立六卿不可見，何以見十五人？大國三卿九大夫，共十二人。成世，晉共見十五大夫，及未見經之胥、魏，不下十六七人，以有升降更代也。六族中，惟韓祇見韓穿，餘皆同姓同時爲大夫。蓋六族十二人，例得同姓並見也。大國三軍，三卿爲帥，三上大夫爲佐，此晉國三軍之制也。用新軍，則三卿、一上大夫爲帥，二上大夫、二中大夫爲佐，則十二人之數備也。其有居守之卿大夫，則臨時改命別人以攝代軍政。經於成公篇詳晉大夫，以明大國軍制也。**疏** 晉世家：「十二年冬，齊頃公如晉，欲上尊晉景公爲王，景公讓不受。晉始作六卿，韓厥、鞏朔、趙穿、荀騅、趙括、趙旃皆爲卿。」

鄭公子去疾帥師伐許。 從晉伐許。此初伐，許爲鄭卒正。凡經言伐者，多起方伯卒正之例。鄭七穆如魯三桓，魯紀三桓，詳公子、公孫之卒，終春秋。鄭雖不紀卒，七穆見經者，五大夫、六公孫，公孫之子孫以王父字爲氏者，如良、游、罕、駟、國五族，詳録世系，與魯之紀三桓相同，他國無此例。**疏** 去疾，穆公子，字子良，後爲良氏，經書良霄是也。

公至自晉。

秋，叔孫僑如帥師圍棘。 公羊：「棘者何？汶陽之不服邑也。其言圍之何？不服也。」

大雩。 不月者，七月也。七月非雩時，故不月以譏之。**疏** 春秋凡七月不言七月者九見，説詳定九年。

晉郤克、衛孫良夫伐廧咎如。此不獨衛從，但叙衛者，内衛也。非有所見，不録。不言帥師者，不許其伐也。

冬，十有一月，晉侯使荀庚來聘。荀庚，下大夫也。以前不書晉聘，以下不書天王聘，此亦升降之道也。**疏**荀庚始見，荀林父子。

衛侯使孫良夫來聘。良夫，衛上卿也。特書以見例。

丙午，及荀庚盟。爲鞌戰。晉、衛皆來聘，何以不同日盟？尊二伯，故先之。別尊卑、明貴賤，春秋之大義也。王制：「次國之上卿，位當大國之中，中當其下，下當其上大夫。」**疏**庚，林父子中行宣子。

丁未，及孫良夫盟。春秋決嫌明疑，晉大衛小，晉卿先於衛是也。特以大國之大夫與次國之上卿相比，尊卑同也。尊卑同，則得以大國先之，特相比以見例。

其日，據來盟不日。**公也。**據盟日皆公。**來聘，**據前宣盟直言來盟。此先出來聘，明正爲聘使。**而求盟。**此遂事也。知求盟者，聘先盟後，事由外起也。**疏**公羊：「聘而言盟者，尋舊盟也。」二國本有盟，因聘尋求盟耳。

不言及者，據前宣言來盟，不言及。**以國與之也。**前定，如一國之人皆盟之。**不言其人，**據聘、盟言及不言人。**亦以國與之也。**聘、盟之例，亦如來盟，前定也。**不言求，**據陳言「乞盟」也。**兩欲之也。**時晉、衛勝齊伐鄭，齊侯自治，懼而求盟。

鄭伐許。狄鄭也，不正其一年再伐許。前與楚伐衛喪，與夷狄交伐中國也。於此狄者，偹襄公事也，起悼公三伐、揚父惡。

四年

春，宋公使華元來聘。華，世卿也。魯、鄭公族世卿皆詳公子公孫者，明其世系。宋華、樂、宣、皇不言公子公孫者，戴公之後，在春秋初也。魚、向、蕩，桓公之後；桓族必不書，故異姓畧之也。

三月壬申，鄭伯堅卒。疏 鄭世家：「十八年襄公卒，子悼公潰立。」

杞伯來朝。禮：五年一朝。志者，不合五年之數。

夏，四月甲寅，臧孫許卒。日卒，正也。臧孫，大夫也。卒者，賢之。日者，亦賢之也。疏〔一〕子紇繼立。

公如晉。年表：「公如晉，晉不敬。公怒去，背晉合于楚。」

葬鄭襄公。疏 鄭世家：「悼公元年，鄦公惡鄭於楚，悼公使弟睔于楚自訟。訟不直，楚因睔。於是鄭悼公來與晉平，遂親。睔私于楚子反，子反言歸睔于鄭。」

秋，公至自晉。

冬，城鄆。劉子云：「城，以强私家。」

鄭伯伐許。三伐許矣。鄭在喪不稱子者，春秋伯、子、男爲一等。鄭以「伯」爲方伯，貴賤相嫌，故不稱鄭子。在喪不能改父之惡，復用師伐許，諸侯怒而憎之，懼而爲蟲牢之盟。疏 五經異義：公羊以不言「子」爲譏；左氏以不言

〔一〕「疏」，原作「〇」，據本書體例改。

「子」爲王事。許從左氏，鄭從公羊。紛紛争辨，皆非也。公羊鄭忽傳「貴賤不嫌」（句）、「同辭」（句），本明鄭在喪不稱子義。説公羊自董子以下皆誤解，故許據公羊説異義所引，皆後來師説，多失本義。如以穀梁爲夏田、公羊夏不田之類是也。今皆明本義以正之。

五年年表：「鄭悼公元年，公如楚。」

春，王正月，杞叔姬來歸。大戴本命：「婦有七去：不順父母去，爲其逆德也。無子去，爲其絶世也。淫去，爲其亂族也。妒去，爲其亂家也。有惡疾去，爲其不可與共粢盛也。口多言去，爲其離親也。盗竊去，爲其亂義也。」禮雜記：「諸侯出夫人，夫人比至于其國，以夫人之禮行。使者曰：『寡君不敏，不能從而事社稷宗廟，使臣某敢告于執事。』主人對曰：『某之子不肖，不敢避誅，敢不敬須以俟命〔一〕。』使者退〔二〕，主人拜送之。如舅在，稱舅；舅没，稱兄；無兄，則稱於主人之辭曰『某之子不肖』，如姑姊妹皆稱之。」班氏説：「出婦之義，必接以賓客之禮，君子絶愈于小人之交。詩云：『薄送我畿。』」鄭君説：「嫁于天子，雖失禮，無出道，遠之而已。」天子諸侯無子不出。

婦人之義，嫁曰歸，以夫爲家，專其志也。**反曰來歸。**諱出言歸，明絶于夫家。外出言歸，夫人歸于齊是也。

〔一〕「俟」，原作「傷」，日新本、鴻寶本同，此據禮記雜記改。

〔二〕「退」，原作「迎」，日新本、鴻寶本同，此據禮記雜記改。

仲孫蔑如宋。劉子云：「蔑專會。」**疏** 報前聘。書，以明下伐。大夫如宋二。

夏，叔孫僑如會晉荀首于穀。劉子云：「首專會。」方見荀庚，又言荀首。荀氏有二大夫矣。**疏** 荀首一見。荀首，林父弟，別食知邑，其後爲知氏。

梁山崩。劉子云：「山者，陽之位，君之象也。水者，陰之表，民之象也。崩者，壞沮也；壅者，不得其所也。天戒若曰：人君擁威重，道將崩壞，下亂，百姓將失其所矣。哭，然後流，喪亡象也。梁山在晉地，自晉始而及天下也。後晉暴殺三卿，厲公以弒，溴梁之會，諸侯大夫皆執國政，其後孫、甯出衛獻，三家逐魯昭，單、尹亂王室。」穀梁集解引許慎說：「山者，陽位，君之象也，象君權壞。」此爲晉記災也。不言晉，爲天下記災，名山大川不以封也。此與日食、地震同義。

不日，何也？據沙鹿崩言日。**高者，有崩道也。**沙鹿卑陷乃日。**有崩道，則何以書也？**山崩常事。**曰：梁山崩，**公羊：「梁山者，河上之山〔一〕。」**壅遏河三日不流。**班氏說：「穀梁傳：『壅河三日不流，晉君率羣臣哭之〔二〕，乃流。』」按：此記災也，故不日。**晉君召伯尊而問焉**〔三〕。**伯尊來，遇輦者，輦者不辟，**王制云：「道路，男子由右，婦人由左，車從中央。父之齒隨行，兄之齒雁行，朋友不相踰。輕任

〔一〕「河」，原作「梁」，據公羊傳、日新本、鴻寶本改。
〔二〕「羣臣」，原倒作「臣羣」，日新本同，此據漢書五行志、鴻寶本乙正。
〔三〕「君」，原作「侯」，日新本、鴻寶本同，此據傳文改。

并，重任分，斑白者不提挈〔一〕。君子耆老不徒行，庶人耆老不徒食。」**使車右下而鞭之，輦者曰：「所以鞭我者，其取道遠矣。」**言本欲速，今下車鞭人，則失時。若以鞭人時行路，雖不辟而取道可遠。**疏**韓詩外傳有「不知事而行可乎」七字。**伯尊下車而問焉。**因其言異，敬而問之。**曰：「子有聞乎？」對曰：「梁山崩，壅遏河三日不流。」**從晉來，知其事。**伯尊曰：「君爲此召我也，爲之奈何？」**問禳禱之術。**輦者曰：「天有山，天崩之；天有河，天壅之。**言此者，主天也。春秋記災，明天道以正人事也。凡記災，皆爲天也。**雖召伯尊，如之何？」伯尊由忠問焉。**韓詩「忠」作「私」。前不告者，辟人也。**輦者曰：「君親素縞，**降服也，有災則降服。**帥羣臣而哭之，**哭之，則憂災。**既而祠焉，**祠之，則有禮。**斯流矣。」**神感而河自流。**伯尊至，君問之，曰：「梁山崩，壅遏河三日不流，爲之奈何？」伯尊曰：「君親素縞，帥羣臣而哭之，既而祠焉，斯流矣。」**年表：「梁山崩，伯宗隱其人而用其言。」劉子云：「四瀆者，何謂也？江、河、淮、濟。四瀆何以視諸侯？能蕩滌垢濁焉，能通百川于海焉，能雲雨千里焉，爲施甚大，故視諸侯也。山川何視子、男也？能出物焉，能潤澤焉，能生雲雨，爲功多，然品類以百數，故視子、男也。」**孔子聞之曰：「伯尊其無績乎？攘善也。」**譏其不薦輦者也。**疏**績，或作「續」，韓詩作「後」，韓詩曰：「君問伯尊，何以知之？伯尊不言受輦者，詐以自知。」

〔一〕「斑」，原作「班」，日新本同，據王制、鴻寶本改。

秋，大水。劉子云：「時成公幼弱，政在大夫，前者一年再用師，明年復城鄆以强私家。仲孫蔑、叔孫僑如顓會宋、晉，陰勝陽。」

冬，十一月己酉，天王崩。不葬者，不危也。**疏**周本紀：「定王二十一年崩，子簡王夷立。」按：定王二十一年，五記王朝事，一稱天王。

十有二月己丑，公會晉侯、齊侯、宋公、衛侯、鄭伯、曹伯、邾子、杞伯，同盟于蟲牢。晉同盟始此。同盟，所以外楚。然則，兩伯之辭也。何以兩見晉、齊？晉主盟而齊來受盟，則齊非二伯矣。齊非二伯，何以叙諸侯之上？貴者無後，待之以初，存齊爲伯之辭也。鄭伐許，諸侯憎惡，故爲此盟。齊下於晉，故來盟。春秋無二伯相會盟正辭，晉、齊相會者，齊已失伯；晉、楚相見者，楚非正伯也。**疏**據左傳，此會當無宋公。左傳經亦有，當同誤衍。

六年年表：周簡王元年。據左氏、世家，此年晉遷于新田。不書，外遷不書。凡書者，皆有所起。

春，王正月，公至自會。月者，公出在外，聞天王喪，不急奔弔，乃安然反國，有危道也。

二月辛巳，立武宮。魯五廟，舊典也。立者，别爲之，不在五廟内，故有别祭。

立者，據「立」篡國辭。**不宜立也。**舊説：武公之廟毁久矣，故傳曰「不宜立也」。宗廟之事，名器所重，非禮者皆日。功築不日，日者，謹之甚，大惡也。

取鄟。鄟，青州連帥。公羊以爲邾邑，當是邾屬。經見二十一連帥，故書之。**疏**不日者，内之小國也。

鄟，不知國、邑。**國也。**據取繒，知國。内諱滅國言「取」。**疏**左氏云：「取鄟，言易也。」與傳同。公羊以爲邾邑，疑邾屬國。

衛孫良夫帥師侵宋。晉爲蟲牢之盟，宋辭以難，故晉、衛侵之。侵有晉、鄭、夷狄，但目衛者，與下相起。**疏**左傳：「蟲牢之盟，宋公使向爲人辭以難。三月，晉伯宗、夏陽説、衛孫良夫、甯相、鄭人、伊雒之戎、陸渾、蠻氏侵宋。」據此，是諸侯之侵宋有戎狄也。善事則舉中國，如衛是也。惡事則舉夷狄，如戎狄諸侵伐是也。

夏，六月，邾子來朝。朝，時；此其月者，爲天王喪也。有天王及父母之喪，不行嘉禮。兵事危，不譏，吉禮乃譏；又不能偏譏，譏一以起其餘也。

公孫嬰齊如晉。不如京師弔葬而如晉，不貶絶而罪惡見。**疏**左傳：「如晉受命伐宋。」

壬申，鄭伯費卒。不葬者，其父前與楚伐人喪，故楚今亦伐其喪。因有師，去其葬。父伐喪，去其子葬者，國君一體也。

秋，仲孫蔑、叔孫僑如帥師侵宋。蔑前聘宋，因宋辭蟲牢之盟，故晉使侵宋。魯、衛同伐宋矣。**疏**同倫相介，譏。此何以不言譏？軍制也。軍制何以見二卿？二卿二軍，一言以示例也。鞌之戰，言四大夫，此何以言二卿？不言佐也。鞌言季孫、叔孫，此何以言仲、叔？曰：一子守，二子從。三卿可以皆將，不必司徒居守也。

楚公子嬰齊帥師伐鄭。前鄭與楚伐衛喪，今楚亦伐其喪，故不葬。春秋未葬，以前爲伐喪；既葬，不以伐喪言之。此去葬，明被伐時未葬。**疏**楚大夫帥師始此。成世，楚伐鄭三見，二臣一君。

冬，季孫行父如晉。爲賀遷也。言此，以明事大國之禮。**疏**左：「賀遷也。」

晉欒書帥師救鄭。善之者，楚伐鄭喪，晉有憂中國之志，救之，不求勝楚。晉三軍六卿，獨目欒書者，中軍帥，舉重也。**疏**年表：「使欒書救鄭，遂侵蔡。」左傳：「欒書救鄭，楚師還，晉師亦還。」

七年年表：「晉以巫臣始通于吴而謀楚。」

春，王正月，鼷鼠食郊牛角。〔一〕劉子云：「近青祥，亦牛𡇼也，不敬而區霿之所致也。昔周公制禮樂，成周道，故成王命魯郊祀上帝，以尊周公。至成公時，三家始專政，魯將從此衰。天愍周公之德，痛其將有敗亡之禍，故于將祭而見戒云。鼠，小蟲，性盜竊；鼷，又其小者也。牛，大畜，祭天尊物也。角，兵象，在上，君威也。鼠食至尊之牛角，象〔二〕季氏乃陪臣盜竊之人，將執以傷君威而害周公之祀也。改卜，鼷鼠又食其角，天重之語也。成公怠慢昏亂，遂君臣更執于晉。至于襄公，晉爲溴梁之會，天下大夫皆奪君政。其後三家逐昭公，卒死于外，幾絶周公之祀。」

不言日，據口傷言「之」。日，當作「之」。**急辭也；**據言「之」緩辭。**過有司也。**備災不盡。牛自傷，不由鼷食，故言「之」以免有司之過也。言過者，小失也。**郊牛日展斛角而知傷，展道盡矣，**祭義：「古者天子

〔一〕「牛角」下原衍「改卜牛鼷鼠又食其角乃免牛」十二字，日新本、鴻寶本同，此據阮刻本經文删。

〔二〕自「鼷又其」至「牛角象」，原作「鼷鼠食至尊之牛角，物也。角，兵象，在上，君威也。又其小者也。牛，大畜，祭天尊物也」。日新本、鴻寶本同，前後互錯，此據漢書五行志改。

諸侯必有養獸之官。及歲時，齊戒沐浴而躬朝之，犧牷祭牲必於是取之，敬之至也〔一〕。君召牛，納而視之，擇其毛而卜之，吉然後養之。君皮弁、素積，朔月、月半，君巡牲，所以致力，孝之至也。」**其所以備災之道不盡也。**有司展祭牛而即知傷，是展祭之道盡，不能防災禦患，致使牛傷，故言「之」以顯有司之過。

改卜牛，鼷鼠又食其角。

又，據上食不言「又」。**有繼之辭也。**據「又雩」繼上辛雩。已食、再食，故言又。**其，**據上言「郊牛角」，此言「其」。**緩辭也。**與言「之」同。言郊牛急，當改牛。**曰：亡乎人矣，**言災出非常，乃人君之所致；全由天生，非人力所能挽。**非人之所能也**〔二〕。乃天災，備之已盡，猶如此。**所以免有司之過也。**初食由不謹，後食乃天災，所以免有司之過，專責君也。

乃免牛。此不以郊爲譏，喪不廢郊，敬天之至，不敢以家事辭也。

乃者，據改卜牛不言「乃」。**亡乎人之辭也。**據「乃」難辭，原其事于天，非人力。**免牲者，爲之緇衣纁裳，**君爲緇衣纁裳，降服也。**有司玄端，**三卿也。玄端，亦懼災之意。**奉送至于南郊，**南郊者，郊天之地也。送牛于此，亦反之于天，示不敢專也。此卜郊不吉，不郊，乃免牲之禮。**免牛亦然。**牛雖傷，亦于南郊免之，敬之

〔一〕「敬」，原作「孝」，日新本、鴻寶本同，此據禮記祭義改。
〔二〕「也」，原作「矣」，日新本、鴻寶本同，此據傳文改。

至也。**免牲不曰不郊，**免牲可言。不郊，近于不敬；言免牲，則不郊見。**疏**據牛死言不郊。僖三十一年、哀元年，皆亦不言郊。**免牛亦然。**說詳僖三十一年。

吳伐郯。書此，見吳之侵中國也。郯伯姬，魯婚姻之國，吳伐之而從吳。下晉人來伐，討其從吳也。**疏**夷狄伐小國不書。書者，爲下諸侯伐郯。地理志東海郯下云：「故國，少昊後，盈姓。」左傳：「季文子曰：『中國不振旅，蠻夷入伐而莫之或恤，無弔者也。』」

夏，五月，曹伯來朝。朝，時；此其月者，天王喪未再祥也。諸侯爲天子斬衰三年，衰麻而行吉禮，非也。

不郊，猶三望。免牛不言不郊。言者，爲三望起。「猶」者，可以已之辭也。

秋，楚公子嬰齊帥師伐鄭。再伐鄭。時陳、蔡、許從楚伐鄭，不叙三國者，爲中國諱也。楚稱「王子」，經書公子者，從我言之。此中外異名例。

公會晉侯、齊侯、宋公、衛侯、曹伯、莒子、邾子、杞伯救鄭。此齊侯從晉侯伐之始，以方伯從二伯也。去年救獨言欒書；此諸侯同至，大之也，故鄭服而以會致。

八月戊辰，同盟于馬陵。晉、齊同盟再見矣。進邾、莒，杞始列會盟。時晉屬齊、魯、衛、鄭；楚屬秦、陳、蔡、吳。言「同」，以外楚也。**疏**以前小國不叙莒，至此乃叙莒，故左傳以「莒服」言之。六卒正見會盟有次序也。

公至自會。以會致者，重同盟。

吳入州來。書此，見吳之叛楚也。州來，徐州國，舊屬于楚，吳强而取之。所謂蠻夷屬于楚者，吳盡取之，巫臣之謀也。以下楚爲吴所弱。後吴以州來遷蔡，故經以蔡爲徐州伯，以夷狄待之，不與同盟也。

冬，大雩。

雩不月而時，據八、九月。言秋者，七月。**非之也。**譏不時，故以時見。**冬無爲雩也。**説詳定元年。

衛孫林父出奔晉。劉子云：「定公惡林父，林父奔晉。」**疏**此以戚奔也。不言以邑叛，爲晉、衛諱。據世家、左傳皆言以地。按：林父，良夫子，謚文子。左傳曰：「是先君宗卿之嗣也。」孔疏：「武公至林父八世。」

八年

春，晉侯使韓穿來言汶陽之田，歸之于齊。劉子云：「齊侯敗搴之後，弔死問疾，七年不飲酒、不食肉，外金石絲竹之聲，遠婦女之色〔一〕，出會與盟，下諸侯，國家内得行仁義，聲聞震乎諸侯，所亡之地，弗求而自爲來，尊寵不武而得之。可謂能詘免變化以致之。故福生隱約，而禍生于得意，此得失之效也〔二〕。」**疏**按：韓氏始見，後分晉國。藝文類聚引劉子誡子書云：「董生有云：『弔者在門，賀者在閭。』言有憂則恐懼敬事，敬事則必有善功而福至也。又云：『賀者在門，弔者在閭。』言受福則驕奢，驕奢則禍至，故弔隨而來。齊頃公之始，藉霸者餘威，輕侮諸侯，虧蹇跛之

〔一〕「婦」，原作「好」，日新本、鴻寶本同，此據説苑敬慎篇改。

〔二〕「效」，原作「致」，日新本、鴻寶本同，此據説苑敬慎篇改。

客，故被寠之禍，遁服而亡，所謂『賀者在門，弔者在閭』也。兵敗師破，皆弔之。恐懼自新，百姓愛之，諸侯皆歸其所奪之邑，所謂『弔者在門，賀者在閭』也。」

于齊，緩辭也； 言「之」，皆緩辭。晉以田歸齊者，齊爲方伯，有功，則二伯得加地，取于閒田以禄之。二伯相敵，則無此辭。**不使盡我也。** 爲之請歸，不使晉制命于我，故以緩辭言「之」。**疏**成世言晉大夫，一姓皆同時見二人或三人，惟韓見一人而已。

晉欒書帥師侵蔡。 據左傳，時有侵楚、侵沈之事。不書者，辟獲。**疏**從此至襄八年，間十八年乃見書被侵，不記別事。左傳：「侵蔡，遂侵楚，獲申驪。楚師之還也，獲沈子楫。」

公孫嬰齊如莒。 聘而娶也。魯聘屬國，如二伯聘魯儀。**疏**左傳：「逆也。」

宋公使華元來聘。 謀婚事。婚禮有六，經見納幣、親迎而已，餘不見者，畧之。此何見來聘？詳録伯姬也。**疏**華氏始于桓二年，終于昭二十二年，世執國政，宋族之最久者。華聘已定，事已成矣，更使壽納幣，明非重事。壽未爲卿，亦以此起之。

夏，宋公使公孫壽來納幣。 壽，桓公孫，蕩意諸父，蕩伯姬之孫也。讓卿于子，何以書？來納幣，賢之也。宋不見公子、公孫，此何以獨見壽者？以見公孫壽之父子之賢也。壽讓位于其子以存宗，蕩意諸能死事，父子皆賢，壽讓尤美，故賢之。如衛專〔二〕、魯叔肸皆以不爲卿而見經也。賢者子孫宜有後，澤覆其宗，故春秋爲之諱，不氏「蕩」也。**疏**班氏說：「人君及宗子無父母，自定娶者，卑不主尊，賤不主貴，故自定之也。昏禮經曰：『親皆没，己躬命之。』」納幣使大夫，正也。稱使，諸侯之婚自主之。納幣不書，書者，詳録伯姬也〔三〕。劉子說：「婚禮不稱主人。」諸女之辭，託之于母與公族。而經目宋公使命，辭窮，必託之君也。紀履緰不言「使」者，小國不言使。同姓見二卿。

晉殺其大夫趙同、趙括。 劉子云：「屠岸賈得幸于靈公。景公時，賈爲司寇，欲討靈公之賊。盾已死，欲誅盾之子趙朔。曰：『盾雖不知，猶有賊首。賊臣弑君，子孫在朝，何以懲罪？請誅之。』韓厥曰：『靈公遇弑，盾在外，先君以爲無罪，故不誅。今將誅其後，是非先君意而妄誅之，謂之亂臣。有大事而君不聞，是無君也。』賈不聽，厥告朔趣亡，朔不肯，曰：『子不絶趙嗣，予死不恨。』厥諾，稱疾不出。賈不請，擅與諸將攻趙氏于下宮，殺趙朔等，皆滅其族。趙朔妻，成公姊，有遺腹，走公宮匿。」 **疏**晉世家：「誅趙同、趙括，族滅之。韓厥曰：『趙衰、趙盾之功豈可忘乎？奈何絶祀？』乃復令趙庶子武爲趙後，復與之邑。」按：趙世家說與劉子同。晉世家同左傳，以朔早死，殺者同、括。趙世家以爲有朔，則經無緣不書。是晉世家得其實，趙世家爲趙史之文，虚美諱惡，事不足據也。

秋，七月，天子使召伯來錫公命。 公立已八年，來錫命者，因事加服。經三見錫命，一初立、一追命、及此是也。

〔二〕「專」，原作「孫鱄」，日新本、鴻寶本同，此據經傳文改。
〔三〕「也」下，日新本、鴻寶本並有「因其詳之，所以書者也」九字。

禮有受命，無來錫命。錫命，非正也。曰天子，何也？據言天王。**曰：見一稱也**〔一〕**。**公羊傳曰：「元年春，王正月，正也。其餘皆通矣。」傳曰：「獨陰不生，獨陽不生，獨天不生，三合焉然後生。故曰母之子也可，天之子也可。尊者取尊稱焉，卑者取卑稱焉。」班氏説：「或稱天子、或稱帝王何？以爲接上稱天子者，明以爵事天也。接下稱帝王者，明位號天下至尊之稱，以號命臣下也。」又云：「天子者，爵稱也。爵所以稱天子者，王者父天母地，爲天之子也。帝王之德有優劣，所以俱稱天子者，以其俱命于天而主治五千里以内也。」天子始終于此〔二〕，故見一稱也。

冬，十月癸卯，杞叔姬卒。書者，女子大歸喪與未嫁同服期，且因歸喪猶氏杞者，見從一而終之義。

晉侯使士燮來聘。此伐郯爾，因其過我，故言聘，如因伐秦而朝京師者然。晉、郯相去千餘里，主將士燮不能伐。聘後帥師，在一時之内。

叔孫僑如會晉士燮、齊人、邾人伐郯。齊稱人，避士燮之尊。郯在魯東，小國，晉無緣伐之。伐之者，以吴故。郯從吴，爲魯患，魯畏吴，告于晉，合諸侯而伐郯以擯吴也。故前書吴伐，不然，則夷狄伐小國不書也。**疏**晉始通吴，欲以弊楚；吴强，亦自忌之，故郯小國亦争之。

〔一〕「稱」，原作「尊」，日新本、鴻寶本同，此據傳文改。

〔二〕「天子」，原作「天王」，日新本、鴻寶本同，據本傳，當作「天子」。且下經襄三十年書「天王殺其弟佞夫」，亦不合「始終于此」之義。

衛人來媵。傳曰：「一人有子，三人緩帶。」案：媵以三女備姪娣。班氏說：「取兩娣，異氣也。娶三國女何？廣異類也。恐一國血脈相似，俱無子也。二國來媵，誰爲尊者？大國爲尊。國同以德，德同以色。所以不聘妾者，人有子孫，欲尊之，義不可求人爲賤。春秋書『來媵』。可求人爲士，不可求人爲妾。士，即尊之漸，次不止于士；妾雖賢，不得爲嫡。」**疏**春秋内衛，首目之。同姓魯、衛最親。凡諸侯之事多目舉親，故媵則首衛也。

媵，淺事也，不志。據杞伯以下皆不志。**此其志，何也？以伯姬之不得其所，故盡其事也。**不得其所，謂災死，賢伯姬死得其所，故盡録之。女惟伯姬適大國王後，故詳録之。**疏**嫁一女而三國來媵。一嫁事而十七書之，使春秋盡録當日之事，豈當千萬倍于此？于此見春秋削者多矣。

九年

春，王正月，杞伯來逆叔姬之喪以歸。言歸者，明前見出于杞。叔姬不再繫杞者，統于夫，言杞伯可知。公羊：「杞伯何爲來逆叔姬之喪？內辭也。脅而歸之也。」

傳曰：此傳亦專説杞伯姬，非總例。蓋大傳有綱領，亦有細節，非一本也。**「夫無逆出妻之喪而爲之也。」**爲，爲之服。禮：出妻不歸，葬不服。今既迎喪，則必爲之服，違禮傷教。書杞伯來，見其脅于魯，躬自逆，所以深責之。

公會晉侯、齊侯、宋公、衛侯、鄭伯、曹伯、莒子、杞伯，同盟于蒲。同者，外楚。外楚者，以楚爲二伯，故外之。以晉獨主中國，晉爲主，齊、魯、衛、鄭來盟，中國皆在是也。**疏** 蒲，衛邑。伯者會盟諸侯，不敢有其地；而有主文，以二伯尊承天子也。非王事，乃有以地主見者。

公至自會。 凡盟，皆爲有貳者。因汶陽田，故諸侯貳，故爲此會，以尋馬陵之盟。將會吴人，吴人不至。

二月，伯姬歸于宋。 不言逆，逆者微。履綸書者，一見不再見。月者，詳録伯姬。伯姬賢而不得其所，故詳録之，且以明詳畧例也。

夏，季孫行父如宋致女。 劉子云：「伯姬者，魯宣公女，成公妹也。其母曰繆姜，嫁伯姬于宋。恭公不親迎，伯姬迫于父母之命而行。既入宋，三月廟見，當行夫婦之道。伯姬以恭公不親迎，故不肯聽。宋人告魯，魯使大夫季文子于宋，致命于伯姬。還，復命，公享之。繆姜出于房，再拜曰：『大夫勤勞于遠道，辱送小子，不忘先君以及後嗣，使地下而有知，先君猶有望也，敢再拜大夫之辱。』」**疏** 按：女者，在塗之稱。女已嫁三月，猶言女者，見伯姬不行夫婦之禮。班氏說：「娶妻不先告廟者，示不必安也。昏禮請期，不敢必也。婦入三月然後祭于廟，舅姑既没，亦三月然後奠菜于廟。三月一時，物有成者，人之善惡可得知也。然後可得事宗廟之禮。曾子問曰：『女未廟見，死，歸葬於女氏之黨，示未成婦也。』」左氏說：天子諸侯不親迎。今學主親迎也。

致者， 據內女獨此言致。**不致者也。** 據「用致夫人」。**疏** 左氏有致女禮，當以補禮經之闕。蓋女嫁三月廟見，成婦于夫家，則女家自當使人往致命。且三月不廟見，則女子當反，亦必有人往受之。此所以有致禮。但雖有其禮，而經不書。書者，則爲變也。**婦人在家制於父，既嫁制於夫。** 伯姬已嫁，當制于夫，不當以父制之。

如宋致女，致，致命也。如宋致命，已嫁猶以父命制也。**是以我盡之也。**宋公前失禮，宜自責以解於伯姬。不以夫禮臨之，乃求解於魯，宋公失夫道，魯失父道。**不正，故不與内稱也。**内稱，謂言伯姬。外乃稱女，言女，起不廟見。不言伯姬，不使内得制之。**逆者微，故致女。**明致爲不親迎。**詳其事，賢伯姬也。**劉子云：「夫婦者，人倫之始也，不可不正也。傳曰：『正其本則萬物理，失之毫釐，差之千里。』是以本立而道生，源始而流清。』故嫁娶者，所以傳重承業，繼續先祖，爲宗廟主也。夫家輕禮違制，不可以行。」

晉人來媵。晉者，同姓之大國。言親則舉衛，言大則舉晉，一定之辭也。伯姬一事詳録中國諸侯。夫家，王後；母家，魯。媵者，二伯大國與親者之衛。同盟國晉、齊、宋、魯、衛皆在此，所以詳録伯姬之辭，如碩人之詩矣。**疏**伯姬已行，乃來媵，待年於父母國之禮。

媵，淺事也，不志。此其志，何也？以伯姬之不得其所，故盡其事也。嫁後來媵，所謂待年者也。先以名通，待年於夫人父母之國。此不同行，是嫁時不定同往。晉，同姓國。**疏**再發傳者，時在嫁後，嫌義異，又以同姓故。

秋，七月丙子，齊侯無野卒。**疏**齊世家：「頃公朝晉而歸，弛苑囿，薄賦斂，振孤問疾，虚積聚以救民，民亦大説。厚禮諸侯。竟頃公卒，百姓附，諸侯不犯〔一〕。十七年，頃公卒，子靈公環立。」

〔一〕「犯」下原衍「者」字，日新本、鴻寶本同，此據史記齊世家删。

晉人執鄭伯。爲鄭伯會楚子成於鄧。不言「以歸」者，鄭伯如晉，在晉執之，與在會伐者不同。**疏**鄭世家：「成公三年，楚共王曰『鄭成公孤有德焉』，使人來與盟。成公私與盟。秋，成公朝晉，晉曰『鄭私平于楚』，執之。使欒書伐鄭。」

晉欒書帥師伐鄭。欒書再帥師，不以諸侯從之者，亦狄之如楚。大夫執人君以伐人國，如夷狄也。**疏**年表：「晉執鄭成公，伐鄭。」

不言戰以，鄭伯也。據楚「執宋公以伐宋」言「以」。爲晉諱，不言「以」。**疏**伐不言戰，「戰」蓋衍字。「伯」下當有「諱」字，誤脱耳。**爲尊者諱耻，**尊，謂周也。春秋尊周，傳曰：「尊者諱敵不諱敗。」耻，猶敵也。不尊則不諱耻。**爲賢者諱過，**春秋賢二伯。賢，謂二伯也。過，謂過行，非賢所宜有。楚言「以」，晉不言「以」，楚，夷狄；晉，二伯也。晉賢，故春秋升之爲二伯，有過失則諱之。此惡事，故不言也。**爲親者諱疾。**春秋親魯。親，謂魯也。傳曰：「親者諱敗不諱敵。」疾，猶病也，謂辱也。**疏**晉爲賢，鄭在中國，又同姓，亦親例也。

冬，十有一月，葬齊頃公。齊葬例日，月者，從方伯例，爲搴戰受盟朝晉、楚，貶爲方伯也。春秋以葬起其國之尊卑。

楚公子嬰齊帥師伐莒。庚申，莒潰。不言入莒而反云莒潰，自潰之辭，如梁亡、鄭棄其師。

其日，據沈潰不日。**莒雖夷狄，**據稱子、不葬、無謚，又不言朝。**疏**左氏以莒爲夷狄。**猶中國也。**爲魯屬國，會盟不殊，春秋待之如中國。**大夫潰莒而之楚，**潰者，上下不相得、魚爛之詞。楚師方來，莒臣叛而奔楚，莫與楚門。**是以叛其上爲事也**〔一〕。潰，叛也。國曰潰，邑曰叛。國有難，臣當效死勿去。安食其食，有難而叛之，失臣道矣。**疏**據左氏，莒因「城惡」爲楚所入，非大夫叛莒從楚。經言「潰」，傳以「叛上」爲説者，惡其無備，故加叛辭，以爲惟欲叛上從夷狄，乃可以不自備耳，所以深惡之也。**惡之，**惡莒大夫無臣道，**故謹而日之也。**中國潰，日；外夷潰，不日。莒日潰，以中國待之。

楚人入鄆。鄆，内邑，時爲莒有。經不許莒有，仍用内辭，如莒鄆爲内邑、楚因伐莒之師入鄆者然。以鄆爲屬莒，當言「遂」，不再出「楚人」，所以爲内諱也。

秦人、白狄伐晉。不言「及」，秦，狄也。晉前同白狄伐秦，不言「及」，狄晉也。**疏**侵伐多有戎狄，經多畧之不言，此爲一見例。

鄭人圍許。時鄭伯執于晉，伐許以示不急君，則公孫申之謀也。

城中城。春秋兩言「城中城」，皆脩魯國城。

城中城者，非外民也。據城西郛，知中城非外邑。因畏楚師，城内城爲自固計。城中城，是有棄外城之志，不知愛民以自强，恃城自固，故非其外民。

〔一〕「叛」，傳文作「知」，廖疏以「叛」爲説，故不改。

十年年表：齊靈公元年。

春，衛侯之弟黑背帥師侵鄭。晉命也。稱弟者，内衛例。春秋方伯從楚，唯蔡最深。唯衛專心事晉，不從夷狄。故春秋内衛而惡蔡也。内衛，故稱弟，嘉其能外楚也。**疏**或云，黑背，公孫剽之父也。其父專兵，其子行弒。此春秋之先見，故盡其親以譏之。凡稱弟兄之例，惟衛一言兄、兩言弟，齊一見年，陳一見黃，宋一見辰，秦一見鍼，鄭一見夷。大國晉、外方伯蔡、吳、楚暨小國皆無之。

夏，四月，五卜郊，不從，乃不郊。郊特牲：「卜郊，受命於祖廟，作龜於禰宫，尊祖親考之義也〔一〕。卜之日，王立于澤，親聽誓命，受教諫之義也。獻命庫門之内，戒百官也。大廟之命，戒百姓也。」春秋魯郊，非禮也。不加譏貶者，不待貶絶而罪惡見者也。王制曰：「天子祭天地，諸侯祭社稷，大夫祭五祀。天子祭天下名山大川，五嶽視三公，四瀆視諸侯。諸侯祀名山大川之在其地者。」據此知春秋不許魯郊也。或曰「魯，天子之禮，成王賜周公」者，此别説，非春秋義也。何以言之？成王賜天子禮樂，當全賜之，今以爲譏六羽而許郊天，是許其大而吝其細也。郊，大事，不待貶絶而罪惡見。六羽，小事，必貶絶而後罪惡見。以不許六佾之僭，知不許郊天之僭也。曰：郊既以不譏爲譏，而郊之失禮復有譏文，似乎惟譏失禮而不譏得禮。曰：非也。郊而得禮，祀天嚴肅，雖僭，猶敬；郊而失禮，僭又不敬，故重譏之，

〔一〕「考」，原作「親」，日新本、鴻寶本同，此據禮記郊特牲改。

所謂重罪也。春秋此爲一大例，所謂不待貶絶不勝譏者是也。 **疏** 王亦卜者〔一〕，禮意甯，有示不敢專耳。

夏四月，不時也。 郊，春事；四月，不時。 **五卜，** 據禮，卜以三爲制。五卜已入五月，猶繫四月者，卜月也。 **强也。** 不吉而强卜，至于五。 **乃者，亡乎人之辭也。** 言其卜多，志在必郊，至于五卜乃止，此亦天止之，非人力也。

五月，公會晉侯、齊侯、宋公、衛侯、曹伯伐鄭。 齊世子光稱世子，此何以稱晉侯？以爲晉侯獳也。州蒲已立爲君，何以仍繫之景公？不許州蒲得立之辭。國有大事，君不能行事，子奉君命攝行，如王世子，可也。晉侯有疾，世子當侍疾，不得出伐鄭，又非急事。有君更立君，失君臣父子之道，大惡，故正絶，不使州蒲以子代父。然則何以見其義？景公之不葬，所以絶州蒲也。伐，不月。月者，謹之也。晉前執人君，伐人國，今又立太子，急伐以求利，大惡，月以起之也。 **疏** 鄭世家：「四年春，鄭患晉圍，公子如乃立成公庶兄繻爲君。其四月，晉聞鄭立君，乃歸成公。鄭人聞成公歸，亦弒君繻，迎成公。晉兵去。」

齊人來媵。 齊，大國，異姓來媵，夸美之辭。三媵十二女，非諸侯之制，經何以言之？但言來媵于我，不必其如宋也。且宋，王後也，用其禮樂，備十二女之文，亦可也。 **疏** 齊女媵敬嬴異姓，齊亦異姓。伯姬歸宋一年，始來媵，此不從適待年者。

〔一〕「王」，原作「五」，據日新本、鴻寶本改。

丙午，晉侯獳卒。 按：卒無月，不葬者，因太子代爲君，絶之，且爲公在晉送葬諱之，故不葬也。**疏**晉世家：「十九年夏，景公病，立其太子壽曼爲君〔一〕，是爲厲公。後月餘，景公卒。」

秋，七月，公如晉。 月者，討在晉久，起送葬也。方伯爲二伯，禮得送葬。因諸侯不在，故言月以謹之。

冬，十月。 冬，葬晉景公。不書者，爲公送葬諱。**疏**魯世家：「十年，成公如晉。景公卒，固留成公送葬，魯諱之。」

十有一年年表：晉厲公壽曼元年。

春，王三月，公至自晉。 傳曰：「中國不存公。如，往，月；致，月，危之也。」公如晉，困于喪事，九月乃得歸。危之，故皆月，且以起病辱。

晉侯使郤犨來聘。己丑，及郤犨盟。 厲公新立，使卿出列盟諸侯，使不貳事于盟，而脩先君之好。先聘而後盟。在喪盟聘不譏者，不親出，且王事也。**疏**郤犨，起下殺。

夏，季孫行父如晉。 報郤犨聘。

秋，叔孫僑如如齊。 齊已降，公不如齊，大夫何以書如齊？大夫如，不皆大國，不嫌也。此爲公謀婚，起通穆姜結

〔一〕「壽曼爲君」下，原重出「壽曼爲君」四字，日新本、鴻寶本同，據晉世家删。

齊歡，將以逐季、孟也。**疏**僑如後奔齊，以此起之。

冬，十月。宋世家：「華元善楚將子重，又善晉將欒書，兩盟晉、楚。」左傳：「晉士燮會楚公子罷〔二〕、許偃。癸亥，盟于宋西門之外，以合晉、楚之成。」不書者，諱中國不能治夷狄，而爲二伯之辭也。

十有二年

春，周公出奔晉。公羊：「周公者何？天子之三公也。王者無出，此其言出何？自其私土而出也。」**疏**書聘言「宰周公」。此何以不言宰？宰者，冢宰，天子在喪所特設之官，出喪則罷，故奔不言宰。聘已出喪，何以言宰？來聘，舉其貴者，且以見三公不宜出聘也。

周有入無出，據下王子奔不言出。天子無客禮，天下皆其統；奔不言出。至公卿大夫各有采地〔三〕，則不同此例。此推天子與王子立說。**其曰出，**言出，絶于周。僖公篇出居于鄭，此出奔晉，兩言「出」。**上下**上，天子；下，公卿。**一見之也。**天王出居于鄭，上一見；此下一見。瑕、朝奔不言出，知一見例。**言其上下之道無以存也。**上下，君臣也，皆失其道，君不君、臣不臣也。**上雖失之，**謂經書「出」。**下孰敢有之？**謂經言

〔二〕「會」字原脱，日新本、鴻寶本同，此據左傳補。

〔三〕「采」，原作「菜」，據日新本、鴻寶本改。

「居」。郊特牲：「天子無客禮，莫敢爲主焉。君適其臣，升自阼階，不敢有其室也。」即僖傳所云「雖失，天下莫敢有也」〔一〕。下「出」言「居」，與內公居鄆同，鄭不敢有其國而外王。**今上下皆失之矣。**下言奔。寰內諸侯各有封地，分域以外，非其所有，故言奔也。**疏**「上」字衍文。「皆失之」，謂言出、並言奔也。

夏，公會晉侯、衛侯于瑣澤。厲公新與楚盟，而爲此會以聽成。諸侯會者多，獨言魯、衛者，不信也。

秋，晉人敗狄于交剛。交剛，夷狄地也。從夷狄名，則不傳；從中國名，乃發傳。

中國與夷狄不言戰，據外敗先言戰。**皆曰敗之。**與內同。所謂內中國外夷狄、內其國外諸夏也。**夷狄不日。**凡夷狄相敗不日，中國敗夷狄亦不日，此中國夷狄異辭例。

冬，十月。有晉、楚交聘莅盟之事。不書者，爲中國諱。晉侯與楚公子罷盟于赤棘，與元年臧孫許盟地同。

十有三年

春，晉侯使郤錡來乞師。言乞者，我不欲之辭。所謂「摟諸侯以伐諸侯」。晉新與楚成，乃謀所以報秦，以私忿徵兵，非也。成世詳言乞師，以起前後之乞師皆不言也。**疏**郤錡，起下殺三郤。

乞，重辭也。古之人重師，故以乞言之也。言乞師，譏晉，並譏內。中國乞師得叙，內以師從，下伐秦是

〔一〕「天下」上原有「其」字，日新本、鴻寶本同，此據傳文刪。

也。夷狄乞師則不叙，楚是也。**疏**成公篇詳叙乞師。

三月，公如京師。如，朝也。傳曰：「用見魯之不朝周也。」魯，方伯，朝天子、齊、晉、楚。京師，東周洛陽。稱京師，以爲行在。

公如京師，不月；據朝王所，時。如往，例時。**月，非如也。**外如月者，有危。京師無危道，月之，起非「如」也。**非如而曰如，**據上乞師、下會伐秦，知非實「如」。**不叛京師也。**終春秋之世，魯君不如京師，過而不朝，損天威、失臣禮。言「如」，使内不叛也。秦在周西，伐秦必經京師，公以伐往，因其過言朝，以申天子之尊，明臣子之義。

夏，五月，公自京師，遂會晉侯、宋公、衛侯、鄭伯、曹伯、邾人、滕人伐秦。伐，不月。月者，危也。伐秦，重事，從伐加等而月之。**疏**晉世家：「厲公初立，欲和諸侯，與秦桓公夾河而盟。歸而秦倍之，與翟謀伐晉。三年，使吕相讓秦，因與諸侯伐秦。至涇，敗秦于麻隧，虜其將成差。」

言受命不敢叛周也。遂，繼事辭。如公爲朝，往至京師，奉王命伐秦。遂事由京師起，使如受命伐秦也。

曹伯廬卒于師。劉子云：「曹宣公與諸侯伐秦，卒于師。曹人使子臧迎喪，使公子負芻與太子留守，負芻殺太子而自立。」**疏**曹世家：「宣公十七年卒，弟成公負芻立。」

傳曰：閔之也。卒于師、會，皆魯屬國，以魯主之也，故不地而曰師、會。魯當爲之主，故曰閔之。不日，踰竟也。踰竟，無論大國小國，同不日。**公、大夫在師曰師，**此公在師，故言師。**在會曰會。**據杞伯卒于會，公在會。大夫在稱師者，「齊國佐如師」是也。公與大夫在則地師、會，以我與事，有哀弔之義；內不在則地地，晉侯卒于扈，不言師、會是也。

秋，七月，公至自伐秦。不以前事致者，起非實朝。不朝周，從伯國遠伐秦，進退失道。月者，以起其危。**疏**如、致皆月者，明「如」非實「如」，則致有危道也。凡如、致月者，皆重事。

冬，葬曹宣公。劉子云：「子臧見負芻之自立也。宣公既葬，子臧將亡，國人將從之。成公懼，告罪且請子臧，子臧乃反，成公遂爲君。負芻立，是爲曹成公。」

葬，時，正也。再發傳者，曹無不葬之例，而卒以不日爲正。乃皆葬，疑有別例，故特明之。小國以時爲正。

十有四年年表：曹成公負芻元年。

春，王正月，莒子朱卒。莒始書卒。以下通月者，小夷也。不葬者，夷狄也。穀梁夷狄之不葬，在三不葬之外。

夏，衛孫林父自晉歸于衛。劉子云：「林父奔晉，晉侯使郤犨爲請還。定公欲辭，定姜曰：『不可。是先君宗卿之嗣也。大國又以爲請而弗許，將亡。雖惡之，不猶愈于亡乎？君其忍之。夫安民而宥宗卿，不亦可乎？』定公遂復之。」**疏**言自晉，晉請之也。歸者，善辭，其歸之道，由君召之也。不言復者，中國也，且大夫不以「復歸」爲文。

秋，叔孫僑如如齊逆女。逆女，翬、遂皆與弒，此何以見僑如？僑如卑公室，亦翬、遂之徒也。**疏**此逆女目僑如者，僑如通穆姜，娶齊女以自固其寵，後又奔齊，言此以起之。

鄭公子喜帥師伐許。爲晉伐楚黨。喜，穆公子，字子罕，後爲罕氏。《經》書罕達、罕虎是也。**疏**爲許所敗，不書者，畧之。鄭伯伐不書者，亦畧之。

九月，僑如以夫人婦姜氏至自齊。月者，譏不親迎。以「僑如以夫人」，起其與穆姜通，欲卑公室也。**疏**言婦者，有姑之辭。成公母稱姜，亦齊女。此譏娶母黨，所謂三世内娶。

大夫不以夫人。有尊卑男女之別。禮，大夫覿，猶譏之。無「以夫人」之道也。**以夫人，非正也，**據「以者不以者也」。**刺不親迎也。**以臣代君逆婦，不可獨言夫人；言臣，則必言「以」，直書其事而罪惡見。**僑如之摯，**大夫不致，由夫人致之。**由上致之也。**一事不再譏，書者，起夫人與僑如通，由不親迎所致。

冬，十月庚寅，衛侯臧卒。劉子云：「定公卒，立敬姒之子衎，是爲獻公。居喪而嬉。定姜既哭而息，見獻公之不哀也，不内食飲，曰：『是將敗衛國，必先害善人。天禍衛國，吾不獲鱄也使主社稷也。』孫文子自是不敢舍其重器于衛。」**疏**衛世家：「定公十二年卒，子獻公衎立。」

秦伯卒。不名者，狄之也。殽以後狄秦。前二卒猶名，以後不名者，推而遠之，益以疏也。秦本中國，居王舊京。殽以後，與晉爲仇，助楚亂中國，爲惡日甚，遂與中國絶。故至成世，再遠之，不名也。前猶使人聘，此後與魯絶，不專記事，純狄之。**疏**秦本紀〔二〕：「桓公立二十七年卒，子景公立。」

〔二〕「本紀」，原作「世家」，日新本、鴻寶本同，俱誤。

十有五年年表：衛獻公衎元年，秦景公元年，晉三郤讒殺伯宗。

春，王正月，葬衛定公。　**疏**嗣君獻公無道出奔，釀弒逐之禍，君臣大變也。

三月乙巳，仲嬰齊卒。　公子遂之子、公孫歸父之弟也。下有仲孫嬰齊。知此是公孫者，魯無仲氏，遂前氏「仲」，知其子也，稱「公孫」。別一人，名偶同。　**疏**公羊：「公孫嬰齊，則何爲謂之仲嬰齊？爲兄後也。爲兄後，則何爲謂之仲嬰齊？爲人後者爲之子。爲人後者爲之子，則其稱『仲』何？孫以王父之字爲氏。然則嬰齊曷後〔一〕？後歸父也。」按：「後歸父」之説，傳與二傳皆同，以仲嬰齊爲公孫嬰齊，亦同。傳以明罪人子孫宜絶，公羊以明爲後之義，不同耳。

此公孫也。　據孫氏王父，知爲仲遂子。**其曰仲，何也？**　據「仲」疏之，此無惡事也。同時有兩嬰齊，一繼、一絶，故特目「仲」，以明爲遂絶之。**子由父疏之也。**　據遂言仲遂，父弒君，不言公子，明當討也。子卒不稱公孫，明罪及子孫，不當使之在朝。於卒疏者，因其世而討之。　**疏**仲氏以下不見，絶之也。記遂與歸父、嬰齊之卒，以其世卿也。

癸丑，公會晉侯、衛侯、鄭伯、曹伯、宋世子成、齊國佐、邾人，同盟于戚。　據世家，成非世子也。其曰「宋世子」者，譏「易樹子」也。宋公欲立成，故使會諸侯，爲世子之儀，故「世子」之也。後卒致殺太子，成得立。宋公

〔一〕「後」，原作「爲」，據公羊傳、日新本、鴻寶本改。

不葬，蓋爲此也。春秋不言公子者，父在，子不爲政，非世子不見也。陳太子禦寇，經言公子；此非太子，經言太子。此加損之例也。**疏**左傳：「會于戚，討曹成公也。」

晉侯執曹伯歸于京師。劉子云：「曹伯殺太子而自立。晉侯執之，歸于京師，將見子臧于周而立之。子臧亡奔宋。」按：言「執」者，伯討辭。晉凡六言執諸侯。**疏**曹世家：「成公三年，晉厲公伐曹，虜成公以歸，已復釋之。」

以晉侯而斥執曹伯，據執衛侯稱「晉人」。**惡晉侯也。**春秋以貴治賤。以侯執大夫，伯討也。執諸侯，以稱「人」爲伯討。弒殺稱人，有罪之辭。孟子曰「民爲貴，君爲輕」是也。以侯執伯，諸侯相執之辭，惡晉侯執曹伯，非曹有罪也。**不言「之」，**據「晉人執衛侯歸之于京師」言「之」。**急辭也；**與「執戎蠻子歸于楚」同。**斷在晉侯也。**詞急，明晉歸後猶與事，不專屬天王，爲下反子臧而安曹國張本。**疏**河陽執，在天子側，故不使晉主之。此晉自執，故使晉自斷，不言「之」也。

公至自會。

夏，六月，宋公固卒。此正也。其不日，何也？月卒日葬，以起不葬。**疏**宋世家：「十三年，共公卒。華元爲右師〔二〕，魚石爲左師〔三〕。司馬唐山攻殺太子肥，欲殺華元，華元奔晉，魚石止之，至河乃還，誅唐山。乃立共公少子成，

〔二〕「右」，原作「左」，日新本、鴻寶本同，此據宋世家改。

〔三〕「左」，原作「右」，日新本、鴻寶本同，此據宋世家改。

是爲平公。」按：左傳唐山作蕩山。

楚子伐鄭。前有宋西門之盟，此又伐鄭者，楚無信也。宋華元合晉、楚之成，息兵三年，楚首敗之，謀由子反，所以不免也。**疏**子反伐鄭，晉不報楚。事在左傳。

秋，八月庚辰，葬宋共公。

月卒日葬，非葬者也。經卒稱宋公，舉上也；葬後言宋公，舉下也。舉上，故其正不正於卒言之。舉下，故其繼嗣之事於葬見也。宋公殺太子肥，立少子成，經諱其事，不書，故不葬以起其爲無臣子也。**此其言葬，何也？**月卒，爲夷狄，不日；不日者不葬。日葬，危不得葬，皆不葬者也。**以其葬共姬，不可不葬共公也。**宋公易樹子，共姬同有罪焉。不葬宋公，夫有貶絶，則耻辱及于婦，夫婦一體，榮辱所同，故傳曰：「夫人與有貶也。」**葬共姬，則其不可不葬共公，何也？夫人之義不踰君也；**據隱夫人亦不葬。**爲賢者崇也。**春秋方賢伯姬，若不葬宋公，著其嫡庶之亂，則伯姬不能正，所謂女而不婦者也。諱其惡而葬共公，以爲賢伯姬起，所謂成人之美，不成人之惡也。由賢婦而推以録夫，共公是也。以臣録君，季札是也。以友録友，曹羈是也。以父録子，曹會是也。以君録臣，楚椒是也。

宋華元出奔晉。此未至晉，以晉言者，致其從晉也。華元者，華督之後。督不氏，此乃氏，著其討賊，以明華之當討也。**疏**唐山攻殺太子肥，將殺元，元乃奔晉，晉非仇國。

宋華元自晉歸于宋。未至于晉，何爲以自晉言之？以與魚石復入相起也，且以著其討賊之實。**疏**華元在河上，魚石自止之，歸而逐石殺山，見華元之功。

宋殺其大夫山。 山者，蕩伯姬之曾孫，公孫壽之子蕩澤也。何以不氏？爲蕩氏諱也。蕩伯姬子孫皆賢，蕩山覆其宗，故春秋爲之諱也。 **疏** 華元至河，魚石止之，還，誅蕩山。華督弒君不氏，後稱華孫，以明討賊之義。此殺太子〔二〕，亦賊也，其例當絶，爲伯姬諱，故不言蕩。華、蕩皆不氏，一見于前，一見于後，兩相比以見例。

宋魚石出奔楚。 魚石、蕩山，皆桓族，一有氏，一無氏，明爲蕩諱之。 **疏** 魚石，公子目夷之後，桓族。宋不見公子、公孫，别氏以後乃見經。魚一見，奔後絶於宋。魚石止元，元請討罪人，許之，入而討山，魚石畏討，出奔楚。晉、楚敵也。

冬，十有一月，叔孫僑如會晉士燮、齊高無咎、宋華元、衛孫林父、鄭公子鰌、邾人，會吴于鍾離。 會例時，此月者，爲盟也。不言盟者，諱之也。以吴敵中國，起吴之强。以諸侯而下盟吴，爲中國諱也。鍾離，徐州國。 **疏** 魯世家：「十五年，與吴王壽夢會于鍾離。」吴始會中國。大夫會皆名，始此。

會又會， 據不言盟，又不言同，楚無此例。**外之也。** 公羊：「曷爲外也？春秋内其國而外諸夏，内諸夏而外夷狄。王者欲一乎天下〔三〕，曷爲以内外之辭言之？言自近者始也。」 **疏** 會以上皆同盟之國。楚以「同盟」外之，吴後起，變文殊會與王世子同，明其夷狄僭號，諸侯不可與之會也，故言殊以别異之。内自内，外自外，因其殊會，故大

〔二〕「此」，原作「故」，據日新本、鴻寶本改。
〔三〕「乎」，原作「平」，日新本、鴻寶本同，此據公羊傳改。

夫以名氏見。鰌一見，系未詳。

許遷于葉。因楚敗盟，故鄭逼許，浸淫以有鄢陵之戰。此其先見也。**疏**年表：「許畏鄭，請徙葉〔一〕。」

遷者，猶得其國家以往者也。其地，許復見也。鄭伐許不已，避鄭，遷于葉。**疏**左傳：「許靈公畏鄭，請遷于楚。辛丑，楚公子申遷許于葉。」

十有六年年表：宋平公元年。

春，王正月，雨木冰。劉子云：「冰者，陰之盛而水凝者也。木者，少陽，貴臣卿大夫之象。此是人將有害，則陰氣脇木，木先寒，得雨而成冰也。是時，叔孫僑如出奔，公子偃誅死〔二〕。」**疏**一曰：時晉執季孫行父，執公〔三〕，此執辱〔四〕。

雨而木冰也，公羊同。劉子云：「陰氣脅木，木先寒，故得雨而成冰也。」**志異也。**穀梁說：「雨木冰者，木冰，介甲冑之象。」**傳曰：**據此足見舊傳不但說大綱、總例，於細事異聞皆有之，如長狄及此是也。**根枝折。**或

〔一〕「請」，原作「諸侯」，日新本、鴻寶本同，此據年表改。
〔二〕「偃」，原作「彊」，日新本、鴻寶本同，此據漢書五行志改。
〔三〕「執」，原作「止」，據漢書五行志、日新本、鴻寶本改。
〔四〕「此」，原作「比」，日新本、鴻寶本同，此據漢書五行志改。

説以爲災。根枝折，枝爲冰所壓，折；根因過寒而死。尚書「凶短折」，物死爲折。月者，小異也。大異，日；小異，月。此非雨例也。

夏，四月辛未，滕子卒。 滕子之不名，用狄道絶之也，非其本無名也。成以前，以狄狄滕；成以後，以狄狄秦。故前卒滕子不名，以後乃名；前卒秦伯名，後卒秦伯不名也。春秋始終有一不名之國，滕、秦從此世交代。小國始卒不日，至此日者，少進也。以後五卒皆日矣。按：本傳以滕爲用狄道不名。公羊以秦用狄道不名。二傳各言一端，實一事也。此世内滕子，如莒夷狄，猶中國之比。

鄭公孫喜帥師侵宋〔一〕。前楚敗盟伐鄭，晉不救，楚又以汝陰之田求成于鄭，鄭叛晉，故伐宋。晉救宋，因有下戰。

疏 據左傳，互有勝負，不言，畧之。

六月丙寅朔，日有食之。 劉子云：「後晉敗楚師於鄢陵，執曹伯。」

晉侯使欒黶來乞師。 乞師，爲救宋。内因僑如事，至于後期，故戰不言公。後有執行父事。春秋有彙叙之例，如成世獨詳乞師是也。**疏** 按：成世詳見晉國大夫，共見八族十五人。據左傳，尚有見傳不見經人。郤氏同姓有三卿五大夫。葢當時晉僭天子，立十二卿。經不爲之諱者，大國尊，有三卿九大夫，上大夫如次國之卿，例得書于經，故不爲之諱。

〔一〕「帥」，原譌作「師」，據經文、日新本、鴻寶本改正。

甲午晦，晉侯及楚子、鄭伯戰于鄢陵。楚子、鄭師敗績。疏晉世家：「厲公六年春，鄭倍晉，與楚盟，晉怒。欒書曰：『不可以當吾世而失諸侯。』乃伐鄭。厲公自將。五月渡河，聞楚兵來救，范文子請公欲還。郤至曰：『發兵誅逆，見彊辟之，無以令諸侯。』遂與戰。癸巳，射中楚共王目，楚兵敗于鄢陵。」鄭世家：「十年，盟于楚。晉厲公怒，發兵伐鄭，楚共王救鄭。晉、楚戰于鄢陵，楚兵敗，晉射傷楚共王目，俱罷而去。」

日事，據戰，大事例日〔一〕。**遇晦曰晦。**日而晦者，著以傳著也。據言朔，知亦言晦也。泓言朔，鄢陵言晦，晦朔爲月之終始，録之以謹始終之義也。日食言朔不言晦者，日食，朔日事，不可言晦。疏公羊以晦爲異，與劉子説同。**四體偏斷曰敗，**據敗言師，此言楚子，知有瘡。**此其敗，則目也。**泓戰，宋公身傷不言。此言者，以中國傷夷狄，則著之；以夷狄傷中國，則諱之。此在中外異詞例。疏師説相傳傷目，此非經例，所推而知。**楚不言師，**據敗績例言師。**君重於師也。**據君將不言師。言君傷，則師敗可畧。疏春秋兩言晦，左氏説皆晦日，公羊説皆記異。不書晦，穀梁一同左傳，一同公羊。葢以己卯晦震夷伯廟云「記雷震之異」，則以晦爲冥晦，與公羊家説同。鄢陵言晦，與泓戰言朔同，以爲晦日。左氏推己卯爲月晦。劉子云：「甲午正晝，昏晦瞑陰，爲臣制君也。」成公不寤。其冬，季孫殺公子偃。季氏專魯始于僖公，成於成公，此其應也。」則此條亦從公羊説。當時學有五家，故説有不合于傳者。

〔一〕「日」字原脱，據日新本、鴻寶本補。

楚殺其大夫公子側。 劉子云：「楚共王與晉厲公戰於鄢陵之時，司馬子反渴而求飲，竪陽穀持酒而進之。子反曰：『退，酒也。』陽穀曰：『非酒也。』子反又曰：『退，酒也。』陽穀曰：『非酒也。』子反受飲之，醉而寢。共王欲復戰，使人召子反，子反辭以心病。於是共王枉駕入幄，聞酒臭，曰：『今日之戰，所恃者司馬也。司馬至醉如此，是亡吾國而不恤吾衆也。吾無以復戰矣。』於是乃誅子反以爲戮，還師。夫陽穀之進酒，非以妬子反，忠愛之而適足以殺之。故曰：『小忠，大忠之賊也；小利，大利之殘也。』」 **疏** 攷楚見十二公子，圍、比、棄疾三人爲弑見，側、壬夫、申、追舒四人以殺見。結、由殺于白公，在春秋後。十二人中，以善終者，嬰齊、貞、午三人而已。楚例不見公孫，以氏見者，六族而已。得臣以戰敗見殺。側，嬰齊弟，字子反，一見經。

秋，公會晉侯、齊侯、衛侯、宋華元、邾人于沙隨，不見公。 劉子云：「成公幼，謀伐鄭也。」不言盟，以公不與盟。 **疏** 韋昭說：「晉將伐鄭，使欒黶乞師于魯，公如會。僑如通於成公母穆姜，欲去季、孟氏而取其室。姜氏送公，使逐季、孟，公以難告，請反而聽命。姜怒。公子偃、公子鉏趨過，指曰：『不可，此皆君也。』公懼，待于壞隤，儆守備而後行，故不及戰。郤犨受僑如之賂，爲之譖魯於晉侯，曰：『魯侯後至者，待于壞隤，將待勝者也。』晉侯怒，不見公。」

不見公者，據宋公言「弗遇」。平邱，公不與盟，内言「不」，與此異。**可以見公也。**言「不」者，皆可辭。**可以見公而不見公，**此與平邱「公不與盟」相比。**譏在諸侯也。**公羊：「何爲不耻？公幼也。」時公幼，諸侯依不與童子爲禮之例不見公。案：公即位，成君十七年，不可復言童子，故言「不見」，以責諸侯受僑如之譏而拒公也。

公至自會。平邱執後乃致公。此公未歸，何爲致之？所以雪不見之耻也。公不與會而同于伐鄭，伐鄭後，乃執季孫而止公。故於此先致公，以避君臣同止之事。公雖不見諸侯，而安然得歸，則下之執專爲行父也。

公會尹子、晉侯、齊國佐、邾人伐鄭。言尹子者，以王命臨之也。既託晉爲二伯，又見王臣者，示二伯所以尊天子命也。尹子者，尹氏也。不言氏者，盟會從正辭，不可以氏在諸侯之上，故「子」之也，且以見氏爲貶。尹子，卿也；稱「子」者，天子卿。

曹伯歸自京師。劉子云：「曹人數請于晉。晉侯謂子臧：『反國，吾歸爾君。』於是子臧反國。晉乃言于天子，歸成公于曹。子臧遂以國致成公。成公爲君，子臧不出，曹國乃安。子臧讓千乘之國，可謂賢矣。」

不言所歸，據衛侯言「歸于衛」。**歸之善者也。**不言歸于曹，與內致同文，非失國辭。**出入不名，**據朔出入名。**以爲不失其國也。**據爲出國常文，與見執異辭，爲公子喜時在內也，故異言之。**歸爲善，**衛侯歸于衛是也。**自某歸次之。**若曹伯自晉歸于曹是也。此言失國之例。

九月，晉人執季孫行父，舍之于苕丘。劉子云：「僑如貨晉大夫，使執季孫行父而止之。」漢書朱雲傳龔勝等說：「春秋之義，姦以事君，常刑不舍。魯大夫叔孫僑如欲顓公室，譖其族兄季孫行父于晉，晉執囚行父以亂魯國。春秋重而書之。」**疏**執不月，月者，因公在，重之，故月也。

執者不舍而舍，據意如言「以歸」。**疏**沙隨與平邱相比見義。彼不言舍，則此爲異。**公所也。**劉子云：「晉執季孫行父，又止公。」公羊：「執，未有言舍之者。此其言舍之何？仁之也。曰在招邱，悕矣。執，未有言仁之者。此其言仁之何？代公執也。其代公執奈何？前此者，晉人來乞師而不與。公會晉侯，將執公，季孫行父曰：『此臣之罪也。』於是執季孫行父。成公將會厲公，會不當期，將執公，季孫行父曰：『臣有罪，執其君；子有罪，執其父。此聽失之大者也。今此臣之罪也，舍臣之身而執臣之君，吾恐聽失之爲宗廟羞也。』於是，執季孫行父。」據左傳言，「公還，待於鄆」。經于十二月乃致公，故劉子以爲公見止也。**疏**顔師古説：「晉受僑如譖而止公。」按：公所者，公在是也，如王所然。言舍者，臣舍于君，明公在苕丘見執也。魯世家：「宣伯告晉[一]，欲誅季文子。文子有義，晉人弗行。」**執者致而不致，**據凡執皆致。**公在也。**公在鄆，待季文子歸而歸。文子賢，平子惡，故異辭。君臣一體，如公同在苕丘者然。**疏**公還鄆不致，下乃致公會。致，猶上致之。此不致，是公同在苕丘之辭。**何其執而辭也？**據舍爲省釋之詞。執，當言「以歸」。意如在平邱言「以歸」，此乃言「舍」。**猶存公也。**季子，社稷臣，爲僑如欲壞公室，以賂求晉殺之。公雖歸，猶待于鄆。言舍，如君臣同在之辭，故目苕邱以存公也。**疏**猶者，公實不在苕邱也，與猶存、遂楚同。**存意，**謂經致存行父意。**疏**一説：當作「意如」，上衍「存」字，下脱「如」字，謂意如言「以歸」不存。**公亦存也。**據下臣會君致。言臣所舍，知君在也。**疏**一説：「亦」爲「不」字之誤，謂意如言「以歸」者，以意如執即致君，下又致意如，無君之辭。石經、余本「也」作「焉」[三]。**公存也。**傳

[一]「告」，原作「賂」，日新本作「失」，此據魯世家、鴻寶本改。
[三]「焉」字原脱，據日新本、鴻寶本補。前句「無君之辭」原在此句「也作」下，此據文意移前。

「存」，乃「在」之誤。言所以存公者，因公在莒邱也。**疏**一説：意如惡，經不存之，以與公忤，君臣不同志，後有逐君之事。文子賢，君因其公忠體國，爲奸人所陷，不忍自歸，待其歸而後與同返。二事相同，賢否各異，故經異文以起。下傳云「意如惡」，卒何以日？亦以不賢而惡之也。

冬，十月乙亥，叔孫僑如出奔齊。劉子云：「繆姜者，齊侯之女，魯宣公之夫人，成公之母也。聰慧而行亂，故謚曰繆。初，成公幼，繆姜通于叔孫宣伯，名僑如。僑如與繆姜謀去季、孟，而擅魯國。晉、楚戰于鄢陵，公出佐晉，將行，姜告公必逐季、孟，是背君也。公辭以晉難，請反聽命。又貨晉大夫，使執季孫行父而止之，許殺仲孫蔑，以魯事晉爲内臣。魯人不順僑如，盟而逐之，僑如奔齊。魯遂擯繆姜于東宫。」**疏**晉人赦季孫，知僑如奸狀，故魯人得盟而逐之。僑如，得臣子。宣五年立，九見經。奔齊，召其弟豹于齊立之。

十有二月乙丑，季孫行父及晉郤犨盟于扈。僑如奔。晉與内盟，平其難。扈，晉邑，當與莒邱近。盟言行父，致言公，如君臣同在，故曰「存公」。**疏**郤犨受僑如之賂而譖公，僑如出亡，乃與之盟。目郤犨，起其殺也。

公至自會。公以伐鄭出，當致伐不當致會。此致會者，謂扈盟也。臣執，君待于境，更使人請於晉。論語：「君使臣以禮，臣事君以忠。」不再致行父，盟目臣，致目君，皆君臣同執之辭也。

乙酉，刺公子偃。二刺皆在公子，以明刺禮，亦以見公室之弱也。僖以下，公子二刺、一奔，惟遂乃得二世，見三桓之專也。**疏**韋昭説：「穆姜送公，使逐季、孟，公以難告曰：『請反而聽命。』姜怒，公子偃、公子鉏趨過，指之曰：『女不可，是皆君也。』公惟申儆而行，是以後期。」

大夫日卒，正也。 君弑卒皆以日明正不正，大夫卒、殺、奔皆以日明正與惡，其例一也。臧孫紇出奔，以日言正不正。 **先刺後名，** 據買先名後刺。 **殺無罪也。** 劉子云：「季氏殺公子偃。」 **疏** 顔師古説：「公子偃，宣公庶子，成公弟。公子與僑如之謀，故見誅。」按：韋説是。偃未嘗與謀，因姜氏之言，疑誤殺之，故傳以爲無罪。若與謀，則有罪矣。

十有七年

春，衛北宫括帥師侵鄭。 括，衛成公曾孫。一國三卿，前見孔氏，此又見北宫氏者，達既見殺，故以北宫爲下卿也。以下常見北宫氏者，孫、甯既絶，以北宫爲正卿也。

夏，公會尹子、單子、晉侯、齊侯、宋公、衛侯、曹伯、邾人伐鄭。 尹子、單子，皆正卿〔一〕。王臣見四卿，尹、單、劉、蘇四稱「子」者是也，皆與大盟會。單伯與單子同氏，子爲卿，伯在字例，爲大夫。 **疏** 自此以下，齊侯不出與諸侯會盟，至襄十八年，因有圍齊之事。

六月乙酉，同盟于柯陵。 左傳以爲「尋戚之盟」者，就同盟説之。楚之同盟者，則秦、陳、蔡、吴。

柯陵之盟，謀復伐鄭也。 傳曰：「何以知其盟復伐鄭也？以其後會之人盡盟者也。」 **疏** 左傳：「楚子重

〔一〕「正」，日新本、鴻寶本作「王」。

救鄭，師于首止。諸侯還。」

秋，公至自會。致伐則不恥，致會則恥。**疏**三郤專政，順臣執君，公怨之，故心不周于伐鄭。

不曰至自伐鄭也，據京城盟復伐，以伐致。傳曰：「已伐而盟復伐，則以伐致。」所謂不得意，致伐也。此盟復伐，以不伐致。**疏**「也」上當有「何」字，誤脱。**公不周乎伐鄭也。**據蕭魚得意致會，公以此伐爲得意，故致會。周，謂始終其事也。**何以知公之不周乎伐鄭？**據下伐鄭，公在。**以其以會致也。**據致會不欲再伐。**何以知其盟復伐鄭也？**據致會，疑已服鄭。**以其後會之人盡盟者也。**據冬會伐鄭、此盟諸侯皆在，惟尹子不在耳。**不周乎伐鄭，則何爲日也？**據渝盟不日。**言公之不背柯陵之盟也。**言公意雖不欲再伐，以有此盟，不欲背之，故許以信辭而日。

齊高無咎出奔莒。劉子云：「齊靈公夫人通于慶剋。時公出會諸侯于柯陵。高子、鮑子處内守。國佐將召慶剋而詢之。夫人讒之，公怒，逐高子、國佐。二人奔莒，更以崔杼爲大夫。」**疏**左氏云：「君子違不適仇國。」莒非仇國，亦以見之。

九月辛丑，用郊。郊者，祭天也。王制：「天子祭天。」魯，諸侯，不得祭天，因周公有大功，成王賜以天子禮樂，得祭天。周祭天不日，牲用騂。魯卜吉則郊，不吉則否；牲不用騂，以辟天子也。

夏之始可以承春，據四月、五月郊不言「用」，雖譏失時，猶可祭。用夏正，周之夏四月卯，五月辰，以夏正言之，猶爲春。**以秋之末承春之始，蓋不可矣。**據此言「用」，知不可。傳曰：「郊自正月至于三月，郊之時也。

夏四月郊，不時也。夏五月郊，不時。」以下文同。此傳周九月屬申，于夏正爲七月，乃秋始矣。中間巳、午、未三月，爲過時。**九月用郊，用者，**據四月、五月郊不言「用」。**不宜用也。**與「用致夫人」同，皆譏詞。九月，失時尤久，故言用。**宫室不設，不可以祭。**王制云：「大夫祭器不假。祭器未成，不造燕器。庶羞不踰牲，燕衣不踰祭服，寢不踰廟。」**衣服不脩，不可以祭。**孟子曰：「牲殺、器皿、衣服不備，不敢以祭。」祭統：「凡天之所生，地之所長，苟可薦者，莫不咸在，示盡物也。外則盡物，內則盡志，此祭之心也。是故天子親耕于南郊以共齊盛，王后蠶于北郊以共純服；諸侯耕于東郊亦以共齊盛，夫人蠶于北郊以共冕服。天子、諸侯非莫耕也，王后、夫人非莫蠶也，自致其誠信。誠信之謂盡，盡之謂敬，敬盡然後可以事神明。此祭之道也。」**車馬、器械不備，不可以祭。有司一人不備其職，不可以祭。**夫祭者，必夫婦親之，所以備內外之官也。官備則具備；水草之菹，陸産之醢，小物備矣；三牲之俎，八簋之實，美物備矣。昆蟲之異，草木之實，陰陽之物備矣。凡天之所生，地之所長，苟可薦者，莫不咸在，示盡物也。外則盡物，內則盡志，此祭之心也。**祭者，薦其時也，薦其敬也，薦其美也，非享味也。**郊特牲：「恒豆之菹，水草之和氣也；其醢，陸産之物也。加豆，陸産也；其醢，水物也。籩豆之薦，水土之品也。不敢用常褻味而貴多品，所以交于神明之義也，非食味之道也。」祭統：「夫祭者，非物自外至者也，自中出，生于心也。心怵而奉之以禮，是故惟賢者能盡祭之義。賢者之祭也，必受其福，非世所謂福也。福者，備也。備者，百順之名也。無所不順者之謂備，言內盡于己而外順于道也。忠臣以事其君，孝子以事其親，其本一也。上則順于鬼神，外則順于君長，內則以孝于親，如此之謂備。唯賢者能備，能備然後能祭。是故賢者之祭也，致其誠信與其忠敬，奉之以物，道之以禮，安之以樂，參之以時，明薦之而已矣，不求其爲。此孝子之心也。祭者，所以追養繼孝也。孝者，畜也，順于道不逆于倫，是之謂畜。是故孝子之事親也，有三道焉：生則養，没則喪，喪畢則祭。養則觀其順也，喪則觀其哀也，祭則觀其敬而時也。盡此三道者，孝子之行也。」

晉侯使荀罃來乞師。有約不言乞師，言乞師，起公不周伐。**疏**荀罃，知武子。

冬，公會單子、晉侯、宋公、衛侯、曹伯、齊人、邾人伐鄭。陳、蔡、許不叙者，從楚也。諸侯侵伐，齊侯多不自出，使人者，以其本大國也。

言公不背柯陵之盟也。公不欲再伐鄭。傳曰：「何以知其盟復伐鄭也？以後會之人盡盟者也。」公不欲從伐而不敢倍盟，起公篤于中國，晉失伯者之德。

十有一月，公至自伐鄭。以伐鄭致者，起前不周事也。月者，以起先致公而後卒嬰齊之義。

壬申，公孫嬰齊卒于貍脤。魯以三家爲三卿，以外皆大夫，然則嬰齊何以卒？賢者之子孫，其身又有賢行也。公羊：「公會晉侯，將執公，嬰齊爲之請。」左傳詳其求季文子是也。左傳云：「還自鄭，至于貍脤。」此同公行反，在塗病卒也。同時有兩公孫嬰齊。左傳稱此爲子叔嬰齊，或偶名同，或由字誤音轉，不可知。**疏**韋昭説：「嬰齊，叔孫肸也。」

十一月無壬申，據十二月丁巳朔，知十一月無壬申。**壬申，乃十月也。致公而後録，**公羊：「待君命而後卒大夫。」同公出伐楚，十月至魯竟而卒，不以當時卒，必公入乃卒之。**臣子之義也。**臣不先君，故先致公而後卒之也。**其地，**據不地國。**未踰竟也。**踰竟，地國，卒於齊是也。未踰竟乃地地，垂與此是也。

十有二月丁巳朔，日有食之。劉子云：「後楚滅舒庸，晉弑其君，宋魚石因楚奪君邑，莒滅鄫，齊滅萊，鄭伯弑死。」

邾子貜且卒。邾，以上正例不日，襄以後乃例日。

晉殺其大夫郤錡、郤犨、郤至。不言及者，尊卑敵也。一國三卿，晉何以同姓見三卿？晉國，尊也，二伯比于公。一公、三卿、九大夫。大夫五錫，例得見經，例有十二人，故同時一姓有三卿大夫也。言此，以起族大之禍。晉鄢陵三軍將佐：欒書、士燮、郤錡、荀偃、韓厥、郤至。荀罃居守。郤犨、欒黶乞師，士匄、欒鍼同時見經者，已八人矣。**疏**

晉世家：「厲公多外嬖姬，歸，欲盡去羣大夫而立諸姬兄弟。寵姬兄曰胥童，嘗與郤至有怨，及欒書又怨郤至不用其計而遂敗楚，乃使人間謝楚。楚來詐厲公曰：『鄢陵之戰，實至召楚，欲作亂，內子周立之。會與國不具，是以事不成。』厲公告欒書。欒書曰：『其殆有矣！願公試使人之周微考之。』果使郤至於周。欒書又使公子周見郤至，郤至不知見賣也。厲公驗之，信然，遂怨郤至，欲殺之。八年，厲公獵，與姬飲，郤至殺豕奉進，宦者奪之。郤至射殺宦者。公怒曰：『季子欺予！』將誅三郤〔一〕，未發也。郤錡欲攻公，曰：『我雖死，公亦病矣。』郤至曰：『信不反君，智不害民，勇不作亂。失此三者，誰與我？我死耳！』十二月壬午，公令胥童以兵八百人襲攻殺三郤。胥童因以劫欒書、中行偃于朝，

〔一〕「三」，原作「二」，據晉世家、日新本、鴻寶本改。

曰：『不殺二子，患必及公。』公曰：『一旦殺三卿，寡人不忍益也。』對曰：『人將忍君。』公弗聽，謝欒書等以誅郤氏罪〔一〕：『大夫復位。』二子頓首曰：『幸甚幸甚！』」郤以後不見，誅郤族也〔二〕。三郤同爲大夫見，以非禮過盛誅。

自禍於是起矣。 劉子云：「晉暴殺三卿，厲公以弑。」 **疏**「自」當作「晉」，字之誤也。傳曰：「齊禍自此起矣。」與此同。五行志劉說：「周單襄公與晉郤錡、郤犫、郤至、齊國佐語，告魯成公曰：『晉將有亂，三郤其當之虖？夫郤氏，晉之寵人也。三卿而五大夫，〔三〕可以戒懼矣。高位實疾顛，厚味實腊毒，今郤伯之語犯、叔迂、季伐，犯則陵人，迂則誣人，伐則掩人。有是寵也，而益之以三怨〔四〕，其誰能忍之！』」

楚人滅舒庸。 成世言滅者，惟此一見。中國有伯不言滅，楚無世不滅，所以夷之。舒當屬揚州。劉子云：「楚滅舒庸，日食之應。」 **疏**宣八年取舒蓼矣，此又取。其「庸」上繫「舒」，以別於蜀庸也。言滅者，有小夷君存。

十有八年

春，王正月，晉殺其大夫胥童。 此與三「弑及」相起。殺大夫不月，月者，以弑之月加于「殺」上，見同月也。據

〔一〕「罪」下原衍「曰」字，據晉世家、日新本、鴻寶本删。
〔二〕「誅」，原作「罷斥」，據日新本、鴻寶本改。
〔三〕「三卿」，原作「二卿」，日新本、鴻寶本、五行志同。此據國語周語改。
〔四〕「怨」上原衍「迂」字，日新本、鴻寶本同，此據漢書五行志删。

世家、左傳，胥童皆以去年閏月殺，何以書於正月？　見弑與殺一事也。　孔父先死，言弑及；　此言殺者，惡也。此欒、荀殺之，何爲稱國以殺？　道君爲亂，君之弑由童致之，童之殺亦由君致之也。　胥氏以後不見。　**疏**晉世家：「厲公使胥童爲卿。閏月乙卯，厲公游匠驪氏，欒書、中行偃以其黨襲厲公，囚之，殺胥童，而使人迎公子周于周而立之。」

庚申，晉弑其君州蒲。　日無月者，上繫於正月。　先殺童而後弑者，童之殺，君爲之也。　不如孔父者，君之弑，童爲之也。　兩列其文，皆稱國者，君臣自相弑殺之文，所以正君臣之道也。　**疏**晉世家：「悼公元年正月庚申，欒書、中行偃弑厲公，葬之以一乘車。厲公囚六日死，死十日庚午，智罃迎公子周來，至絳，刑雞與大夫盟而立之，是爲悼公。辛巳，朝武宮。二月乙酉，即位。悼公周者，其大父捷，晉襄公少子，不得立，號爲桓叔，桓叔最愛。桓叔生惠伯談，談生悼公周。周之立，年十四矣。悼公曰：『大父、父皆不得立而避難于周，客死焉。寡人自以疏遠，毋幾爲君。今大夫不忘文、襄之意而惠立桓叔之後，賴宗廟大夫之靈，得奉晉祀，豈敢不戰戰乎？　大夫其亦助寡人。』于是逐不臣者七人，脩舊功，施德惠，收文公入時功臣後。」

稱國以弑其君，據欒書弑。　小國稱國，爲衆辭；　大國君無道，當言人；　臣之惡，當目名氏〔二〕。　**疏**晉世家：「晉欒書、中行偃弑其君厲公。」**君惡甚矣。**　因外嬖，故欲去羣大夫而立之，胥臣謀在盡誅欒、荀。　大臣無罪，書殺，更立所嬖，此大惡也。　欒、荀弑之，亦由胥童之殺。　然則州蒲之弑，蓋胥童主之，故不目欒氏也。　**疏**春秋貴仁，晉侯

〔二〕「目」，原作「日」，據日新本、鴻寶本改。

以私意，一朝而殺三卿，又欲盡去大夫，失君道。大臣離散，起而爲弒，非臣弒之，乃自殺也。

齊殺其大夫國佐。 劉子云：「國佐殺慶剋。靈公與國佐盟而復之，孟子又怨而殺之。」**疏** 國語云：「柯陵之會，單子云：『國子立于淫亂之國，而好盡言，以招人過，怨之本也。唯善人能受盡言，齊其有乎？』」

公如晉。 爲晉悼新立，公往朝之。

夏，楚子、鄭伯伐宋。 納魚石也。**疏** 成世二見伐宋。

宋魚石復入于彭城。 劉子云：「楚取宋彭城以封魚石〔一〕。」**疏** 劉子云：「宋後爲齊、楚、魏所滅，三分其地。魏得其梁、陳留，齊得其濟陰、東平，楚得其沛，故今之楚彭城，本宋也。春秋經曰：『圍宋彭城。』」地理志分野。

復者， 此與欒盈相比。彼言入于晉、入于曲沃，皆惡辭，以外大夫歸入無言「復」者。衛元咺以大夫而從諸侯之辭者，惡其無君，並惡晉也。**復中國也**〔二〕。出奔楚，楚爲夷狄，此正辭。其有自夷狄歸入而不言「復」者，所自國無罪之辭；自中國歸而有復者，中國亦如夷狄也。**疏** 宋世家：「平公三年，楚共拔宋之彭城，以封宋左師魚石〔三〕。」地理志楚國彭城下云：「古彭祖國。」

公至自晉。

〔一〕「取宋」，原倒作「宋取」，日新本同，此據鴻寶本乙。

〔二〕此經無傳，傳文乃廖氏以己意加之。

〔三〕「左師」，原作「右師」，日新本、鴻寶本同，此據史記宋世家改。

晉侯使士匄來聘。悼公新立，於諸侯有加禮。　**疏**同年見二士。　晉子未踰年，三見不稱「子」，二伯不稱「子」，別于方伯也。　案：　自此年後，晉見欒、荀、士、韓、趙、魏六族，所謂六卿專晉也。　郤氏亡於成十七年，胥氏亡於成十八年，先氏亡於宣十三年，狐氏亡於文六年。　里、丕、陽、箕皆祇一見。

秋，杞伯來朝。傳同時累見也。　此下月者，明有喪，謹之。　**疏**終春秋，杞國五朝：　莊二十七年、僖二十七年、文十二年、成四年、成十八年，皆時；　一稱子，四稱伯。

八月，邾子來朝。朝，時；　此其月者，邾有喪，未期而來朝，非禮也。　三年之喪，達乎天子庶人。　古者有喪，君三年不呼其門。　王制曰：　「天子無事，相朝，正也。」凡有事，則不相朝，故於此譏之也。

築鹿囿。因數有難，往來費重，國用不足，而虞利也。

築不志，此其志，何也？　山林藪澤之利，所以與民共也。　虞之，非正也。

己丑，公薨于路寢。　**疏**魯世家：　「十八年，成公卒，子午立，是爲襄公。　是時襄公三歲也。」

路寢，正也。　男子不絶婦人之手，以齊終也。說見前。

冬，楚人、鄭人侵宋。助魚石也。　獨出鄭者，起争鄭。　時陳、蔡、許皆從楚也。　**疏**楚，宣世最强。　成世三見伐鄭、兩見伐宋、滅舒庸、入鄆，而祇以鄢陵戰敗也。

晉侯使士魴來乞師。因救宋乞師。　**疏**既見士匄，又見士魴；　士氏有二大夫矣。　成世詳録晉卿。

十有二月，仲孫蔑會晉侯、宋公、衛侯、邾子、齊崔杼，同盟于虚朾。虚朾，宋地。　悼初立，合諸侯盟救宋。不日，悼公賢，有信辭也。齊君不自行而使人者，以大國不同方伯也。**疏**晉語：「始合諸侯于虛朾以救宋，使張老延君譽於四方，且觀道逆者。呂宣子卒，公以趙文子爲文也，而能恤大事，使佐新軍。三年，公始合諸侯。四年，諸侯會於雞丘，於是乎布命、結援、脩好、申盟而還。令狐文子卒，公以魏絳爲不犯，使佐新軍，使張老爲司馬〔二〕，使范獻子爲候奄，公譽達于戎。五年，諸戎來請服，使魏莊子盟之，於是乎始復霸。四年，會諸侯於雞丘，魏絳爲中軍司馬，公子揚干亂行於曲梁，魏絳斬其僕。公謂羊舌赤曰：『寡人屬諸侯，魏絳戮寡人之弟，爲我勿失。』赤對曰：『臣聞絳之志，有事不避難，有罪不避刑，其將來辭。』言終，魏絳至，授僕人書而伏劍。士魴、張老交止之。僕人授公，公讀書曰：『臣誅于揚干〔三〕，不忘其死。日君乏使，使臣狃中軍之司馬。臣聞師衆以順爲武，軍事有死無犯爲敬，君合諸侯，臣敢不敬，君不說，請死之。』公跣而出，曰：『寡人之言，兄弟之禮也；子之誅，軍旅之事也，請無重寡人之過。』反役，與之禮食，令之佐新軍。」

丁未，葬我君成公。

〔二〕「司馬」，原作「司徒」，日新本、鴻寶本同，此據國語晉語改。

〔三〕「于」，原作「子」，據晉語、日新本、鴻寶本改。

重訂穀梁春秋經傳古義疏卷八

襄公魯世家：「襄公午立，是時三歲。」襄世，晉、楚爲二伯；齊、魯、衛、鄭爲晉屬方伯；秦、陳、蔡、吴爲楚屬方伯。故襄世通不言公如齊，而一言如楚，以二伯禮事楚也。

元年年表：周簡王十四年，晉悼公元年，齊靈十年，宋平四年，陳成二十七年〔一〕，衛獻五年，蔡景二十年，鄭成十三年，曹成六年，杞桓六十五年，秦景五年，楚共十九年，吴壽夢十四年。

春，王正月，公即位。元年者，君之始年。先言元年而後言公即位者，即位以年決者也。

繼正即位，即位，猶繼立也。**正也。**凡兩君授受必言繼立，乃見終始之義。故以書即位爲正，不書即位爲變。

仲孫蔑會晉欒黶、宋華元、衛甯殖、曹人、莒人、邾人、滕人、薛人圍宋彭城。此宋事，以晉主之，伯辭也。薛初會盟，襄世詳録小國，故録之，次滕。不序齊，不從也。**疏**宋世家：「四年，諸侯共誅魚石，而復歸彭城於宋。」按：殖，相之子，俞之孫，謚惠子。

繫彭城於宋者，據彭城爲楚取，不當再繫之宋。**疏**左傳：「圍宋彭城，非宋地，追書也。」**不與魚石正也。**

〔一〕「七」，原作「九」，日新本同，此據年表、鴻寶本改。

公羊：「楚已取之，曷爲繫之宋？不與諸侯專封也。」魚石雖入彭城，猶繫于宋，不使魚石有彭城。楚雖封之，外之，不與其封也。正，當爲封。慶封，吴已封之，猶繫齊，亦不與其封也。此華元圍彭城以討魚石，晉以宋五大夫之在彭城者歸，彭城降。不言以魚石歸者，畧之也。

夏，晉韓厥帥師伐鄭。此即圍宋諸侯之兵也。伐鄭者，討其從楚侵宋也。**疏**晉悼公伐鄭，兵于洧上。鄭城守，晉人去。

仲孫蔑會齊崔杼、曹人、邾人、杞人，次于鄫。此所謂東諸侯也。國皆在今山東。會鄫，助晉伐鄭也。不言衛者，從韓厥者也。**疏**據左傳，晉命鄫師侵楚及陳。不書者，畧之也。鄫，公羊作「合」，則與繒別也。

秋，楚公子壬夫帥師侵宋。救鄭也。時陳、蔡、鄭、許皆從楚，不叙，不使中國從夷狄；有所見，乃叙。**疏**襄世，楚有吴禍，亦少衰矣。其兵事言宋者四，陳二，鄭五。于夷狄則伐吴者三，滅舒鳩者一。襄二十七年息兵以後，則侵伐不見矣。年表：「晉伐鄭，敗我，兵于洧上，楚來救。」按：壬夫，子反弟，字子辛。五年，經書殺。

九月辛酉，天王崩。有天王喪，不奔喪，受小國朝、大國聘，非禮也。不諱者，公幼不耻，責在大臣也。**疏**周本紀：「十四年，簡王崩，子靈王泄心立。」

邾子來朝。此因襄公初立來朝。書此，以明小事大之禮。**疏**有天王喪，不月者，事易明。

冬，衛侯使公孫剽來聘。衛不言公子、公孫。言剽者，與瑕同，言將爲君之辭也。衛公孫一見剽，公子一見瑕。

疏剽，黑背子〔一〕，穆公之孫。衛公子、公孫一見，瑕、剽專衛，故後有篡禍。言剽，以明不正。

晉侯使荀罃來聘。此彙見之例也。晉，大國；衛，次國；邾，小國。凡君新立，大國聘，敵國以上之禮；小國朝，卒正以下之禮。經見三等，爲大國、次國、小國之例也。**疏**有天王喪而來聘，不待貶絶而罪惡見。

二年

春，王正月，葬簡王。月者，危之甚。四月而葬，速葬。周事凡二記：一錫命，一周公奔。

鄭師伐宋。晉，衛篤從之，宋爲次。楚，蔡篤從之，陳、鄭爲次。楚强，蔡、陳篤從楚；晉、楚争宋、鄭，故宋、鄭亦自相仇也。**疏**左傳：「楚令也。」

夏，五月庚寅，夫人姜氏薨。齊姜，成公夫人也，襄嫡母，服三年也。

六月庚辰，鄭伯睔卒。伐喪，使人不時葬。衛因喪來伐，故不葬也。**疏**鄭世家：「十四年，成公卒，子惲立，是爲釐公。」

晉師、宋師、衛甯殖侵鄭。衛獨言名氏者，起伐喪報怨。

其曰衛甯殖，據晉、宋言「師」。**如是而稱于前事也。**前衛有喪，鄭伐之。特目甯殖，苟志于伐人喪者，人

〔一〕「背」，原作「臂」，日新本、鴻寶本同，此據傳改。

亦伐其喪，變文以起其施報。論語曰：「以直報怨，以德報德。」**疏**此春秋報施之禮。

秋，七月，仲孫蔑會晉荀罃、宋華元、衛孫林父、曹人、邾人于戚。不言同盟，不以盟見，鄭未服也。常會非大盟不言同。不言齊，未從也；齊强，來去無常。不言邾〔一〕、滕、薛，亦未從也。戚，衛孫氏邑。不以衛主之，伯者會也。**疏**爲謀服鄭。會，例時；此月者，譏内有喪而貳事也，故已葬則不月也。

己丑，葬我小君齊姜。不言諸侯之會葬者，夫人，畧之也。

叔孫豹如宋。

冬，仲孫蔑會晉荀罃、齊崔杼、宋華元、衛孫林父、曹人、邾人、滕人、薛人、小邾人于戚。不言同盟，不以盟見者。鄭未服，故但以會言。**疏**小邾初列會盟。附庸，故居末，不卒。襄世，詳録小國，故於此世十六見。

遂城虎牢。劉子云：「鄭畔中國而附楚〔二〕，襄與諸侯共城鄭虎牢以禦楚。」虎牢置城設戍，所以逼鄭也。

若言中國焉，據彭城繫宋，下言戍鄭虎牢，皆有鄭字，外城有國辭。此不繫鄭言城，如城杞。**内鄭也。**内鄭，如内桓師，以内辭言之。鄭得内辭，所以外陳于楚也。**疏**據内邑言「城」。鄭本中國，近世内中國外夷狄，使虎牢如内城，内鄭以外楚也。所以孤黨惡而存中國。取之不言「取」，爲中國諱也。

〔一〕「邾」字疑衍，傳文「邾人」可證。

〔二〕「畔」，原作「署」，據漢書五行志、日新本、鴻寶本改。

楚殺其大夫公子申。 申乃右司馬，楚之下卿，多受小國賂，以逼子重、子辛，故殺之。稱「公子」，號從中國也。

疏 系未詳。左傳成六年，「以申、息之師救蔡」。一見經。

三年

春，楚公子嬰齊帥師伐吳。 詳吳、楚之事，明楚所以敗中國，以夷攻夷也。 **疏** 吳世家：「自吳太伯作吳，五世而武王克殷，封其後爲二：其一虞，在中國；其一吳，在夷蠻。十二世而晉滅中國之虞〔一〕。中國之虞滅二世，而夷蠻之吳興。大凡從太伯至壽夢十九世。王壽夢二年，楚之亡大夫申公巫臣怨楚將子反而奔晉，自晉使吳，用兵乘車，令其子爲吳行人，吳於是始通于中國。吳伐楚，十六年〔二〕，楚共王伐吳，至衡山。」按：嬰齊，以後不見。四伐一會，凡五見。

公如晉。 未至都而言「如」，告禰之辭也。 **疏** 朝晉與朝楚相起，明晉、楚分伯中外也。

夏，四月壬戌，公及晉侯盟于長樗。 長樗，晉地也。晉侯在外，公以朝禮見，又盟于長樗。朝盟以地，外辭。

疏 在內，如蕭叔來朝公之比。內不地，外乃地。

公至自晉。 得見乎晉侯，又在晉地，可以致晉也。

〔一〕「而」，原作「爲」，日新本同，此據吳世家、鴻寶本改。

〔二〕「六」，原作「八」，日新本同，此據吳世家、鴻寶本改。

六月，公會單子、晉侯、宋公、衛侯、鄭伯、莒子、邾子、齊世子光。己未，同盟于雞澤。日在會下，會盟同月。不于下月，嫌異月。晉語：「三年始合諸侯，四年會諸侯于雞澤〔一〕，達于戎。」**疏**齊世子光，大國適子，周官所謂「公之孤」、「大國之孤」；叙邾下，所謂「執皮帛以繼子男之後」。

同者，據盟不必言同。**有同也，**同爲虚字，義與「克」同。經言同盟、同圍齊，「同」下必有實字，與克義相同。

疏周禮大同之制，以會、同定爲禮名，以時而分。按：尚書言「四海會同」，詩言「會同有繹」，皆非禮名，不過爲合聚之通稱，如禹貢是也；又詩則專爲田獵而詠。論語之言會同，亦指巡狩朝聘而言，非單舉一時。傳以同爲虚字，王者之制，故不合于周禮也。**同外楚也。**外楚，與楚分伯。此言同，特以外陳爾。齊失伯，爲方伯，楚爲二伯，則陳爲外州方伯以補其缺。故文以後同盟，陳不在。凡屬楚之國，亦通不在也。**疏**以外楚，明晉北伯。晉分伯，不如齊桓一匡也。楚强，數會諸侯，公如楚，如二伯之儀，是楚伯也。春秋外之，不許其伯，故于楚不言同盟。惟晉言同盟，純有二伯辭。時諸侯雖有從楚之事，皆不言「同」以奪之。

陳侯使袁僑如會。陳自宣十二年以後十年，盟蜀一見。自盟蜀至此二十年乃見，蔽于楚也。**疏**陳世家：「成公二十九年，陳倍楚盟，故明年楚伐我。」

〔一〕「會」，原作「合」，日新本、鴻寶本同，此據國語晉語改。

如會，據經言屈完如師〔一〕。**外乎會也，**此中國同盟。時陳已外屬于楚，不可以同盟。故其來會雖早，經不可以與諸侯同書言「同盟」，故以「如會」言之。此外之之辭。**疏**陳自宣時從楚，不與中國會盟。晉悼復伯，畏晉，乃初如會，不能實心，猶懷觀望，先使臣來，後又逃盟。外之于會，所以深責之。**於會受命也。**外州不得與中國同盟，故以「如會」言。如屈完如師，受中國之約束而去。此爲用夏變夷之法。**疏**袁僑本同會諸侯，春秋不使同會，故言「如會」，外之，使如在會受諸侯之命而已，不敢與會事也。僖二十八年外陳侯，此兼外其使。

戊寅，叔孫豹及諸侯之大夫及陳袁僑盟。戊寅，非六月。大夫不臣諸侯，故不以日繫月。劉子云：「雞澤之會，諸侯盟，大夫又盟，後爲溴梁之會，諸侯在而大夫獨相與盟，君若綴旒，不得舉手。」

及以及，據例言「會以會」，殊會以外吴。**與之也。**言「及」者，以内及外，是内本國外諸夏。及以及，是内中夏而外夷狄。此殊及，本以外陳。叔孫爲本國，諸侯爲諸夏，陳爲夷狄。傳以「與」爲言者，與「殊會」對言。殊會爲外之，則「殊及」自爲「與」之。吴爲真夷，陳乃中國出在外者，故與吴不同。吴殊會，陳殊及也。**疏**據及，内爲志。及以及，内外汲汲于是盟，蓋譏大夫。公羊：「曷爲殊及陳袁僑？爲其與袁僑盟也。」**諸侯以爲可與，則與之；**此依經立説。袁僑後至，諸侯以爲可盟，則自盟之。**不可與，**據陳附楚，如蔡。**則釋之。**如以爲不可與盟，則不盟可也。據陳侯如會不再盟，鄭使人言「乞盟」。**諸侯盟，**上己未同盟。**又大夫相與私盟，**時諸侯以

〔一〕「師」下原衍「一」字，據日新本、鴻寶本删。

袁僑後至，不屑與盟，而使大夫盟之，據湨梁獨大夫盟。宋，大夫盟，諸侯不在，故此曰「私盟」。**是大夫張也。**君方盟而大夫又盟，是諸侯以專盟之柄授大夫，則不如不盟。以下大夫專盟，是諸侯使之耳。**疏**君盟，大夫又盟，是大夫敵君也。**故鷄澤之會，諸侯始失正矣。**正，當爲「政」。論語：「孔子曰：『天下有道，則禮樂征伐自天子出；天下無道，則禮樂征伐自諸侯出。』」按：有道，謂春秋以前；無道，入莊世，二伯主之。自諸侯出，蓋十世希不失矣。按：莊至哀爲九世而春秋終，蓋閔不數以附莊公也。自大夫出，五世希不失矣。按：從襄至哀四世而春秋終。陪臣執國命，三世希不失矣。按：定世陪臣强，二世春秋終。天下有道，則政不在大夫。按：二伯專政以尊天下，乃周、召遺事，猶可言。獨大夫專政，古無其事。天下有道，則庶人不議，謂不作春秋。**大夫執國權，**郊特牲：「天子微，諸侯僭；大夫强，諸侯脅。於此相貴以等〔二〕，相親以貨，相賂以利，而天下之禮亂矣。」劉子云：「尊君卑臣，以勢使之也。夫失勢則權傾，故天子失道則諸侯尊矣，諸侯失政則大夫起矣，大夫失官則庶人興矣。由是觀之，上不失而下得者，未之有也。」**曰袁僑，**據湨梁曰「大夫」，宋曰諸侯大夫，不出名氏。**異之也。**據陳侯不在。不異袁僑，譏不明。異之，歸惡諸侯。大夫功罪不相蒙，賞罰各有所施。

秋，公至自晉。惡事不致，致者，不使及後盟也。

冬，晉荀罃帥師伐許。伐許以孤鄭也。不叙諸侯之師者，小伐之也。成十五年遷葉，專心事楚，六年乃一見，踰十

〔二〕「貴」，原作「責」，日新本、鴻寶本同，此據禮記郊特牲改。

三年又以伐見，踰八年以伐鄭見。

四年左傳：冬，有莒人伐繒，臧孫救繒，敗于狐駘。事與檀弓同。知莒有滅繒之志，非僅立甥而已。

春，王三月己酉，陳侯午卒。不言楚伐陳，不許其有不伐喪之美。**疏**陳世家：「成公三十年，楚共王伐陳。是歲，成公卒，子哀公弱立。楚以陳喪，收兵去。」

夏，叔孫豹如晉。去年，公如晉。冬，又同盟。今大夫如晉，報知武子也。

秋，七月戊子，夫人姒氏薨。襄公之母也，莒女也。言夫人、小君者，與成風同。傳曰：「夫人卒葬之，我可不以夫人卒葬之乎？」知非夫人者，文、宣、成夫人皆齊女。

葬陳成公。時葬者，不許楚有不伐喪之美。

八月辛亥，葬我小君定姒。九年之中，三有夫人之喪。二姜皆有逆文，以此起定姒非夫人。「定」，謚也，以夫人禮，則有謚。

冬，公如晉。妾母有服，公以夫人之喪葬之，而行朝禮，非也。不月者，其事易見，不以月見例也。**疏**魯世家：「四年，公朝晉。」

陳人圍頓。頓者，豫州卒正，陳嘗納、圍、伐之。**疏**按：中外各州卒正，經皆有起文，如陳之有圍頓、伐頓、納頓之文是也。以外當由此推之。

五年年表：陳哀公弱元年。

春，公至自晉。中國不存公。

夏，鄭伯使公子發來聘。吳、秦一見盟聘，外之也。鄭亦一見者，方伯下等，畧之。**疏**發，穆公子，子產之父子國也，後爲國氏，國參是也。鄭前從楚，此聘者，服晉從中國也。方伯當來聘，惟此一見，示例而已。

叔孫豹、繒世子巫如晉。巫者，莒公子也。繒子無子，有女嫁于莒，取外孫爲後。如晉，因魯以求立，覲晉並求屬魯也。非繒世子，其言世子者，順其意也。如宋世子成〔二〕、陳世子禦寇之比。**疏**去冬，莒伐繒，魯救，敗。此以巫覲，當是莒、繒平，以巫後繒。

外不言如，而言如，據外世子相如不書。**爲我事往也。**左傳：「書曰『叔孫豹、鄫太子巫如晉』，言比諸魯大夫也。」往，謂書「如」，言因豹而言如。巫屬魯，比于大夫，卑如介然，故不言「及」以異之。**疏**不言「及」者，繒世子，不書者，故不言及。及，施于例書者。巫「如」不書，從我大夫則書之，故曰「爲我事往」。繒，微國，不能同盟，其世子卑，故内臣得加之。

仲孫蔑、衛孫林父會吳于善稻。衛、吳皆同姓，衛，中國；吳，夷狄。此何以不殊會？吳以同姓之義不再外之。何以不言及？言及，則外吳，且殊衛；故衛同内辭也。**疏**不及林父，内衛也。衛篤心中國不從夷，故内之；

〔二〕「成」，原訛作「咸」，日新本、鴻寶本同，俱誤。

不及，亦不殊矣。繒世子、衛孫林父同時不言「及」，而其義異也。

吴謂善伊，謂稻緩。方言不同，吴謂伊緩，中國曰善稻。此從中國，蓋譯也。**號從中國，名從主人。**王制云：「五方之民，言語不通，嗜欲不同。達其志，通其欲。東方曰寄，南方曰象，西方曰狄鞮，北方曰譯。」此東方曰寄之事。**疏**此繙譯例。通今古，識絶域，皆須繙譯，故傳著之。

秋，大雩。劉子云：「先是，宋魚石奔楚，楚伐宋〔一〕，取彭城以封魚石。鄭畔于中國而附楚，襄與諸侯共圍彭城，城鄭虎牢以禦楚。是歲，鄭伯使公子發來聘，使大夫會吴于善稻，外結二國，内得鄭聘，有炕陽動衆之應。」

楚殺其大夫公子壬夫。壬夫元年侵宋。楚殺不言有罪無罪，畧之也。襄世再殺大夫，楚所以弱也。

公會晉侯、宋公、陳侯、衛侯、鄭伯、曹伯、莒子、邾子、滕子、薛伯、齊世子光、吴人、繒人于戚。不言同盟，有吴在。左傳以爲「盟于戚」。見繒者，起下滅。凡不常在會盟而特序者，以起見滅也。**疏**不殊會吴者，戍陳，善事；吴能信中國，使得同也。偁「人」以不殊，不可狄之。繒不能會盟，叙于吴下，不叙者也。繒，中國，在吴下稱「人」，以吴從中國例，因同姓先進之。叙繒者，繒、莒同會，起下滅而晉復之。

公至自會。會夷狄不致，此致者，并吴也。傳曰：「中國有善事，則并焉；無善事，則異之。」善吴從中國以攘楚，故進從中國。

〔一〕「楚」字原脱，日新本、鴻寶本同，此據漢書五行志補。

冬，戍陳。不言其人，實諸侯同戍也，使如内戍之。**疏**上會已序諸侯，此但主魯而已。

内辭也。傳曰：「主善以内。」戍陳者，留兵以制陳也。言戍者，惡楚，使若助陳；拒楚以存中國。戍陳與戍鄭虎牢相起。**疏**古者有分土，無分民。陳困于楚，不能自守，諸侯相帥而戍之，得變之正，故主内也。歸粟于蔡，得正，亦主内。

楚公子貞帥師伐陳。諸侯戍而楚救之。言伐者，内陳而外楚也。時唯蔡、許從楚。**疏**貞，莊王子，字子囊，後爲囊氏，六見經。

公會晉侯、宋公、衛侯、鄭伯、曹伯、莒子、邾子、滕子、薛伯、齊世子光救陳。列叙諸侯，唯蔡、許不至，晉强楚弱也。晉、楚争陳，晉救陳者，内中國而外夷狄也。**疏**左傳：「會于城棣以救之。」

十有二月，公至自救陳。月者，危也。晉强復伯，救陳無危。言月，著其善也，與葵邱日同爲著其美。陳久屬于楚，以中國爲從夷狄辭。今能屬于内，春秋之所欣許者也。

善救陳也。中國伯弱，不能攘楚，陳乃蔽于夷。晉悼能勤諸侯以救陳，故陳改從中國。晉之伯，救陳之力也。月以善之。

辛未，季孫行父卒。賢大夫也。歷相三世，忠于公室。行父，季文子也。行父，文六年見經，至此五十四年。十六見經，子宿立。**疏**魯語：「季文子相宣、成，無衣帛之妾，無食粟之馬。仲孫它諫曰：『子爲魯上卿，相二君矣，妾不衣帛，馬不食粟，人其以子爲愛，且不華國乎？』文子曰：『吾亦願之。然吾觀國人，其父兄之食麤而衣惡者猶多矣，吾是以不敢。人之父兄食麤衣惡，而我美妾與馬，無乃非相人乎？且吾聞以德榮爲國華，不聞以妾與馬。』文子以告孟獻子，獻子囚之七日。自是，子服之妾衣不過七升之布，馬餼不過稂莠。文子聞之曰：『過而能改者，民之上也。』使爲上大夫。」

六年

春，王三月壬午，杞伯姑容卒。 杞，僖世初本無名，至此乃有名，至此始以同盟待之，即所謂三世異辭。襄時詳小國也。 **疏**杞世家：「桓公十七年卒，子孝公匄立。」

夏，宋華弱來奔。 劉子云：「宋公聽讒，逐其大夫華弱。」劉說見五行志。

秋，葬杞桓公。 日卒時葬，起杞爲王者後。言子、言伯，亦起爲王者後。雖序小國末，而禮有加焉。

滕子來朝。 此滕子初朝也。晉伯盛，卒正事方伯謹。 **疏**春秋以記朝，見屬國尊卑親疏，故屢見不一，各爲所見。曹、滕、小邾五記來朝，曹、滕爲同姓卒正之首也。邾、杞七言朝，杞爲王後，邾于魯近也。小邾五見，降于邾也。郯二見，鄫、葛、牟、蕭各一見，以此起其尊卑親疏也。

莒人滅繒。 滅者，皆方伯討罪之詞。小國不言滅，言滅，以起非常之事。 **疏**春秋小國不言滅國，惟此一見，故知爲非如常滅之。如常，則不見也。

非滅也。 據不日，下言「取繒」也。 **疏**非以兵力滅之，滅之中有詭道焉。 **中國日，** 沈、頓、胡，中國與盟會者，則日。**卑國月，**近國未與會盟者，月之。**夷狄時，**在外州國。傳曰：「滅國有三術：中國謹日，卑國月，夷狄時。」**繒，中國也，**據內臣列數繒世子、會戚偁人、來朝、能會盟，有中國辭也。**而時，**據例日，夷狄乃時。**非滅也。**據不日，知非實滅。**家有既亡，**國之本在家，立異姓，是亡家。**國有既滅，**國既改姓，是滅也。**滅而不自知，**據下言繒，實已亡、滅辭，乃如未亡滅，不知其實。**由別之而不別也。**繫姓，本以相別異；有姓而自亂之，是別而不別。**莒人滅繒，**據繒中國、莒夷狄；以夷狄滅中國，正言之。**非滅也。**據夷狄實滅中國，則當有所辟；不辟，亦起非滅。**疏**左傳言其事甚詳，本傳則單就立甥爲説，義各有取，非有異同也。**非立異姓以莅祭祀**〔一〕**，**莒是繒外孫，繒無子，當立公族爲後，乃因愛立女子之子。魯爲方伯，晉爲二伯，不能正其事，相與立之。春秋惡之，故言滅也。**滅亡之道也。**鬼神不享非類，以異姓主祭祀，是宗廟不血食矣。此與滅國之毀宗廟無異。外孫雖有血氣之屬，周禮以父主母，故特明其事以絶之。**疏**莒有取繒志，懼于大國，因以子後之，其子立，則繒爲莒有矣。左氏以爲實滅，就事實言之。二傳以爲非滅，就經意言之。言滅不言滅，其實相同。

冬，叔孫豹如邾。如邾者，聘邾也。方伯聘卒正，如二伯聘方伯之禮。書者，晉伯盛，魯待卒正以禮。**疏**內臣如，以多少見尊卑。二十一見如晉，十九見如齊，二伯也。五見如宋，宋亦大國也。楚雖爲伯，衹一見，略之也。陳不如者，二如以見諱。奔衛一見，示例也。莒、邾、滕、牟各一見，小國略之。曹不見。

〔一〕「非」字原脱，日新本、鴻寶本同，據阮刻本補。

季孫宿如晉。左傳：「晉人以鄫故來討，曰：『何故亡鄫？』季武子如晉見，且聽命。」按：莒滅鄫而晉討于魯，魯亦與其謀也。下言取鄫，是因晉討而復之。**疏** 行父之子也。父喪未終而如晉，非禮也。三家世卿專魯，執政嗣位之始，結大國以自固。

十有二月，齊侯滅萊〔二〕**。**萊者，兖州國，起齊爲兖州伯也。二伯不言滅國，齊言滅萊，貶之也。**疏** 二伯王臣〔三〕，不能滅人自益；爲方伯有之，此貶齊之辭也。莊世何以言滅譚、滅遂？十三年以前，齊未伯之辭，特著之，以見以後不言滅也。僖十七年何以言滅項？衆滅之之辭。此萊，夷，託之中國，因是以起齊未爲二伯，爲兖州方伯，故滅萊自廣。月者，卑國。萊近齊國。

七年

春，郯子來朝。郯子與盟會，連帥之等也，不言朝。言朝者，一見以相起也。于此志者，且起晉强，吴不制郯。**疏** 郯爲連帥上等，因莒不言朝，故兩言朝。

夏，四月，三卜郊，不從，乃免牲。傳曰：「全曰牲。」已變不郊，故卜免牲。按：郊，祭天也。王制：「天子

〔二〕「侯」，原作「人」，日新本、鴻寶本同，此據經文改。

〔三〕「臣」，原作「伯」，日新本同，此據鴻寶本改。

祭天地。」魯，方伯，不得祭天，周公有大勳，成王賜以天子禮樂，故得郊。周郊常以正月上丁，魯郊必卜用辛者，下天子也。五經異義曰：「春秋公羊説：『禮郊及日皆不卜，常以正月上丁也。魯與天子並事變禮。今成王命魯使卜，從乃郊，不從即不郊，以下天子也。魯以上辛郊，不敢與天子同也。』」按：此義與本傳同。

夏四月，不時也。 傳曰：「郊自正月至于三月，郊之時也。子不志三月卜郊，何也？郊自正月至于三月，郊之時也。我以十二月下辛卜正月上辛；如不從，則以正月下辛卜二月上辛；如不從，則以二月下辛卜三月上辛；如不從，則不郊矣。」**三卜，禮也。** 據三卜不書。此書，以不時也。三卜至二月止，此多二月〔二〕。**乃者，亡乎人之辭也。** 不由人也。四月可以不郊，志在于郊〔三〕，猶復卜之〔三〕，至于不從，乃免〔四〕。言「乃」者，譏其得已不已。免，非其心，責其黷也。

小邾子來朝。 襄世詳録小國，故記小邾詳，又起附庸亦朝也。　**疏**小邾五言朝，降于邾之七朝。據左傳，以爲穆公。

城費。 起下墮費，季孫專也。郈不言「城」，互見也。

秋，季孫宿如衛。 衛與魯最親，一見如衛者，一見以明例。此報公孫剽之聘義也。　**疏**內大夫往方伯言「如」。如

〔一〕「月」，原作「已」，據日新本、鴻寶本改。
〔二〕「于」，原作「不」，據日新本、鴻寶本改。
〔三〕「復」，原作「後」，日新本同，此據鴻寶本改。
〔四〕「乃」，原作「事」，日新本同，此據鴻寶本改。後同。

衛，聘也。與下孫林父來相起。魯用三家，逐昭公；衛用孫、甯，逐獻公。言此，以見大夫專政之禍。孔子曰：「魯、衛之政，兄弟也。」此弑、逐之先見者也。

八月，螽。 劉子云：「先是，襄公興師救陳，滕子、郯子、小邾皆來朝。夏，城費。」劉說見五行志。月者，災甚也。

冬，十月，衛侯使孫林父來聘。 聘者不月。月者，以盟之月加于「聘」之上，見以聘盟也。孫氏逐君，目之，明執國政。**疏**衛四聘魯，止于此。兩見孫氏，一見甯氏、公孫剽，皆有所起。

壬戌，及孫林父盟。 聘而求盟，專也；受命出聘，不受命相盟，無君也，故聘、盟皆譏。壬戌，公也，不出公，諱盟大夫。

楚公子貞帥師圍陳。 前言伐，此言圍，師久也。楚失鄭，乃爭陳，陳陰與楚平，楚乃去。**疏**陳世家：「哀公三年，楚圍陳，復釋之。」

十有二月，公會晉侯、宋公、陳侯、衛侯、曹伯、莒子、邾子于鄬。 會于鄬，以謀救陳。**疏**不言同盟，以兵車往，爲救陳，不盟也。

鄭伯髡原如會，未見諸侯。丙戌，卒于操。 **疏**鄭世家：「五年，鄭相子駟朝釐公〔一〕，釐公不禮。子駟怒，使廚人藥殺釐公，赴諸侯曰『釐公暴卒』。立釐公子嘉，嘉時年五歲，是爲簡公。」

未見諸侯，其曰如會， 尚在竟内，地操可也，不必言「如會」。**何也？** 據袁僑如會，後得盟也。**致其志**

〔一〕「相」，原作「伯」，日新本同，此據鄭世家、鴻寶本改。

也。從晉者，鄭伯之意也。鄭伯將會中國，如其志，言「如會」。**疏**致，亦成之。鄭伯志從中國，善事，故急成之。所謂君子成人之美也。**禮：****疏**文見曲禮。禮，義同爲例，謂春秋之例如此；凡傳言「禮」而爲春秋「例」甚多。**諸侯不生名。**生名，則是大辟之罪；名，死道也。**疏**經例：諸侯以爵見，生不名；大夫乃生名。**此其生名，何也？**據曹伯卒于會，序會不名，卒乃名。**卒之，名也。**因下卒名，非有貶絶。**疏**據吳子門巢卒，名在「門」上。**卒之名，則何爲加之如會之上**〔一〕**？**據曹伯卒乃名。**見以如會卒也。**據吳子門巢卒也。如會，外乎會，新從中國。言「如會」，以此卒也。**其見以如會卒，何也？**據如會無危道，不如門巢。**鄭伯將會中國，**故致志言「如會」。**其臣欲從楚，**君臣異心，君正而從邪。**疏**據左傳，因僖公失禮于諸臣見弑，不爲諸臣欲從楚。傳以從楚立説者，因經致其志，在會中國，而以事見弑，是其臣志可知，故以從夷責之也。**不勝其臣，**不勝，故見弑，不能自主，失權之過也。故君當自治，不可使大夫專權。**弑而死。**劉子云：「鄭伯弑死。」顔師古云：「子駟使賊弑，以瘧疾赴。」**其不言弑，何也？**據弑大惡，内乃諱。**不使夷狄之民，**子駟安心從楚，中國大夫如夷狄之民。齊陽生不言弑，與此同。**加乎中國之君也。**傳曰：「汲鄭伯，存中國也〔二〕。」劉子云：「鄭僖公富有千乘，貴爲諸侯，治義不順人心而取弑于臣者，不先得賢也。及簡公用子産、裨諶、世

〔一〕「之如」，原作「乎」，日新本、鴻寶本同，此據傳文改。
〔二〕「存」，原作「在」，日新本、鴻寶本同，此據傳文改。

叔、行人子羽，賊臣除，正臣進，去强楚，合中國，國家安甯二十餘年，無强楚之患。」**其地，於外也；**據在内不地。**其日，**據許男卒于師不日。**未踰竟也。**據晉侯卒于扈，未踰竟，日也。**日卒時葬，正也。**據蔡侯肸從夷不葬，此以正卒待之，爲中國諱也。

陳侯逃歸。自此以後，待之如蔡，十年不見，十七年因宋伐乃録之，不專録事。年表：「楚圍我，爲公亡歸〔一〕。」

以其去諸侯，陳侯以楚圍，陰與楚平，楚乃歸。晉徵諸侯，畏而至，晉將討之，乃逃而反。**故逃之也。**傳曰：「逃歸陳侯，存中國也。」背盟逃去，書「逃」以責之。已盟而去，不書，書者，陳侯雖盟，心不專而逃之。鄭伯未會而心向中國，致其志言「如會」。以陳、鄭相起，貴其志。又其來也，則汲引之；其去也，則逃去之，皆以存中國也。

八年年表：鄭簡公嘉元年。

春，王正月，公如晉。月者，危也。鄬之會，公未歸，又隨晉侯如晉，方會，又帥人朝，惡之，故月也。

夏，葬鄭僖公。賊未討書葬，爲中國諱。凡弑不書弑者四，皆葬，惟楚一不葬。**疏**鄭世家：「簡公元年，諸公子謀事欲誅相子駟，子駟覺之，反盡誅諸公子。」

鄭人侵蔡，獲蔡公子濕。鄭侵蔡者，晉使之也。簡公立，從父志，專心事晉也。鄭旋釋之，歸國後事見二十年。

〔一〕「亡」，原作「丘」，日新本、鴻寶本同，此據年表改。

蔡以後十二年乃見，此因鄭而録之。**疏**獲凡六見，内一、秦一、吴二、鄭二，皆在末等。齊、晉、楚、宋大國乃不言獲。溴，莊公子，左傳稱「司馬燮」。蔡大夫九見公子公孫。蔡爲方伯，至此乃見大夫者，畧之也。溴兩見，經二十年見殺。

人，微者也。侵，淺事也。而獲公子，公子，貴矣。以貴者淺事而見獲，獲，大敗。**公子病矣。**病公子，所以譏蔡侯也。言人、侵者，舉微、淺。蔡從夷，以夷待之。鄭新從中國，故扶鄭、夷蔡以申中國。**疏**外獲志者，多以小獲大、外獲内，以見小不可忽也。大國、大師通不言獲。

季孫宿會晉侯、鄭伯、齊人、宋人、衛人、邾人于邢丘。齊以下皆大夫也，偁人；獨「鄭伯」見者，爲獻蔡捷親往也。**疏**左傳：「齊高厚、宋向戌、衛甯殖。」不言同盟，左以爲「命朝聘之數」。

見魯之失正也。正，當爲政。鷄澤同見，此獨見魯。**公在，**據公如晉。**而大夫會也。**權在大夫也。春秋之例，公不會大夫。凡公會大夫，會皆目大夫不出公。此會有諸侯而出大夫，明大夫專。不言宿如晉，君行卿從，傳曰：「義者行也。」

公至自晉。起公在會。

莒人伐我東鄙。魯與滕、薛無侵伐之事。杞不伐我，惟曹、莒、邾有兵事。魯好侵奪近邑以自封殖，故近者有兵事；遠者無兵事，不争也。**疏**據左傳，此爲「疆鄫田」。

秋，九月，大雩。劉子云：「時作三軍，季氏盛之應。」

冬，楚公子貞帥師伐鄭。討其伐蔡也。**疏**鄭因楚伐而服于楚。不言楚、鄭盟者，諱之也。時陳、蔡、許從楚，不言者，亦諱也。晉前已得陳、鄭，鄬會，陳侯逃歸；此伐，鄭從楚，又失二國也。

晉侯使士匄來聘。大國聘次國，明晉悼有禮也。與下季孫「如」相起。

九年

春，宋災。劉子云：「先是，宋公聽讒，逐其大夫，華弱出奔魯。」

外災不志。凡外州之國通不志災。**此其志，何也？**內得志災。然衛、陳、鄭一見示例，宋屢志災。**故宋也。**故宋，以宋爲王者後，大國稱公，不同衛、鄭，祇一記而已。齊大國，得二記災，宋王後，尤詳。此尊卑升降之數。新周、故宋、王魯，皆詩三頌師説。春秋先師亦多用之，如公羊是也。本傳不用新周、王魯，惟言故宋，以宋爲王後稱公，經、傳有明文。

夏，季孫宿如晉。報士匄之聘也。不必三年一聘者，伯者求諸侯禮數繁也。

五月辛酉，夫人姜氏薨。宣公夫人也。文、宣、成夫人皆齊女。**疏**據左傳，「穆姜薨于東宮」。不地者，傳所謂「夫人不地」也。此與哀姜薨于齊同爲有罪。

秋，八月癸未，葬我小君穆姜。九年三志薨、葬，以起定姒爲妾母。**疏**此成公之母。薨在成公夫人之後，婦先姑而薨，故公羊有「不知宣夫人、成夫人」之説。

冬，公會晉侯、宋公、衛侯、曹伯、莒子、邾子、滕子、薛伯、杞伯、小邾子、齊世子光伐鄭。不序陳者〔一〕，逃歸，從楚也。鄭因楚伐從楚，晉爭之。**疏**年表：「晉帥齊、宋、魯、衛、曹伐鄭。」

十有二月己亥，同盟于戲。戲，鄭地。此悼初伐也。

不異言鄭，異鄭，言「及鄭伯同盟」。**疏**據言同盟，不若得袁僑、國佐異之。**喜得鄭也**〔二〕。據同外楚，喜得如同志，不異之以起疑。**不致，**據蕭魚致會。**恥不能據鄭也。**伐而後盟，致伐，是盟復伐，非得鄭辭；致會，則下鄭復從楚，有恥，嫌不能有鄭，故不致之。

楚子伐鄭。前鄭同盟，楚來伐鄭，又從楚也。

十年

春，公會晉侯、宋公、衛侯、曹伯、莒子、邾子、滕子、薛伯、杞伯、小邾子、齊世子光會吴于柤。吴在柤，召諸侯同伐楚，諸侯因往會之，遂以諸侯之師滅傅陽。**疏**不言同盟，有吴，殊會外之。公爲本國，諸侯爲中夏，吴爲夷狄，三等，故以二「會」字别之，所謂殊會也。

會又會，據戚不再言會。**外之也。**傳曰：「中國有善事，則并焉；無善事，則異之、存之也。」外之，外于是會

〔一〕「不序陳者」，原作「不月者陳」，據日新本、鴻寶本改。

〔二〕「喜」，日新本、鴻寶本同，阮刻本作「善」，廖氏注以「喜」爲釋，故因之不改。

也。若不外，則嫌以中國從夷狄之師。殊之，使若中國自會，吳來與之。

夏，五月甲午，遂滅傅陽。伯不言滅，此言滅者，衆辭也。傅陽，楚屬國。夷狄例時。「遂」者不日，言日者，使若二事然。**疏**地理志楚國傅陽下云：「故傅陽國。」蓋在今安徽。

遂，吳滅當言吳，不當言遂。**直遂也。**直諸侯遂事，非吳自從會滅之。**其曰遂，何也？**宜列數諸侯。**不以中國從夷狄也。**吳、楚相仇，吳滅傅陽以報楚也。若叙諸侯而滅，是以中國從吳也。蔡以吳善之，吳以中國則異之，中外之別也。

公至自會。

會夷狄不致，會吳，是會夷狄。**惡事不致。**滅傅陽，是惡事。**此其致，何也？**據戲盟猶不致。**存中國也。**二事非常例，兼爲存中國。**中國**謂中國諸侯。**有善事則并焉，**據戚不殊會吳者，蓋以戍陳善事，可使吳從之。**無善事則異之，**據會柤、滅國非善事，故殊外之。**存之也。**亡言存，存其國；未亡言存，存其道。許夷狄從中國，憂中國，不許中國從夷狄，滅夷狄、存中國之道。**汲鄭伯，**鄭，同盟國，方來，汲引之；不見諸侯，猶致其志，來者不拒也。**逃歸陳侯，**陳侯不同盟者，欲去，雖已盟，猶逃之，往者不追，所以待夷狄之道。此謂楚事也。楚所爭，唯陳、鄭，于此明來去之義。**致柤之會，**外之也，此謂吳事。外之，則如公會中國不會吳。會中國，致；吳會不致，致亦外吳。**存中國也。**楚、吳皆夷狄，初但外楚；吳强，經又外吳。**疏**三事，前二爲外楚，後一事爲外吳，皆以存同盟之中國也。

楚公子貞、鄭公孫輒帥師伐宋。鄭從楚伐宋。楚侵伐不言從國，存中國也。此不言陳、蔡言鄭輒者，因下殺，鄭旋從晉，可言。**疏**輒，穆公子去疾之子，字子耳，後爲良氏。

晉師伐秦。不救宋而伐秦，譏之也。**疏**年表：「荀罃伐秦。」報去年侵。荀罃將，不言名氏者，貶之也。不言戰、敗，畧之也。

秋，莒人伐我東鄙。再伐矣，爲下執莒子張本。

公會晉侯、宋公、衛侯、曹伯、莒子、邾子、齊世子光、滕子、薛伯、杞伯、小邾子伐鄭。齊世子初在小邾下，此在滕上者，以年進之。晉悼伯，諸侯全序；其所不序，皆從楚之國，陳、蔡、鄭、許是。**疏**此悼公初駕也。

冬，盜殺鄭公子斐、公子發、公孫輒。傳曰：「春秋有三盜，微殺大夫謂之盜，」斐當國執政，發爲司馬，輒爲司空，此鄭三卿也。同時而殺三卿，亡國之道也，故以盜言之。晉亦同時殺三卿，然祇郤氏，晉卿多，故不稱盜，以此異。

疏鄭世家：「三年，相子駟欲自立爲君，公子子孔使尉止殺相子駟而代之。子孔又欲自立。子產曰：『子駟爲不可而誅之，今又效之，是亂無時息也。』于是子孔從之，而相鄭簡公。」斐，左作騑，穆公子，字子駟，後爲駟氏，駟宏是也。

稱盜以殺大夫，公羊：「大夫相殺，賤者窮諸盜。」據左傳，時有劫君之事，殺者非君，又三卿同殺，故以盜言之。

弗以上下道，據上殺下當言鄭、言大夫，爲上下辭。**疏**子駟前弑僖公，罪人也；發、輒從之，亦罪，故不言大夫。

惡上也。簡公爲君，三年不能討賊，子孔劫之，將自立，非子產，則身殺國亡不可知，失爲君之道。故書「盜殺」，言上之失權也。**疏**上謂君，鄭伯也。鄭伯不能討賊，諸大夫自相殺，失權不能自保，直書其事而罪惡見。故不以君臣正辭而下窮于盜。盜無名氏，不繫于鄭，不得爲人之辭。賤殺者〔二〕，即所以賤鄭伯也。

戍鄭虎牢。 戍者三見，僖，買戍衛，襄五年戍陳，此戍鄭。凡戍，皆伯者爭諸侯之事。**疏** 地理志河南郡成皋下云〔三〕：「故虎牢，或曰制。」

其曰鄭虎牢， 據城不繫鄭。**決鄭乎虎牢也。** 前城不繫，恐不明，故于此繫以決之。**疏** 據戍陳不繫邑。虎牢，鄭險塞，前城以禦楚。此因伐鄭，戍之以待楚。戍陳在陳；戍鄭，兵在虎牢，故決鄭于虎牢；得虎牢，則得鄭，明前城虎牢之功。

楚公子貞帥師救鄭。 言救，明鄭服楚，非善之。**疏** 鄭世家：「四年，晉怒鄭與楚盟，伐鄭，鄭與盟。楚共王救鄭，敗晉兵。簡公欲與晉平，楚又囚鄭使者。」

公至自伐鄭。 不恥者，致伐。

十有一年

春，王正月，作三軍。 劉子云：「公作三軍，有侵陵用武之意。諸侯不和，伐其三鄙，被兵十有餘年，因之饑饉。」

〔二〕「賤」，原作「賊」，據日新本、鴻寶本改。
〔三〕「河南」，原作「河内」，日新本、鴻寶本同，此據漢書地理志改。

又云：「時作三軍，季氏盛。」顔師古云：「魯本立上下二軍，皆屬于公，有事則二卿遞帥之〔一〕。季氏欲專其人〔二〕，故增立中軍，各主其一。」　**疏**　攷軍制，須合天下全計之。天子尊矣，而諸侯有五長，二伯、方伯、卒正、連帥、屬長是也。諸侯又自有五等，百里、七十里、五十里、三十里、二十里，除附庸不數。自天子至于五十里，共得九等。以九等之不同，而舊説祇以四等説之，且其説除天子以外，則乃百里、七十里、五十里之制，而五長之制全佚。今權據爵國篇之説而詳攷之。

作，爲也。　據作「主」，知新作。**古者天子六師，諸侯上國三軍，次國二軍，小國一軍。**「上國」以下十字，據班氏引傳補。司馬法：「萬有二千五百人爲軍。天子六軍，諸侯三軍。」軍數詳見爵國篇。萬二千五百人爲一軍，小國方五十里之數也。天子當四百倍；大國千乘，當四十倍；百里國百乘者，亦四倍之。舊説以小國之數通于天子、諸侯，誤甚。王六軍，軍數雖較五十里有加，實則四百倍之。爵國篇以爲天子六軍，萬二千五百人爲一軍，故經稱天子爲京師。大國三軍，二伯三軍，百里國亦三軍；二伯卿七錫，百里國七命，大小懸殊，禮數有合處。次國二軍，方伯二軍，七十里國亦二軍〔三〕；小國一軍，卒正一軍，五十里國亦一軍，其將皆命卿。凡兵賦田地所出、天子諸侯大小所出實數詳細規制，爵國篇言之詳矣。今以乘數簡明之法言之，天子萬乘；諸侯大者千乘、六百乘、

〔一〕「二卿」，日新本、鴻寶本同，顔注作「三卿」。
〔二〕「人」，原作「任」，據漢書顔注、日新本、鴻寶本改。
〔三〕「二」，原作「一」，據日新本、鴻寶本改。

三百乘；百里國百乘；方七十里五十乘；方五十里者二十五乘。小國較天子少四百倍。而古者以一萬二千五百人之小國立數，非言軍皆萬二千五百人也。今又依經、傳之文，以師、軍分别立説，大者以軍言，小者以師言，如天子六軍，二伯三軍，方伯二軍，卒正一軍。而連帥屬長皆包于此，不再見。至于百里國稱三師，七十里稱二師，五十里國稱一師，畧爲區分以别之。**疏**按：軍數皆準于卿，一卿將一軍，齊、晉、宋大國三卿，故有三軍。陳、蔡、衛、鄭與魯爲次國二卿，故二軍。許、曹以下爲小國一命卿，一軍。屬長以下無命卿，有一軍。卿變而軍實不能變，故皆有一軍。春秋據卿言軍，故小國無大夫者，亦無師也。然曹、莒、邾、虞言師者，紀其實也。小國言大夫不氏，與大國、次國不同；言小國「師」，與大國次國同者，大夫不同，據無大夫；師同者，師實不異，故與大、次國同。**作三軍，**經之「軍」字，當與天子、大國相比，名位不同，禮亦異數。天子六軍，則大國但三軍以辟天子，故左傳以「晉舍新軍」爲合禮。晉地數圻，軍數實多于天子，然不敢與天子同。方伯又當避二伯，魯地雖大，不止千乘，然當避二伯，不得與之同。當日分軍，必别有儀文禮制，無論兵軍多寡，不得踰此制。至于臨陣分合營制，通不拘泥，各隨所便矣。**非正也。**魯語：「季武子爲三軍，叔孫穆子曰：『不可。天子作師，公帥之以征不德。元侯作師，卿帥之以承天子。諸侯有卿無軍，帥教衛以贊元侯。自伯、子、男有大夫無卿，帥賦以從諸侯。是以上能征下，下無姦慝。今我小侯也，處大國之間，繕貢賦以共從者，猶懼有討，若爲元侯之所爲，以怒大國，無乃不可乎？』弗從。遂作中軍。自是齊、楚伐討於魯，襄、昭皆如楚。」**疏**晉爲二伯元侯。攷左傳，其出軍無定數，有守有戰，有分兵。然而言軍數，則以三爲斷。大國既言三，則次國祇應得二。此立三軍，是僭諸公也。魯語言之甚詳。

夏，四月，四卜郊，不從，乃不郊。凡四五月、九月郊者，皆因卜而吉者也。卜吉則言郊；不吉，則言不郊。

夏四月，不時也；四卜，非禮也。非時强卜，譏黷也。三月三卜不從，可以已已。至四月猶卜，非也。

鄭公孫舍之帥師侵宋。前從楚伐，此獨伐。伐宋，所以致晉師也。**疏**舍之〔一〕，公子喜之子，子展也。二見經，下入陳。

公會晉侯、宋公、衛侯、曹伯、齊世子光、莒子、邾子、滕子、薛伯、杞伯、小邾子伐鄭。齊世子在曹下，進也。此二駕也。

秋，七月己未，同盟于京城北。京城，鄭邑。不言盟于鄭，鄭未服也。同者，並外陳、蔡也。**疏**京，左作亳。

公至自伐鄭。

不以後致，據蕭魚致後會。**盟後復伐鄭也。**據下伐鄭也。傳曰：「已伐而盟復伐，則以伐致。盟不復伐，則以後會致。」傳「後」衍字。

楚子、鄭伯伐宋。目楚子、鄭伯，兼言二國，因争得鄭，故言鄭也，不言陳、蔡。**疏**自宣元年至此，鄭從楚伐宋者凡五見，事不皆見，一見以明之。宣元一，成十八年二見，哀十年一，共此，凡五見。

公會晉侯、宋公、衛侯、曹伯、齊世子光、莒子、邾子、滕子、薛伯、杞伯、小邾子伐鄭。此悼公三

〔一〕「之」，原作「定」，日新本、鴻寶本同，俱誤。

駕也。得鄭。　**疏**據左傳，鄭人行成，有人盟出盟之事。不言者，爲美辭。

會于蕭魚。蕭魚，鄭地，鄭與會也。不言盟，信辭。春秋惡盟。　**疏**晉語：「十二年，公伐鄭，軍于蕭魚〔二〕。鄭伯嘉來納女、工〔三〕、妾三十人，女樂二八，歌鐘二肆，及寶鎛、輅車十五乘。」

公至自會。晉侯自此不出，下皆大夫會矣。

伐而後會，伐重于會。**不以伐鄭致，**據京城北致伐。**得鄭伯之辭也。**傳曰：「盟不復伐，則以會致。」

楚人執鄭行人良霄。鄭已從晉，楚怒，執其行人，所謂公罪也。　**疏**鄭世家：「簡公與晉平，楚又因鄭使者。」

行人者，據執或不言行人。**挈國之辭也。**傳曰：「稱行人，怨接于上也。」左傳：「書曰『行人』，言使人也。」與傳同意。　**疏**良霄，穆公庶子公子去疾字子良，子公孫輒字子耳；良霄，輒之子也。良爲七穆之一。霄，襄三十年見殺。良氏，經祇見霄一人。

冬，秦人伐晉。爲楚救鄭。不言晉敗績者，畧之也。　**疏**年表：「我使庶長鮑伐晉救鄭，敗之櫟。」

十有二年

〔二〕「軍」，原作「會」，日新本、鴻寶本同，此據國語晉語改。

〔三〕「工」，原作「上」，日新本、鴻寶本同，此據晉語改。

春，王三月，莒人伐我東鄙，圍郜。劉子云：「襄慢鄰國，莒伐其東。」伐我二十見，通不月。此月者，莒，魯屬也。四年之中，三來伐我方伯，深入圍郜，失尊傷重，故月之也。

伐國不言圍邑，據上再伐不言圍邑。**舉重也。**據國重于邑。此言圍者，因伐鄙可言圍，伐國則不言圍邑。**取邑不書圍，**據取須句不言圍，明此未取。**安足書也。**據「取」重于「圍」也。此言圍，爲下救郜張本也。

季孫宿帥師救郜。受命救郜，如私行者，惡專兵也。

遂入鄆。鄆，内邑，莒伐我所取也。

遂，繼事也。二事相接續。**受命而救郜，**始事爲受命，使不兼也。**不受命而入鄆，**後事知起意，非受命。**惡季孫宿也。**大夫無遂事，皆由君命。此專入，故以「遂」言之，所以譏季孫。

夏，晉侯使士魴來聘。士氏何以數來聘？爲魯事也。晉如天子公，其卿亦如天子卿。天子大夫不名，晉卿何以名？內外之别也。

秋，九月，吴子乘卒。卒者，以同盟會也。此王者，以子卒之，「王」尊偁，「子」卑號，「夷狄雖大曰子」。此以中國治之也。不卒；卒，少進。不日；日，少進。不葬者，惡其王號加之，誅滅之罪也。**疏**吴世家：「二十五年，王壽夢卒。」司馬遷説：「吴、楚之君稱王，春秋書之曰子。」變其實，號從中國也。

冬，楚公子貞帥師侵宋。失鄭，又争宋，從者陳、蔡、許。自此以後，經不見伐宋矣。**疏**據左傳，有秦。不言秦者，畧之，亦如有蔡、許、陳不言也。且荆州之國皆在不言，下一言隨侯以見例也。

公如晉。魯世家：「十二年，公朝晉。」

十有三年年表：吴諸樊元年。

春，公至自晉。不合五年之禮，因事往也。

夏，取邿。邿，近邾小國。左傳云：「邿亂，分爲三。師救邿，遂取之。」公羊以爲邾邑者，是邿舊爲邾所取也。春秋之例，邑有爲國，國有爲邑者，各隨所見言之。**疏**知邿國者，地理志東平國亢父下云：〔一〕「詩亭，故詩國。」詩、邿同音異字也。

秋，九月庚辰，楚子審卒。共王也。日卒，少進。**疏**楚世家：「三十一年，共王卒，子康王招立。」

冬，城防。得時也。時則脩舊不書。書者，爲臧孫請緩録之。與齊有隙，起下圍成。**疏**左傳：「於是將早城，臧孫請俟農畢，禮也。」防者，成氏邑。

十有四年左傳：此年天子錫齊侯命，稱「舅氏」，名環。蓋貶爲方伯，故公不如齊而如楚也。

春，王正月，季孫宿、叔老會晉士匄、齊人、宋人、衛人、鄭公孫蠆、曹人、莒人、邾人、滕人、薛

〔一〕「東平」，原作「東萊」，日新本、鴻寶本同，此據漢書地理志改。

人、杞人、小邾人會吴于向。 外吴也。向，内邑。叔老非卿，介也。會見卿、介，示例也。大夫獨出晉、鄭者，葢以晉主會，鄭新從會，故獨言名氏也。晉悼大夫三會，始出鄭，再出衛，三出宋，三有大夫國，大夫專，故漸出之。會，不月，月者，謹會夷狄也。以諸侯會吴，吴强而諸侯弱也，再會足矣。**疏**不言「同」，有吴。蠆，穆公孫，公子偃之子，子蟜也，後爲游氏，游吉、游速是也。

二月乙未朔，日有食之。 劉子云：「春秋二百四十二年，日食三十六。襄公尤甚，率三歲有奇而一食。後衛大夫孫、甯共逐獻公，立公孫剽。」

夏，四月，叔孫豹會晉荀偃、齊人、宋人、衛北宫括、鄭公孫蠆、曹人、莒人、邾人、滕人、薛人、杞人、小邾人伐秦。 伐秦以報櫟之役也，不月。月者，道遠，諸侯皆在，事重，故月之。此衛大夫有名氏。悼大夫再大會，由鄭及衛也。**疏**秦本紀：「是時，晉悼公爲盟主。十八年，晉悼公强，數會諸侯，率以伐秦，軍走，晉兵追之，遂渡涇，至棫林而還。」按：偃，庚子，中行獻子。

己未，衛侯出奔齊〔一〕**。** 劉子云：「獻公暴虐慢定姜，卒見逐，走出亡，至竟，使祝宗告亡，且告無罪于廟。定姜曰：『不可。若令無，神不可誣；有罪，若何告無罪也？且公之行也，舍大臣而與小臣謀，一罪也。先君有冢卿以爲師保而蔑之，二罪也。余以巾櫛事先君，而暴使余，三罪也。告亡而已，毋告無罪也。』」**疏**衛世家：「獻公十三年，公

〔一〕「侯」下原衍「衎」字，日新本、鴻寶本同，據傳文删。

令師曹教宮妾鼓琴，妾不善，曹笞之。妾以幸惡曹於公，公亦笞曹三百。十八年，獻公戒孫文子、甯惠子食，皆往。日旰不召，而去射鴻于囿，二子從之，公不釋射服與之言。二子怒，如宿。孫文子子數侍公飲〔一〕，使師曹歌巧言之卒章。師曹又怒公之嘗笞三百，乃歌之，欲以怒孫文子，報衛獻公。文子語蘧伯玉，伯玉曰：『臣不知也。』遂攻出獻公。獻公奔齊，齊置衛獻公於聚邑。孫文子、甯惠子共立定公弟秋爲衛君，是爲殤公。」

莒人侵我東鄙。 四伐矣。季文子卒後，莒四伐我。襄失道也。

秋，楚公子貞帥師伐吳。 吳、楚交兵之始，與中國五會矣。楚乃伐之，以爲禍始。貞以後不見。貞七見，皆兵事。

疏 據左、史，此伐吳敗楚，獲楚公子。不書者，凡獲而書者，皆中國。外州大夫獲不書也。吳、楚兵連以致楚亡，此先見也。

冬，季孫宿會晉士匄、宋華閱、衛孫林父、鄭公孫蠆、莒人、邾人于戚。 戚，衛邑。宋大夫有名氏。悼大夫三大會，由小及大也。齊、曹、滕、薛、杞、小邾不序。齊不序，起伐我；獨序莒、邾，起下執。

疏 左：「謀定衛也。」不言同盟。

十有五年

〔一〕「文子子」，原脱一「子」字，日新本、鴻寶本同，此據衛世家補。

春，宋公使向戌來聘。宋四聘魯，三見華氏，惟此一見向氏。**疏**向，公子向父之後，桓族也。終春秋，經皆見世卿，而不言公子、公孫，與魯、鄭殊。魚氏出奔後，向氏爲左師。

二月己亥，及向戌盟于劉。聘盟不地。「于劉」，因下誤衍。**疏**一說：劉，內地，如公與晉侯盟于長樗之比。

劉夏逆王后于齊。夏者，名也。不稱劉子，臨王后，名從正稱也。劉夏，即劉卷之父，後儒因夏名，遂以夏爲士，誤甚。**疏**劉，畿采地，稱子者，卿也。下劉文公亦稱劉卷。

過我，據不言來、不稱子，非接內也。言逆，非內主之，起祭公內主之也。**故志之也。**爲主，則言歸；過我，則言逆。主書以起祭公即謀逆事之非也。不言使者，逆者微，故奪其使不言也。靈王不記事，記此以見之。

夏，齊侯伐我北鄙，圍成。劉子云：「襄慢，齊伐我北鄙，百姓騷動。」伐不言圍，爲救，大之也。**疏**齊侯驕蹇，不會諸侯。自此至十八年，六見伐我之文，因此以致同圍齊，與頃公敗鞌之事同也。

公救成，至遇。言至遇者，不敢進也。**疏**年表：「齊伐我。」

季孫宿、叔孫豹帥師城成郛。既言公救矣，何以復言二卿？二卿專也。既齊師已退矣，何以更言帥師？以師爲役也。**疏**圍，成郛有壞者，故城之也。下齊又圍成，此城以自固。

秋，八月丁巳，日有食之。劉子云：「先是，晉爲鷄澤之會，諸侯盟，又大夫盟。後爲溴梁之會，諸侯在而大夫獨相與盟，君若綴旒，不得舉手。」八月無丁巳，此食晦日，七月晦也。

邾人伐我南鄙。劉子云：「襄慢鄰國，是以邾伐其南，百姓騷動。」季文子卒後，襄慢鄰國，莒四伐其東，齊伐其北，郲伐其南，四郊多壘，卿大夫之辱也。

冬，十有一月癸亥，晉侯周卒。 **疏**晉世家：「十五年冬，悼公卒，子平公彪即位。」

十有六年年表：晉平公彪元年。

春，王正月，葬晉悼公。 自成公十八年，至此十五年，爲晉悼復伯之事。悼公幼而明斷，舉賢任才，三駕而楚不能與争，無城濮、鄢陵之勞，無滅譚、滅遂之失，無執衛、執曹之舉。先以謙德，不令而從，其才德在桓、文之上。然能服諸侯而不能杜大夫之漸，能得鄭而不能掩失陳之責，能駕楚而不能掩通吴之非。盟會之權，非大夫敢干也。蕭魚以後，凡三大會，士匄、荀偃實主之，則悼之失也。 **疏**月者，危悼以下伯衰也，故平、昭、頃三公皆月。晉五葬，一日、四月也。

三月，公會晉侯、宋公、衛侯、鄭伯、曹伯、莒子、邾子、薛伯、杞伯、小邾子于溴梁。 **疏**晉平公初會也。自此至昭十年，共二十六年。紀晉平伯也。不序齊，以伐我，爲下圍齊。

戊寅，大夫盟。 劉子云：「晉爲溴梁之會，天下大夫皆奪君政，獨相與盟。」顏師古云：「諸侯皆在，而叔孫豹、晉荀偃、宋向戌、衛甯殖、鄭公孫蠆及小國大夫盟。」

溴梁之會，諸侯失正矣。 鷄澤，諸侯盟，因袁僑來乃私盟。傳曰：「始失政。」始者，未甚之辭。 **疏**正，讀作「政」。下「正在大夫」同。 **諸侯會，**據鷄澤會，諸侯已盟。 **而曰大夫盟，**據鷄澤因袁僑來盟，此君會而大夫專盟。 **正在大夫也。** 鷄澤初失政，此大夫執政專盟。 **諸侯在，而不曰諸侯之大夫，**據鷄澤諸侯在，言

「諸侯之大夫」。宋之盟，不在猶繫。**大夫不臣也。**大夫有無君之心，如宋。「大夫」，以官偁。君在不盟而臣下盟，是政在大夫。不繫諸侯者，大夫有無君之心，故不繫也。孔子曰：「政在大夫，五世希不失矣。」

晉人執莒子、邾子以歸。討其伐我也。在會，公愬于晉，晉乃執之。偁人，執有罪之辭。**疏**左傳：「以我故，執邾宣公、莒犂比公，且曰：『通齊、楚之使。』」

齊侯伐我北鄙。再伐也。晉執莒、邾，齊又來伐，齊强不從晉，故下圍齊。**疏**年表：「齊伐我。」

夏，公至自會。公未歸，國已見伐。至者，危之也。

五月甲子，地震。年表：「地震。」

叔老會鄭伯、晉荀偃、衛甯殖、宋人伐許。叔老，大夫也。前從季孫見，此特見者，以内大夫可會外諸侯也。

疏左傳：「夏六月，次于棫林。伐許，次于函氏。」

秋，齊侯伐我北鄙，圍成。上城成郛，懼齊；此言「圍」以明之。成在魯北境，叔孫邑也。

大雩。

冬，叔孫豹如晉。爲齊故，請師也，以起下圍齊之役。

十有七年

春，王二月庚午，邾子瞷卒。邾至此乃日，故下皆從日。**疏**此卒于國，不書其歸者，畧之也。一說：卒于晉，不言晉者，爲中國諱也。惟諸侯卒于楚者乃地楚，所以惡楚也。

宋人伐陳。 宋伐陳，從晉命以撓楚也。年表：「宋伐陳。」 **疏** 據左傳，陳敗，司徒卬獲于宋。不書者，畧之也。

夏，衛石買帥師伐曹。 曹人愬于晉，爲下晉執石買張本。 **疏** 據左傳，因孫蒯事而伐曹。不見孫蒯者，非卿也。見石氏，録賢者後，且明世卿也。石碏四世孫成子稷，見左成二年傳。買，稷子共子也。碏有大功於衛，世爲衛大夫。孫曼姑〔一〕，哀三年見經。衛，襄以前詳孫，甯但一見。殺孔達以下詳石氏、北宫氏、世叔氏、公叔氏、公孟氏、齊氏、趙氏者，孫氏已絶，故詳録之。

秋，齊侯伐我北鄙，圍桃。 年表：「齊伐我北鄙。」伐不言圍，言圍者，取之也。

齊高厚帥師伐我北鄙，圍防。 左傳本無「齊」字，與上圍桃合爲一事。 **疏** 左傳：「齊高厚圍臧孫紇于防。齊人獲臧堅。」不書者，爲内諱也。

九月，大雩。

宋華臣出奔陳。 因前伐陳，故奔陳。 **疏** 爲殺華吳，因國人逐瘈狗而奔。班説詳五行志。

冬，邾人伐我南鄙。 不服晉，起下再執。 **疏** 左傳：「爲齊故也。」

〔一〕「孫」，原作「子」，日新本、鴻寶本同，此據杜預釋例改。

十有八年

春，白狄來。白狄在冀州，不言「朝」，來者，來助我拒齊、從晉命也。狄言白，白者，録之詳。以善事言白；非善事，狄之而已。**疏**春秋言來者七，直來曰來，仕於魯者，祭伯是也。以事至魯記來者，祭公來、實來是也。來朝，不言朝者，介葛盧、齊仲孫及白狄皆爲魯事來，諱言之，故直曰來而已。非不能朝不言朝也。

夏，晉人執衛行人石買。因其伐曹執之。**疏**左傳：「晉人執衛行人石買于長子，執孫蒯于純留，爲曹故也。」

稱行人，據或不言行人。**疏**按：石買前伐曹，此稱行人者，不當因其來而討之是也。又伐曹必有受命，故稱行人。**怨接於上也。**上，君也。怨其君，所謂公罪；怨君而執其臣也。不言行人，皆以私罪執，單伯是也。

秋，齊侯伐我北鄙。六伐我矣。恃强不與諸侯交，又累伐我。下敗，自取之也。

冬，十月，公會晉侯、宋公、衛侯、鄭伯、曹伯、莒子、邾子、滕子、薛伯、杞伯、小邾子，同圍齊。月者，齊强，諸侯皆在，所傷多。二伯不能和協以抗夷狄，而私自争戰，所傷甚多。春秋謹爲月之以相譏也。**疏**齊世家：「靈公二十七年，晉使中行獻子伐齊。齊師敗，靈公走入臨菑。晏嬰止靈公，靈公弗從。曰：『君亦無勇矣。』晉兵遂圍臨菑，臨菑城守不敢出，晉焚郭中而去。」

非圍，據世家言圍臨菑，則實已圍矣。傳言非圍者，據下致言。**而曰圍，**據下釋「同」義，此當脱「同」字。伐言國，圍言邑；言圍，小而邑之。**齊有大焉，**大與病對文，謂本大國。**疏**齊舊爲東伯，伐齊，是伐伯者。言圍，抑之如邑，奪伯者詞，使得伐也。義見下。**亦有病焉。**病，辱，義見下。**非大，**齊本爲大國，**而足同與？**言如非大國，則不足以當諸侯之同圍。今十一國同乃圍之，是大齊，乃言圍耳。**諸侯同罪之也；**使非有罪，則諸侯不同心伐之。同伐，是諸侯皆以齊爲不道，齊不會諸侯而六伐我，皆有罪也。**亦病矣。**諸侯同罪，病辱大也。此明有大有病之義，謂言「同」，亦非純大之。齊，舊伯，與夷狄交伐我，惡之；言圍，貶也。言同，以明舊伯，而病齊義亦見焉。　**疏**成二年傳云：「焚雍門之萩，侵車東至海。君子聞之曰：『夫甚之辭焉，齊有以取之也。』」兼說此事。鞌戰與此圍同，皆齊侯驕蹇所致。公羊：「則其言同圍齊何？抑齊也。曷爲抑齊？爲其亟伐也。或曰：爲其驕蹇，使世子處乎諸侯之上也。」

曹伯負芻卒于師。傳例：公、大夫在師曰師。不日，與廬卒同。　**疏**曹世家：「二十三年，成公卒，子武公勝立。」**閔之也。**諸侯踰竟卒，當國。此宜言卒于齊。言師者，明主公也。曹爲魯屬，魯爲喪主，有保護之恩，故曰閔之。桓會，詳卒不言師，安之如內。晉侯卒于扈，非魯屬，不言師、會。

楚公子午帥師伐鄭。因諸侯伐齊事，出師以爭鄭。從者，陳、蔡、許。　**疏**午，一見。年表：「楚伐鄭。」

十有九年年表：曹武公勝元年。

春，王正月，諸侯盟于祝柯。不日，惡盟。圍齊之後，諸侯又相盟。祝柯，齊地。

晉人執邾子。因上伐再執。

公至自伐齊。從齊至也。

春秋之義，已伐而盟復伐者，所伐之國平而來盟，其國不服，別從大國。**則以伐致。**據盟于京城北，以伐致也。**盟不復伐者，**從中國，不事夷狄。**則以會致。**據蕭魚之會以會致。**疏**按：此爲鄭專例。以鄭爲中國，陷于楚，故急爭之，不與陳、蔡同。得之則喜，不得則憂，皆所以内中國外夷狄也。若齊爲大國，則不在此例矣。

祝柯之盟，盟復伐齊與？據下復伐，與盟于京城北以伐致同，疑起下復伐也。**曰：非也。**據盟不日，知以辟惡事，不爲下復伐齊。**然則何爲以伐致也？**據臯鼬以會致也。**曰：與人同事，**「人」謂邾子。致伐爲辟邾事，非爲伐齊。**或執其君，**謂晉執邾子。**或取其地。**謂魯取邾田。盟惡，從惡事不致之例，故以伐致，辟惡盟也。

取邾田自漷水。魯與邾原以漷爲界，漷水移魯後，取邾田，以漷爲界。**軋辭也。**軋，委曲也。言「自」者，謂委曲隨漷水。**其不日，**據内盟例日。**惡盟也。**惡盟，謂同會而執君取地。惡，故不致。晉前執邾，旋釋之，歸又伐魯，魯愬于晉，晉又執之。魯大夫乘是而取其地。有罪治之，是也；乘義爲利，則非也。

季孫宿如晉。如晉，謝伐齊。

葬曹成公。

夏，衛孫林父帥師伐齊。林父先至，晉及諸侯在後，七月至穀，聞有喪而還。獨出林父，强專兵，起下逐君也。

疏晉約諸侯大夫伐齊，爲二十三年齊伐衛張本。

秋，七月辛卯，齊侯環卒。劉子云：「靈公娶于魯，聲姬生子光以爲太子。夫人仲子與其娣戎子皆嬖于公。仲子生子牙，戎子請以爲太子代光，公許之。仲子不可，曰：『光之立也，列于諸侯矣。今無故而廢之，是專黜諸侯，以犯不祥。』以死爭公，終不聽。遂逐太子光而立子牙。」**疏**齊世家：「二十八年，靈公疾，崔杼迎故太子光而立之，是爲莊公。莊公殺戎姬。五月壬辰，靈公卒，莊公即位，執太子子牙于句瀆之邱，殺之。八日，崔杼殺高厚。」

晉士匄帥師侵齊，至穀，聞齊侯卒，乃還。**疏**穀，魯邑。

還者，事未畢之辭也。詳見前。**受命而誅生，死無所加其怒。**春秋之義，別生死，殊人鬼。王者之法，施于其生，不施于死。故有功者，死不追錫；有罪者，死不伐喪。許慎引舊説云：「死可追錫，如有罪，可追刑耶？」是也。**不伐喪，善之也。**據譏宋公伐喪也。善者，因其專命，不純許之。**善之，則何爲未畢也？**善之，則當以事畢詞。不畢，嫌當進師也。**君不尸小事，**傳曰：「尊不親小事。」如「觀魚」之類。此臣下事君，不自主之。**臣不專大名。**傳曰：「卑不尸大功。」如專命退師，此大事；不伐喪，大名，此當歸命待君，而反則歸美于君，臣無專制之嫌。**善則稱君，**凡善當使君主之，不可竊擅美名。**過則稱己，**惡事則代君受過。尊君親上，致身以事君，忠愛之至也。班固説：「善稱君，過稱己，何法？法陰陽共殺共生。陽名生，陰名殺。臣有功，歸于君何法？法歸明于日也〔一〕。」**則民作讓矣。**祭義：「天子有善，讓德于天；諸侯有善，歸諸天子；卿大夫

〔一〕「歸明」，原倒作「明歸」，日新本、鴻寶本同，此據白虎通乙。

有善，薦于諸侯；士、庶人有善，本諸父母，存諸長老。禄爵慶賞，成諸宗廟，所以示順也。」**士匄外專君命，**行止自由，不稟命而行。將在軍，專命本爲危事；不伐喪，善事無危，此當歸美于君，待君命而行。**故非之也。**不伐喪，善事；善事，故不許；使不善，不責之矣。春秋本于嫌得者見不得，如此之類是也。**然則爲士匄者宜奈何？**問其進退，不可道，將何從？**宜墠帷，**掃地曰墠；將哭齊，故設帷。**而歸命乎介。**傳曰：「已牛矣，其尚卜免之，何也？禮，與亡也，寧有。嘗置之上帝矣，故卜而後免之，不敢專也。」按：因介反命，君止之乃止，則君有卹喪之美，臣有將順之道。今不待命遂行，則臣專大名而廢棄君命。君不能以禮相責，而反有專命之譽，故嚴繩之，不使得遂，所以申君命、明臣節也。公羊說，以此爲使在外聞君喪之禮。

八月丙辰，仲孫蔑卒。蔑，孟獻子也，魯下卿。劉子云：「魯孟獻子聘于晉，宣子觴之〔二〕，三徙鍾石之懸，不移而具。獻子曰：『富哉。』宣子曰：『子之家，孰與我家富？』獻子曰：『吾家甚貧，惟有二士，曰顏回、茲無靈者。使吾邦家安平，百姓和協，惟此二者耳。吾盡于此矣。』客出，宣子曰：『彼君子也，以養賢爲富；我鄙人也，以鍾石金玉爲富。』孔子曰：『獻子之富，可著于春秋。』」**疏**蔑，公孫敖之孫，穀文伯之子，謚獻子。宣九年始見經，至此四十六年卒，十見經，子速立。

齊殺其大夫高厚。劉子云：「靈公逐太子光，立牙爲太子，高厚爲傅。靈公疾，高厚微迎光。及公薨，崔杼立光

〔二〕「之」字原脱，日新本同，此據新序、鴻寶本補。

而殺高厚。」　**疏**國、高，齊之賢大夫。殺高厚者崔杼。國、高弱而崔、慶彊，積有弑君之禍，以累上之辭言之，所以惡光也。世家：「八月殺。」

鄭殺其大夫公子嘉。前殺三卿，子孔有罪，不稱「人」以討之者，討之不以其罪也。又分其室，故稱國以討，不去其官。事詳左傳。　**疏**嘉，穆公子，字子孔，後爲孔氏。鄭七穆，印氏、豐氏俱不見經，孔氏惟公子嘉見經。

冬，葬齊靈公。不日而時，前已失伯，又新爲諸侯所圍，驕蹇失尊，有取敗之道，故不日。　**疏**光殺牙而立，起不伐喪之美。立二十八年，前二十四年從晉，後四年不同會盟。

城西郛。據城中城。知西郛，城西郭也。　**疏**左傳云：「懼齊也。」〔一〕

叔孫豹會晉士匄于柯。柯，齊地也。會柯，齊與晉平。不言齊者，成其不伐喪也。會者多矣，獨見内、晉者，餘畧不言也。此公會也，不言公者，公不會大夫。

城武城。不能自强，則多城何益？凡城，皆譏也。　**疏**同時二城，不累數者，二事也。西郛，内；武城，外。又郛與城不同也。懼齊，故城。

二十年年表：齊莊公光元年。

〔一〕此疏之文原脱，據日新本、鴻寶本補。

春，王正月辛亥，仲孫速會莒人盟于向。速，蔑子也。未畢喪而出盟，爲前伐我，盟及莒平也。**疏**向本莒邑，宣四年取者。魯、莒結好，自是十五年不交兵。

夏，六月庚申，公會晉侯、齊侯、宋公、衛侯、鄭伯、曹伯、莒子、邾子、滕子、薛伯、杞伯、小邾子，盟于澶淵。外楚，言同盟。此大盟皆中國，何以不言同？爲齊服也。齊服，則何以不言同？前言「同圍」，有外齊之嫌，如此言「同」，是同圍外之矣。自此至昭十三年，乃一見同盟。**疏**澶淵，宋地。因從齊乃盟，惟陳、蔡、許三國不至。

秋，公至自會。

仲孫速帥師伐邾。祝柯既執邾子，又取其田，報亦足矣。又澶淵方同盟，盟乃伐之，譏之也。**疏**未畢喪而使，非也，爲前伐我報之。

蔡殺其大夫公子濕。蔡不專記事。此專記者，討從楚之人也。二公子主從楚，故前獲；此又出奔楚〔二〕。**疏**蔡十二年不見，濕，見獲者。蔡大夫惟以公子、公孫見，外朝吴一人而已。左傳：「蔡公子燮欲以蔡之晉，蔡人殺之。公子履，其母弟也，故出奔楚。」

蔡公子履出奔楚。訴于楚也。一説：楚當爲晉，因下文奔楚而誤。蔡大夫奔楚一、陳二、晉一、王朝一。**疏**

〔二〕「出」，原重「出」字，日新本同，此據鴻寶本删。

履，亦莊公子，燮之母弟。

陳侯之弟光出奔楚。 劉子云：「陳慶虎、慶寅蔽君之明。」謂二慶專陳，暴蔑其君而棄其親。奔楚，起下歸。

疏左傳：「慶虎、慶寅畏公子黄之逼。公子黄出奔楚。」

諸侯之尊，弟兄不得以屬通。其弟云者，親之也。 舉其親。**親而奔之，惡也。** 譏陳侯聽二慶而逐親者也。弟，母弟。凡弟奔，皆譏君也。

叔老如齊。 襄世不言公如齊，何以言大夫「如」？大夫如者多非朝文，故不嫌也。**疏**澶淵同盟後與齊通也。

「叔」以單字爲氏，與叔孫不同。

冬，十月丙辰朔，日有食之。 劉子云：「後齊崔杼弑其君，宋殺太子，北燕伯出奔，鄭大夫自外而篡位〔一〕。」

季孫宿如宋。 報向戌之聘。

二十有一年

春，王正月，公如晉。 **疏**月者，危往也。敗師及取田，不危。此月者，公在晉，内受叛人，故危之。

邾庶其以漆、閭丘來奔。 邾無大夫，書者，以地故也。内取邑，志；此亦取邑也，録其地，故必舉其人。來奔者，

〔一〕「篡」，原作「纂」，日新本、鴻寶本同，此據漢書五行志改。

畔也。不諱者，公不在也。

以者，不以者也。再傳，爲以地奔内。**來奔者不言出，**據外奔言「出奔」。**舉其接我者也。**據來已出竟，因内言。内不言出。**漆、閭丘，**據城漆，知二邑。**不言及，**據牟婁、防兹言「及」〔一〕。**小大敵也。**城諸及防，傳曰：「以大及小。」城無尊卑，以大小相及；大小相同則不言「及」也。

夏，公至自晉。言公至，起大夫受叛人也。

秋，晉欒盈出奔楚。劉子云：「大夫專權，欒盈亂晉。」按：盈自晉奔楚，後從楚至齊，從齊入晉。不言奔齊，爲齊諱。奔楚者，楚、晉敵也。**疏**晉語：「平公六年，箕遺及黄淵、嘉父作亂，不克而死。公遂逐羣賊，謂陽畢曰：『自穆侯以至于今，亂兵不輟〔二〕，民志不厭，禍敗無已。離民且速寇，恐及吾身，若之何？』畢對曰：『本根猶樹，枝葉益長，本根益茂，是以難已也。今若大其柯，去其枝葉，絶其本根，可以少閒。』公曰：『子實圖之。』對曰：『圖在明訓，明訓在威權，威權在君。君掄賢人之後有常位於國者而立之，亦掄逞志虧君以亂國者之後而去之，是遂威而遠權。民畏其威而懷其德，莫能勿從。若從，則民心皆可畜。畜其心而知其欲惡，人孰偷生？若不偷生，則莫思亂矣。且夫欒氏之誣晉國久也，欒書實覆宗，弑厲公以厚其家，若滅欒氏，則民威矣。今吾若起瑕、原、韓、魏之後而賞立之，則民懷矣。威與

〔一〕「兹」，原作「故」，日新本同，此據鴻寶本改。

〔二〕「亂兵」，原倒作「兵亂」，據晉語、日新本、鴻寶本乙。

懷各當其所，則國安矣。君治而國安，欲作亂者，誰與？』」君曰：『欒書立吾先君，欒盈不獲罪，如何？』陽畢曰：『夫正國者，不可以暱于權，行權不可以隱于私。暱于權，則民不導；行權隱于私，則政不行。政不行，何以導民？民之不導，亦無君也，則其爲暱與隱也，復害矣，且勤身。君其圖之！若愛欒盈，則明逐羣賊，而以國倫數而遣之〔二〕，厚箴戒圖以待之。彼若求逞志而報于君，罪孰大焉？滅之猶少。彼若不敢而遠逃，乃厚其外交而勉之，以報其德，不亦可乎？』公許諾，盡逐羣賊，而使祁午及陽畢適曲沃逐欒盈，欒盈出奔楚。遂令于國人曰：『自文公以來，有力於先君而子孫不立者，將授立之，得之者賞。』」

九月庚戌朔，日有食之。董子云：「日之爲異，莫重于食，故春秋日食則書之也。日食者，下凌上、臣侵君之象也。日食衆者，其亂衆；日食稀者，其亂亦稀。」又云：「晉欒盈將犯君，入于曲沃。」班、劉同。**疏**比月而食，或云合食，無此。蓋蒙氣所致，聖人兩存之，疑以傳疑也。

冬，十月庚辰朔，日有食之。劉子云：「日食，襄公尤甚，後楚屈氏譖殺公子追舒，齊慶封脅君亂國。」班固云：「說同仲舒。」楊士勛云：「漢書高祖本紀有頻月日食。」**疏**按：精曆法者，謂日無頻月食之事。蓋蒙氣所致，書食以見曆官之失。

曹伯來朝。**疏**終春秋，曹伯四朝：桓九，世子朝，文十一，成七，襄二十一，共四朝也。成七年，月，以有天子喪。

〔二〕「以」，原作「知」，日新本、鴻寶本同，此據晉語改。

公會晉侯、齊侯、宋公、衞侯、鄭伯、曹伯、莒子、邾子于商任。商任之會，謀錮欒氏也。楚殺巫臣之族，而勤于奔命；晉錮欒氏，終有曲沃之難；人君動當以禮。**疏**左傳：「錮欒氏。」不言同盟者，晉一國私事，不足以言「同」。

庚子，孔子生。公羊同。先師記此，以明三世之例。

二十有二年

春，王正月，公至自會。**疏**月致，有危也。前取邾田，又受其叛人；今乃與會，有危道也。

夏，四月。

秋，七月辛酉，叔老卒。此非卿也，不卒。卒者，賢者子孫，宜有後于魯國。魯自文以後，三桓專政爲三卿，三卿以外，經但記臧氏、叔氏世系，以其賢也。此年以上，詳于臧氏紇出奔；以後但詳叔氏；至哀六年而止，交代之例也。

疏文公子叔肸惠伯，子公孫嬰齊聲伯也，嬰齊子叔老始以「叔氏」書，齊子也。叔老三見經。

冬，公會晉侯、齊侯、宋公、衞侯、鄭伯、曹伯、莒子、邾子、滕子、薛伯、杞伯、小邾子于沙隨。不言同盟，不許之也。謀錮之亟，卒致曲沃之難，晉失君矣。**疏**三年三會，爲有欒氏之亂，故勤諸侯。

公至自會。

楚殺其大夫公子追舒。追舒之罪，爲觀起所誤也。大臣不謹，爲小人所誤，致身殺名裂，足以爲戒矣。**疏**事詳左傳。追舒，莊王子，字子南，後爲子南氏。按：記公子，始于穆王。嬰齊、側、壬夫皆穆王子。貞、午、追舒皆莊王子。圍、比、棄疾皆共王子。結、申皆平王子〔一〕。公子十二見，不見公孫，惟一見囊瓦。公子申疑是穆王子。

二十有三年

春，王二月癸酉朔，日有食之。董子云：「後衛侯人陳儀，甯喜弑其君剽。」班固云：「劉説同仲舒。」

三月己巳，杞伯匄卒。晉悼夫人之兄弟，平公之舅氏。**疏**杞世家：「孝公十七年卒，弟文公益姑立。」

夏，邾畀我來奔。邾無大夫，不書；書者，以其來接我也。卒正唯曹、莒、邾三國見大夫。

葬杞孝公。日卒時葬，正也。**疏**事詳左傳。

陳殺其大夫慶虎及慶寅。據左傳，此屈建從陳侯圍陳，陳人城，役人相命，各殺其長，而乃殺之。不言楚殺慶樂及二慶叛者，皆爲陳諱，不以楚制陳也。

稱國以殺，據此乃殺于役人，非君命殺之。**罪累上也。**前受二慶之譏逐弟，又不能制二慶而叛，乃借楚力圍而殺之，不許以正辭，以失君道也。**及慶寅，**據趙同、趙括不言及。**慶寅累也。**及公子瑕，傳曰：「由尊及卑也。」慶寅，下大夫也。下大夫不氏。氏者，因其同族而氏之。言及，則不嫌也。尊同，則不言及。

〔一〕「申」原作「由」，哀十三年經有「公子申」，據改。

陳侯之弟光自楚歸于陳。稱弟者，未失其弟也。歸，安之也。自楚不言復者，光無罪，故不以夷狄言之。自楚，楚有奉，起楚殺二慶。　**疏**二慶之誅、光之復，楚皆專之。春秋書法如此，若陳人之自殺之、自復之，不與楚之專制也。

晉欒盈復入于晉，入于曲沃。言入于晉，何以又言入于曲沃？如盟于師、盟于召陵。經書晉而口繫曲沃以讀之，故兩見其文。晉，從中國外之；曲沃，從晉外之。據世家，實自齊入。經不書自齊者，避齊助亂臣，故就其初奔楚而書「復」、「入」。復者，復中國也，從夷狄來中國也。良霄不再言「入」，此再言入者，良霄從許入，許，中國也。此從楚入，從夷狄入中國，又從中國入曲沃，入又入，外之也。晉拒之，曲沃亦得拒之。楚招納中國畔人爲亂，故重外之，不使如中國。　**疏**齊世家：「莊公使欒盈間入晉曲沃爲内應，以兵隨之，上大行，入孟門。欒盈敗，齊兵取朝歌。」

秋，齊侯伐衛。報十九年衛從晉伐也。已同盟會而匿怨伐人，譏齊也，不貶絶而罪惡見也。

遂伐晉。助欒盈也。助亂從楚，譏之也。

八月，叔孫豹帥師救晉，次于雍渝。言救，善之也。月者，惡其不救，觀隙而動，持兩端也。

言救，後次，據聶北先次後救。**非救也。**據救不言次，與聶北同。齊侯專命，先次後救，次後乃追録其本意。豹奉命，故先通君命而後言救，君臣之分也。主書者，譏其不速進。

己卯，仲孫速卒。孟莊子也。蔑之子，十九年立，三見經。

冬，十月乙亥，臧孫紇出奔邾。論語：「臧文仲以防求爲後於魯，雖曰不要君，吾不信也。」經不書「以防」，爲臧氏諱。別有書「以」者，其義可通。　**疏**紇，許之子，字武仲。臧氏，魯大夫，因賢乃詳記之。隱世，記公子彄，以下見辰、許、紇，詳其三世，自此以下不見。

其日，據慶父不日。**正臧孫紇之出也。**正，謂得正，如正與夷卒之正也。君臣以義合，不合則去。春秋凡殺、奔同例。殺、奔正者，日；不正者，不日。與正卒同。**蘧伯玉曰：**先師也。弟子有蘧伯玉。**疏**與衛蘧瑗別一人。**「不以道事君者，其出乎？」**言必不出也。臧孫賢者，爲三家排擠，出奔，日之，明其無罪。論語：「柳下惠爲士師，三黜。人曰：『子未可以去乎？』曰：『直道而事人，焉往而不三黜？枉道而事人，何必去父母之邦？』」

晉人殺欒盈。晉語：「居三年，欒盈晝入爲賊。」**惡之，**從夷狄以入本國，據地爲亂，大惡，同于弑逆。**弗有也。**謂外之于楚。不言大夫，失其所繫，賤之也。

齊侯襲莒。襲，不書，書者，一見例。齊大莒小，以大襲小，齊侯病矣。此與齊侯、鄭伯如紀相起，以見如紀亦襲紀也。此伐晉之師也。用兵踰二時、伐三國，譏之也。襲者，還師，乘莒不備，謀襲之也。不言取莒，不得志也。獲杞梁。

二十有四年

春，叔孫豹如晉。晉語：「魯襄公使叔孫穆子來聘，范宣子問焉，曰：『人有言曰：死而不朽，何謂也？』穆子未對。宣子曰：『昔匄之祖，自虞以上爲陶唐氏，在夏爲御龍氏，在商爲豕韋氏，在周爲唐、杜氏。周卑，晉繼之爲范氏。其此之謂也。』對曰：『以豹所聞，此之謂世禄，非不朽也。魯先大夫臧文仲，其身没矣，其言立于後世，此之謂死而不朽。』」

仲孫羯帥師侵齊。劉子云：「重犯强齊，故大水〔一〕，饑，穀不成。」按：羯未畢喪帥師，非也。此爲晉報齊，受晉命也。帥師不止羯，言羯，譏使之非也。

夏，楚子伐吴。楚與吴交争，卒致敗覆，此其先見者也。左傳：「楚子爲舟師以伐吴，不爲軍政，無功而還。」

秋，七月甲子朔，日有食之，既。

齊崔杼帥師伐莒。疏左傳：「齊侯聞有晉師，使如楚乞師，杼送之，遂伐莒，侵介根。」崔杼主之，專兵也。此弑君之先見。

大水。劉子云：「先是，襄慢鄰國，是以邾伐其南，齊伐其北，莒伐其東，百姓騷然，又犯强齊也。」

八月癸巳朔，日有食之。劉子云：「比食，又既，象陽將絶，夷狄主中國之象也。後六君弑，楚子果從諸侯伐鄭，滅舒鳩，魯往朝之，卒主中國，伐吴討慶封。」班固云：「劉説同仲舒。」

公會晉侯、宋公、衛侯、鄭伯、曹伯、莒子、邾子、滕子、薛伯、杞伯、小邾子于夷儀。此中國十三國全序也。晉爲伯，宋爲王後，齊時爲方伯，與魯、衛、鄭爲四方伯，曹、莒、邾、滕、薛、杞爲六卒正，小邾爲附庸。爲伐齊，特不見齊，中國全在之辭也。夷儀，衛地。再會夷儀，齊不至者，爲上伐晉也。疏左傳：「會于夷儀，將以伐齊，水，

〔一〕「水」，原作「小」，據漢書五行志、日新本、鴻寶本改。

不克。」不言同盟。

冬，楚子、蔡侯、陳侯、許男伐鄭。 此救齊也。不言救者，不與楚救也。楚伐中國，不序從者。中國序者，備序諸侯，以所不序者，皆從楚也。中國列會盟者，二大國、四方伯、六卒正、一附庸。十三國，于夷儀全見十二國，惟齊不見。以所序起所不序，此互文消長之道也。三國從楚久，故一叙之；外例見之國，惟吳、秦不叙而已。**疏**年表：「楚與齊通。率陳、蔡伐鄭救齊。」左傳：「冬，楚子伐鄭以救齊，諸侯還救鄭。」

公至自會。

陳鍼宜咎出奔楚。 奔楚，楚逋逃也。陳從楚，臣奔楚，楚制人之上下也。奔目楚，外之也。**疏**左傳：「陳人復討慶氏之黨，鍼宜咎出奔楚。」

叔孫豹如京師。 魯聘于周者十，不繫事者止于此。公不朝而使大夫凡十見，皆譏之也。

大饑。 劉子云：「大水，饑，穀不成，其災甚也。」占同前大水。案：襄公立二十四年，今無一年之蓄，至於大饑。書大饑者，著其無備災之道也。

五穀不升爲大饑。 大水，穀不成。不言麥苗、麥禾，穀全災。**一穀不升謂之嗛，** 嗛，不足也。不志者，一穀災不志。嗛，韓詩外傳作「餒」。**二穀不升謂之饑，** 據大水無麥禾言饑也。**三穀不升謂之饉，四穀不升謂之康，** 康，讀同荒。韓詩外傳作「荒」。**五穀不升謂之大侵。** 侵，一作祲。經作饑，傳作侵，聲之淫也。**大侵之禮，** 周禮大司徒「七曰眚禮」也。**君食不兼味，** 曲禮：「歲凶年穀不登，君膳不祭肺，馬不食穀，大夫不食粱，士飲酒不樂。」**疏**班氏云：「宰所以徹膳何？陰陽不調，五穀不熟，故王者不爲盡味而食之。禮曰：『一穀不升，不備鶉鷃。二穀不升，不備鳧雁。三穀不升，不備雉兔。四穀不升，不備囿獸。五穀不升，不備三牲。』」**臺榭不塗，**玉藻：「土功不興。」傳曰：「毁廟改塗。」塗謂脩飾，如丹、刻之功是也。**弛侯廷道不除，**曲禮：「馳道不除。」按：曲禮作「馳道不除」，韓詩外傳作「道路不除」，家語亦云「力役不興，馳道不脩」。然則「弛」當作「馳」，「侯廷」二字衍文也。弛侯，或云弛廢省侯之事；廷道不除爲一事。**百官布而不制，**布，布衣。玉藻：「年不順成，君布衣搢本。」不制，不造作也。玉藻：「大夫不得造車馬。」**鬼神禱而不祀，**羅匡解：「大荒有禱無祭。」謂不用樂用牲，但禱祀而已。韓詩外傳云：「一穀不升謂之餒，二穀不升謂之饑，三穀不升謂之饉，四穀不升謂之荒，五穀不升謂之大侵。禮：君食不兼味，台榭不飾，道路不除，百官布而不製，鬼神禱而不祀。」與此傳同。**此大侵之禮也。**劉子云：「古者有災謂之厲。君一時素服，使有司弔死問疾，憂以巫醫。匍匐以救之，湯粥以養之。善者必先乎鰥寡孤獨，及病不能相養，死無以葬埋，則葬埋之。有親喪者，不呼其門。有齊衰大功，五月，不服力役之征。有小功之喪者，未葬，不服力役之征。其有重尸多死者急，則有聚衆童子，擊鼓苣火，入官宮里用之。各擊鼓苣火，逐官宮里。家之主人，冠，立于阼。事畢，出乎里門，出乎邑門，至野外。此匍匐救厲之道也。師大敗亦然。」**疏**後漢書樊宏傳引作「五穀不登，謂之大侵。大侵之禮，百官備而不製，羣神禱而不祀」。**疏**墨子七患云：「一穀不收謂之饉，二穀不收謂之旱，三穀不收謂之凶，四穀不收謂之餽，五穀不熟謂之大侵。歲饉，則仕者大夫以下皆損禄五分之一；旱，則損五分之二；凶，則損五分之三；餽，則損五分之四；饑大祲，則盡無禄，稟食而已矣。故凶饑存乎國，人君徹五分之五，大夫徹懸，士不入學。君朝之衣不革制，諸侯之客，四鄰之使，饔飧而不盛。徹驂騑〔一〕，塗不芸，馬不食粟，婢妾不衣帛，此告不足之至也。」

二十有五年

春，齊崔杼帥師伐我北鄙。 報孝伯之師。 **疏** 左傳：「春，齊崔杼帥師伐我北鄙。」

夏，五月乙亥，齊崔杼弑其君光。 劉子云：「齊人弑其君，魯襄公援戈而起曰：『孰謂臣而敢弑其君乎？』師懼曰：『夫齊君治之不能，任之不肖，從一人之欲，以虐萬夫之性，非所以爲君也。其身死，自取之也。其臣無道，君亦不足惜。』」 **疏** 齊世家：「丁丑，崔杼立莊公異母弟杵臼，是爲景公。景公母，魯叔孫宣伯女也。景公立，以崔杼爲右相，慶封爲左相。」

莊公失言， 俞樾說：言，道也。莊公失道。 **淫于崔氏。** 劉子云：「齊侯通于崔杼妻，以崔子之冠賜侍人。崔子愠，射齊侯。」年表：「齊崔子以莊公通其妻，弑之，立其弟爲景公。」以下崔氏絶于齊，乃見慶氏，如以慶繼崔爲下卿者然。

公會晉侯、宋公、衛侯、鄭伯、曹伯、莒子、邾子、滕子、薛伯、杞伯、小邾子于夷儀。 衛侯，剽也。

〔一〕「徹」字原脱，日新本、鴻寶本同，此據墨子補。

夷儀，衛滅邢之邑。晉聽孫林父爲伐衛，請與盟，衛殤公會晉平公，平公執殤公與甯〔一〕，而又復入衛獻公。**疏**左傳：「晉侯濟自泮，會于夷儀，伐齊，以報朝歌之役。齊人以莊公說，使隰鉏請成，慶封如師。晉侯許之。」

六月壬子，鄭公孫舍之帥師入陳。日入，惡入者。鄭伯在會，大夫專兵。入陳，惡之也。去年，陳從楚伐鄭，報其事也。**疏**事詳左傳。

秋，八月己巳，諸侯同盟于重丘。不同月也。齊成，故盟。復舉「諸侯」，中有閒事也。再言同盟，中國之十三國皆至矣。稱「諸侯」者，以本爵皆侯也。

公至自會。

衛侯入于夷儀。衛侯，衎也。諸侯三會夷儀，衛俱在。衛衎乃得入，惡諸侯也。故外之，不言復歸也。**疏**衛世家：「十二年，甯喜與孫林父爭寵相惡，殤公使甯喜攻孫林父。林父奔晉，復求入故衛獻公。獻公在齊，齊景公聞之，與衛獻公如晉求入。晉爲伐衛，衛請與盟。衛殤公會晉平公，平公執殤公與甯喜，而後入衛獻公。」

楚屈建帥師滅舒鳩。襄世有伯，不言滅國。楚一見舒鳩，齊六年一見萊，十年晉與諸侯一見傅陽，晉、齊、楚三國各一見滅而已。**疏**此三滅舒邑矣。僖世，徐取舒，至此楚盡取之。鳩繫于舒，明其種族與舒蓼、舒庸同。

冬，鄭公孫夏帥師伐陳。公孫舍之入陳，公孫夏又伐陳，著大夫之專，故有良霄之禍。**疏**年表陳下：「鄭伐

〔一〕「甯」，原作「宋」，日新本、鴻寶本同，此據史記衛世家改。

我。」夏，公子騑之子子西也。

十有二月，吳子謁伐楚，門于巢，卒。巢，楚邊竟小國。**疏**年表：「吳伐我，以報舟師之役，射殺吳王諸樊。」地理志廬江郡居巢，應劭曰：「春秋『楚人圍巢』。」

以伐楚之事門于巢，卒也。據不言門巢，先言伐楚，見巢爲楚竟上小邑，與伐國圍邑同，故繫巢于楚。**于巢者，**據伐圍不言「于」也。**外乎楚也。**據巢非楚邑，言「于巢」，如國，外之于楚。**門于巢，乃伐楚也。**伐楚，必經巢門，後乃得伐楚。不言巢，嫌卒楚；不言伐，嫌爲巢事。言「門」以紀實，言「伐」以致其意。**諸侯不生名，**曲禮：「諸侯不生名。失地，名；滅同姓，名。」葢常事生不名。**取卒之名加之伐楚之上者，**據與鄭伯髡原如會名同。**見以伐楚卒也。**據名在伐楚，地雖在巢，本意因伐楚。**其見以伐楚卒，何也？**據未至楚，又卒于巢也。**古者，**言古，法古也。春秋傷世變，援古以治今也。**大國**謂吳，大國。**過小邑，**小邑，謂巢。過，謂假道伐人也。**小邑必飾城而請罪，**飾城，脩守備防暗襲，請罪大國。過，如爲己來敬天者，敬其怒也。**禮也。**以小事大，禮當飾，請大國，致其命，由城外過，不入城也。**吳子謁伐楚，**致其意。**至巢，**過巢國。**入其門，**巢不飾城請罪而啓門無備，致吳子得入。**門人射吳子，**以兵入城，門人懼滅，射之。**有矢創，**創，傷也，中矢有創。**反舍而卒。**師行三十里，反于其前日所止宿地而卒，是卒于巢也。言伐楚，遂其志耳。**古者，雖有文事，**文事，葢謂盟會，衣裳之會也。**必有武備，**謂雖文事，猶有武備，如孔子頰谷之會有備也。**非巢之不飾城而請罪，**使吳子得入。**非吳子之自輕也。**傳曰：「不狎敵。」伐國而輕入人邑，無備致創，非之也。

疏左傳：「十二月，吴子諸樊伐楚，門于巢，牛臣隱于短牆以射之，卒。」

二十有六年年表：吴餘祭元年。

春，王二月辛卯，衛甯喜弑其君剽。此不弑殤公。其言弑之者，已納獻公而殺殤公之父與子，則亦以弑道也。但言殺子叔與角，則不見甯氏之罪也。不葬者，賊未討。下有殺文，不以討賊許之者，討非其罪也。**疏**衛世家：時殤公執于晉未歸。左傳：「辛卯殺子叔及太子角。」不稱殤公，不言弑；以甯氏所殺者，剽之父黑背及其太子角，而經以弑君科之也。

此不正，其日，何也？據剽來聘，孫、甯逐君立之，不宜日也。**疏**一云：此未正弑，當言殺，乃以弑正言之。左氏曰：「書曰『甯喜弑其君』，言罪之在甯氏也。」**殖也立之，**據十四年衎出奔，十六年甯殖伐許，是殖立剽也。**喜也君之，**據立踰十二年，喜繼爲大夫也。殖逐獻公，將死，屬喜，納獻公以自贖，故喜弑剽，納獻公也。**正也。**其父立之，其子君之，不得以不正爲解。春秋君雖不正，已立，不許其臣子以不正討之者，所以塞禍亂、防弑逆也。下惡獻公，故于此正其罪。**疏**既殺其父，又殺其子；納君，使剽不得歸，大惡，非言弑不足以盡之也。

衛孫林父入于戚以叛。以者，不以者也。叛，直叛也。戚者，林父之私邑。甯氏弑君納獻公，林父不從，故叛，起其逐君也。**疏**孫氏，衛正卿。言叛，絶于衛也。以下孫氏不見。

甲午，衛侯衎復歸于衛。復者，復中國。惡之，起狄夷儀諸侯也。**疏**衛世家：「獻公亡在外十二年而入〔一〕。」

日歸，據歸不日。**見知弒也。**據踰四日，衎使剽弒而後入。日歸，以見衎主之。不言衎主之者，不以衎君剽也。衎正而剽不正。

夏，晉侯使荀吴來聘。謀討衛也。**疏**偃中行獻子子〔二〕。

公會晉人、鄭良霄、宋人、曹人于澶淵。澶淵之會以討衛。晉人，趙武也。宋人，向戌也。不稱名氏者，公不會大夫也。鄭言良霄者，起餘皆大夫，貶稱人也。良霄不在宋下者，以言良霄，不可以在「人」下也。何以不在晉上？起晉人實大夫也。先宋，以明尊卑之號；後晉，以起皆大夫也。故良霄可以在宋上而不可以在晉上也。

秋，宋公殺其世子痤。劉子云：「宋公聽讒，殺太子痤。」**疏**事詳左傳。

晉人執衛甯喜。私罪也。稱人，用伯討執罪之辭也。弒君賊不復見，此復見者，以執見討罪之辭也。**疏**左傳：「衛從會于澶淵。晉人執甯喜，囚之于士弱氏。」

八月壬午，許男甯卒于楚。踰竟不日，此日者，明許卒皆日，無變例；又皆葬。始終無異，以見外卒正例。

〔一〕「二」，原作「三」，日新本、鴻寶本同，此據衛世家改。

〔二〕「獻子」，原作「穆子」，日新本、鴻寶本同，俱誤。案：荀吴乃荀偃之子，偃即中行獻子，吴則是中行穆子。

疏一説：傳：「諸侯卒，踰竟不日。此日者，蓋春秋決嫌明疑，已見者不復見。若僖與師、會，踰竟不踰竟未明，故日不日以别之。此地楚，踰竟已明，故復日也。許爲外卒正，言卒，皆日以起之，不以言正不正。許篤從楚，日卒之者，存中國也。蔡侯東不日，失國，貶之也。左傳：「許靈公如楚，請伐鄭，曰：『師不興，孤不歸矣。』八月，卒于楚。」

冬，楚子、蔡侯、陳侯伐鄭。此因許男請師卒，故伐鄭。自此以後，經不見伐鄭矣。**疏**年表：「率陳、蔡伐鄭。」不序許，有喪也。

葬許靈公。許凡卒與葬，卒皆日，葬皆時，以爲外卒正之制。

二十有七年年表：衛獻公後元年。

春，齊侯使慶封來聘。崔、慶專齊，明崔黨也。爲下來奔張本。齊五記來聘，大國也，終于此。二弟年、二國、一崔氏。**疏**齊國三卿，記慶來聘，以慶爲下卿，繼崔之位也。奔後見殺，乃出欒氏。

夏，叔孫豹會晉趙武、楚屈建、蔡公孫歸生、衛石惡、陳孔奐、鄭良霄、許人、曹人于宋。傳曰：「中國不侵伐夷狄，夷狄不入中國，無侵伐八年，善之也。晉趙武、楚屈建之力也。」不言盟，以有楚在也。晉、楚交主中國，二伯之詞也。自此至昭公三年而盟敗，楚獨主諸侯，故曰「無侵伐八年」也。此會楚先晉，以晉先者抑楚也。知楚先者，以從楚之國先序也〔二〕。不言宋大夫，宋爲主，向戌成其事也。

疏蔡公孫歸生，程氏分紀：文公子公子朝生歸生，後爲朝氏，歸生生朝吳。事詳左傳、晉語。

衛殺其大夫甯喜。 衛世家：「獻公後元年，誅甯喜。」

稱國以殺，罪累上也。甯喜弒君， 疏喜，殖子，謚悼子。左傳曰：「九世卿族，一朝而滅之。」以下甯氏不見，故以北宮、世叔二氏見之。**其以累上之辭言之，何也？** 據弒君賊不復見，有罪也。**嘗爲大夫，** 據言大夫也。討賊不言大夫。**與之涉公事矣。** 據晉執喜，出使爲行人，獻公賂甯喜，使弒剽入國。弒君之罪，獻爲主謀，既與喜共事，則不得以罪討之，故奪其討賊辭，以殺無罪大夫責獻公。**甯喜由君弒君，** 由君，謂因衎而弒剽，喜弒君由衎主使。**而不以弒君之罪罪之者，** 據偁國累上，不葬剽也。**惡獻公也。** 使人受賂以弒君，又倍而殺之，大惡，故縱從其弒惡歸首獻公。不以獻公主之，當如鄭厲公者。弒，大惡。獻不君剽，言喜弒，以目大惡；喜弒即獻弒，其罪乃盡也。

衛侯之弟專出奔晉。 劉子云：「專者，獻公弟子鮮也。賢，定姜欲立之而不得。獻公出奔，賴其力得反國。」叔肸名字並見。專不字者，專，喜之徒，不全許之也。

專，喜之徒也。 據喜殺而奔，知喜之徒黨也。凡殺後奔，非其徒，則殺之者。**專之爲喜之徒，何也？** 據

〔二〕「序」，原作「晉」，日新本同，此據鴻寶本改。

偁弟親之。**己雖急納其兄，**謂獻公。**與人之臣**人謂剽，臣謂喜。**謀弒其君，**獻公因殖之悔，謀復國于喜；喜不信公，欲盟專爲信，專不得已而與盟。喜因弒君而納獻公也。**是亦弒君者也。**出奔在弒後，明爲喜徒，有從惡之罪。**專其曰弟，何也？**據專有罪，不當舉親。**專有是信者。**專，信人。春秋貴信，故言弟。**君賂不入乎喜而殺喜，**許賂而後入，既入，惡其專，倍約而殺之。**是君不直乎喜也。**倍約無信，同惡相濟，但以其事曲直論之，不復言正義也。**故出奔晉，織絇邯鄲，**邯鄲，晉地。織絇，不仕也。**終身不言衛。**劉子説「弟肸」云：「宣公殺子赤而肸非之，宣公與之祿，則曰：『我足矣，何以兄之食爲？』織屨而食，終身不食宣公之食。其仁恩厚矣，其守節固矣。是以春秋美而貴之。」與此畧同也。**專之去，合乎春秋。**春秋貴信惡詐。專能守信，故美之也。專與人謀弒君，是亦弒者，取其信而惡其弒，但美其一去之信而已。言奔，譏其爲喜徒；言弟，美其有信。雖與弒，有信，猶取之。設教之義不求全，春秋之義唯節取。

秋，七月辛巳，豹及諸侯之大夫盟于宋。

湨梁之會，諸侯在而不曰「諸侯之大夫」，大夫不臣也。湨梁，傳曰：「大夫無君也。」**晉趙武恥之。**據湨梁，荀偃主盟。趙武，賢者，故恥不臣之事。**豹云者，**據鷄澤言叔孫，湨梁不出名氏。此君不在，乃獨名。**恭也。**據致乃名，君前臣名。言豹，公在之辭。公不在而曰豹，不忘君命，是臣恭也。**諸侯不在而曰諸侯之大夫，**據與湨梁異。**大夫臣也。**據湨梁言不臣。**其臣，**據繫于君。**恭也。**據內以不氏爲恭，外則以繫君爲恭也。**晉趙武爲之會也。**獨美趙武，擯屈建也。

冬，十有二月乙亥朔，日有食之。劉子云：「自二十年至此歲，八年之間，日食七作，禍亂將重起，故天仍見戒也。」

二十有八年

春，無冰。劉子云：「先是，公作三軍，有侵陵用武之意。於是鄰國不和，伐其三鄙，被兵十餘年，因之以飢饉，百姓怨望，臣下心離，公懼而不敢行誅伐。楚有夷狄行，公有從楚心，不明善惡之應。」一曰：「無冰，天下異也。時天下諸侯之大夫皆執國權，君不能正。漸將日甚，善惡不明，誅罰不行。周失之舒，秦失之急。故周無寒歲，秦無燠年。」

夏，衛石惡出奔晉。惡，買子悼子，甯喜之徒也。同出奔晉。**疏**左傳：「衛人討甯氏之黨，故石惡出奔晉。」又云：「立其從子圃〔一〕，以守石氏之祀。」昭元年，會于虢，公羊作石惡，字誤也。

邾子來朝。

秋，八月，大雩。劉子云：「比年，晉使荀吴、齊使慶封來聘。是夏，邾子來朝，襄有炕陽自大之應。」

仲孫羯如晉。

冬，齊慶封來奔。齊世家：「慶封已殺崔杼，爲相國專權。三年十月，出獵。慶舍發甲圍慶封宫，四家徒共擊破

〔一〕「從」，原作「仲」，日新本、鴻寶本同，此據左傳改。

之。慶封還，不得入，奔魯。齊人讓魯，封奔吴。吴與之朱方，聚其族而居之，富于在齊。」

十有一月，公如楚。 劉子云：「襄公朝荆，至淮，聞荆康王卒，欲還，以叔孫昭伯勸，乃行。」如者，朝二伯之辭。自宣十年後，不書「公如齊」，以鞌之戰失伯。故宣十年至昭二十七年，乃再見如齊。左傳襄十四年，王賜齊侯命稱「舅氏」；是楚伯，以齊爲方伯也。齊爲方伯，則升楚爲二伯，故公不如齊者八十五年。襄、昭之世，再見如楚，則以晉、楚爲二伯。齊、魯、衛、鄭爲晉所屬之方伯，秦、陳、蔡、吴爲楚所屬之方伯，故文以下同盟不言陳。**疏**爲宋之盟也。如楚皆月，爲朝夷狄也。公如，皆伯辭，中國如齊、晉是也。外如楚〔一〕，夷狄主中國也，故「如」爲二伯之辭。

十有二月甲寅，天王崩。 不葬靈王，無危也。**疏**周本紀：「二十七年，靈王崩，子景王立。」二十七年，唯記逆后，會單子；餘不志者，王室危也。

乙未，楚子昭卒。 董子説：「楚子昭卒之二年，與陳、蔡伐鄭而大克。其明年，楚屈建會諸侯而伯中國。卒之年，諸侯朝于楚。楚子卷繼之，四年而卒。其國不爲侵奪而顧强盛〔二〕，何與？楚子昭葢諸侯之可者也。天下之疾其君者，皆赴愬而乘之。兵四五出，嘗以少擊衆，以專擊散。先卒四五年，中國内亂，齊、魯、衛之兵分守，大國襲，諸夏再會夷儀，齊不肯往。吴在其南，而二君弑；中國在其北，而齊、衛弑其君。慶封劫君亂國，石惡之徒聚而成羣，衛衎據夷儀而知

〔一〕「楚」，原作「處」，據日新本、鴻寶本改。
〔二〕「爲」，原作「惟」，日新本、鴻寶本同，此據春秋繁露隨本消息篇改。

弑，林父據戚而以叛，宋公殺其太子，中國之行，亡國之跡也。譬如于文、宣之際，中國五年之中五弑君。以晉靈之行，以一大夫立于棐林，拱揖指揮，諸侯莫敢不出。此猶『隰之有泮』也已。」**疏**乙未與甲寅不同月，蓋閏月也。不言閏，不數閏也。

二十有九年

春，王正月，公在楚。楚，如、致皆月。

閔公也。傳曰：「中國不存公。」楚以喪事留公送喪。正月無君，閔公在夷狄，危而存之也。

夏，五月，公至自楚。齊、晉不皆致，楚必致者，外夷狄也。**疏**公如齊十三，繫事如齊三，九致。如晉十五，十二致。如楚二，皆致。

喜之也。致君者，殆其往而喜其反，此致君之意義也。此爲楚發傳也。言「如」者，朝也。齊、晉二伯，有朝禮，故不皆致，皆月。楚方伯，又夷狄，强爲魯朝之，故皆致也。致，皆月也。

庚午，衛侯衎卒。衛世家：「獻公後三年卒，子襄公惡立。」

閽弑吴子餘祭〔一〕**。**哀四年傳曰：「稱盜以殺君，不以上下道道也。內其君而外弑者，不以弑道道也。」此非外弑

〔一〕「弑」，原作「殺」，日新本、鴻寶本同，此據經文改。後同。

者，故亦言殺也。吴卒皆月。此時者，獨不稱君，畧之，從小夷例。殺，如字。**疏**周禮：「宫者守内。」非受刑而宫者。或云與傳異義，非是。

閽，據哀四年言盜。**門者也，**據閽從門，守門人號。**寺人也。**受宫刑爲寺人，司啓閉。**不稱名姓，**據卑亦以國氏。**閽不得齊於人。**刑餘之人不繫名姓，賤之如盜也。禮：刑人屏之四方，不與士齒。**不稱其君，**據弑例言君。**閽不得君其君也。**王制曰：「不及以政，示弗故生。」班氏云：「古者刑殘之人，公家不出，大夫不義，士與遇于途不與語，投諸磽确之地，與禽獸爲伍。」**禮：君不使無耻，**無耻，是惡人也，不使與君近。君當近賢士，繫御之人亦須選擇。無耻，則易於導惡爲禍。**不近刑人，**刑人，受宫刑者也。近，謂不屏之四方〔一〕，授以職事。鹽鐵論：「古者君子不近刑人。刑人，非人也。身放逐，辱及後世，故無賢不肖莫不耻之也。」**不狎敵，**敵，謂戰征之事。吴子門于巢，爲巢人所射而卒。傳譏其「狎敵」是也。**不邇怨。**怨，謂上有所刑罪之人，如齊商人、魯子般皆死于有怨之人，是其戒也。**賤人，非所貴也；**賤人，閽者。貴，謂有職守，爲親近之職。**貴人，非所刑也。**班氏云：「刑不上大夫。」賤者已刑，則不可復使近之。**疏**異義：戴說：刑不上大夫。古周禮説：士尸肆諸市，大夫尸肆諸朝，是大夫有刑。許君按云：「易『鼎折足，覆公餗，其刑渥，凶』，無刑不上大夫之事。從周禮說。」鄭駁云：「凡有爵，與王同族，大夫以上適甸師氏，令人不見，是以云刑不上大夫。」按：許、鄭强分古、今，非

〔一〕「不」字原在下句「授以職事」上，據日新本、鴻寶本移正。

也。貴人有大罪，則殺；小惡，黜之，不加以生刑。今古一原，是相同。**刑人，非所近也。**王制曰：「刑人於市，與衆棄之。是故公家不蓄刑人，大夫不養，士遇之於途弗與言也。屏之四方，唯其所之，不及以政，示弗故生也。」周禮說：「劓者守關〔一〕，宫者使守内，刖者使守囿，髡者使守積。」按：關、囿、積皆在外，在内之宫必自守。宫不用强横陰賊之人，今古同。**舉至賤，**不繫國，無名氏，賤乎賤者也。**而加之吴子，**據在吴子上。**吴子近刑人也。**周禮，閽用宫，非刑人，如今制多自淨。春秋因其弊而爲之救也。**閽弑吴子餘祭，仇之也。**刑餘之人，不能不怨于上，當屏之遠方。使守門相近，舊忿易生，倏然以弑，故禮禁近刑人也。

仲孫羯會晉荀盈、齊高止、宋華定、衛世叔儀、鄭公孫段、曹人、莒人、邾人、滕人、薛人、小邾人城杞。城緣陵不言杞，爲桓諱專封王後也。此不諱者，未遷脩舊，不譏也。前城不言杞，不列舉諸侯；此再城，故經屢數以明之，前後一見也。**疏**段，穆公孫，子豐之子，即公子平，後爲豐氏。儀，僖侯八世孫文子，别爲世叔氏。世，或作太，古通。「儀」，公羊作「齊」，誤。孫、甯既絶，故以北宫、世叔爲卿。盈，欒子知悼子。按：左傳杜注：「欒長子知朔。盈，朔弟也，盈生而朔死。」

古者天子封諸侯，其地足以容其民，其民足以滿城以自守也。王制曰：「凡居民，量地以制邑，度地以居民，地、邑、民居，必參相得也。無曠土，無游民，食節事時，民咸安其居。尊君親上，然後興學。」班氏曰：

〔一〕「劓」，原作「墨」，日新本、鴻寶本同，此據周禮掌戮改。

「聖王量能授事〔一〕，四民陳力受職，故朝無廢官，邑無敖民，地無曠土。理民之道，地著爲本。」**杞危而不能自守，**民少，故不能守城。**故諸侯之大夫相帥以城之，**政在大夫，故相帥爲之。**此變之正也。**昭三十二年城成周，傳同。禮：大夫不憂諸侯。大夫城，非正也。春秋溴梁以後，諸侯失權，政在大夫，代諸侯行事，伯道幸以不墜。春秋託伯於大夫，許其爲美善之事，而不許其爭執。故城成周，則許之；執宋幾，則不許之是也。

晉侯使士鞅來聘。晉聘魯十一見，大國詳之。内大夫如晉二十，來聘祇及其半，大畧而小詳也。

杞子來盟。杞偁子，如貶之然。弱不能自存，貶以起城之也。城緣陵後二貶之，以起爲城杞也。稱子，皆爲城之，起前不見杞，故再稱子。

疏杞伯會盟十七見皆稱伯，則伯者正稱也。外稱伯者十一見，凡稱伯者二十八，稱子者三，則伯正而子變也。春秋凡卒正爵有伯以後皆有定，唯杞有伯以後乃無定，見杞不與餘國同也。杞本王後，例稱公；稱伯者，叙卒正末，從卒正稱也。稱子者，貶之也。以其從伯貶子，見其從公貶伯也。邾、滕、薛有伯以後不變者，變則不足以見其正，故畫一之。杞爵本尊，又居末，貶以起其餘也。

吳子使札來聘。劉子云：「延陵季子者，吳王之子也。嫡同母昆弟四人，長曰遏，次曰餘祭，次曰夷昧，次曰札。札即季子，季子最小而賢，兄弟皆愛之。既除喪，將立季子，季子辭曰：『曹宣公之卒也，諸侯與曹人不義曹君，將立子臧，子臧去之，遂不爲也，以成曹君。君子曰：「能守節矣。」君義嗣也，誰敢干君？有國，非吾節也。札雖不才，願附子

〔一〕「量」，原作「貴」，日新本、鴻寶本同，此據漢書食貨志改。

臧以無失節。』固立之，棄其室而耕，乃舍之。遏曰：『今若是作而與季子，季子必不受，請無與子而與弟，弟兄迭爲君而致諸侯乎季子〔一〕。』皆曰：『諾。』故諸兄爲君者，皆輕死爲勇。飲食必祝曰：『天若有吴國，必疾有禍予身〔二〕。』故遏也死，餘祭立。餘祭死，夷昧立。夷昧死，而國宜之季子也。季子使而未還。僚者，長子之庶兄也，自立爲吴王。季子使而還，至則君之。遏之子曰王子光，號曰闔閭，不悦曰：『先君之所爲不與子而與弟者，凡爲季子也。將從先君之命，則國宜之季子也。如不從先君之命而立子，我宜當立者也。僚惡得爲君？』於是使專諸刺僚而致國季子。季子曰：『爾殺我君，我受爾國，是吾與爾爲亂也。爾殺我兄，吾又殺爾，是父子兄弟相殺，終身無已也。』去而之延陵，終身不入吴國，故號曰延陵季子。君子以其不受國爲義，以其不殺爲仁。是以春秋賢季子而尊貴其君也。」**疏**吴世家：「餘祭四年，使季札聘魯。」

吴其稱子，何也？據下稱國狄之。**善使延陵季子，**吴世家：「季子封於延陵，故號以延陵季子。」一云：季子逃之延陵，終身不入吴國，故以所居氏之，以其避吴亂也。目季子，所以貴之也。**故進之也。**因賢季子而尊貴其君也。因曹羈而崇其友，因伯姬而葬其夫，因曹臧而褒其子，因季子而尊其君，皆録賢也。君臣父子夫婦朋友，與有榮焉。同聲相應，同氣相求。孔子曰：「德不孤，必有鄰。」故兼進之。**身賢，**如秦伯、楚子。**賢也；**春秋

〔一〕「兄」字原脱，日新本同，此據新序、鴻寶本補。

〔二〕「予」，原作「于」，日新本同，此據新序、鴻寶本改。

賢秦伯，録其使；吳、楚乃稱子，有褒文。**使賢，亦賢也。**吳子賢不足録，而能使季子，則亦以賢許之。唯賢而後能使賢也。凡臣之賢，皆歸美于君。傳曰「美歸君，過歸己」是也，故賢吳子而稱子。**延陵季子之賢，尊君也。**因其賢，乃尊其君而稱子。**其名，**不氏，從小國例。**成尊於上也。**言「子」之國無大夫，見則不氏。今若驟進季子而字之，則其君不能使，如齊高子然，反足以掩蔽其君，故不氏，使吳子以君臨之。吳子，新子，尊未成，可以抑季子以成之，不可進季子以伉之也。

秋，七月，葬衞獻公。月者，危襄也。

齊高止出奔北燕。疏燕世家：「惠公元年，齊高止來奔。」地理志廣陽薊下云：「故燕國，召公所封。」昭公篇，北燕伯奔齊，高止納北燕伯，此爲張本。

其曰北燕，據燕不言「南」。**從史文也。**孟子：「孔子曰：『其文則史。』春秋據魯史制作也。」二燕，南小北大，又召公後，宜以北爲主。南燕不加南，今主南外北者，南燕近魯，在青州，爲屬國，故魯史内南外北。孔子從而不改，示有徵也。疏春秋據史而作，筆削之例，專明詳畧；加損之例，變易事實；正名之例，依物肖形；從史之例，仍而不改。凡春秋事實，其有史書不然而可以起例者，則變之，如許世子弑之類。苟無所起，則因仍舊文，不敢改作。論語所謂「闕疑」，又云「述而不作」是也。如楚圍弑君以瘧赴而春秋不言弑、陳殺太子禦寇不言「太子」之類，皆依史舊文，不能加損，特于别見以起其實而已。葢實事從史，史既不言，則爲無徵；雖有聞見，不能據一己之傳聞，改百國之實録。既取徵信，且明傳疑，不能以大惡之名直加于人，而但于别文隱見其義，使人讀而寤其賊主名。弑君不名，而弑賊可以起而見；弑不言弑，而弑亦可起而見。此春秋之大旨也。趙盾、崔杼，史有舊文，苟非舊文，不敢直指。凡弑，皆有主名。經或言「人」，則以明君之過，是曰「累上」，如欒書之類。故諱者多而虚加者少，此罪疑爲輕之意。

冬，仲孫羯如晉。

三十年

春，王正月，楚子使薳罷來聘。外方伯國。蔡不聘者，外之。秦、吴各一見者，示例。楚六見者，大夷也。莊世稱「荆人」，文世稱椒，此世則氏薳，漸進之序也。**疏**宋盟以後，初來聘。月者，喜之也。晉、楚相争，中國塗炭，宋盟息兵，春秋所善。楚來聘，則内安而外諸侯皆無兵事，故喜而月之。按：來聘惟此一月。

夏，四月，蔡世子般弑其君固。陳弑哀公不書，此書者，陳猶中國，蔡不同盟。不言陳弑，爲中國諱，不使楚得討之。言蔡弑，以般罪重，成楚子之討之也。**疏**蔡世家：「景侯爲太子般娶婦于楚，而景侯通焉。太子弑景侯而自立〔一〕，是爲靈公。」

其不日，據固正宜日。**子奪父政，**政，當爲正。因其子弑奪父正，不日。**是謂夷之。**夷在東方，禹貢「淮夷徐州」，因其爲徐方伯，故夷之。**疏**以夷待之，故不日。中國無父子之禍，惟楚有之，故春秋夷之也。不言狄者，蔡

〔一〕「而」下原衍「且」字，日新本、鴻寶本同，此據蔡世家删。

近楚，專心事楚，春秋惡之，禮待不及他國。因其父子之禍，如商臣，擯之如楚屬國，不使中國有父子之禍也。蔡在方伯例，有伯以來，不過會盟，中國四五至，故春秋絶獻舞，不記其事者近百年。中二君不言卒葬，不記災，内臣不言如蔡，蔡大夫不言使，不言來聘，不言與中國聘，不言涖盟來盟；凡會盟從楚，序皆在諸侯之先，其事或二十餘年一見，皆因中國及之，不自專記事；此其禮制之卑于陳、衛、鄭三國方伯者，因其從楚，夷之也。其曰夷者，國在内也。晉、鄭曰狄，國在北；衛曰戎，國亦在北。

五月甲午，宋災，伯姬卒。 劉子云：「先是，宋公聽讒而殺太子痤，應火不炎上之罰也。」**取卒之日，** 據外災不日，内女卒例日。襄九年宋火、定十六年成周宣榭災，不日是也。**加之災上者，見以災卒也。** 見伯姬因災而卒也。此與吴子門巢、鄭伯如會皆以卒月日加于其事之上，見即以事卒同也。**其見以災卒，奈何？** 據二事異。**伯姬之舍失火，** 舍，居也。劉子云：「宋伯姬者，魯宣公女，成公之妹也。既嫁于共公。十年，共公卒，伯姬寡三十五年。至景公時，伯姬之宫夜失火。」**左右曰：「夫人少辟火乎？」伯姬曰：「婦人之義，傅母不在，宵不下堂。」** 劉子曰：「左右曰：『夫人少避火。』伯姬曰：『保傅不至〔二〕，夜不下堂，待保傅來也。』保母至矣，傅母未至也。左右又趨之。」班氏云：「國君取大夫之妾〔三〕、士之妻年

〔二〕「傅」，原作「侍」，日新本、鴻寶本同，此據列女傳改。
〔三〕「妾」，原作「妻」，日新本、鴻寶本同，此據白虎通改。

老無子而明于婦道者，又祿之，使教宗室五屬之女。大夫士皆有宗族，自于宗子之室學事人也。女必有傅姆何？尊之也。」白虎通：「婦人所以有師何？學事人之道也。學一時，足以成矣。與君有緦麻之親者，教于公宮三月；與君無親者，各教于宗廟宗婦之室。」**左右又曰：「夫人少辟火乎？」**傅母已至，火又近，再趣之。**伯姬曰：「婦人之義，保母不在，宵不下堂。」遂逮乎火而死。**劉子曰：「左右又曰：『夫人少避火。』伯姬曰：『婦人之義，傅母之不至，夜不下堂。越義求生，不如求義而死。』遂逮乎火而死。」**婦人以貞爲行者也，**劉子曰：「婦人之義，一往而不改，以全貞信之節。忘死而趨生，是不信也；貪貴而忘賤，不貞也；棄義而從利，無以爲人。」**疏**劉子曰：「魯師春姜曰：『夫婦人以順從爲務，貞慤爲首。故婦人事夫有五，平旦纚笄而朝，則有君臣之嚴；沃盥饋食，則有父子之敬；報反而行，則有兄弟之道；受期必誠，則有朋友之信；寢席之敬，而後有夫婦之際也。』」**伯姬之婦道盡矣。詳其事，**據宋災不志災，内女有主不志卒。**賢伯姬也。**劉子云：「伯姬寡。至景公時，逮乎火而死。春秋詳錄其事，爲賢伯姬，以爲婦人以貞爲行者也，伯姬之婦道盡矣。」

按：列女傳所言，楚昭貞姜、齊孝孟姬事〔二〕，與此畧同。

天王殺其弟佞夫。劉子云：「景王二年，擔括欲弑王而立王弟佞夫。佞夫不知，景王并殺佞夫。及景王死，五大夫争權，王室亂。」按：凡稱弟者，殺無罪之詞。有罪者，先疏之，不舉弟。此目弟，明佞夫之無罪也。

〔二〕「姬」，原作「姜」，日新本、鴻寶本同，此據列女傳改。

傳曰：諸侯且不首惡，況於天子乎？秦以千乘不容母弟，傳猶譏之；天王有萬乘之尊，殺無罪之弟，故加等甚之。**疏**諸侯不甚，天子甚之也。**君無忍親之義。**傳曰：「緩追逸賊，親親之道。」按：禮有議親議貴之典。佞夫有罪，猶當三宥，不得已或放之、或廢之。今衰麻在身，因臣下之事牽引母弟，使操刃殺之，佞夫無必死之罪，而天王有忍親之心。**天子諸侯所親者，唯長子、母弟耳。**據殺則目君也。親長子者，明承重也。天子諸侯爲長子服三年，因承重加服之，不與庶子同。**疏**經凡殺庶子猶公子，或國或人，不目君。唯世子目君，以傷親責之也。稱母弟，明恩也。同母貴弟，與庶孽不同。因其親貴，待有加禮。經凡殺孽弟稱「公子」而已，不目君；唯母弟目君。故傳曰：「所親者，唯長子、母弟。」**天王殺其弟佞夫，**據未三年不稱王。**甚之也。**稱王，目以甚之。在喪殺弟，無人心，起爲争立事，因急言「天王」以甚之。

王子瑕奔晉。佞夫之徒也。不言「出」者，王子不言出。惟有采邑者，乃言出。**疏**此所謂「緩追逸賊」也。即使有罪，逐之已足，操刀殺之，則忍矣。

秋，七月，叔弓如宋，葬共姬。劉子云：「婦人以從夫爲義。夫貴于朝，妻榮于室，故得蒙夫之謚。」謂「共」，同宋共公。或曰：夫人有謚，夫人一國之母，脩閨門之内，則下化之，故議謚以章其善惡。據内夫人不從夫謚，則婦人謚兼此二義。**疏**按：大夫「如」不月，取葬之月加于「如」上者，見以葬如宋也。

外夫人不書葬，凡大夫言「如」而繫者，惟如齊四、如晉二、如宋三、如陳滕各一，皆有所見。**此其言葬，何也？**據紀伯姬以失國葬。**吾女也，卒災，故隱而葬之也。**卒災，能盡婦道；隱而葬之，賢其事，故禮備也。月者，起其不葬；爲災而葬，非危内也。**疏**按：公羊説，據月，以爲葬夫人，當君會葬。傳不責君葬。外諸侯，凡君送葬皆諱之，則君不會葬。公羊説誤也。異義許、鄭説皆誤。説詳古今師説異同攷中。

鄭良霄出奔許，自許入于鄭。劉子云：「鄭大夫自外而篡位。」自許，許有奉也。良有罪，與欒盈同。不言復入者，不以夷狄待許也。

鄭人殺良霄。言人，討賊之詞。

不言大夫，與欒盈同。**惡之也。**欒盈，傳曰：「弗有也。」大夫出奔，與殺同例。既已奔，復入，外之弗有，故不言大夫，以匹夫待之也。此言惡者，因其惡，鄭乃逐之，故以其惡言之也。

冬，十月，葬蔡景公。賊未討而葬。

不日卒而月葬，據卒葬皆月；日卒、時葬乃正。**不葬者也。**據賊不討，宜不言葬。**卒而葬之，**據葬，如賊已討。**不忍使父失民於子也。**若不言葬，嫌國人盡從般，無恩于景公，則是失民也。故葬，若賊已討然，不使從般弑。

晉人、齊人、宋人、衛人、鄭人、曹人、莒人、邾人、滕人、薛人、杞人、小邾人會于澶淵，宋災故。劉子云：「伯姬卒，諸侯聞之莫不悼痛，以爲死者不可以生，財物猶可復，故相與聚會于澶淵，償宋之所喪。」春秋賢之，不言同盟。

會不言其所爲，其曰「宋災故」，何也？據會不言所爲會。伐言者，會而後伐，二事也。成宋亂，非此比者，成亂異事。此言會，意謂經有故也。**疏**宋會三繫事，故宋也。**不言災故，則無以見其善也。**據與常會同，不足以見行檜禮。**其曰人，何也？**據大會言大夫。「人」，疑貶之。**救災以衆。**所謂以國與之，不言其人也。知非貶者，城杞，猶不貶也。**何救焉？**據災在五月。**更宋之所喪財也。**大宗伯：「以檜禮哀圍敗。」大行人：「致檜以補諸侯之裁。」鄭君云：「同盟者會合財貨以更其所喪。春秋『會于澶淵，宋災故』是其類。」

澶淵之會，中國不侵伐夷狄，中國者，晉、齊、宋、衛、鄭、曹、莒、邾、滕、薛、杞、小邾、魯是也。侵伐，善辭，許之。**夷狄不入中國，**夷狄，楚、蔡、陳、許是也。入，惡辭，不許之，内中國外夷狄之義也。伐吴不在此數者，吴，夷狄。**無侵伐八年，**自此至昭七年，楚與中國無兵事。至八年，乃滅陳。**善之也。**善宋能主此會，故諸侯德而檜之。**晉趙武、楚屈建之力也。**廿七年宋之會，謀息兵，諸侯無事，故行檜禮，由此歸功于宋之會。此會，楚不在。

三十有一年

春，王正月。

夏，六月辛巳，公薨于楚宫。禮：羣宫稱宫。不嫌與宗廟同者，上繫楚也。西宫，就昭穆之位言之。此宫名楚，實非廟也。

楚宫，公朝楚，好其宫，歸而脩之，故名楚耳。劉子云：「公專心事楚，不明善惡。」**非正也。**據非正寢，較小寢猶甚，與臺下相等。目楚宫者，譏公也。

秋，九月癸巳，子野卒。 未葬稱子某。世子卒在君世不見，君卒然後見，有即尊之漸也。不葬者，無廟無謚，附于祖以享。

子卒，日， 據子般日、子赤不日。**正也。** 據下言即位，知此日正也。 **疏** 君正與故，皆日，尊也。子卒，正，日；故，不日。未成君，禮下於君。大夫正，日；惡，不日。此猶有臣子之禮。

己亥，仲孫羯卒。 **疏** 速庶子，字孝伯。二十三年立，五見經，子貜立。

冬，十月，滕子來會葬。 月者，爲下葬出。五月而葬，同盟來會，禮也。禮：諸侯小國于次國君，卿弔，君會葬；于敵國，大夫弔，卿會葬；于小國，士弔，大夫會葬者，禮制如此。至於行禮，每有加損，隆殺不同，不能盡拘此例也。

癸酉，葬我君襄公。 未葬，故上卒稱子某，與般同。

十有一月，莒人弒其君密州。 莒無大夫，稱人者，展輿弒也。莒子生去疾及展輿，既立展輿，又廢之，展輿因國人攻弒莒子。 **疏** 唯記卒葬之國乃言弒，史有氏名，削之稱人，春秋之例也〔一〕。

〔一〕 廖宗澤補疏：春秋再部。取法三十二，蓋八自乘之半，再部，四公總共一百二十八年。襄公雖三十一年，莊公三十三年，共數恰合。

重訂穀梁春秋經傳古義疏卷九

昭公　昭初年，晉、楚爲二伯，齊、魯、衛、鄭爲晉屬方伯，秦、陳、蔡、吴爲楚屬方伯。自平丘以後，諸侯遂亂。于二十七年以後，再見公如齊、晉之文。中國則齊、晉，夷狄則吴、楚，争盟諸侯，非復二伯之古制也。魯世家：「三十一年，襄公卒。其九月，太子卒。魯人立齊歸之子裯爲君，是爲昭公。」

元年　年表：周景王四年，晉平十七年，齊景七年，宋平三十五年，陳哀二十八年，衛襄三年，蔡靈二年，鄭簡二十五年，曹武十四年，杞文九年，秦景三十六年，楚郟敖四年，吴夷昧三年。

春，王正月，公即位。

繼正即位，正也。　再發傳者，明子野正卒。

叔孫豹會晉趙武、楚公子圍、齊國弱、宋向戌、衛齊惡、陳公子招、蔡公孫歸生、鄭罕虎、許人、曹人于郭。　楚在晉下，二伯詞也。招不目弟者，會盟正辭通于天下；諸侯之尊，兄弟不得以屬通也。蔡在會者，以楚在也；次陳下者，陳、蔡、衛三國大夫次序亦不定也。齊在楚下，主晉伯也。郭，左作「虢」。**疏**　招，成公子，哀公弟。

二月，取鄆。鄆者，莒之邑也。此伐而取，不言伐者，避下晉之討也。在喪而取，譏公也。公以鄆始，亦以鄆終。

疏魯語：「虢之會，諸侯之大夫尋盟未退。季武子伐莒，取鄆，莒人告于會，楚人將以叔孫穆子爲戮。晉樂王鮒求貨于穆子，曰：『吾爲子請于楚。』穆子不予。梁其踁謂穆子曰：『有貨以衛身也。出貨而可以免，子何愛焉？』穆子曰：『非女所知也。承君命以會大事，而國有罪，我以貨私免，是我會吾私也。苟如是，則又可以出貨而成私欲乎？雖可以免，吾其若諸侯之事何？夫必將或循之，曰：「諸侯之卿有然者故也。」則我求安身，而爲諸侯法矣。君子是以患作。作而不衷，將或道之，是昭其不衷也。余非愛貨，惡不衷也。且罪非我之由，爲戮何害？』楚人乃赦之。穆子歸，武子勞之，日中不出。其人曰：『可以出矣。』穆子曰：『吾不難爲戮，養吾棟也。夫棟折而榱崩，吾懼壓焉。故曰雖死于外，而庇宗于內，可也。今既免大耻，而不忍小忿，可以爲能乎？』乃出見之。」

夏，秦伯之弟鍼出奔晉。秦，以後不記事。此仕諸晉也。言奔者，惡秦伯。奔晉者，秦、晉仇國。**疏**秦本紀：「景公母弟后子鍼有寵，景公母弟富，或譖之，恐誅，乃奔晉，車重千乘。晉平公曰：『后子富如此，何以自亡？』對曰：『秦公無道，欲待其後世乃反。』」

諸侯之尊，弟兄不得以屬通。再發傳者，以此非內辭。**其弟云者，**此非來內，因奔乃舉弟。**親之也。**舉其親，故言弟。來聘言貴者，母弟親、貴兼存。以其聘魯，則舉貴，內以貴者爲榮；于其本國，則言親；盡其親以著其惡。各隨所重言之也。**親而奔之，**本仕于晉，經乃以「奔」言。**惡也。**有千乘之國而不能容其母弟，譏秦伯也。不言「公子」，所謂盡其親以惡之也。奔，與殺同等而差輕。**疏**春秋親親之義。鍼仕于晉，以奔言之；段出奔，以克殺言之，皆照常人加等，所以篤倫常、明恩義也。

六月丁巳，邾子華卒。 葬稱悼公。 **疏**日者，襄以後，正例日。邾進，則日；不進，則時，決嫌疑也。

晉荀吳帥師敗狄于大原。 此晉伐狄。大原，狄地也。原者，上平曰原，下平曰隰。狄邑名，則當曰「大鹵」。

傳曰： 舊傳文。 **中國曰大原，** 中國以原名，爾疋所言是也。 **夷狄曰大鹵**〔一〕。方言異名，先師所傳。大原，鹵斥而其地平，故自地形名曰「大原」，自其鹹斥言之曰「大鹵」。 **號，** 號者無定，自我以形象稱之，尊卑形色之等是也。 **從中國；** 大原，地也，非邑，無定名，故從中國辭名之。 **名，** 名者有定，自彼而定。人、邑之名是也。 **從主人。** 號，「郜鼎」，傳作「物」。 **疏**此繙譯之説也。並見襄五年傳中。

秋，莒去疾自齊入于莒。 據下卒入爲君也。不言公子，當國也。自齊，齊有奉焉。齊欲專莒，逐展而納去疾。言入者，内弗受，篡也。 **疏**左傳：「秋，齊公子鉏納去疾。」故言「自齊」。去疾，齊出也，故齊立之。

莒展出奔吳。 何爲出奔？去疾入而展出，展蓋嫌也。春秋不以嫌代嫌，此何爲皆嫌？曰：莒，夷狄小國也。夷狄不言正不正，故亦不言嫌不嫌，畧之也。 **疏**左傳云：「展輿奔吳。」吳出也。

叔弓帥師疆鄆田。 春已取鄆。此言疆田者，明盡取其田也，蓋叔弓取以自益。莒有内難，魯乘其事而盡取其田也。

疆之爲言猶竟也。 疆不言「帥師」，言帥師者，取之。諱因亂再取，故以「疆」言之。 **疏**與莒爲竟，言帥師，明

〔一〕「夷」字原脱，日新本、鴻寶本同，此據傳文補。

有難。

葬郲悼公。 至此乃葬，進也。以下皆日卒、時葬。

冬，十有一月己酉，楚子卷卒。 傳曰：「楚公子圍弑其兄之子而代之爲君。」此弑也，不言者，因其討賊諱之以成其義。陳、蔡弑君，慶封亂政，楚子皆討之。使録其弑，則嫌于不當討。故不書弑而討人之弑，則其罪可知矣。**疏** 楚世家：「康王寵弟公子圍、子比、子晳、棄疾。郟敖三年，以其季父康王弟公子圍爲令尹，主兵事。四年，圍使鄭，道聞王疾而還。十二月己酉，圍入問王疾，絞而弑之，遂殺其子莫及平夏。使赴于鄭。『誰爲後？』對曰：『寡大夫圍。』伍舉更曰：『共王之子圍爲長。』子比奔晉，而圍立，是爲靈王。」

楚公子比出奔晉。 書者，爲下歸弑張本。有其末，不得不録其本也。**疏** 此共王子，懼而出奔〔一〕。

二年 年表：「楚靈王元年，共王子，肘玉。」按：昭篇，三傳説多同。舊説所謂不同者，取繒、公子陽生、晉趙陽、蔡侯朱、東國數條而已。今皆合通之，終篇無一異説矣。

春，晉侯使韓起來聘。 昭公出奔，晉爲之也。起，季孫同類。聘而與季孫和結爲黨。故方行聘魯，而魯君往不得如晉者，起爲之也。**疏** 左「此爲政而來見」，以覘諸侯也，且歷聘列邦。使聘平，曰：不以上卿。

〔一〕「奔」下，日新本、鴻寶本並有「起後歸弑」四字。

夏，叔弓如晉。報韓起也。**疏**以大夫報上卿，恤所無也。禮有隆殺，不一定。

秋，鄭殺其大夫公孫黑。此有罪也，其不稱人者，鄭畧不稱人也。**疏**黑，公子騑子子晳。

冬，公如晉，至河乃復。晉方來聘，有嘉禮。乃君往則不得入，季孫則得入，明韓起爲季孫主謀也。**疏**魯世家：「昭公二年，朝晉至河，晉平公謝還之，魯耻焉。」

耻如晉，謂如晉不得入。**故著有疾也。**據二十三年經言有疾乃復。傳云「疾不志」，是至河乃復皆疾，故云「著有疾」。以君制于臣，故託言「有疾」。昭乃復皆言至河，蓋所至不必至河，因如晉不得，託有疾不敢渡河而還。

季孫宿如晉。

公如晉而不得入，據至河乃復，是不得入。**季孫宿如晉而得入，**據言如晉。**惡季孫宿也。**政在季孫，交結伯國大夫，故浸至于逐君，不待貶絶而罪惡見。不貶絶也，凡不傳者，多無貶絶，宜從此推之。**疏**據左傳，晉以少姜「非伉儷」辭公，傳以惡季孫。此晉大夫不欲公朝，故託辭謝之。下逐公、納公可見。

三年

春，王正月丁未，滕子原卒。以狄道狄秦，故内滕稱名。成世已交代，故以後純名矣。滕自此以後皆名、皆日卒時葬，滕從中國故也。中國小國，不從方伯例，因其變夷，褒禮之也。成十六年始日，至此始葬，以下皆葬矣。

夏，叔弓如滕。葬襄公，滕子來會葬，故報之。滕以君會葬，魯以大夫報之，薄也。

五月，葬滕成公。左氏云：「叔弓如滕，葬成公。子服椒爲介。及郊，遇懿伯之忌，敬子不入。」此會葬小國，使大夫會，如齊、晉會魯葬之誼，與如莒同。月者，急之也。

秋，小邾子來朝。記朝，言能朝也。不卒葬者，邾之附庸也。附庸，故叙杞下，不卒葬。因邾進，故録之詳。莒，夷狄，雖卒，猶不得言朝。疏左氏以爲穆公。春秋小邾三朝，僖七、襄七、昭三是也。郳，一來朝，莊五年。

八月，大雩。記災也。

冬，大雨雹。記異也。

北燕伯款出奔齊。劉子説：「大夫專權，燕逐其君。」名者，罪之也。諸侯失地，名。疏燕世家：「惠公多寵姬，公欲去諸大夫而立寵姬宋，大夫共誅姬宋，惠公懼，奔齊。」

其曰北燕，從史文也。解見襄十九年。

四年

春，王正月，大雨雪。劉子説：「昭取吴，爲同姓，謂之吴孟子。君行于上，臣非于下。又三家已强，皆賤公行，慢侮之心生。」疏雪，左傳作「雹」。

夏，楚子、蔡侯、陳侯、鄭伯、許男、徐子、滕子、頓子、胡子、沈子、小邾子、宋世子佐、淮夷會于申。劉子説：「楚靈王圍即位，欲爲霸，會諸侯。椒舉如晉求諸侯。晉侯欲不許，以司馬侯諫而許之，遂爲申之會。

與諸侯伐吴，起章華之臺，爲乾谿之役，百姓罷勞怨懟于下，羣臣倍畔于上。公子棄疾作亂，靈王逃亡，卒死于野。故曰：晉不頓一矢，楚人自亡，司馬侯之謀也。」**疏**申，楚地。楚主盟，故先蔡，夷蔡也。徐子先滕，亦夷狄也。頓、胡、沈近楚中國，不序，序者，亦以夷狄主會也。淮夷不序，亦以夷狄序之。不序魯、衛、曹三君，辭謝未往也。楚世家：「靈王三年六月，楚使使告晉，欲會諸侯，諸侯皆會楚于申。」

楚人執徐子。晉執多，楚祇一見執者，抑楚也。執宋公不明言楚執，此明言執者，爲中國諱執宋。以夷狄執夷，故明見。伯乃言執，楚言執者，託于夷狄伯也。

秋，七月，楚子、蔡侯、陳侯、許男、頓子、胡子、沈子、淮夷伐吴。執齊慶封殺之。月者，不使懷惡而討，謹以惡之也。蔡自襄二十四年七見從楚。**疏**吴世家：「楚靈王會諸侯而以伐吴之朱方，以誅齊慶封。吴亦攻楚，取三邑而去。」

此入而殺，據封于吴。**其不言入，何也？**入而後執。**慶封封乎吴鍾離。其不言伐鍾離，何也？**據濫不繫以通濫。**不與吴封也。**宋彭城不與楚封，與此同義。**疏**吴世家：「齊相慶封有罪，自魯來奔吴。吴與慶封朱方之地以爲奉邑，以女妻之，富于在齊。」**慶封其以齊氏，何也？**據封于吴，宜繫吴。**爲齊討也。**有罪于齊，故繫齊，如夏徵舒氏陳。**靈王使人以慶封令於軍中曰：「有若齊慶封弒其君者乎？」**經不言封弒，蓋助崔杼弒光也。**慶封曰：「子一息，我亦且一言曰：有若楚公子圍弒其兄之子而代之爲君者乎？」**劉子云：「楚恭王多寵子，而世子之位不定。屈建曰：『楚必多亂。夫一兔走于街，萬人追之；一人得之，萬人不復走。分未定，則一兔走使萬人擾；分已定，則雖貪夫知止。今楚多寵子，而嫡位無主，亂自是生矣。夫立太子者，國基也，而百姓之望也。國既無基，又使百姓失望，絶其本矣。本絶則撓亂，猶兔走。』恭王聞之，立康王爲太子。其後猶有令尹圍、公子棄疾之亂也。」**疏**按：即「卷卒」是也。**軍人粲然皆笑。**楚世家：「楚以諸侯兵伐吴，圍朱方，八月，克之，囚慶封，滅其族。以封徇，曰：『無效齊慶封殺其君而弱其孤，以盟諸大夫。』封反曰：『莫如楚共王庶子圍弒其君兄之子員而代之立〔二〕。』于是，楚王使疾殺之〔三〕。」

慶封弒其君，按：封，杼黨也，同弒光。書杼者，從重也。賊黨亦當死。**而不以弒君之罪罪之者，**據討賊不言執。**慶封不爲靈王服也，不與楚討也。**以其懷惡也。**春秋之義，用貴治賤，**貴爲天子諸侯也。以天子治諸侯，以諸侯治大夫，故執大夫稱侯，爲伯討。**用賢治不肖，**荀子曰：「賤事貴，不肖事賢，此天下之通義也。有人貴而不能爲人上，賤而羞爲人下，此姦人之心也。」按：賢，謂二伯；不肖，惡人也。**不以亂治亂也。**亂，夷狄也，不許夷狄憂中國也，故討陳猶譏。**孔子曰：「懷惡而討，雖死不服。」**二語，師說所傳。**其斯之謂與？**傳引以爲說此事也。「謂與」，疑詞，不敢直言。**疏**不書圍之弒君，所以成慶封、蔡般之討也。蔡般罪重而慶封之事有嫌，故決正其義，不書弒，以正其討。

〔二〕「君兄」，原倒作「兄君」，日新本、鴻寶本同，此據楚世家乙。

〔三〕「疾」上原衍「棄」字，日新本、鴻寶本同，此據楚世家删。

遂滅厲。厲，徐小國，楚屬，故齊桓伐之。楚滅之者，因吴强，服于吴。不日，微國也，時遠也。春秋于楚有夷狄之辭，待之嚴；而于其屬反無夷狄辭者，楚强僭王，而屬國無罪，欲存荆、徐，故寬赦小國。是以于其屬國，不以夷狄待之也。

遂，據遂滅偪陽直遂。**繼事也。**因伐吴之師。不日，知繼事也。

九月，取繒。莒前以子爲繒後，隨即有繒。莒之滅繒，易乎人之滅，故不日以起之。晉人來討，又復立繒。此魯又從而取之。不日者，承上滅文，如晉人執虞公者然，以滅文前見也。**疏**繒，中國也，滅之例日。此月者，失國辭也。前以時滅，此再滅，故仍其前滅，如取邑非國，故不日也。取，月；滅，時，並以明前滅而更立也。魯以事楚之故，因其滅取繒。

冬，十有二月乙卯，叔孫豹卒。三家卒必書者，文、宣以下録内詳，又明其世卿之患。**疏**豹，得臣子，僑如弟。僑如奔齊，乃立之。十五見經，庶子婼立。

五年

春，王正月，舍中軍。

貴復正也。據言譏，知舍復正。此非正也，言復正者，成人之善也。作、舍言「軍」，出言「師」者，出不定合軍數，作、舍則言定數也。**疏**按：二軍或分上下，如晉獻公事是也。或分左右，如清之戰是也。

楚殺其大夫屈申。屈，氏也，楚有氏大夫。此殺無罪也，不以稱人。不稱人爲例者，畧之也。屈申一見。**疏**左傳：「楚子以屈申爲貳于吴，乃殺之。」

公如晉。 楚强有威，無河上之難。昭公惟此得入晉，大夫專也。

夏，莒牟夷以牟婁及防茲來奔。 牟婁，杞邑，莒人取之。下叔弓帥師，此叔弓意也。 **疏** 牟夷二字，名也。牟婁、防茲二名，亦皆以二字爲名。

以者，不以者也。來奔者不言出。 出，當爲叛。三十一年，傳「來奔內，不言叛」是也。此受叛人地，不諱者，君不在也。公出，納叛人，所以惡大夫也。 **及防茲，** 據其閭丘不言及。 **以大及小也。** 據國以大及小，知此同。 **莒無大夫，** 據會盟序大夫言莒人，經不見大夫字。 **其曰牟夷，何也？以其地來也。** 莒，魯屬，凡臨外會盟，通不見大夫，惟稱人。獨繫魯事，乃得稱名。凡魯事皆得名。以地言者，據本事立說。 **疏** 左傳：「牟夷非卿而書，尊地也。」與傳同。 **以地來，則何以書也？** 據莒慶惡其接內。凡以事來魯，不書也。 **重地也。** 地，爲天子所專，諸侯爲天子守土，失土取地，皆大惡。故取邑書，以邑奔與取邑同。保其地，則不得不舉其人。

秋，七月，公至自晉。 月者，莒人愬于晉，晉欲止公，故危之也。公不在，而內受叛人邑，有危道，故月致以起之，漸至于見逐。 **疏** 左傳：「莒人愬于晉，晉侯欲止公，以范獻子之諫，乃歸公。」

戊辰，叔弓帥師敗莒師于賁泉。 劉子說：「魯納牟夷。莒怒，伐魯，叔弓帥師拒而敗之。」 **疏** 叔弓爲三家所使，故獨以專政見。日者，勝內也。

狄人謂賁泉失台。 中國言「賁泉」，夷狄言「失台」。 **號從中國，名從主人。** 賁泉，直泉也，泉從地湧出。

賁泉，非地名。號從中國，言賁泉，知其地；言失台，則不知其地。經地名多由地形方類言之，非盡由舊名。

秦伯卒。秦伯何以不名？葬則不名也。何爲葬則不名？秦之專例，以見其在梁而爲留守，非諸侯所得也。**疏**秦本紀：「景公立四十年卒，子哀公立。后子復來歸。」不名者，狄之也。以後惟記三卒葬，不記事。

冬，楚子、蔡侯、陳侯、許男、頓子、沈子、徐人、越人伐吴。劉子云：「吴王使其弟由犒師。」徐稱人者，與越從同，不可獨人越也。吴、越交兵之始。**疏**吴世家：「十一年，楚伐吴，至雩婁〔二〕。」

六年年表：秦哀公元年。

春，王正月，杞伯益姑卒。月者，不正也。襄以下卒正，正例日。**疏**杞世家：「文公十四年卒，弟平公鬱立。」

葬秦景公。春秋夷狄之君不書葬。秦已狄矣，猶書葬者，非實夷也。莒雖猶中國，猶不葬者，真夷也。以葬不葬明夷，故不敢假。秦書葬始此。**疏**秦六卒三葬〔三〕。自此以下，三卒皆葬，葬皆時。

夏，季孫宿如晉。拜莒田也。

葬杞文公。

〔二〕「至」字原脱，日新本、鴻寶本同，此據吴世家補。

〔三〕「卒」，原作「年」，日新本同，此據鴻寶本改。

宋華合比出奔衛。 爲寺人所逐。衛與宋不睦。 **疏** 事詳左傳。

秋，九月，大雩。 劉子説：「莒牟夷以二邑來奔，莒怒，伐魯。叔弓帥師，拒而敗之。昭得入晉。外和大國，内獲二邑，取勝鄰國，有炕陽動衆之應。」

楚薳罷帥師伐吴。 此楚師敗，不言敗者，畧之。薳罷以後不見。 **疏** 吴世家：「十二年，楚復來伐，次于乾谿，楚師敗走〔一〕。」

冬，叔弓如楚。 公將如楚，故叔弓先之。晉討從楚，故不得如晉。 **疏** 成以下，公不如齊，齊失伯也。襄、昭如楚，如楚代齊爲伯者然。

齊侯伐北燕。 納北燕伯也。事詳左傳。

七年

春，王正月，暨齊平。 内言平者四：隱六，言鄭輸平；此言暨齊平；宣十年言及齊平；十一年言及鄭平。言平，兩在齊，兩在鄭。 **疏** 左傳：「暨齊平，齊求之也。」

平者，成也。暨， 據或言及。**猶暨暨也。** 據「宋公之弟辰暨」，奔也。**暨者，不得已也。** 及，我欲之；

〔一〕「走」，原作「去」，日新本、鴻寶本同，此據吴世家改。

暨，不得已，由于人求而許之。言此，以明功過淺深。**以外及內曰暨。**左傳曰：「齊求之也。」外暨欲盟，故言暨。暨、及，內外辭也。春秋盟會，必明主客以定功過。故盟會雖多，必分首從。凡言會者，皆外爲主，內勉從之，其功過淺；言及，則內主之，功過深；言暨，則非己所欲，迫脅而已。傳曰：「以外及內曰暨。」然則言暨者，皆內迫脅于外之辭也。

三月，公如楚。楚伯諸侯，故稱「如楚」。然經意終以齊、晉爲二伯之正，故如楚皆書月。**疏**魯世家：「楚靈王就章華臺，召昭公。昭公往賀，賜昭公寶器，已而悔，復詐取之。」公專心事楚。

叔孫婼如齊莅盟。公如楚、大夫如齊莅盟，齊失伯、楚分伯諸侯之辭也。**疏**言「如」，公命也。「如」在公行後者，公臨行命之。先君而後臣，春秋之序也。

莅，位也。內之前定之辭，謂之莅；外之前定之辭，謂之來。此爲正月平也。再見傳者，起暨從同。

夏，四月甲辰朔，日有食之。劉子說：「先是，楚靈王弑君而立，會諸侯，執徐子，滅賴。陳公子招殺世子，楚因而滅之，又滅蔡。後楚靈王亦弑死。」

秋，八月戊辰，衛侯惡卒。**疏**衛世家：「九年，襄公卒，乃立元爲嗣，是爲靈公。」

鄉曰「衛齊惡」，據元年郭之會。**今曰「衛侯惡」**〔一〕**，此何爲君臣同名也？**同名，非禮。**君子不**

〔一〕「今」，原作「此」，日新本、鴻寶本同，此據傳文改。

奪人之名，春秋不奪人名，名從主人是也。**不奪人親之所名，重其所以來也。**東國、何忌奪名，皆貶之。**王父名子也。**班氏說：「三月名之何？天道一時，物有其變。人生三月，目煦，亦能咳笑，與人相更答，故因其始有知而名之。故禮服傳曰：『子生三月，則父名之于祖廟。』于祖廟者，謂子之親廟也，明當爲宗廟主也。」

九月，公至自楚。往如皆月，危之也。公言「如」者，以小事大之禮，惟施于二伯、京師。此言如，明楚分伯也。楚伯而不以伯許之者，奪夷狄也。終春秋，二如楚。譏晉，並譏内也。

冬，十有一月癸未，季孫宿卒。宿，行父子。襄五年立，十二見經，長子公彌，别爲公鉏氏。少子紇，即悼子，未立爲卿而季孫意如嗣。**疏**魯世家：「七年，季武子卒。」

十有二月癸亥，葬衛襄公。日者，危之甚。靈公無道。

八年

春，陳侯之弟招殺陳世子偃師。陳世家：「三十四年，初，哀公娶鄭，長姬生悼太子師，少姬生偃。二嬖妾，長妾生留，少妾生勝。留有寵哀公，哀公屬之其弟司徒招。哀公有病，三月，招殺悼太子，立留爲太子。哀公怒。」又曰：「招之殺悼太子也，太子之子名吴，出奔晉。」

鄉曰「陳公子招」，今曰「陳侯之弟招」，何也？曰：盡其親，所以惡招也。公弟例稱公子。言公弟，母弟也，愈親之辭。親而相殺，招惡甚也。**兩下相殺，不志乎春秋。**春秋明上下之分，弑、殺書者，君臣相殺，朝廷之禍也，書之以謹。兩上相殺猶道，兩下相殺則分卑事小，忿忿私鬭，無與于王政，不志也。**此其志，何也？**據世子、臣子一例，同爲下。**世子云者，唯君之貳也；**説在僖公「王世子」。**云可以重之存焉，**重，傳重，謂統也。**志之也。**公羊云：「言將自是弒君。」班氏：「君在，立太子，防篡殺、壓臣子之亂也。故弒世子與弒君同。君薨，適夫人無子，有遺腹，必待其産立之何？專嫡重正也。曾子問曰：『立適以長不以賢何？以言爲賢不肖不可知也。』」**諸侯之尊，兄弟不得以屬通。其弟云者，親之也。親而殺之，惡也。**招惡，許楚討之。不盡親，惡猶不顯。

夏，四月辛丑，陳侯溺卒。此弒也。不言弒者，爲中國諱也。陳、蔡同有弒君之事，楚因討弒，滅二國，蔡重陳輕，陳又中國，故諱之，使若正卒，以避楚之討也。**疏**陳世家：「哀公怒，欲誅招，招發兵圍哀公，哀公自經殺。招卒立留爲陳君。」

叔弓如晉。左傳以爲「賀虒祁也」。

楚人執陳行人干徵師殺之。**疏**陳世家：「四月，陳使使赴楚，楚靈王聞陳亂，乃殺陳使者。」**稱人以執大夫，執有罪也。**爲留所使，是有罪也，因君罪臣。**稱行人，怨接於上也。**爲留立也，非徵師之私罪。

陳公子留出奔鄭。陳不見公子。言公子者，留，嫌也。不言嫌者，惡招也。蓋如公子比之比。**疏**陳世家：「楚使公子棄疾伐陳，陳君留奔鄭。」按：留，哀公庶子。

秋，蒐于紅。魯自文、宣以來，帥師不言公，皆言大夫，此蒐何以不言大夫？蓋此時魯君所存者，唯器與祭。蒐，所以祭宗廟也，故屬之于公。然則何以不言公？春秋隱之，故不忍書也。**正也，**常事不書，且秋蒐得時，則何以書？蓋魯君之不蒐久矣。此蒐，雖屬常事，亦常事中之罕見也，故書以明蒐之正也。**因蒐狩以習用武事，**郊特牲：「季春出火爲焚也。然後簡其車賦，而歷其卒伍，而君親誓社〔二〕，以習軍旅，左之右之，坐之起之，以觀其習變也。而流示之禽，而鹽諸利，以觀其不犯命也。求服其志，不貪其得，故以戰則克，以祭則受福。」**禮之大者也。**劉子云：「楚莊王好獵，大夫諫之，莊王曰：『吾獵將以求士也，其榛藂刺虎豹者，吾是以知其勇也；其攫犀搏兕者，吾是以知其勁有力也；罷田而分所得，吾是以知其仁也。』因是道也，而得三士焉，楚國以安。故曰『有志無非事者』，此之謂也。」**艾蘭以爲防，**毛詩傳曰：「大艾草以爲防。」**置旃以爲轅門，以葛覆質以爲槷，流旁握。**毛傳作「閒容握」，謂其門廣狹，兩軸頭去旃竿之閒，各容握。**御擊者不得入，**毛詩傳曰：「或舍其中，褐纏旃以爲門，裘纏質以爲槸，閒容握，驅而入，擊則不得入。左者之左，右者之右，然後焚而射焉。」**車軌塵，馬候蹄，**車隨塵進，馬蹄相候，言御之善也。**疏**列子湯問篇説御：「輿輪之外，可使無餘轍；馬蹄之外，可使無餘地。」韓非子云：「驅而前之，輪中繩；引而卻之，馬掩跡。」**揜禽旅，御者不失其馳，然後射者能中。**孟子：「王良曰：『吾爲之範我馳驅，終日而不獲一；吾爲之詭遇，一朝而獲

〔二〕「誓」，原作「書」，據禮記郊特牲、日新本、鴻寶本改。

十。詩曰：不失其馳，舍矢如破。』」**過防弗逐，不從奔之道也。**劉子云：「百姓皆出，不失其馳，不抵禽，不詭遇，逐不出防，此田獮〔一〕、蒐、狩之大義也。」毛傳曰：「田不出防，不逐奔走，古之道也。」**面傷不獻，不成禽不獻。禽雖多，天子取三十焉，其餘與士衆〔二〕，以習射於射宫。**班氏云：「含文嘉曰：『天子射熊，諸侯射麋，大夫射虎豹，士射鹿豕。』」鄉射記云：「凡侯，天子熊侯，白質；諸侯麋侯，赤質；大夫布侯，畫以虎豹；士布，畫以鹿豕。」**射而中，**班氏云：「射正何爲乎？曰：射義非一也。夫射者，執弓堅固，心平體正，然後中也。二人争勝，樂以養德也〔三〕。勝負俱降，以崇禮讓〔四〕，故可以選士。因射習禮樂，于堂上何？士從上制下也。」**田不得禽，則得禽；田得禽而射不中，則不得禽。**射義：「内志正，外體直，然後持弓矢審固；持弓矢審固，然後可以言中。」 **疏**劉子云：「射者必心平體正，持弓矢審固，然後射者能中也。」**是以知古之貴仁義而賤勇力也。**毛詩傳曰：「面傷不獻，踐毛不獻，不成禽不獻。禽雖多，擇取三十焉。其餘以與大夫、士以習射于澤宫。田雖得禽，射不中不得取禽，田雖不得禽，射中則得取禽。古者以辭讓取，不以勇力取。」**疏**論語：「射不主皮，爲力不同科，古之道也。」孟子曰：「其至，爾力也；其中，非爾力也。」射義云：「天子將祭，

〔一〕「田」，原作「蒐」，日新本、鴻寶本同，此據説苑脩文篇改。
〔二〕「餘」下原衍「以」字，鴻寶本衍「留」字，日新本「餘」「與」間空一格，此據傳文删。
〔三〕「養」，原作「著」，日新本、鴻寶本同，此據太平御覽引白虎通改。
〔四〕「崇」，原作「宗」，日新本同，此據太平御覽引白虎通、鴻寶本改。

必先習射于澤。澤者，所以擇士也。」鄭君云：「諸侯將有祭祀之事，與其羣臣射以觀禮。是則觀其揖讓之禮，即可以選士之賢不肖也。戰鬭不可不習〔一〕，故于蒐狩閑之也。閑之者，貫之也。貫之也者，習之也。已祭，取餘獲陳于澤，然後卿大夫相與射。命中者，雖不中，取也；命不中，雖中，不取。何以也？所以貴揖讓之取，而賤力之取也〔二〕。」儀禮經傳通解曰：「鄉之取于國中，勇力之取也；今之取于澤，揖讓之取也。」

陳人殺其大夫公子過。 陳不正見公子，言公子，起爲弑事。招畏楚，歸罪于過而殺之。**疏** 稱人以殺，殺有罪也。過者，招之徒也。程公説分紀：「成公四子：曰哀公，曰黄，曰招，曰過。」

大雩。

冬，十月壬午，楚師滅陳。 陳，中國也。夷狄滅中國不可言，曰陳，非中國也。以楚爲伯，以陳攝荆州。文以後不言同盟，以夷狄治夷狄，故可言滅。若同盟國，則不許楚以滅也。此夷之下，乃存之何？以其本中國也。宣世，言入陳；此言滅陳，不再見滅文，以其初未稱陳也。

執陳公子招，放之于越。殺陳孔奂。 澶淵至此八年，楚始滅。滅國不言放、殺大夫，言放、殺，存陳也。招、奂繫陳者，亦存陳也。**疏** 楚世家：「八年，使公子棄疾將兵滅陳。」陳世家：「九月，楚圍陳。十一月，滅陳。封棄疾爲

〔一〕「習」上原脱「不」字，日新本、鴻寶本同，此據鄭玄儀禮注補。

〔二〕「取」，原作「義」，日新本、鴻寶本同，此據鄭玄儀禮注改。

陳公。」

惡楚子也。傳曰：「一事注乎志〔一〕，所以惡楚子。」

葬陳哀公。時葬，正也。

不與楚滅，據滅國不葬。此言滅，又葬。**閔之也。**世子爲招所殺，因而縣陳。中國方伯滅于夷狄，受禍最深，故存之也，亦以陳之復封也。

九年年表：「陳惠公吴元年，哀公孫也。」

春，叔弓會楚子于陳。賀楚得陳也。滅國當地邑，如衛陳儀是也。不地邑而地國，存陳也。

許遷于夷。以下許在夷，從葉遷。

夏，四月，陳火。劉子説：「先是，陳侯弟招殺陳太子偃師，皆外事。不言其宫館者，畧之也。」

國曰災，據宋災。**邑曰火。**據宣榭言火。**火不志，**據經不志邑火〔二〕。**此何以志？**楚已縣陳，邑乃志火。**閔陳而存之也。**劉子云：「八年十月壬午，楚師滅陳，春秋不與蠻夷滅中國，故復言陳火。」**疏**不言災

〔一〕「注」，原作「詳」，日新本、鴻寶本同，此據傳文改。
〔二〕「火」字原脱，據日新本、鴻寶本補。

者，陳已縣也。言陳者，不許楚滅也。

秋，仲孫貜如齊。 記仲孫之如齊，以見公之不如齊也。自襄如楚，二十年見叔老聘，至此二十一年乃見聘文，此起齊之失伯也。

冬，築郎囿。 劉子説：「魯築郎囿，季平子欲速成，叔孫昭子曰：『安用其速成也？以虐其民，其可乎？無囿尚可乎？惡聞嬉戲之游，罷其所治之民乎？』」 **疏** 禮：諸侯三臺、三囿。春秋見三臺三囿以起之。冬築囿，書，時也。

十年

春，王正月。

夏，齊欒施來奔。 欒施，公孫之子也。齊不見公子、公孫〔一〕，故公孫之子乃見。以下欒氏絶于齊，陳氏之謀也。

疏 惠公子公子堅字子欒，堅子公孫竈字子雅；施，子雅之子，字子旗。公羊作晉，乃傳鈔字誤。事詳左傳，可證。

秋，七月，季孫意如、叔弓、仲孫貜帥師伐莒。 已舍中軍，何以見三大夫？叔弓者，意如之佐也。此取鄆也，不言者，前取鄆不言伐，此言伐不言取，互見之。月者，危之，爲下平邱會，公不與盟危。 **疏** 韋昭説：「季平子伐莒，取鄆，莒人愬之于晉。」

〔一〕「孫」，原作「叔」，日新本同，此據鴻寶本改。

戊子，晉侯彪卒。平公以下，晉伯愈卑，六卿争權，不恤公室。定、哀遂爲無伯之世矣。**疏**晉世家：「二十六年，平公卒，子昭公夷立。」

九月，叔孫婼如晉。大夫如不月，月者，以葬之月加于「如」上，見以葬「如」也。

葬晉平公。昭時，晉失伯，故昭時三君正卒皆月，爲失伯，故不以二伯日例言之。

十有二月甲子，宋公成卒。**疏**宋世家：「四十四年，平公卒，子元公佐立。」

十有一年年表：晉昭公夷元年，宋元公佐元年。

春，王二月，叔弓如宋，葬宋平公。書葬者，痤賢不如申生，宋無弑立之禍，故書葬，所以起晉侯枉殺賢子不書葬。

夏，四月丁巳，楚子虔誘蔡侯般，殺之于申。申，楚地。**疏**楚世家：「十年，召蔡侯，醉而殺之。使棄疾定蔡，因爲陳蔡公。」靈侯如楚，楚殺之，使棄疾居之爲蔡侯。楚靈王以般弑其父，誘之于申，伏甲飲之，醉而殺之，刑其士卒七十人。

何爲名之也？據誘殺戎蠻子不名。**夷狄之君誘中國之君而殺之，**般，弑君賊，不以討賊言者，不許夷狄爲中國也。**故謹而名之也。**虔即公子圍也。前言圍，此言虔，名從主人也。戎蠻子以夷狄誘夷狄，尚不名。

稱時、稱月、稱日、般弑而立，不正者也，當以時卒惡之，此乃日。**稱地，**據戎蠻不時、不日、不月、不地。**謹之**

也。爲中國被誘，致被滅。

楚公子棄疾帥師圍蔡。今公子棄疾圍蔡，言棄疾帥師，起下弑。

五月甲申，夫人歸氏薨。劉子云：「昭公母歸氏薨，昭不戚，又大蒐于比蒲。」疏按：此劉子用左傳說。劉子同左傳者多，不盡著之。

大蒐于比蒲。大蒐者，方伯五載大簡車徒，合七卒正而治兵也。說詳漢書刑法志。疏王制曰：「無事而不田，曰不敬。」此有喪不廢蒐，非禮也。此不待貶絶而罪惡見者也。

仲孫貜會邾子盟于祲祥。不日者，惡盟。有夫人喪，邾子不來弔葬而乃盟，不盟公而盟臣。一時公與二夫人皆出，誰與守殯？書以譏昭。昭號知禮，而有文無實，積敝不返，故春秋譏之。

秋，季孫意如會晉韓起、齊國弱、宋華亥、衛北宫佗、鄭罕虎、曹人、杞人于厥慭。不言同盟，謀救蔡也。疏罕虎，公子喜孫、公孫舍之子，字子皮，七穆之一。孫達見經。

九月己亥，葬我小君齊歸。時公不戚，又不廢蒐，所以見公室之卑。

冬，十有一月丁酉，楚師滅蔡，執蔡世子友以歸，用之。夷狄不治中國，以楚滅蔡，蔡亦夷狄也；以爲夷狄自滅夷狄之辭也。疏蔡世家：「十一月，滅蔡，使棄疾爲蔡公。」

此子也，據未踰年君稱子。**其曰世子，何也？**據世子繫于父，未立之稱。**不與楚殺也。**夷狄誘殺中國君，稱子，使若未殺，明不與。**一事注乎志，**一事四見。蔡以前二十餘年乃見。**所以惡楚子也。**詳録其事以惡之。　**疏**用者，不宜用也，此爲正例。用以祭鬼，使人爲牲，譏楚也。

十有二年年表：蔡侯廬元年，景侯子。

春，齊高偃帥師納北燕伯于陽。納者，伯辭也。齊言納者，晉伯弱矣。高偃以臣納君，與晉趙鞅納蒯聵同。

疏燕世家：「高偃如晉，請兵伐燕，入其君。晉平公許，與齊伐燕，入惠公。惠公至燕而死。」左傳：「齊侯舉矢曰：『寡人中此，與君代興。』」此齊伯之文。

納者，内不受也。燕伯之不名，據奔名「款」。**何也？**據趙鞅帥師納衛世子名。**不以高偃**春秋臣不**挈燕伯也。**納君，以臣納者，惟此及晉趙鞅納蒯聵，齊、晉各一見。衛，次國，納世子；燕，小國，納君，尊卑相敵也。高偃以臣納君，君臣同名，無尊卑之分，故不以高偃挈之。　**疏**公羊以爲公子陽生，乃一家之説。二傳既有明文，存公羊以備異解可也。

三月壬申，鄭伯嘉卒。　**疏**鄭世家：「三十六年〔二〕，簡公卒，子定公寧立。」

夏，宋公使華定來聘。此通嗣君也，在喪可聘以結好。言華氏，以見世卿之禍。

公如晉，至河乃復。以上伐莒取郠，因臣罪而及君也。　**疏**魯世家：「十二年，朝晉，至河，晉平公謝還之。」

〔二〕「三」，原作「二」，日新本、鴻寶本同，此據鄭世家改。

季孫氏伐莒兩取，皆季孫主之。**不使遂乎晉也。**罪既出於季氏，又與晉卿比而謝公。言此，以責意如也，父子相繼爲惡。書者，皆昭公出奔之先見者也。**疏**左傳：「取鄆之役，莒人愬于晉，晉有平公之喪，未之治也，故辭公。公子慭遂如晉。」

五月，葬鄭簡公。三月而葬，速。

楚殺其大夫成虎。成虎一見。**疏**左傳：「楚子謂成虎，若敖之餘也。遂殺之。或譖成虎于楚子，成虎知之，而不能行。」

秋，七月。

冬，十月，公子慭出奔齊。三桓以外，二言刺公子，一言出奔，譏之也。僖以後，公子惟遂以二世見，餘皆不見。

疏事詳左傳。慭，字子仲，因奔，無後于魯。公羊作「整」，趙氏坦曰：「聲之譌。」一見經。以下魯無公子、公孫，三家專。文以後，公子、公孫不振，書此以譏之。

楚子伐徐。徐者，徐州之總名也。楚大徐小，以楚託伯者之辭也。以夷狄伐夷狄，可言也，故稱「子」，以與晉伐相起。**疏**楚世家：「十一年，伐徐以恐吴。靈王次于乾谿以待之。」左傳：「楚子狩于州來，次于潁尾，使蕩侯、潘子、司馬督、囂尹午、陵尹喜帥師圍徐以懼吴。楚子次于乾谿，以爲之援。」按：與楚世家同。

晉伐鮮虞。方記楚伐，即記晉伐。夷伐夷，猶可言；中國伐中國，不可言，故狄之也。鮮虞，中國。

其曰晉，據下四言將帥師。**狄之也。**據舉國狄詞。**其狄之，何也？**據下不狄。**不正其與夷狄交**

伐中國，楚、吴伐中國，晉當救之，今乃與其同道伐取中國土地以自廣，國大至于數圻。**故狄稱之也。**

十有三年

春，叔弓帥師圍費。此費叛也。不言南氏之叛者，爲内諱也。此不克，不言敗，諱也。下歸費不言者，畧之以起下墮費也。　**疏**事詳左傳。

夏，四月，楚公子比自晉歸于楚，弑其君虔于乾谿。劉子說：「楚與晉、諸侯爲申之會，與諸侯伐吴，爲章華之臺，爲乾谿之役，百姓罷勞，怨懟于下，羣臣倍畔于上。公子棄疾作亂，靈王逝，王卒死于野。」　**疏**虔，即圍也，後改名虔。

自晉，晉有奉焉爾。晉、楚相仇，助之歸弑。**歸而弑，不言歸：**據齊陽生入于齊言「入」，歸乃善辭。**言歸，非弑也。**歸，善辭，以明不弑。**歸，一事也；**從外反國。**弑，一事也；**弑，非一時反國能辦之事。**而遂言之，**弑君必在内者，弑，大事，不能歸即得弑，明不弑，二也。**以比之歸弑，**主棄疾也。棄疾招比歸，借其名以弑，乃因亂去之。**比，不弑也。**謂比歸，棄疾託以弑耳。若自弑，宜别牘書之。此遂言，明非比親弑。**弑君者日，**據楚弑例日。**不日，**此以月書。**比不弑也。**以此明不日，非以爲正不正。不弑之證三也。　**疏**楚世家：「十二年，楚靈王樂乾谿，不能去也。國人苦役。初，靈王會兵于申，戮越大夫常壽過，殺蔡大夫觀起。起子從亡在吴，乃勸吴王伐楚，爲間越大夫常壽過而作亂，爲吴間。使矯公子棄疾命召公子比于晉，至蔡，與吴、越兵欲襲蔡。令公子比見棄疾，與盟于鄧。遂入弒靈王太子禄，立子比爲王，公子子晳爲令尹，棄疾爲司馬。先除王宫，觀從從師于乾谿，令楚衆曰：『國有王矣。先歸，復爵邑田室。後者遷之。』楚衆皆潰，去靈王而歸。靈王聞太子禄之死也，自投于車下，而曰：『人之愛子亦如是乎？』侍者曰：『甚是。』王曰：『余殺人子多矣，能無及乎？』」

楚公子棄疾殺公子比。楚世家：「乙卯夜，棄疾使船人走呼曰：『王至矣。』二子皆自殺。丙辰，棄疾即位。」**當上之辭也。**據如王札子兩下相殺不志。此相殺志，當上也。**當上之辭者，謂不稱人以殺，**據討賊雖一人殺則稱人，衛人殺州吁是也。**乃以君殺之也。**據殺皆君殺臣之辭。**討賊以當上之辭，殺，**謂殺比不稱人，乃以當上辭。**非弒也。**非討賊，則非弒明。**比之不弒有四：**前傳三：以歸弒，遂言歸弒，弒不日。此傳以討賊氏「公子」，共有四證也。**取國者，稱國以弒，**據州吁、無知氏國。**楚公子棄疾殺公子比，**據州吁、無知以國氏。弒，討之，亦以嫌詞。此討氏「公子」，非取國也。**比不嫌也。**據弒、殺皆無嫌詞。嫌者，不正也。比弒有嫌道，不嫌，所以赦比也。然則棄疾主其事，何以亦無嫌詞？**春秋不以嫌代嫌，**謂二人皆有嫌道，故同稱公子，使二人皆不嫌也。春秋決嫌疑，維以正代正、以正代不正、不正代正，不以嫌代嫌。故凡二嫌相比，皆不以嫌言之。**棄疾主其事，故嫌也。**兩下相殺不志。王札子殺召伯、毛伯，當上爲嫌。此殺公子比，亦以當上嫌之。分別首從，歸惡於棄疾。棄疾雖未弒君而主弒謀，故以當上嫌之。嫌，故不以代嫌，二嫌當氏。

秋，公會劉子、晉侯、齊侯、宋公、衛侯、鄭伯、曹伯、莒子、邾子、滕子、薛伯、杞伯、小邾子于平丘。晉失諸侯，故同盟終于此。公羊云：「諸侯遂亂。」自此以後，凡在會諸侯與楚絶，更無大盟矣。**疏**自此至定四年，二十三年，晉、楚交兵，楚有吴禍也。晉少外事，六卿强，各相争。記劉子，起後卒葬。

八月甲戌，同盟于平丘。 言同盟者，所以别中外。自齊桓幽至此十六見，齊二、晉十四。例叙大國三：齊、晉、宋。小國八：許、曹、莒、邾、滕、薛、杞、小邾。内州方伯：魯、衛、陳、鄭。外州四伯不見同盟，楚、蔡、秦、吴是也。

疏左傳：「晉成虒祁，諸侯朝而歸者皆有貳心。七月丙寅，治兵于邾南，甲車四千乘，遂合諸侯于平丘，齊服也。」甲戌，同盟于平丘，齊服也。」

同者，有同也，同外楚也。 此爲同盟之終，下無大盟矣。凡在盟之人，皆爲中國。自此以後，不以楚奸之。鄭被楚禍最深，以下則鄭無交楚之文。惟不見此盟之陳、蔡。定以後，陳猶見從楚，蔡猶見從吴。**疏**言同盟，如有陳、蔡也。

公不與盟。 魯語：「平丘之會，晉昭公使叔向辭昭公，弗與盟。子服惠伯曰：『晉信蠻夷而棄兄弟，其執政貳也。貳心必失諸侯，豈惟魯然？夫失其政者，必毒于人，魯懼及焉，不可以不恭，必使上卿從之。』季平子曰：『然則意如乎？若我往，晉必患我，誰爲之貳？』子服惠伯曰：『椒既言之矣，敢逃難乎？椒請從。』」

公不與盟者，可以與而不與， 據「不」外辭。不與者，可以與也。**譏在公也。** 此傳與沙隨不見公相起。公事楚，楚有内亂，諸侯會于平丘，謀誅楚亂臣，昭公不得與盟。言「不與」，與不見公相對。**其日，** 據公不與盟，外盟不日。**善是盟也。** 善陳、蔡得歸。

晉人執季孫意如以歸。 魯語：「晉人執平子。子服惠伯見韓宣子，曰：『夫盟，信之要也。晉爲盟主，是主信也。若盟而棄魯侯，信抑闕矣。昔欒氏之亂，齊人間晉之禍，伐取朝歌。我先君襄公不敢寧處，使叔孫豹發帥敝賦，踦跂畢行，無有處人，以從軍吏，次於雍渝，與邯鄲勝擊齊之左〔二〕，掎止晏萊焉，齊師退而後敢還，非以求遠也，以魯之密邇於齊，而又小國也。齊朝駕則夕極於魯國，不敢憚其患，而與晉共其憂，亦曰：「庶幾有益於魯國乎？」今信蠻夷而棄之，夫諸侯之勉於君者，將安勸矣？若棄魯而苟固諸侯，羣臣敢憚戮乎？諸侯之事晉者，魯爲勉矣。若以蠻夷之故棄之，其無乃得蠻夷而失諸侯之信乎？子計其利者，小國共命。』宣子說，乃歸平子。」　**疏**因討楚並執季孫，「執」與「以歸」並言者，言「執」，致晉人之意；言「以歸」，以安季孫也。

公至自會。沙隨致後乃執，此執在致先。

蔡侯廬歸于蔡。　**疏**楚世家：「平王以詐弒兩王而自立，恐國人及諸侯叛之，乃施惠百姓。復陳、蔡之地而立其後如故，歸鄭之侵地。存恤國中，脩政教。」蔡世家：「楚平王乃求蔡景侯少子廬，立之，是爲平侯。」

陳侯吳歸于陳。平王初立，欲親諸侯，故復立陳、蔡後。　**疏**陳世家：「楚平王初立，欲得和諸侯，乃求故陳悼太子師之子吳，立爲陳侯，是爲惠公。惠公立，探續哀公卒時年而爲元〔三〕，空籍五歲矣。」

善其成之，非諸侯歸之，乃楚復之。**會而歸之，**襄以後不言同盟，此言同也，如曹伯襄復歸于曹之文。**故謹**

〔二〕「擊」，原作「繫」，日新本、鴻寶本同，此據國語改。
〔三〕「探」，原作「接」，日新本同，此據陳世家、鴻寶本改。

而日之。公未盟而日。**此未嘗有國也，**據陳、蔡已滅。**使如失國辭然者，**據與衛侯衎歸于衛同。**不與楚滅也。**不與楚滅，故使如失國辭，猶若陳、蔡未滅。言會、歸者，不與楚復之也。

冬，十月，葬蔡靈公。諸侯五月而葬，此三十月乃葬者，因其復葬之月起其久。陳早、蔡晚互起。**變之不葬，**變，謂事故異常。**有三：**謂共有三例。**失德不葬，**失德不葬者，如衛朔、蔡肸、晉黑臀、陳侯耀、陳侯款、陳侯朔、齊侯潘、晉侯詭諸、宋公御説、宋公壬臣、衛侯鄭、鄭伯捷〔二〕。**弑君不葬，**弑君不葬者十一，齊光、楚商人、晉卓子、夷獋、州蒲、衛剽、鄭夷、宋與夷、捷、杵臼。未踰年君二，齊舍、晉奚齊，皆賊未討；內隱公、閔公。外賊未討而葬者，魯桓公、蔡固也。夷狄討而言葬者，陳靈是也〔三〕。**滅國不葬。**據葬紀季姬、叔姬，不葬紀侯，知滅國不葬也。紀不葬者，而葬二姬，明失國不葬也。婦人之義不踰君，而踰君，亦明滅國不葬也。葬二姬，以起不葬紀侯也。**然且葬之，**陳、蔡已失國，猶葬之。**不與楚滅，**復國，知未滅。**且成諸侯之事也。**故不先葬，于歸後葬，以爲諸侯存之，成其事而葬以起之。

公如晉，至河乃復。時執意如，故晉辭公。

吳滅州來。成七年，吳入之，至此乃滅。吳三滅國，皆在昭世，皆在徐州。州來，蔡遷之，徐爲州舉。巢，著其報仇也。

〔二〕「捷」下原衍「黃軫」二字，日新本同，此據鴻寶本刪。

〔三〕「靈」，原作「平」，日新本、鴻寶本同，誤，此據宣十二年經文「葬陳靈公」改。

十三年，平丘以後乃見，明晉已失諸侯也。州來，夷也，何以知其夷？以無國名，以地名也。春秋中國國有國名，邢地陳儀而言邢，衛地朝歌而言衛，言國，則其地名不見；已遷滅，則舉地名而不繫國，如陳儀、朝歌是也。今州來滅言州來，下蔡遷亦言州來，以地名見而無國名，是夷狄非中國也。夷狄滅不志，志者，嘉吳子報仇也。**疏**楚世家：「吳以楚亂故，獲五率以歸。」地理志沛郡下蔡：「故州來國，爲楚所滅，後吳取之，至夫差遷昭侯于此。後四世，蔡爲楚所滅。」

十有四年年表：楚平王居元年，共王子，抱玉。

春，意如至自晉。事詳魯語。

大夫執則致，致則名。君喜其歸，則致之，故名。**意如惡，**專政，不入公于晉。**然而致，**致者，喜其反。惡，則執不必致之。**見君臣之禮也。**大夫有罪，未廢以國事，見執于人，宜有恩禮，故致之。論語曰：「君使臣以禮。」不言季孫，傳曰：「致則挈，由上致之也。」

三月，曹伯滕卒。春秋卒正至襄、昭世，例皆日。曹獨不日者，曹居卒正長，始見日，故以後不日。滕以下始見不日，故以後日。一進一退，一始一終，比屬而義見，此升降初終之道也。**疏**曹世家：「二十七年，武公卒，子平公須立。」

夏，四月。

秋，葬曹武公。

八月，莒子去疾卒。莒子不葬者，莒無謚也。春秋十九國中，吳、莒無謚，以爲夷也，故皆不葬。**疏**莒，文、成以後乃卒者，卒正也。不葬者，夷狄也。春秋凡夷狄不葬、卒不日者，小夷也，與吳同月；楚乃日。傳曰「夷狄不卒」；卒，少進。卒而不日；日，少進也」是也。

冬，莒殺其公子意恢。意恢，犁比公之子。攷公子、公孫之例，晉二伯不見〔一〕，齊一言商人，王後宋一見地、壽。內方伯衛、陳、鄭，衛一見瑕，剽，陳六見，鄭十四見。外方伯秦、蔡、吳、楚，秦、吳不見，蔡九見，楚十二見公子，無公孫。卒正曹、莒爲首，曹一見公子、公孫，莒一見公子而已。邾以下皆不見。**疏**事詳左傳。

言公子而不言大夫，據陳殺公子不稱大夫，爲世子。**莒無大夫也。**小國無大夫，則以不稱大夫爲正例。大國有大夫，則不言「大夫」，非公子。曹殺大夫不名。稱大夫無名氏，有名氏不言大夫，二者相起見意。**莒無大夫而曰「公子意恢」，**據曹無大夫，殺稱「大夫」不名。**意恢，賢也。**賢，故舉其名。**疏**按：曹殺大夫不名，傳曰：「無命大夫也。」經本以曹、莒二國互相起，傳因名就賢立説耳。**曹、**曹殺稱大夫而不名。**莒，**莒殺稱名氏而不言大夫。**皆無大夫，**傳皆以無大夫説之。**其所以無大夫者，其義異也。**莒以夷無大夫，吳、楚、秦之比也。曹以屬國無大夫，邾、紀之比也。莒，夷狄，猶中國；曹爲屬國首，故舉以爲例。屬國惟曹、莒録大夫，邾以地録，滕、薛、杞三國全不録矣。一説：曹無大夫，言「公孫會」。莒無大夫，言「公子意恢」，賢其身。曹會，因其

〔一〕「晉」上原衍「其」字，日新本同，此據鴻寶本删。

父，賢其子孫。

十有五年

春，王正月，吳子夷末卒。吳君卒，起讓也。疏吳世家：「四年，餘眛卒，欲授弟季札，季札讓，逃去。於是〔一〕吳人曰：『先王初命，兄卒弟代立，必致位季子。季子今逃位，則王餘眛後立〔二〕。今卒〔三〕，其子當代。』乃立王餘眛之子僚爲王。」按：世家記年有誤字，四年當爲十七年。

二月癸酉，有事于武宮。籥入，叔弓卒，去樂卒事。有事，烝也，四親廟合祭太廟。此別祭，不與五廟，故別祀，與仲子同。疏弓，叔老子。襄二十二年立，三十年見經，共十二見。

君在祭樂之中，聞大夫之喪， 大夫，包卿言之，叔弓非卿。 則去樂卒事，去樂者，大夫國體，先君之臣，不用樂，示哀痛也。卒焉者，祭爲先君，不以臣下廢之。叔弓非卿。**禮也。**不言繹，正也。**君在祭樂之中，大夫有變，**前見卿禮，此見大夫禮，明君卿大夫例皆得同有禮。魯三桓爲三卿，別記臧孫之卒。不卒臧孫，則記叔氏之卒。又別記

〔一〕「去於是」，原作「於是去」，此據吳世家、鴻寶本改。
〔二〕「立」，原作「卒」，日新本同，此據吳世家、鴻寶本改。
〔三〕「卒」，原作「立」，日新本同，此據吳世家、鴻寶本改。

有之卒〔一〕。然三卿與上大夫、中大夫皆得如卿矣。**以聞，可乎？**據已在廟中，事嚴，外事宜不以聞。**大夫，國體也。**左傳：「君之股肱也。股肱或虧，何痛如之？」**古之人重死，君命無所不通。**通，故得書。

夏，蔡朝吴出奔鄭。朝吴者，公子朝之孫、公孫歸生之子也。蔡大夫唯見公子、公孫。言朝吴者，一見例。楚復蔡，以朝吴爲監。出奔者，無忌讒之也。繫之蔡者，朝吴本蔡人也。**疏**按：襄二十六年左傳：「楚伍參與蔡大師子朝友，其子伍舉與聲子相善。」杜注：「聲子，子朝之子。」又於此傳「歸生聞之」句注云：「歸生，聲子名。」昭十三年左傳杜注：「朝吴，聲子之子。」據此，歸生即公孫歸生也。子朝爲公子，而吴以王父字爲氏也。

六月丁巳朔，日有食之。

秋，晉荀吴帥師伐鮮虞。此伐稱將帥師。不狄者，前謹始也。以下皆不狄。

冬，公如晉。公惟五年及此得如晉。

十有六年公羊于平邱之會，「諸侯遂亂」。左傳于此年云：「諸侯無伯。」蓋自不見同盟，遂爲無伯之辭矣。

春，齊侯伐徐。徐在楚、齊之閒。**疏**左傳：「齊侯伐徐。二月丙申，齊師至于蒲隧，徐人行成。徐子及郯人、莒人會齊侯，盟于蒲隧，賂以甲父之鼎。叔孫昭子曰：『諸侯之無伯，害哉！齊君之無道也，興師而伐遠方，會之，有成而

〔一〕「有」字原脱，日新本同，此據鴻寶本補。

還，莫之亢也。無伯也夫！』」

楚子誘戎蠻子殺之。 劉子云：「楚殺戎蠻子，天戒之意。」楚子不名者，夷狄，輕之。不月、不日、不地，皆外夷狄也。子戎蠻者，進之，在七等之首。

夏，公至自晉。 據年表，公歸在葬昭公之後，此何以先言至而後言卒？爲内諱也。欲諱其事，故使若公復而後晉侯卒者然。 **疏**年表：「公如晉，晉留之葬，公耻之。」世家同。

秋，八月己亥，晉侯夷卒。 卒在公至之前，此先致公而後卒者，避送葬之文也。 **疏**年表：「晉侯卒，六卿强，公室卑矣。」晉世家：「六年卒，子頃公去疾立。」

九月，大雩。 劉子說：「先是，昭公母夫人歸氏薨，昭不戚，又大蒐于比蒲。」與五年同占。

季孫意如如晉。 此公在晉，季孫相也。何爲先致公而以季孫如晉言之？辟送葬之辭。既先致公，更目季孫之如晉，則公送葬之事隱矣。

冬，十月，葬晉昭公。 **疏**葬二伯也。月者，失伯，畧之，同次國。大夫會葬，月皆在「如」上。此在「如」下者，異時也。季孫以九月如，晉侯十月乃葬，不可以冬時加于秋事也。以葬月加于「如」上者，不異時也。

十有七年年表：晉頃公去疾元年。

春，小邾子來朝。 左傳以爲稱公，附庸亦有謚。小邾不卒葬，惟以左傳攷之。

夏，六月甲戌朔，日有食之。

秋，郯子來朝。 郯爲連帥，屬于莒。郯二朝，襄七年及此。**疏**地理志東海郡郯下云：「故國，少昊後，盈姓。」

八月，晉荀吳帥師滅陸渾戎。 劉子云：「晉滅陸渾戎，天戒之意。」晉不言滅，因陸渾志之。按：夷狄滅不志，志者，以進之，例時；月者，進之如中國也。**疏**地理志弘農郡陸渾下云：「春秋遷陸渾戎于此。」

冬，有星孛于大辰。 劉子說：「星傳曰：『心，大星，天王也。其前星，太子〔一〕；後星，庶子也。尾爲君臣乖亂。』孛星加心〔二〕，象天子嫡庶將分爭也。其在諸侯，角、亢、氐，陳、鄭也；房、心，宋也。後五年〔三〕，周景王崩，王室亂。大夫劉子、單子立王猛，尹氏、召伯、毛伯立子朝。子朝，楚出也。時楚强，宋、衛、陳、鄭皆南附楚。王猛卒，敬王即位，子朝入王城，天王居狄泉，莫之敢納〔四〕。五年，楚平王居卒，子朝奔楚〔五〕，王室乃定。後楚率六國伐吳，吳敗之于雞父，殺獲其君臣。蔡怨楚而滅沈，楚怒，圍蔡，吳人救之，遂爲伯舉之戰，敗楚師，屠郢都，妻昭王母，鞭平王墓。此皆孛彗流炎所及之效也〔六〕。」

〔一〕「太子」，原訛作「大于」，日新本同，此據漢書五行志、鴻寶本改正。
〔二〕「心」，原作「星」，日新本同，此據漢書五行志、鴻寶本改。
〔三〕「五」，原作「六」，日新本同，此據漢書五行志、鴻寶本改。
〔四〕「莫」，原作「葬」，日新本同，此據漢書五行志、鴻寶本改。
〔五〕「子朝」，原作「子旗」，日新本同，此據漢書五行志、鴻寶本改。
〔六〕「炎」，原作「災」，日新本同，此據漢書五行志、鴻寶本改。

一有一亡曰有。于大辰者，據北斗言入。**濫于大辰也。**劉子曰：「大辰者，大火也。不曰孛于大火而曰大辰者，謂濫于蒼龍之體，不獨加大火。」**疏**按：斗有環域，故言入。此無環域，故言「于」而已。「于東方」亦同。

楚人及吳戰于長岸。楚、吳皆夷狄，皆爲方伯，經大楚小吳，以楚先見，畧合諸侯，有伯辭，故言「及」以異之。言戰不言敗，楚得内辭也。**疏**吳世家：「公子光伐楚，敗而亡王舟。光懼，襲楚，復得王舟而還。」

兩夷狄曰敗，楚人敗徐于婁林是也。大夷與小夷曰敗。**中國與夷狄亦曰敗。**晉人敗狄于箕是也。**楚人及吳戰于長岸，**此楚敗也，當曰「吳敗楚于長岸」，或曰「楚及吳戰于長岸，楚師敗績」。**進楚子，**楚、吳皆夷，春秋進楚退吳，楚禮待優于吳。故卒，楚日、吳月。戰則楚得内辭。**故曰戰。**于二夷分進退，使楚若中國者然。

十有八年

春，王三月，曹伯須卒。不言正不正，簡之也。**疏**曹世家：「平公四年卒，子悼公午立。」

夏，五月壬午，宋、衛、陳、鄭災。劉子說：「宋、陳，王者之後。鄭、衛，周同姓也。時周景王老，劉子、單子事王子猛，尹氏、召伯、毛伯事王子鼂。子鼂，楚之出也。及宋、陳、衛、鄭亦皆附于楚，亡尊周室之心。後三年，景王崩，王室亂，故天災四國。天戒若曰：不救周，反縱楚〔一〕，廢世子，立不正，以害王室，明同罪也。」**疏**按：春秋之例，方伯

〔一〕「楚」字原脱，日新本、鴻寶本同，此據漢書五行志補。

以上乃記災，屬國、夷狄雖有災不志。蔡，方伯，不記災，夷之也。宋四記災，故宋也。陳前記災，存陳也。此衛、陳、鄭三方伯，記災也。

其志，據外災不志。**以同日也。**同日四國災，尤重，故志。**其日，**外災不日，**亦以同日也。**因同日，故日以見災。**或曰：**此亦師說。**人有謂鄭子産曰：**子産，公孫僑也。不見經者，凡賢大夫皆不見經，見經者多惡。**「某日有災。」**某日，即謂壬午也。**子産曰：「天者神，子惡知之？」**度數可以推測，災變則無端倪，所謂「天道遠，人道邇」，非所及也。故春秋但記災異，不詳占驗也。劉子云：「十九年，龍鬬于鄭時門之外洧淵，近龍孽也。鄭以小國攝乎晉、楚之間，重以彊吳，鄭當其衝，不能脩德，將鬬三國以自危亡〔一〕。是時子産任政，内惠於民，外善詞令以交三國，鄭卒無患，能以德消變之效也。」**是人也，同日爲四國災也。**因子産不信其言，同日放四國火以應己説。左傳所謂「人火」也。

六月，邾人入鄅。入者，未滅也。鄅夫人，宋向戌之女。下宋伐邾以復之。**疏**鄅，國也。地理志東海郡開陽下云：「故鄅國。」

秋，葬曹平公。時葬，正也。

冬，許遷于白羽。

〔一〕「將」，原作「時」，日新本同，此據漢書五行志、鴻寶本改。

十有九年年表：曹悼公元年。

春，宋公伐邾。伐邾，爲鄭事也。事詳左傳。**疏**凡單伐者，皆方伯之辭。宋爲王後，不爲牧，何以伐？以宋與魯在内州，故宋不伐外州小國，皆朝魯者也。

夏，五月戊辰，許世子止弑其君買。未弑而曰弑，加弑以成止之孝也。

日弑，據蔡世子般弑不日。**正卒也。**般實弑，故以比之夷狄，不日。止不去日，知其非弑。**正卒，則止不弑也。**據非弑，則自以疾卒。**不弑而曰弑，**據日，知不弑，而經有弑文。**責止也。**止有不嘗藥之過，自罪以爲弑，故言弑以責之。**止曰：「我與夫弑者。」**此止自責之辭。**不立乎其位，以與其弟虺。**此自責之實事。**哭泣，歠飦粥，嗌不容粒，未踰年而死。**劉子說：「許悼公疾瘧〔二〕，飲藥，毒而死。太子止自責，不立其位，與其弟緯〔三〕。未逾年死。故春秋義之。」檀弓：「毁不危身，爲無後也。」曲禮：「居喪之禮，毁瘠不形，視聽不衰。」雜記下云：「喪食雖惡，必充飢；飢而廢事，非禮也。飽而忘哀，亦非禮也。」止哀毁而死，非禮之正。**故君子即止自責而責之也。**春秋疑以傳疑，信以傳信，不敢虚加人以大逆之名。此自因止自以爲弑，故乃以弑言之。**疏**左氏以爲「奔晉」，記載小異。古書之通例，叙事多以大綱爲主，至于細節，多各以己意自說，故相同者少。

〔二〕「瘧」，原作「虐」，日新本同，此據新序、鴻寶本改。
〔三〕「緯」，原作「偉」，日新本同，此據新序、鴻寶本改。

己卯，地震。劉子說：「是時，季氏將有逐君之變。其後，宋三臣、曹會皆以地叛，蔡、莒逐其君，吳敗中國，殺二君。」

秋，齊高發帥師伐莒。

冬，葬許悼公。

日卒時葬，據與正卒不異。**不使止爲弑父也。**卒正，則非弑可知。**曰：子既生，不免乎水火，母之罪也。**母主于養，父主于教。母不能養，使蹈于水火，母之罪也。**羈貫成童，不就師傅，**王制曰：「天子命之教，然後爲學。小學在公宮南之左，大學在郊。天子曰辟雍，諸侯曰泮宮。」此言教世子之法也。文王世子：「凡三王教世子，必以禮樂。禮所以脩外，樂所以脩內。禮樂交錯于中，發形于外，是故其成也懌，恭敬而温文。」**父之罪也。**劉子云：「孔子曰：『行身有六本。天之所生，地之所養，莫貴乎人。人之道莫大乎父子之親、君臣之義。父道聖，子道仁，君道義，臣道忠。賢父之于子也，慈惠以生之，教誨以成之，養其誼，藏其僞，時其節，慎其施。子年七歲以上，父爲之擇明師、選良友，勿使見惡，少漸之以善，使之早化。故賢子之事親，發言成辭，應對不背於耳；趣走進退，容貌不背於目；卑體賤身，不背于心。無所推而不從命；推而不從命，惟害親者也。棄其本者，榮華枯矣〔二〕。』」**疏**班氏云：「天子之太子，諸侯之世子，皆就師傅于外者，尊師重先王之道也。故王制曰：『小

〔二〕「榮華枯矣」四字原脱，據說苑建本篇、日新本、鴻寶本補。

學在公宫南之左，大學在郊。』又曰：『王太子，王子，羣后之太子，公卿大夫元士之適子，皆造焉。小學，經藝之宫；大學，鄉射之宫。父所以不自教子者，爲渫黷也。又授受之道，當極陰陽變化之事，不可父子相教也。」**就師學問無方，**文王世子：「立太傅、少傅以養之，欲其知父子君臣之道也。太傅審父子君臣之道以示之，少傅奉世子以觀太傅之德行而審喻之。太傅在前，少傅在後，入則有保，出則有師，是以教喻而德成也。師也者，教之以事而喻諸德者也。保也者，慎其身以輔翼之而歸諸道者也。記曰：『虞、夏、商、周有師、保，有疑、丞，設四輔及三公，不必備，唯其人。』語使能也。君子曰德，德成而教尊，教尊而官正，官正而國治，君之謂也。」**心志不通，身之罪也；心志既通，而名譽不聞，友之罪也；**家語：「行脩而名不彰，友之過也。」荀子有此説。**名譽既聞，有司不舉，有司之罪也；**劉子云：「同聲，則處異而相應；德合，則未見而相親。賢者立于本朝，則天下之豪傑相率而趨之矣。何以知其然也？曰：管仲，桓公之賊也，鮑叔以爲賢于己而進之爲相，七十言而説乃聽，遂使桓公除報讎之心，而委國政焉。桓公無事垂拱而朝諸侯，鮑叔之力也〔一〕。陳靈殺泄冶，而鄧元去陳。自是之後，陳亡于楚，以其殺泄冶而失鄧元也。」**有司舉之，王者不用，王者之過也。**劉子云：「春秋之時，天子微弱，諸侯力政，皆叛不朝。衆暴寡，强劫弱，南夷與北狄交侵，中國之不絶若綫。桓公於是用管仲、鮑叔、隰朋、賓胥無、甯戚，三存亡國，一繼絶世，救中國，攘夷狄，卒脇荆蠻，以尊周室，霸諸侯。晉文公用咎犯、先軫、陽處父，强中國，敗强

〔一〕「鮑叔」，原作「管仲」，日新本、鴻寶本同，此據説苑尊賢篇改。

楚，合諸侯朝天子，以顯周室。楚莊王用孫叔敖、司馬子反、將軍子重，征陳從鄭，敗强晉，無敵於天下。秦穆公用百里子、蹇叔子、王子廖及由余，據有雍州，攘敗西戎。吴用延州來季子，并冀州，揚威于鷄父。鄭僖公富有千乘之國，貴爲諸侯，治義不順人心，而取弑于臣者，不先得賢也。至簡公用子産、裨諶、世叔、行人子羽，賊臣除，正人進，去强楚，合中國，國家安甯二十餘年，無强楚之患。故虞有宫之奇，晉獻公爲之終夜不寐；楚有子玉、得臣，文公爲之側席而坐。遠乎！賢者之厭難折衝也。夫宋襄公不用公子目夷之言，大辱于楚；曹不用僖負羈之諫，敗死于戎。故共惟五始之要，治亂之端，在乎審己而任賢也。國家之任賢而吉，任不肖而凶。案往世而視以事，其必然也如合符，此爲人君者不可以不慎也。損益之驗如此，而人主忽於所用，甚可疾痛也。夫智不足以見賢，無可奈何矣。若智能見之，而强不能決，猶豫不用，而大者死亡，小者亂傾，此甚可悲哀也。以宋殤公不知孔父之賢乎？安知孔父死，己必死，趨而救之？趨而救之者，是知其賢也。以魯莊公不知季子之賢乎？安知疾將死，召季子而授之國政？授之國政者，是知其賢也。此二君知能見賢，而皆不能用，故宋殤公以殺死，魯莊公以賊嗣。使宋殤早任孔父，魯莊素用季子，乃將靖鄰國，而況自存乎？」

疏 班氏云：「諸侯三年一貢士者，治道三年有成也。諸侯所以貢士于天子者，進賢勸善者也。天子聘求之者，貴義也。治國之道，本在得賢。得賢則治，失賢則亂。故月令季春之月，『開府庫，出幣帛，周天下，勉諸侯，聘名士，禮賢者』。有貢者復有聘者，以爲諸侯貢士，庸才者貢其身，盛德者貢其名。及其幽隱，諸侯所遺失〔一〕，天子之所昭，故聘之也。」**許世子不知嘗藥，累及許君也。**孟子曰：「中也養不中，才也養不才，故人樂有賢父兄也。如中也棄不中，才也棄不才，則賢不肖之相去，其閒不能以寸。」以此明教世子之法。世子傳位之重而不知法，所以責許君也。

二十年許公元年。

春，王正月。

夏，曹公孫會自夢出奔宋。劉子說：「大夫專權，曹會以地叛。」

自夢者，據出奔未有言「自」者。**疏**據自宋南里出奔先言叛。**專乎夢也。**如夢爲會邑者然。**曹無大夫，**非内辭，不見大夫名氏。**疏**曹，小國，一見公子、公孫，傳皆以爲變例。**其曰公孫，何也？**公孫與公子同，皆貴同大夫。**言其以貴取之，**劉子云：「子臧讓千乘之國，可謂賢矣，故春秋賢而褒其後。」公孫會者，公子喜時之子也。春秋賢喜時能讓國，因賢其父喜時而褒其子會也。班氏曰：「大夫功成未封而死，子得封者，善善及子孫也。善善及子孫何法？法春生，待夏復長也。惡惡止其身何法？法秋殺，不待冬。」會，宣公之孫、子臧之子。**而不以叛也。**據宋公弟辰自南里出奔，先言叛，乃言自。此但記奔，不言以叛，諱其叛言奔。辰言叛也。子臧事見

〔一〕「侯」，原作「疾」，據白虎通、日新本、鴻寶本改。

上劉子說。　疏 按：公羊云：「賢公子喜時，則曷爲爲會諱？君子之善善也長，惡惡也短；惡惡止其身，善善及其子孫，故君子爲之諱也。」此師說同。

秋，盜殺衛侯之兄輒。劉子云：「盜殺衛侯兄，天戒之意。」

盜，據盜有三。**賤也。**微殺大夫謂之盜。**其曰兄，**言兄者，一見例。**母兄也。**據經言弟皆母弟。母兄言兄；不同母，繫于先君曰「公子」而已。疏 衛不言公族，一見公子、公孫，皆起當國。言公弟，起剽父。言公兄，亦起其亂也。弟與兄亦對文，如公子、公孫也。**目衛侯，**據盜殺陳夏區夫不繫于君。**衛侯累也。**據目君與殺同。以衛侯爲盜首，責不能保護之。**然則何爲不爲君也？**據母弟宜立事。**曰：有天疾者，**天疾，謂天之所棄，謂喑、聾、盲、癘、禿、跛、傴，不建乎人倫之屬也。**不得入乎宗廟。**天所棄，不可以奉宗廟之祀，故不立也。白虎通有「天疾不可入宗廟」說。**輒者何也？**問輒以何疾廢。**曰：兩足不能相過。**所謂跛也。孫良夫跛爲大夫者，當是不甚，能成禮。此跛，不能成禮，故不立也。疏 左傳以爲有足疾。**齊謂之綦，楚謂之踂，衛謂之輒。**通異方之語以曉學者也。三國異名同實，謂以惡疾名。聞名，知其疾。踂、輒同從耴聲，方言以聲爲主，同聲則無以相別。疏 俞樾說：「楚謂之踂」四字爲衍文。按：輒，左氏作「縶」，經字文筆小誤，時所或有。踂，當作縶，或以爲四字皆衍文，恐非。

冬，十月，宋華亥、向寧、華定出奔陳。華、向之亂，國幾亡，三年乃止。華亥、華定何以不累數而後及向？向之班先于定也。疏 宋世家：「十年，元公毋信，詐殺諸公子，大夫華、向氏作亂。」

十有一月辛卯，蔡侯廬卒。 **疏**蔡世家：「立九年卒，靈侯般之孫東國攻平侯子而自立，是爲悼侯。悼侯父曰隱太子友。隱太子友者，靈侯之太子，平侯立而殺隱太子〔一〕，故平侯卒而隱太子之子東國攻平侯子而代立。」

二十有一年蔡太子朱元年。

春，王三月，葬蔡平公。

夏，晉侯使士鞅來聘。晉頃公立十四年，惟此一記事見經，權不在公也。**疏**晉語：「范獻子聘於魯，問具山、敖山，魯人以其鄉對，獻子曰：『不爲具、敖乎？』對曰：『先君獻、武之諱。』獻子歸，徧戒其所知曰：『人不可以不學，吾適魯而名其二諱，爲笑焉，惟不學也。人之有學也，猶木之有枝葉也。木有枝葉，猶庇蔭人，而況君子之學乎？』」

宋華亥、向寧、華定自陳入于宋南里以叛。劉子說：「宋三臣以地叛于楚。」此華貙劫父以叛而召亡人也。以亡人爲主者，從重也。以臣叛君，三年乃畢，危之也。

自陳，陳有奉焉爾。此華貙召華、向而後入，其以自陳言者，陳亦有奉。已奔而入，必言所自。**入者，**入而叛者，入不言叛。**內弗受也。**以臣叛君，有罪之辭。**其曰宋南里，**據入于蕭不言宋。**宋之南鄙也。**鄙，當爲「郛」字之誤。南里，宋城之南半城，所謂新城也。宋有舊城，後又于南方加城，宋公居舊城，華氏居南城，即于南城

〔一〕「平侯」，原作「平公」，日新本同，此據蔡世家、鴻寶本改。

叛，故宋城舊鄘以守。**以者，**據來奔言以。**不以者也。**據「以歸」言以，明不得「以」之，所以罪其專地也。**叛，**據以邑來奔言以邑，此「以」下不言邑。按：下繫邑，如「以漆、閭邱來奔」及論語「以防求爲後于魯」是也。**直叛也。**大夫不得專地，言以邑叛，是得專邑。故春秋絶正其義，外其人于邑，「以」不以繫邑，使不專，故但直言「以叛」而已，不言以邑叛也。**疏**公羊曰：「直來曰來。」言但叛無餘事也。地猶在國，未以出奔也。

秋，七月壬午朔，日有食之。

八月乙亥，叔輒卒。「叔」，氏，大夫也。叔肸之後世多賢者。**疏**叔弓子，字伯張。十五年立，一見經。弟鞅立。

冬，蔡侯東出奔楚。劉子云：「蔡逐其君。」**疏**按：東，公羊、左氏作「朱」，以爲平侯子。本傳作東，以爲即東國，事實前後小異。

東者，據卒于楚言東國。**東國也。**據此奔後卒，知一人。**疏**按：年表以魯昭公二十一年爲蔡悼侯東國元年，又注云：「奔楚。」則與本傳説合。攷世家，但言平侯之子，不言其名「朱」。如用左傳之説，則平侯之子名朱，立一年，無極以計去之，而立東國，朱奔楚。則平侯子朱奔楚在二十二年，此經文作朱之説也。用本傳、年表説，則平侯卒，東國即攻殺其君，其名不詳。至于二十一年，東國自以事奔楚，後遂卒于楚，此經文作東之説。事本相同，惟其遲早之閒有異耳。「東」與「朱」字形近易訛。此作「東」，下作東國，二傳又作「朱」，疑不能明，附之傳疑可也。**何爲謂之東也？**據二名，何以偏舉？**王父，**靈侯般之孫。**誘而殺焉；父，**據左、史，東國，隱太子友之子。**執而用焉。**據三傳説此事，大處皆同，異者，其小節也。**奔而又奔之。**楚，蔡仇國，奔又奔之。**疏**左傳説，則奔者爲平侯子朱。本傳説，則東國也。先攻殺平侯子，于此自奔。經下有東國卒楚之文，是三傳同以東國有如楚之事。一以此經當之，一云不見經耳，非有大異同也。**曰東，惡之而貶之也。**傳曰：「王父名子，不奪人親之所名，重其所以來也。」東國忘祖父之大仇，奔投敵國，無恩于祖父，故春秋奪其君，以起其忘祖父之大惡。

公如晉，至河乃復。疏魯世家：「二十一年，朝晉，至河，晉謝還之〔一〕。」

二十有二年

春，齊侯伐莒。

宋華亥、向寧、華定自宋南里出奔楚。吳助華、向爲亂，晉助宋公。華氏求救于楚，諸侯乃縱其奔楚也。

自宋南里者，據出奔例不言所自。**專也。**據從叛出奔也。曹會言奔不言叛，此奔、叛兼言。

大蒐于昌間。十一年大蒐在夏，此在春，非時也。

秋而曰蒐。據八年秋蒐于紅。**此春也，其曰蒐，何也？**據春曰苗。疏本國一年四行之禮，則以四名別其時，故名與時相應。至于五年、三年一行之禮，則不四時分名，從其定名言之。**以蒐事也。**謂大蒐爲禮名。方伯五年一行之禮，不更以四時分細名，直謂之蒐而已，故春夏皆曰蒐也。

〔一〕「還之」，原倒作「之還」，日新本、鴻寶本同，此據魯世家乙。

夏，四月乙丑，天王崩。劉子説：「王有愛子子朝，王陰謀欲立之。田于北山，將因兵衆誅適子之黨〔一〕，未及而崩。王三子爭國，王室大亂，其後子朝奔楚而敗。」景王，襄公二十九年即位，至此二十五年，不記事，唯言劉子。

六月，叔鞅如京師，葬景王。譏公不親行而使大夫也。傳曰：「周，吾君也，親之者也。」因其使人而譏之也。不使，則不見。叔鞅者，叔輒子，未畢喪而出使，非之也。大夫「如」不月，月者，以葬之月加于「如」之上，見以葬「如」也。月者，危嗣子之亂。

王室亂。劉子説：「周大夫尹氏管朝事，濁亂王室。子朝、子猛更立，連年乃定。故經曰：『王室亂。』又曰：『尹氏立王子朝。』甚之也。春秋舉成敗論禍福，如此類甚衆，皆陰盛而陽微、下失臣道之所致也。」

亂之爲言事未有所成也。據「成宋亂」言「成」之，未有成也。凡二嗣爭立，春秋必有嫌正之分，惟此二者皆嫌，故以亂起之，明非常例也。言「室」者，以一家目之。

劉子、單子以王猛居于皇。劉子説：「五大夫爭權，三君更立，莫能正理。」此非會盟，其稱「子」何也？從正舉貴也。尹子在盟，盟稱子，此及氏者，惡之也。**疏**周本紀：「景王十八年，后太子聖而早卒。二十年，景王愛子朝，欲立之。會崩，子丐之黨與爭立。國人立長子猛爲王，子朝攻殺猛。猛爲悼王。晉人攻子朝而立丐，是爲敬王。」

以者，據朝王立。**不以者也。**猛爲嫡子，結黨自恣，王欲廢之，當如吴札、曹臧辟辭以承父志。劉、單貪功構禍。

〔一〕「兵」字原脱，日新本、鴻寶本同，此據漢書五行志補。

言「以」，所以責劉、單也。**王猛，**據卒言王子。**嫌也。**據以「王」氏也。大夫弑君氏國者，嫌也。此以「王」氏，明不子也。此王世子也，以嫌言之者，不使得世也。何爲不世？太子不賢，君得廢之，即位授受之道。先君之所欲廢，不以世道道，所以使君令行乎臣、父令行乎子也。

秋，劉子、單子以王猛入于王城。王城，西周也。地理志河南縣下云：「故郟鄏地。周武王遷九鼎，周公致太平，營以爲都，是爲王城，至平王居之。」

以者，據天王入不言「以」。**不以者也。**據「以」皆惡辭。**入者，**據天王言入。**内弗受也。**據「入」在「以」下，朝在成周，猛出奔皇，因入據王城。言入，明得拒之。景王之欲立朝，非正也，其拒猛，何也？曰：先君之易嫡，亂也；臣之逆命，賊也。貪立拒命，結黨構兵，易生父子之禍，春秋絶之，以比之于商臣、蔡般。故曰：臣子大受命。言居而不言奔者，明其有立道；不言立，亦明其有立道。

冬，十月，王子猛卒。此爲朝殺者也。不言殺者，以卒失嫌。言殺，則卒不見。月者，使與王子虎同也〔一〕。以未踰年之君同王子，奪其得立之辭也。**疏**按：本紀以爲朝殺之。傳不言殺言卒者，經諱殺言卒，依經立説也。

此不卒者也。據未踰年王當言崩，降亦當言薨。**其曰卒，**據大夫乃曰卒。**失嫌也。**言卒，奪其繼立之名也。言王子，亦奪其嫌也，使與王子虎同，不許世及之辭。

〔一〕「同」下原有「月」字，日新本同，此據鴻寶本删。

十有二月癸酉朔，日有食之。

二十有三年

春，王正月，叔孫婼如晉。大夫如，月者，皆爲葬事往。此非葬事，月者，危往也。婼，賢而見執，危而月之也。

癸丑，叔鞅卒。疏弓子、輒弟。二十一年立，二見經。子詣立。

晉人執我行人叔孫婼。爲邾人愬故。魯取邾，師事不見經。詳左傳。

晉人圍郊。劉子說：「周室多禍，晉伐郊。」郊者何？周之邑。曷爲不繫于周？不與朝爲天子也。曷爲不諱？爲討亂也。疏左傳：「正月壬寅朔，二師圍郊。癸卯，郊、鄩潰。丁未，晉師在平陰，王師在澤邑。王使告間，庚戌，還。」

夏，六月，蔡侯東國卒于楚。獻武不志卒，此卒者，以初適也而卒，故書卒以終其事。朱奔同獻武，故不卒也。

上奔爲朱，平侯子；此東國，般孫，在楚卒，當以朝而卒。不日者，踰竟不日。不葬者，絶之也，從失國例。

秋，七月，莒子庚輿來奔。劉子說：「莒逐其君。」名者，無道也。齊人納郊公，事詳左傳。

戊辰，吴敗頓、胡、沈、蔡、陳、許之師于鷄甫，胡子髡、沈子盈滅，獲陳夏齧。劉子說：「楚帥六國伐吴，吴敗之于鷄甫，殺獲其君臣〔一〕，蔡怨楚而滅沈。吴敗中國，弒二君。」又曰：「吴敗中國，殺二君，地震之意。」

〔一〕「臣」字原脱，日新本、鴻寶本同，此據漢書五行志補。

疏吴世家：「僚八年，公子光伐楚，敗楚師，迎楚故太子建母于居巢以歸〔一〕。因北伐，敗陳、蔡之師。」**中國不言敗，**敗必言戰。據外不言戰，夷狄不與中國同。**此其言敗，何也？**當先言戰，乃言敗。**中國不敗。**謂言戰後敗。**胡子髡、沈子盈，其滅乎？**不言敗，以中外正辭言之，是胡、沈實見滅于吴之辭也。**疏**六國皆中國，而從楚者。以頓、胡、沈先蔡、陳、許者，使小國親敗，若非陳、蔡、許之師然。曲禮所謂「君子不親惡」也。**其言敗，釋其滅也。**以敗言之，使若所滅非中國之胡、沈。又或實非滅，所以能釋其滅也。**獲者，**上言滅，下言獲。**非與之辭也，**滅爲正辭。獲，于君非善辭，如晉侯、齊侯是也。**上下之稱也。**君死曰滅，臣生死皆曰獲。**疏**公羊：「其言滅、獲何？别君臣也。君死于位曰滅，生得曰獲；大夫生死皆曰獲。」左傳：「書曰：『胡子髡、沈子盈滅，獲陳夏齧。』君臣之辭。」三傳説同。

天王居于狄泉。言居者，王者無外也。班曰：「王者有三年之喪，夷狄有内侵，伐之者，重天誅，爲宗廟社稷也。春秋曰：『天王居于狄泉。』」言有内難，急正王號；知外難當誅。**疏**周本紀：「敬王元年，晉人入敬王，子朝自立，敬王不得入，居澤。」班氏曰：「周公遷殷民，是爲成周。春秋昭公二十三年，晉合諸侯于狄泉，以其地大成周之城，居敬王。」地理志雒陽縣下。**始王也，**據王猛卒乃立。**其曰天王，**據禮三年畢乃稱天王。**因其居，**據居鄭言「出」。地不言出，知因其居而

〔一〕「于」，原作「子」，日新本同，此據吴世家、鴻寳本改。

王之。**而王之也。**公羊：「此未三年，其稱天王何？著有天子也。」**疏**班氏云：「春秋曰：『元年春，王正月，公即位。』改元即位也。王者改元，即事天地。諸侯改元，即事社稷。禮王制云：『喪三年不祭，唯祭天地社稷，爲越紼而行事。』尚書曰『高宗諒闇三年』是也。論語曰：『君薨，聽于冢宰三年。』孝子之心，則三年不敢當也。故三年除喪，乃即位統事，踐阼爲主，南面朝臣下，稱王以發號令也。故天子諸侯，凡三年即位，終始之義乃備。所以諒闇三年，卒孝子之道。故論語曰：『古之人皆然。君薨，百官總己以聽于冢宰三年。』所以聽于冢宰三年何？以爲冢宰在制國之用，是以由之也。故王制曰：『冢宰制國用。』」春秋有經禮，有變禮。天子三年然後稱王，經禮；故未三年則變禮焉。此與定公事同。已踰年新即位，言天王、言公，辭使若成君，偶居于此。天下不可一日無君，故言「居」以繫天下之心。

尹氏立王子朝。劉子說：「子朝，楚出也。時楚强，宋、衛、陳皆南附楚，王猛既卒，敬王即位，子朝入王城，天子居狄泉，莫之敢納。楚平王居卒，子朝奔楚，王室乃定。」尹氏稱氏者，惡事，貶之也。獨言尹氏者，舉重也。奔言召伯、毛伯者，紀實也。立，不使衆詞。**疏**敬王未立之先，朝入成周以叛，殺王子猛，皆不書，不以猛君朝也。天王已立，然後言立朝，有君而後治亂臣也。

立者，據上言以居。**不宜立者也。**據立晉。**朝之不名，**謂氏「王子」，不但稱朝。**何也？**據衛人立晉名，不氏「公子」。**別嫌乎尹氏之朝也。**衛人立晉，知衛公子，故名不嫌。尹氏目一人，不氏，若非王子，嫌別有所立。春秋有正有變，多由別嫌而起。

八月乙未，地震。劉子說：「周景王崩，劉、單立王子猛，尹氏立王子朝。魯季氏逐昭公，黑肱叛邾，吳殺其君僚，宋五大夫、晉二大夫皆以地叛。」 **疏**年表：「地震。」

冬，公如晉，至河，公有疾，乃復。昭公以事楚之故，晉人不入。楚人彊而得意，一年再合諸侯，伐彊吳，爲齊討亂臣，遂滅厲。魯得其威以取繒〔一〕，其明年入晉，無河上之難。先，晉昭之卒一年，諸侯無伯，楚國内亂，臣弑其君，諸侯會于平丘，謀誅楚亂臣，昭公不得與盟。大夫見執，吳大敗楚之黨六國于鷄甫，公如晉，得大辱，春秋爲之諱，而言有疾。

疾不志，此其志，何也？據「公子遂如齊，至黄乃復」不言「疾」〔二〕。**釋不得入乎晉也。**言有疾，以釋不得入之耻。前不言疾，此言疾者，不得入晉之終。下又因此出奔，耻辱大，故言有疾；且因此有疾，以起前之皆有疾也。

二十有四年年表：蔡昭侯申元年，悼侯弟。

春，王二月丙戌，仲孫貜卒。 **疏**羯子，謚僖子，襄三十一年立，四見經，子何忌立。

婼至自晉。

〔一〕「繒」，原作「鄫」，據昭四年經文、日新本改。

〔二〕「言」，原作「如」，據日新本、鴻寶本改。

大夫執則致，致則挈，由上致之也。不執則不致，卑不敵尊也。執則致，喜其反也。大夫，國體也，君執，則待之宜有恩禮。

夏，五月乙未朔，日有食之。劉子說：「自十五年至此，十年閒天戒七見，人君猶不寤。後楚子殺戎蠻子，晉滅陸渾戎，盜殺衛侯兄，蔡、莒之君出奔，吴滅巢，吴公子光弒王僚，宋三臣以邑叛其君。佗如仲舒。」

秋，八月，大雩。班曰：劉子說與十六年同占。

丁酉，杞伯郁釐卒。**疏**杞世家：「平公十八年卒〔一〕，子悼公成立。」

冬，吴滅巢。楚屬國，前射吴子卒。昭世，吴三言滅國，類見之例，皆在徐州；揚州則不見也。經言滅，有國辭。史以邑言之者，邑有君，如宿、鄑也。**疏**吴世家：「公子光伐楚，拔居巢、鍾離。初，楚邊邑卑梁氏之處女與吴邊邑之女争桑，二女家怒相滅，兩國邊邑長聞之，怒而相攻，滅吴之邊邑。吴王怒，故遂伐楚，取二邑而去。」楚乃恐而城郢。

葬杞平公。日卒時葬，正也。

二十有五年

春，叔孫婼如宋。言婼如宋，起婼患之，故公孫後書婼卒，宋公亦以無公道卒也。叔孫婼、叔倪皆患于公不得國權，

〔一〕「八」，原作「六」，日新本、鴻寶本同，此據杞世家改。

故公見逐。

夏，叔倪會晉趙鞅、宋樂大心、衛北宫喜、鄭游吉、曹人、邾人、滕人、薛人、小邾人于黄父。

謀王室，輸粟。平邱以後無大會，此言黄父者，爲尊周著之也。不盟者，天子事不可言盟也。平邱以後，召陵以前，三見合諸侯，皆爲王室也。

有鸜鵒來巢。 劉子說：「有蜮、有蜚不言來者，氣所生，謂眚也。鸜鵒言來者，非氣所生，謂祥也。鸜鵒，夷狄穴藏之禽，來至中國，不穴而巢，陰居陽位，象季氏將逐昭公，去宫室而居外野也。鸜鵒白羽，旱之祥也；穴居而好水，黑色，爲主急之應也。天戒若曰：既失其衆，不可急暴；陰將持節陽以逐爾，去宫室而居外野矣。昭公不寤，而舉兵圍季氏，爲季氏所敗，出奔于齊，遂死于外野。此黑祥。」傳所謂之眚也。**疏** 魯世家：「師己曰：『文、成之世童謡曰：「鸜鵒來巢，公在乾侯；鸜鵒入處，公在外野。」』」

一有一亡曰有。來者， 據蜮、蜚言「有」不言「來」。**來中國也。** 許慎引穀梁說：「夷狄之鳥來中國〔二〕。」鸜鵒不渡濟，非中國之禽，故曰來，與「復中國也」同。**鸜鵒，穴者，** 言「巢」不巢。**而曰巢。** 劉子說：「鸜鵒，穴藏之鳥，來至中國，不穴而居巢，陰居陽位。」**或曰：增之也。** 增，讀爲「橧」。于穴中駕巢，穴而又巢也。公羊云：「宜穴又巢也。」此橧爲駕巢之說。**疏** 一說：增，如論衡儒增篇之「增」，謂加之也。左氏云：「書所無

〔二〕「來」字原脱，日新本、鴻寶本同，此據周禮考工記疏引五經異義補。

也。」但論其有亡而已足爲異，不必更言巢。此因但「有」不足爲異，又增言「巢」以大之。

秋，七月上辛，大雩。季辛，又雩。七月雩，不言月。言月，非雩也。雩不言日，言日，非雩也。一月不再雩，再雩，非雩也，起逐季氏也。**疏**公羊云：「又雩，非雩也，聚衆以逐季氏也。」左傳同。

季者，據上言「上」，當言「下」。**有中之辭也。**言上、下，不見有中，故言季。上卿、下卿無中也。**又，有繼之辭也。**據鼷鼠又食其角。

九月乙亥，公孫于齊。魯世家：「季氏與郈氏鬭鷄，季氏芥鷄羽，郈氏金距。季平子怒而侵郈氏，郈昭伯亦怒平子。臧昭伯之弟會僞讒臧氏，匿季氏，臧昭伯囚季氏人。季平子怒，囚臧氏老。臧、郈氏以難告昭公。昭公九月戊戌伐季氏，遂入。平子登臺請曰：『君以讒不察臣罪，誅之，請遷沂上。』弗許。請囚于鄪，弗許。請以五乘亡，弗許。子家駒曰：『君其許之。政自季氏久矣，爲徒者衆，衆將合謀。』弗聽。郈氏曰：『必殺之。』叔孫氏之臣戾謂其衆曰：『無季氏與有，孰利？』皆曰：『無季氏是無叔孫氏。』戾曰：『然。救季氏！』遂敗公師。孟懿子聞叔孫氏勝，亦殺郈昭伯。郈昭伯爲公使，故孟氏得之。三家共伐公，公遂奔。己亥，公至于齊。」

孫之爲言猶孫也，諱奔也。劉子説：「大臣操權柄，持國政，未有不爲害者也。昔晉有六卿，齊有田、崔，衛有孫、甯，魯有季、孟，嘗掌國事，世執朝柄。終後田氏取齊，六卿分晉，崔杼弑其君光，孫林父、甯殖出其君衎，弑其君剽。季氏舞八佾于庭。三家者，以雍徹並專國政，卒逐昭公。春秋舉成敗、録禍福類如此甚衆，皆陰盛而陽微，下失臣道之所致也。故書曰：『臣之有作威作福，害于而家，凶于而國。』孔子曰：『禄去公室，政逮大夫，危亡之兆。』」

次于陽州。 陽州，齊地。不至齊者，大夫拒之也。

次，止也。 未至齊。下言唁于野井，公在野井也。公如，不録其所至。此言次者，因在外，詳録之。

齊侯唁公于野井。 不言來者，野井，齊地。 **疏** 齊世家：「魯昭公避季氏難，奔齊。齊欲以千社封之，子家止昭公。昭公乃請齊伐魯，取鄆以居昭公。」

弔失國曰唁， 失國與喪皆曰唁，慰藉之也。公國未滅，不勝其臣而出，未爲失國，苟能入之，則竟入矣。言唁，明爲奸臣所蔽，不敢自主。齊侯一公也。 **唁公不得入於魯也。** 唁，當言失國，以「不得入」言者，見唁者謝公不肯入之也。下傳曰「既爲君言之，不可者，意如也」是也。

冬，十月戊辰，叔孫婼卒。 君在外，則不卒大夫，致君而後卒大夫是也。此之卒者，爲求納君，因其賢，乃卒也。

疏 魯世家：「齊高張曰：『叔孫昭子求納其君，無病而死。』」婼，豹庶子，謚昭子。四年立，六見經，子不敢立。

十有一月己亥，宋公佐卒于曲棘。 諸侯卒于封内不地，地者，謀納公。宋卒皆日，唯文七年、成十五年月。

疏 宋世家：「十五年，元公爲魯昭公避季氏居外，爲之求入魯，行道卒。子景公頭曼立。」

邡公也。 邡，當爲訪，訪，謀也。言宋公所以卒于曲棘者，欲謀納公。宋公與婼皆求納公，當同時而卒，蓋天絶昭公。劉子云：「諸侯奔走，不得保其社稷者，不可勝數。」皆有所見也。 **疏** 魯世家：「宋公爲魯如晉，求内之，道卒。」

十有二月，齊侯取鄆。 公元年取鄆，出奔居鄆。同言「取」，亦譏公也。取不月，月者，以其爲公取，故月以謹之。

取，據此乃圍，非取。**易辭也。**據取皆不言帥師。**疏**據左傳，明年乃取，此乃圍耳。言取者，急欲公之得所，不使内得據之久而後取也。**内不言取，**據内取于外言取，外取内邑不言取。**以其爲公取之，**據下自齊居鄆。**故易言之也。**故不言圍而言取。

二十有六年年表：宋景公頭曼元年。

春，王正月，葬宋元公。月者，記葬宋之終，爲子危也。宋十二卒，六葬六不葬：壬臣，無子也；與夷、捷、杵臼，賊未討也；御説，背殯；兹父，失德也。六葬：繆公日，危讓也；文公日，背殯會楚也；共公日，不葬者也；莊公月，危捷弒也；平公時，正也。春秋凡言葬者，皆有廟。

三月，公至自齊，居于鄆。天子無外，出言居。諸侯君一國，于其境内言居。此言「居」、下言「在」者，鄆，内邑；乾侯，外邑。「居」安而「在」危，存之乃言「在」也。致、居不月，此月者，謹始也。**疏**魯世家：「二十六年春，齊伐魯，取鄆而居昭公焉。夏，齊景公將内公，令無受魯賂，申豐、汝賈許齊臣高齕、子將粟五千庾。子將言于齊侯曰：『羣臣不能事魯君，有異焉。宋元公爲魯如晉，求内之，道卒。叔孫昭子求内其君，無病而死。不知天棄魯乎？抑魯君有罪於鬼神也？願君且待。』齊景公從之。」

公次于陽州，據遜齊未至齊國，次陽州而已。**其曰至自齊，**言居者，如以鄆爲國然。**何也？**據下致言乾侯不言晉。**以齊侯之見公，**據如晉未見晉侯，故不言晉。**可以言至自齊也。**君重于國，見君，可以言

「自」。**居于鄆者，**據至者至國都文。**公在外也。**言至，至國辭，不應以鄆主之。以鄆主致，是公以鄆爲國。「在外」之詞，未至國，在鄆不致：至國乃致也。據與天王居于狄泉同。言居者，未失國辭。在内不言居，在外乃言居。**至自齊，**據居于外不致。**道**據在外不致。**義不外公也。**公猶在鄆，不敢外。鄆，魯邑，公居魯地，言至自齊，不必别言居，明公以遜居鄆，與常出不同。既已出奔，猶以至齊言之者，臣子無外君父之義。**疏**左傳云：「言魯地也。」與傳同。

夏，公圍成。不言「取」，圍而不能取也。成在魯北，欲取以自益。

非國不言圍，據圍邑當先言伐。**所以言圍者，以大公也。**以公在行閒，故崇大其事言「圍」。

秋，公會齊侯、莒子、邾子、杞伯，盟于鄟陵。自桓以後，齊不主會諸侯矣。此何以言齊主會？著齊之更伯也。何以著之？爲謀納公也。自是以後，晉失諸侯，齊更伯，故因内事著之也。**疏**不日者，不信也。盟納公，齊爲高張所蔽，不能納，故不以信詞許。

公至自會，居于鄆。

公在外也，不别國致、會致，言居，皆在外詞。**至自會，**據與在國同。**道**據在外不致。**義不外公也。**再發傳者，上致自齊，未至；此至自會，故更明之。

九月庚申，楚子居卒。前名棄疾，此名居，所謂二名也。**疏**楚世家：「十三年，平王卒。乃立太子軫，是爲昭王。」居、棄疾，前名棄疾，此名居，名從主人也。

冬，十月，天王入于成周。 劉子曰：「成周者何？東周也。然則天子之寢奈何？曰：亦三。承明繼體守文之君之寢，曰左右之路寢。謂之承明何？曰：承乎明堂後者也。故天子諸侯三寢立而名實正，父子之義章，尊卑之事別，大小之德異矣。」劉子云：「初，雒邑與宗周通畿封，東西長而南北短，短長相覆爲千里。至襄王，以河内賜晉文公，又爲諸侯所侵，故其分地小。」 **疏** 年表〔一〕：「知櫟、趙鞅納王于王城。」鄭世家：「定公如晉，鄭與晉謀，誅周亂臣，入敬王于周。」周本紀：「晉率諸侯入敬王于周，子朝爲臣，諸侯城周。十六年，子朝之徒復作亂，敬王奔于晉。十七年，晉定公遂入敬王于周。」

周有入， 春秋諸侯出入皆惡名，以歸爲善，以入爲篡。天子無外，不可言歸。言歸，則有外。成周，城名；入成周，從城起義。上有天王，言特入此城，非篡辭也。 **無出也。** 言出，則是失天下辭。入不月，月者，大之也；大天王之入，以正君道也。

尹氏、召伯、毛伯以王子朝奔楚。 劉子說：「楚平王居卒，子朝奔楚，王室乃定。」

遠矣， 楚在郢，去成周遠。 **非也。** 楚莫能誅之。 **奔，** 據王之子弟不言出，此有召、毛，當言出。 **直奔也。** 此從王子不言出。春秋周臣凡失道者言「出」，絶之也。罪大不言出，以其罪重，見絶已明。直奔，謂周不有之，直奔而已。不言出，如在外辭也，所謂美惡不嫌同辭。

〔一〕「年表」，原作「晉世家」，日新本、鴻寶本同，俱誤。

二十七年年表：楚昭王軫元年。

春，公如齊。「正月」不存，公猶在内之辭，不敢外公也。至于乾侯，不在内，乃存之。**疏**自宣十年至此八十五年，乃見如齊，齊復伯也。

公至自齊，居于鄆。

公在外也。三至公，再發傳者，與前不同，此實如，齊又傷之也。**疏**左傳「言在外也」同。

夏，四月，吳弑其君僚。劉子説：「吳公子光弑王僚。吳王壽夢有四子：長曰謁，次曰餘祭，次曰夷昧，次曰季札，號曰延陵季子，最賢，三兄皆知之。於是王壽夢薨，謁以位讓季子，季子終不肯當爲，謁曰：『季子賢，使國及季子，則吳可以興。兄弟相繼。』飲食必祝曰：『使吾早死，令國及季子。』謁死，餘祭立；餘祭死，夷昧立；夷昧死，次及季子。季子時使〔一〕，不在，庶兄僚曰：『我亦兄也，乃自立爲吳王。』季子使還，從事如故。謁子光曰：『以吾父之意，則國當歸季子；以繼嗣之法，則我適也，當代之君。僚何爲也？』於是乃使專諸刺僚，殺之，以讓季子。季子曰：『爾殺吾君，吾受爾國，則吾與爾爲共簒也。爾殺吾兄，吾又殺汝，則是昆弟父子相殺無已時也。』卒去之延陵，終身不入吳國。」

疏不言光者，吳無大夫。又曰：吳弑君，地震之意。

楚弑其大夫郤宛。宛，楚賢大夫，聽讒殺之，故有危亡之禍。不言有罪無罪者，畧之也。**疏**楚世家：「費無忌

〔一〕「子」字原脱，日新本、鴻寶本同，此據説苑至公篇補。

讒郤宛。」郤宛一見。

秋，晉士鞅、宋樂祁犁、衞北宫喜、曹人、邾人、滕人會于扈。此大會，不言盟者，爲成周，不可以盟也。

疏左傳：「會于扈，令戍周，且謀納公也。宋、衞皆利納公，固請之。范獻子取貨於季孫。」

冬，十月，曹伯午卒。卒正例不日。

疏曹世家：「九年，曹悼公朝宋，宋囚之；曹立其弟野，是爲聲公。悼公死于宋，歸葬。」

邾快來奔。邾無大夫。季氏逐公，前以地書來，此不以地，何以書之？以見其甚也。畀我、庶其以地，今又納叛人，甚之，故書以見其罪也。

公如齊。

公至自齊，居于鄆。公三如齊，一同盟鄟陵。齊强魯弱，不能納公，公又改計如晉。言此，以見大夫專權之禍。三國皆政在大夫，納公，非大夫所喜。君不能自主，所謂不得舉手。溴梁以後，政在大夫，此非一朝一夕之故也。

二十有八年

春，王三月，葬曹悼公。月者，危也。

公如晉，次于乾侯。乾侯，晉邑也。齊不能納，乃速求于晉。次，止也。

疏魯世家：「二十八年，昭公如晉，求人。季平子私于晉六卿，六卿受季氏賂，諫晉君，晉君乃止，居昭公乾侯〔二〕。」

公在外也。 公如晉，至國不主國，不言所次。此言次，因公在外，以外爲家，故隨所在言次，明公不得入乎晉也。晉大夫受季孫賂，不入公，以此見大夫專，諸侯不能爲政。

夏，四月丙戌，鄭伯寧卒。 疏鄭世家：「十三年，定公卒，子獻公蠆立。」

六月，葬鄭定公。 傳曰：「時葬，正也。」然則月者，故也，爲危之也。

秋，七月癸巳，滕子寧卒。 日卒時葬，從方伯例矣。

冬，葬滕悼公。

二十有九年 年表：鄭獻公蠆元年。

春，公至自乾侯，居于鄆。 如晉，未見晉侯，故以乾侯致。如晉不得意，故返鄆。

齊侯使高張來唁公。 疏魯世家：「二十九年，昭公如鄆。齊景公使人賜昭公書，自謂『主君』，昭公耻之，怒而去乾侯。」言來者，公在鄆，魯地也。

唁公不得入於魯也。 公如晉，齊侯怒公，不爲公謀，使高張來謝公，故曰「唁不得入」也。以唁言者，起非實。

〔二〕「居」字原脱，日新本、鴻寶本同，此據魯世家補。

公如晉，次于乾侯。再「如」，不得志。齊之高張、晉之荀櫟，一也。

夏，四月庚子，叔倪卒。公在外，不卒大夫。此卒者，無公，乃卒之也，與叔孫婼同。以無公，乃書卒。**疏**倪，鞅子，二十三年立。

季孫意如曰：「叔倪無病而死，不死於病，如天奪之魄。**此皆無公也，**二十五年〔二〕，宋公卒，傳云：「邡公也。」「無」，讀爲譕，謂謀納公也。皆者，承上宋公、叔孫婼。**是天命也，**叔孫婼求納公，無病而死；叔倪求納公，無病而死，故曰「皆」也。昭公失道，天之所絶，故倪死而鄆潰。傳曰：「不若于道者，天絶之也。」**非我罪也。」**求納昭公者，二叔死，宋公卒，鄆潰。傳曰：「天之所廢，誰能興之？」逐君，本季氏之罪，而上亦失道。傳言此者，明君當若于道。

秋，七月。

冬，十月，鄆潰。邑不言潰，言潰者，國之也。潰後，齊即據鄆。

潰之爲言上下不相得也。解見前。言此，明內外同，又起國鄆。**上下不相得，則惡矣；**春秋重民，不相得而潰叛，是上失民也。失民，爲大惡。**亦譏公也。**下不能事上，上不能使下，同譏，亦累及公之辭。**昭公出奔，**至此乃不在魯，故以「出奔」言之。出奔于乾侯，故下存公，地乾侯也。**民如釋重負。**昭公無道，大蒐窮

〔二〕「五」，原作「四」，日新本、鴻寶本同，此據經傳文改。

兵見逐，非盡下失道，上亦有以招之。

三十年

春，王正月，公在乾侯。 言在，存公也。言居，在内辭，非存也。言乾侯，不國者，不忍言也。公久居乾侯，地之，使如内地然者，臣子詞也。

中國不存公。 據在晉不言「在」，楚言「在」。**存公，** 正月無事書「公在」，存公也。**故也。** 鄆未潰之前，猶以鄆存公；鄆潰，公乃絶于魯。「故」，謂變也。逐君與弑同等。

夏，六月庚辰，晉侯去疾卒。 晉，大國，卒皆日者，禮備也。雖不正，從前見不正也。十三卒而七不葬，弑亂多而失德廣也。五葬：二時〔一〕、二月、一日；文日葬者，危背殯戰也；悼月葬者，危伯衰也。**疏** 晉世家：「晉頃公卒，子定公午立。」晉卒皆日，唯夷吾時，未爲伯，義不正也。

秋，八月，葬晉頃公。 不及時而葬，速葬也。**疏** 月者，伯衰也。

冬，十有二月，吴滅徐。徐子章羽奔楚。 班氏曰：「徐，故國，盈姓。至春秋時，徐子章禹爲吴所滅。」徐者，州舉之。荆後言楚，徐始終不易名者，如「梁亡」。荆，楚爲伯，梁、徐以秦爲伯，故州舉之，不易名也。于此以州滅，下

〔一〕「二時」，原在「五葬」上，日新本同，此據鴻寶本移下。

記蔡遷州來，以見蔡之爲徐州伯也。昭世，吴三滅國，皆在徐州，以此終之。滅不志，志者，因進之。不月，月者，亦進之。

疏吴世家〔一〕：「闔廬三年，吴王闔廬與子胥、伯嚭將兵伐楚，拔舒，殺吴亡將二公子。光謀欲入郢，將軍孫武曰：『民勞，未可，待之。』四年，伐楚，取六與灊。」

三十有一年年表：晉定公元年。

春，王正月，公在乾侯。「正月」以存君，故于正月必詳公所在。**疏**左傳：「公在乾侯，言不能外内也。」

季孫意如會晉荀櫟于適歷。言會者，起受賂，同惡相濟也。公如晉不得入，季孫乃會其大夫，不待貶絶而罪惡見者也。**疏**魯世家：「三十一年，晉欲内昭公，召季平子，平子布衣跣行，因六卿謝罪〔二〕。六卿爲言曰：『晉欲内昭公，衆不從。』晉人止。」言意如會荀櫟，起同謀也。同惡相濟，撫君善，助奸人。

夏，四月丁巳，薛伯穀卒。薛自莊三十一年至此，百五十年乃卒，莊世不卒者也。薛叙小國末，至此乃正卒，能同盟，故名。日者，以起正卒之，下從時例。

晉侯使荀櫟唁公于乾侯。方會意如，即來唁公，明爲季孫謀謝公也。不言來者，乾侯，晉地，晉自主之，故不言來。

〔一〕「吴」字原脱，日新本、鴻寶本同，此據史記吴世家補。

〔二〕「因」，原作「同」，日新本、鴻寶本同，此據魯世家改。

唁公不得入於魯也。絶公，不助之也。**曰：「既爲君言之矣，**君，晉君，言以魯侯意告晉君，起公未見晉侯。**不可者，意如也。」**見櫟亦如季孫，故有三家分晉之事。

秋，葬薛獻公。

冬，黑肱以濫來奔。劉子云：「黑肱叛，地震之意。」納叛臣也。書者，公在外，罪三家也。

其不言邾黑肱，公羊所謂「口繫邾婁」，口言邾而文無邾。**何也？**據師讀有邾，邾庶其以漆、閭邱來奔，知此亦言邾。**別乎邾也。**別于邾，通濫也。言小邾，亦別于邾。**其不言濫子，何也？**據言小邾子也。通濫事見公羊傳。**疏**按：公羊言叔術讓國事，引公扈子云：「公扈子者，邾婁之父兄也。習乎邾婁之故，言曰：惡有言人之國賢若此者乎？誅顔之時天子死，叔術起而致國于夏父。」公扈子，先師，劉子曾用其說也。**非天子所封也。**天子所封，乃言子。邾，小國，猶有濫有小邾，則大國多此類矣。班說：「大夫功成未封而子得封者，善善及子孫也。」**來奔，**據晉、宋言「以叛」，不言奔。**内不言叛也。**據宋辰言自蕭出奔，先言叛。此言來奔不言叛，諱内受叛人，但録其奔而已。

十有二月辛亥朔，日有食之。劉子說：「時吴滅徐，蔡滅沈，楚圍蔡，吴敗楚入郢，昭王走出。」

三十有二年

春，王正月，公在乾侯。

取闞。不言公，内取也，不繫國也。地理志泰山郡剛下云：「故闞。」

夏，吴伐越。吴世家：「五年，伐越，敗之。」吴、越始交兵。

秋，七月。

冬，仲孫何忌會晉韓不信、齊高張、宋仲幾、衛太叔申、鄭國參、曹人、莒人、邾人、薛人、杞人、小邾人城成周。此大會，且中國諸侯也。何以不言同盟？爲王室事也。**疏**國參，公子發孫，公孫僑子產之子，七穆之一。國衹一見。曹世家：「聲公五年，平公弟通弑聲公代立，是爲隱公。」按：此無陳、蔡、許三國。

天子微，諸侯不享覲。天子之在者，惟祭與號。據歸脤與稱天王。**故諸侯之大夫相帥以城之，此變之正也。**前于城杞發傳，踰三十四年再發傳者，明大夫之事，五世希不失。此執政之終也。

十有二月己未，公薨于乾侯。疏魯世家：「三十二年，昭公卒于乾侯。魯人共立昭公弟宋，是爲定公。」孔子世家：「孔子年四十二，魯昭公卒于乾侯，定公立。」

重訂穀梁春秋經傳古義疏卷十

定公定、哀爲孔子所立之世。王法初立，由家及國，故詳内畧外。内孔子而外魯，魯與夷狄、諸夏同辭，故詳録小國遠夷之君。内而不外，魯無疆鄙，諸侯伐哀者，皆不鄙。定初與哀末異文者，時有漸久，文有差等故也。**疏**定四年以後，晉失諸侯，齊復伯。齊争諸侯，内與宋、衛、鄭皆從之。晉、吴不見從國，楚一見從國，吴三國無盟。定世詳一滅中國，四見滅會盟小國。

元年年表：周敬王十一年，晉定公三年，齊景公三十九年〔一〕，宋景公八年，衛靈公二十六年，陳惠公二十一年，蔡昭公十年，鄭獻公五年，曹隱公元年，杞悼公九年〔二〕，秦哀公二十八年，楚昭王七年，吴王闔廬六年。

春，王。春秋多微辭，以其事易明，不待貶絶而可見，故此世不言貶譏。**疏**魯世家：「昭公卒於乾侯，魯人共立昭公弟宋，是爲定公。」

〔一〕「三」，原作「二」，日新本同，此據十二諸侯年表、鴻寶本改。

〔二〕「悼」，原作「昭」，日新本、鴻寶本同，此據年表改。

不言正月，據隱、莊雖三月繫事，以正月謹始。**定無正也。**定即位在六月，正月尚爲昭公餘年，故無正月也。**定之無正，何也？**據禮，踰年即位。定既稱元年，是已即位。「正月」爲即位出，宜如桓終于外、莊有正月。**昭公之終，非正終也。**不如桓公于薨年喪至，正月已殯。昭喪至，猶稱公，未正終也。**疏**禮：即位必于尸柩之前，明有所受。孝子事親，未殯以前，以人道未敢遽死之也。既殯，以鬼道明終始也。昭公喪至猶稱公，與始死同禮。戊辰以下，爲定年，是未終此年，故曰非正終。**定之始，非正始也。**正月非定始，始于六月戊辰。**疏**戊辰以前，猶是昭公之年。截六月以下爲年，故非正始。**昭無正終，故定無正始。**一年二君，兩失之也。禮：先君既殯，新君踰年即位，先君正終于前年十二月晦，後君正始于元年正月朔。昭薨踰年而喪柩未至，定公當奔喪迎柩，于喪至行始死之禮；乃拘于踰年即位之禮，聞訃即行即位，既喪至，復行始死之禮，受册于尸柩之前，其是非甚微。春秋正喪至始死之禮，以明踰年即位之變。則昭終戊辰、定始于戊辰，故終始皆不正也。**不言即位，**據稱元年，是踰年即位正禮。稱元年，則即位在正月，何以退在六月下？**喪在外也。**喪在外，無所禀承，不可言即位也。**疏**禮：既殯，受遺册殯宫之前，明年正朔，乃臨朝正即位改元受定實即位，春秋不言者，正其義以明授受之道。

賀。昭雖踰年而喪在外，無所禀承，則當以明年仍爲先君之年，俟喪至殯後，踰年乃即位。以此推之，則先君薨在十二月二十五日以後，本年不能殯，則亦俟再踰年乃即位。終始皆據歲除元朔爲斷，終始之義也。

三月，晉人執宋仲幾于京師。京師者，成周也。不曰成周者，起其爲尊者所執。月者，執事得義，而于尊所嫌得執，故月以決之也。**疏**言執者，伯討辭。

此其大夫，據上言韓不信。**疏**「其」，當爲「晉」，字之誤也。**其曰人，何也？**據執大夫稱人，貶，疑幾有罪，從「人」，衆辭。**微之也。**據「人」貶之。**何爲微之？**據仲幾不與城功，有罪得執。**不正其執人於尊者之所也。**京師，天子所治，宋不治城，當告天子治之，以大夫執大夫，同類相迮，非以貴治賤之義，春秋之所譏也。**不與大夫之伯討也。**春秋之義，大夫不憂諸侯。因諸侯失政，不得不假托于大夫，于善事則許之，亦如天子失權，許諸侯也。然許諸侯伯討而不許大夫伯討，大夫卑也。春秋以天子討諸侯，以諸侯討大夫。今以大夫討大夫，既非貴治賤，又不得爲賢治不肖，故不許之也。

夏，六月癸亥，公之喪至自乾侯。

戊辰，公即位。昭、定同言公，所謂一年二君也。「公」爲生君稱，故君于子世當稱謚，即位後言昭公是也。喪至言「公」，是生禮事之。一年二君，名號不正，所謂無正終、無正始也。

殯，據戊辰越癸亥五日。諸侯五日而殯，喪至之儀如始死，故踰年猶以殯言之。**然後即位也。**據宣公未葬，成公踰年即位言正月，是殯後即位之舊典。殯後受册，踰年乃即位臨朝。定實聞訃，即于元年正月據踰年之禮即位。既喪至，又循舊典受册。春秋明變禮，特著其受册之實事，以見正月之無所承。禮：踰年乃即位。殯則未踰年，著其急也。殯後以急可言，正月之急不可言。其曰「殯，然後即位」者，因其爲之變而譏之也。**定無正，見無以正也。**戊辰以前，先君未終，則正乃先君之正，非定所有。言殯，而定之無正明。**踰年不言即位，**如莊、僖繼弑。**疏**一說：

疏一說：踰年行即位之禮，而定正月不言。**是有故公也。**故公，謂繼弑，即所謂有恩于先君。

有，猶存也。昭公雖薨，喪未至，與未薨同。有先君，故不言即位。**言即位，**如桓、宣。疏戊辰言即位。**是無故公也。**即所謂無恩于先君。疏一説：春秋存昭公，以定正終也。殯後，先公已終，以鬼道事。無者，春秋無之以始定也。所以退即位于戊辰者，將以終昭公、始定公也。**即位，授受之道也。**先君舉國而授之，後君必尸前受册，乃有授受道。疏經書即位，但以明授受而已。如後世史文所云某即位是也。故左傳叙事，凡新君繼立皆以即位言之，不據新舊久暫。乃杜氏以爲行禮之名，然則每君祇一行禮耶？何以餘年皆不書也？知其誤解矣。**先君無正終，則後君無正始也。**即位以前，既截戊辰以後爲定年，是昭無正終；戊辰以前〔一〕，猶是昭年，故定無正始。**先君有正終，**桓弒在外，喪歸，本年爲桓年，是正終。**則後君有正始也。**莊于踰年正月即位，有正始。**戊辰，公即位，**據即位在正月，不日。**謹之也。**著其日，以明終始之斷。**定之即位，不可不察也。**乃即位之變例。春秋正其終始之際，其義甚微，非詳察之，不見其微旨。**公即位，何以日也？**據書即位不日。**戊辰之日，然後即位也。**定雖正月即位，既殯，亦行受册之禮。春秋因其受册，名爲即位。殯後即位，乃有所承受也。**癸亥，公之喪至自乾侯，何爲戊辰之日然後即位也？**據喪至，則尸柩之前即可即位，不必至戊辰。**正君乎國，**公羊引「沈子曰」作「定君乎國」。然則「正君乎國」即正棺兩楹間之變文。**然後即位也。**據宣公未葬，成公言即位。**沈子曰：**公羊引「沈」上有「子」字。二傳同引沈子説，是二傳同先師。秦

〔一〕「前」，原作「年」，日新本同，此據鴻寶本改。

以前，家法大同也。**「正棺乎兩楹之間，**周人殯，不于兩楹之間。師據孔子殯禮爲説耳。**疏**班固説：「夏后氏殯于阼階，殷人殯于兩楹之間，周人殯于西階之上何？夏后氏教以忠，忠者，厚也。曰：生，吾親也；死，亦吾親也。主人宜在阼階。殷人教以敬，曰：死者將去，又不敢客也。故置之兩楹之間，賓主共夾而敬之。周人教以文，曰：死者將去，不可又得，故賓客之。」檀弓曰：『夏后氏殯于阼階，殷人殯於兩楹之間，周人殯于西階。』**然後即位也。」**殯後可以即位，乃踰年之禮。此正月即位〔二〕，不可言；戊辰即位，託于殯後可以即位，以踰年、殯後二禮相合，故以成公爲比。**内之大事，日。**據君夫人薨葬、大夫卒葬、祭、戎、盟、災皆日。**即位，君之大事也。**據比祭、盟、戎、災尤重。**其不日，何也？以年決者，不以日決也。**即位，所以正年。言元年，不必言日。**此則其日，何也？**據于喪至後言即位，二君意已明，不必日。**著之也。**不日，意不顯。**何著焉？**問褒貶所在。**踰年**謂喪雖新至，薨已踰年。**即位，**以喪至而論，則未嘗踰年，此因薨期謂之踰年，而書即位。**疏**先君殯後，必踰年即位，乃正禮。**厲也。**厲，殺也。傳曰：「始厲樂矣。」禮必踰年。此以喪至計，僅六日耳。以爲殺不及禮，故著日以明之。**於厲之中，又有義焉。**本爲減殺，然減之中又有分别。大鴻臚眭生説：諸侯踰年即位乃奔喪。春秋之義，未踰年君死，不成以人君禮〔三〕。言王者未加其禮，諸侯亦不得共其禮于王

〔二〕「位」字原脱，據日新本、鴻寶本補。

〔三〕「成」，原作「臣」，日新本、鴻寶本同，此據通典引五經異義改。

者相報也。**未殯，**以前之日。**雖有天子之命，猶不敢；**實則已殯，猶不出疆，但內事可與。以未殯言者，從本事言之。**況臨諸臣乎？**若未殯，則決不能以即位書。**疏**傳曰：「柩在堂，孤無外事。」劉子云：「凡奔喪，近者先聞先還，遠者後還。諸侯未葬，嗣子聞天子崩，不奔喪〔二〕。王者制禮，緣人心爲之節文，孝子之心，不忍去棺柩，故不使奔也。」著日，以明雖踰年猶必殯後乃即位；未殯，雖踰年亦不即位。著日有二義。**周人有喪，魯人有喪，**謂同在已殯未葬之時。**周人弔，魯人不弔，**弔，謂奔喪。禮：臣奔君之喪。**周人曰：「固吾臣也，使人可也。」**班固云：「天子聞諸侯薨，哭之何？慘怛發中，哀痛之至也。使大夫弔之，追遠重終之義也。故禮檀弓曰：『天子哭諸侯〔三〕，爵弁純衣。』又曰：『遣大夫弔，詞曰：皇天降災，子遭離之。嗚呼哀哉！天王使某弔。』」周使人弔葬歸賵無譏詞。**魯人曰：「吾君也，親之者也。**奔喪，親者也。故邾子來奔喪，不譏。小國事大國，如諸侯事天子之儀。**使大夫，則不可也。」**內臣如京師，皆譏文。**故周人弔，魯人不弔。**此謂兩有喪，則臣不奔君喪，君子不奪人之親。**以其下成、康爲未久也。**無使人代弔之禮。尚書周書終于顧命，以爲周道之盛，成、康未久，猶存古禮。至春秋，則朝守禮廢，魯無朝王之事，故但譏使人而已。**疏**天王崩，魯使大夫，非禮。于此見其義。**君，至尊也。**君，天子。**去父之殯，**謂已殯，與外事。**而往弔，猶不**

〔二〕「崩不奔喪」，原作「喪不奔」，日新本作「不奔喪」，此據通典引五經通義、鴻寶本改。

〔三〕「哭」，原作「災」，日新本、鴻寶本同，此據白虎通、禮記檀弓改。

敢，傳所謂「倍殯」是也。春秋之例，未葬之前，雖有天子之命，不能倍殯而出。**況未殯而臨諸臣乎？**已殯，不從天子命；未殯而臨諸臣，以至重明至輕也。**疏**班固云：「天子大斂之後稱王者，明臣民不可一日無君也。故尚書曰：『王麻冕黼裳。』此大斂之後也。何以知不從死後加王也〔一〕？以上迎子釗，不言迎王也。王者既殯而即繼體之位何？緣臣民之心，不可一日無君也。故先君不可見，則後君繼體矣。故尚書曰：『王再拜，興對，乃受銅瑁。』明爲繼體君也。緣終始之義，一年不可有二君，故尚書曰：『王釋冕反喪服。』吉冕受銅，稱王以接諸侯，明已繼體爲君也。釋冕藏銅反喪服，明未稱王以統事也。不可曠年無君，故踰年乃即位改元。元以名年，年以紀事，君統事見矣，而未發號令也。」鄭君說：「孝經『資于事父以事君』，言能爲人子，乃能爲人臣也。服問：『嗣子不得爲天子服。』此則嫌欲速，不一于父也。喪服四制曰：『門内之治恩揜義，門外之制義斷恩。』此言在父則爲父，在君則爲君也。春秋莊三十二年子般卒〔二〕，時父未葬也，子者，繫于父之稱也。言卒不言葬，未成君，猶繫于父，則當從門内之治恩掩義。禮者，在于所處〔三〕，此何以私廢公、以卑廢尊也〔四〕？」

秋，七月癸巳，葬我君昭公。「葬于道南，孔子之爲司寇，溝而合諸墓。」葬稱謚，卒事也。即位可以在葬前，内事

〔一〕「何以」，原作「此以」，日新本同，此據白虎通、鴻寶本改。
〔二〕「二」字原脱，日新本、鴻寶本同，當補。
〔三〕「于」，原作「子」，據通典引駁五經異義改。
〔四〕「卑」，原作「年」，據通典引駁五經異義改。

可與，特不與外事而已。疏事詳左氏。殯以喪至，如初喪。葬則不待五月者，喪已踰年也。不言「于道南」，諱以逐君自旌也。

九月，大雩。

雩，月；據月八、九。雩之正也。玉藻：「至于八月不雨，君不舉。」秋，大雩，秋者，謂七月。秋三月，經凡八、九月雩者，言月。七月雩，言「秋」而已，以明八、九雩，正；七月雩，不正也。非正也。據時未可。冬，大雩，非正也。傳曰：「冬無爲雩〔一〕。」秋大雩，雩之爲非正，何也？據至于七月不雨，志。毛澤未盡，毛，土所生；澤，地之潤。毛未盡、澤未盡，草木猶茱。人力未竭，救旱之術未窮。未可以雩也。譏時之早。雩，月；雩之正也。月之爲雩之正，何也？據螽災甚之乃月也。其時窮，過秋則冬，時無可待。人力盡，救旱之術窮。然後雩，雩之正也。何謂其時窮、人力盡？是月不雨，則無及矣；周八、九月，今六、七月也。至是無雨，則禾麥無獲，冬雖得雨，無補于飢荒也。是年不艾，則無食矣。一年不艾，雖國有備而民甚饑荒，憂民望雨，故必爲之雩。是謂其時窮，謂無及。人力盡也。謂無食。雩之必待其時窮、人力盡，何也？疑旱，雩，愈見勤雨也。雩者，爲旱求者也。劉子云：雩者，哀號祝禱而已。求者，請也。據求金。古之人重請。據求皆譏也。何重乎請？據禱雨舊典，事在爲民。

〔一〕「爲」字原重出，日新本、鴻寶本同，此據傳文删。

人之所以爲人者，讓也。春秋弒殺奔逐之禍多起于争，争爲亂階。欲絶亂原，務須明讓。故春秋貴讓，善隱公、賢衛武、曹臧、吴札三公子。**疏** 人有讓志，則禍亂不生。惡利，譏求，重乞。孟子曰：「王何必曰利？亦有仁義而已矣。王曰：『何以利吾國？』大夫曰：『何以利吾家？』士庶人曰：『何以利吾身？』上下交征利而國危矣。萬乘之國，弒其君者，必千乘之家；千乘之國，弒其君者，必百乘之家。萬取千焉，千取百焉，不爲不多矣。苟爲後義而先利，不奪不饜。」是之謂也。**請道去讓也，**請者，不與而求之。讓者，已與而辭之。二者相反。**則是舍其所以爲人也。**争則大者弒亂，小者忿殺，無以自立。**是以重之焉。**重之，以存人道也。**請哉，**據雨非人所主。**請乎應上公。**應，其氏，上公，人鬼之稱也。上公爲人鬼之稱者，許慎異義云：「故知社是上公，非地祇。」左氏云：「古者五長生爲上公，鬼爲貴神。」**古之神人有應上公者，****疏** 或云：應龍也。山海經曰：「大荒東北隅中有山名凶犁，土邱應龍處南極，殺蚩尤與夸父〔二〕，不得復上。故下數旱而爲應龍之狀，乃大雨也。」按：董子求雨篇：「春爲大蒼龍，夏爲大赤龍，季夏爲大黄龍，秋爲大白龍，冬爲大黑龍。」土龍致雨，蓋本應龍説也。鄭氏駁異義云：「今人亦云雷曰雷公，天曰天公，豈上公也？」**通乎陰陽，君親帥諸大夫道之而以請焉。**雩祭，君與大夫親往禱求，重其事，故必志也。**夫請者，**請于神人，當脩誠以見，不能使人。**非可詒託而往也，必親之者也，是以重之。**劉子云：「湯時不雨，以六事自責，天乃雨也。」請雨爲民也，非自爲也。

〔二〕「土邱」，原作「上邱」；「夸」，原作「夷」，日新本、鴻寶本同，此據山海經改。

秋雩，因災也，非生事也。傳猶以不月爲譏者，所以申明貴讓之義也。請而猶如此，則餘者可知，所謂深切著明也。

立煬宮。鄭君說：「煬公，伯禽之子。」煬公之宮，季氏主之。春秋譏毀泉臺，在喪大蒐，以逐君立廟自旌，不待貶絶而罪惡見，故不日月也。**疏**左傳以爲「昭公出，季平子禱于煬公。九月，立煬宮」。

立者，據「攷仲子之宮」言「攷」。**不宜立者也。**據立晉言立。煬，先君已祧之廟，非禮而立君廟，其惡與立不正君同。**疏**魯世家：「煬公，伯禽子。」

冬，十月，隕霜殺菽。劉子說：「周十月，今八月，于卦爲觀。陰氣未至君位而殺，誅罰不由君出，在臣下之象。是時，季氏逐昭公，君死于外，定公得立，故見天災以視君也。」月者，記時也。**疏**月者，記月因時乃見異，此不爲例者。

未可以殺而殺，舉重；可殺而不殺，舉輕。解見僖三十三年。**其曰菽，**據不殺言草。**舉重也。**菽，豆也。當冬乃生，不畏霜殺。今霜殺菽，則凡物皆病矣。菽，微物，而得重辭者，因其時令也。**疏**班氏云：「元帝永光元年三月，隕霜殺桑；九月二日，隕霜殺稼。與春秋時定公隕霜殺菽同。」

二年按：定世，三傳事實皆同，以近世文明故，應無異說。晉趙陽當從左作「衛」，校者誤改爾。此外，無不同者。

春，王正月。定世無伯，齊、晉分主中國；吳、楚分主夷狄。天下分裂，公羊所謂「諸侯遂亂」。

夏，五月壬辰，雉門及兩觀災。劉子說：「此皆奢侈過度者也。先是，逐昭公，昭公死于外。定公即位，不能誅季氏，又用其邪說，淫于女樂，而退孔子。天戒若曰：去高顯而奢僭者。一曰：門者，號令所由出也。今舍大聖而縱有罪〔二〕，亡以出號令矣。京房易傳曰：『君不思道，厥妖火燒宮。』」劉向治穀梁春秋，數其禍福，附以洪範。

其不曰雉門災及兩觀，班氏云：「雉門、兩觀皆天子之制。」門爲其主，觀爲其飾。**何也？**據殺、弒及不親。**災自兩觀始也。**據以兩觀親災，知災始也。**不以尊者親災也。**據「新作雉門及兩觀〔三〕」。親尊者，此當言「災雉門及兩觀」。**先言雉門，**據當言「兩觀災及雉門」。**尊尊也。**尊得及卑，卑不得及尊。故孔父先死而言及，不以卑先尊也。不以兩觀及門者，尊之，以記災，明人事。**疏**因其僭天子，故辟目雉門。以兩觀及雉門，則雉門爲輕，避僭天子也。

秋，楚人伐吴。此囊瓦之師。吴有滅楚之志，猶輕不舉伐之〔三〕，故稱「人」貶之。不言圍、獲，畧之也。

冬，十月，新作雉門及兩觀。班氏云：「門必有闕者，所以飾門別尊卑也。」闕者何？闕，疑也。按：釋宮：「觀，謂之闕。」賈疏以其有教象可觀〔四〕。又或謂之象魏，周禮正月之吉，「乃懸法于象魏」。古今注：「闕，觀也。古者每門樹兩觀于前，所以標表宮門也。其上可居，登之可遠望。人臣將朝，至此則思其闕，故謂之闕。」

言新，有舊也。據「作主」不言「新」，此先以災見。**作，**據「新延廐」不言「作」。**爲也，**據作主。**有加其度**

〔一〕「有」，原作「其」，日新本同，此據漢書五行志、鴻寶本改。
〔二〕「新」，原作「親」，據日新本、鴻寶本改。
〔三〕「不」字原脱，據日新本、鴻寶本補。
〔四〕「教」，原作「數」，日新本、鴻寶本同，此據賈氏周禮疏改。

也。據「作三軍」新立一軍爲三。脩舊不書，書者，譏其加度，愈見其僭禮。**此不正，其以尊者親之，何也？**據災猶不以尊親有〔一〕，知不正宜同。**雖不正也，於美猶可也。**新作美飾之事，以尊親之，亦主善以內之意。災事惡，惡不可近，亦目惡以外之意也。亦以災因天譴，作由人力，可以言「雉門及兩觀災」，不可以言「雉門及兩觀作」也。

三年

春，王正月，公如晉，至河乃復。晉無難公者，何以言至河乃復？以公之不屑如晉也。何爲不屑？以晉失伯，故不朝之。**疏**自此遂不如晉，晉失伯之辭也。齊争伯而晉衰，所謂「晏子以其君顯」也。昭五至河，不得入，不月。此月，以已後不如晉謹之。

三月辛卯，邾子穿卒。小國不專記事，但記卒葬，因大國事及之。**疏**卒正例日。

夏，四月。

秋，葬邾莊公。六月乃葬，緩。**疏**日卒時葬，小國正例。邾二葬皆時。

冬，仲孫何忌及邾子盟于拔。言及，內爲主。不日，數渝，惡之。此未踰年稱子也。邾稱子，在喪稱子，不嫌從

〔一〕「親」，原作「新」，據日新本、鴻寶本改。

同。鄭伯在喪不稱子，嫌也。 疏按：左傳作「郯」。以後不見莒，不見小邾。

四年

春，王二月癸巳〔一〕**，陳侯吳卒。** 陳世家：「二十八年，惠公卒，子懷公柳立。」不言其事，畧之也。 疏曹世家：「隱公四年，聲公弟露弒隱公代立，是爲靖公。」不見經，曹弒不書，爲同姓諱也。 卒正但言莒、薛弒，餘不言，爲之諱也。

三月，公會劉子、晉侯、宋公、蔡侯、衛侯、陳子、鄭伯、許男、曹伯、莒子、邾子、頓子、胡子、滕子、薛伯、杞伯、小邾子、齊國夏于召陵，侵楚。 平丘以後，不言同盟矣。 此何詳叙諸侯？ 左傳：「晉失諸侯。」天下無伯，晉失道而楚亦弱也。 然則此何以詳叙諸侯？ 以伐楚而詳，内中國而外夷狄也。 四伯分而天下裂，不惟無王，並無伯矣。 春秋自城濮以後，晉爲中國伯，楚爲夷狄伯，狎主齊盟，齊附于晉，吳尚未顯。 自此以後，齊、吳並起，而天下分裂。 蔡自晉文三會後，唯此乃會中國也。 蔡在先者，主兵。 又陳子末序，以年讓。 二國會而後侵，疑詞也。 言會，外疑之，不能伐楚，故蔡求吳。 侵不月，月者，大侵楚，諸侯皆在，從重而月之也。 諸侯皆君，齊獨大夫，起齊爲伯，如以大夫主諸侯，如趙盾故事也。 以天下諸侯侵楚，楚亦失伯也。 疏蔡世家：「昭侯十年朝楚，留楚三年，歸，乃之晉，請與晉伐楚。 十三年春，與衛靈公會召陵。」地理志汝南南頓下云：「故頓子，姬姓。」女陰下云：「故胡國。」

〔一〕「二月」，原作「正月」，日新本、鴻寶本同，此據經文改。

夏，四月庚辰，蔡公孫姓帥師滅沈，以沈子嘉歸，殺之。蔡不言滅，一見滅文，以起其爲方伯之辭。因其所滅，知其屬于何州。衛、鄭如是，陳、蔡亦如是者，以初本中國也。劉子説：「蔡怨楚而滅沈，楚怒〔一〕，圍蔡。吴人救之，遂爲伯莒之戰。」　**疏**公姓，公羊作歸姓。生、姓通假，疑與襄二十七年會宋公孫歸生爲一人。按：傳與左皆無「歸」字，又相去四十一年，疑公羊「歸」爲衍字。蔡世家：「夏，爲晉滅沈。」杞世家：「周武王時，侯伯尚千餘人。及幽、厲之後，諸侯力攻相并。江、黄、胡、沈之屬，不可勝數，故弗采著于傳上〔二〕。」

五月，公及諸侯盟于皋鼬。不言同盟者，天下諸侯皆在，不可言「同」也。春秋晉合諸侯終于此。左氏所云「晉于是失諸侯也」。　**疏**再地皋鼬，别爲盟也。言諸侯者，避劉子也。

後而再會，據已伐而盟復伐，以伐致；不復伐，以會致。**公志於後會也。**據公以會致，志于盟，不志于侵楚。

後，志疑也。内外諸國同在，而疑于伐楚。蔡乃請吴救，抑中國以起吴，無伯之辭也。　**疏**蔡請侵楚，晉人辭之，實未侵也。未侵而曰侵，致其意。天下諸侯皆在是而侵楚，楚亦病矣。此全見十九國，以下天下無伯，無五國累數者矣。

杞伯成卒于會。襄以後，小國正例日。不日，踰竟也。傳曰：「閔之也。」杞，魯屬；言會，公主之也。　**疏**杞世家：「悼公成卒，子隱公乞立。七月，隱公弟遂弑隱公自立，是爲釐公。」弑，不書弑，畧之。

〔一〕「怒」，原作「怨」，據漢書五行志、日新本、鴻寶本改。

〔二〕「傳上」，原倒作「上傳」，日新本同，此據杞世家、鴻寶本乙。

六月，葬陳惠公。子背殯出會，葬者，陳爲楚所滅，復仇也。月者，正例。

許遷于容城。諸侯遷之于中國，四遷矣：葉、夷、白羽、容城。

秋，七月，公至自會。傳：「春秋之義也，已伐而盟復伐，則以伐致；盟不復伐，則以會致。」以會致，疑侵也。內外皆疑而畢序諸侯者，所序愈詳，其心愈散，無伯之詞也。以月致者，大會至此終，故月以謹之。

劉卷卒。葬者必日卒。此不日，明例不葬，並明例不卒也。因賢乃卒葬，故卒不日以明之。此一見例。

此不卒，據尹氏卒以譏世卿。王子卒別爲一例，惟見此卿卒。**而卒者，**據寰內諸侯卒皆有所起。**賢之也。**劉子，卿也。卿尊同于方伯，故得卒之。然則，見四卿但卒劉子，所有周公、祭公爵尊仍不卒〔一〕。此卒而又葬，雖其尊可卒，乃因其賢而卒之。**疏**卒者，賢之也。奉王猛拒子晁，王猛卒，又奉敬王以正王室。猛不正，何賢乎爾？于猛之争立則嫌之，所以使父命行乎子，以尊君父。此許衛輒之例也。于劉之拒朝則賢之，追其持正之功，所以孤亂黨。此許里克弑奚齊之意也。然則何以不于其事賢之？方欲責猛，不以進劉，故于其卒焉賢之也。**寰內諸侯也，**王制曰：「天子之縣內諸侯，禄也；外諸侯，嗣也。」劉爲天子上卿，得六錫，本封百里。**疏**班氏云：「諸侯入爲公卿大夫，得食兩采邑否〔二〕？曰：有能然後居其位，德加于人，然後食其禄，所以尊賢重有德也。今以盛德

〔一〕「祭」，原作「蔡」，日新本同，據鴻寶本改。

〔二〕「兩」字原脱，日新本、鴻寶本同，此據白虎通補。

入輔佐，得兩食之。公卿大夫食采者，示與民同有無也。」**非列土諸侯，**據外諸侯乃卒葬。**此何以卒也？**此卒爲一見例。**疏**王制曰：「天子三公之田視公侯。以爲閒田。」據内諸侯不卒。此一說與上義別。班氏云：「禄者，録也。上以收録接下，下以名録謹以事上。」**天王崩，**昭二十二年書主會諸侯，爲王官伯。**爲諸侯主也。**

公羊：「我主之也。」與此說同。尹氏：「天子崩，諸侯往奔喪。」禮：以二公分率東方西方諸侯入門左右，顧命所言是也。禮：二伯乃天子之老。春秋之于齊、晉，故因尹有二伯率八伯之禮而卒之，以起二伯之舊。**疏**知爲諸侯主者，以其志葬。左氏：「昔吾主范氏，今子主趙氏。」

葬杞悼公。小國不專記事，但記卒葬，以備譜牒之文。

楚人圍蔡。召陵以後，蔡折而入于吴，吴强爲伯，蔡專心附之。楚怒蔡滅沈。言「人」，貶囊瓦。**疏**蔡世家：「楚怒，攻蔡。」從吴以後，記事乃詳。自平邱同盟之後，凡在會之國，以後于楚無盟會之文。晉同盟，不書陳、蔡。

晉士鞅、衛孔圄帥師伐鮮虞。不救蔡而伐同姓，譏之也。**疏**自此以後，晉師皆獨出，無從國。衛叙在齊下，無從晉之文。

葬劉文公。王臣四卒皆不葬。此葬，爲一見例〔一〕，賢之也。寰内諸侯尊，應得葬。禮：天子之卿視侯，得與外諸侯同也。然内外之分，例應不葬，此因賢之，託一葬以起不葬之例。

〔一〕「例」，原作「内」，日新本同，此據鴻寶本改。

冬，十有一月庚午，蔡侯以吳子及楚人戰于伯舉，楚師敗績。劉子說：「蔡滅沈。楚怒，圍蔡。吳人救之，遂爲伯舉之戰，敗楚師，屠郢都，妻昭王母，鞭平王墓。」按：楚大吳小，何以言戰？從蔡録之。吳稱子，楚稱人，抑楚，以其無道。此吳客楚主，不以楚及吳者，亦從蔡言之。蔡爲夷狄，屬楚久矣，何爲以中國言之？蔡之所以爲夷狄，楚故也。**疏**蔡世家：「昭侯使其子爲質于吳，與共伐楚。冬，與吳王闔廬遂破楚入郢。」

吳其稱子，何也？據凡侵伐皆稱國。**以蔡侯之以之，**據長岸但言戰，楚大吳小，二夷之稱。此言敗績，不以吳臨楚，從蔡辭。**舉其貴者也。**據子稱侯、稱人、稱師，從中國。**疏**凡以者，皆小以大、卑以貴。稱子，此吳爲伯、蔡以徐附之之辭也。**蔡侯之以之，則其舉貴者，何也？**據雞父敗，蔡從狄國辭。此乃因蔡而進。**吳信中國而攘夷狄，**中國齊、晉欲攘之，而其事不能大有徵豳如吳。**吳進矣。**春秋于蔡有夷狄之辭，傳以中國爲言者，蔡本中國兄弟之國，爲困于楚，故以夷狄待之。吳與蔡同姓，能攘楚，是春秋所急許者，故進之。**疏**春秋用夏變夷，吳能信中國而伐其同類，是以夏變夷，有出類離羣之美，故進之也。**其信中國而攘夷狄，奈何？**問其事，言「奈何」者，皆詳實事。**子胥父誅于楚也，**楚世家爲太子取婦事。**挾弓持矢而干闔廬，闔廬曰：「大之甚，**大，新序作「士」，公羊同。**勇之甚。」爲是欲興師而伐楚。**與子胥復仇。**子胥諫曰：「臣聞之，君**公羊作「諸侯」。**不爲匹夫興師。**國君以社稷爲重，兵不以報耻，故不以匹夫家事行師。**且事君，猶事父也。**臣子于君父一義。**虧君之義，復父之讎，臣弗爲也。」**雖復父仇，有虧君義，傷君益父，忠臣弗爲。**於是止。**劉子云：「如子胥者，可謂不以公事趨私矣。」**蔡昭公朝於楚，**楚爲伯，方伯皆有朝禮，此同左氏。年表在定元年。**有美裘。正是日，**正，當也。**囊瓦求之，昭公不與，爲是拘昭公於南郢數年。**疏蔡世家：「昭侯十年，朝楚昭王，持美裘二，獻其一于昭王，而自衣其一。楚相子常欲之，不與。子常譖蔡侯，留之楚三年〔一〕。蔡侯知之，乃獻其裘于子常；子常受之，乃言歸蔡侯。蔡侯歸。」**然後得歸，歸乃用事乎漢，曰：「苟諸侯有欲伐楚者，寡人請爲前列焉。」**疏年表：「蔡侯歸，如晉請伐楚。」**楚人聞之**中有召陵滅沈事，傳統言之。**而怒，爲是興師，**疏公羊有「使囊瓦將」四字。**而伐蔡，**冬圍蔡是也。**蔡請救于吴。**先請救于晉，晉畏楚，乃轉求吴也。**子胥曰：「蔡非有罪，**以裘故見拘。**楚無道也。君若有憂中國之心，則若此時可矣。」**爲救蔡。蔡，中國；楚，夷狄。疏按：左傳叙事，凡二傳經説、禮例，皆託之名卿大夫；二傳則直以左傳時人之言爲經説。至于説事實，則不更與禮制、經例相干。此條所言，即解經稱人、稱子之故，頗與左傳相近，此不以空言説經也。**爲是興師而伐楚。**劉子曰：「敗楚人于伯舉，以成霸道，子胥之謀也，故春秋褒而美之。」疏吴世家：「九年，闔廬謂胥、武曰：『始子之言郢未可入，今果如何？』二子對曰：『楚將子常貪，而唐、蔡皆怨之。王必欲大伐，必得唐、蔡乃可。』闔廬從之，悉興師，與唐、蔡西伐楚，至于漢水。楚亦發兵拒吴，夾水陳。吴王闔廬弟夫概欲戰，闔廬弗許。夫概曰：『王已屬臣兵，兵以利爲上，尚何待焉？』遂以其部五千人襲，楚兵大敗，走。於是吴王遂縱兵追之。比至郢，五戰，楚昭王亡出郢，奔鄖。鄖

〔一〕「楚」，原作「處」，據蔡世家、日新本、鴻寶本改。

公弟欲弑昭王，昭王與鄖公奔隨。而吴兵遂入郢。子胥、伯嚭鞭平王之尸以報父仇。」**何以不言救也？**據晉言救。**救，大也。**據下狄之，未可同于中國，故不言救。

楚囊瓦出奔鄭。言囊瓦之奔，所以深罪之也。謀人國，主人軍，貪賂敗師，不死而又逃。録奸貪之狀，以示用人者之不可苟。囊瓦已去，楚所以更興歟？**疏**鄭自昭四年會申以後，楚無交兵之文，惟召陵侵楚一見。

庚辰，吴入楚。終春秋世，吴無從國。定四年以後〔一〕，晉與吴同。劉子説：「吴王闔廬與荆人戰于伯舉，大勝之，至于郢郊，五敗荆人。闔廬之臣五人進諫曰〔二〕：『夫深入遠報，非王之利，王其返乎！』五將鍥頭，闔廬未之應，五將之頭墜于馬〔三〕，闔廬懼〔四〕，召伍子胥而問焉，子胥曰：『五臣者，懼也。夫五敗之人，其懼甚矣。王姑少追焉。』遂入郢，南至江〔五〕，北至方城，方三千里，皆服于吴矣。」**疏**不譏伍胥者，許復仇也。異義：凡君非理殺臣，公羊説：「子可復仇。故子胥伐楚，春秋賢之。」與傳同也。左氏説：「君，天命也，不可復仇。」據公、穀以爲可復仇者，就子胥説之。左氏以爲不可復仇者，就鄖公言之。然臣有罪，則不可復仇。禮本以受誅不受誅爲斷，非有異也。

〔一〕「後」，原訛作「從」，日新本同，此據鴻寶本改正。
〔二〕「五」，原作「子」，日新本、鴻寶本同，此據説苑指武篇改。
〔三〕「之」，原訛作「三」，日新本、鴻寶本同，此據説苑指武篇改正。
〔四〕「懼」，原作「恨」，日新本、鴻寶本同，此據説苑指武篇改。
〔五〕「至」字原脱，日新本、鴻寶本同，此據説苑指武篇補。

日入，據「於越入吳」不日。**易無楚也。**無楚者，不有楚也。中國滅，日。楚猶夷狄，滅楚，事重，故日。日入，滅之也。**易無楚者，壞宗廟，徙陳器，撻平王之墓。**年表：「吳、蔡伐楚入郢，昭王亡，伍子胥鞭平王墓。」

疏楚世家：「入郢，辱平王之墓，以伍子胥故也。」春秋有罪而死不追誅。言此，譏之也。**何以不言滅也？**據壞、徙，滅也。**欲存楚也。**楚滅陳，存中國，滅如未滅，故言存。夷狄與中國異辭，言欲存楚者，不明加滅文，特因其善，畧致存意。**其欲存楚，奈何？**楚亂中國，滅之宜也。問因何致存。**昭王之軍敗而逃，父老送之。曰：「寡人不肖，亡先君之邑，父老反矣，何憂無君？寡人且用此入海矣。」**孟子曰：「太王居邠，狄人侵之，去之岐山之下居焉。邠人曰：『仁人也，不可失也。』從之者如歸市。」似此矣。**父老曰：「有君如此，其賢也。以衆，不如吳；以必死，不如楚。」相與擊之，一夜而三敗吳人，復立。**楚因秦救乃立，歸功楚人者，若內外夾攻，賢楚昭，故歸功之。劉子云：「子胥將之吳，辭其友申包胥曰：『後三年，楚不亡，吾不見子矣。』申包胥曰：『子其知之。吾未可以助子，助子是伐宗廟也。止子是無以爲友。雖然，子亡之，我存之。』于是乎觀楚一存一亡也。後三年，吳師伐楚，昭王出奔。申包胥不受命，西見秦伯曰：『吳無道，兵强人衆，將征天下，始于楚。寡君出奔，居雲夢，使下臣告急。』哀公曰：『諾。固將圖之。』申包胥不罷朝，立于秦庭，晝夜哭，七日七夜不絶聲。哀公曰：『有臣如此，可不救乎？』興師救楚。吳人聞之，引兵而還。昭王反復，欲封申包胥。辭曰：『救亡〔一〕，非爲名也。功成受賜，是賣勇。』辭不受。遂退隱，終身不見。」此謂善敗者不亡，昭王之謂也。**疏**子得爲父報仇者，臣子之于君父，其義一也。忠臣孝子所以不能已，以恩義不可奪也。故父之仇不與共天，兄弟之仇不共國，朋友之仇不與同朝。子夏曰：「居兄弟之仇如之何？」「仕不與同國，銜君命遇之不鬭。〔二〕」父母以義見殺，子不復仇，爲死不怨也。**何以謂之吴也？**據上進以子。**狄之也。**反其狄道，因其行事而爲之進退。越，善事言越，兵事言「於越」，亦是此義。**疏**言「狄之」者，本非狄也。本狄，不言「狄之」，直稱狄而已，如戎、狄、蠻、夷是已。**何謂狄之也？**據同一事，不必進退。**君居其君之寢，而妻其君之妻；大夫居其大夫之寢，而妻其大夫之妻，蓋有欲妻楚王之母者。**劉子云：「伯嬴者，秦女，楚平王之夫人，昭王之母也。當昭王時，楚與吴爲伯舉之戰，吴勝楚，遂入郢，昭王亡。吴王盡妻其後宫，次至伯嬴。持刃曰：『妾聞天子者，天下之表也。公侯者，一國之儀也。天子失制則天下亂，諸侯失節則國危。夫婦之道，人倫之始，王化之端，是以明王之制，使男女不親授，坐不同席，食不共器，殊椸枷，異巾櫛，所以別之也。若諸侯外淫者，放；士庶人外淫者，宫割。夫然者，以爲仁失可復以義，義失可復以禮。男女之喪亂，無興焉。夫造亂，亡之端，公侯之所絶、天子之所誅也。今君王棄儀表之行，縱亂亡之欲，犯誅絶之事，何以行令訓民？且妾聞，生而辱不若死而

〔一〕「亡」，原訛作「之」，日新本、鴻寳本同，此據説苑至公篇改正。
〔二〕「銜」，原作「微」；「鬭」，原作「辭」，日新本、鴻寳本同，此據白虎通改。

榮。若使君王棄其儀表，則無以監國；妾有淫端，則無以生；一舉而兩辱，妾以死守之，不敢承。』吴王慙，遂退舍。」**不正乘敗人之績而深爲利，居人之國，**取向，傳曰：「伐莒，義兵也；取向，非也。不正乘敗人之績而深爲利。」與此同。春秋尚仁惡戰，乘勝以爲利，傷人道，故狄之。**故反其狄道也。**吴本狄國，因事善，乃進之稱「子」。無禮，是夷狄之常，故反其狄道而稱吴。秦救至，吴去，昭王復入。按：不書者，「入」者，得而不得之辭，猶存楚也。

五年年表：陳懷公柳元年，曹靖公路元年。

春，王三月辛亥朔〔一〕**，日有食之。**劉子説：「後鄭滅許，魯陽虎作亂，竊寶玉大弓，季桓子退孔尼，宋三臣以邑叛。」

夏，歸粟于蔡。蔡棄楚從中國，急收之。從此至哀元年，從楚乃見。

諸侯無粟，諸侯相歸粟，正也。解見莊二十八年。蔡與諸侯同侵楚，今新有敗楚功，諸侯助其餉。**孰歸之？**據不言國。**諸侯也。**據諸侯盟于皋鼬，謀伐楚。**不言歸之者，**據城緣陵言「諸侯」。**專辭也，**緣陵有散辭，故言「諸侯」。言諸侯者，諸侯不同也。此伐楚，又歸粟，得正，故以專辭言。内歸之，則諸侯歸之可知也。又以

〔一〕「三月」，阮刻本作「正月」。公羊作「正月」，左傳作「三月」。

歸粟各專其事，不如城功，諸侯同致力也。**義邇也。**主善以内也。傳曰：「不以難邇我。」今歸粟義，故得邇我也。

於越入吴。舊説：於越，夷言也。春秋凡夷之言「於越」，從内稱則言「越」；舉之則從中國，侵伐則從主人也。**疏**吴世家：「十年春，越聞吴王之在郢，國空，乃伐吴。吴使別兵擊越。楚告急秦，秦遣兵救楚擊吴，吴師敗。闔閭弟夫概見秦、越交敗吴，吴王留楚不去，夫概亡歸吴而自立爲吴王。闔閭聞之，乃引兵歸，攻夫概。夫概敗奔楚。楚昭王乃得以九月復入郢，而封夫概于堂谿，爲堂谿氏。十一年，吴王使太子夫差伐楚，取番。楚恐而去郢徙都。」在上言於越，爲舉之。在下言越，因從中國録之。此在繙譯名號例中。

六月丙申，季孫意如卒。意如，宿孫，昭七年立，六見經。子斯立。**疏**魯世家：「定公五年，季平子卒。陽虎私囚季桓子，與盟，乃捨之。」日者，惡前見。又定、哀之世其辭微。

秋，七月壬子，叔孫不敢卒。謚成子，昭二十五年立，一見經。子州仇立。

冬，晉士鞅帥師圍鮮虞。左氏：「報觀虎之役也〔一〕。」**疏**四年，圍鮮虞，六卿專，欲廣地自强，故失諸侯。

六年　**疏**年表：周王子朝之徒作亂，故王奔晉。楚徙都鄀。

春，王正月癸亥，鄭游速帥師滅許，以許男斯歸。録鄭滅許，以許歸屬于鄭之辭也。鄭因楚敗，乃滅許。

〔一〕「觀虎」，原倒作「虎觀」，日新本、鴻寶本同，此據左傳乙。

春秋有伯之世，中國不滅國。于定四年蔡滅沈，六年鄭滅許，十四年陳滅頓，十五年楚滅胡。沈、頓、胡、許四見會盟之國，同滅于定世，見諸侯之無伯也。**疏**楚世家：「十二年，楚恐，去郢，北徙都鄀。」按：日者，許，中國；名者，失地絶之。滅者，滅之于容城。後許復見，鄭以後不見，從晉之文，敘在齊下。

二月，公侵鄭。僖以下不言公侵伐，權在大夫也。此目公者，政在陪臣不可言，故目公也。侵，時；月者，危之也。陪臣執政，月以大之。**疏**左傳：「公侵鄭，取匡，爲晉討鄭之伐胥靡也。」從宣至此八十年，公不親將。

公至自侵鄭。鄭因魯復許國。致不月者，公實未行也。

夏，季孫斯、仲孫何忌如晉。如晉者，魯當事晉也。傳曰：「不正其同倫相見，故列數之。」時齊據鄆與讙、龜陰，告圍鄆也。**疏**左傳：「季桓子如晉，獻鄭俘也。陽虎强使孟懿子往報夫人之聘。」

秋，晉人執宋行人樂祁犂。稱行人，怨在上也。晉六卿執政，無志于諸侯，故執宋行人。**疏**左：「樂祁曰：『諸侯惟我事晉。』」言執行人，晉愈失諸侯矣。

冬，城中城。劉子云：「先是，定公自將侵鄭，歸，城中城。」

城中城者，再城。**三家張也。**因昭公之難。**或曰：非外民也。**同成公九年傳。

季孫斯、仲孫忌帥師圍鄆。並見二卿者，二軍之制。此下常言二卿矣。**疏**忌者，何忌。言忌者，貶之也，從蔡侯東例。圍鄆者，齊取鄆居公，公薨後不反鄆，故告晉而圍鄆。

七年年表：劉子迎王，晉人王〔一〕。

春，王正月。

夏，四月。

秋，齊侯、鄭伯盟于鹹。齊不盟諸侯久矣。今盟鄭者，得鄭也。**疏**盟，伯者之事也。自皋鼬以下，無諸侯大盟。會晉無盟字，齊有盟會。盟于鹹，齊欲得諸侯；鄭欲報魯，故相會于鹹。下晉士鞅伐鄭，討其盟齊，徵其會也。

齊人執衛行人北宮結以侵衛。齊執衛行人，齊復伯之辭也。齊伯，則晉失伯矣。又執衛行人，欲得衛也。

疏年表：「齊侵衛，伐魯〔二〕。」

以，重辭也。解見僖二十一年。**衛人重北宮結。**衛欲背晉從齊，恐國人不從，僞使齊執結以侵衛，因侵而與之盟。

齊侯、衛侯盟于沙。此衛爲齊屬之辭。齊有盟，晉無盟矣。**疏**因侵而盟，乃同伐晉。沙，晉地也。下士鞅伐衛，討此盟也。

大雩。不月，七月也。雩而不得大雨，故九月復雩。

〔一〕「入王」下原衍「城」字，日新本、鴻寶本同，此據年表删。

〔二〕「魯」，原訛作「晉」，日新本、鴻寶本同，此據年表改正。

齊國夏帥師伐我西鄙。定世伐我不言鄙，此言鄙者，爲陽虎事。**疏**魯世家：「七年，齊伐我，取鄆，以爲魯陽虎邑以從政。」

九月，大雩。劉子説：「先是，定公自將侵鄭，歸而城中城。二大夫帥師圍鄆。」

冬，十月。

八年

春，王正月，公侵齊。報西鄙之役，恃晉以抗齊。月者，危之也。齊近晉遠，齊强晉弱，恃遠交以樹怨近鄰，危，故月之也。

公至自侵齊。危之也。不月者，同月也，同月不再出月。**疏**年表齊：「魯伐我，我伐魯。」

二月，公侵齊。月者，重危之。二月再出師，重勞民，欲以樹怨于大國，危之甚也。

三月，公至自侵齊。三月兩侵、兩致，窮兵結怨，故下齊又伐西鄙。

公如往，時；致，月，危致也。往，月；致，時，危往也。宣九年月如、時致。凡月者，危之也。

往月、致月，惡之也。一時再侵齊，輕舉亟動，失爲國之道，故惡之。再發傳者，爲立世例也。莊世言往月、致月，爲有懼。此言惡之者，莊世初致月，猶懼耳；此久致以見危，則月有加故，起義爲惡之也。

曹伯露卒。**疏**曹世家：「靖公四年卒，子伯陽立。」時者，惡之也。露弑兄而立，惡其弑也。弑不書，不言隱公卒，畧之也。

夏，齊國夏帥師伐我西鄙。 瓦師，救我者也。不言救者，内不言救，言會晉師，意已明。

公會晉師于瓦。 皋鼬以後，晉無從國，不大會諸侯，晉有會無盟，此失伯之辭也。**疏** 據左氏，此士鞅、趙鞅之師也。瓦，宋地。不言趙鞅者，公不會大夫也。會之謀拒齊，諸侯從齊者衆，故獨會公。

公至自瓦。 盟會凡三人以下，致則言會，以三成衆。離會則致地，以二人會不足爲會。

秋，七月戊辰，陳侯柳卒。 蔡侯東卒于楚，地楚。此卒于吴，何以不地吴？閔之也。楚何以地？楚大吴小，陳貴于蔡，不言陳朝吴，諱之深，故不書。蔡可言卒楚，陳不可言卒吴也。**疏** 陳世家：「四年，吴復召懷公。懷公恐，如吴。吴怒其前不往，留之，因卒吴。陳乃立懷公之子越，是爲湣公。」

晉士鞅帥師侵鄭，遂侵衛。 晉以下不言帥諸侯，晉失伯也。衛、鄭從齊，故伐之。**疏** 討鄭、衛與齊盟。遂，繼事，專兵也。

葬曹靖公。 春秋曹國九卒九葬，無不葬者，起爲小國例也。始卒日者，起卒正之首也。以後不日者，一見已明，下從正例。以曹不日，見餘卒正月之爲進也。壽，日者，進之也。

九月，葬陳懷公。 月者，爲危之也。春秋之終也，凡大國葬皆月。春秋陳十一卒八葬，款不葬，惡從楚也。躍不葬，爲嗣子危。朔不葬，背殯出會也。

季孫斯、仲孫何忌帥師侵衛。 受趙鞅之命而侵衛。季孫逐君，晉大夫右之，故聽命抗齊侵衛。詳録三家之權，欲反其權于諸侯也。　疏左傳：「師侵衛，晉故也。」

冬，衛侯、鄭伯盟于曲濮。衛、鄭盟者，盟從齊也。晉已無盟，此猶有盟者，由齊得有盟也。　疏曲濮，衛地也。衛、鄭因晉侵同盟，從齊抗晉。時六卿强，侵奪鄭地，故思從齊侯也。

從祀先公。不言閔、僖者，不斥言，以諱惡也。不日者，善事不謹。　疏左氏：「陽虎欲去三桓。冬十月，順祭先公而祈焉。辛卯，禘于僖公。」

貴復正也。據言「從」，知復正。凡言公，皆于太廟行事。不言太廟者，見者不再見。此惡事，陽虎主之，其以復正言者，經意如此，不關事實也。三傳説經，有言事實，有言經意者，如舍中軍、從祀先公，均惡也，而傳以「復正」言之，因有其事以明其制，不必更記其事之美惡，此經義所以間與事實不合也。推之盾、止，未弒而書弒，招、圍弒而不書弒，皆此例也。

盜竊寶玉大弓。王制曰：「仕于家者，不與士齒。」劉子説：「陽虎作亂，竊寶玉大弓。」　疏魯世家：「八年，陽虎欲盡殺三桓適，而更立其所善庶子以代之；載季桓子將殺之，桓子詐而得脱。三桓共攻陽虎，陽虎居陽關。」論語曰：「陪臣執國命，三世希不失矣。」稱盜者，陪臣也，微不得與士齒。稱盜不稱人，詳陪臣之禍，欲反其權于天子也。

寶玉者，封圭也；大弓者，武王之戎弓也。周公受賜，藏之魯。寶玉，謂夏后氏之璜。大弓，封父之繁弱，皆魯始封之分器受于周者。**非其所以與人而與人，謂之亡。**「梁亡」是也，謂失亡。**非其所取而取之，謂之盜。**傳曰：「春秋三盜。」此其一也。　疏年表：「陽虎欲伐三桓，三桓攻陽虎，虎奔陽關。」

九年　**疏**年表：陳滑公越元年，曹伯陽元年。

春，王正月。

夏，四月戊申，鄭伯蠆卒。鄭卒皆日，方伯也。鄭自平邱同盟以後，與楚、吴全無會盟侵伐交接之文。惟召陵從侵楚、囊瓦奔鄭一見，此内鄭例也。**疏**鄭世家：「十三年卒，子聲公勝立。當是時，六卿强，侵奪鄭〔一〕，鄭遂弱。」

得寶玉大弓。　**疏**魯世家：「九年，魯伐陽虎，陽虎奔齊，已而奔晉趙氏。」

其不地，何也？據有盜之者宜地。**寶玉、大弓在家，則羞。**據盜者陪臣，重寶爲陪臣所竊，可耻。**不目羞也。**諱，故不言所得之地。**惡得之？**問其實地。**得之堤下。**當是師説所傳。**或曰：陽虎以解衆也。**因其竊國寶，故追之急，已乃棄此以餌追師，得寶，則追者之心解散也。

六月，葬鄭獻公。月者，終春秋葬月也。鄭卒皆日，鄭以伯爲方伯，貴賤不嫌同辭，故卒皆日也。鄭十二卒，八葬，捷不葬者，晉納蘭也。夷不葬者，不討賊故。不葬費、踚，爲伐喪。莊爲忽、厲危。捷不葬以下皆月矣。

秋，齊侯、衛侯次于五氏。齊得衛以伐晉。**疏**次，不進也。五氏，晉地。魯、衛已從齊，與齊、衛討晉。無鄭者，鄭在喪中。

〔一〕「鄭」下原衍「地」字，據鄭世家、日新本、鴻寶本删。

秦伯卒。時卒，狄秦。以上五卒皆時。**疏**秦本紀〔一〕：「哀公立三十六年卒。太子，夷公〔二〕。夷公早死，不得立，立夷公子，是爲惠公。」

冬，葬秦哀公。以上三十六年不記事，但記卒葬。

十年年表：鄭聲公勝元年，鄭益弱。秦惠公元年。

春，王三月，及齊平。此魯從齊也。平者，葢敗，乃爲戒。以下不言公及者，外公也。平，例時；此月者，不信也，爲頰谷起。

夏，公會齊侯于頰谷。**疏**齊世家：「四十八年，景公與魯定公好會頰谷。犂鉏曰：『孔丘知禮而怯，請令萊人爲樂，因執魯君，可得志。』景公害孔丘相魯，懼其霸，故從犂鉏之計。方會，進萊樂，孔子歷階上，使有司執萊人斬之，以禮讓景公。景公慙，乃歸魯侵地以謝，而罷去。」

公至自頰谷。致地例，三傳同。

離會不致。據參盟以上乃致。**何爲致也？**據離會無危道，不如大盟會。離讀如「儷」，匹也。好會，離則不

〔一〕「本紀」，原作「世家」，日新本、鴻寶本同，俱誤。

〔二〕「夷公」下原衍「立」字，日新本、鴻寶本同，此據秦本紀删。

致。穀與瓦致，以兵事也。危之也。據危如大盟會。危之，則以地致，何也？據危如大會，當以會致。穀、瓦致者，兵事。爲危之也。據有兵事，如瓦、穀，故致地，重危之，明危在頰谷也。其危奈何？據好會無危道。曰：頰谷之會，孔子相焉。爲司寇也。兩君就壇，會必築壇，故于隙地。兩相相揖。齊人鼓譟而起，鼓譟者，鳴鼓而聲譟。欲以執魯君。于會執魯君，如鄫子故事。孔子歷階而上，西階也。不盡一等，讓君也。而視歸乎齊侯曰：君在堂上，孔子在階下，相去遠，故以目視之而言。「兩君合好，夷狄之民，辟齊人，或曰：萊人也。何爲來爲？」命司馬止之。司馬，魯卿，所謂「義者行」也。齊侯逡巡而謝曰：逡巡，不安貌。「寡人之過也。」謝孔子。退而屬其二三大夫曰：屬，告也。「夫人率其君與之行古人之道，「夫人」，孔子也。古人禮讓之道。二三子獨率我而入夷狄之俗，何爲？」以萊人于會要相執，此夷狄之俗也。罷會，已會後。齊人使優施舞於魯君之幕下，優，俳優，施，其名也。孔子曰：「笑君者，罪當死。」蓋優學爲魯侯，故曰「笑君」。使司馬行法焉，命司馬斬之。孔子所謂「智者慮」，司馬則「勇者」也。首足異門而出。首足異門，不使相屬，重罪也。齊人來歸鄆、讙、龜陰之田者，蓋爲此也。魯用孔子，齊畏威德，歸田以求和。因是以見雖有文事，會盟。必有武備，司馬「義者行」也。孔子於頰谷之會見之矣。劉子說：「聖王之治天下，先文德，而後武功。凡武之興，爲不服也〔二〕。文化不改，然後加誅。夫下愚不移〔三〕，文德之所不能化，而後武力加焉。」俞樾說：「見，當爲辱。本謂孔子得之矣，從辱，脱『寸』，乃誤爲『見』。」**疏**孔子世家：「由中都宰爲司空。」

晉趙鞅帥師圍衛。 討其從齊伐晉。**疏**單叙晉師，失諸侯也。

齊人來歸鄆、讙、龜陰之田。 劉子說：「定公、孔子爲頰谷之會，齊人來歸鄆、讙、龜陰之田。」按：言齊歸田，如魯新有功，齊伯奉天子命，禄以閒田。**疏**言歸田，則邑可知。言鄆、讙、龜陰田者，不許邑也。鄆者，齊爲公取不反者。

叔孫州仇、仲孫何忌帥師圍郈。 叔孫在孟孫上。仲，下卿也。**疏**詳録陪臣專，欲反其權于大夫也。言帥師，有難也。

秋，叔孫州仇、仲孫何忌帥師圍郈。 墮郈也。二卿帥師，不能墮，明郈强也。私家專政之禍久矣。

宋樂大心出奔曹。 宋與曹相仇。**疏**左傳：「子明言于公曰：『右師將不利戴氏。不肯適晉，將作亂也。』乃逐桐門右師。」

宋公子地出奔陳。 爲魋奪馬事出奔。公子地，辰之兄，皆宋公母弟。不稱弟，不以屬通，從正稱也。辰勸地出奔，君必反之。地奔，辰請反地，公不許，故辰亦奔。宋與陳相仇，故辰又奔陳。**疏**地，元公子，宋不見公子、公孫，見公孫

〔二〕「服」，原訛作「明」，日新本、鴻寶本同，此據説苑指武篇改正。
〔三〕「移」，原作「肖」，日新本、鴻寶本同，此據説苑改。

壽者，起其讓，爲蕩氏也。此稱公子，言失其弟，以與辰相起。其下事明，故言弟也。

冬，齊侯、衛侯、鄭游速會于安甫。 三國從齊。**疏** 齊地也，傳「去齊國五百里」。齊得衛、鄭，故爲安甫之會。

叔孫州仇如齊。 如齊者，如會也。會不與，蓋後會也。

宋公之弟辰暨宋仲佗、石彄出奔陳。 暨者，不得已也。言暨者，仲佗、石彄使之也。時宋公子辰、公子地、仲佗、石彄四大夫皆在陳。**疏** 辰以母弟出奔，事與鄭段大異。使鄭段亦同此書出奔，則鄭伯之惡不顯。事小而情重，則不得不從重科之。書以「克」，所以顯其處心積慮成于殺之惡也。

十有一年

春，宋公之弟辰及仲佗、石彄、公子地自陳入于蕭以叛。 劉子云：「宋三臣以邑叛，五年日食之應。」按：蕭前滅于楚，此乃爲宋邑者，諸侯爲宋取之以歸于宋也。故前爲附庸，後爲宋邑也。**疏** 班氏云：「左傳宋公子地有白馬駟，公嬖向魋欲之，公取而朱其尾鬣以予之。地怒，使其徒抶魋而奪之。魋懼，將走，公閉門而泣之，目盡腫。公弟辰謂地曰：『子爲君禮，不過出竟，君必止子。』地出奔陳，公弗止。辰爲之請，弗聽。辰曰：『是我迂吾兄也。吾以國人出，君誰與守？』遂與其徒出奔陳。明年，以俱入于蕭以叛，大爲宋患。近馬禍也。」

宋公之弟辰， 據地亦母弟不言「弟」。**未失其弟也。** 據不言復入中國辭。**疏** 辰以迂兄自去，近于有信，如公子專，故稱弟，盡其親。譏宋公嬖佞人以逐兄弟也。辰罪不如段，有事罪明，故但譏宋公也。**及仲佗、石彄、**

公子地，據出言「暨」，入言「及」。**疏**春秋之例，三大國與衛同不言公子、公孫。言，皆變例有所起。晉全不言；齊一言商人；宋一見地、壽；衛一見瑕、剽，皆有別義。然則惟陳、鄭、蔡、楚四國正言之。鄭七族以外，二見公子；楚有公子無公孫；蔡公子、公孫外，但見朝吴，此又名異也。**以尊及卑也。**謂以辰及仲佗、石彄耳。不以及其兄，地有奪馬罪。辰無罪，使其入，當召復其位，故以辰同出之人在先。按：事由公子地，不以地先仲佗、石彄二大夫者，二大夫與辰同出；地先奔，故異之。**自陳，**據入或不言自。**陳有奉焉爾**〔一〕**。**陳、宋相仇，地因奔陳，又招佗、彄挾辰出奔，故助之入蕭。**入于蕭以叛，入者，**據不失弟，宜言歸。**内弗受也。**言入，非善辭。

疏宋，大國，大國三卿，同時見五大夫出奔，則大夫當在十人以上矣。宋大國三卿九大夫，當得十二人，經于此特詳之。**以者，不以也**〔二〕**。叛，**據以地奔曰叛。奔當言國〔三〕，此言叛不言國。**直叛也。**據地無君命，以「叛」言，外之于國也。不出而言叛，身未出竟，據居于邑，使若國然。直叛，猶言未出，以據地而叛之，不言出也。

夏，四月。

秋，宋樂大心自曹入于蕭。因事出奔，因辰入蕭，乃亦反宋入蕭。**疏**左傳：「秋，樂大心從之，大爲宋患，寵向魋故也。」

〔一〕「爾」，原作「耳」，日新本、鴻寶本同，此據傳文改。

〔二〕「以」下原衍「者」字，日新本、鴻寶本同，此據傳文删。

〔三〕「奔當」，原倒作「當奔」，日新本同，此據鴻寶本乙。

冬，及鄭平。 傳曰：「不言及之者，以國與之也。」言「及鄭平」，與「及齊平」同。齊乃平之國也。蓋鄭使人如齊，齊使之反，至魯盟，始叛晉也。

叔還如鄭莅盟。 傳曰：「不言其人，亦以國與也。」前定盟，于此兩見，鄭因齊盟我，故我亦遣使盟鄭。涖盟者，前定也。前定者，新平鄭。內大夫一如鄭。 **疏** 世本：「叔弓生定伯閱，閱生西巷敬叔，叔生成子還。」還是叔弓曾孫。杜云「叔詣曾孫」，誤。

十有二年 年表魯：「齊來歸女樂〔一〕，季桓子受之，孔子行。」

春，薛伯定卒。 王者初制法，詳內畧外，臨一家言，故小國卒葬之禮備。臨天下言，則小國不詳，故不卒之也。

夏，葬薛襄公。 時卒時葬薛，正例也。 **疏** 薛終春秋，惟書一來朝。以下則但記卒葬，不記事，從大國以見。

叔孫州仇帥師墮郈。 夫子辨家邑之制，爲此墮也。若叔孫陪臣，安得書于春秋。

墮， 據邑當言取。 **猶取也。** 據前再言「圍」。夫子爲政，墮三家私邑以强公室。

衛公孟彄帥師伐曹。 爲宋討也，一伐。 **疏** 公孟彄，舊説皆以爲孟縶子。按：公孫當稱「公孫」。鄧名世姓氏書辨證又以彄爲縶孫，謂「縶以疾不得嗣，孫彄以王父字爲氏」是也。昭以後衛大夫北宫、世叔、叔齊、孔、石、公叔、公孟、

〔一〕「樂」下原有「五十」二字，日新本、鴻寶本同，此據十二諸侯年表刪。

趙，共見八族者，三卿五大夫，孫、甯既絶，詳見氏族，以見靈公之善用人也。

季孫斯、仲孫何忌帥師墮費。 地理志：「費，故季氏邑。」 **疏** 孔子世家：「定公十三年夏，孔子言於定公曰：『臣無藏甲，大夫無百雉之城。』使仲由爲季氏宰，將墮三都。於是叔孫氏先墮郈，季氏將墮費，公山不狃、叔孫輒率費人襲魯。公與三子入於季氏之宮，登武子之臺。費人攻之，弗克，入及公側。孔子命申句須、樂頎下伐之，費人北。國人追之，敗諸姑蔑。二子奔齊，遂墮費。」

秋，大雩。

冬，十月癸亥，公會齊侯，盟于黄。 黄，齊地，公與齊也。

十有一月丙寅朔，日有食之。 劉子説：「後晉三大夫以邑叛，薛弑其君，楚滅頓、胡，越敗吴，衛逐世子。」

公至自黄。 **疏** 黄在外，例致。

十有二月，公圍成。 **疏** 魯世家：「十二年，孔子使仲由毁三桓城，收其甲兵。孟氏不肯墮城〔一〕，伐之，不克而止。季桓子受女樂，孔子去。」成，爲孟氏家私邑。

非國言圍，圍成，大公也。 昭在外，此在内，不異例者，道義不外君也。昭圍不月，此月者，公在内，使墮而不能成。月之，以著臣下之彊也。

〔一〕「城」，原作「成」，據魯世家、日新本、鴻寶本改。

公至自圍成。不得意也。公圍成，成倚齊自固，公不能取，故危之如敵國。公于魯而致，此亦外公之義也。**何以致？**據圍成不踰竟，例不致。**危之也。**因有危道，變例致之。**何危爾？**據内無危公之道。**邊乎齊也。**圍成者，墮成也。成邊于齊，邊與出竟相同。成以齊爲助，不能取，故致以外之也。**疏**孔子世家：「將墮成，公斂處父謂孟孫曰：『墮成，齊人必至於北門。且成，孟氏之保障，無成，是無孟氏也。我將弗墮。』十二月，公圍成，弗克。」

十有三年

春，齊侯次于垂、葭。垂、葭二邑累見也。魯有葭，故邾葭繫邾也。時公圍成，故齊侵我師至垂、葭。言次者，辟渝盟。因次，又與齊和。**疏**一説：此伐晉，與九年次五氏同〔一〕。

夏，築蛇淵囿。見三囿者，明禮諸侯三囿也。見三臺者，亦明諸侯三臺之制。**疏**傳曰：「虞利，非正。」

大蒐于比蒲。有兵事，不廢築、蒐，非之也。

衛公孟彄帥師伐曹。二伐。

秋，晉趙鞅入于晉陽以叛。春秋于趙事兩赦其罪，趙盾弑君再見，趙鞅叛後言「歸于晉」。**疏**晉世家：「十

〔一〕「九」，原訛作「五」，日新本同，此據鴻寶本改正。

五年，趙鞅使邯鄲大夫午，不信，欲殺午，午與中行寅、范吉射親攻趙鞅，趙鞅走保晉陽。定公圍晉陽，荀櫟、韓不信、魏侈與范、中行爲仇，乃移兵伐范、中行。范、中行反，晉君擊之，敗范、中行。范、中行走朝歌，保之。韓、魏爲趙鞅謝晉君，乃赦趙鞅，復位。」

以者，不以者也。叛，直叛也。 入，自外言入，入于蕭是也。**疏**地理志太原郡晉陽下云：「故詩唐國。周成王滅唐，封弟叔虞。」

冬，晉荀寅、士吉射入于朝歌以叛。 劉子云：「周公誅三監，盡以其地封康叔。至十六世，懿亡道，爲狄所滅。齊桓公率諸侯伐狄，而更封衛于河南曹、楚邱。而河内殷墟，更屬于晉。」朝歌，衛故國也。衛遷朝歌，地爲晉有。**疏**地理志河内郡朝歌下云：「紂所都。周武王弟康叔所封，更名衛。」齊世家：「五十五年，范、中行反其君于晉，晉攻之急，來請粟。田乞欲爲亂，樹黨于逆臣，説景公曰：『范、中行數有德于齊，不可不救。』乃使乞救而輸之粟。」但言叛不言後事，未言之例也。自此以下，晉數見韓、趙、魏，以起三家分晉也。荀、士亡于本年，欒氏亡于襄二十三年。六卿專晉，自襄元年至定十三年，共七十七年。欒最强先亡，荀氏次之，魏、韓、趙較三家爲弱，乃能自保其位。

晉趙鞅歸于晉。 劉子説：「晉三大夫以地叛，十二年日食之應。」

此叛也，其以歸言之，何也？ 據以惡入。**貴其以地反也。** 歸，如「歸公孫敖之喪」之「歸」，有所挾之辭。以地反，故不言入。**貴其以地反，則是大利也？** 據以地言「歸」，因地得善詞，是以利而亂其是非。**非大利也，** 據其非實叛，罪其據地。反地，則除罪，非因地赦之。**疏**弟子所問有誤，師隨時駁正之。公羊無此例。

許悔過也。據因無君命而入，是微過，非大惡。言歸，許其悔專入之失。**許悔過，則何以言叛也？**叛者，大惡。過者，小失。前既言叛，則不得爲過。**以地正國也。**荀寅、士吉射合謀亂晉，不利公室，鞅以其禍將起，力弱不能制，先據邑自立，然後發二家姦謀，故二家隨叛。其事已明，乃歸邑于君，有正國之功，不免專擅之罪。其事雖專，其心可恕，故許其悔過也。**以地正國，則何以言叛？**據討賊以地，權宜之事，不當言叛。**其入，無君命也。**史記：「孔子聞趙簡子不請晉君而執邯鄲午，保晉陽，故書春秋曰『趙鞅以晉陽畔』。」**疏**趙世家：「晉定公之十四年，范、中行作亂。明年春，簡子謂邯鄲大夫午：『歸我衛士五百家，吾將置之晉陽。』午許諾，歸，其父兄不聽，倍言。趙鞅捕午，囚之晉陽。乃告邯鄲人曰：『我私有誅午也，諸君欲誰立？』遂殺午。趙稷、涉賓以邯鄲反。晉君使藉秦圍邯鄲。荀寅、范吉射與午善，不肯助秦而謀作亂，董安于知之。十月，范、中行氏伐趙鞅，奔晉陽，晉人圍之。范吉射、荀寅仇人魏襄等謀逐荀寅，以梁嬰父代之，逐吉射，以范皋繹代之。荀躒言于晉侯曰：『君命大臣，始亂者死。今三臣始亂而獨逐鞅，用刑不均，請皆逐之。』十一月，荀躒、韓不佞、魏哆奉公命以伐范、中行氏，不克。范、中行氏反伐公，公擊之，范、中行敗走。丁未，二子奔朝歌。韓、魏以趙氏爲請。十二月辛未，趙鞅入絳，盟于公宮。其明年，知伯文子謂趙鞅曰：『范、中行雖信爲亂，安于發之，是安于與謀也。晉國有法，始亂者死。夫二子已伏罪而安于獨在。』趙鞅患之。安于曰：『臣死，趙氏定，晉國甯，吾死晚矣。』遂自殺。趙氏以告知伯，然後趙氏甯。」

薛弑其君比。劉子云：「薛弑其君，十二年日食之應。」按：薛無大夫，故以國言之，與大國稱人同。稱人，則爲名氏。晉以國弑者，君無道甚，不同。**疏**曹、薛皆弑，何以不書曹？爲同姓諱也。春秋何書弑？凡書卒之國，皆得書弒也。

十有四年

春，衛公叔戍來奔。公叔，衛公子也。衛公子不稱「公子」，稱公孟、公叔、世叔。**疏**事詳左傳。

晉趙陽出奔宋。晉，當作「衛」。晉、宋親，晉逃人不奔宋。**疏**趙陽，王符潛夫論：趙氏爲衛公族。孔疏引世本：「懿子兼生昭子，昭子生陽兼，即黶也。」毛氏簡書刊誤曰：「趙陽，衛大夫。」正義據世本有明證。公羊改「衛」作「晉」，誤。「晉」，左作「衛」，云衛侯逐公叔戍與其黨，故趙陽奔宋。入定、哀之世，三傳事無異同。知作「晉」者，後人校者以趙爲晉族，妄改之。

二月辛巳，楚公子結、陳公孫佗人帥師滅頓，以頓子牂歸。諸侯不敘，獨敘陳者，以陳屬之楚也。自文十四年以後同盟之國，平邱以後與楚絶來往之文。陳于定、哀猶以從楚見，故文以下同盟無陳也。何以無陳？以楚爲二伯，則以陳攝荆州伯，不如宋、魯、衛、鄭爲中國故書「同盟」。故平邱以後不見從楚之文，以陳屬楚，以頓還陳之辭也。頓爲陳屬國，近楚之中國也。年表：「楚滅胡，以吴敗，我倍之。」因楚事乃録之，能列會盟，蓋小國如曹之比。知陳屬者，國在汝南。前納頓子者，陳；此滅又出陳也。**疏**楚世家：「昭王二十年，滅頓。」不事楚，因見滅。定四年後，楚再見陳從滅頓圍蔡。按：結，平王子，字子期。下見伐陳。公孫佗人，公羊作「公子」，趙坦云「譌也」。

夏，衛北宫結來奔。二臣犇我，魯、衛不協；結，戍之徒也。**疏**左：「公叔戍之故也。」

五月，於越敗吴于檇李。夷狄相敗，不月。取卒之月加于「敗」之上者，見以敗卒也。

吴子光卒。劉子云：「吴以伍子胥、孫武之謀，西破强楚，北威齊、晉〔二〕，南伐越。越王勾踐迎擊之于姑蘇，傷闔閭指，軍卻。闔閭謂大子夫差曰：『爾忘越王勾踐殺爾父乎？』夫差對曰：『不敢忘。』是夕，闔閭卒。夫差既立爲王，以伯嚭爲太宰，習射，三年伐越，敗于夫湫。」**疏**地理志會稽郡由拳縣下云：「柴辟，故就李鄉，吴〔三〕、越戰地。」吴世家：「十九年，吴伐越，越王勾踐迎擊之檇李。越使死士挑戰，三行造吴師，呼，自剄。吴師觀之，越因伐吴，敗之姑蘇，傷吴王闔閭指，軍卻七里。吴王病傷而死。闔閭使立太子夫差，謂曰：『爾忘勾踐殺汝父乎？』對曰：『不敢忘。』三年，乃報越。」

公會齊侯、衛侯于牽。牽，齊地。衛與公會齊，利魯、衛也。齊合諸侯而晉不列數者，晉失伯也。莊、僖之間，齊爲伯，通主天下，所謂天下諸侯皆在是，同盟有蔡。至于晉文爲伯，則楚亦起。晉之同盟，傳以爲外楚，與楚分主中外，至僖二十九年。至昭十三年以後，齊又興。至定四年以後，則齊與晉同主中國，楚、吴主夷狄。

公至自會。

秋，齊侯、宋公會于洮。洮，内地也。齊、宋會，齊得宋也。公與衛、鄭在會不言者，時以起得宋，餘從畧，兼爲范

〔二〕「威」，原訛作「滅」，日新本、鴻寶本同，此據説苑正諫篇改正。

〔三〕「吴」字原脱，日新本同，此據漢書地理志、鴻寶本補。

氏之故。**疏**齊初合諸侯，天下皆至，以同爲尊周。傳所謂「偏至」，左傳所謂「五侯九伯，女實征之」是也。桓公卒，晉、楚分統之。至此，更歸于齊。左傳云：「狎主齊盟。」以盟屬之齊，故以齊始、以齊終也。

天王使石尚來歸脤。**疏**左傳：「有事于文、武，使孔賜伯舅胙。」又宋云：「天子有事，膰焉。」周，以後不見。

脤者，何也？一見例。**俎實也，**宗廟祭祀，熟則載之俎。**祭肉也。**此指生者而言。**生曰脤，**千里相歸，必以生者。**熟曰膰**〔二〕。孔子：「膰肉不至，不脱冕而行。」公羊：「生曰脤，熟曰膰。」**其辭**其辭，猶「其曰」，謂書法也。**石尚，**據以名氏見。**士也。**據名不如字。春秋三錫以上乃書于經。小國諸侯卿猶稱人，士不得書。惟天子之公八錫〔三〕，卿六錫，大夫四錫，士二錫，比外加一等，得爲三錫，故書于經。天子之士，位同小國之君。禮經所言「士」，多指天子士。而説者以諸侯士混同言之，不知其名雖同，其尊卑懸絶，不可一律説之也。**何以知其士也？**據列國大夫乃言姓名。**天子之大夫不名。**據以名氏見者，上士也；下士稱人，「王人」是也。大夫不名。名下字一等，知爲士。**疏**春秋之例，人不如名，「王人」不如石尚。名不如字，石尚不如召伯、南季。字不如子，召伯、南季不如單子、劉子。蓋周公、祭公爲公，稱「子」者爲卿，字者爲大夫，名者爲上士，人爲下士。**石尚欲書春秋，**書春秋，謂欲觀春秋。左傳：「韓宣子聘魯，觀易象、春秋。」一説以書，欲書于經。春秋，魯史舊名。周禮

〔二〕「熟」，原作「孰」，日新本、鴻寶本同，此據傳文改。後同。

〔三〕「公」，原作「士」，日新本同，此據鴻寶本改。

在魯，故王臣亦重之。言此者，明王朝往來交涉之事皆得書也。**疏**春秋舊文，二百四十年事實，當數百倍于此。孔子作春秋，筆則筆，削則削，常事不書，見者不見，必有所起，乃不從削。詳魯畧外，因見以起不見，皆春秋新法，非舊史文也。**諫曰：「久矣！周之不行禮於魯也。」**自成以後，王室于魯不行禮，故言久也。**疏**左氏家法，以經義託之事實。此傳就事實立説，與左頗近。王臣詳于文、宣以前。公卿大夫之文，其制早見，惟士禮不詳，故于此一見士禮，以示其例。非果因石尚本意而書之。**請行脤。」**請行脤，正也。爲書春秋而請脤，則非正也。爲己私意而干王事，非臣子之所敢出。然春秋貴之者，以其事得正；得正，雖私意，猶許之，所以明貴正之義。**貴復正也。**石尚行脤，由請而行，非王意也言「使」。祭叔來聘，亦如石尚，從下起意不言「使」。聘非正而歸脤正，正，許使；不正，不言使，所以使人臣道君于善，不敢以不正也。傳曰：「將順其美，匡救其惡。」

衛世子蒯聵出奔宋。劉子云：「衛侯夫人南子通于宋子朝，太子蒯聵知而惡之，南子譖太子于靈公，蒯聵出奔。」又云：「衛逐太子，十二年日食之應。」**疏**衛世家：「三十九年，太子蒯聵與靈公夫人南子有惡，欲殺南子。蒯聵與其徒戲陽遫謀，使殺夫人。戲陽後悔，不果。蒯聵數目之，夫人覺之，懼呼曰：『太子欲殺我！』靈公怒，太子蒯聵奔宋，已而之晉趙氏〔一〕。」

衛公孟彄出奔鄭。蒯聵之黨，故同出奔。哀十年，自齊歸衛。

〔一〕「已」字原脱，日新本同，此據衛世家、鴻寶本補。

宋公之弟辰自蕭來奔。 記叛以後出奔，與曹夢相起〔一〕。

大蒐于比蒲。 常事不書。書者，譏公會邾子于比蒲也。

邾子來會公。 蕭叔言朝，此言會者，貶公也。 **疏** 邾子當言朝。來會者，因朝在會，奪其朝辭。朝在內，不言公。言公，在外也。公蒐在比蒲，邾因朝，故言會，貶公也。

城莒父及霄。 莒父，莒邑也。言莒父，諱取莒邑也。此冬事也。去冬，與莊二十九年相起。

十有五年年表：吴王夫差元年。

春，王正月，邾子來朝。 朝不月，月者，譏數怠。去年朝于比蒲，非禮，今又朝也。 **疏** 以上二十九年不志朝，終春秋之世，邾七來朝，一會公：宣元、成六、成十六、襄元、襄二十八、昭十七、定十四、定十五。凡八事：三月、五時。

鼷鼠食郊牛，牛死，改卜牛。 劉子説：「定公知季氏逐昭公，罪惡如彼，親用孔子爲頰谷之會。齊人來歸鄆、讙、龜陰之田，聖德如此。反用季桓子，淫于女樂，而退孔子，無道甚矣。詩曰：『人而無儀，不死何爲！』是歲五月，定公薨，牛死之應也。」

不敬莫大焉。 據鼠食牛而死不知，展道亡矣。成、哀食角而知，此食至牛死，故曰「不敬莫大焉」。

〔一〕「夢」，原訛作「薨」，據日新本、鴻寶本改正。

二月辛丑，楚子滅胡，以胡子豹歸。劉子云：「楚滅胡、頓，十二年日食之應。」按：中國滅例日。胡，蔡屬。**疏**楚世家：「昭公二十年，楚滅胡。」地理志汝南女陰：「故胡國。」左傳云：「吴之入楚也，胡子盡俘楚邑之近胡者。楚既定，胡子豹又不事楚，曰：『存亡有命，事楚何爲？多取費焉。』二月，楚滅胡。」

夏，五月辛亥，郊。五月，不時也。不言「用」者，傳曰：「夏之首可以承春。」

壬申，公薨于高寢。

高寢，非正也。劉子説：「春秋曰：『壬申，公薨于高寢。』傳曰：『高寢者何？正寢也。曷爲或言高寢，或言路寢？曰：諸侯正寢三：一曰高寢，二曰左路寢，三曰右路寢。高寢者，始封君之寢也。二路寢者，繼體君之寢也。其二何？曰：子不居父之寢〔二〕，故二寢。繼體君世世不可居高祖之寢〔三〕，故有高寢，名曰高也。路寢其立奈何？高寢立中，路寢左右。』」**疏**劉子所引「傳曰」，穀梁舊傳文也。穀梁有五家，其本詳畧各不相同，劉子所引多文義詳備，如説天王不葬、賵賻禮與此，皆文義美備，爲不可少之説。

鄭罕達帥師伐宋。鄭從齊，宋從晉，故伐之，敗宋師。

齊侯、衛侯次于渠蒢。伐晉也。

〔二〕「父」，原作「公」，日新本、鴻寶本同，此據説苑脩文篇改。

〔三〕「君」，原訛作「居」，日新本、鴻寶本同，此據説苑脩文篇改正。

邾子來奔喪。奔喪者何？哭弔也。哭弔而曰奔喪，内辭也。邾爲魯屬國，以臣禮臨之，來見曰朝，來弔曰奔喪。傳曰：「周人弔，魯人不弔。」蓋臣子于初喪，奔往弔之，此必親者，故傳曰：「魯人曰：『吾君也，親之者也。』」尊者乃可以使人。凶禮奔喪。君事會葬，臣禮奔喪。不月者，得禮。會葬月者，以明五月之期，同盟至也〔二〕。**疏**論語曰：「今夫顓臾，昔者先王以爲東蒙主。是社稷之臣也。」奔喪，臣子詞也。邾列五等，奔喪不譏者，卒正于方伯有臣子之義。班氏云：「童子諸侯不朝而得奔喪者何？如臣子之于君，非有老少也〔三〕。亦因喪質，無般旋之禮，但盡悲哀而已。」

喪急，荀子說：「吉事行五十里，奔喪百里。」班氏云：「聞喪，哭而後行何？盡哀舒憤然後行。望國竟則哭，過朝市則否。君子自抑，小人勉以及禮。見星則止，日行百里，惻怛之心，但欲見尸柩汲汲。既除喪，乃歸哭于墓何？死不可復見，痛傷之至也。故禮記奔喪記曰：『之墓，西向哭止。』此謂遠出歸後葬，後以禮除。」**故以奔言之。**班氏云：「奔喪記曰：『始聞親喪，以哭答使者，盡哀，問故，遂行。』曾子曰：『師行三十里，吉行五十里，奔喪百里。』」鄭君曰：「雖非父母之喪，其禮同。唯父母之喪，見星而行，見星而止。」

秋，七月壬申，弋氏卒。曾子問曰：「『並有喪，則如之何？何先何後？』孔子曰：『葬，先輕而後重；其奠

〔二〕「至」，原作「主」，日新本同，此據鴻寶本改。

〔三〕「老」，原作「志」，日新本同，此據白虎通、鴻寶本改。

也〔一〕，先重而後輕，禮也。』」

妾辭也。 據不稱夫人書卒。妾母賤，不見于君世。此書卒者，卒在君薨後，以嗣君爲喪主。傳曰：「賵人之母則可，賵人之妾則不可。」主書者，明君卒，知於妾母申其私恩。蓋書卒則可弔，書葬則可賵。**哀公之母也。** 據母以子氏。于君薨後書葬卒，知妾母。妾在君世不見。在子世，以姓氏；在孫世，以子氏。

八月庚辰朔，日有食之。 劉子說：「盜殺蔡侯，齊陳乞弑其君而立陽生，孔子終不用〔二〕。」

九月，滕子來會葬。 班氏云：「葬有會者，親疏遠近畢至，親親之義。」禮：諸侯薨，小國于大國，卿弔，君會葬，故奔喪不月。會葬皆日〔三〕。諸侯來會，月者，明五月同盟至。月爲下葬日出〔四〕，以明禮。月不爲例也〔五〕。

丁巳，葬我君定公，雨不克葬。 班氏云：「所以臨葬而謚之何？因衆會，欲顯揚之也。故春秋曰：『公之喪至自乾侯。』昭公死于晉乾侯之地，數月歸，至急，當未有謚也。春秋曰：『丁巳葬，戊午日下側〔六〕，乃克葬。』明祖載而

〔一〕「奠」，原訛作「葬」，日新本同，此據禮記曾子問、鴻寶本改正。又，「其奠也」下原衍「其虞也」三字，日新本則衍作「其處也」，並據曾子問、鴻寶本刪。
〔二〕「不用」下原衍「之應」二字，據漢書五行志、日新本、鴻寶本刪。
〔三〕「日」，原作「臣」，日新本同，此據鴻寶本改。
〔四〕「月」，原作「同」，日新本同，此據鴻寶本改。
〔五〕「月」，原作「明」，日新本同，此據鴻寶本改。
〔六〕「側」，原作「則」，據白虎通、日新本、鴻寶本改。

有謚也。」

葬既有日，不爲雨止，禮也。說詳上。**雨不克葬，**周之九月，今七月也。雨水至不可行，明所以未雨備。**喪不以制也。**未盡人子之道。

戊午，日下稷，乃克葬。說見宣八年。

乃，據「日中」言「而」。**急辭也，**乃，難辭也。難謂葬爲時久。禮：日中反而虞。此過時，虞事急，故曰急辭。**不足乎日之辭也。**禮：日中而虞。下稷乃葬，過遲，不如禮。不足乎日，謂日不足以行事，譏慢也。

辛巳，葬定弋。劉子云：「妾無謚，亦以卑賤，無所能與，猶士卑不得謚也。卿大夫妻，命婦也。無謚者，以賤也。」班氏說：「八妾所以無謚何？卑賤無所能與，猶士卑小不得有謚也。卿大夫妻，命婦也，無謚何？以賤也。」不言「小君」，妾詞也。雖得申恩卒葬，而名不可假。三月而葬，從大夫例。葬在後二十二日，明不同葬。**疏**劉說見通典引通義，班說見通德論。

冬，城漆。漆，邾邑，庶其以來奔。

重訂穀梁春秋經傳古義疏卷十一

哀公定、哀世無伯，與隱、桓同。傳曰「立乎定、哀，以指隱、桓」是也。由莊至昭，爲有伯。哀世分四伯，齊、晉主北，楚、吴主南。此何典制？蓋用八伯舊制。一岳兩伯，荆爲岳，揚爲牧，南方二州也。晉爲岳，齊爲牧，北方二州也。公羊黄池之會，爲兩伯之辭，用尚書大傳一岳貢兩伯之制。齊、楚有從國，晉、吴無從國。黄池之會，二無從國之伯矣。**疏**魯世家：「定公卒，子蔣立，是爲哀公。」

元年　**疏**年表：周敬王二十六年，晉定公十八年，齊景公五十四年，宋景公二十三年，陳閔公八年，衛靈公四十一年，蔡昭侯二十五年，鄭聲公七年〔二〕，曹伯陽八年，杞僖公十二年，秦惠公七年，楚昭王二十二年，吴夫差二年。

春，王正月，公即位。

楚子、陳侯、隨侯、許男圍蔡。楚爲南岳，統諸國，與吴相争。齊一匡天下，晉、楚分伯，統四州，至此，兩伯典一國，統一州而已。定、哀之世，楚猶有從國，陳、許從新城同盟後，不見于中國盟會，從楚也。隨序陳下，以名相從。許滅

〔二〕「七」，原作「九」，日新本同，此據年表、鴻寶本改。

復見者，復立之。圍蔡，蔡從吴也。　**疏**年表：「楚率諸侯圍蔡。」

鼷鼠食郊牛角，改卜牛。　劉子説：「天意汲汲于用聖人，逐三家，故復見戒也〔二〕。哀公年少，不親見昭公之事，故見敗亡之異。已而哀公不寤，身奔于越，此其效也。」　**疏**正月事也。傳曰「待正月然後言牲之變」是也。不言「正月」者，從成七年可知。

夏，四月辛巳，郊。　不言「用」者，可郊也。春秋用夏正，故四月、五月郊不譏。六月得譏者，六月建巳，夏正巳屬夏，非春，故不得郊也。

此該郊之變而道之也，據言牛傷與郊時同見，餘事獨見一義，故曰該也。**於變之中又有言焉。**改卜牛爲變，再記郊時，非僅改牛，故曰「又有言」。**鼷鼠食郊牛角，改卜牛，志不敬也。**成七年傳有此文，以志變也。　**郊牛**王制曰：「祭天地之牛，角繭栗；　宗廟之牛，角握；　賓客之牛，角尺。諸侯無故不殺牛，大夫無故不殺羊，士無故不殺犬豕，庶人無故不食珍。」禮郊特牲：「社稷太牢，天子適諸侯，諸侯膳用犢；　天子賜之禮大牢，貴誠之義也。故天子牲孕弗食也，祭帝弗用也。」**日展觓角而知傷，展道盡矣。**牛不死，知覺早也。然所以備災之道不盡，故書以譏之。　**郊自正月至于三月，郊之時也。**據三月以前郊不志。**夏四月郊，不時也。**據志夏四月。　**五月郊，不時也。**據定十五年志五月郊。　**夏之始，可以承春；**據四月、五月不言用，以其

〔二〕「復」，原作「使」，日新本、鴻寶本同，此據漢書五行志改。

在夏正屬春。春秋行夏之時，故田獵祭禮用夏正，不譏也。**以秋之末，**九月秋末。**承春之始，**郊當在孟春。**蓋不可矣。**據成十七年九月言「用郊」。**九月用郊，用者，不宜用者也。**成十七年傳有此文。**郊三卜，禮也。**據三卜得時不志。文見襄七年三卜傳。**四卜，非禮也。**據四卜志。文見僖三十一年、襄十一年傳。**五卜，强也。**據加於四卜。文見成十年傳。**卜免牲者，**僖三十一年「乃免牲」。**吉則免之，不吉則否。**傳曰「不免則安置之，繫而待」是也。**牛傷，不言傷之者，**據三言鼠食。**傷自牛作也，**不言食之，傷由自作。**故其辭緩。**據宣三年郊牛之口傷，傳「之口，緩辭也」是也。**全曰牲；**據免牲因卜郊不吉。牛不傷曰牲。**傷曰牛，**據成七年、定十五年言食角，言免牛。**未牲曰牛。**據元年改卜牛，是未牲曰牛。**其牛，一也，**據牛死皆傷者。傷牛、未牲皆曰牛。**其所以爲牛者異。**有未牲、已傷之異。**有變而不郊，故卜免牛也。**據鼷鼠食牛，食乃免牛。言免牛，則不郊可知。成七年傳曰「免牲不曰不郊，免牛亦然」是也。**已牛矣，**已牛，謂已牲災傷者。**其尚卜免之，何也？**據已傷之牛不可以郊，怪復卜免之。郊特牲：「帝牛不吉，以爲稷牛。帝牛必在滌三月，稷牛唯具，所以別事天神與人鬼也。」**禮，與其亡也，寧有。**禮取于文飾，不得直情徑行，君子以爲文。喪葬廟祭之禮，皆如此。**嘗置之上帝矣，**牛傷，是天不享此牛，不敢竟行禮，猶卜之，所以恭順天道。**故卜而後免之，**免牲之禮，見成七年。嘗置之滌宮，名爲上帝牲矣。雖已災，猶不敢擅也，必待卜而後免之。**不敢專也。**祭義：「昔者聖人建陰陽天地之情，立以爲易。易抱龜南面，天子卷冕北面，雖有明知之心，必進斷其志焉，示不敢專，以尊天也。」**卜之不吉，則如之何？**經不言卜免牛者，不吉，皆不言免，故詳其禮。**不**

免，安置之，繫而待。六月上甲，始庀牲，上甲，六月初甲也。周六月建巳，陰生之月，與十二月相對。然後左右之。左右，謂選牲。詩云：「左右流之。」子之所言者，以上皆弟子問而師答之，傳多不詳問辭。牲之變也。據上言牲變，解經牛災之事而已。而曰「我一該郊之變而道之」，何也？弟子未解九月用郊之義〔一〕。我以六月上甲始庀牲，用六月告天始選牲。十月上甲始繫牲。俟四月乃告繫牲。十一月、戌月。十二月，亥月。牲雖有變，不道也。據經不志十一月、十二月。牛災，牲于此有變，則改卜牛。以不妨郊，故不志。待正月，然後言牲之變。據言牛災皆在正月。此乃所以該郊。此並解郊時，故曰「該郊」，非但明牛災也。郊，享道也。貴其時，在春三月。四月以後譏不時。大其禮。其養牲，雖小不備，可也。據正月猶復言牛災，二月以後不言者，小不備，可以郊也。子不志三月卜郊，何也？子爲孔子。經無三月卜郊文。郊自正月至于三月，郊之時也。據子、丑、寅三月得正，不志。我以十二月下辛卜正月上辛，但言上、下辛，中辛不用也。如不從，則以正月下辛卜二月上辛；如不從，則以二月下辛卜三月上辛；傳曰：「三月，時也。三卜，禮也。」故以三月、三卜爲正。如不從，則不郊矣。傳曰「夏四月，不時；四卜郊，非禮」是也。

秋，齊侯、衛侯伐晉。晉主諸侯，無言伐晉者。此明言伐晉，晉弱而齊强，失在晉。臣自封殖，無志諸侯也。疏

〔一〕「月」，原作「日」，日新本同，此據鴻寶本改。

田敬仲世家：「范、中行氏反晉，攻之急，范、中行請粟于齊。田乞欲爲亂，樹黨于諸侯，乃説景公曰：『范、中行氏數有德于齊，齊不可不救。』齊使田乞救之而輸之粟。」

冬，仲孫何忌帥師伐邾。 邾來奔喪，伐之，罪惡不待貶絶。此獨見仲卿，下三卿並出，以此爲之倡也。 **疏** 哀世，多記大夫伐國自廣其封，戰國之先兆也。

二年

春，王二月，季孫斯、叔孫州仇、仲孫何忌帥師伐邾〔一〕**。** 内帥師，將或二或四，無言三者，此言三卿何？一見例也。次國三軍，一軍居守，二子從君而出，故見二卿者，二將也。四卿者，將佐重言也。此目三卿者，言三軍並出，公獨居守之辭也。且以明三家正卿、次卿、下卿之制也。以次序言，則仲爲長，叔次之，季又次之。魯卿則季爲上，叔次之，仲又次。因三公子之功罪爲定也。季孫爲司徒，叔孫爲司馬，仲孫爲司空，一見以明之。内大夫七伐邾，不月。此月者，惡三大夫專兵取地也。 **疏** 左傳：「伐邾，將伐絞。邾人愛其土，故賂以漷、沂之田而受盟。」

取漷東田，

漷東， 據言取田自漷水。 **未盡也。** 言東，有西，知未盡。襄時取邾田自漷水，未盡。

〔一〕「伐邾」下原衍「取漷東田及沂西田」八字，日新本、鴻寶本同，此據阮刻本删。

及沂西田。

沂西，據漷東，知沂西。**未盡也。**言西，有東，知未盡。**疏**三大夫全見〔一〕，争田而出，各有所取，不恤小國，直書其事而惡見。

癸巳，叔孫州仇、仲孫何忌及邾子盟于句繹。句繹，魯所取邑。句繹，從繹得名。

三人伐而二人盟，何也？據三大夫同取地，當同盟。**各盟其得也。**據不言季孫，如季孫未取之辭。使同取，當不再出大夫名氏。出者，如季孫不得地也。**疏**季孫主國，未有不得地。以三卿同出取地以自益，耻辱深，不可以爲國。故伐言三卿，盟言二卿，去季以殺耻，若季孫爲政獨能以正自持者然，所以爲内諱也。

夏，四月丙子，衛侯元卒。劉子説：「靈公薨，蒯聵之子輒立，是爲出公。」**疏**衛世家：「四十二年春，靈公遊于郊，令子郢僕。郢，靈公少子也，字子南。靈公怨太子出奔，謂郢曰：『我將立若爲後。』郢對曰：『郢不足以辱社稷，君更圖之。』夏，靈公卒，夫人命子郢爲太子，曰：『此靈公命也。』郢曰：『亡人太子蒯聵之子輒在也，不敢當。』于是衛乃以輒爲君，是爲出公。」

滕子來朝。滕、薛，卒正之下等，薛尤畧。故襄以下不記事，不言朝，但因大國事及之。滕此言朝，明待之貴于薛。左以此爲公立初來朝。**疏**終春秋世，滕凡四朝：隱十一年、文十二年、襄六年、哀二年。六事皆時，春秋内六卒正，曹、

〔一〕「三」，原作「上」，日新本作「土」，此據鴻寶本改。

莒、邾、滕、薛、杞，首曹殿杞，皆記朝，明上下尊卑一也。莒、薛不言朝，莒，夷子；薛，卒正伯，閒于其間，不言朝，無所疑也。邾、滕二子言朝，起與稱伯者同尊卑也。

晉趙鞅帥師納衛世子蒯聵于戚。凡言納，皆伯辭。春秋初不以臣納君，昭以下，齊、晉各一見卿納君者，三世異辭，明政在大夫，亦以譏納之者。晉納世子，是猶從伯辭也。不敘從國者，升齊以抑晉也。**疏**衛世家：「六月乙酉，趙簡子欲入蒯聵，乃令陽虎詐命十餘人衰絰歸，簡子送蒯聵。衛人聞之，發兵擊蒯聵。蒯聵不得入，入宿而保，衛人亦罷兵。」

納者，據捷菑言納〔二〕，內弗受，非正。此稱世子，是正。**內弗受也。**春秋義不許聵入，故以「納」言之，非美惡不嫌同辭。**疏**鄭君說：「蒯聵欲殺母，靈公廢之是也。若君薨，有反國之道，當稱子某，如齊子糾也。今稱世子，如君存，是春秋不與蒯聵得反立，明矣。」**帥師而後納者，**據捷菑不言帥師。**有伐也。**據納糾言帥師，知有伐。**疏**言帥師，起內亦以兵拒守，不惟不許入，並得以師拒之之辭。**何用弗受也？**據元卒，世子宜立。輒不當以子拒父，不可以「納」言。**以輒不受也。**輒受命于祖，已立，得拒之。春秋以受命爲重。靈公已出聵，則輒不得以私受聵入國承靈公之祀也。**以輒不受父之命，**以聵早出奔，輒非受父命而立。**受之王父也。**爲有王父之命也。聵得罪靈公出奔，靈命絶之，更立輒。父與王父命兩有命，不能兼從，則義當不受父命，受王父命。**信父而**

〔二〕「菑」，原作「蓄」，據日新本、鴻寶本改。

辭王父，如輒當靈公命立時，辭以父在。既立，聵入，辟位而去，如伯夷、叔齊故事。**則是不尊王父也。**春秋爲萬世立法，因人之所惑，爲之立義以明之。因聵、輒事以示大義。子從父命，孝也；親亡在外，棄位以逃之，亦孝也。事果如此，其義易明。惟有父又有王父命，從違兩有傷，春秋決正其義，以爲不能從父而逆祖，以父亦祖之子也。子順王父，則父爲孝子；逆王父，則父亦爲逆子。故義不兩全，惟棄父命爲正。蒯聵得罪出奔，已絶于父，輒受王父命而立，是受王命也。如聵來而讓國反之，是死王父之命。崇闔門之私恩，棄朝廷之正義，爲大惡。春秋貴義不貴惠，信道不信邪，故拒邪命，絶小惠，明受之正，以拒父許之也。**疏**異義：「衛輒拒父，公羊以爲子不可以父命辭王父命，許拒。左氏以爲子拒父，悖德逆倫，大惡也。」按：衛事與文姜事同，左傳當亦同二傳。異義所引，乃師説，但就拒父一節言之。須知二傳亦以拒父爲惡，特難在有王父命耳。**其弗受，以尊王父也。**劉子云：「春秋拒蒯聵，不爲不孝；絶文姜之屬，不爲不親。」拒父絶母，無人不知其傷天絶倫，是爲大惡。惟是父尊于母，祖尊于父，從母則害于父，從父則害于祖，事出兩難，非聖人決正其義，則説者萬不能發絶母拒父之議。父尊于母，兩有命，則從父；父與祖兩有命，則從祖。祖父與君兩有命，則從君。況君、祖父所命爲正命，父與母所命爲亂命乎？後世説者不察，但就拒父斥言其非，不知事無兩全，必有所損。若如所言，傳者又何爲有是説乎？**疏**論語：「『夫子爲衛君乎？』子貢曰：『諾，吾將問之。』入曰：『伯夷、叔齊何人也？』曰：『古之賢人也。』曰：『怨乎？』曰：『求仁而得仁，又何怨？』出，曰：『夫子不爲也。』」按：伯夷能守父命，叔齊重天倫。據伯夷之説，則輒得拒違命之父。使棄命讓之，反使王父命不行于其子。拒之，尊王父之命于其子，是父之行乎子也，正以重父子之倫。不然，是陷其父于逆命。孫不承祖，子不受父，兩失之矣。叔齊重天倫而逃，則以明輒不宜立。立公子郢以事之，則不忍父子之恩也。

秋，八月甲戌，晉趙鞅帥師及鄭罕達帥師戰于鐵，鄭師敗績。 鄭爲中國，避二伯不言戰，此何言戰？無伯之辭也。皆名氏，皆言帥師，敵辭也。**疏**鄭世家：「八年，晉范、中行氏反晉，告急于鄭，鄭救之。晉伐鄭，敗鄭師于鐵。」

冬，十月，葬衛靈公。 過時，有蒯聵之禍。**疏**春秋衛侯卒皆日，内衛也。十一君八葬，朔不葬者，失德，絶之也。鄭不葬，殺叔武，失國也。剽不葬者，非實弑也。繆公日葬，背殯也。襄公日者，危靈也。衛葬五月，唯一時、二日爲變。

十有一月，蔡遷于州來。 外遷不書，此書者，明蔡爲徐州牧也。州來在徐州，蔡遷于州來，是以蔡爲徐牧之辭也。徐在夷狄，故蔡本中國，不同盟，不記災、不言戎狄侵伐、不言聘、生稱叔、葬稱侯，不以中國禮待者，遷之于外也。**疏**蔡世家：「楚昭王伐蔡，蔡恐，告急于吴。吴爲蔡遠，約遷以自近，易以相救；昭侯私許，不與大夫計。吴人來救蔡，因遷蔡于州來。」地理志沛下蔡云：「故州來國，爲楚所滅，後吴取之。至夫差，遷昭侯于此。後四世爲楚所滅。」

蔡殺其大夫公子駟。 蔡殺大夫皆稱國不稱人，從楚，畧之也。**疏**據左傳，殺公子駟後乃遷。此遷在殺前者，諱殺大夫，以説于吴也。

三年年表：衛出公輒元年。

春，齊國夏、衛石曼姑帥師圍戚。 以衛叙齊下者，如晉失伯、齊繼爲伯之辭也。蒯聵父子相争，齊、晉一助父，一助子，天下分裂，無伯之辭也。**疏**隱、桓，鄭爲伯，春秋無伯，歸權于天子。莊、僖，齊一匡。宣、成以下，晉、楚分伯。定、哀以四伯争强，北而齊、晉，南則楚、吴，由一而二，由二而四，此升降之機。

此衛事也。據戚不繫衛，上有納戚文。**其先國夏，何也？**據虞師、晉師滅夏陽先虞。此戚不繫衛邑，主兵宜首序。圍宋彭城，主晉者，繫宋，故以伯主之。此不繫衛，當主衛，乃見主客。**疏**二伯通主天下，諸國之事皆得爲主。傳言此者，以定、哀爲無伯之辭，與二伯盛不同。**子不圍父也。**于其入也，則拒之；于其圍也，則辟之。可拒之入，不得圍之，亦緩追之義。子不得圍，故辟衛，使齊主之。**不繫戚於衛者，**據宋彭城言宋。**子不有父也。**公羊「父有子，子不得有父也」。輒受命爲君，統一國，繫衛，是子有衛也。不繫，使如國辭，明輒但得拒之，不得圍之，使父以戚自奉，不得入國奉宗廟而已。彼此互見其義，論語所謂「夫子不爲也」。**疏**孔子世家：「是歲，魯哀公三年，而孔子年六十矣。齊助衛圍戚，以衛太子蒯聵在故也。」

夏，四月甲午，地震。劉子說：「時諸侯皆信邪臣〔一〕，莫能用仲尼，盜殺蔡侯，齊乞弑君。」

五月辛卯，桓宮、僖宮災。劉子說：「此二宮不當立，違禮者也。哀公又以季氏之故，不用孔子。孔子在陳，聞魯災，曰：『其桓、僖之宮乎？』以爲桓，季氏之所出；僖，使季氏爲卿。」按：災可日計。

言及，據雉門及兩觀言「及」。此因弟子問「何以不言及」而發。**則祖有尊卑，**據桓、僖祖孫，有尊卑之序，當言

〔一〕「臣」，原作「淫」，日新本、鴻寶本同，此據漢書五行志改。

「桓宮及僖宮災」。**由我言之，則一也。**公羊：「何以不言及？敵也。」僖爲桓孫，有尊卑；自子孫言之，則同爲遠祖，恩無差等如一，故不言及。公羊：「此皆毁廟也。其言災何？復立也。何以不言復立？春秋見者不復見也。」有所見則諱，無所見則書，如立武宮是也。此以災見，知後立也。

季孫斯、叔孫州仇帥師城啓陽。此取邾之邑也。不繫邾者，本鄅國也。邾取鄅爲邑曰開陽，魯取而城之，惡大夫亟伐邾取地自益。此再見季孫，知前云不盟者，非不取也。**疏**啓陽，開陽也。班固云：「古鄅國。」

宋樂髡帥師伐曹。因上樂大心之事。曹乃卒正之首，于内不見兵事，而詳于宋，以宋、魯同在一州也。**疏**曹世家：「伯陽三年，國人有夢衆君子立於社宫，謀欲亡曹；曹叔振鐸止之，請待公孫彊，許之。旦，求之曹，無此人。夢者戒其子曰：『我亡，爾聞公孫彊爲政，必去曹，無離曹禍。』」

秋，七月丙子，季孫斯卒。季孫以後不復見。此世大夫卒皆日者，王法所始，重録内也。**疏**斯，意如子，謚桓子。定五年立，七見經。子肥嗣爲大夫，康子也，卒于哀二十七年。康子之曾孫昭子强，見檀弓，均不見經。

蔡人放其大夫公孫獵于吴。宣元年，晉放大夫不稱人。傳：「稱國以放，放無罪也。」此稱人，有罪也。放吴者，奔于吴也；諱奔，故言放。**疏**獵從吴以自救，諸大夫惡之，畏罪而奔吴。不能自强，從夷遷國，不許，故以「人」討之。

冬，十月癸卯，秦伯卒。秦伯卒皆時。此獨日者，記卒之終，閔而日之，起非真夷也。以上十年不記事。**疏**秦本紀〔一〕：「惠公立十年卒，子悼公立。」

叔孫州仇、仲孫何忌帥師圍邾。 叔孫以後不復見。不譏圍，不待貶絶而罪惡見。 **疏** 州仇，不敢子，卒不見經。

四年

春，王二月庚戌，盜弑蔡侯申〔二〕。 劉子云：「盜殺蔡侯，日食、地震之應。」 **疏** 蔡世家：「二十八年，昭侯將朝于吴，大夫恐其復遷，乃令賊利殺昭侯；已而誅賊利以解過，而立昭侯子朔，是爲成侯。」世家以弑者爲利，左傳以爲公孫翩，翩即世家之賊利。左傳文之錯殺翩，亦與世家同。然則盜者，公孫翩也。

稱盜據公孫翩弑，當言氏名。**以弑君，**當言弑，不當言殺。**不以上下道道也。**上下，君臣之辭。君當言其君，下當言名氏。此稱盜、稱蔡侯，非復君臣之道，故云不以上下道道之。**内其君，**據弑先舉國。此蔡侯在弑下，内蔡侯。**而外弑者，**據嘗弑氏姓先舉國，明繫于國。此言盜，不繫于蔡，是外弑者。**不以弑道道也。**據弑者，下弑上之名。以外人弑内，非君臣也。諸侯君其竟内，竟外無上下之道，故不言弑而言殺。閽弑稱弑，賊在内也。此外弑者，爲外來，非蔡所屬，故言殺。**春秋有三盜：**詳見下傳。**微殺大夫，謂之盜；**據盜殺衛侯之兄

〔一〕「本紀」，原作「世家」，日新本、鴻寶本同，俱誤。
〔二〕「弑」，原作「殺」，日新本、鴻寶本同，據經文改。

輒，盜殺陳夏區夫。殺者微，故不繫氏姓，窮諸盜，此從微起義。**非所取而取之，謂之盜；**據「盜竊寶玉大弓」，陽虎，陪臣，不書。此因其行事而加盜，有盜賊之行。**辟中國之正道以襲利，**疏一說：「利」，即世家之賊利。**謂之盜。**其臣爲楚所啖，弒君以取利，故言盜以起之。吳救蔡以入楚，雖有憂中國之心，楚伐蔡，吳遷蔡以相救。蔡侯欲從吳，其臣欲從楚，恐其遷近于吳而弒之，有夷狄之行，不復加以中國之號而稱盜也。

蔡公孫辰出奔吳。君弒，出奔，不勝弒賊，辰助蔡侯從吳君。弒，不能自存，故出奔吳。

葬秦惠公。秦以後不見。

宋人執小邾子。此與下晉執戎曼子相起。二伯乃言執，宋何以言執？無伯之辭也。僖世無伯，宋執滕子，此何以又執小邾？邾、滕、薛舊爲宋屬，春秋乃以爲魯屬。故桓十七年宋伐邾，莊十五年宋人伐郳〔一〕，僖十九年執滕子〔二〕，宣九年宋圍滕、十年伐滕，昭十九年宋伐邾。左傳定元年〔三〕：「宋仲幾不受功，曰：『滕、薛、郳，吾役也。』」是也。

夏，蔡殺其大夫公孫姓、公孫霍。此使公孫翩弒君者也。不稱人以殺者，夷狄國不稱人，畧之也。**疏**殺大夫惟齊、晉、宋、衞、陳、鄭稱人。夷狄、小國殺大夫不稱人，楚、蔡、吳、曹、莒是也。

晉人執戎蠻子。此執而歸之楚，使若二事者，辟伯晉而京師楚也。不書「以歸」者，使與上「宋執小邾子」同。**疏**

〔一〕「郳」，原作「倪」，日新本、鴻寶本同，此據經文改。
〔二〕「九」，原訛作「七」，日新本同，此據鴻寶本改正。
〔三〕「定」，原訛作「昭」，日新本同，此據鴻寶本改正。

左傳：「楚圍蠻氏，蠻子赤奔晉陰地。楚使謂陰地之命大夫士蔑，士蔑請諸趙孟。趙孟曰：『必速與之。』士蔑乃執九州之戎，將裂田以與蠻子而城之，且將爲之卜。蠻子聽命，遂執之與其五大夫，以畀楚師于三户。」**疏**晉稱人，微之也。言「歸于」者，斷在晉也。赤稱子者，此世不外夷狄。

赤歸于楚。公羊：「赤者何？戎曼子之名也。其言歸于楚何？子北宫子曰：『辟伯晉而京師楚也。』」晉執衛侯、曹伯，歸之于京師，是二伯執罪人，歸之天子，聽天子治之之辭。今晉執戎曼子歸之楚，使連文，則與執衛侯、曹伯同，楚同京師矣。故異之，使如二事。

城西郛。魯之城西郛，如城中城。

六月辛丑，亳社災。劉子說：「亡國之社，所爲戒也。天戒若曰：國將危亡，不用戒矣。春秋火災屢于哀、定之間，不用聖人而縱驕臣，將以亡國，不明甚矣。一曰：天生孔子，非爲哀、定也。蓋失禮不明，火災應之。」公羊：「何以書？記災也。」

亳社者，據用牲于社不地。**亳之社也。**殷都于亳，亳社也。**亳，亡國也。**殷亡其社，班之諸侯。**亡國之社，以爲廟屏戒也。**劉子說：「立亳社于廟之外，以爲屏蔽，取其不得通天，人君瞻之而致戒心也。」荀子：「天子外屏，諸侯内屏。外屏不欲見外也，内屏不欲見内也。」班氏云：「所以設屏何？以自障也〔一〕，示不極臣下之

〔一〕「障」，原作「降」，日新本、鴻寶本同，此據白虎通改。

敬也。天子德大，故外屏；諸侯德小，所照近，故内屏。」鄭君云：「大夫以簾，士以帷。」**疏**班氏曰：「諸侯必有誡社何？示有存亡也。明爲善者得之，爲惡者失之。在門東，明自下之無事處也。或曰：皆當著明誡，當近君，置宗廟之牆南。禮曰『亡國之社稷，必以爲宗廟之屏』，示賤之也。」**其屋，**班云：「社無屋何？達天地氣〔一〕。故郊特牲曰：『天子大社，必受霜露風雨，以達天地之氣。』尊而識之，使民望見即敬之，又所以表功也。」**疏**據社無屋，其祭以喪祝掌之。周官喪祝之「掌勝國之社稷祝號〔二〕，以祭祀禱祠」，以士師爲尸。秋官士師「若祭勝國社稷，則爲之尸」是也。**亡國之社，不得上達也**〔三〕。劉子云：「社皆有垣無屋也。」郊特牲曰：「喪國之社屋之，示與天地絕也。」明當王之社不屋。**疏**班云：「郊特牲謂之喪國之社屋之，示與天地絕也。」蔡邕說：「古者天子取亡國之社分諸侯，使爲社，以自儆戒。屋之，掩其上，使不得通天；柴其下，使不通地〔四〕，自與天地絕也〔五〕。面北向陰，示滅亡也。」

秋，八月甲寅，滕子結卒。

〔一〕「地」字原脱，日新本同，此據白虎通、鴻寶本補。

〔二〕「號」，原作「猶」，日新本同，此據周禮喪祝、鴻寶本改。

〔三〕「上達」，原倒作「達上」，日新本同，此據傳文、鴻寶本乙。

〔四〕「地」上原脱「天柴其下使不通」七字，據蔡邕獨斷補。

〔五〕「地」字原脱，據獨斷補。

冬，十有二月，葬蔡昭公。蔡以後不見葬者，賊已討也。十月乃葬，故也。**疏**春秋蔡九卒七葬，一不卒不葬，一葬稱侯。脟不葬者，惡從楚，如夷狄。東國不葬〔一〕，亦惡絶之。桓侯稱侯，又曰：狄之也。世家：「成公四年，宋滅曹。十年，齊田常弑其君簡公。十三年，楚滅陳。十四年〔二〕，成侯卒，子聲侯産立。聲侯十五年卒，子元侯立。元侯六年卒，子侯齊立。侯齊四年，楚惠王滅蔡，蔡侯齊亡，蔡遂絶祀。後陳滅三十三年。」

葬滕頃公。日卒時葬，小國正例。**疏**「伯邑考，其後不知所封。武王發，其後爲周，有本紀言。管叔鮮作亂，誅死，無後。周公旦，其後爲魯，有世家言。蔡叔度，其後爲蔡，有世家言。曹叔振鐸，其後爲曹，有世家言。成叔武，其後世無所見。霍叔處，其後晉獻公時滅霍。康叔，其後爲衛，有世家言。冉季載，其後世無所見也。」

五年年表：秦悼公元年，蔡成侯朔元年。

春，城毗。　**疏**比，大蒐之地。一作毗。

夏，齊侯伐宋。與下伐衛相比。定、哀之世，北岳齊、晉爲兩方伯，各求諸侯。故以爲兩伯詳于南北，畧于東西。

晉趙鞅帥師伐衛。助蕢入衛。**疏**戎州告趙簡子，簡子圍衛。十一月，莊公出奔，衛人立公子斑師〔三〕。

〔一〕「東」，原作「卑」，日新本同，此據鴻寶本改。
〔二〕「四」，蔡世家作「九」，年表作「四」。案：當以年表爲是。
〔三〕此疏之文引自史記衛世家，全脱，據日新本、鴻寶本補。日新本無「公子」二字。

秋，九月癸酉，齊侯杵臼卒。景公更伯，然不能繼桓之業，不過因晉失伯以立異耳。又助范氏纍伐晉，皆失伯者之道。故葬仍月之，不以伯許。**疏**齊世家：「五十八年，景公夫人燕姬適子死。景公寵妾芮姬生子荼，荼少，其母賤，無行，諸大夫恐其爲嗣，乃言願擇諸子長賢者爲太子。景公老，惡言嗣事，又愛荼母，欲立之，憚發之口，乃謂諸大夫曰：『爲樂耳，國何患無君乎？』秋，景公病，命國惠子、高昭子立少子荼爲太子，逐羣公子，遷之萊。景公卒，太子荼立，是爲晏孺子。冬，未葬，而羣公子畏誅，皆出亡。荼諸異母兄公子壽、駒、黔奔衛，公子駔、陽生奔魯。」

冬，叔還如齊。如大國會葬，禮也。此會葬也，何爲不以閏加于「如」之上？爲見閏之禮，故特異之，來往通不在閏月也。

閏月，葬齊景公。言閏者，明葬數閏也。「冬」下記閏者，閏皆歲終也。從九月至閏，凡五月，以此備五月而葬之禮也。傳前曰「喪事不數」者，謂期以年計者。若葬以五月計，若不數閏，則五月之禮已多一月，非以月計之道。班氏說甚明，傳文偶不備，當合公羊以補之。須知以年計者，不數閏；以月計者，自當數閏。公、穀各言一端，非異禮也。**疏**班曰：「三年之喪不以閏月數何？以言其期也。期者〔一〕，復其時也。大功以下月數，故以閏月除。禮士虞經曰〔二〕：『期而小祥，又期而大祥。』」鄭君說：「居喪之禮以月數者，數閏。以年數者，雖有閏，無與于數也。」杜佑引鄭襲難范甯云：「以閏三月死者，當以來年何月祥、何月忌日。」答曰：「謂之閏月者，以餘分之日爲閏，益者月耳，非正

〔一〕「者」，原作「死」，日新本、鴻寶本同，此據白虎通改。
〔二〕「虞經」，原作「喪禮」，日新本、鴻寶本同，此據白虎通改。

月也，則吉凶大事，皆不可以用閏月。死既不數之，禮十三月小祥，二十五月大祥，自然當以來年四月小祥，明年四月大祥也。」

不正其閏也。公羊：「閏不書，此何以書？喪以閏數也。喪曷爲以閏數？喪數畧也。」**疏**會葬之例，皆以月加于「如」上。此不加于「如」上，師答以「不正其閏」，謂如、往皆不以閏。

六年年表：齊晏孺子元年。

春，城邾瑕。邾瑕者，邾邑也。繫于邾，明取之也。**疏**春秋于哀五、六年春連書内城，以明失閏也。

晉趙鞅帥師伐鮮虞。鮮虞爲晉所統，此以自廣，不在争諸侯之例。**疏**左氏：「治范氏之亂也。」

吴伐陳。定、哀之世，陳屬楚，蔡屬吴，故陳從楚見經，而蔡遷于州來。不言楚救者，師于城父，楚子隨卒也。**疏**陳世家：「湣十三年〔一〕，吴復來伐陳，陳告急于楚，楚昭王來救。」

夏，齊國夏及高張來奔。此皆卿也，何以言及？由尊及卑也。何以有尊卑？國，上卿；高，中卿。左傳：「天子之二守，國、高在。」國固在高之上也。會盟列國卿皆列數，此何以言及？一見例也。因其相嫌，故别之以決嫌明疑也。二卿同奔，著田氏之所以取齊。**疏**齊世家：「元年春，田乞僞事高、國者，每朝，乞驂乘，言曰：『子得君，大

〔一〕「湣」，原訛作「哀」，日新本、鴻寶本同，此據陳世家改正。

夫皆自危，欲謀作亂。』又謂諸大夫曰：『高昭子可畏，及未發，先之。』大夫從之。六月，田乞、鮑牧乃與大夫以兵入公宮，攻高昭子。昭子聞之，與國惠子救公。公師敗，田乞之徒追之，國惠子奔莒，遂反殺高昭子。晏圉奔魯。」

叔還會吴于柤。 此大會，何獨目叔還？畧之。諸侯具在，内見還，外惟見吴，不以諸侯屬吴，外之也。**疏**前柤殊會，此不殊者，離會則不殊也。

秋，七月庚寅，楚子軫卒。 昭王能復國，賢者也。卒于城父，不地者，未踰竟也。**疏**楚世家：「二十七年，昭王卒。子西、子綦謀，伏師閉塗，迎越女之子章立之，是爲惠王。然後罷兵歸，葬昭王〔二〕。」

齊陽生入于齊。 入者，内弗受也。陽生，正也，其以嫌言之者，其入，無君命也。此責陽生，下乃責荼，是非各見，不相妨也。**疏**齊世家：「八月，齊秉意茲。田乞敗二相，乃使人之魯召公子陽生。陽生至齊，私匿田乞家。十月戊子，田乞請諸大夫曰：『常之母有魚菽之祭，幸來會飲。』會飲，田乞盛陽生橐中，置坐中央，發橐出陽生，曰：『此乃齊君矣。』大夫皆伏謁。將與大夫盟而立之〔三〕。鮑牧醉，乞誣大夫曰：『吾與鮑牧謀共立陽生。』鮑牧怒曰：『子忘景公之命乎？』諸大夫相視欲悔，陽生前，頓首曰：『可則立之，否則已。』鮑牧恐禍起，乃復曰：『皆景公子也，何爲不可？』乃與盟，立陽生，是爲悼公。悼公入宫，使人遷晏孺子於駘，殺之幕下，而逐孺子母芮子。芮子故賤而孺子少，故無權，國

〔二〕「昭王」二字原脱，日新本、鴻寶本同，此據楚世家補。
〔三〕「與」字原脱，日新本同，此據齊世家、鴻寶本補。

人輕之。」

齊陳乞弒其君荼。劉子云：「陳乞弒君，日食、地震之應。」按：不日者，荼不正也。不葬者，賊未討也。國、高奔而陳乞弒君，陳氏之所以專齊也。國以下一見獲，皆陳氏之謀，盡逐卿族，乃得弒君，代有齊國。**疏**初記國、高，不見下卿，至此二卿奔，獨以陳見，此陳氏之所以得齊也。

陽生入而弒其君，據入而後弒，明陽生爲主，如楚公子比歸弒也。**以陳乞主之，何也？**據書從重，當主陽生，不主陳乞。**不以陽生君荼也。**陽生正，荼不正，齊景立愛，逐陽生。若主陽生，書弒其君荼，失嫡庶之正，故辟陽生主陳乞。**其不以陽生君荼，何也？**據商人君舍，陽生有嫌文，當君荼。**陽生，正；**據陽生母貴，卒日，正。**荼，不正。**據荼母賤，弒荼不日，與奚齊同，知不正。**不正，則其曰君，何也？**據奚齊言「君之子」，不曰君。**荼雖不正，已受命矣。**據荼在內受命立，已踰年。受命爲正，得拒外，與衛輒同。奚齊亦受命，不得爲君者，申生賢，被讒而死。陽生不肖，求立，有嫌文。春秋不以嫌代嫌，故得君荼以嫌陽生。**入者，**陽生言入。**內弗受也。**內義得拒之之辭。**荼不正，何用弗受？**據得正當言歸。**以其受命，**荼立，已受命于景公。**可以言弗受也。**春秋之法，雖不正，受命而立，以正許之，所以絕亂源也。**陽生其以國氏，何也？**據正或言子，或言世子。**取國于荼也。**不受命于先君，而弒荼以竊國，立無所受，如公子弒而代之之例。取國于荼，故使荼得嫌之。奪其正，以入無所受也。**疏**田敬仲完世家：「景公太子死，後有寵姬曰芮子，生子荼。景公病，命其相國惠子與高昭子以子荼爲太子。景公卒，兩相高、國立荼，是爲晏孺子。而田乞不說，欲立景公佗子陽生。陽生素與乞歡。晏孺子之立也，陽生奔魯。田乞僞事高昭子、國惠子者，每朝代參乘，言曰：『始諸大夫不欲立孺子。孺子既立，君相之。大夫皆自危，謀作亂。』又紿大夫曰：『高昭子可畏也，及未發，先之。』諸大夫從之。田乞、鮑牧與大夫以兵入公室，攻高昭子。昭子聞之，與國惠子救公。公師敗。田乞之衆追國惠子，惠子奔莒，遂反殺高昭子。晏孺子奔魯。田乞使人之魯，迎陽生。陽生至齊，匿田乞家。請諸大夫曰：『常之母有魚菽之祭，幸而來會飲。』會飲田氏。田乞盛陽生橐中，置坐中央。發橐，出陽生，曰：『此乃齊君矣。』大夫皆伏謁。將盟立之，田乞誣曰：『吾與鮑牧謀共立陽生也。』鮑牧怒曰：『大夫忘景公之命乎？』諸大夫欲悔，陽生乃頓首曰：『可則立之，不可則已。』鮑牧恐禍及己，乃復曰：『皆景公之子，何爲不可？』遂立陽生于田乞之家，是爲悼公。乃使人遷孺子于駘，而殺孺子荼。」

冬，仲孫何忌帥師伐邾。 仲孫以後不復見。**疏** 何忌，貜子，謚懿子。昭二十四年立，十一見經。何忌卒獲麟之後，子武伯彘即孟孺子洩，見哀十一年傳。武伯子孟敬子捷見論語，俱不見經。

宋向巢帥師伐曹。 曹，卒正之首。此伐，一圍三舉而滅之矣。有伯之時，宋不侵小國，無乃有。昭十九年伐邾，哀三年伐曹，四年執小邾，八年滅曹，自昭以下無伯也。桓十七年伐邾〔二〕，莊十五年伐郳，桓伯以前也。僖十九年執嬰齊，

〔二〕「十」字原脱，日新本同，此據鴻寶本補。

桓伯已卒也。宣世見圍滕伐滕者〔一〕，楚方亂中國也。

七年年表：齊悼公陽生元年，楚惠王章元年。

春，宋皇瑗帥師侵鄭。鄭叛晉，宋爲晉伐。

晉魏曼多帥師侵衛。記晉三卿，起其分晉之變。

夏，公會吴于繒。會吴與及戎盟同詞者，定、哀一家言，與隱、桓同也。**疏**魯世家：「吴王夫差彊，伐齊，至繒，徵百牢于魯。季康子使子貢説吴王及太宰嚭，以禮詘之。吴王曰：『我文身，不足責禮。』乃止。」

秋，公伐邾。入不言伐，言伐者，使若他人然，辟公也。

八月己酉，入邾，以邾子益來。

以者，來不當以。**不以者也。**非邾子意，故言「以」。**益之名，**據不生名。**惡也。**獲也，獲之則名。**春秋有臨天下之言焉，**隱、桓之世，爲世已遠，治法詳于中國，乃廣之于夷狄。内諸夏而外夷狄，不致會戎狄，是臨天下言。在中國不外，以爲大限。**有臨一國之言焉，**莊、閔爲二伯始，襄、昭爲二伯終，爲一世。至襄、昭以上，則廣其法于國，故治法内本國而外諸夏，爲臨一國言，内魯而外諸夏也。**有臨一家之言焉。**孔子立于定、哀之間，

〔一〕「圍滕」，鴻寶本作「圍曹」。案：宣世，宋並有伐曹、伐滕之事。然日新本作「因陳」，則誤。

王道始于家，故外魯爲一家辭。言「以邾子」，伐我不言鄙，不殊夷狄，皆内孔子而外魯國。**其言來者，有外魯之辭焉。**梅福傳顔注引穀梁傳曰：「春秋素王。」孟子曰：「天下之本在國，國之本在家，家之本在身。」此正身以治家，爲王法之始，故外魯内孔子也。

宋人圍曹。宋用兵執、入小國，皆在青州，外州無之。**疏**曹世家：「十四年，曹背晉干宋〔二〕。宋景公伐之，晉人不救。」

冬，鄭駟弘帥師救曹。内卒正，内不救，鄭救之〔三〕，所以惡内。宋，王後，不當滅國，以此著無伯。滅曹，著其在青州，與内同州也。青州有二王後。**疏**弘，公子騑孫，公孫夏子，七穆之一。

八年

春，王正月，宋公入曹，以曹伯陽歸。宋無滅文，一見入曹，以爲王後不許滅國之辭。此滅也，宜日。不日者，言「入」以辟滅，故亦不日也。曹爲内屬，人滅之，諱使若未滅也。莒潰，日；曹不日者，不可有滅辭，故亦不日。葢滅也不言滅辭也，力能救而不救之也。**疏**宋世家：「三十年，曹倍宋，又倍晉，宋公伐曹，晉不救。」曹世家：「十五年，宋

〔二〕「干」，原訛作「于」，日新本同，此據曹世家、鴻寶本改正。
〔三〕「鄭」上，日新本、鴻寶本並有「爲」字。

滅曹，執曹伯陽及公孫彊以歸而殺之，故曹遂絶其祀。」

吳伐我。爲入邾事來伐我。**疏**魯世家：「八年，吳爲鄒伐魯，至城下，盟而去。」

夏，齊人取讙及闡。取、歸濟西田皆言田，以爲閒田也。此不言田，無伯之辭，且以惡内，亦三世異辭例。

惡内也。公羊以爲爲邾事，史記以爲爲季姬事，各言一端，皆内惡。**疏**齊世家：「悼公元年，齊伐魯，取讙、闡。初，陽生亡在魯，季康子以其妹妻之。及歸即位，使迎之。季姬與季魴侯通，言其情，魯弗敢與，故齊伐魯，竟迎季姬。季姬嬖，齊復歸魯侵地。」

歸邾子益于邾。不曰邾子歸而曰歸之者，主内也。

益之名，據來名，因其惡。**失國也。**失國，故名。出入，名，各有所見。出入皆惡，則出入名。出名歸不名，歸無惡；入名出不名，出無惡。

秋，七月。

冬，十有二月癸亥，杞伯過卒。杞稱伯、子者，卒正有伯、子。杞殿後，可通稱也。杞卒始月，一遂皆日無時者，王後待之有加禮。**疏**杞世家：「僖公十九年卒，子湣公維立。」

齊人歸讙及闡。宣元年取濟西田，十年乃歸。此歸、取皆在本年。**疏**季姬嬖，故復歸我邑。

九年

春，王二月，葬杞僖公。月者，危之也。杞六葬，唯此月。疏杞七記卒。僖二十三年記卒，杞在小國末，卒獨早者，王者之後也。不日、不名、不葬，明黜杞也。以下皆名、日卒、時葬，王者後，禮異小國也。昭六年卒月，因事貶。定四年時，踰境也。杞世家：「湣公十五年，楚惠王滅陳。十六年，湣公弟閼路弑湣公代立，是爲哀公。哀公立十年卒，湣公子敕立，是爲出公。出公十二年卒，子簡公春立。立一年，楚惠王之四十四年，滅杞。杞後陳亡三十四年。杞小微，其事不足稱述。舜之後，周武王封之陳，至楚惠王滅之，有世家言。禹之後，周武王封之杞，楚惠王滅之，有世家言。契之後爲殷，殷有本紀言。殷破，周封其後于宋，齊湣王滅之，有世家言。后稷之後爲周，秦昭王滅之，有本紀言。皋陶之後或封英、六，楚穆王滅之，無譜。伯夷之後，至周武王復封于齊，曰太公望，陳氏滅之，有世家言。伯翳之後，至周平王時封于秦，項羽滅之，有本紀言。垂、益、夔、龍，其後不知所封，不見也。右十一人者，皆唐、虞之際名有功德臣也。其五人之後皆至帝王，餘乃爲顯諸侯。滕、薛、騶，夏、殷、周之間封也，小，不足齒列，弗論也。周武王時，侯伯尚千餘人。及幽、厲之後，諸侯力功相并，江、黄、胡、沈之屬不可勝數，故弗采著于傳上。」

宋皇瑗帥師取鄭師于雍丘。疏爲曹事。

取，易辭也。以師而易取，鄭病矣。與十三年鄭取宋師相起。

夏，楚人伐陳。疏陳世家：「十六年，吴王伐齊，敗之艾陵，使人召陳侯。陳侯恐，如吴。楚伐陳。」

秋，宋公伐鄭。三伐。

冬，十月。

十年

春，王二月，邾子益來奔。 邾以後不見。

公會吴伐齊。 劉子云：「齊攻魯，子貢見哀公，請救于吴。公曰：『奚先君寶之用？』子貢曰：『使吴責吾寶而與我師，是不可恃也〔一〕。』於是以楊幹麻筋之弓六往。子貢謂吴王曰：『齊爲無道，欲使周公之後不血食。且魯賦五百〔二〕，邾賦三百，不識以此益齊〔三〕，吴之利與〔四〕？非與？』吴王乃興師救魯。諸侯曰：『齊伐周公之後，而吴救之。』遂朝于吴。」 **疏** 吴世家：「十一年，復北伐齊。越王勾踐率其衆以朝吴，厚獻遺之，吴王喜。唯子胥懼曰：『是棄吴也。』諫曰：『越在腹心，今得志于齊，猶石田，無所用。且盤庚之誥有顛越勿遺〔五〕，商之以興。』吴王不聽，使子胥于齊，子胥屬其子于齊鮑氏，還報吴王。吴王聞之，大怒，賜子胥屬鏤之劍以死。將死，曰：『樹吾墓上以梓，令可爲器。抉吾眼置之吴東門，以觀越之滅吴也。』齊鮑氏弑齊悼公。吴王聞之，哭于軍門外三日，乃從海上攻齊。」

三月戊戌，齊侯陽生卒。 鄭伯髡卒，傳曰：「鄭伯將會中國，其臣欲從楚，不勝其臣，弑而死。其不言弑，何也？

〔一〕「是」，原作「其」，日新本、鴻寶本同，此據説苑奉使篇改。

〔二〕「且」，原訛作「耳」，日新本、鴻寶本同，此據説苑奉使篇改正。

〔三〕「益」，原訛作「蓋」，日新本、鴻寶本同，此據説苑奉使篇改正。

〔四〕「利」，原作「制」，日新本、鴻寶本同，此據説苑奉使篇改。

〔五〕「誥」，原作「告」，日新本、鴻寶本同，據吴世家改。

不使夷狄之民加乎中國之君。」此弒也，不言弒者，爲中國諱也。鮑子弒君以説于吴，故辟之不言弒。日者，陽生正也。齊卒皆日，唯舍不日，未成君。齊大國，君十四卒，十二日，唯舍、荼不日，一未踰年、一因決荼不正。以外凡不正者皆從前見，大國禮備也。不月者，亦尊之也。諸兒、商人、舍、荼不葬者，賊未討也。潘不葬者，失德也。**疏**齊世家：「鮑子與悼公有郤，不善。四年，吴、魯伐齊南方，鮑子弒悼公，赴于吴。吴王夫差哭于軍門外三日，將從海入討齊。齊人敗之，吴師乃去。」

夏，宋人伐鄭。

晉趙鞅帥師侵齊。此二伯相侵。以上言特侵，不言互相侵伐，此皆無伯之辭。**疏**齊世家：「趙鞅伐齊，至賴而去。」伐喪也。

五月，公至自伐齊。**疏**惡事不致，此致者，危之甚。

葬齊悼公。齊世家：「齊人共立悼公子壬，是爲簡公。」

衞公孟彄自齊歸于衞。自齊者，齊有奉焉爾。公孟，公子也。

薛伯夷卒。**疏**薛四記卒。定十二年名，時卒時葬。薛較諸國小，正例也。莊三十一年，月、不名，起不能同盟。昭三十一年名、日者，起同盟正卒，特日之。

秋，葬薛惠公。薛三葬皆時，正也。**疏**薛以後不見。

冬，楚公子結帥師伐陳。

吴救陳。救中國不進者，陳，吴與國，救陳以結黨，故不進。**疏**地理志淮陽郡陳下云〔一〕：「故國，舜後〔二〕，胡公所封，爲楚所滅。」

十有一年年表：齊簡公元年。

春，齊國書帥師伐我。不言鄙，外魯也。此臨一家言。**疏**魯世家：「十一年，齊人伐我，季氏用冉有，冉有有功，思孔子，孔子自衛歸。」

夏，陳轅頗出奔鄭。鄭世家：「二十年，齊田常弑其君簡公，而常相于齊。二十二年，楚惠王滅陳。孔子卒。二十六年，晉知伯伐鄭，取九邑。三十七年，聲公卒，子哀公易立。哀公八年，鄭人弑哀公而立聲公弟丑，是爲共公。共公三年，晉滅知伯。三十年，共公卒，子幽公已立。幽公元年，韓武子伐鄭，殺幽公。鄭人立幽公弟駘，是爲繻公。繻公十五年，韓景侯伐鄭，取雍邱。鄭城京。十六年，鄭伐韓，敗韓兵于負黍。二十年，韓、趙、魏列爲諸侯。二十三年，鄭圍韓之陽翟。二十五年，鄭君殺其相子陽。二十七年，子陽之黨共弑繻公駘而立幽公弟乙爲君，是爲鄭君。鄭君乙立二年，鄭負黍反，復歸韓。十一年，韓伐鄭，取陽城。二十一年，韓哀侯滅鄭，并其國。」

〔一〕「淮」，原訛作「睢」，日新本同，此據漢書地理志、鴻寶本改正。
〔二〕「舜」字原脱，日新本同，此據地理志、鴻寶本補。

五月，公會吴伐齊。會、伐不月，月者，危之也。定、哀之世，經多微文，少見貶絶以立世事，明不待貶絶而罪惡見。不殊吴，進之也。

甲戌，齊國書帥師及吴戰于艾陵，齊師敗績，獲齊國書。

疏齊世家：「簡公四年春，初，簡公與父陽生俱在魯也，闞止有寵焉。及即位，使爲政，田成子憚之，驟顧于朝。御鞅言簡公曰：『田、闞不可並也，君其擇焉。』弗聽。子我夕，田逆殺人，逢之，遂捕以入。田氏方睦，使囚病而遺守囚者酒，醉而殺守者，得亡。子我盟諸田于陳宗。初，田豹欲爲子我臣，使公孫言豹，豹有喪而止。後卒以爲臣，幸于子我。子我謂曰：『吾盡逐田氏而立女，可乎？』對曰：『我遠田氏矣。且其違者不過數人，何盡逐焉！』遂告田氏。子行曰：『彼得君，弗先，必禍子。』子行舍于公宫。夏五月壬申，成子兄弟四乘如公。子我在幄，出迎之，遂入，閉門。宦者禦之，子行殺宦者。公與婦人飲酒于檀臺，成子遷諸寢。公執戈將擊之，太史子餘曰：『非不利也，將除害也。』成子出舍于庫，聞公猶怒，將出，曰：『何所無君！』子行拔劍曰：『需，事之賊也。誰非田宗？所不殺子者有如田宗。』乃止。子我歸，屬徒攻闈與大門，皆弗勝，乃出。田氏追之。豐邱人執子我以告，殺之郭關。成子將殺大陸子方，田逆請而免之。以公命取車于道，出雍門。田豹與之車，弗受，曰：『逆爲余請，豹與余車，余有私焉。事子我而有私于其讎，何以見魯、衛之士？』庚辰，田常執簡公于徐州。公曰：『余蚤從御鞅言，不及此。』甲午，田常弑簡公于徐州。田常乃立簡公弟驁，是爲平公。平公即位，田常相之，專齊之政，割齊安平以東爲田氏封邑。」弟子列傳〔二〕：「田常欲作亂于齊，憚高、國、鮑、晏，故移其兵欲以伐魯。孔子聞之，謂門弟子曰：『夫魯，墳墓所處，父母之國，國危如此，二三子何爲莫出？』子路請出，孔子止之。子張、子石請行，孔子弗許。子貢請行，孔子許之。遂行，至齊，説田常曰：『君之伐魯過矣。夫魯，難伐之國，其城薄以卑，其地狹以泄，其君愚而不仁，大臣僞而無用，士民又惡甲兵之事，此不可以與戰。君不如伐吴。夫吴，城高以厚，地廣以深，甲堅以新，士選以飽，重器精兵盡在其中，又使明大夫守之，此易伐也。』田常忿然作色曰：『子之所難，人之所易；子之所易，人之所難。而以教常，何也？』子貢曰：『臣聞之，憂在内者攻彊，憂在外者攻弱。今君憂在内。吾聞君三封而三不成者，大臣有不聽者也。今君破魯以廣齊，戰勝以驕主，破國以尊臣，而君之功不與焉，則交日疏於主。是君上驕主心，下恣羣臣，求以成大事，難矣。夫上驕則恣，臣驕則争，是君上與主有郤，下與大臣交争也。如此，則君之立於齊危矣。故曰不如伐吴。伐吴不勝，民人外死，大臣内空，是君上無彊臣之敵，下無民人之過，孤主制齊者唯君也。』田常曰：『善。雖然，吾兵業已加魯矣，去而之吴，大臣疑我，奈何？』子貢曰：『君按兵無伐，臣請往使吴王，令之救魯而伐齊，君因以兵迎之。』田常許之，使子貢南見吴王。説曰：『臣聞之，王者不絶世，霸者無彊敵，千鈞之重加銖兩而移。今以萬乘之齊而私千乘之魯，與吴争彊，竊爲王危之。且夫救魯，顯名也；伐齊，大利也。以撫泗上諸侯，誅暴齊以服彊晉，利莫大焉。名存亡魯，實困彊齊，智者不疑也。』吴王曰：『善。雖然，吾嘗與越戰，棲之會稽。越王苦身養士，有報我心。子待我伐越而聽

〔二〕「弟子列傳」四字原脱，日新本同，此據鴻寶本補。

子。』子貢曰：『越之勁不過魯，吳之彊不過齊，王置齊而伐越，則齊已平魯矣。且王方以存亡繼絶爲名，夫伐小越而畏彊齊，非勇也。夫勇者不避難，仁者不窮約，智者不失時，王者不絶世，以立其義。今存越示諸侯以仁，救魯伐齊，威加晉國，諸侯必相率而朝吳，霸業成矣。且王必惡越，臣請東見越王，令出兵以從，此實空越，名從諸侯以伐也。』吳王大説，乃使子貢之越。越王除道郊迎，身御至舍而問曰：『此蠻夷之國，大夫何以儼然辱而臨之？』子貢曰：『今者吾説吳王以救魯伐齊，其志欲之而畏越，曰「待我伐越乃可」。如此，破越必矣。且夫無報人之志而令人疑之，拙也；有報人之意，使人知之，殆也；事未發而先聞，危也。三者舉事之大患。』句踐頓首再拜曰：『孤嘗不料力，乃與吳戰，困于會稽，痛入于骨髓，日夜焦唇乾舌，徒欲與吳王接踵而死，孤之願也。』遂問子貢。子貢曰：『吳王爲人猛暴，羣臣不堪；國家敝于數戰，士卒弗忍；百姓怨上，大臣内變；子胥以諫死，太宰嚭用事，順君之過以安其私，是殘國之治也。今王誠發士卒佐之以徼其志，重寶以説其心，卑辭以尊其禮，其伐齊必矣。彼戰不勝，王之福矣。戰勝，必以兵臨晉，臣請北見晉君，令共攻之，弱吳必矣。其鋭兵盡于齊，重甲困于晉，而王制其敝，此滅吳必矣。』越王大説，許諾。送子貢金百鎰，劍一，良矛二。子貢不受，遂行。報吳王曰：『臣敬以大王之言告越王，越王大恐，曰：「孤不幸，少失先人，内不自量，抵罪于吳，軍敗身辱，棲于會稽，國爲虚莽，賴大王之賜，使得奉俎豆而脩祭祀，死不敢忘，何謀之敢慮！」』後五日，越使大夫種頓首言于吳王：『越東海役臣孤句踐使者臣種，敢脩下吏問于左右。今竊聞大王將興大義，誅彊救弱，困暴齊而撫周室，請悉起境内士卒三千人，孤請自披堅執鋭，以先受矢石。因越賤臣種奉先人藏器，甲二十領，鐵屈盧之矛，步光之劍，以賀軍吏。』吳王大説，以告子貢曰：『越王欲身從寡人伐齊，可乎？』子貢曰：『不可。夫空人之國，悉人之衆，又從其君，不義。君受其幣，許其師，而辭其君。』吴王許諾，乃謝越王。于是吴王乃遂發九郡兵伐齊。子貢因去之晉，謂晉君曰：『臣聞之，慮不先定不可以應卒，兵不先辨不可以勝敵。今夫齊與吴將戰，彼戰而不勝，越亂之必矣；與齊戰而勝，必以其兵臨晉。』晉君大恐〔一〕，曰：『爲之奈何？』子貢曰：『脩兵休卒以待之。』晉君許諾。子貢去而之魯。吴王果與齊人戰于艾陵，大破齊師，獲七將軍之兵而不歸，果以兵臨晉，與晉人相遇黄池之上。吴、晉爭彊，晉人擊，大敗吴師。越王聞之，涉江襲吴，去城七里而軍。吴王聞之，去晉而歸，與越戰于五湖。三戰不勝，城門不守，越遂圍王宫，殺夫差而戮其相。破吴三年，東向而霸。故子貢一出，存魯，亂齊，破吴，彊晉而霸越。」

秋，七月辛酉，滕子虞母卒〔二〕。日卒時葬，從方伯例。滕七記卒，隱七年不名、不葬，時；宣九不名、不葬，日；成十六不名、不葬，日，漸以進也。昭三〔三〕、二十八、哀四、十一，四卒皆名、葬。日，嘉其用中國禮也。

冬，十有一月，葬滕隱公。月者，危之也。滕四葬，二時、二月。春秋由内及外，卒正與魯近，故先卒葬之，兖州詳而中國畧。文、宣以上，則録外詞多，故録兖州而詳外國卒正，不卒葬也。**疏**滕以後不見。杞世家曰：「滕、薛、騶，夏、殷、周之間封也。小，不足齒列，弗論也。」

〔一〕「恐」，原作「怒」，日新本同，此據仲尼弟子列傳、鴻寶本改。

〔二〕「虞」，原作「慮」，據經文、日新本、鴻寶本改。

〔三〕「三」字原脱，據文意，當補。案：昭三年經書「正月丁未，滕子原卒」，又書「五月，葬滕成公」，故後云「四卒皆名、葬」。

衞世叔齊出奔宋。 世叔，公子也。

十有二年

春，用田賦。 用者，不宜用者也。田賦，非正也。魯語：「季康子欲以田賦，使冉有訪諸仲尼。仲尼不對，私于冉有曰：『求來，女不聞乎？先王制土，籍田以力，而砥遠邇；賦里以入，而量其有無；任力以夫，而議其老幼。于是乎有鰥寡孤疾，有軍旅之出則徵之，無而已。其歲，收田一井，出稯禾、秉芻、缶米，不是過也。先王以爲足。若子季孫欲其法也，則有周公之籍矣；若欲犯，則苟而賦，又何訪焉？』」 **疏** 顏師古云：「田賦者，别計田畝及家財各爲一賦。言不依古制，役繁斂重也。」

古者公田什一。用田賦，非正也。 班氏云：「二伯之後，寖以陵夷，至魯成公作丘甲，哀公用田賦，蒐狩治兵大閱之事皆失其正。春秋書而譏之，以存王道〔一〕。于是師旅亟動，百姓罷敝，無伏節死難之誼。孔子傷焉，曰：『以不教民戰，是謂棄之。』故稱子路：『可使治賦。』子路亦曰：『千乘之國，攝乎大國之間，加之以師旅，因之以饑饉，由也爲之，比及三年，可使有勇，且知方也。』治其賦兵、教以禮誼之謂也。」

夏，五月甲辰，吴孟子卒。 論語「吴孟子」之說，禮無所施。不謂昭公稱之，謂春秋書法爾。孟子如宋女，不可言

〔一〕「存」字原脱，日新本、鴻寶本同，此據漢書刑法志補。

孟姬」；言孟子，又不見吳女，諱娶同姓之意，不可見「吳」。故經書孟子而口繫吳字以卒之。坊記之無「吳」字，就經文言之。論語有「吳」字，就口繫言之。

孟子者，何也？ 據卒妾詞。妾又不葬。**昭公夫人也。** 此據師傳，非義例可推。孝、惠娶商，乃宋女。**疏** 坊記曰：「魯春秋猶去夫人之姓曰『吳』，其死曰『孟子』。」班氏云：「不娶同姓者，重人倫，防淫佚，恥與禽獸同也。」論語曰：「取吳，爲同姓，謂之吳孟子。」曲禮曰：「買妾不知其姓，則卜之。」據此，則春秋舊有「夫人至自吳」之文，春秋没其文，直于薨也稱「孟子」。**其不言夫人，何也？** 據夫人薨，當言「夫人」。鄭君說：「吳，太伯之後，魯同姓也。昭公娶焉，去其姓曰『吳』而已。至其死，亦畧云『孟子卒』[二]，不書夫人某氏薨。」**諱取同姓也。** 據不言薨、不言氏、不書葬。大傳：「六世親屬竭矣。其庶姓別于上，而戚單于下，昏姻可以通乎？」又云：「繫之以姓而弗別，綴之以食而弗殊，雖百世而昏姻不通者，周道然也。」**疏** 弟子列傳：「巫馬施字子旗，少孔子三十歲。陳司敗問孔子曰：『魯昭公知禮乎？』孔子曰：『知禮。』退而揖巫馬旗曰：『吾聞君子不黨，君子亦黨乎？魯君娶吳女爲夫人，命之爲孟子。孟子姓姬，諱稱同姓，故謂之孟子。魯君而知禮，孰不知禮？』施以告孔子，孔子曰：『丘也幸，苟有過，人必知之。臣不可言君親之惡，爲諱者，禮也。』」

公會吳于橐皋。 公會者，伯者之辭也。中國無伯，夷狄爭彊，傳所謂「累累致小國以會諸侯」是也。**疏** 吳世家：

[二] 「云」，原作「之」，日新本、鴻寶本同，此據鄭氏禮記注改。

「十三年，吳召魯、衛之君會于橐皋。」不異吴，進之也。地理志：橐皋縣屬九江郡。

秋，公會衛侯、宋皇瑗于鄖。 **疏**衛世家：「出公輒四年，齊田乞弒其君孺子。八年，齊鮑子弒其君悼公。孔子自陳入衛。九年，孔文子問兵于仲尼，仲尼不對。其後，魯迎仲尼，仲尼反魯。十二年，初，孔圉文子取太子蒯聵之姊，生悝。孔氏之豎渾良夫美好，孔文子卒，良夫通于悝母。太子在宿，悝母使良夫于太子。太子與良夫言曰：『苟能入我國，報子以乘軒，免子三死，毋所與。』」

宋向巢帥師伐鄭。 宋四伐鄭矣。**疏**哀世詳宋〔一〕、鄭兵事。

冬，十有二月，螽。 劉子説：「春用田賦，冬而螽。」按：月者，甚也。**疏**左傳：「季孫問于仲尼，曰：『聞之，火伏而後蟄者畢。今火猶西流，司歷過也。』」

十有三年

春，鄭罕達帥師取宋師于嵒。

取，易辭也。以師而易取，宋病矣。 地理志宋睢陽下云：「故宋國，微子所封。」按：與九年相起。**疏**宋世家：「景公十六年，魯陽虎來奔，已復去。二十五年，孔子過宋，宋司馬桓魋惡之，欲殺孔子，孔子微服去。三

〔一〕「世」，原作「四」，據日新本、鴻寶本改。

十年，曹倍宋，又倍晉，宋伐曹，晉不救，遂滅曹有之。三十六年，齊田常弑簡公。三十七年，楚惠王滅陳。熒惑守心。心，宋之分野也。景公憂之。司星子韋曰：『可移于相。』景公曰：『相，吾之股肱。』曰：『可移于民。』景公曰：『君者待民。』曰：『可移于歲。』景公曰：『歲饑民困，吾誰爲君！』子韋曰：『天高聽卑。君有君人之言三，熒惑宜有動。』于是候之，果徙三度。六十四年，景公卒。宋公子特攻殺太子而自立，是爲昭公。昭公者，元公之曾庶孫也。昭公父公孫糾，糾父公子褍秦，褍秦即元公少子也。景公殺昭公父糾，故昭公怨殺太子而自立。昭公四十七年卒，子悼公購由立。悼公八年卒，子休公田立。休公二十三年卒，子辟公辟兵立〔一〕。辟公三年卒，子剔成立。剔成四十一年，剔成弟偃攻襲剔成，剔成敗奔齊，偃自立爲宋君。君偃十一年，自立爲王。東敗齊，取五城；南敗楚，取地三百里；西敗魏軍，乃與齊、魏爲敵國。盛血以韋囊，縣而射之，命曰『射天』。淫于酒、婦人。羣臣諫者輒射之。于是諸侯皆曰『桀宋』。『宋其復爲紂所爲，不可不誅〔二〕。』告齊伐宋。王偃立四十七年，齊湣王與魏、楚伐宋，殺王偃，遂滅宋而三分其地。」

夏，許男成卒。 不日者，卒于會也。何爲不于會後卒之？辟諸侯皆在也。

疏 據左傳，黄池之會，有單平公，不言，亦諱之。

〔一〕「辟兵」二字原脱，據宋世家、日新本、鴻寶本補。
〔二〕「誅」，原作「諫」，日新本同，此據宋世家、鴻寶本改。

公會晉侯及吴子于黄池。此大會也。何以僅序晉、吴？兩伯之辭也。時無伯，晉、吴皆無從國，内言我，言晉、吴而已。吴地在九州，本非夷狄。春秋從九州分中分〔一〕，故以揚州爲夷狄，以次漸進者，用夏變夷，以中國化之也。春秋之例，吴、楚有君，有大夫，言聘、使者，因見九州之制，因而進之以變夷，以成九州之治也。蓋易八卦方位，四陽卦所臨之州爲中國，四陰卦爲夷狄。但據四陽卦，不成三千里之制。又如詩風十五國，僅記内州；至于南方不言國名，統之于二南，不成五服、三千里之制。春秋興王，首先見陽卦四州，及詩風所見之國，三傳同謂中國〔二〕；先見中國，莊以下乃推之外州，始見荆、徐、梁州名，而楚、秦、吴至成世乃全見。進夷狄之道不一而足，故得道則進，而非善則反。楚先出而被澤深，末年多有中國之辭；吴後出而被澤淺，進不如楚國。因其進之淺深，考其功之純駁。故首言荆州，終進吴子，以見化行九州，此用夏變夷之微言，王道考功之極致也。黄池之會，諸侯俱在，言此以起之也。不言會，諱諸侯同在也。不後于會者，卒在會，未行會禮也。定、哀之世臨一家，中國與夷狄同外，故待夷狄不嚴；至一國辭，乃嚴中外之分；隱、桓天下辭，中國與夷狄又同辭。此三世之例也。**疏**吴世家：「十四年，北會諸侯于黄池，欲伯中國以全周室。」晉世家：「吴王夫差會黄池，争長，趙鞅時從，卒長吴。」

黄池之會，黄池，諸侯俱在也。不序者，不以諸侯及之。**吴子進乎哉！**據與晉敵，如伯者之辭。**遂子矣。**

〔一〕「中分」，似宜作「中外」，據本書「凡例」，有「九州分中外」語。

〔二〕「中國」二字原脱，據日新本、鴻寶本補。

夷狄雖大曰子。子之而與晉敵，如楚子，有伯辭也。董子：「吴，魯同姓也。鍾離，殊會，外之也。鷄甫，不得與中國爲禮。至于伯舉、黄池之行，變而反道，乃爵而不殊。」**吴，**地理志會稽吴下：「故國，周太伯所封。具區澤西〔二〕，揚州藪。」**夷狄之國也。**其國位在陽卦，又不見于詩風，在南服。**疏**不在要、荒。然三傳皆以外州爲夷狄，自諸夏言之耳，非真夷狄也。**祝髮文身，**王制曰：「東方曰夷，斷髮文身，有不火食者矣。」言此，明初不用冠端也。吴不稱夷而曰吴者，地在侯、綏，不以夷終也。**欲因魯之禮，**魯秉周禮，爲諸國望。**因晉之權，**晉爲二伯，故言權。**而請冠端，**荀子大略：「天子山冕，諸侯玄冠，大夫裨冕，士韋弁，禮也。」**而襲其籍于成周，**此所謂用夏變夷也。吴本周封，籍在成周。周衰，久不至，至此重脩舊典。傳以襲籍言者，從新録之，喜之也。**疏**吴世家：「吴太伯，弟仲雍，皆周太王之子，而王季歷之兄也。季歷賢，而有聖子昌，太王欲立季歷以及昌，于是太伯、仲雍二人乃奔荆蠻，文身斷髮，示不可用，以避季歷。季歷果立，是爲王季，而昌爲文王。太伯之奔荆蠻，自號句吴。荆蠻義之，從而歸之千餘家，立爲吴太伯。」**以尊天王。**王制：「三公一命卷，若有加，則錫。」此謂吴人争長，欲自爲伯。**吴進矣。**從楊方伯進于二伯，累言公會之，亦伯之。**疏**前僭王，此尊天子，棄夷狄之行而慕中國，其行進也。**吴，東方之大國也。**大國，盟主。國語所謂「吴公」。**疏**大國，謂其疆大，與晉争伯。**累累致小國，**累累，多

〔二〕「澤」，原作「浸」，日新本同，此據地理志、鴻寶本改。

辭。小國，伯、子、男也。**以會諸侯，**會諸侯，伯者事，如上橐皋。左傳：「伯合諸侯，則侯帥子男以見于伯〔一〕。」**以合乎中國。**春秋伯有中、外之分。楚之會魯伐齊，皆與中國爲禮。兩伯同會，其從者就相見也。**吴能爲之，**謂與晉爭長諸侯，是慕中國上公之榮，志欲得之。**則不臣乎？**不自以爲王而爭伯，禮豈得以夷狄待之？

疏吴甚彊于黄池〔二〕，能自卑以尊周，則臣道得矣。能以臣道自飭，故因而「子」之。**吴，進矣。**春秋急以伯辭進之，蓋以中國冠裳之制，引其慕義之心，名進以伯，陰黜其王也。**王，尊稱也；**天無二日，民無二王，王尊加于天下，至尊之辭。

疏吴僭王，故不葬。有僭王，故言天王。**子，卑稱也。**吴雖爲伯，然「蠻夷雖大曰子」，則爲中國卑稱。春秋待夷狄，其名仍其舊，而號從中國。「子」之，所謂號從中國、名從主人也。**辭尊稱而居卑稱，**不稱王而稱吴子。據吴語，晉以吴子不當稱王而稱子，吴從而盟。**以會乎諸侯，**春秋將終，化行八州，吴遠在海隅，緐然來服，故因其爭長而進之，亦君子成美之義，足以覿王道之成矣。**以尊天王。**自居則稱王，會諸侯則從夷狄稱子。辭尊居卑，以與諸侯相接而求襲籍成周，以夏變夷。**吴王夫差曰：**謂爭先之事，自以于周室爲長。**「好冠來。」**劉子云：「冠者，所以别成人也。脩德束躬，以自申飭，所以檢其邪心、守其正意也。君子始冠必祝。成禮加冠，以勵其心。故君子成必冠帶以行事，棄幼少嬉戲惰慢之心，而衎衎于進脩德業之志〔三〕。是故服不成象，

〔一〕「帥」下原有「伯」字，日新本、鴻寶本同，此據左傳删。

〔二〕「彊」，原譌作「疆」，日新本同，此據鴻寶本改正。

〔三〕「衎衎」，原脱一「衎」字，日新本、鴻寶本同，此據説苑脩文篇補。

而内心不變。內心脩德，外被禮文，所以成顯令之名也。是故皮弁素積，百王不易。既以脩德，又以正容。孔子曰：「正其衣冠，尊其瞻視，儼然人望而畏之，斯不亦威而不猛乎？」」**孔子曰：「大矣哉！夫差未能言冠而欲冠也。」**劉子云：「知天道者冠鉥，知地道者履蹻，能治煩決亂者佩觿，能射御者佩韘，能正三軍者搢笏。衣必荷規而承矩，負繩而準下。故君子衣服中而容貌得，接其服而象其德。故望玉貌而行能有所定矣。詩曰：『芄蘭之枝，童子佩觿。』說能行者也。」

疏　大其用夏變夷。雖不知冠而情切于欲冠，有慕中國變夷狄之心。吳至中國，見衣冠文物之盛，而心好之。黃池長諸侯以尊天子，故孔子大之。晉世家：「三十年，定公與吳王夫差會黃池，爭長，趙鞅時從，卒長吳。三十一年，齊田常弑其君簡公，而立簡公弟鷔爲平公〔一〕。三十三年，孔子卒。三十七年，定公卒，子出公鑿立。出公十七年，知伯與韓、趙、魏共分范、中行地以爲邑。出公怒，告齊、魯，欲以伐四卿。四卿恐，遂反攻出公。出公奔齊，道死。故智伯乃立昭公曾孫驕爲晉君，是爲哀公。哀公大父雍，晉昭公少子也，號爲戴子。戴子生忌。忌善知伯，早死，故知伯欲盡并晉，未敢，乃立忌子驕爲晉君。當是時，晉國政皆決知伯，晉哀公不得有所制。知伯遂有范、中行地，最彊。哀公四年，趙襄子、韓康子、魏桓子共殺知伯，盡并其地。十八年，哀公卒，子幽公柳立。幽公之時，晉畏，反朝韓、趙、魏之君。獨有絳、曲沃，餘皆入三晉。十五年，魏文侯初立。十八年，幽公淫婦人，夜竊出邑中，盜殺幽公。魏文侯以兵誅晉亂，立幽公子止，是爲烈公。烈公十九年，周威烈王賜趙、韓、魏皆立爲諸

〔一〕「鷔」，原作「鶩」，日新本同，此據晉世家、鴻寶本改。

侯。二十七年，烈公卒，子孝公頎立。孝公九年，魏武侯初立，襲邯鄲，不勝而去。十七年，孝公卒，子静公俱酒立。是歲，齊威王元年也。静公二年，魏武侯、韓哀侯、趙敬侯滅晉侯而三分其地。静公遷爲家人，晉絶不祀〔二〕。」

楚公子申帥師伐陳。 劉子云：「隼近黑祥，貪暴類也。象陳眊亂，不服事周，而行貪暴，致遠夷之禍，爲楚所滅也。是時，中國齊、晉，南夷吴、楚爲彊。陳交晉不親，附楚不固，數被二國之禍。後楚有白公之亂，陳乘而侵之，卒爲楚所滅。」

疏 陳世家：「吴敗齊，使人召陳侯。陳侯恐，如吴。楚伐陳。」楚世家：「惠王二年，子西召故平王太子建之子勝于吴，以爲巢大夫，號曰白公。白公好兵而下士，欲報仇。六年，白公請兵令尹子西伐鄭。初，白公父建亡在鄭，鄭殺之，白公亡走吴，子西復召之，故以此怨鄭，欲伐之。子西許而未爲發兵。八年，晉伐鄭，鄭告急于楚，楚使子西救鄭，受賂而去。白公勝怒，乃遂與勇力死士石乞等襲殺令尹子西、子綦于朝，因刼惠王，置之高府，欲弑之。惠王從者屈固負王亡走昭王夫人宫。白公自立爲王。月餘，葉公來救楚，楚惠王之徒與共攻白公，殺之。惠王乃復位。是歲也，滅陳而縣之。十三年〔三〕，吴王夫差彊，陵齊、晉，來伐楚。十六年，越滅吴。四十二年，楚滅蔡。四十四年，楚滅杞，與秦平。是時，越已滅吴而不能正江、淮北；楚東侵，廣地至泗上。五十七年，惠王卒，子簡王中立。簡王元年，北伐滅莒。八年，魏文侯、韓武子、趙桓子始列爲諸侯。」

〔二〕「不」字原脱，日新本、鴻寶本同，此據晉世家補。

〔三〕「三」，原作「二」，日新本、鴻寶本同，此據楚世家改。

於越入吴。「於」在「越」上〔一〕，舉越也。舉越，則從其本名。越後爲伯，故其文與楚初言荆同。在下則從中國言越也。**疏**吴世家：「六月戊子，越王句踐伐吴。乙酉，越五千人與吴戰。丙戌，虜吴太子友。丁亥，入吴。吴人告敗于王夫差，惡其聞也。或泄其語，吴王怒，斬七人于幕下。七月辛丑，吴王與晉定公争長，吴王曰：『于周室我爲長。』晉定公曰：『于姬姓我爲伯。』趙鞅怒，將伐吴，乃長晉定公。吴王已盟，與晉别，欲伐宋。太宰嚭曰：『可勝而不能居也。』乃引兵歸國。國亡太子，内空，王居外久，士皆罷敝，于是乃使厚幣以與越平。十五年，齊田常殺簡公。十八年，越益彊。越王句踐率兵使伐敗吴師于笠澤。楚滅陳。二十年，越王句踐復伐吴。二十一年，遂圍吴。二十三年十一月丁卯，越敗吴，越王句踐欲遷夫差于甬東，予百家居之。吴王曰：『孤老矣，不能事君王也。吾悔不用子胥之言，自令陷此。』遂自剄死。越王滅吴，誅太宰嚭，以爲不忠，而歸。」

秋，公至自會〔二〕。

晉魏曼多帥師侵衛。晉三卿伐衛，取地以自廣，故有分衛之事。**疏**魏世家：「魏之先，畢公高之後也。畢公高與周同姓。武王之伐紂，而高封于畢，于是爲畢姓。其後絶封，爲庶人，或在中國，或在夷狄。其苗裔曰畢萬，事晉獻公。獻公之十六年，趙夙爲御，畢萬爲右，以伐霍、耿、魏，滅之。以耿封趙夙，以魏封畢萬，爲大夫。卜偃曰：『畢萬之

〔一〕「在越」，原倒爲「越在」，日新本同，此據鴻寶本乙正。

〔二〕此經文五字原脱，據日新本、鴻寶本補。

後必大矣。萬，滿數也；魏，大名也。以是始賞，天開之矣。天子曰兆民，諸侯曰萬民。今命之大，以從滿數，其必有衆。』初，畢萬卜事晉，遇屯之比，辛廖占之，曰：『吉。屯固比入，吉孰大焉，其必蕃昌。』畢萬封十一年，晉獻公卒，四子爭更立，晉亂。而畢萬之世彌大，從其國名爲魏氏。生武子。魏武子以魏諸子事晉公子重耳。晉獻公之二十一年，武子從重耳出亡。十九年反，重耳立爲晉文公，而令魏武子襲魏氏之後封，列爲大夫，治于魏。生悼子。魏悼子徙治霍。生魏絳。魏絳事晉悼公。悼公三年，會諸侯。悼公弟楊干亂行，魏絳僇辱楊干。悼公怒曰：『合諸侯以爲榮，今辱吾弟。』將誅魏絳。或説悼公，悼公止。卒任魏絳政，使和戎、翟，戎、翟親附。悼公之十一年，曰：『自吾用魏絳，八年之中，九合諸侯。戎、翟和，子之力也。』賜之樂，三讓，然後受之。徙治安邑。魏絳卒，謚爲昭子。生魏嬴。嬴生魏獻子，獻子事晉昭公。昭公卒而六卿彊，公室卑。晉頃公之十二年，韓宣子老，魏獻子爲國政。晉宗室祁氏、羊舌氏相惡，六卿誅之，盡取其邑爲十縣，六卿各令其子爲之大夫。獻子與趙簡子、中行文子、范獻子並爲晉卿。其後十四歲而孔子相魯。後四歲，趙簡子以晉陽之亂也，而與韓、魏共攻范、中行氏。魏獻子生魏侈。魏侈與趙鞅共攻范、中行氏。魏侈之孫曰魏桓子，與韓康子、趙襄子共伐滅知伯，分其地。」

葬許元公。春秋許六卒六葬，起爲外小國例也。六卒，則不卒者多矣。不皆卒，以明爲外卒正也。不卒者不日。此皆日者，明與正卒例殊也。特立此例，以待許與內外大小例皆不同也。許葬皆時，與卒皆日月，爲一見例。**疏**許以後不見。由陳及許，陳，虞；許，太岳後也。地理志潁川許下云：「故國，姜姓，四岳後，大叔所封，二十四世爲楚所滅。」

九月，螽。 劉子説：「九月螽，十二月螽，比三螽〔一〕，虐取于民之效也。」按：月者，記一冬，二記螽也。

冬，十有一月，有星孛于東方。 劉子云：「不言宿名者，不加宿也〔二〕。以辰乘日而出，亂氣蔽君明也。明年，春秋事終。一曰：周之十一月，夏九月。日在氐，出東方者，軫、角、亢也。軫，楚；角、亢，陳、鄭也。或曰：角，大國象也，爲齊、晉也。其後楚滅陳，田氏篡齊，六卿分晉，此其效也。」按：記異也。賢者畏天，故首記星異也。**疏**月者，記時。星異不日，不以日計也。

盜殺陳夏區夫。 盜，陪臣也。王者初立，先治陪臣，由陪臣以及大夫，由大夫以及諸侯，由諸侯以歸權于天子。定、哀治陪臣，成、襄、昭治大夫，莊、閔、僖、文、宣治諸侯，隱、桓反權于天子。隱〔三〕、桓記天子事詳。**疏**陳世家：「懷公十六年，吴王夫差伐齊，敗之艾陽，使人召陳侯。陳侯恐，如吴。楚伐陳。二十一年，齊田常弑其君簡公。二十三年，楚之白公勝殺令尹子西、子綦，襲惠王。葉公攻敗白公，白公自殺。二十四年，楚惠王復國，以兵北伐，殺陳湣公，遂滅陳而有之。是歲，孔子卒。」

十有二月，螽。 記災也。王者初立，先救災也。月者，志數，與上月相起。

〔一〕「比」，原訛作「此」，日新本同，此據漢書五行志、鴻寶本改正。
〔二〕「加」字原脱，日新本同，此據漢書五行志、鴻寶本補。
〔三〕「隱」上，鴻寶本有「春秋」二字。

十有四年

春，西狩獲麟。劉子說：「孔子觀麟而泣，哀道不行，于是退作春秋，明素王之道。」又曰：「夫子行說七十諸侯，無所定處，意欲使天下之民各得其所，而道不行，退而脩春秋。采毫毛之善，貶纖介之惡，人事浹，王道備，精和聖制，上通于天而麟至，此天之知夫子也〔一〕。于是孔子喟然歎曰：『天以至明，不可蔽乎？日何爲而食？地以至安，不可危乎？地何爲而動？天地而尚有動蔽，是故君人說于世而不得行其道，故災異並作也。』夫子曰：『不怨天，不尤人，下學而上達，知我者其天乎？』」尹更始、劉向說：「吉凶不並，瑞災不兼。今麟爲周亡天下之異，則不得爲瑞以應孔子至〔二〕。」案：春言狩者，行夏時也。春秋感麟而作，文從此終，而義由此始。傳曰：「立乎定、哀，以指隱、桓。」蓋春秋撥亂反正，以明王法。定、哀之世，其亂亟矣。孔子覩時事而制法，故治定、哀以求襄、昭，治襄、昭以求宣、成，治宣、成以求僖、文，治僖、文以求莊、閔，治莊、閔以求隱、桓。亂始于隱、桓而亟于定、哀。治本乎定、哀而歸于隱、桓。此制作終始之序，而治法本末之道也。**疏**終于春者，謂二月也。言狩，冬禮，以夏正計之，二月乃爲歲盡，故春秋記事，始于三月，終于二月，行夏時之義也。故以狩起之。

引取之也。取之易，如麟自來，因而取之。左傳得牛馬曰獲。**狩，地。**據狩于郎，地。**不地，**據左傳：「狩

〔一〕「此」上原衍「按」字，日新本、鴻寶本同，此據說苑至公篇删。

〔二〕「孔子至」下，原有「玄之闇也」四字，日新本、鴻寶本同。案，闇，當是「聞」之譌。據禮記禮運疏，「玄之聞也」下，皆鄭玄駁異義文，不關尹、劉說，故删。

于大野。」**不狩也。**不地，知不狩。**非狩而曰狩，**地，而春秋不地，不必言狩也。**大獲麟，**言西，與河陽同爲大之。**故大其適也。**劉子說：「麒麟，麕身、牛尾、圓頂、一角。含仁懷義，音中律，行步中規，折旋中矩。擇土而踐，位平然後處。不羣居，不旅行。紛兮其有質文也。幽閒則循循如也，動則有儀容。」狩者，公與卿同在，事大。若使車子鉏商主之，則小矣。**其不言來，**據「鸜鵒來巢」言「來」。**不外麟於中國也。**中國，對海邦言之。公羊：「麟非中國之獸，有王者乃至。」言來，則不以麟爲素有，從海外來矣。**其不言有，**據「有蜮」言「有」。傳「一有一亡曰有」是也。**不使麟不恒於中國也。**孔子，殷人，王法商，帝法少昊金德，金在西方，故言西。麟，東方，木德，精甲爲龍屬。據史記「河不出圖」、論語上言「鳳鳥不至」，鳳鳥，少昊金德，以鳥名官。麟則與金德干，故曰道窮。又少昊金德，主西極都；于曲阜又爲東〔二〕，鳳至東而少昊麟至西，而孔道窮。**疏**孔子世家：「魯哀公十四年春，狩大野，叔孫氏、車子鉏商獲獸，以爲不祥。仲尼視之，曰：『麟也。』取之。曰：『河不出圖，洛不出書，吾已矣夫！』顔淵死，孔子曰：『天喪予！』及西狩見麟，曰：『吾道窮矣！』喟然歎曰：『莫知我夫！』子貢曰：『何爲莫知子？』子曰：『不怨天，不尤人，下學而上達，知我者其天乎！』『不降其志，不辱其身，伯夷、叔齊乎？』謂『柳下惠、少連降志辱身矣』，謂『虞仲、夷逸隱居放言，行中清，廢中權』，『我則異于是，無可無不可』。子曰：『弗乎弗乎，君子疾殁世而名不稱焉。吾道不行矣，吾何以自見于後世哉？』乃因史記作春秋，上至隱公，下訖哀公十四年，

〔二〕「于」字原脱，據日新本、鴻寶本補。

十二公。據魯，親周，故殷，運之三代，約其文辭而指博。故吴、楚之君自稱王，而春秋貶之曰『子』；踐土之會實召周天子，而春秋諱之曰『天王狩于河陽』。推此類以繩當世，貶損之義，後有王者舉而開之。春秋之義行，則天下亂臣賊子懼焉。孔子在位聽訟，文辭有可與人共者，弗獨有也。至于爲春秋，筆則筆，削則削，子夏之徒不能贊一辭。弟子受春秋，孔子曰：『後世知丘者以春秋，而罪丘者亦以春秋。』明歲，子路死于衛。孔子病，子貢請見。孔子方負杖逍遥于門，曰：『賜，汝來何其晚也？』孔子因歎，歌曰：『泰山壞乎！梁柱摧乎！哲人萎乎！』因以涕下。謂子貢曰：『天下無道久矣，莫能宗予。夏人殯于東階，周人于西階，殷人兩柱間。昨暮予夢坐奠兩柱之間，予殆殷人也。』後七日卒。孔子年七十三，以魯哀公十六年四月己丑卒。哀公誄之曰：『旻天不弔，不慭遺一老，俾屏余一人以在位，煢煢余在疚。嗚呼哀哉！尼父，毋自律！』子貢曰：『君其不没于魯乎！夫子之言曰：「禮失則昏，名失則愆。失志爲昏，失所爲愆。」生不能用，死而誄之，非禮也。稱「余一人」，非名也。』孔子葬魯城北泗上，弟子皆服三年。三年心喪畢，相訣而去，則哭，各復盡哀；或復留。唯子貢廬于冢上，凡六年，然後去。弟子及魯人往從冢而家者，百有餘室，因名曰孔里。魯世世相傳以歲時奉祠孔子冢，而諸儒亦講禮鄉飲大射于孔子冢。孔子冢大一頃。故所居堂、弟子内，後世因廟，藏孔子衣冠琴車書。」〔二〕

〔二〕　廖宗澤補疏：哀公十四年，取法于召南十四篇，坎、離十四卦。合定公十五年爲二十九年，以應隱、桓年數。

附録一

重刻穀梁古義疏弁言

井研大師以經學名海内久矣。間嘗讀六譯館叢書，嘆其箸述之富，識見之宏，考訂之精詳，未嘗不低徊磬折。有清以來，朴學大儒輩出，至先生而集大成。斯文所在，共仰斗、山，固不待後生末學贊一詞也。今秋先生文孫次山君持舊箸穀梁古義疏來示予，並言先生於此書凡十易稿，今耄矣，頗欲及見是書刊成爲慰。予閲之，即前湘刊本重經先生點定者。同鄉張君富安願任版貲，適因公赴渝，託予董其事，乃鳩工庀材，校對鈔録，約期年而全書成。予惟服膺先生久且篤，此書刊行，幸獲先覩爲快。爰述始末，用識景仰於萬一耳。民國十八年歲在己巳孟冬，後學犍爲黄印清謹識於成都少城之讀未見書齋。

附録二

重訂穀梁春秋經學外篇叙目

穀梁師法，漢初甚微。建武以後無博士，唯顯于宣、元之間，不過三十年。佚傳遺説，殊堪寶貴。今輯孟、荀及宣、元間本師舊説，仿陳左海例，作穀梁先師遺説考四卷，故注中引用，不復更注所出焉。

諸經皆有舊傳，今傳文乃漢師取舊傳以答弟子問者也，故傳中有引舊傳之文。今仿其例，凡傳與禮記、公羊傳文確爲舊傳者，集之以爲舊傳一卷。

穀梁傳有「孔子素王」一語，今佚，見枚福傳顔注引。王制，所謂「素王」也。注中詳之，更作穀梁大義一卷，以素王爲主。其中如改制、三世、親魯、故宋、黜杞、尊周、二伯、八方伯、六卒正、外夷狄、進退諸侯，皆從之。

孔子脩春秋，因魯史。其著述之義，如正名、加損、傳疑、傳信、尚志、謹微、本末之類，別爲穀梁大義第二卷，專明著録之義。

春秋制義，如奉天、正道、貴民、貴命、重信、親親、尊尊、賢賢、賤利、貴讓、仁義、五倫、權謀、終始、有無、謹始、復仇、明時、法古之類，作大義第三卷，專明制義之事。
先師傳經，淵源本末。如佚傳、異説、傳受、姓氏、闕疑之類，別爲穀梁大義第四卷，專
明傳經之事。
二傳之例，與本傳大同小異，今作三傳異例表一卷，專明此事。故注中不必詳二傳例。
禮、事二表同。
范注中採用鄭君起廢疾。按：鄭未有深解，舊作起起廢疾一卷以明本義，而駁何、
鄭，故注中不更存何、鄭説。
范注採用何、杜兩家，全無師法。注中不加駁斥，別取其反傳倍理者爲之解説，作集解
糾繆二卷。至其駁傳之條，則別爲釋范一卷解之。
傳有總傳，當分之；有數傳，當別之。有一見，有累言。有相比見義，有數傳方備。
有不發傳爲省文，有不發傳爲別義。有傳不在本條下，有無所繫而發傳。有文同而意
異，有文異而意同。有傳此包彼，有傳此起彼。注外別作釋例二卷，專以本經依傳比例
條考焉。
天子、二伯、方伯、卒正、微國，尊卑儀注，一條不苟，説春秋者畧焉。注中最詳此義，別
爲十八國尊卑儀注表以明之。

春秋有一見例以明數見、不見界畫，舊説皆誤。與正例相比，注外別作一見表以明之。

中外異辭，最爲要義，説者畧焉。注外別爲内外異辭表、中外異辭表以明之。

筆削等差，共四五十類。注外別取傳文，作筆削表一卷。傳所不詳，依例補之。

進退次第，共四五十類。注外別取傳文，作進退表一卷，傳所不詳，依例補之。

功罪大小，共四五十類。注外別取傳文，作善惡表一卷，傳所不詳，依例補之。

爵位等差，最爲繁雜。今取傳中州、國、名、氏、人、字，不繫，作爵禄表一卷。

傳于日月例最爲詳備，注詳于本條下。更別作日月時例表三卷，如公羊之例。

穀梁久微，今取定傳、議駁本于穀梁者，仿董子例，作穀梁決事一卷。

劉子政説有外傳逸文，今取之，作外傳一卷，以符藝文志舊目。

三傳有師説同而所説之事不同者，如緩追逸賊、同盟用狄道之類，注中不復臚入，別作三傳師説同源異流表一卷以明之。

春秋瑣事孤文，三傳各異，無所是正。此在傳疑之例，孔子所不能信，傳者乃不能不説之。注外別作三傳傳疑表一卷，以平三傳之獄。

屬辭比事，春秋之教也。今將天王及十八國事經緯本末，分國編之，即取史記譜牒之説，以爲之注，作春秋屬辭表四卷。注外別作比事二卷，以見比義。

會盟列叙諸侯，皆有所起。苟無所起，則不見。舊説皆畧，注詳説之，別作中國夷狄爭伯表一卷，專明會盟列數之義。

方言異稱，華夷翻譯，孔子云「號從中國，名從主人」。傳舉方言異稱，蓋大例，所包甚廣。注外別作中外名號異同表，而以方言附之。

諸國地邑、山水名號，最爲繁賾。傳中詳其四向，並詳道里數目，此非據圖籍不能。注外別據劉、班之説，更推傳例，作圖一方，並疏解名號于後。

左傳因國語加章句爲今本。今凡國語所畧而於經例可疑者，則皆誤解。今將注、疏異説標出，爲左傳變異今學事實表。凡表以外，則皆合於二傳。今取其事實與本傳合而爲史記、國語所無，則命成鑑疏之，以「補疏」標題，示區別焉。

今學以王制爲宗，齊、魯詩皆魯國今學〔二〕。劉子受魯詩，從之。今于先師外，凡今學各經師説，統輯爲王制注疏。凡本傳禮制不明者，取之；已明者，但詳出于注疏。

傳有從史一例，舊傳解多失。今取經文從史之例，先立一表，而後依事解之。如趙盾、崔杼、陳溺、楚卷、鄭髡之類是也。

〔二〕「魯國」二字疑衍。

今學王制，外有佚文佚義不傳於今本者，將據今學各經、傳師説彙輯之，以爲王制佚文佚義考。凡傳文義不傳於王制者，皆就此説之。

附録三

釋范弁言

古人注經，例不破傳。鄭君改字，爲世所譏。唯范氏集解昌言攻傳，觀其序意，直等先生之勒帛，無復弟子之懷疑。唐、宋以來，反得盛譽。紀君無識，乃欲左范右何。其猖狂淺陋、信心蔑古，爲後人新學所祖。所云「春秋三傳置高閣」者，蓋作俑於集解矣。夫人之爲學，所以求不足，非以市有餘。凡己所昧，求決於書，一語三年，不爲遲頓。今先具成見，然後治經，苟有錯盤，無復沈滯，但己所昧，便相指摘。公孫龍子云「教而後學」，若此者，直教而無學矣。絶古人授受之門，倡後學狂悖之習，王、何之罪，豈相軒輊乎？檢所駁斥，初亦懷疑，積以期月，便爾冰釋。乃知所難，尚爲膚末。甲申初冬，條立所難，敬爲答之。起廢、糾謬以外，得專條二十事。誠知淺薄所列，未敢必合於先師。然而小葵轉日，其心無他，不似范氏恣睢暴厲，借讎人之刃而自戕其同室也。乙酉三伏，廖平自序。

釋范

「聘諸侯，非正也。」隱九年

集解云：「周禮：『時聘以結諸侯之好，殷覜以除邦國之慝，間問以諭諸侯之志〔一〕，歸脤以交諸侯之福，賀慶以贊諸侯之喜，致禬以補諸侯之災〔二〕。』許慎曰：『禮：臣病，君親問之。天子有下聘之義。』傳曰『聘諸侯，非正也』，甯所未詳。」

案：周禮，古學；王制，今學。穀梁素王，盡從新制〔三〕，故與古周禮說不合。王者改制，文質相救。周衰，天子弱，諸侯彊，魯不朝周，而周屢下聘，君卑臣僭，失上下之序。故春秋改制救弊，譏下聘以尊天子也。又，春秋諸侯相聘；聘惟行于二伯，天子尊踰二等，故不聘。此春秋制，以周禮疑之，非也。又案五經異義引公羊說「天子不下聘」，與此同。何氏注言聘爲禮，與左氏說同，當是舊有不下聘之說，何氏偶遺耳。

「其曰『遂逆王后』，故畧之也。或曰：天子無外，王命之，則成矣。」桓八年

集解：「四海之濱，莫非王臣。王命紀女爲后，則已成王后，不如諸侯入國乃稱夫人。或說是。」

〔一〕「諭」，原作「慰」，此據范氏集解、周禮改。
〔二〕「禬」，原譌作「檜」，據周禮大行人改正。
〔三〕「新」，六譯館叢書本作「王」。

案：前説據下稱「紀季姜」立義。魯逆于外曰夫人，文曰「婦姜」，逮婦之也。此曰「王后」，蓋因取決于我，不自制其事，故不曰逆女而曰王后。下又曰「紀季姜」者，起此「王后」爲畧之。據「歸」言「季姜」，則「逆」時當言「女」，此穀梁正説也。「或説」同公羊，異異義耳〔一〕。據或説以駁正解，非也。使例言「王后」，則下宜言「王后歸于京師」，不應稱「季姜」也。

「或曰：遷紀于郱、鄑、郚。」莊元年

集解：「若齊師遷紀于郱、鄑、郚，當言『于』以明之。又不應復書地。當如宋人遷宿、齊人遷陽。『或曰』之説，甯所未詳。」

案：此在傳疑之例，因言三國遷，有難通之處，故此變爲齊遷之説。若有「于」字，則文義明白，傳有定解，無事兩存「或説」以通之。二説皆有所據，而亦有可疑，故不敢獨主一説。范以後説爲非，豈以前説爲定解耶？不言「于」，當以所遷不一地，分散其民，故不能以一地目之，因不言「于」也。

「傳曰：改葬也。」莊三年

集解：「若實改葬，當言『改』以明之。」

案：改卜牛，一時有二牛，有彼此之分，故言「改」以別于前牛。改葬同爲一葬，既非一時，又非實物，故不言「改」

〔一〕「異異義」，未詳其義，疑「異」字重出。

以相別異。春秋改事不言「改」者多矣，若如范說，則豈但一改卜牛乎？

「改葬之禮緦，舉下緬也。」莊三年

集解：「舉下緬，上從緦，皆反其故服。因葬桓王，記改葬之禮，不謂改葬桓王當服緦也。」

案：改葬服緦，禮經文也。傳「舉下也」，謂如葬先舉「葬」而後言「王」，與崩先言「天王」而後言「崩」舉上之辭不同，故曰「舉下也」。舉上、舉下，傳中于薨葬屢言之。「緬」因「緦」字誤衍者。范以「舉下緬也」句爲釋「改葬之禮緦」句，非也。傳惟解經不解傳，「改葬之禮緦」，傳舉以明服制，下則別起釋先言「葬」後言「王」之義，不更釋「服緦」句，全傳例皆如此。傳引禮經文，本謂改葬皆服緦。乃云「不謂改葬當服緦」，尤爲失解。

「或曰：郤尸以求諸侯。」莊三年

集解：「停尸七年，以求諸侯會葬，非人情也。」

案：傳言或說，存異解也。至駁之爲非人情，則非也。本緩葬以求諸侯，因循至七年，亦事情之常。因其過遲，故書以見異。七年之久，本非初料所及，事故變遷，因而遲久，概之人情，類此多矣。何云非乎？

「不諱敗，惡內也。」莊九年

集解：「甯謂讎者無時而可與通。縱納之遲晚，又不能全保讎子〔一〕，何足以惡內乎？然則乾時之戰不諱敗，齊人

〔一〕「全保」，原倒作「保全」，據范氏集解乙。

取子糾殺之，皆不迁其文，正書其事。內之大惡，不待貶絶，居然顯矣。二十四年公如齊親迎，亦其類也。惡內之言，傳或失之。」

案：春秋見者不復見，復仇之義屢見於莊公之篇，其事已明。至於仇人已死，則不復從此制義，范據公羊以難穀梁。案：納糾，非以報仇；勝桓，不爲雪怨。謂百世不通，則春秋之書，數言可蔽；頰谷之會，亦爲忘耻。二十四年親迎乃譏者，桓以齊女死，莊又娶齊女，二事相同，曾無懲戒之心。婚姻之事，與兵戈不同，齊有難，許魯救之，而不許婚齊者，以其全無人子之心、哀傷之志，昧然與齊女偶薦宗廟也。公羊譏必于其重者，亦此意。

「曰：棄師之道也。」僖元年

集解：「江熙曰：『經書「敗莒師」，而傳云二人相搏，則師不戰，何以得敗，理自不通也。夫王赫斯怒，貴在「爰整」。子所慎三，戰居其一。季友，令德之人，豈當舍三軍之整、佻身獨鬭、潛刃相害以決勝負者哉？雖千載之事難明，然風味之所期，古猶今也。』此又事之不然，傳或失之。」

案：傳中事實，皆有師傳，故一有首尾，則全同公羊，如宋萬、曹劌、濫子、長狄之類是也。其事既詳，則非由推測。以臆想之私，廢師傳之證，既無所徵，則言何所取？

「遇者，同謀也。」僖十四年

集解：「魯女無故遠會諸侯，遂得淫通，此亦事之不然。左傳曰：『繒季姬來甯，公怒止之，以繒子不朝也。遇于防，而使來朝。』此近合人情。」

案：季姬不繫繒，是未嫁繒之文也。下言季姬歸于繒，是新嫁之文也。苟如左氏之説，則上當有繒季姬來文，本條當繫繒，下不得又出「歸」文，以内女反夫家不書也。春秋之法，輕輕重重，各有所施。禮謹男女之防，慎之于微，季姬在防，非爲會繒子，自以事往也。繒子來，自以朝事，非爲會季姬也。相見而悦，因起婚媾之謀，不由媒妁，幽約而成，失納幣之禮，近夷狄之俗，事本輕也。而春秋重書之，以示坊表，非謂無事淫奔也。使無事淫奔，則相與俱去耳，胡爲復求婚乎？惟其過于求深，遂覺出于情理，皆不諳輕重之旨者也。左氏因其可疑，撰爲歸甯之説，而不知于經不合，無足據也。春秋以此坊民，而民猶有男女之禍。

「逆祀也。」文公二年

集解：「舊説：僖公，閔公庶兄，故文公升僖公之主於閔公之上耳。僖公雖長，已爲臣矣；閔公雖小，已爲君矣。臣不可以先君，猶子不可以先父，故以昭穆父祖爲喻。甯曰：即之于傳，無以知其然。若引左氏以釋此傳，則義雖有似，而於文不辨。高宗，殷之賢主，猶祭豐于禰，以致雊雉之變，然後率脩常禮。文公傎倒祖考，固不足多怪矣〔二〕。親，謂僖；祖，謂莊。」

案：祖，閔；禰，僖，三傳所同。爲後爲子，家國一致，范乃疑之，過矣。經曰「躋僖公」，謂升僖於閔先也，從無有異説者。范以昭穆爲嫌，遂解躋爲豐，爲祭豐于僖而薄于莊。案：經下言「從祀先公」，故此傳言「逆祀」，以下之「從」，

〔二〕「多」字原脱，據范氏集解補。

知此之「逆」。若但有豐薄，則下經不言「從」矣。有下經之言「從」，則不得破此傳之言「逆」矣。甯駁舊説曰：「即之于傳，無以知其然。」案：閔元年傳云：「繼弑君不言即位，正也。親之，非父也；尊之，非君也。繼之如君父也者，受國焉耳。」僖元年傳云：「繼弑君不言即位，正也。」夫般，未踰年之君，閔以弟繼之，如父。則僖之繼閔，可知。般有傳而閔無傳者，般微而閔顯，故從畧也。范乃以爲傳無其證而輕變古説，不亦誣乎？

「賵以早，而含以晚。」文五年

集解：「已殯，故言晚。國有遠近，皆令及事，理不通也。」

案：傳例，「不及」與「不周」異解。不及者，言來以譏其晚。不周者，無心于來，故不言來。含早而賵晚，有五月之久，禮當以二使。今以一人兼之，則遲早不能適中，故云。如以爲含則已晚矣，賵則已早矣，譏其來意不誠，與不及事全不關。攷雜記言受含皆在既殯之後，蓋君薨初斂，本國臣子已含之，不能待外國之含。外國有遠近，豈能未殯而來含？而聞喪則如初喪，歸之含物以達其意。君子不奪人之親，不能使不含其子而含己。又諸侯皆有含，同盟數十百國，一口何能容？含則宰夫取璧以降，襚則宰夫五人舉以東。凡諸侯之含襚，皆存以爲送葬乘車之具。范説未審。

「冬，十月。」成元年

集解：「疑經『冬十月』下云『季孫行父如齊』，脱此六字。」

案：經、傳舊本別行，以傳附經，始于後漢。且三傳傳有異義，經文則無不同。苟或異文，所差者小，從未有一家有經而二傳誤脱者。以傳文之後附，疑本經之脱文，非也。傳文先經發傳，不必皆在本條，以此疑經，殊爲失解。

「公至自會。」成十六年

集解：「無二事，會則致會，伐則致伐。上無會事，當言『至自伐鄭』〔二〕，而言『至自會』，甯所未詳。」

案：莒邱，公與季孫行父同執，執目季孫，避公在也。致公而不致季孫，舉所重也。盟，公亦與季孫同在。盟目季孫，公不會大夫故，避公也。致言會，起公在盟也。會，本爲季孫盟而言。范氏未知互見之例，故不得其解也。

「古者天子六師，諸侯一軍。作三軍，非正也。」襄十一年

集解：「周禮、司馬法曰：『萬有二千五百人爲軍，王六軍，大國三軍，次國二軍，小國一軍，其將皆命卿。二千五百人爲師。』然則此言天子六師，凡萬有五千人，大國三軍，則三萬七千五百人，諸侯制踰天子，非義也。」

案：此傳有脱誤，當以白虎通德論所引據改爲「天子六軍，諸侯大國三軍，次國二軍，小國一軍」，與司馬法、周禮大司馬文同。蓋舊傳如此。范據誤本，師、軍異文，遂從而立異。即使傳原作師，則軍、師亦互文耳，非如周禮師、軍異制之比。且天子諸侯軍、師之制，全從田賦而出。范據誤本，以天子爲止六師，諸侯爲一軍，全與經典不合，而不知攷正脱誤，遂從而攻傳。蓋范苦于用心，借攻傳以趣便易，苟有不明，直相駁斥，則不勞而集解可成。

「或曰：增之也。」昭二十五年

集解：「如增言『巢』爾，其實不巢也。雍曰：『凡春秋記災異，未有妄加之文。』或說非也。」

〔二〕「當」，原作「而」，據范氏集解改。

案：或説增義，實不得其解。緯家以爲巢于榆。范氏以爲如增言巢，其實不巢。以經爲戲，本屬誤解。遂據雍説以駁傳，不知傳義不如所駁也。洪頤煊云：增讀爲橧，謂于六中駕巢。引禮記、釋文爲證，説較范氏爲安。説見讀書叢録。

「晉趙鞅帥師納衛世子蒯聵于戚。」哀二年

集解：「甯不達此義。江熙曰：『齊景公廢世子，世子還國，書簒。若靈公廢蒯聵立輒，則蒯聵不得復稱曩日世子也。稱蒯聵爲世子，則靈公不命輒，審矣。』此矛楯之喻也。然則從王父之言，傳似失矣。經云『納衛世子』、『鄭世子忽復歸于鄭』，稱世子，明正也。明正，則拒之者非耶？」

案：傳此説與公羊同。春秋貴命，先君所絶，臣子不能逆命迎之，此定義也。輒之所難，特以所拒乃己父耳。春秋書世子者，以父命臨之。不從父而從王父，所以使父受命于祖。非靈公之逐子，春秋謂爲可立，乃與鄭世子比也。范氏但知從命之説，夫使輒迎蒯聵而立之，是蒯聵死其父，輒死其祖。孝子揚美不揚惡，信道不信邪，甯拒父申祖命以成其孝，不能從命迎以陷父于惡也。又，禮不以家事辭王事，不能以私恩而廢國典，亦已明矣。倘蒯聵有順子，則靈公有逆孫。且靈公命絶之，而輒迎之，是靈之命不信于聵，棄祖命而廢父道。春秋拒聵，正以成父之尊于子。范氏知小惠而忘大道。

「穀梁以衛輒拒父爲尊祖，不納子糾爲内惡。以拒父爲尊祖，是爲子可得而叛也；以不納子糾爲内惡，是仇讎可得而容也。若此之類，傷教害義，不可强通者也。」序

案：解已見前，許衛輒拒父，公、穀所同。今以專屬穀梁而指爲巨謬，非也。

「穀梁清而婉，其失也短；若能清而不短，則深于其道者也〔一〕。」

案：范氏所言，酷似評文品詩之語，其所云「穀梁清婉，其失也短〔二〕；公羊辨裁，其失也俗」者，皆不得其旨意之所在。楊疏云：「清而婉者，辭清義通。若隱公之小惠、虞公之中知是也。云『其失也短』者，謂元年大義而無傳，益師不日之惡〔三〕，畧而不言是也。」楊疏所列，于清短之意相違，蓋亦求説不得而爲之辭。大抵范君長于詞翰，評閲文字好作俊語，遂以此法施于經、傳。即以還叩范君，亦神況之言，不能舉實。名士一時興到之言，遂爲經、傳千年評定之準，實則語無實迹，不可方求。後人無從規彷以決從違，虚存其語，遂相指斥耳。明人以文章評點經傳，甚爲識者所譏，而范君之語，則奉若神明，異矣。范君雖作集解，實不知傳義所長，又安得道其所短耶？

「凡傳以通經爲主，經以必當爲理。夫至當無二，而三傳殊説，庸得不棄其所滯，擇善而從乎？既不俱當，則固無容俱失。若至言幽絶，擇善靡從，庸得不並舍以求宗、據理以通經乎？雖我之所是，理未全當，安可以得當之難而自絶于希通哉？」

案：此攻三傳也。三傳解經，同于測天。三家同源異流，各有所據。既欲廢之，何必主之？既欲擇善，何爲專釋穀梁？無精闢之專功，喜東西之游説。觀其所言，明知未當而務力希通。信心蔑古，尤爲狂悖矣。王安石廢三傳、王柏

〔一〕「其」字原脱，據范序補。
〔二〕「也」，原作「在」，據范氏文改。下同。
〔三〕「惡」，原作「類」，據楊疏改。

删詩，其事乃早見于范氏矣。

「而漢興以來，瓌望碩儒〔一〕，各信所習，是非紛錯，準裁靡定，故有父子同異之論，石渠分争之説。廢興由于好惡，盛衰繼之辯訥。斯蓋非通方之至理，誠君子之所歎息也。」

案：此攻西京博士也。范不通本傳，乃雜引左氏、公羊以解之，故于此反攻先師以掩其跡，惡先儒之專守，倡信心之邪幟，唐、宋之禍，此實作俑。

〔一〕「儒」，原作「學」，據范序改。

附録四

起起穀梁廢疾序

名、墨者流，正名從質。春秋之巨綱，王道所急務。不善學者，騁辨持巧，主張白馬，窮究非儒，騖末失本，道由辯息。等吴、秦之自亡，豈施、翟之本義乎？是以漢初博士，惟務自達，不憙攻人。雖石渠、虎觀，粗存異同，然猶不相指摘。自劉歆奮立左氏，諸儒仇之，條其罅漏，互相難訊，掊擊之風，原于此矣。何君自尊所習，乃以尋仇之戈，操于同室。鄭君小涉左學，不習穀梁，鄉鄰私鬩，何須被纓？乃謬託主人，日尋報復，駮許以外，更復攻何，生事之譏，其能免與？凡屬訟訐之言，並爲求勝而作。影射毛吹，有如魑魅。亦且内實不足，乃求勝語言，使或平心，都爲賸語。何既制言儇薄，立義矯誣，不事言詮，乃呈嫉妒。鄭則自負博通，攻堅奮翮，反旗倒戈，以相從事。客兵僑主，不復統制。甚或毁棄章服，改從敵人，欲羣經皆有所作，使本義因以愈湮。東漢以來，經學破壞，學者苟設矛盾，便云立國、軍政，本務日就沈淪。古法湮絶，孰任其咎耶？今者三傳之學，唯求内理，不騖旁攻，仁智異端，取裁所見，誠各尋其指歸，莫不互有依據。同者從同，異者從異，似同而異，似異而同，改謬説而各正焉。别爲十表，附説其本義，不敢小有左右於其間，以袪好辨之弊。至公、穀同爲今學，聲氣相感，神形多肖，何、鄭所録，恒失本旨。今于各條之下，務申傳旨，二君誤説，間或正之。然惟求足明本傳，不敢希勝公羊，少涉攻擊之習。其名起起廢疾者，鄭釋間有誤藥，恐爲疾憂，故正其箴砭，以期眄眩。非云醫藥，聊取用心爾。井研廖平自序。

起起穀梁廢疾

井研廖平著

漢何休穀梁廢疾

漢鄭玄起穀梁廢疾

「天王使宰咺來歸惠公仲子之賵。」隱元年經〔一〕

何曰：「傳例：『不言來，不周事之用也。』宰咺何以言來？」

釋曰：「平王新有幽王之亂，遷於成周，欲崇禮於諸侯，原情免之。若無事而晚者，去『來』以譏之，榮叔是也。」雜記正義

〔一〕「隱元年經」四字原無，此爲檢索之便，附以經、傳出處。後同。

案：傳言「不周」者，心不在是之辭也。傳「公不周乎伐鄭」，而伐鄭公在是也。賻不及葬，曰「不及事」，譏其晚也。來晚者，志以譏之；言「來」者，有是心，故如其志言「來」。含一事，賵一事，早晚不同，一人兼使，是其來意甚輕，無志于來，故不言「來」也。何、鄭皆誤于「周」、「及」之解，故不得傳意也。

「仲子者何？惠公之母，孝公之妾也。」隱元年傳

何據公羊以爲：仲子，桓之母。

釋曰：「若仲子是桓公之母，桓未爲君，則是惠公之妾。天王何以賵之？則惠公之母，亦爲仲子也。」隱元年楊疏

案：仲子，三傳異説，以穀梁爲長。即使短長相參，亦不得據此難彼。若此之類，例入傳疑也。又傳以仲子爲惠母，則桓母不見，鄭猶據何説，以爲別一宋女，不審公羊所指即此。今既主惠母，則不必更以仲子當桓母，可也。

「大夫日卒，正也；不日卒，惡也。」隱元年傳

何曰：「公羊以爲，日與不日爲遠近異辭〔一〕。若穀梁云惡而不日，則公子牙及季孫意如何以書日乎？」

釋曰：「公子牙，莊公弟，不書弟，則惡明也，故不假去日。季孫意如，則定公所不惡，故亦書日。」同上疏

案：大夫不日，惡，據得臣也。意如惡，日，惡已前見也。子般卒，日，有所見；傳曰：「有所見，則日。」子牙亦以有見日也。又，莊不卒大夫。日卒牙，不卒者也。卒，則不卒不以去日見貶絶。説別見公子牙卒條。

〔一〕「辭」字原脱，據穀梁傳隱公元年疏補。

「苞人民、毆牛馬曰侵，斬樹木、壞宮室曰伐。」隱五年傳

何曰：「廄焚，孔子曰：『傷人乎？』不問馬。今穀梁以苞人民爲輕，斬樹木、壞宮室爲重，是理道之不通也。」

釋曰：「苞人民、毆牛馬，兵去，可以歸還，其爲害輕〔一〕。壞宮室、斬樹木，則樹木斷不復生，宮室壞不自成，爲毒害更重也。」隱五年疏

案：苞、毆者，輕掠之師，爲時甚淺。斬、壞，則曠日持久，所傷已甚。苞、毆尚未至斬、壞，斬、壞則未有不苞、毆者也。公羊「精曰伐，觕曰侵」，精、觕，即久暫，輕重之分。義實相同，鄭分別言之，非也。

隱公篇

「春曰田，夏曰苗，秋曰蒐，冬曰狩。」桓四年傳

何曰：「運斗樞云『夏不田』。穀梁有夏田，于義爲短。」

釋曰：「四時皆田，夏、殷之禮。詩云『之子于苗，選徒囂囂』，夏田明矣。孔子雖有聖德，不敢顯然改先王之法以教授于世。若其所欲改，則陰書于緯，藏之以傳後王。穀梁四時田者〔二〕，近孔子故也。公羊正當六國之亡，讖緯見讀而

〔一〕「害輕」二字原無，阮元校勘記云：「閩、監、毛本同。何校本下有『害輕』二字，是也。」此據補。

〔二〕「者」字原脱，據王制疏補。

傳爲三時田。作傳有先後，雖異，不足以斷穀梁也。王制曰『歲三田』，謂以三事爲田，即上『一曰乾豆』之等是也。」王制疏

案：傳曰：「四時之田，用三焉。」即夏不田之説也。王制曰：「天子諸侯無事，歲三田。」謂一歲三田，去夏明矣。劉向説：「夏不田。」同公羊。蓋二傳同主夏不田。穀梁文詳，言夏苗；公羊文畧，不言夏苗。先儒以爲異義，失傳意矣。不田，又言夏苗者，備四時之文，有事則田，無事則否。五年八月壬午，大閲，傳曰「平而脩戎事，失正也」，謂無事而夏田也。

「其不地，于紀也。」桓十三年傳

何曰：「春秋戰無不地〔二〕，即於紀戰，無爲不地也。在紀，何爲不地？」

釋曰：「紀，當爲己，謂在魯也，字之誤耳。得在龍門城下之戰，迫近，故不地。」桓十三年集解

案：鄭以公羊説穀梁，非也。使戰在魯，當曰「公及鄭伯、紀侯敗齊師、宋師、衛師、燕師」，不言戰，不以紀侯先鄭伯。據先紀，知紀爲主；據言戰，知由外言之。傳例：在魯當言内，不當言己。又傳戰盟皆地，分主客也。已明，則不地。公及處父盟，不地；來聘盟、來盟不地是也。紀主兵，已明，故不地。齊將滅紀，合宋、衛、燕三國伐紀，公及鄭師救之，戰于紀，故不地。非伐魯戰于内也。

桓公篇

〔二〕「春秋」二字原脱，據范氏集解補。

「不言滅而曰大去其國者，不使小人加乎君子。」莊四年傳

何曰：「春秋楚世子商臣弑其君，其後滅江、六，不言『大去』。又大去者，于齊滅之不明，但知不使小人加乎君子；而不言滅，縱失襄公之惡，反爲大失也。」

釋曰：「商臣弑其父，大惡也，不得但爲小人。江、六之君，又無紀侯得民之賢，不得變『滅』言『大去』也。元年冬，齊師遷紀；三年，紀季以酅入齊。今紀侯大去其國，是足起齊滅之矣。即以變『滅』言『大去』爲縱失襄公之惡，是乃經也，非傳也。且春秋因事見義，舍此以滅人爲罪者，自多矣。」莊四年集解

案：春秋以賢治不肖，不以亂治亂。以君子而滅于小人，在所諱，故言大去。言遷、言入、葬二姬，不嫌滅不明。言大去，乃深責襄，不嫌縱其惡。言大去，重其罪于滅國也。

「王人，卑者也。稱名，貴之也。」莊六年傳

何以爲：稱子，則非名也。

釋曰：「王人，賤者，録則名可。今以其銜命救衛，故貴之。貴之，則子突爲字可知，明矣。此『名』，當爲『字』誤爾。」莊六年集解

案：鄭改「名」爲「字」，以求合公羊，非也。子突乃二名耳，非突名又舉子也。穀梁說：天子大夫不名，稱字。子突，天子下士，本應稱王人，不以名氏見，因進之，乃以名見。何據公羊以相難，鄭乃曲從之，不知傳不言子爲舉貴。春秋以子易名，高子是也，未有稱子又稱字者也。

「當可納而不納，齊變而後伐。故乾時之戰不諱敗，惡内也。」莊九年傳

何曰：「三年，『溺會齊師伐衛』，故貶而名之。四年，『公及齊人狩于郜』，故卑之曰『人』。今親納讎子，反惡其晚，恩義相違，莫此之甚。」

釋曰：「于讎不復，則怨不釋。而魯釋怨〔二〕，屢會仇讎，一貶其臣，一卑其君，亦足以責魯臣子，其餘則同不復譏也。至於伐齊納糾，譏當可納而不納爾〔三〕，此自正義不相反也。」莊九年集解

案：春秋已見不再見。莊親與仇人和好，故譏其忘讎釋怨，前譏已明，故此更别起義。且讎人已死，不追戮其子孫。若如公羊説，則頗谷亦當以復讎爲言。納糾異事，納之，既非復讎，戰亦不得託于讎子，蓋糾與小白一也。

「不言日，不言朔，夜食也。」莊十八年傳

何曰：「春秋不言月食日者，其以無形，故闕疑。其夜食，何緣書乎？」

鄭釋之曰：「一日一夜合爲一日。今朔日，日始出，其食有虧傷之處未復，故知此自以夜食。夜食則亦屬前月之晦，故穀梁子不以爲疑。」莊十八年集解

案：班志云：「莊公十八年三月，日有食之，穀梁傳曰『不言日，不言朔，夜食』。史推合朔在夜，明旦日食而出，

〔二〕「而魯釋怨」四字原脱，據范氏集解補。

〔三〕「爾」，原作「耳」，據范氏集解改。

出而解，是爲夜食。」案：傳言天子朝日，謂于朝日時見其出，解，知夜食。

「其不言使，何也？天子之内臣也。不正其外交，故不與使也。」莊二十三年傳

何曰：「南季、宰渠伯糾、家父、宰周公來聘，皆稱使。獨於此奪之，何也？」

釋曰：「諸稱使者〔一〕，是奉王命，其人無自來之意。今祭叔不一心於王，而欲外交，不得王命來，故去『使』以見之。」莊二十三年集解

案：不得王命，不言來聘，鄭釋非也。傳以此與石尚比也。祭叔、石尚，皆私欲使魯。請命而行聘，非正；歸脤得正。春秋正者言使，不正不言使。石尚雖有私，而所請得正，有匡救之美。祭叔不正，有陷君於非之失，故君子奪其使。以此明人臣當導其君于道也。

「秋，七月癸巳，公子牙卒。」莊三十二年經

何曰：「傳例：『大夫不日卒，惡也。』牙與慶父共淫哀姜，謀殺子般，而日卒，何也？」

釋曰：「牙，莊公母弟，不言弟，其惡已見，不待去日矣。」莊三十二年集解〔二〕

案：鄭君以公羊稱弟説穀梁，集解駁之，是也。春秋大夫小惡不日，大惡不卒。翬與弒，不卒。仲遂卒，傳曰：

〔一〕「諸」下原衍「侯」字，據莊二十三年范氏集解删。

〔二〕「二」，原譌作「三」，莊世共三十二年。

「此不卒者也。」得臣卒不日，首公子遂也。莊不卒大夫，此卒公子牙，不卒者也。不言刺，非殺也。未弑而殺，其惡未成，春秋成美不成惡，故不主牙也。日之，如正卒，季子不暴其罪，以藥飲之，如以疾卒。日，以成季子之志也。

莊公篇

「桓盟不日，此何以日？美之也。」僖九年傳

何曰：「即日爲美，其不日皆爲惡也。桓公之盟不日，皆爲惡邪？莊公十三年，柯之盟不日，爲信。至此日以爲美，義相反也。」

釋曰：「柯之盟不日〔一〕，因始信之。自其後，盟以不日爲平文。從陽穀以來，至此葵邱之盟，皆令諸侯以天子之禁。桓德極而將衰，故備日以美之。自此不復盟矣。」僖九年集解

案：春秋無達例，孟子曰：「五霸，桓公爲盛。葵邱之會，諸侯束牲載書而不歃血〔二〕。」與穀梁同，則穀梁是也。公羊以日爲危，從以後不盟起義。穀梁以洮爲兵車，而此會以衣裳，間在兵車四會之中，故特美之，亦以衰而特著其美。何如此之駁，不言義例而但據文句，開啖、趙儇薄之習，有失傳經鄭重之道，好辨之過也。

〔一〕「不日」二字原脱，據范氏集解補。
〔二〕「諸侯」二字原脱；「歃」，原作「插」，據孟子告子下補改。

「雩月，正也。雩得雨曰雩，不得雨曰旱。」僖十一年傳

何曰：「公羊書雩者，善人君應變求索。不雩則言旱，旱而不害物，言不雨也。就如穀梁，設本不雩，何以明之？如以不雨明之，設旱而不害物，何以別乎？」

釋曰：「雩者，夏祈穀實之禮也。旱亦用焉。得雨書雩，明雩有益，不得雨書旱，明旱災成，後得雨無及也。國君而遭旱，雖有不憂民事者，何乃廢禮本不雩禱哉？顧不能致精誠也。旱而不害物，故以久不雨別之。文二年、十三年，『自十有二月』、『自正月』『不雨，至於秋七月』是也。穀梁傳曰：『歷時而言不雨，文不閔雨也。』以文不憂雨，故不如僖時書不雨。文所以不閔雨者，素無志於民。性退弱而不明，又見時久不雨而無災耳。」僖十一年集解

案：雩事淺，行止不見於經，故得雨乃舉，此傳意也。公羊以雩爲重，旱爲不雩，大旱爲大不雩乎？雩而雨，與雩而不雨，將無分乎？二傳皆重雩，穀梁以爲重求，公羊以爲善應變。雩非難事，不因雩而善之。

「其曰諸侯，散辭也。聚而曰散，何也？諸侯城，有散辭也，桓德衰矣。」僖十四年傳

何曰：「案：先是盟，亦言諸侯，非散也。又穀梁美九年諸侯盟于葵邱，即散，何以美之邪？于義，穀梁爲短。」

釋曰：「九年，公會宰周公、齊侯、宋子、衛侯、鄭伯、許男、曹伯于葵邱。九月戊辰，盟于葵邱。時諸侯初在會，未有歸者，故可以不序。今此十三年夏，公會齊侯、宋公、陳侯、衛侯、鄭伯、許男、曹伯于鹹。而冬公子友如齊，此聘也，書聘，

則會固前已歸矣。今云『諸侯城緣陵』，而不序其人〔一〕，明其散，桓德衰矣。葵邱之事，安得以難此？」僖十四年集解

案：葵邱不足難，鄭釋是也。城言「諸侯」，傳曰「散辭」者，即公羊所謂「離至不可得而序」，故總言之曰「諸侯」，聚辭也。陽穀偏至，言齊、宋、江、黄。餘會皆序，不序而曰「諸侯」，知散也。葵邱盟言諸侯，中無間事，故凡目之。此有間事而不舉，非葵邱舉凡比也。

「戰不言伐，客不言及。言及〔二〕，惡宋也。」僖十八年傳

何曰：「戰言及者，所以别客主直不直也。故文十二年，晉人、秦人戰於河曲，兩不直，故不云及。今宋言及，明直在宋，非所以惡宋也。即言及爲惡，是河曲之戰爲兩善乎〔三〕？又穀梁以河曲不言及〔四〕，畧之也，則自相反矣。」

釋曰：「及者，别異客主耳，不施於直與不直也。直不直，自在事而已。義兵則客直，宣十二年夏，『晉荀林父帥師及楚子戰于邲，晉師敗績』是也。兵不義，則主人直，莊二十八年春，『衛人及齊人戰，衛人敗績』是也。今齊桓卒，未葬，宋襄欲興霸事而伐喪，于禮尤反〔五〕，故反其文，以宋及齊。即實以宋及齊，明直在宋。邲之戰，直在楚，不以楚反及晉，

〔一〕「而」字原脱，據范氏集解補。
〔二〕「言及」二字原脱，據傳文補。
〔三〕「兩」，原作「善」，據僖十八年范氏集解改。
〔四〕「及」下原衍「也」字，據范氏集解删。
〔五〕「禮」，原作「義」，據范氏集解改。

何邪？秦、晉戰于河曲，不言及，疾其亟戰，争舉兵，故畧其先後。」僖十八年集解

案：春秋惡戰，主客大小同，則主得及客，從以内及外、以尊及卑之例。則言及者，外之、卑之也。此以宋及齊者，非内尊宋也。齊在喪而宋伐之，兵事由宋起，齊不得已應之，言宋首兵惡，伐喪之罪乃顯。何據公羊以相難，鄭説非傳意也。

「狄其稱人，何也？善累而後進之。伐衛，所以救齊也。」僖十八年傳

何曰：「即伐衛救齊，當兩舉，如伐楚救江矣。又傳以爲江遠楚近，故伐楚救江。今狄亦近衛而遠齊，其事一也。義異何也？于義，穀梁爲短。」

釋曰：「文三年冬，『晉陽處父帥師伐楚救江』，兩舉之者，以晉未有救江文，故明言之。今此春宋公、曹伯、衛人、邾人伐齊。夏，狄救齊。冬，邢人、狄人伐衛，爲其救齊可知，故省文耳。事同，義又何異？」同上

案：言伐楚，則救江不明；言伐衛，則救齊明，故不言也。中國未有言伐楚者，爲救乃言伐。狄不言伐，言伐，亦爲救文。

「不言楚，不與楚專釋也。」僖二十一年傳

何曰：「春秋以執之爲罪，不以釋之爲罪。責楚子專釋，非其理也。公羊以爲公會諸侯釋之，故不復出楚耳。」

釋曰：「不與楚專釋者，非以責之也。傳云：『外釋不志，此其志何也〔一〕？以公之與之盟目之也。』言公與諸侯

〔一〕「其」字原脱，據傳文、范氏集解補。

盟而釋宋公，公有功焉。與公羊義無違錯。」僖二十一年集解

案：專釋，則必先專執。主楚釋，則起楚執，故不言楚釋，爲辟執文，非以論釋、執功罪輕重。傳意本同公羊，據彼難此，誤矣。

「則衆敗而身傷焉。」僖二十二年傳

何曰：「即宋公身傷，當言公，不當言師。成十六年〔一〕，『楚子敗績』是也。又成十六年傳曰：『不言師，君重于師也。』即成十六年是，二十二年虚言也；即二十二年是，十六年非也。」

釋曰：「傳説楚子敗績，曰『四體偏斷』，此則目也。此言君之目與手足有破斷者，乃爲敗矣。今宋襄身傷耳，當持鼓軍事；無所害而師猶敗，故不言宋公敗績也。傳所以言敗、衆敗身傷焉者，疾其信而不道，以取大辱。」僖二十二年集解

案：中國、夷狄異辭。中國傷夷狄可言，楚子是也。夷狄傷中國不可言，宋公是也。其曰射目、曰身傷，皆師説，非由經例推得之。

「不葬，何也？失民也。其失民何也？以其不教民戰，則是棄其師也。」僖二十三年傳

何曰：「所謂教民戰者，習之也。春秋貴偏戰而惡詐戰，宋襄公所以敗于泓者，守禮偏戰也，非不教其民也。孔子曰：『君子去仁，惡乎成名？造次必於是，顛沛必於是。』未有守正以敗而惡之也。公羊以爲：不書葬，爲襄公諱背殯

〔一〕「成」字原脱，據范氏集解補。

出會，所以美其有承齊桓尊周室之美志。」

釋曰：「教民習戰而不用，是亦不教也。詐戰，謂不期也。既期矣，當觀敵爲策，倍則攻，敵則戰，少則守。今宋襄公于泓之戰違之，又不用其臣之謀而敗，故徒善不用賢良，不足以興霸主之功〔一〕；徒言不知權譎之謀，不足以交鄰國、會遠疆。故易譏鼎折足，詩刺不用良，此說善也。」僖二十三年集解

案：公羊主守正，穀梁主達變，言各一端，仁智殊趣。如必守正，則祭仲廢君之事，不愈加于襄之量敵哉？宋襄，公羊美之，穀梁惡之。公羊「五伯」，故美之；穀梁「二伯」，故惡之。各持一解，不必强同也。

「其不稱名姓，以其在祖之位，尊之也。」僖二十五年傳

何曰：「曹殺其大夫，亦不稱名姓，豈可復以爲祖乎？」

釋曰：「宋之大夫盡名姓。禮：公族有罪，刑于甸師氏，不與國人慮兄弟也。所以尊異之。孔子之祖孔父累於宋殤而死。今骨肉在其位而見殺，故尊之，隱而不忍稱名氏。若罪大者名之而已，使若異姓然。此乃祖之疏也。曹殺其大夫，自以無大夫，不稱名氏耳。春秋辭同事異者甚多，隱去『即位』以見讓，莊去『即位』爲繼弑，是復可以比例非之乎？」

僖二十五年集解

案：春秋無達例，各就本條立說，二傳所同，不能據此以難彼。公羊以曹不名爲衆，以宋不名爲内娶，不以曹通于

〔一〕「主」，原作「王」，據范氏集解改。

宋也。何駁僖薄，執此以難公羊，又何以通？或以春秋不應曲顧私親，不知素王之義得顧私親。穀梁「故宋」有二義，在國則主王後，在大夫則主先祖，不如公羊但主王後也。

「蓋納頓子者，陳也。」僖二十五年傳

何曰：「休以爲，即陳納之，當舉陳，何以不言陳？」

釋曰：「納頓子，固宜爲楚也。穀梁子見經云『楚人圍陳，納頓子于頓』，有似『晉陽處父伐楚救江』之文，故云蓋陳也。」同上年疏

案：舉陳，則其文間斷，不見爲一事。伐陳以納頓子，納頓者，陳；所以使陳納頓者，楚；與「伐楚救江」同文，不可復舉晉也。

「楚人者，楚子也。其曰人，何也？人楚子，所以人諸侯也。」僖二十七年傳

何曰：「哀元年，『楚子、陳侯、隨侯、許男圍蔡』，不稱人，明不以此故也。」

釋曰：「時晉文爲賢伯，故譏諸侯不從而信夷狄也。哀元年，時無賢伯，又何據而當貶之耶？」僖二十七年集解

案：楚初會諸侯，故人之。春秋有三世三言之例，終始早晚異辭。以昭事難僖世，非也。鄭不據三世言之，乃虛以美惡爲言，非傳意也。

「以尊遂乎卑，此言不敢叛京師也。」僖三十年傳

何曰：「大夫無遂事。案襄十二年『季孫宿救台，遂入鄆』，惡季孫不受命而入也。如公子遂受命如晉，不當言

「遂』。」

釋曰：「遂固受命如京師、如晉，不專受命如周〔一〕。經近上言『天王使宰周公來聘』，故公子遂報焉。因聘于晉，尊周，不敢使並命，使若公子遂自往然。即云『公子遂如京師、如晉』，是同周于諸侯，叛而不尊天子也。公羊傳有美惡不嫌同辭，何獨不廣之于此乎？」僖三十年集解

案：此大夫初如晉也。京師在晉南，如晉，當過京師。若公子遂如晉而不先言如京師，過而不聘，是叛周而京師晉也。故先言京師以及晉，與公伐秦、先言如京師同。皆先言京師，實非如京師，文如京師耳。何駁以「遂」爲非公命，非也。春秋兼使，無尊卑，則兩出其事，如如陳、如晉是也。有尊卑，則不得兩出，以尊遂乎卑，如如京師、遂如晉是也。此由尊及卑之「遂」，非繼事之「遂」，不關大夫專命也。如遂盟、遂入，則專命之「遂」矣。

僖公篇

「外災不志，此何以志也？曰：災甚也。其甚奈何？茅茨盡矣。」文三年傳

何曰：「螽，猶衆也。死而墜者〔二〕，象宋羣臣相殘害也。蓋由三世内娶，貴近妃族，禍自上下，故異之云爾〔三〕。

〔一〕「如」，原作「於」，據范氏集解改。
〔二〕「者」下原衍「衆」字，據范氏集解删。
〔三〕自「蓋由」至「云爾」凡十九字，乃廖平據何休解詁補，與范氏集解所引稍異。

今穀梁直云『茅茨盡矣，著于上見于下謂之雨』，與讖違，是爲短。」

釋曰：「穀梁意亦以宋德薄，後將有禍，故螽飛在上，墜地而死。言茅茨盡者，著甚之驗。于讖，何錯之有乎？」文三年疏

案：公羊以爲死螽主異，穀梁以爲生螽主災，不必舍傳求合于讖。讖不一家。有主穀梁說者，如泓戰譏宋襄失機之類。不能據以駁公羊。鄭君求合于讖，亦以爲墜地而死，又何茅茨皆盡乎？用公羊說以解穀梁，非也。穀梁蓋謂螽多如雨，故曰茅茨皆盡。

「含，一事也；賵，一事也。兼歸之，非正也。其曰且，志兼也。其不言來，不周事之用也。」文五年傳

何據隱元年公羊傳「其言來何？不及事也」，以爲禮尊不含卑，不言來者，本不當含〔一〕，故不責其晚。于義，穀梁爲短。

釋曰：「天子於二王後之喪，含爲先，襚次之，賵次之。一作「襚則次之，賵爲後」。餘諸侯，含之賵之。小君亦如之。於諸侯之臣，襚之賵之。其諸侯相施，一作「於」。如天子於二王之後。於卿大夫，如天子於諸侯。於士，如天子於諸侯之臣。京師去魯千里，王室無事，三月乃含，故不言『來』以譏之。」文五年疏

〔一〕「當含」，原作「言來」，此據何休文五年解詁改。

案：公羊以不言「來」爲正例，穀梁以言「來」爲正例。天王使，惟此不言來，餘皆言來，則公羊以不言來爲正，于義爲短。鄭以三月含爲譏，非傳意。使不兼使，三月含，不譏；兼使，雖旬日含亦譏。此明禮不兼使耳，意不主早晚也。

「司馬，官也。其以官稱，無君之辭也。」文八年傳

何曰：「近上七年，宋公壬臣卒，宋人殺其大夫，不言官。今此在三年中，言官，義相違。」

釋曰：「七年殺其大夫，此實無君也。今殺其司馬，無人君之德耳。司馬、司城，君之爪牙，守國之臣。乃殺其司馬，奔其司城，無道之甚，故稱官以見輕慢也。」文八年集解

案：傳例：大夫不名，無君也。君卒，新君未定，則大夫不名。蔇盟，傳曰「無君」是也。今傳曰「無君之辭」者，有君如無君，所以譏宋失權于鮑也。蓋以實無君，起此爲無君辭也。

「秦人來歸僖公成風之襚。」文九年傳

何曰：「五年傳曰：『不言來，不周事之用也。』四年，夫人風氏薨。九年，秦人來歸僖公成風之襚，最晚矣，何以言『來』？」

釋曰：「秦自敗于殽之後，與晉爲仇，兵無休時，乃加免繆公之喪而來，君子原情不責晚也。」文五年集解

案：不周事，謂二事一使，心不在是；與不及事不同，不責早晚。秦人雖晚，心在于來，故不去「來」也。何、鄭皆不知「周」字義，誤以「不及」解之。

文公篇

「以三軍敵華元，華元雖獲，不病矣。」宣二年傳

何曰：「書獲，皆生獲也。如欲不病華元，當有變文。」

釋曰：「將帥見獲，師敗可知。不當復書『師敗績』。此兩書之者，明宋師懼華元見獲，皆竭力以救之，無奈不勝敵耳。華元有賢行，得衆如是，雖師敗身獲，適明其美，不傷賢行。今兩書敗獲，非變文如何？」宣二年集解

案：傳以晉侯獲不言敗績比也。韓之戰，不敗而獲；此敗而獲，明未失民，力不足耳。所以辟羊斟之事也。

「氏者，舉族而出之之辭也。」宣十年傳

何曰：「氏者，譏世卿也。即稱氏爲舉族而出，尹氏卒，甯可復以爲舉族死乎？」

釋曰：「云舉族死，是何妖問？甚乎！『舉族而出之之辭』者，固譏世卿也。崔杼以世卿專權，齊人惡其族，今出奔，既不欲其身反，又不欲國立其宗後，故孔子順而書之曰『崔氏出奔衛』，若其舉族盡去之爾。」宣十年集解

案：劉氏說穀梁：譏世卿。許君異義引公羊說〔二〕：譏世卿。則譏世卿，公、穀同也。世卿，則宗族强大；不世卿，則無强族之禍。故傳「舉族」言之，此非崔杼也。後有崔杼之禍，使齊如舉族逐之，則不復世卿之禍，與公羊同爲譏世卿。凡傳言「之辭」者，實不如此而虛加其辭，如無君之辭是也。實無君者，但曰無君。

宣公篇

〔二〕「公羊」，原作「穀梁」，此據左傳宣公十年疏引鄭玄駁異義改。

「不伐喪，善之也。善之，則何爲未畢也？君不尸小事，臣不專大名。士匄外專君命，故非之也。」襄十九年傳

何曰：「君子不求備于一人，士匄不伐喪，純善矣，何以復責其專大功也？」

釋曰：「士匄不伐喪，則善矣。然於善則稱君，禮仍未備，故言乃還，不言乃復，作未畢之辭。還者，致辭；復者，反命。」襄十九年疏

案：春秋決嫌明疑，常於嫌得者見不得。匄唯合善，乃責之以見義。善不可專。君命愈尊，不得以求備責之。公羊有危事，則得專命。此非危事，人臣之義，例歸美于君。

「專之去，合乎春秋。」襄二十七年傳

何曰：「甯喜本弑君之家，獻公過而殺之，小負也。專以君之小負自絶，非大義也，何以合乎春秋？」

釋曰：「甯喜雖弑君之家，本專與約納獻公爾。公由喜得入，己與喜以君臣從事矣。春秋撥亂，重盟約。今獻公背之而殺忠於己者，是獻公惡而難親也。獻公既惡而難親，專又與喜爲黨，懼禍將及，君子見幾而作，不俟終日。微子去紂，孔子以爲三仁。專之去衛，其心若此。合于春秋，不亦宜乎？」襄二十七年集解

案：春秋貴信。專，有信者也，美之，以明貴信，不責餘事。公羊以權許祭仲，義亦如此。傳曰「專爲喜徒」，責其從惡。曰「去，合春秋」，唯取一節，所謂成人之美不成人之惡。凡目「春秋」者，皆非常刱義，不可以一端解之。

「其不日，子奪父政，是謂夷之。」襄三十年傳

何曰：「蔡世子班弒其君固，不日，謂之夷。楚世子商臣弒其君，何以反書日邪？」

釋曰：「商臣弒父，日之，嫌夷狄無禮，罪輕也。今蔡中國，而又弒父，故不日之，若夷狄不足責然。公羊有『若不疾，乃疾之』，推以況此，則無怪然。」襄三十年疏

案：奪政，當作奪正。諸侯正日，蔡侯不日，是奪其父之正也。商臣，夷狄，日，特謹之。中國弒則從夷狄常例不日，傳曰「夷狄不日，日，少進也」是也。

襄公篇

「此子也，其曰世子，何也？不與楚殺也。」昭十一年傳

何曰：「即不與楚殺，當貶楚爾，何故反貶蔡稱世子邪〔二〕？」

釋曰：「滅蔡者，楚子也，而稱師，固已貶矣。楚子思啟封疆而貪蔡，誘殺蔡侯般，冬而滅蔡殺友。惡其淫，放其志，殺蔡國二君以取其國，故變子言『世子』，使若不得其君終〔三〕。」昭十一年集解

案：稱世子，如君未死，故傳曰「不與楚殺」，非貶而稱世子也。未踰年稱世子，猶若在其君之年，故曰「不與

〔二〕「稱」字原脱，據范氏集解補。

〔三〕「終」，原作「然」，據范氏集解改。

楚殺」。

「其曰晉，狄之也。其狄之何也？不正其與夷狄交伐中國，故狄稱之也。」昭十二年傳

何曰：「春秋多與夷狄並伐，何以不狄也？」

釋曰：「晉不見因會以綏諸夏，而伐同姓，貶之可也，狄之，大重。晉爲厥憖之會，實謀救蔡，以八國之師而不救，楚終滅蔡。今又伐徐，晉不糾合諸侯以遂前志，舍而伐鮮虞，是楚而不如也，故狄稱之焉。」昭十二年集解

案：春秋二伯，與夷狄交伐以求諸侯，不譏。晉自六卿强，志不在諸侯。臣下伐國以自封殖，非伯討矣。晉卿六伐鮮虞，獨此狄者，疾始也。下不狄者，一見不再見也。

昭公篇

「墮，猶取也。」定十二年傳

何曰：「當言取，不言墮，實壞耳，無取于訓詁。」

釋曰：「陪臣專强，違背公室，恃城爲固。是以叔孫墮其城，若新得之，故云墮。墮，猶取也。墮非訓取，言今但毁其城，則郈永屬己，若更取邑于他然〔一〕。」定十二年楊疏補之

〔一〕「邑」，原作「地」，據范氏集解改。

案：但言墮，則與「毁泉臺」同。傳故言「猶取」，謂其邑不墮，則屬於陪臣；墮，乃歸於公室，如取外邑然。

定公篇

「陽生其以國氏，何也？取國于荼也。」哀六年傳

何曰：「即不使陽生以荼爲君，不當去公子，見當國也。又穀梁以爲國氏者，取國于荼。齊小白又不取國于子糾，無乃近自相反乎？」

釋曰：「陽生篡國，故不言公子。不使君荼，謂書陳乞弑君爾。荼與小白，其事相似，荼弑乃後立，小白立乃後弑。雖然，俱篡國而受國焉爾。傳曰：『齊小白入于齊，惡之也。』『陽生其以國氏何？取國于荼也。』義適互相足，又何自反乎？子糾宜立，而小白篡之，非受國于子糾，則將誰乎？」哀六年集解

案：春秋重命，陽生無父命，雖得立，春秋以爲嫌，所以申父命也。陽生正，荼不正，乞主弑，所以重天倫，明荼不宜立也。二者皆不宜立，當如夷、齊故事。春秋常于嫌得者見不得，故並見譏文，兩示其義，去「公子」也。陽生、小白同不宜立，小白失天倫，陽生無父命，事異辭同，明當同法治之。

哀公篇

起起穀梁廢疾跋

班固云：「經方者，本草石之寒温，量疾病之淺深，假藥味之滋，因氣感之宜，辨五苦六辛，致水火之齊，以通閉解結，反之於平。及失其宜者，以熱益熱，以寒增寒，精氣内傷，不見于外。諺曰：有病不治，常得中醫。」穀梁經例完粹，遠過公羊，内合禮經，外無激論，所謂百脈沖和、至人無病者也。何氏入主出奴，好甘忌苦，自安贅肬，乃嗤駝背。施箴砭于平人，希要功于肉骨，真所謂以痡爲劇、以死爲生者矣。鄭君未諳尺寸，不解和齊，厭庸醫之張皇，乃檢方而獻技，以熱益熱，以寒增寒，于是血脈賁亂，關節枯落矣。竊以苟欲制方，務先審病，經絡通利則不需按摩，藥石誤投則反如鴆毒。且血氣周流，自能已疾。故養病之要，自理天和。況乎無因徒加刀石乎？然而方證具列，傳習已久，苟不明白，恐惑庸愚。倘其不達而嘗，則必求生反死。吾友季平穀梁古義全書已成，乃於餘暇，備列何、鄭原文而加之論辨，作起起廢疾一卷。乙酉仲春，謀刊其古義，季平謙而未遑，因舉此册以相授，校付梓人，旬日而就。九鼎一臠，斯世當不無知味者。光緒乙酉中秋月，姻愚弟蕭藩西屏因刊畢，畧誌其顛末于此。